舒大刚学术论著集之一

儒藏论衡
经典儒学与大众儒学

舒大刚著　马　琛编

上海古籍出版社

图书在版编目(CIP)数据

儒藏论衡:经典儒学与大众儒学 / 舒大刚著;马琛编. —上海:上海古籍出版社,2018.5
ISBN 978-7-5325-8789-6

Ⅰ.①儒… Ⅱ.①舒… ②马… Ⅲ.①儒家-文集 Ⅳ.①B222.05-53

中国版本图书馆CIP数据核字(2018)第067199号

儒藏论衡:经典儒学与大众儒学
舒大刚 著
马 琛 编
上海古籍出版社出版发行
(上海瑞金二路272号 邮政编码200020)
(1)网址:www.guji.com.cn
(2)E-mail:gujil@guji.com.cn
(3)易文网网址:www.ewen.co
启东市人民印刷有限公司印刷
开本787×1092 1/16 印张25.75 插页2 字数475,000
2018年5月第1版 2018年5月第1次印刷
ISBN 978-7-5325-8789-6
B·1050 定价:98.00元
如有质量问题,请与承印公司联系

自　序

这里选编的是笔者学习经典、编纂《儒藏》、研讨儒学的几篇小文，共30篇，分成四组：

第一组"《儒藏》论衡"6篇，包括《儒藏》总序、《儒藏》发轫、《儒藏》体例，以及编纂《儒藏》论部和史部的分类等问题。四川大学上承文翁石室之遗泽，下继锦江书院、尊经书院之传统，经始《儒藏》，谋于20世纪90年代初，正式启动于1997年。面对《儒藏》编纂这个浩大工程，一开始必然涉及如何编、如何借鉴已有成果等问题。我在《〈儒藏〉总序》和《谈谈〈儒藏〉编纂的分类问题》中，通览了历代文献著录，特别是儒学文献整理的历史，发现无论是目录书的编撰，或是大型丛书的编定，在方法上都是既有继承（如"四部"分类之于百科文献），也有创新（如《佛》《道》二藏等专科文献），而其成功的分类则在于因应当时文献的具体实际，适应学术研究的普遍需求，甚而引领未来学术之发展，来进行正确的决择或适时的创新。于是我们提出了以"三藏二十四目"（即经藏：元典、易、书、诗、礼、春秋、孝经、四书、群经、小学、谶纬；论藏：儒家、性理、政论、礼教、杂论；史藏：孔孟、学案、碑传、年谱、史传、学校、礼乐、杂史）来分类编纂《儒藏》的设想。在稽考儒学丛书编纂的历史进程时，我们发现历史上第一个从事《儒藏》编纂的人，并不是人们普遍称道的明末人曹学佺，而是明万历中期孙羽侯（字鹏初，华容人），汤显祖称赞他是"通博伟丽之儒"，曾经"隰括《十三经注疏》，以为《儒藏》"。孙羽侯（1556—1617），万历十七年（1589）进士，在朝为官，万历二十三年被黜还乡；曹学佺（1574—1646）于是年（万历二十三年，1595）始第进士，至明末始编《儒藏》，历十余年，未成而明亡，殉难遂辍。如此算来，孙氏编《儒藏》要比曹学佺早20余年。

第二组"经学丛考"9篇，中国文化的主干是儒学，儒学的根基则是经学，经典和经学是中国儒学的源头活水。但是学界在一些基本问题上却认识模糊，如经典体系如何构建，"十三经"何时形成，以及"乐经"亡逸，"逸礼"归宿，《孝经》得名和成书，古《周易》的分篇和结构，经学盛世时期——两汉儒学文献的状况等问题，都众说纷纭，难定是非。在这一组文章中，笔者重点探讨"蜀石经"之于"十三经"结集和形成的决定性作用；《孝经》得名于原始《孝经》首章或次章首句的主题词（"夫孝天之经"）；《乐经》不亡于秦火而湮没于被改头换面的官乐之中；《逸礼》并未完全消亡;《周易》经传在郑玄和王弼混合后,其原貌在宋儒复古运动的努力下逐渐得到复原;揭示了在"今文经学""古文经学"嬗变、"师法""家法"消长的影响下,文献形式上由"传""记"向"章句""笺""注"的转移过程;还对久违的东坡经学三书(《易传》《书传》《论语说》)的著述、流传和辑存情况,进行了探索。

第三组"儒史钩沉"9篇,涉及儒家信仰、孔子教育、荀学核心、《易》墨义利、王弼师承,以及蜀学重镇"文翁石室"的祭祀体系,为学善变的廖平之文献整理与"第三变"变因探讨等问题。据考察,孔子总结夏、商、周文化传统而形成的天命观、鬼神观、礼乐观所体现出来的敬天法祖、文明理性精神,恰恰构成了中国人数千年的信仰体系;孔子在教育上重视"全能"(六艺)、"全智"(六经)、"全德"(君子)的"三全"方法,以及以"安天下"(经邦济世)、"安魂"(讲信仰)为目的的"两安"教育模式,其重要性比之人们所艳称的"启发式""因材施教""有数无类"等教育理念,一点也不逊色。至于儒者倡义以及利、墨者以利而为义等思想方法和理论阐述,常常造成了"儒者重义""墨者重利"的印象,则是对孔子和墨子的极大误会。远在西南的巴蜀地区,自汉景帝末年文翁开设石室学官,传授儒家"七经",从而开启了地方政府办学传授儒学的先河;东汉后期蜀守高眹修复石室,新起周公礼殿,彩绘历代圣贤名流画像以供祭祀,形成庞大祭祀体系,正式形成"庙学合一"体制,实现了知识殿堂和精神家园的一体化,这一制度领先中原王朝300年。至于"王弼传郑学"以及廖平受张之洞"贿逼改说"等观点,经笔者考察发现:查无实据,羌非故实。此外,为继承和弘扬近世学术传统,本人还与同道及师门合作,编纂整理出版了《廖平全集》和《金景芳全集》,其整理价值与学术内涵,则分别在二书的序言中有所反映。

第四组"当代儒学"6篇,主要探讨儒学在当代的运用和未来出路问题,重点有三:一是恢复民国初年被废除、"文革"时被重点批判的"经学"(或儒学)学科,对其必要性和可行性进行探讨。二是儒学在当代和未来如何重获学术生命力,实现其淑世济人的价值?三是儒学在中华文化中的地位,或者说国学的主体内涵是什么?对于前者,我们发现,儒学具有独立的经典体系、学术体系、思想体系和知识体系,也具有悠久的历史、丰富的成果和庞大的文献,其历史积累和文化积淀都十分丰厚,近代废除"经学"学科是儒学遭受重创和支离,使中华文化缺乏自信、被阉割自新活力的重要原因。今天要培养出合格的儒学人才,促进儒学的当代创新和发展,就必须恢复儒学学科,推行系统的儒学教育。对于第二个问题,我们认为,为了促进儒学的创造性转化和创新性发展,应当实施"经典儒学"与"大众儒学"双轨并进、协调发展的路子,以经典儒学来加强儒学的学术创新,产生传世精品;以大众儒学来推动儒学的应用发展,提升其淑世价值。对于第三个问题,我们认为,"国学"无疑是博大精深、内涵丰富的,但也十分庞杂、五花八门,今天讲好"国学",就要突出其信仰体系(如儒释道)和价值体系(如忠质文、三统)、知识体系(如四部、六略、六经、七学等)和特殊技能(如六艺、琴棋书画、诗词歌赋等)、道德体系(如五常、八德等)和行为规范(如十义、礼仪文明、君子风范等),是即"三体六面"。归根结蒂,讲论"国学"还是要将儒学价值和内涵讲清楚,因为儒学是国学的主干。

最后还附录有《国学经典价值与高校通识教育》,则是2016年夏,我应国家教育行政学院之邀,与朱汉民、颜炳罡,共同为于建福教授主持的"全国高校校长、党委书记(或副校长、副书记)经典与大学素质教育培训班"会讲时的录音整理。因其基本代表我们几位关于经典价值的观点,对当下大学教育还有参考价值,故亦附录于兹,以广其传。

四个部分既各自独立,又互相关联:"《儒藏》论衡"反映了近20年我们所从事的主体工作的状况,其他研究都是在为其奠基、开路服务的,有的则是因编《儒藏》而引申开展的。"经学丛考"主要解决儒学文献中主体和源头部分的疑难问题;"儒史钩沉"则是对儒学史上的一些模糊问题进行稽索;"当代儒学"则思考儒学在当代和未来的发展与应用问题。虽然比较零碎,倒也互相响应和互为补充,同时也应验了我们提倡的"经典儒学"(儒藏、经学、儒学史)与"大众儒学"(当代儒学)双轨并进的思路。职是之故,本论集即以"儒藏论衡"命名,而以"经典儒学与大众儒学"副之可矣!

最后需要说明的是,收集和整理本论集是由我们《儒藏》助理马琛硕士完成的!是她帮我选目,然后一篇一篇地甄别沙汰,删重去复;再录入校勘,审定引文。一件一件,一桩一桩,都做得很仔细认真。马琛还为每一组文章写了"导语",以便读者入门了解,是她帮助我实现了文章的自我反省。在这里,我必须要向她说一声"谢谢"!

至于上海古籍出版社社长高克勤先生、总编辑吕健先生,在得知我有总结整理文集之后,慨然同意出版,并安排得力编辑人员,帮我完成编校工作,使之在不长的时间内得以面世,更是我应当深致谢意的!

舒大刚
2018年元宵夜,记于成都川大花园寓所

目录

001　自序

儒藏论衡

003　《儒藏》总序
　　——论儒学文献整理的必要性和紧迫性

015　谁是中华《儒藏》编纂的第一人
　　——湖湘学人孙羽侯

018　谈谈《儒藏》编纂的分类问题

032　试论《儒藏》"论部"的分类方法

046　论《儒藏》"史部"的分类问题

054　继承蜀学传统，整理儒学文献
　　——四川大学《儒藏》编纂纪事

经学丛考

061　"十三经"：儒家经典体系形成的历史考察

075　"蜀石经"与"十三经"的结集

085　试析宋代"古《易》五家"在恢复古《周易》上的重要成就

104　《周易》复卦卦辞"七日来复"新诠

117　"《乐经》亡于秦火"辨析

125　逸礼考略

140　《孝经》名义考
　　　——兼及《孝经》的成书时代

153　汉代儒学文献的发展与演变

173　苏东坡"经学"三书提要

儒史钩沉

185　孔子"三统"：中华民族信仰略论

201　孔子的教育思想

218　《易》墨的"义利观"略论

230　仁义·礼乐·忠信：荀子求实的价值观

239　"王弼传郑学"驳议

248　"庙学合一"的创举：成都石室学宫"周公礼殿"考

279　《廖平全集》总序

298　龚道耕学术成就刍议

320　金景芳先生生平与学术简论
　　　——《金景芳全集》序

当代儒学

339 重建儒学学科　提高文化自觉

345 "经典儒学"与"大众儒学"
　　——儒学当代复兴之路

356 孔子儒学与中国现代高等教育

358 实现"中国梦"的传统途径

370 中华"国学"体系构建刍议

385 谈谈儒学学科建设的必要性和可能性

390 附录：国学经典价值与高校通识教育

儒藏论衡

儒学是中国文化的主干,自汉武帝以下曾被历代统治者推为「独尊」的国家学术和民族信仰,与佛教、道教形成三足鼎立之势。但是,儒学却没有像佛、道之《大藏经》《道藏》那样拥有一部自己的大型丛书。历经明代孙羽侯、曹学佺,清代周永年倡导,汇集两千五百余年的儒学成果编成一部大型《儒藏》,一直是数百年来中华学人一大梦想。二十世纪末,率先发起《儒藏》编纂的四川大学,终于将此事正式提上日程。随后中国人民大学、北京大学相继开始《儒藏》编纂。《儒藏》一度成为学者关注的焦点,报刊、网络纷纷予以讨论。

本章收录作者结合《儒藏》编纂实践,从二十一世纪初陆续发表的《儒藏》系列论文,其中既论述了编纂《儒藏》的宗旨和意义,又针对目录分类、具体编纂体例等提出建设性方案。文中提出「三藏二十四目」的编纂体例,采用「影印加点校」「叙录加提要」等方式,在图书分类、经典导览、学术叙事、内容点评等方面,皆较新创意,已成儒学「南藏」的代表而广为学界认可。

《儒藏》总序
——论儒学文献整理的必要性和紧迫性

《儒藏》是有关儒学成果及其史料的大型丛书。它荟萃两千余年儒学著作，以系统的著录体例，分门别类地予以整理、校勘和编排。它作为中国古代儒学成就之集成，可望成为中国传统文化的一个象征，与《大藏经》《道藏》鼎足而三，永远滋养中华民族的心灵，并且代表中国文化走出国门，走向世界。今值《儒藏》出版之际，聊述因缘，以弁篇首。

一

儒学是中国的。两千五百多年前，中国的孔子集唐、虞、夏、商、周优秀文化之大成，总《诗》《书》《礼》《乐》《易》《春秋》为"六经"，树"仁义""忠信"之高标，垂"中庸""忠恕"之宏法，创立儒学，垂教万世。儒学生于斯，长于斯，昌盛于斯，亦曾一度衰微于斯。两千多年来，儒学是引道中国文化走向辉煌的指南北斗，是铸造中国文化特质的规矩准绳。它是中国文化之门、中国文化之蕴，对中国政治、经济、社会、思想、学术和文化各个方面都产生了重大影响，促成了中国人特有的世界观、价值观和思维方式的形成。它是中华民族精神的核心，是中国传统文化的主干和灵魂。在国际范围内，人们一提起中国文化，首先想到的无疑就是孔子，就是他所创立的儒学。在这个意义上，儒学是中国的，中国也是儒学的。要深入研究中国文化，欲准确地了解中国历史，不认识孔夫子，不研究儒学，就不能得其门而入，更不能得其精华和神韵！

儒学是东方的。古代东方，北起朝鲜半岛，东至日本列岛，南到印支半岛、南亚诸国，伴随着儒家"偃武修文""睦近徕远"外交方略的实施，东亚各国"成钧馆"（朝鲜）、"大学寮"（日本）、"国子监"和"国学院"（越南）等文教机构的设置，大批"遣隋使""遣唐使"、留学生和学问僧的派遣，儒学早已融入东方历史和社会，成为东方各个国家、各个民族共同的思想体系和价值观念的重要部分；东方各国的政治家、思想家和文化学者,或用儒学治世,或以儒理明志,与中华学人一道共同丰富和发展了儒学的思想和内涵。因此,国际"汉学界"在讨论东方社会时,无不异口同声地称之为"儒家文化圈"。崇尚"仁义礼乐"的儒家思想成了东亚各国共同标榜的文化理想。

儒学又是世界的。作为"四大文明古国"之一的中国的文化主流,儒学不仅影响了东方,而且辐射世界。就古代而言,先秦儒学是西方学者公认的世界上古文化"轴心时代"的主流思想,是古代东方思想文化的源头活水。儒学是开放性的,在历史发展演进的长河中,儒学不断以其"海纳百川""集杂为醇"的包容精神,融合涵摄了各种外来文化与文明,与时偕行,日新其德,使思想之源长盛,学术之树常青。儒学在历史上不断兼容并包各家学术、进行自我创新的历史,是中国文化生生不息、不断创造发明的历史,是人类文化宝库日新月异、充实丰富的历史,也是儒学不断影响和辐射世界的历史。她的经典和理论曾西涉流沙,南渡重洋,对近代思想启蒙和现代文明的形成产生过不可忽视的影响。在当今世界文化格局中,她又作为十三亿中国人及数千万海外华人和侨胞共同的文化符号和背景,卓尔屹立于基督教文明与伊斯兰文明之间,倡导"以和为贵""和而不同"的和平共处原则,以其"立己立人,达己达人"和"己所不欲,勿施于人"的忠恕情怀,化解各种矛盾,调停地区冲突。

儒学是历史的。在儒术盛行的时代,儒学不仅是中国古代的学术,而且几乎是中国学术的古代,它与古代中国文化的各个方面都结下了不解之缘。殷墟甲骨文有"儒"与"丘儒"之官,《周礼》有"师儒"之职,儒者在殷商时期就已发挥着重要作用。至春秋时期,孔子正式创立具有系统思想和文化特征的儒家学派,孔门弟子散游四方,友教诸侯和士大夫,"六艺"之学风行天下,开启了春秋战国时期士人的智慧,催生了诸子学派,促成了百家争鸣。从这个意义上讲,没有儒学,就没有诸子百家,也没有周秦学术。继而汉武帝"罢黜百家,表章六经",儒家经典教育与研究影响了中国两千余年的教育、选举和文化。可以说,中国的古代史主要就是儒学影响中国的历史。没有儒学,便没有古代中国的教育,也就没有古代中国的学术,也就不会有如此灿烂的中国文化。人类不可能生活在没有历史的真空之中,对于逝去的昨天,对于先贤的遗产,我们应该以回顾、反观、总结与传承的态度,在历史继承的基础上进行创新,用富有民族特色的创新来丰富历史、美化生活。作为与中国历史水乳交融的儒学,当然不能游离于历史继承之外,更不会自外于伟大的文化创新。

儒学又是现实的。孔子说:"殷因于夏礼,所损益可知也;周因于殷礼,所损益可知也。其或继周者,虽百世可知也。"中国是文明古国,也是文化大国,它的"古"不仅在于历史上曾经有过,更在于其历史传统一直在延续着;它的"大"不仅在于文化积累丰富,更在于其优秀文化一直在弘扬光大着。由殷可以见夏,由周可以观殷。后世之

"继周者",有秦、汉、晋、唐、宋、元、明、清,其民族则有华夏、"四裔"、汉族、少数民族。然而,只要是在华夏文化圈内崛起,只要是在中华大地上立国,无论愿意不愿意,主动或被动,都必然打上儒学文化这个不朽的烙印。纵观古今历史,无一例外。即使是少数民族入主中原,也必将被中原固有文化所融合甚至同化。如果说,在春秋战国时期还存在"以夏变夷"和"以夷变夏"的争论,那么自秦汉以后的中国,无论谁来当皇帝坐天下,都毫无例外将进行以"华化""汉化"为主流的多民族融合。"五胡十六国"是这样,辽、金是这样,蒙古族建立的元朝也不例外,满族建立的清朝更是如此。其原因也许多种多样,但其中以儒学为主体的华夏文化代表了当时的先进水平,代表了各族文化发展的共同方向,则是最深层的原因。特别是儒家从理论上将这一文化总结出来,建立起尧、舜、禹、汤、文、武、周公、孔子的"道统"体系,形成虞、夏、商、周、秦、汉、魏、晋、隋、唐等"正统"观念,并从教育上、实践中宣传和推广开来,从而形成了以儒学为核心的华夏文明的感召力和吸引力。尽管有些观念在今天已显得陈腐和落后,但它是千百年来维系祖国统一、加强民族团结的精神力量,更是激起"人生自古谁无死,留取丹心照汗青"之豪情的潜在动力。今天,即使我们已经跨入世界经济全球化的时代,瞬息万变、不可捉摸的世界局势,曾使传统文化被世俗化(甚至庸俗化)的社会和多元化(甚至诡异化)的思想所困厄,以至于一些人曾一度产生过摆脱文化传统"束缚"的想法。然而事实反复证明,文化传统是无法摆脱的,儒学对新世纪、新世界的作用和影响仍然是不可低估、不容忽视的。它已呈现出与日俱增、历久弥新之势。随着中国的和平崛起,综合国力的不断提高,中华民族的精神面貌也将焕然一新,中华民族的传统文化和中国人既有的价值观念正在得到重新审视和认同,儒学这一古老学科必将焕发绚丽的青春,儒家思想也将一如既往地作用于当今的世界。否则,20世纪80年代末,一百余位诺贝尔奖得主在巴黎讨论"面向二十一世纪"问题时,怎会发出"人类要在二十一世纪生存下去,必须回到二十五个世纪以前,去汲取孔子的智慧"的呼声?2004年8月,来自世界各地的两百余位专家学者齐集马来西亚首都吉隆坡,参加"第一届儒学国际大会",代表不同文化背景的专家学者深入讨论了儒学各类理念后,形成了《吉隆坡宣言》,宣称儒家"'忠恕之道'是促进世界和平、物我相谐的基石",提议"正式启动'以儒学救世'的机运,缔造二十一世纪儒学另一个国际化的新局面"!

儒学是理论的。儒家"游文于六经之中,留意于仁义之际",是一个阵容庞大的学术集群,儒学是一个内容丰富的思想体系,它集哲学、政治、伦理、社会、教育以及其他文化思想观念为一体,是中国精神的集中体现。其"太极生两仪,两仪生四象"(《周易·系辞传》)的命题,构成了中国人的宇宙图式和世界观。"过犹不及""中正""中庸"(孔子)的辩证思维,形成了中国人高超的思维方式和处世哲学。"仁义礼智信"(孔子、孟子、董仲舒)的五常之教,成了中国人做"新民"、立"新德"(《大学》)的指导思想。追求和平、讲究秩序的理论,成了中国人建立和谐社会、实现文明生活的理想模式。"载舟覆舟"(孔子)的君民关系论和"民贵君轻"(孟子)的"民本"思想,成了历代志士仁人反对专制集权、追求"仁政德治"的思想武器。"始乎为士,终乎为圣人"(荀子)、"进德修业"(《周易》)、"内圣外王"(庄子)的修身模式,构成了中国人终身向往的理想人格和修身之道。"己欲立而立人,己欲达而达人""己所不欲,勿施于人"(孔子)的"忠恕"情怀,成为中国人建立和谐人际关系的无上法则。这一切的一切,都经儒家的提倡、推广,逐渐融入了中国的民族精神之中,支撑着这个民族的生存、发展、繁衍,创造和丰富着自己灿烂的文化和文明。儒家经典是中国思想的源头活水,儒家理论是中华精神的思想宝库。我们只要不愿重过"从人到猿"的生活,当然就不会拒绝这份珍贵遗产的滋润。

儒学尤其是实践的。儒家"助人君顺阴阳,明教化",是修身之学、实践之学,伦理道德学说构成了儒家学说的核心和灵魂。儒家重视思想教育,注重个性修养和道德情操,提倡"舍生取义""杀身成仁""以天下为己任",强调道德责任感和历史使命感。它虽然上究"天人"之际,下探"心性"之微,形上无象,玄之又玄,但在讲究"博学""慎思"的同时,又特别强调"笃行"。它的"仁"便是要"爱人","义"便是要行而得宜,"礼"本身就是行为规范,"智"便是要知晓"仁义"之道而慎守弗失(孟子),"信"便是要言而行之(孔子)。儒家非常重视"五伦"教育,将其定义为人伦之始、政治之本。"五品"之教首倡于尧舜之《典》,"五教"之义复申于《左传》《孟子》,至《中庸》更将其奉为"天下之达道"。在儒家看来,五伦不顺,将伦理倒错,人将不人;五教推行,则社会和谐,政治清明。儒家成功地将个人的品德修养与国家的治理安定紧密地结合起来,把道德主体的能动作用与社会的道德感化力量有机地融为一体,从而使道德规范的约束功能与知耻自觉的自律机制更好地相辅相成。《大学》之书将"明明德""新民""止于至善"和"格物""致知""诚意""正心""修身""齐家""治国""平天下"等定义为修"大道"、闻"大义"的"三纲领""八条目",设为儒者奉行不二的大纲大法,更是儒家力行躬践哲学的集中体现。儒学正是以其理论与实践结合、个体修养与群体利益结合、道德修养与政治事业结合的学术思想,形成了中华民族"自强不息""厚德载物""仁义道德""孝悌忠信""民胞物与""崇德广业""诚实守信""见义勇为""文明理性""公平正直""礼义廉耻"等优秀品德,这是它有别于宗教神学的根本之处。

总之,儒学作为历经两千五百余年发展的系统理论,已成为中华文化的血脉和灵魂,成为人类文化的共同遗产和精神财富。它既是中国的,也是东方的和世界的;既是历史的,也是现实的;既是理论的,也是实践的。尽管儒学作为古代的一种意识形态和文化体系,也存在不太适应现代社会的内容,特别是经两千年间专制君主的利用与歪曲,使它带上了许多旧时代的特征。但是,我们无论是要认识中国,还是要研究世界;无论是要回顾历史,还是要服务现实;无论是要探讨理论,还是要躬行实践,在古今中外学术中,儒学都应位居首选,理当认真研究和弘扬。这就是它在历经了无数风风雨雨、艰难磨砺之后,仍能像凤凰涅槃一般不断获得新生的缘由所在。儒学在今天即使已经失去了从前"塞乎天地,横乎四海,施诸后世而无朝夕,放诸四海而无不准"(曾参)的无所不包、无所不能的地位,但若要认真地研究和认识中国,特别是中国人面对当今世界经济全球化、政治多极化、文化多样化的局面,要参与全球文明对话,重建人类文化新秩序,我们检点一下自己的文化库存,并衡之古今中外的价值标准,除了以儒学为主体的优秀传统文化外,似乎也没有其他更好的选择。

然而,由于历史的原因,特别是"西学东渐"大潮下的"中学"迷失,"疑古过勇""文化革命"带来的文化虚无主义,以至于"儒学在哪里""儒学为何物""儒学研究从何着手"之类不该存在的问题,在儒学诞生之地的中国却成了"严重问题"。儒家著作或灭于劫灰,或毁于人祸,或流失于重洋之外。其所存者,亦分散于群籍,杂厕于四部,未能得到有效的利用。人们常常会感到:要研究孔子而不知孔子资料何在,欲研究儒学却不见儒学文献全貌,欲研究经学却不知何经可信、何书可读。至于在汲取已有儒学与经学研究成果的基础上,做更高层次、更高水平的研究,则大有无所措手足之感。究其原因,皆在于近百年儒学传统的丢失,尤在于儒学迄今未有一部自己的文献集成。要摆脱儒学研究的这一隔世感与陌生感,确立儒学的本位意识,认真搜集和整理儒学文献,建构完备的儒学文献库,就是十分必要的和迫切需要的了。前人为矫"心学"末流"束书不观"之弊,而倡"舍经学无理学"之说,今天要纠正"疑古过勇""文化革命"造成的文化虚无之失,我们也不得不重申"舍文献无儒术"了。这就是我们提倡编纂大型儒学丛书——《儒藏》的原因所在。

二

在中国学术史上有所谓"三教九流"之称,"三教"即儒、释、道,"九流"即诸子百家。佛教的文献已经有中外各种版别的《大藏经》收集,道教文献也有古今诸本《道藏》汇录,就连分量并不庞大的诸子著作,也有《百子全书》《诸子集成》系列来结集。可是迄今为止,作为中国文化主干的儒学,却没有像佛、道、诸子那样,拥有自己涵盖全面的大型丛书。

通观中国历史,每一次大规模的文化复兴无不是伴随着对前代文献的全面搜集和整理而出现的。《隋书·经籍志序》曰:"夫经籍也者,机神之妙旨,圣哲之能事,所以经天地、纬阴阳、正纪纲、弘道德。显仁足以利物,藏用足以独善,学之者将殖焉,不学者将落焉。……其王者之所以树风声、流显号、美教化、移风俗,何莫由乎斯道!"历史已经昭示,儒学的创立和战国的学术繁荣是以孔子删订"六经"为契机;西汉的经学初成与文化复苏是以"除挟书之律,开献书之路"政策的实施为先导;东汉的经学与文学、史学的繁盛是以西汉末年向、歆父子校书为基础。同样,隋大业间广泛的收集图书和初唐的整理图籍,奠定了大唐文明的基石;北宋初广泛的文献整理,揭开了中国文化高峰"宋代文化"的序幕;清朝的《古今图书集成》和《四库全书》等大型文献修纂工程的实施,直接促成了以"乾嘉之学"为代表的"清学"的形成。文献是文化得以传承和发展的载体,资料更是从事一切科学研究的基础,文献学和史料学正是保障文献、史料得以科学利用和有效推广的"先行官"。儒学要在新世纪得到发展和复兴,重返淑世济人之路,对其以文献为载体的成果进行彻底清理和合理继承,便是先决条件。可惜的是,大规模地搜集和整理儒学文献,并编制成大型儒学丛书,历史上虽屡有倡议,却始终没能实现,甚至专门而系统的儒学文献著录体系也未曾确立。这对于以儒立国、以儒治世的中国而言,无疑是莫大的遗憾。

司马迁《史记·儒林列传》说:"孔子闵王路废而邪道兴,于是论次《诗》《书》,修起《礼》《乐》。"又在《孔子世家》说:"孔子以《诗》《书》《礼》《乐》教,弟子盖三千焉,身通六艺者七十有二人。"《庄子·天运篇》和《天道篇》也有孔子"治《诗》《书》《礼》《乐》《易》《春秋》六经以为文"和孔子"繙十二经以说"的记载。说明孔子是将古典文献整理出来,形成"六经"或"十二经"概念的第一人。

汉代刘向、刘歆父子整理群书,编成《别录》《七略》,《七略》是中国第一部目录学著作。班固据《七略》删成《汉书·艺文志》,其中《六艺略》记录儒家经部图书(按易、书、诗、礼、乐、春秋、论语、孝经、小学排列,附史书于《春秋》之后)103家、3123篇;《诸子略》的"儒家类"记录《晏子》《子思》《曾子》以下至《刘向所序》、《扬雄所序》儒学诸子53家、836篇。两类共有儒学文献156种、3 959篇,已备儒学文献"经部""论部"二体。但在整个《汉书·艺文志》著录的"六略三十八种、五百九十六家、万三千二百六十九卷"中,儒学文献只占一小部分。

三国、西晋有《中经簿》及《中经新簿》，创立了"四分"法。魏秘书郎郑默始制《中经》，晋秘书监荀勖又因《中经》更著《新簿》，"分为四部，总括群书"。荀氏创立以甲、乙、丙、丁标目，甲部即后来的"经部"，著录与《汉书·艺文志·六艺略》相同；乙部即《汉书·艺文志》的《诸子略》《兵书略》《术数略》，即后来的"子部"；丙部即后之"史部"；丁部即《汉书·艺文志》的《诗赋略》，亦即后来的"集部"。《隋书·经籍志》承之，并正式以经、史、子、集命名四部。此后，直至《四库全书总目》，四分法作为中国图书分类的主流，成了古典目录分类的固定体例。需要特别指出的是，六分也好，四部也好，都是百科书目，不是专科目录，更不是儒学文献的总目。

　　南北朝时期，道教已有陆修静的《三洞经书目录》，佛教有梁僧祐的《出三藏记集》，唐开元时期佛教又有《开元释教录》，都创立了很好的专题文献著录体系。就儒学的发展史和当时地位而言，不应在目录学上毫无建树。《魏书·儒林传》载孙惠蔚上疏："臣请依前丞臣卢昶所撰《甲乙新录》，欲裨残补阙，损并有无，校练句读，以为定本。"并说"今求令四门博士及在京儒生四十人，在秘省专精校考，参定字义"。这里的《甲乙新录》是一部目录书，但它是什么样的书目呢？由于"《隋志》略而不言"，学人或疑"其书名为甲、乙，或是只录六艺、诸子，抑举甲、乙以该丙、丁，皆不可知"（余嘉锡《目录学发微》卷三）。我们认为，荀勖《中经新簿》以甲部纪六艺、小学，乙部纪诸子、兵书、术数。东晋李充虽已将其乙、丙互换，以乙部纪史书、丙部录诸子，但当时南北隔绝，卢昶未必及时采纳，此之"甲""乙"或仍当是经、子两类。孙惠蔚欲请"四门博士及在京儒生"与其一起修订，其书乙类所录则有可能就是儒家诸子。依此考察，卢氏《甲乙新录》也许就是当时的儒学目录。至宋代，高似孙有《史略》《子略》《纬略》等专题书目，用以著录史部、子部和谶纬类图书。但当时仍无专题性儒学总目传世。

　　真正较系统的儒学文献专科目录，是清初朱彝尊的《经义考》三百卷。《四库全书总目》卷八五说："是编统考历朝经义之目，初名《经义存亡考》，惟列存、亡二例。后分例曰存，曰阙，曰佚，曰未见，因改今名。凡御注、敕撰一卷，易七十卷，书二十六卷，诗二十二卷，周礼十卷，仪礼八卷，礼记二十五卷，通礼四卷，乐一卷，春秋四十三卷，论语十一卷，孝经九卷，孟子六卷，尔雅二卷，群经十三卷，四书八卷，逸经三卷，毖纬五卷，拟经十三卷，承师五卷，宣讲、立学共一卷，刊石五卷，书壁、镂板、著录各一卷，通说四卷，家学、自述各一卷。其宣讲、立学、家学、自述三卷，皆有录无书，盖撰辑未竟也。"朱目主要对经学文献进行分类著录，只有少量篇幅涉及儒学的师承、宣讲、立学、刊石、书壁、镂版、著录、通说、家学和自述等内容，而且其中宣讲、立学、家学、自述四目实付之阙如，并无著录。《经义考》只对经部文献著录较全，却对儒学诸子（理论类）和儒学史料图书注意不够（或根本未曾涉猎）。因此，《经义考》尽管是一部有规模的儒学文献总目，但还不是儒家著作的全录，也未对儒学著作进行系统分类。

历史上较大型的儒典丛刻有以下几次：东汉的"熹平石经"，曹魏的"正始石经"，唐初的《五经正义》，中唐的"开成石经"，五代孟蜀的"蜀石经"，宋代形成的《十三经注疏》，清初的《通志堂经解》，清中后期的《皇清经解》和《续皇清经解》等。但是规模都较小，难成体系。"熹平石经"只有《周易》《尚书》《鲁诗》《仪礼》《春秋》《公羊传》《论语》七经。"正始石经"只有《古文尚书》《春秋》《左氏传》三经。《五经正义》由唐太宗下令孔颖达负责修撰，只有五部，即：《周易正义》《尚书正义》《毛诗正义》《春秋左传正义》《礼记正义》。"开成石经"只有白文十二经：《易》《书》《诗》《周礼》《仪礼》《礼记》《春秋左氏传》《公羊传》《穀梁传》《论语》《孝经》《尔雅》。"蜀石经"正式形成"十三经"概念，但总量也只比"开成石经"多一种，即北宋补刻的《孟子》。南宋及明清汇刻的《十三经注疏》，也只有十三部。以上丛刻各经收书都只有一种，构不成系统的著录体系。

清徐乾学和纳兰性德等人汇刻成当时最大的儒学丛书——《通志堂经解》，收宋、元、明经书注解一百四十六种，按《易》《书》《诗》《春秋》"三礼"《孝经》《论语》《四书》《尔雅》九类编刻，又称《九经解》。继此盛举，阮元和王先谦先后主持编刻了正、续《皇清经解》，共收清代经解类著作389种，规模已经不小，但两套丛书都只"以人之先后为次序，不以书为次序"（严杰《编刻皇清经解序》），所收图书未曾分类。而且以上三部丛书都限于儒家经部著作（《皇清经解》间涉笔记和别集），著录范围不广，未将儒学文献尽可能地收录，不利于创建儒学文献的分类体系。

缺乏严格科学的分类方法，这对于小型丛书来说倒也无妨，但是对于将容纳数千近万种图书的《儒藏》来说，就绝不能引以为法了。更何况上述几种儒学丛书都仅限于经部文献，儒学其他的理论著作、史料著作，一概付之阙如，这样的丛书当然不能担当起完整地反映儒学全部成果，全面地展现儒学历史，系统地收集和保存儒学文献的重任，也不能为读者提供"即类求书，因书究学"之方便。

儒学文献既无大型丛书，又无系统著录的状况，在明代万历年间曾引起学人的极大关注，汤显祖《孙鹏初〈遂初堂集〉序》记载，当时的湖湘学人孙羽侯（字鹏初）就曾发愿编纂《儒藏》，其文云："（鹏初）尝欲总史传，聚往略，起唐虞以来至胜国（元朝），效迁史体，为纪传之书；而因以櫽括'十三经'疏义，订核收采，号曰《儒藏》。"（《文章辨体汇选》卷三一〇）惜未成编。既而曹学佺亦有感于"二氏有藏，吾儒何独无藏"，而"欲修《儒藏》与鼎立"（《明史·曹学佺传》）。曹氏《五经困学·自序》也曾自述："予盖欲修《儒藏》焉，以经先之也。撷四库之精华，与二氏为鼎峙。"曹氏生平曾编撰成许多大型著述，可惜只留下《儒藏》编纂的设想和《西峰儒藏》五册（宋儒语录之摘编）。清乾隆年间，山东学人周永年撰《儒藏说》一卷，推《儒藏》编纂为"学中第一要事"，但也未付诸实行。

20世纪90年代，在孔子故乡山东省，出版了大型儒学丛书《孔子文化大全》。这是一部力图"比较全面地展示孔子文化和儒家学说全貌"的丛书，编辑体例突破了传统的"四部法"，"分为经典、论著、史志、杂纂、艺文、述闻六类"著录各书。前三类和第五类显然继承了传统经、史、子、集四部分类法，而又增加杂纂、述闻二类以济四部之穷，显示出不凡的变通精神和创新意识。但总共收书只有106种，是在"与儒家有关的著述不在数万部之下"的群书之中，经过一番"去芜取精"编纂而成的，数量十分有限。从内容上看，编者虽然立意"收录孔子和历代儒家代表人物的经典著作及古籍资料，古今学者论著及研究成果，未曾面世的珍贵文献"等，但由于篇幅受限，编者只能对孔子、曾子、颜回、孟子等儒家代表人物的资料收录较全，其他诸儒的著作和资料却概未涉猎，显然没有达到集儒学成果之大成、成儒学资料之全书，亦即儒学之"藏"的水准。

汇集儒家经学的、理论的和历史的文献，编纂出一套大型丛书；同时研究儒学文献的类别，创立一套新型的适合儒学文献的分类体系和著录方法，仍然是摆在当今学人面前亟须完成的神圣使命。

三

《儒藏》是儒学之"藏"，它是儒家经学成果的集成，是儒家思想理论的荟萃，是儒学历史文献的总录。两千五百年的儒学历史将在此得一大总结，此后的学者专家将方便地觅得儒学研究的资料。它是对儒学文献的一次大搜讨，是对儒学成就的一次大检阅，也是对儒学历史的一次大扫描。前于此的儒学发展史，将由此而得到"辨章学术，考镜源流"式的疏通清理；后于此的儒学研究，亦将借此"即类求书，因书就学"，得到查阅资料的方便。对于前者，《儒藏》是总结，是一部具有系统体例、用图书构建起来的"大型儒学史"；对于后者，《儒藏》又是开新，是根据现代科学研究需要，用分类资料组成的"巨型资料库"。我们希望，这一工程能够成为承前启后、继往开来的转折点，成为新时代儒学复兴的奠基石。

《儒藏》的编纂不是简单的文献汇集和影印，而应该是严肃的科学研究和学术创新，应在普查、统计和分析研究现存儒学文献性质和类别的基础上，综合运用儒学史、经学史、文献学、目录学、版本学和历史编纂学等知识，参考和吸收佛、道二"藏"的编纂经验，结合当代学科分类特点和学术研究需要，建立起尽可能系统的、科学的、实用的儒学文献分类体系。

科学合理的分类必须建立在全面调查研究的基础上。昔汉成帝欲校群籍，先遣谒者陈农"求遗书于天下"；清乾隆将修"四库"，诏令各级官吏采进图籍，皆此类也。今欲编纂《儒藏》并探讨儒学文献的分类方法，当然也要以广泛的资料信息为基础。它离不开对儒学文献分布情况的系统调查，离不开对儒学文献类别的充分了解和研究。那么，历史上到底有多少儒学文献呢？这些文献流传和保存情况如何呢？它们包含了哪些类型呢？传统目录书在每一类著录之后，都对该类图书的门类、种数和卷数有所统计，马端临《文献通考·经籍考》又转录了这些统计资料，清朱彝尊《经义考》卷二九四更设有"著录"一目来汇录此类信息。但是，时移代易，书缺简脱，其间所录，或存或亡，或有或无。这些书目的信息现在只具有参考价值，而不具有使用意义了。现存儒学文献的数量与类别，仍然有待于重新调查和统计。仅以《中国丛书综录》论，其"经部"所录现存经学文献已达五千余种，如果再加上"子部"和"史部"的儒学诸子、儒学史料等书籍，无虑万余种之多。这些还只是收入丛书的，丛书之外无疑还有大量单刻本儒学文献存在，若计其种类，必有倍蓰于兹者。这些文献，就传统的分类目录而言，当然散见于经部、史部、子部、集部之中，今编《儒藏》，自然得从四部中去取材。但这只是儒学文献分布的状况，而不是儒学文献的基本类型，似不能以"四部"来构建《儒藏》的分类体系。

细审现存儒学文献的类别，大致不外乎三大类：以经书为主体的经注、经解和经说系列；以儒家理论阐发为主要内容的儒家子学、礼教、政论、杂议系列；以记载儒学历史为主要内容的人物、流派、制度、书目、学校等系列。如果每一类用简洁的词语来表述，即"儒经""儒论""儒史"。编成《儒藏》即是"经藏""论藏""史藏"，简称之，则为"经""论""史"。

至于传统目录中的"集部"，如果整部都论儒理，当然应整体收入论部。但是后世别集内容庞杂，无相应部类可入，有的甚至连是否可以完整进入《儒藏》也成问题。故"集部"的资料，将采取分类辑录的方式，对其中儒学理论资料、群经论述资料、儒学人物和儒学史资料，分别选编归入各部。具体而言，其经解、经论的篇什，收入"经藏"；其记儒学史或儒学人物的篇什，则入"史藏"；其论儒家理论的，则入"论藏"。从前阮元编刻《皇清经解》，除收录经解专著外，其他单篇的经解经论资料"凡见于杂家、小说家及文集中者，亦序次编录"（严杰《编刻皇清经解序》），不为无见。

为了尽可能多地收录儒学资料，《儒藏》采用"丛书"兼"类书"的办法处理各类文献。对于整部收录的图书来说，《儒藏》是一部大型的"儒学丛书"；就分类辑录而成的专题文献而言，《儒藏》又兼有"儒学类书"的性质。《儒藏》正是"丛书"和"类书"的统一，是"专题丛书"和"专题类书"的合一。

"经""论""史"三大藏，可以统摄各类儒学著作和儒学史料。每部之下，再根据需要，将文献分为若干类目，如："经藏"可以分为元典（儒经白文的重要版本）、周易、尚书、诗经、三礼（含周礼、仪礼、礼记及总论）、春秋（含春秋经、左传、公羊传、穀梁传及总论）、孝经、四书（含大学、中庸、论语、孟子及总论）、尔雅（附小学），再加群经（含总论、通考、经论等）、谶纬等；"论藏"可分儒家、性理、礼教、政治、杂论等；"史藏"可分孔孟、学案、碑传、年谱、史传、学校、礼乐、杂史等。以此"三藏二十四目"，庶几可将儒学成果及其历史收揽无遗。

在收录、整理、编类和对"史部"文献进行标点、校勘外，我们还特别注意学术的辨章与文献的述评。为入选各书撰写简明"内容提要"，对作者之生平、著述之源流、版本之流传、内容之梗概，略作评介。仿《四库全书》例，"分之则散弁诸编，合之则共为总目"。在三部、二十四类之前，分别撰有"总序""分序"和"小序"，讨论儒家学术的源流、各门文献的历史，为读者提供必要的儒学史、经学史、儒学文献史、专经研究史等基本知识，希望使《儒藏》这部在一定体系下用图书构筑的"儒学大厦"，轮廓更为分明地展现在读者面前。

《儒藏》将儒学文献分为"三藏二十四目"来分类著录，以"丛书"和"类书"结合的方法来区别处理，形成以儒学为主题，以"儒经""儒论""儒史"为基本著录体系，将历史上内容繁多、门类复杂的儒学文献系统地搜集和编录起来。"儒经"基本是儒家"经学"成果的汇编；"儒论"基本是儒家理论即儒学思想的资料汇编；"儒史"则是儒学史的资料集成。类例明晰，著录有序，重点突出，源流清楚。儒学的各类文献既得到了系统的著录，各门学术也得到了寻源溯流式的考索。上可综览儒学群书，下可方便来学使用；内可保存儒学书籍，外可宣传儒学理论，于古于今，于存于用，实为两便。

自明朝万历初年孙羽侯首倡《儒藏》编纂以来，欲集中国儒学文献而成一部足与佛、道二"藏"相鼎立的大型丛书，一直是四百余年间历代学人的梦想。其间虽有曹学佺、周永年等人的推波助澜，却因政治的、历史的或技术的种种原因，未能如愿。今值科学昌明、文运隆兴之时，温故知新，继承与创新交相辉映；以人为本，人文共科技比翼齐飞。我中华学子，感奋于先贤"为天地立心""为生民立命"的壮志豪情，重申"为往圣继绝学""为万世开太平"的神圣使命，继承先贤先儒之遗愿，绅绎金匮石室之藏书，旧学新统，成兹《儒藏》，董理国故，其命维新。两千载儒学之成就萃兹一"藏"，四百年学人之憧憬即将成真,前乎此者既因之而明,后乎斯者将借此以兴。辨章学术,儒学文献的整理著录,体系粗具;考镜源流,道统学统之师传授受,厘然区分。继往开来,推陈出新,力虽不逮,而心向往之。其有知者,愿赐教焉。

原载《西南民族大学学报》(人文社科版)第26卷,2005年9月。
2010年11月重订,2013年12月再订。

谁是中华《儒藏》编纂的第一人
——湖湘学人孙羽侯

随着教育部哲学社会科学重大攻关项目"《儒藏》编纂与研究"招标工作的尘埃落定,由北京大学牵头的《儒藏》编纂工程宣布正式启动了!有人称这是"千百年来中华学人的圆梦工程",有人称这是"前无古人的浩大工程",还有人称这是"中华第一部《儒藏》"。这些都表明学人对本次《儒藏》编纂工作意义十分看重。当然,也有严肃的学者从学术求真的角度,对到底谁是历史上最先提倡修《儒藏》的人进行了溯源,甚至有人对上述不准确的提法提出了质疑。如南开大学来新夏就有一篇专文《新编"儒藏"三疑》[①]说:

> 《中华读书报》的记者在报道中说汤一介教授主持的《儒藏》,是"前无古人的浩大工程"。把《儒藏》作为书名,确实未曾见过;但"儒藏"之说,据记忆所及,却是几百年前的事了。只是很少有人述其缘由,只有戴逸教授在座谈会上数典而未忘祖,提到了明末的曹学佺。他曾慨叹:"二氏(指佛、道)有藏,吾儒何独无藏?"遂决意修"儒藏"以与佛、道成鼎立之势。乃采撷四部,按类分辑,历时十年,因南明唐王覆灭以身殉,书遂中辍。曹氏不仅有说,而且有行。可惜壮志未酬,但曹氏无疑是《儒藏》的最早倡导者。

又说:

> 时隔百余年,在清乾隆前期,山东一位著名学者周永年(1730—1791)正式提出了《儒藏说》,反复阐述了"儒藏"的正名、立意、作用和意义,并提出条约三则,具体地规划了珍善本书的刊行流通、典藏办法、经费筹措与管理、贫寒者的资助等事务。在《儒藏说》的影响下,后来又有朱筠等人积极建议和推动,清政府也为体现其盛世修典的文化一统,决定于乾隆三十八年(1773)开馆编纂《四库全书》。

---

① 来新夏:《新编"儒藏"三疑》,《北京日报》2003年6月23日版。

并且说：

> 如果剔去佛、道、韩、墨的内容，《四库全书》也不失为一部像样的《儒藏》。这近二百年发展历程的言和行，至少应该算"儒藏"发展史上的先驱阶段。目前所为，可以说是在继承基础上的重大突破，说是"前无古人"，似可商榷。

来先生以上的考证基本上是正确的，但是说"曹学佺无疑是'儒藏'的最早倡导者"，似乎也可以"商榷"。曹学佺（1574—1647），字能始，侯官人。弱冠举万历二十三年进士。他主张修《儒藏》之事，《明史》卷二八八《曹学佺传》有载："（学佺）尝谓二氏有《藏》，吾儒何独无？欲修《儒藏》与鼎立。采撷四库书，因类分辑。十有余年，功未及竣，两京继覆。"这断叙述是引自曹氏的《五经困学自序》："予盖欲修《儒藏》焉，以经先之也。撷四库之精华，与二氏为鼎峙，予之志愿毕矣。"①

由于曹氏在文学上和文献学上的大名，他的这一倡议在清代又引起重视。清乾隆时期，周永年远相响应，撰《儒藏说》十八篇，周氏直接说："明侯官曹氏学佺欲仿二氏为《儒藏》。"又说："曹能始《儒藏》之议，自古藏书家所未及，当亦天下万世有心目者之公愿"，"曹氏《儒藏》之议见于新城说部"云云。②俨然以曹氏为《儒藏》首倡而自己为响应者相待。

诚然，修撰《儒藏》的设想曹学佺确实提出过，并且也曾实践过，但是，据笔者所知，在中国古代，曹学佺似乎还不是第一个提出修《儒藏》的人，也不是第一个对修《儒藏》有所实践的人。因为比他年辈要早的著名戏剧家、文学家汤显祖（1550—1616）在《孙鹏初遂初堂集序》中就提到过另外一个修《儒藏》的人。他说："（孙鹏初）尝欲总史传，聚往略，起唐虞以来至胜国，效迁史体，为纪传之书；而因以骔括'十三经'疏义，订核收采，号曰《儒藏》。嗟夫！公盖通博伟丽之儒矣！"③文中又称孙鹏初为华容人。明葛万里《别号录》卷五有："湘：孙羽侯，鹏初。"④《千顷堂书目》卷二五："孙羽侯《遂初堂集》十卷，字鹏初，华容人。"说明鹏初是孙羽侯的字，籍贯是湖南华容县。《明史》卷二三四曾提到孙氏其人。据雍正《湖南通志》卷一七〇所载：孙羽侯字鹏初，曾祖继芳，祖宜，父斯亿，皆有明著名文人，皆有功名，中进士或举人。羽侯于万历十七年

---

① 载〔清〕朱彝尊：《经义考》卷二五〇，文渊阁《四库全书》本。
② 〔清〕周永年：《儒藏说》，李冬梅校点，载《儒藏论坛》2006年第1期。
③ 载〔明〕贺复编：《文章辨体汇选》卷三一〇，文渊阁《四库全书》补文津阁《四库全书》本。
④ 〔明〕葛万里：《别号录》卷五，文渊阁《四库全书》本。

(1589)中焦竑榜进士,选庶吉士,历礼、刑二科给事中。万历二十三年冬,明神宗因"兵部考选军政,中有副千户者不宜擅署四品职",诘责台省,罢科道官四十人,羽侯即在其中。后里居著书,乡里称贤。善于诗文,汤显祖称:"公之所以为文也,盖江汉洞庭为水,渊巨足以滋演文貌;而鹑首祝融为火,雄精足以显发神明。然则公之文为必传,传而必久。李(梦阳)、何(景明)七子之间,有以处公矣。"①孙氏等40人受贬责之年,曹学佺方"弱冠"及进士第,年辈显然在孙氏之下。汤显祖生于1550年,卒于1616年,年龄也比曹氏为长,汤氏序中称孙羽侯为"公",则孙氏年龄不应在汤氏之下。因此,可以肯定地说:湘人孙羽侯才是第一个提出修《儒藏》的人,也是第一个"櫽括'十三经'疏义,订核收采,号曰《儒藏》"的人。二人时代相及,孙羽侯编《儒藏》的事(或志愿)曹学佺未必不知,何以《五经困学序》于孙氏只字不提? 这是值得探讨的。

由于史志对孙氏的生平记载简略,他对编纂《儒藏》到底做了多少事情,目前还不得而知。大概与曹学佺一样,都未最终编成,故后人知之者少。再加之曹学佺后来的成就显然比孙羽侯的大,声名显然比孙羽侯要响,名人效应淹没了孙氏的首创之功,这也是事理常然。连熟读《永乐大典》和参编《四库全书》的周永年,也只知道曹学佺,而不知道孙羽侯。周氏的《儒藏说》口口声声称"曹氏《儒藏》之议,自古藏书家所未及",他的这一说法又随着在他影响下推动的《四库全书》的完成而更加深入人心,故学人当然就更只知道有曹学佺、周永年,谁还会关心在曹氏之前还有没有最早的提倡和从事《儒藏》编纂的孙羽侯呢?

于是孙羽侯有三不幸焉:同时代的后生曹学佺,因自己的盛名而不愿提他这个前辈,此一不幸也;不同时代的周永年,过信曹氏《五经困学序》,习焉不察,将首创之功加诸曹氏,此二不幸也;时至今日,学人又因相信周永年的博学,对他的说法信而不疑,更未详考,此三不幸也。有此"三不幸",于是孙羽侯对编纂《儒藏》的首倡之功和实践之德,至今仍无人发覆! 如果说《儒藏》事业有宗法可循的话,曹学佺顶多算个"宗"而不是"祖",周永年只能算是"继别"的小宗,孙羽侯才是《儒藏》"百世不祧"之"祖"。来新夏先生曾戏称"戴逸先生数典而未忘祖",由此看来,戴先生、来先生所数最多只能算是"宗"而已,至于其"祖",则未见其得!

原载《儒藏论坛》2006年第1辑,署名舒畅。

---

① 载〔明〕贺复编:《文章辨体汇选》卷三一〇。

谈谈《儒藏》编纂的分类问题

儒学是古代中国居于统治地位的学术,在中国古代三大主流思想儒、释、道中实居首位。但是,儒学的文献却没有像佛教、道教那样得到系统整理,儒学不仅没有像佛、道二教有《大藏经》和《道藏》那样,拥有一部自己的《儒藏》,而且也没有像佛学文献和道教文献那样,有系统的著录体系。明朝万历时期,孙羽侯、曹学佺曾先后有编纂《儒藏》的倡议和举措,皆因明朝的灭亡而无功中辍;清乾隆时周永年又撰《儒藏说》重加倡议,曾引起学人极大关注,并一定程度上促成了乾隆皇帝下决心编纂《四库全书》,但是《儒藏》本身也因条件不成熟而未能实现。

1997年,四川大学曾将"儒学文献研究与《中华儒藏》编纂"列为文科重点项目,1999年又继续立为"211工程"重点学科建设项目。2002年末,中国人民大学和北京大学又相继召开会议,向社会发布编纂《儒藏》的消息;2003年底,北京大学在教育部哲学社会科学重大项目投标中胜出,成为"《儒藏》编纂和研究"的组织者和实施者。从此,编纂《儒藏》再次成为从事古代文献整理和学术研究的学者关注的焦点,报刊、网络对编纂《儒藏》的宗旨和意义,规模和价值,方式和方法,都进行了一定程度的讨论,足见学界对编纂《儒藏》工程的热心参与。但是,据笔者所知,目前有关《儒藏》问题的讨论还局限于"意义"(即重要性)和"方式"(校点或是影印)的探讨,对《儒藏》编纂学上的许多问题还未能深入讨论,认识不足。特别是编纂《儒藏》时不可回避的分类原则和著录体例问题,目前学人采取的只有简单的取舍态度,还缺乏认真的系统研究。如有的学者主张《儒藏》各书"按作者生卒先后排序";有的学者主张"采用最能代表儒家学术观的四部分类法"排列;或又主张"采用'经、史、子、集、丛'五分法"分类。为何采用这些编排方法,又都没有进一步说明,似乎这是一个不必讨论的问题。

唐代著名史学理论家刘知几曾说:"夫史之有例,犹国之有法。国之无法,则上下靡定;史之无例,则是非莫准。"①修史如此,编纂《儒藏》这样大型专业丛书就更是如此。笔者以为:举凡古之大著述大工程,无不重视体例,讲究类目,编纂丛书也不例外。如果类例不立,系统不建,学统不清,源流无别,丛书将不成其为丛书,学术也达

---

① 〔唐〕刘知几:《史通》内篇《序例》,黄寿成校点,辽宁教育出版社1997年版,第25页。

不到彰明之目的。即或是有旧时体例可以因循,省却许多烦恼,但如果因陋就简,不思更张,必然削足适履,难以完全适应,即或勉强采用,也是他人体例,非我自家风范。故欲成大著述者,必先明其宗旨,思其体例,首建系统,以自成风纪。是故向、歆司籍,九流以别,爰著《别录》,分立《七略》,使九流百家各有所统,诸子群书自得其归。唐撰《隋书·经籍志》,清修《四库全书总目》,虽然改六分为四部,类目也有很大调整,但其"辨章学术,考镜源流",建立类例,以统群籍之功用,实与向、歆父子无别。

北京大学曾宣称:"《儒藏》编纂工程,字数将超过 8 亿,规模相当于《四库全书》",这无疑是一项规模浩大的文化工程!作为《儒藏》这样大型的、专题的也是前无古人的丛书,如果没有分类,如果无所创新,不仅与如此浩大工程的地位极不相称,而且也与儒学文献的具体实际、学人阅读和使用《儒藏》时的特殊需求极不吻合。因此,只"按作者生卒年代编排"的构想似乎不尽合乎"辨章学术,考镜源流"的需要,似不宜作为大型丛书(特别是《儒藏》这样的学术性丛书)的编纂方法。"经、史、子、集、丛五分法"呢,这是在丛书中又列"丛书",无异《儒藏》中再有"儒藏",大有叠床架屋、繁复缭绕之感。故兹二说,这里暂且不予讨论。那么,据说是"最能代表儒家学术观"的四部法又如何呢?我们的直观感觉是:道大难容,缺乏创意。因为"四部"分类法自魏、晋时期就已经成为国家图书的收储方法和著录体系,渊源可谓久远,但它是百科群书、三教九流等综合性图书分类体系,儒学只是其中的一家,今天要编专科型《儒藏》,如何能够兼备众体?因此,"四部"分类法虽然已注意到要为《儒藏》找到一个"分类体系",但是找到的并不一定是科学、合理。因此仍有进一步讨论的必要。

四川大学自 1997 年以来,即对儒学文献作过一番调查和分析,在分类问题上也曾有过初步探索,这里愿结合这些摸索,谈点个人关于《儒藏》分类体系的体会,以就正于方家。更希望学界从事文献目录和儒学研究的专家学者,对此问题展开认真的讨论。

一 论"四部"分类法的形成和适用范围

诚然,"四部"分类法确是中国古代文献分类的主要方法,但它不是唯一的方法,也不是一成不变的方法。就像它的形成有一个历史过程一样,它的适应对象也有其特定的范围。"四部"法是在中国古代文献类别不断增加,同时部分图书又在日渐减少的情况下逐渐形成的,它是针对中国古代综合性文献的状况(即无所不包,无所不有)而设立的。

中国目录之学自西汉刘向、刘歆父子创立以来,经历了许多次演变,其分类有六分、四分、五分、七分、八分、九分、十分、十二分,甚至更多。每次分类的增减,都与当时面对的图书实际和学术需要有密切关系。由刘歆在其父《别录》基础上删定成的《七略》,首开中国图书分类著录之风。班固"删其要"而成的《汉书·艺文志》,至今还保留了《七略》分类的梗概:有《六艺略》《诸子略》《诗赋略》《兵书略》《术数略》《方技略》,"其一篇即六篇之总最,故以《辑略》为名"①。《辑略》即各类小序,因此《七略》实只分为6类,故王充《论衡·对作篇》说:"六略之书,万三千篇。"第一类《六艺略》即纪儒家经传诸书,第二类《诸子略》第一子目即是"儒家类",都是汉代"独尊儒术"政策在目录分类领域的表现。自刘歆《七略》、班固《艺文志》都表现"儒家独尊"或"以儒学统众学"的学术观,非特"四部"才有。这一分类,在学术上当然有"考镜源流,辨章学术"的作用,但也与当时图书实际和整理时的分工有关系。② 如兵书、数术、方技实难与诸子严格区分,只因当时兵书为步兵校尉任宏所校,数术为太史令尹咸所校,方技为侍医李柱国所校,故皆别立一个大类,与刘向、刘歆父子领校的经传、诸子、诗赋之书并列。又如《世本》《战国策》《奏事》《楚汉春秋》《太史公》(即《史记》)等皆是史书,实与"六艺"有别,但因当时只有8家、410篇,数量太少,难以自立门户,故追其渊源,附于《六艺略》"春秋类"下;至于诗赋,如果准此原则追究其渊源,亦系本之《诗经》,却因有106家、1 318篇之多,卷帙浩繁,难以寄生,故别立《诗赋》一略。

后世图书目录类别之分合,方法至多,要其准则,虽云本之向、歆,实亦因当时文献状况增减而在类目上有所损益,这是历代图书分类的通则。如魏晋时期,兵书、数术、方技以及先秦诸子书籍锐减,而历史、地理类文献又日益激增,故荀勖的《中经新簿》已不再坚持《七略》的六分法,只将中央藏书分为四部:一曰甲部,纪六艺及小学;二曰乙部,有古诸子、近世诸子,兵书,术数;三曰丙部,有史记、旧事、皇览簿、杂事;四曰丁部,有诗赋、图赞、汲冢书(《隋书·经籍志序》)。甲部当《七略》"六艺略";乙部则当其"诸子""兵书""数术""方技"四略;丙部即后之"史部",已从《六艺》中"春秋类"的附庸独立出来;丁部则当《七略》"诗赋略"。

由于荀勖将中国图书按四大类分编,有以简驭繁之效,故历代书目多所采用。东晋李充又将其乙、丙二部互换位置,将史书提于子部之前,从此之后,"秘阁以为永

---

① 〔南朝梁〕阮孝绪:《七录序》,载《广弘明集》卷三,《四部丛刊》影明本。
② 参见余嘉锡:《目录学发微》,巴蜀书社1991年版,第150—151页。

制"，著录奉为常法。南朝梁元帝时，又将四部之书各冠以"经、史、子、集"四者之名。① 唐修《隋书·经籍志》，以四部分类，用经、史、子、集命名各部，于是经、史、子、集的四分法遂成为中国百科图书主要的分类形式。连事事欲超越前人、处处想自立风范的乾隆皇帝也无法更改，由他"钦定"的《四库全书》和《四库全书总目》皆采用四分法。及至20世纪50年代，上海图书馆在为2797种丛书编制子目索引时，其《中国丛书综录》第二册即"以子目为单位，采用四部分类，部下又析为类、属"的方法编制而成。可见，四部分类法自魏晋以下至于近世，都是中国古籍图书主要的分类方法。

　　从发展眼光看，"四部"分类并不是放之四海而皆准的十全十美的方法。故荀勖、李充之后，对四分法进行改造者仍不乏其人。南朝宋王俭为公家撰著《元徽书目》，虽用"四部"法，但反映其本人学术思想的《七志》，却用七分法：一曰经典志，纪六艺、小学、史记、杂传；二曰诸子志，纪今古诸子；三曰文翰志，纪诗赋；四曰军书志，纪兵书；五曰阴阳志，纪阴阳、图纬；六曰术艺志，纪方技；七曰图谱志，纪地域及图书。另有佛、道二类附于书末，实为九类。如果说其前六志系用刘歆《七略》而略变其名，其第七志乃根据南北朝时期地图、谱录增加，故立图谱志；附录二志则因其时佛、道二教盛行，经典骤增，故设佛、道两志。之后，刘孝标和祖暅又有"五部目录"，南朝阮孝绪作《七录》又创为七分：一曰经典录，纪六艺；二曰记传录，纪史传；三曰子兵录，纪子书、兵书；四曰文集录，纪诗赋；五曰技术录，纪数术，谓之内篇。外篇则为佛法录、仙道录。合内外二篇，共为七部。唐、宋以后，书籍倍增于前，学术日繁于后，无论是体例还是内容，这些书籍都无法用经、史、子、集来包举了。故宋人编目，多只按"四部"法略将群书归于相近的部居，而不再总标以经、史、子、集之名。欧阳修等《崇文总目》、陈振孙《直斋书录解题》皆是如此。李淑、邓寅、郑樵等人，又在"四部"法之外更出新招，李淑《邯郸图书志》在经、史、子、集之外，更益以艺术志、道书志、书志、画志，共为8类；邓寅《邓氏书目》在"四部"之外，增加艺录、方技录、类录，共为7部；郑樵《通志·艺文略》于经类外，又有礼、乐、小学；诸子类外，有天文、五行、艺术、医方、类书，加上史类、文类，共12类。直至清儒，虽然官修《四库全书》及其《总目》已经"钦定"为"四部"，但是学人著书仍在继续探索新的方法，孙星衍《孙氏祠堂书目》在史学外，有地理、金石；诸子外，有天文、医律、类书、书画；加上经学、小学、词赋共为10类。这些探索都更接近群书增损的实际，也更符合日益专深的学科研究之需要。

　　总结以上所述，目录分类方法的创立，其原则不外二种，一是便于"辨章学术，考

---

① 〔北齐〕颜之推：《观我生赋》自注，载《北齐书》卷四五《颜之推传》。

镜源流";二是图书种类和数量的增减。有其书并已达到一定数量,就应为之立目;无其书(或是虽有而量太少),就没有必要空存其目。要其总归,端在于切于实际和合于实用而已。故余嘉锡先生说:"自来言及书目,辄曰经、史、子、集四部。实则自齐、梁以后已尝数变矣。今之学术,日新月异而岁不同,决非昔之类例所能赅括。夫四部可变而为五(祖暅),为六(《隋志》),为七(阮孝绪、许善心、郑寅),为八(李淑),为九(王俭),为十(孙星衍),为十二(郑樵),今何尝不可为数十,以至于百乎?必谓四部之法不可变,甚且欲返之于《七略》,无源而强祖之以为源,非流而强纳之以为流,甚非所以'辨章学术,考镜源流'也!"①实可针死守"四部"法者之膏肓矣!

吾人谈《儒藏》分类,是袭用《七略》,抑或采用"四部",或是采用其他,首先必须知道,《七略》"四部"等都是百科全书的分类方法,并不是为专题丛书而设的,更不是专为《儒藏》而设。《汉志》以《六艺略》统六经、小学之书(附录史部之书);《诸子略》统儒、道、名、墨、法等九流十家著作;《诗赋略》统赋,诗等作品;《兵书略》统军事理论及技巧等著作;《数术略》统天文、历法等著作;《方技略》统医药、神仙之书。除《六艺略》(史学著作又除外)、《诸子略》的"儒家"之外,几乎都不是直接的、真正的儒学文献。"四部"法也是如此,其"经部"大部(除少量小学著作外)、"子部"之"儒家",尚可以说是儒学著作,其他各部(如"史部""集部")都只有少部分属于儒学作品(如"史部""正史类"的儒林传,"传记类"的孝子传、忠臣传等;"编年类"的名儒年谱,"综录类"的学案等。至于"纪事本末类""别史类""史钞类""载记类""地理类"并不直言儒学,故留之无益。"集部"实为杂汇,多半不言儒理,一概存之,亦非良法),因此再一成不变地保留一个"史部"或"集部"就完全没有必要。由此可见,专题性丛书如果再一味照搬综合性丛书的分类法,就显得不伦不类,"道大难容"了。

二 论专题丛书当自立门户、别构营图

专题性丛书,必须结合专题文献的具体实际,根据专题研究的学术需要,进行既科学又实用的分类。中国历史上的佛教丛书《大藏经》和道教丛书《道藏》就是如此。

---

① 余嘉锡:《目录学发微》,第150页。

《大藏经》用经、律、论来统摄大小乘佛学文献；《道藏》用"三洞四辅"来统摄道教文献，都是从自身文献的实际情况出发，并没有直接照搬刘氏的六分法或荀勖的"四部"法。可惜的是，迄今为止，儒学丛书的编纂还没有探讨出一套系统的科学体例来。

《史记·儒林列传》说："孔子闵王路废而邪道兴，于是论次诗、书，修起礼、乐。"《孔子世家》也说："孔子以诗、书、礼、乐教，弟子盖三千焉，身通六艺者七十有二人。"《庄子·天道篇》载孔子"修诗、书、礼、乐、易、春秋六经"，"翻十二经以说"。说明孔子是最早将儒家经典汇集在一起，使儒学文献形成"六经"或"十二经"概念的人。

刘向、刘歆《七略》的《六艺略》记儒家经部图书（按易、书、诗、礼、乐、春秋、论语、孝经、小学排列，附史书于春秋之后）103家，3 123篇；《诸子略》"儒家类"记《晏子》《子思》《曾子》以下至《刘向所序》《扬雄所序》儒学诸子53家，836篇。两类共有儒学文献156种，3 959篇，已粗备儒学文献经部、论部二体。但是相对于《汉志》所录"六略三十八种，五百九十六家，万三千二百六十九卷"来说，还只是百科中的一科，《七略》不是儒学文献的专目。此后的四分法之《中经新簿》《隋书·经籍志》《四库全书总目》，七分法（或九分法）之《七录》《七志》等，其中也都著录有儒学著作，但都还不是专门的"儒学文献目录"。

在南北朝时期，佛教有梁人僧祐《出三藏集记》，道教已有宋人陆修静《三洞经书目录》，开元时期佛教又有《开元释教录》，佛、道二教都创立了很好的专题文献著录体系，唯独儒学专目未见，这在以儒立国的中华大地似乎不好理解。唯一值得注意的是，《魏书·儒林传》载孙惠蔚上疏："观、阁旧典，先无定目，新故杂糅，首尾不全。……臣今依前丞臣卢昶所撰《甲乙新录》，欲禆残补阙。"并"求令四门博士及在京儒生四十人"帮助完成其事。这里的《甲乙新录》是什么样的书呢？文献无明确记载。考虑到魏以来目录书用"甲乙丙丁"分部，也许此处的"甲乙"即荀勖《中经新簿》"甲部纪六艺、小学，乙部纪诸子云云"的"甲""乙"，也即是"经部"和"子部"，孙氏上疏特别提到"经记浩博，诸子纷纶，部帙既多，章篇纰缪"，表明他特别重视经部、子部之书。联系孙惠蔚自称"儒"者，申请"四门博士及在京儒生"共事，他所指的"乙部"可能系指儒学诸子。这样的话，由卢昶初创、孙惠蔚修订的《甲乙新录》可能就是中国最早的"儒家文献目录"。可惜此书久佚，《隋志》也未提及，其具体内容已经完全无考了。

中国现存真正意义上的儒学文献目录，是清初朱彝尊《经义考》。其书共三百卷，《四库全书总目》卷八五述其结构说："是编统考历朝经义之目，初名《经义存亡考》，惟列存、亡二例。后分例曰存，曰阙，曰佚，曰未见，因改今名。凡御注、敕撰一卷，易七十卷，书二十六卷，诗二十二卷，周礼十卷，仪礼八卷，礼记二十五卷，通礼四卷，乐一卷,春秋四十三卷,论语十一卷,孝经九卷,孟子六卷,尔雅二卷,群经十三卷,四书八卷,逸经三卷,毖纬五卷,拟经十三卷,承师五卷,宣讲、立学共一卷,刊石五卷,书壁、镂板、著录各一卷,通说四卷,家学、自述各一卷。其宣讲、立学、家学、自述三卷,皆有录无书,盖撰辑未竟也。"朱目主要对儒学的经部文献进行了详尽的分类和著录,只以少量篇幅涉及儒学师承、宣讲、立学、刊石、书壁、镂版、著录、通说、家学和自述等,又可惜其中的宣讲、立学、家学、自述四类阙载内容。《经义考》对儒学文献中的经部文献著录最全,但对儒学诸子(理论类)和儒学史料等文献,却注意不够。因此,《经义考》尽管是一部有相当规模的"儒学文献目录",但也还不是儒学文献的全部著录,也还未能对所有儒学文献进行系统分类。

在中国历史上,除了孔子"删定六经",汉、魏、唐、五代、宋、清等朝所刊石经有"七经""三经""九经""十二经""十三经"等"儒学经典丛刻"外,较大型的儒学丛书曾有以下几次:唐代的《五经正义》和"九经正义",北宋的《十三经注疏》,清初的《通志堂经解》,清后期的《皇清经解》和《续皇清经解》等。

《五经正义》只有五部书,即孔颖达主持编撰的《周易正义》《尚书正义》《毛诗正义》《春秋左传正义》《礼记正义》;后来徐彦、贾公彦等人续成《周礼注疏》《仪礼注疏》《公羊传疏》《穀梁传疏》,形成"九经正义"。北宋形成《十三经注疏》,在唐代的"九经正义"外增加《孟子注疏》《论语注疏》《孝经注疏》《尔雅注疏》。以上丛书每类收书都只有一种,更形不成儒学文献系统的著录方法。

清初徐乾学等实际操作的《通志堂经解》,收宋、元、明经书注解一百四十六种,按易、书、诗、春秋、三礼、孝经、论语、孟子、四书九类分编,又称《九经解》。正、续《皇清经解》共收清代经解三百八十九种,未曾分类,只"以人之先后为次序,不以书为次序"。① 三部丛书收书都限于经部(《皇清经解》间涉笔记和别集资料),著录范围都不太宽,也谈不上创建科学的儒学文献分类体系。

没有严整的、科学的分类,对于小型丛书来说倒也无妨,但是对于将容纳数千种乃至近万种图书的《儒藏》来说,就绝不可引以为法了。更何况上述几种儒学丛书都仅限于经部文献,对于其他儒家理论著作和史料文献,都一概付之阙如,这当然不能完整地反映儒学的历史全貌,也不能完全系统地收集、整理、保存和传布儒学文献,更不能达到"辨章学术,考镜源流"之目的。

20世纪90年代,在孔子的故乡,山东友谊出版社组织编纂了《孔子文化大全》,

---

① 〔清〕严杰:《编刻皇清经解序》,载《皇清经解》卷首。下同。

这是一部力图"比较全面地展示出孔子文化和儒家学说全貌"的丛书,虽无"儒藏"之名,却初具"儒藏"规模。其书"编辑体例细密严谨而又有所创新",突破了传统的"四部"分类法,将入选诸书"分为经典、论著、史志、杂纂、艺文、述闻六类"。其前三类和第五类显然有继承传统分类法经、史、子、集的地方,但是又增加杂纂、述闻二类以济"四部"之穷,显示出良好的灵活性和创新意识。但其书总共收书只有106种,是在"与儒家有关的著述不在数万部之下"的众多群书中,经过一番"去芜取精"才编成的,数量是十分有限的,只对孔子、曾子、颜回、孟子等儒家代表人物的数据收录较全,其他诸儒的著作和数据未能涉猎。显然远远没有达到集儒学文献之大成、总儒学资料之全书,亦即儒学之"藏"的水平。《孔子文化大全》虽然对儒学文献已有分类,但由于所涉图书类别有限,还未能对所有儒学文献进行分类处理。目前要编纂大型儒学丛书,创立一种新型的《儒藏》编纂方法和儒学文献分类体系,仍然是迫切需要解决的问题。

三　论《儒藏》当以"三藏二十四目"类编儒学文献

科学的分类必须建立在全面调查研究的基础上,探讨儒学文献的分类体系,也必须首先对儒学文献的分布情况和主要类别有全面了解。现存儒学文献,即以《中国丛书综录》"经部"论,其著录现存丛书的经部子目有4 000余种。如果再加上儒学诸子、儒学史料等书,无虑万余种之多。这些还只是丛书收录的,在丛书之外无疑还有大量单刻本存在,若计其种类,或相倍蓰,或至十百于兹。

最保守的估计,现存儒学著作也在30 000种左右。这些儒学文献,就传统的分类目录而言,当然会散见于经部、史部、子部、集部之中,故前辈学人欲编《儒藏》,都欲从四库图书中寻找数据。《明史·曹学佺传》载:"(学佺)尝谓二氏有《藏》,吾儒何独无?欲修《儒藏》与鼎立。采撷四库书,一因类分辑。"曹氏《五经困学自序》也说:"予盖欲修《儒藏》焉,以经先之也。撷四库之精华,与二氏为鼎峙。"但这只能说明儒学文献散于"四部"这一特点,并不是一定按"四部"来分类。

在明代,人们提出编《儒藏》还没有一致成熟的意见。汤显祖《孙鹏初遂初堂集序》载:"(鹏初)尝欲总史传,聚往略,起唐虞以来至胜国,效迁史体,为纪传之书;而因以櫽括'十三经'疏义,订核收采,号曰《儒藏》。"①孙鹏初本名羽侯,湖南华容人,晚明文学家。万历十七年(1589)焦竑榜进士,官礼、兵二科给事中。万历二十三年被贬逐,同年曹学佺"弱冠中第",说明他的年辈比曹学佺为早。如果要推究《儒藏》的首倡者,孙羽侯才是当之无愧的"第一人",周永年以及今人说曹学佺首先提出编《儒藏》是不对的。孙氏的《儒藏》是"櫽括'十三经'疏义"而成,约当"经解集成"(或"经义集解")之类,与曹学佺欲"采四部精华"而成的《儒藏》体例又自不同。

由于孙、曹之书卒未编成,所以他二人编《儒藏》的具体设想和体例,无可详考。百余年后,周永年曾揣度说:"曹氏《儒藏》议……大约须分四部,将现存有关系之书尽入之,四部可分四藏,而合为一大藏,犹释氏之以经、律、论为三藏也。"②这大概也是周永年自己的意见。

周永年撰《儒藏说》,大声疾呼收集和编纂《儒藏》。他讲到修纂步骤时曾说:"《儒藏》不可旦夕而成,先有一变通之法:经、史、子、集凡有板之书,在今日颇为易得,若于数百里内择胜地名区,建义学,设义田。凡有志斯事者,或出其家藏,或捐金购买于中,以待四方能读之人,胜于一家之藏。"后又在《复韩青田师》书中说:"偶感于曹能始《儒藏》之议,窃思续而成之。经、史、子、集宜先分四藏,而后合为一。经有注疏及昆山所刻《经解》,增添有限。史自全史而外,可入者亦无多。惟子、集二门,搜辑颇难。近闻陶九成《说郛》全本归安庆府城内王氏,若获此书,则子藏可成矣。"上引二段话,似乎周氏编《儒藏》仍然沿袭经、史、子、集"四部"法。其实,周氏说"先有一变通之法",可见非成熟意见。他又说:"先分四藏,而后合为一大藏。"按"四部"分藏只是收书时的权宜之计,其"合为一大藏"才是正式修纂《儒藏》,故不能将"四部"法视为周氏《儒藏》的成法。

退一步讲,即使当初周氏就是想用"四部"法来修《儒藏》,也是有感于当时还没有一部像《大藏经》《道藏》那样规模宏大的、能够统摄佛道二教以外各类文献的大型丛书。后来由于有了《四库全书》,百家之书已经得到了保护和流通,如果周氏还要修《儒藏》,肯定也不会再按"经、史、子、集"来"分四藏"了。如果像有的先生所指出的那样,"除去其佛、道、韩、墨的内容,《四库全书》也不失为一部像样的《儒藏》"③,那么,我们今天如对《四库》无所创新,仍用其例,就只需要将《四库全书》改名《儒藏》即可再版,何需劳神费事地去"编"呢?况且,目前市面上不仅广泛流通着"文渊阁本"《四库

---

① 载〔明〕贺复编:《文章辨体汇选》卷三一〇,文渊阁《四库全书》补文津阁《四库全书》本。
②〔清〕周永年:《儒藏说》,李冬梅校点,《儒藏论坛》2006年第1期。下同。
③ 来新夏:《新编"儒藏"三疑》,《北京日报》2003年6月23日版。

全书》,还有《四库存目丛书》《四库禁毁丛书》《四库未收丛书》《续修四库全书》,还有正在进行中的"文津阁本"《四库全书》的重印,"文渊阁本"《四库全书》甚至连方便实用的电子检索版也有了。它们的卷帙,少则数百册,多则一千册、两千册,数量不可谓不多,卷帙不可谓不大。如果仍然坚持"四部法",确实就没有再编《儒藏》的必要。看来,今天重提编《儒藏》的事,自有其特殊的需要,当然也应自成其独家的体例。在诸多的《四库》系列之外,另编出一套面目全新的《儒藏》来,仍然是新时代从事儒学及其文献研究的学者所当解决的当务之急。

从学术史的角度审察,儒学文献的类别大致不外乎以下三类:即以经书为主体的经注、经解和经说著作系列(可定名为"经藏");以儒学理论为主体的儒家理论、礼教、政论等系列(可定名为"论藏");以儒学历史为内容的人物、流派、制度等史料著作系列(可定名为"史藏")。换种称呼,即"儒经""儒论""儒史",或简称为"经""论""史"!

儒经,即以"十三经"本经为核心,以历代儒者对于"十三经"的解释、阐说和论述为主体的经类图书,这略当于综合性丛书中的"经部"(或《汉志》的"六艺略")。

儒论,即在"十三经"启发下产生的儒家理论著作,略当综合性丛书"子部"的"儒家类"著作。

儒史,即有关儒学史的著作和资料,如儒学人物传、年谱、学案,有关儒学教育、选举、机构等制度的著作。它们分布于综合性丛书"史部"的各个子目(如传记、编年、政书等)之中。

至于"四库"分类法中的"集部",从大处着眼无非论说,故余嘉锡先生说:"古之诸子,即今之文集。"但是如果细审其内容,"集部"十分庞杂,难以笼统进入《儒藏》,所以没有必要专立一部。但也不能不要,因为其中有许多儒学理论资料、群经论述甚至经解资料,儒学人物传记、评论、学记等儒学史料,都不能不管,但是应该有选择地收入。从前阮元编刻《皇清经解》,除收录经解著作外,"凡见于杂家、小说家及文集中者,亦序次编录"(严杰《编刻皇清经解序》),不为无见。如果名儒别集整部都论儒理的(如程颢、程颐的《二程遗书》,陈淳的《北溪大全集》等),可以进入《论藏》;如果只有部分论儒,而其个人又无法成集的,可以选辑出来,以时代、地域或类别合编成一书,别起新名。如果是论经、解经的篇什,则可以入《经藏》;其记述儒学史或儒学人物者,可以入《史藏》。没有必要沿袭综合性丛书(或综合目录书)例,再立一个集部。

至于丛书,无论是专题丛书,或是综合丛书,都可以析其子目,随类进入经、论、史三藏之下,如果系综论五经(或《四书》、《十三经》)而又不便分析者,可以进入《经藏》"四书类"或"群经总义"类,也没有必要另立"丛部"。

经、论、史三大藏，可以统摄所有儒学著作和儒学史料。每部之下，再根据需要，将文献分为若干类目：如《经藏》仍可按传统分类，以易、书、诗、礼、春秋、论语、孝经、尔雅九类，再加四书、群经总义、谶纬、石经、出土文献（含简帛佚籍、敦煌遗书）等著录。《论藏》可分先秦儒家、汉唐儒学、宋明儒学、清儒、杂论等。《史藏》可分传记类、年谱类、学案类、学史类、杂考类等。用此"三藏二十四目"，庶可将所有儒学著作和儒学史料统摄无余。

四 论"三藏"及其子目排列应反映儒学文献发生、发展的过程

"三藏二十四目"，既可以总摄儒学文献，又可借以反映儒学发展之历程。首先，儒者的特征是"游文于六经之中"，经是首位的。有了儒经才有儒学，故《经藏》应居《儒藏》之首。汉人说："圣人所传谓之经，贤者所传谓之传。"既有儒经，才有儒学；既有儒学，才有儒理，故统纪儒家理论著作的《论藏》居其次。有儒经之传授和儒理之阐发，才形成了儒学发生、发展与壮大之历史，故《史藏》殿焉。

一部之下子目的排列，也应体现出一种学术体系的构思：如《经藏》，先秦诸子称引儒经（如《庄子》《荀子》《礼记·经解》等），其排列顺序是《诗》《书》《礼》《乐》《易》《春秋》（《左传》作"礼、乐、诗、书"），此孔子教学、知行之秩序，于六经学术内涵无与焉。至西汉的刘歆、班固，始立易、书、诗、礼、乐、春秋、论语、孝经、小学（含《尔雅》）的顺序，他们的理念是：《诗》《书》《礼》《乐》《春秋》主"五常"之道，而《易》为五常之源。《汉志》述刘歆之遗法曰："六艺之文，《乐》以和神，仁之表也；《诗》以正言，义之用也；《礼》以明体，明者著见，故无训也；《书》以广听，知之术也；《春秋》以断事，信之符也。五者盖五常之道，相须而备，而《易》为之原。"故《汉志》"六艺略"以《易》居众经之首，以下各经，则以其书内容所反映时代的早晚来排列。此说虽于孔子言论无征，但是将儒家经典之间的辩证关系系统化、哲理化，也是有见地的，显然比《诗》《书》《礼》《乐》的排列要好，故多为后世所遵循。陆德明《经典释文序录》承之，推而至于"十三经"之顺序：

《礼记·经解》之说，以《诗》为首。《七略》《艺文志》所记，用《易》居前；阮孝

绪《七录》亦同此次,而王俭《七志》,《孝经》为初。原其后前,义各有旨。今欲以著述早晚,经义总别,以成次第,出之如左:

《周易》:虽文起周代,而卦肇伏羲,既处名教之初,故《易》为七经之首。

《古文尚书》:既起五帝之末,理后三皇之经,故次于《易》。

《毛诗》:既起周文,又兼《商颂》,故在尧、舜之后,次于《易》《书》。

《三礼》:《周》《仪》二礼,并周公所制,宜次文王;《礼记》虽有戴圣所录,然忘名已久,又记二礼阙遗,依类相从次于《诗》下。

《春秋》:既是孔子所作,理当后于周公,故次于《礼》。左丘明受之于仲尼,公羊高受之于子夏,穀梁赤乃后代传闻,《三传》次第自显。

《孝经》:虽与《春秋》俱是夫子述作,然《春秋》周公垂训,史书旧章,《孝经》专是夫子之意,故宜在《春秋》之后。

《论语》:此是门徒所记,故次《孝经》。

《尔雅》:周公〔所作〕,复为后人所益,既释于经,又非记传文次,故殿末焉。

这是对自《汉志》以下经部排列顺序的系统的文字说明,虽未尽善,也不无道理,故《儒藏》经部排列顺序仍然可以承袭此法。宋代以后出现的《四书》归类,可次于"十三经"之后。儒经之外,有衍说群经之"谶纬",传播众经之"石刻"以及出土的战国文献、秦简汉帛、敦煌遗书等,都可附录于经部之末。

《论藏》则按先原理而后实用的原则排列,故儒学诸子居首,而杂论居其次。儒学诸子至多,故可按儒学的时代特征分为先秦、汉唐、宋明、清儒等。

《史藏》以传记、年谱、学案、学史、礼乐、杂史的顺序排列。原因是,举凡一个学派,必具备经典、理论和学人三要素。儒家之成为儒家,端赖于有孔子为首的一批儒家人物,故以儒林"传记"居《史藏》之首。有儒学群体而后大师出焉,故次之以名儒"年谱"。有群体,有大师,于是乃有师传授受,故继之以"学案"。有大师,有学派,而后成学术之历史,故"学史"继之。儒以"礼"教,故礼乐文献不容忽视。史料有纯驳,有专精,其驳杂者或因内容庞杂而无法专立专目;其纯粹者又因数量太少而无以成为专类,如儒学目录、儒家学校、儒学祠庙等,虽间有其书而种类不多,故统以"杂史""杂考"名焉。凡此六类,构成儒学史之大端。

如果每类之下书籍过多,还可根据其著述形式再分细目,这可采用《中国丛书综录》的方法略作变通,如《经藏》专经各类下都可以再设正文、注解、图说、分篇、专论、经例、文字音义等,从而更具体、更深入地反映儒学文献的不同类别,也更方便地为读者提供"即类求书,因书就学"的门径。

将儒学文献以"三藏二十四目"分类著录，以书籍内容和体例分类，逐级展开，形成以儒学为核心，以儒经、儒理、儒史为基本框架的儒学文献著录体系，庶可收到类例既明、著录有序、重点突出、源流明晰的效果。上可综录儒学群书，下可方便来学使用；内可保存儒学书籍，外可宣传儒学理论。于古于今，于西于中，皆各得其所！

五　论《儒藏》分辑应当反映儒学发展的历史阶段

除按"三藏二十四目"分类外，《儒藏》也可以考虑"时代"和"分类"结合的方法，即以时代为纲，以类别为纬，既可反映儒学文献的种类，也可反映儒学发展之历程。也便于大型丛书分阶段、分类别地逐步实施。初步想法是，根据儒学发展阶段的不同特征，将《儒藏》分成六大单元，形成相对独立的六个部分（即"六编"）：先秦编、汉唐编、宋明编、清代编、二十世纪编、海外编。首先按六编将儒学文献分成六大丛编，以此反映儒学在历代（甚至各国）发展和流传的成就和历史。各编下再按"三藏二十四目"进行分类著录，以便将儒学各类图书有机地、分步骤地编排起来。这一"六编""三藏""二十四目"的分类方法，比《四库全书》分类更实际，也比两部《清经解》纯以作者排列更科学。具体说明如下：

儒学走过了2 500余年的发展历程，大致经历了先秦儒家、汉唐经学、宋明理学、清代朴学、近代新儒学和海外儒学等发展阶段（或类别）。先秦"儒家编"自孔子（前550—前479）至秦统一（前221），这时儒家从无到有，从微小到"显学"，作为"诸子百家"之一，儒家的特征是纯真的、平易的，是中国儒学的源头活水，儒家的经典、儒学的理论、儒家的宗师等，亦即《汉志》所说："游文于六经之中，留意于仁义之际，祖述尧舜，宪章文武，宗师仲尼"的特征，都产生于此时。本编即汇录此330年间产生的儒学文献（包含新近出土的简帛图书）和后人编写的反映先秦儒学历史的史部著作，集中展现先秦儒家的原始面貌。此编数量可能有些少，但是学术含量并不轻。

"汉唐编"，收录儒学及其经典在取得独尊地位后，汉至唐代学人对儒家经典的阐释和论说之书，以及后人所写反映此段儒学历史的著作。自西汉（前206年始）至五代末（960年止），跨时1 166年，其间虽有今文、古文之争，郑学、王学之敌，南学、北学之别，经学、玄学之异，但此时儒学的主要特征是以汉人创立的经学体系为主，故可称为"汉学"。

"宋明编"是收录宋（自960年始）、元、明（至1644年止）"理学"（或称"道学"）盛行时期的儒学文献，跨时近700年，其主要特征为说"理"、论"道"，此学特征成于宋，也盛于宋，而衍于元、明，统称"宋学"。

"清代编"系收录有清近300年的儒学文献，其间虽有新汉学、新宋学之异，然其总体特征仍然以注重考据为特色，以"朴学"为特征，可统称为"清学"。

"二十世纪编"系收录20世纪西学东渐后，用新思想、新方法研究儒学及其经典的著作。此时儒学独尊地位已经打破，儒学和儒经普遍成了学人的研究对象，或肯定，或否定，或阐释，或崇奉，或"照着讲"（历史的），或"接着讲"（哲学的），观点虽然不一，但总体特征基本是"新学"的，可称为"新儒学"。

"海外编"系中国儒学在海外的传播，其时限上起汉唐，下迄近世，或传统，或新潮，或为彼国的指导思想，或为异类之批判对象，其总体特征是对儒学取"批评"态度。从中亦可见儒学在域外的传播与影响，也可见异质文化中学人对儒学研究的成就和评价。

新编的《儒藏》，既按经、论、史分类著录儒学文献，又按先秦编、汉唐编、宋明编、清代编、二十世纪编、海外编来分段编列，既能将儒学文献按类排，系统有序，方便易求；又能用分编的形式，将儒学发展的不同时期反映出来，不仅即类可以求书，而且因书可以究学。如果再辅以分编、分类的《儒藏总目提要》，则一部用图书形式反映出来的2 500年儒学发展历史，就规模初具了。

以"六编""三藏""二十四目"著录儒学文献，基本可以反映出儒学发展在不同阶段（或地域）的特点和成就，也可以分类统摄儒学文献的不同类型，不能说就一定科学系统，但是方便实用却是可以肯定的。非仅此也，这还有利于我们分阶段、分类别地组织实施《儒藏》这一大型工程的编纂和研究。既有合理性，又具操作性，于理于情，实为两便。

该文初次发表于《国际儒学研究》第13辑，名为《〈儒藏〉编纂之分类体系初探》，成都时代出版社2004年版。又载《四川大学学报》（哲学社会科学版）2004年第4期。

试论《儒藏》"论部"的分类方法

关于《儒藏》编纂的方法和体例,我们曾在《儒藏总序》《儒藏编例》以及一系列小文中加以探讨,提出了"三藏二十四目"的构想。① 随着四川大学《儒藏》"史部"首批50册的出版问世,儒学史料整理的基本方法亦即《儒藏》"史部"的框架也已构建起来,自古学人"佛道有藏,吾儒独无"的历史正在得到改写。由于文史哲领域一批著名学者如张立文、钟肇鹏、陈恩林、廖名春、蔡方鹿、黄开国、黄修明等先生的热情参与和赞襄,使《儒藏》编纂的体例和方法日臻完善。

川大《儒藏》本着"先难后易""先急后缓"的原则进行,首先整理资料相对难找、对于研究工作最为迫切、目前又最缺乏系统研究的"史部",然后依次整理"论部""经部"。目前"史部"编纂体系粗具,接下来首当考虑的就是"论部"的编纂框架问题。为了获得专家学人更多的指正和帮助,这里先谈谈川大《儒藏》"论部"的基本构想,愿识者不吝赐教。

一 传统目录涵盖百家,其"子部"不可照搬入《藏》

编纂《儒藏》既是创新也需要继承,它是在继承传统目录学分类成就、佛道二"藏"编纂的经验教训基础上,对儒学文献进行的系统归类和整理。为达到预期效果,创建儒学文献自己的著录体系,以便在此体例下编纂出一部分类科学、收录广泛、使用方便的大型丛书,就势在必行了。《儒藏》在体系上没有成例,需要创新;在内容上又是传统的,需要继承。如何用一种创新的体例来收录这些传统的内容,就是今天《儒藏》

---

① 舒大刚:《谈谈〈儒藏〉的编纂分类问题》,《四川大学学报》(哲学社会科学版)2004年第4期。又《〈儒藏〉编纂之分类体系初探》,《国际儒学研究》第13辑,成都时代出版社2004年版;又《〈儒藏〉"史部"编纂之构想》,载《儒学与当代文明》第2册,九州出版社2005年版。

编纂首先应当解决的问题。《儒藏》"论部"所要面对的是儒家各个领域的理论文献，这些文献虽然论的都是"儒"，谈的都是"理"，但是儒有派别，理有分殊，主题不同，观点亦异，如何将这些著作系统归类，编成著录科学、使用方便的专题丛书，又是编纂"论部"所必须探讨的。

目前有一种论调，以为编纂《儒藏》可以照搬《四库全书》体例，儒家的理论著作可以直接承用"子部"分类方法。我们以为不可。如果照搬"子部"，不是失之"太杂"，就是失之"不全"。

（一）所谓"太杂"，是由于"子部"非仅儒学一家，而是兼容诸子。虽然"子部"所录主要是理论性和技术性著作，"儒家"文献也在其中；而且从某种意义上讲，其他诸家也都受到儒家思想的影响，不同程度地带有"儒"的烙印。但是《四库全书》系综合性丛书，其"子部"系诸子百家著作的总汇，严格意义上的儒只是其中一家，我们要编纂儒学的专题丛书，当然不能将其他诸家也一并揽入。仅此一例，即可断兹说之胶柱鼓瑟、滞碍不通了。

从历史上目录书的著录情况考察，综合性目录"子部"都是诸子并重、百家兼录的。《汉书·艺文志》虽然上承秦氏"焚书"、汉武"罢黜"之后，"诸子略"还著录诸子著作 189 家、4 324 篇，包含了儒家、道家、阴阳家、法家、名家、墨家、纵横家、农家、杂家、小说家"九流十家"之书。儒家虽居其首，但只有 53 家、836 篇而已，占整体篇卷分量还不到五分之一。

即使在儒学独尊时代，虽然战国时期"各引一端，崇其所善，以此驰说取合诸侯，其言虽殊，辟犹水火"(《汉志》小序)的"诸子"已经不复存在，但是由于"子学"概念的扩大，目录分类的调整，"道术"降成"方术"，"七略"转为"四部"，其他言技艺、方术的著作也包含在"子部"之中了。《隋书·经籍志》所谓："儒、道、小说，圣人之教也，而有所偏。兵及医方，圣人之政也，所施各异，世之治也。"并且以为："折之中道，亦可以兴化致治者矣。"正是这一思潮的反映。于是《隋志》将《汉志》所分"《诸子》《兵书》《数术》《方伎》之略"，"合而叙之为 14 种，谓之'子部'"。《汉志》中还独立于"诸子略"以外的兵书、方技、数术等著作，现在都统统进入了"子部"。于是形成儒、道、法、名、墨、纵横、杂、农、小说、兵、天文、历数、五行、医方 14 个类目。《隋志》所录诸子 853 部、6 437 卷(未计末附的佛教、道教作品)；儒家只有 44 部、530 卷(即使"通计亡书"，也才 67 部、609 卷)，在其中只占有十分之一。《旧唐书·经籍志》《新唐书·艺文志》《宋史·艺文志》的"子部"都是如此，收录的子书达 17 类，儒学只占其中 1 类。这一情况即使到了被部分学人认为具有"儒藏"性质的《四库全书》也没有改变多少，"子部"仍有儒家、兵家、法家、农家、医家、天文、算法、术数、艺术、谱录、杂家、类书、小说、释家、道家,内中还包括《隋志》的名、墨、纵横等家以及佛、道二教。进入20世纪以后,由于图书数量的极大增加,"子部"图籍更为广博。50年代上海图书馆主编的全国丛书联合目录《中国丛书综录》第二册为所收2 797种丛书子目进行分类时,"子部"就有周秦诸子、儒学、兵书、农家、工艺、医家、历算、术数、艺术、杂学、典故、小说、道教、佛教和其他宗教共15大类。

固然,在儒学至上的时代,各种思想无不受儒家影响,无不打上"儒学"的烙印,《汉志》说"合其要归,亦'六经'之支与流裔",《隋志》也将兵家与医方说成是"圣人之道"在"治世"的各个领域表现出来的"圣人之政",但是那也只能是儒学之变或儒学之用,不是儒学之本、儒学之体。如果单从"用"的角度看,儒生可以运用"医方"来悬壶济世,道家、佛家又何尝不是这样呢?如果说儒学对其他诸子有影响而使其带上"儒"的特征,那么道教、佛教又何尝没有对诸子甚至对儒学产生影响呢?《儒藏》之不能将整个"子部"搬入,犹如《佛藏》《道藏》不能将"儒学"搬入一样,是不言自明的。从前道教徒编纂《道藏》,将墨家、名家、阴阳家、法家乃至医家的书籍都收录其中,就曾引起学人的疵议,今天编《儒藏》当然不能重蹈其覆辙。

著名宗教文献研究学者钟肇鹏在《略谈〈儒藏〉的编纂》中即明确指出:"例如《道藏》,从宋陆修静《三洞经书目录》就收入医药类的书籍。北周时的《玄都经目》收入诸子书800余卷。现在明正统《道藏》中也有《黄帝内经》《八十一难经》《本草》等医书凡20种。诸子书收得更庞杂。《道藏》中把属于道家的《老子》《庄子》《列子》编入是无可非议的。但将《墨子》《韩非子》《鬼谷子》《尹文子》《公孙龙子》,甚至《孙子兵法》都收入《道藏》中,显然就不恰当。但《道藏》编纂有1 000多年的历史,传统就是如此,后世只好遵循。现在编《儒藏》恐怕不能把医书及儒家之外的诸子百家均收到《儒藏》中。"①所言十分中肯,值得我们深思。不仅在战国时期"百家争鸣"状态下各呈其说的"诸子"不能以一个儒家来概括,就是从汉武帝"罢黜百家、独尊儒术"后,虽然各鸣其"道"的诸子已经不复存在,但是由于天文、历法、农艺、医术、卜筮、艺术等学艺、方术之书乃至缁流黄冠著作都转入了"子部",这以后的"子部"似乎更不能用"儒学"来涵盖了。因而无论是"百家争鸣"时的"子",还是"儒学独尊"后的"子",都不能整体搬进《儒藏》。

(二)所谓"不全",是指传统"子部"不能涵盖所有儒学理论文献,如果只收"子部"而不顾其他,又会出现"偏举不备"的现象。历史上儒者的成就是多面的,许多儒

---

① 钟肇鹏:《略谈〈儒藏〉的编纂》,《西南民族大学学报》(人文社科版)2006年第3期。

者既有经学、子学著作,也有其他方面的著作,他们在其他著作中也常常甚至大量讲明儒理。孔子既删订"六经",又留下了《论语》(弟子门人所编);孟子既传《诗》《书》,又与万章、公孙丑之徒著《孟子》七篇;荀子既传《礼》《乐》,又著《荀子》一书。这在当时而言,以《诗》《书》《礼》《乐》为代表的"六经",是以旧史为教本的经典文献;而《论语》《孟子》《荀子》等则是孔、孟、荀的私家著述,属于在思想上受经书影响而文献上并非历史的著作,本当属之诸子,故战国、秦汉之世统称之为"传记"。汉以后由于尊孔孟而退荀卿,《论语》《孟子》皆置博士以授弟子。至刘向、刘歆整齐百家,撰《别录》《七略》,《论语》列在"六艺略"而获"经"的待遇;《孟子》至南宋陈振孙《直斋书录解题》、马端临《文献通考》,也与《论语》同列"论孟类"而著"经部",至《明史》则为"经部"的"四书"之一。至于《荀子》,则一直以"儒家类"的身份抑居"子部"。

后世儒者,或依经立传、附传作疏以阐哲思;或别立新说,自为起讫,另成专著;或随感而发,因事立论,撰为文章。其依经立传者,皆随经著录在"经部";其自成专书者,则作为"儒家类"列在"子部";其发为文章者,则随文集收在"集部"之中。如大文豪苏东坡,他有《东坡易传》《东坡书传》《论语说》,其弟苏辙有《春秋集解》《诗集传》,是为"经部"著作;东坡又有《东坡志林》《仇池笔记》,苏辙有《老子解》(主"三教合一"),是为"子部"著作;另外,他们还有多篇学术论文,如《易论》《诗论》《书论》《春秋说》《诗说》《论语拾遗》《孟子解》,以及其他"史论""政论"等文章,却收在了各自的文集之内。编《儒藏》当然要收他们的经部著作、子部著作,但也不能忽略其集部的学术文章,相比之下,他们文集中的专论比之"子部"诸书更加贴近儒学。《四库全书总目》说:"自'六经'以外立说者,皆子书也。"①是有道理的。朱一新谓:"古来文字只有二体,叙事纪言者为史体,自写性真者为子体。圣人之言足为世法,尊之为经,经固兼子、史二体也。文事日兴,变态百出,歧而为集,集亦子、史之绪余也。"②也是就此而言的。

传统目录书由于受"四部"法的限制,儒家的这些理论著作被分散在各处,不仅"经部"有,"子部"有,而且在"史部"和"集部"也大量存在。如果说儒家的"经部"文献是"依经说事、据经说理"的话;则其脱离经书直言义理的著作,在先秦两汉则集为"子书",被目录书列入"诸子略"或"子部"。魏晋以后,由于"别集""总集"的渐次兴起,后儒的这类理论性文章又被收录到"集部"。随着儒家理论体系的逐渐完善,儒家经世致用思想的影响,儒家不仅在思想文化,而且在政治、经济、历史等各个领域都产生了

---

① 〔清〕永瑢等:《四库全书总目》卷九一"子部总叙"。
② 〔清〕朱一新:《无邪堂答问》卷四,清光绪二十一年广雅书局刻本。

大量的理论著作,这些著作又被传统目录书随方编入"四部"各处了。其以史论事或以儒论史的著作,被放在了"史部"的"史评类";以儒论政或以政辅儒的政论性书籍被放在了"史部"的"政书类"。天下文字,不归"子"则归"史",儒家著述也不例外,不在"子部"即在"史部",甚至还广泛地分散在"集部"。我们要编纂一部反映儒学成就及其历史的大型丛书,这些著作显然是不可忽略的。

由于我们已经将《儒藏》"史部"定义为"学史"即"儒学之历史"的主题,儒家"史学"特别是"史论"的著作当然就不能再放入"史部"。我们又考察得知"集部"文献相当复杂,不宜一概收录入《藏》,也不可能再像《四库全书》那样设一个"集部"来加以收录。如果要完整充分地收录儒家的理论文献,全面系统地展现儒学理论成就,就必须突破传统"子部"范围,而将"史部"和"集部"的相关内容选编和辑录出来,编成一个个专题论集,汇入《儒藏》"论部"。这样,一部综合收录和系统整理儒学理论文献的"儒论集成"就规模粗具了,这就突出地表现出了《儒藏》编纂的"继承"与"创新"的特点。

由上可知,传统"子部"一方面著录百家,不专儒术,整体收之,杂而不纯。另一方面儒家理论又散在四部,今日编《藏》,应力求其全,如果局限于"子部",不管其他,必将挂一漏万,"偏而不全"。既"杂而不淳",又"偏而不全",照搬或局限《四库》"子部"之论,亦可休矣!

二 儒家诸子主题纷如,不可杂乱无章收入《儒藏》

儒家诸子文献有一个动态的、发展的过程,儒学文献的类别也是由单一到复杂、由综合到专门的过程。即使在"子部·儒家类"中,也不可不加别择,不加区分,一概照搬。

自孔子创立儒学,后学沿波,历2500余年,其间流派众多,学术各异。孔门四科有德行、言语、文学、政事之别。《韩非子·显学》有"儒八、墨三"之分,《荀子》亦有"非十二子"之说。自后"子学"演为"经学","汉学"变为"宋学",宋学之中又有"朱陆之争",心学之内又有"陆王之别"。时代既异,学术亦变,道既不同,谋亦异趋。古之儒者,立身行己,诵法先王,通经致用而已。后世学人,自命圣贤,穷性尽命,务极造化,遂蹈于虚玄之境。于是"性理"与"道命"日兴,"心学"与"理学"逞能。于是言道德者有之,言政事者有之,言性理者亦有之,言经学者亦有之。自昔孔门有"君子儒、小人儒"之分、"尚思派、博学派"之别,孔子之后岂无"实用家、玄学家"之别?儒学风格既变,儒家理论亦繁,儒家的子部文献在数量上也是日益激增,在内容上、主题上都异常丰富。

如果说,《汉书·艺文志》阶段的中国儒学还是以德行、政事、言语、文学(即经学)为主体,那时"儒家"文献还在于对儒家道德、政事等基本问题发表看法,还属于儒学"性相近"的阶段的话,那么,进入魏晋以后,儒学诸子则进入了"习相远"的时代。儒学积极入世、热情救世的总体特征,使其理论日益深入到社会生活的各个领域,对各类社会问题、人伦问题甚至历史问题进行专题的思考和分别论述。由于玄、佛、道等不同的思想方法的浸入,也使儒家学者最关注的课题、认识问题的方法也产生了变化,于是涌现出了许许多多的专题文献。儒学诸子无论是在数量上,还是在主题上,都大大地有别于前,已经不宜只用一个"儒家"的称谓来概括一切了。《儒藏》如果只笼统以一个"儒家类"(或"儒学类")来予以收录,势必杂乱无章,主题不明,著录无序,求书无门。不仅不能很好地展现儒学在各个专门领域的创造性成果,而且也不利于现代和未来学人从事儒学理论的专题研究。

如《汉志》"儒家类"所录有:《子思》《曾子》《漆雕子》《宓子》《景子》《世子》《魏文侯》《李克》《公孙尼子》《孟子》《孙卿子》(即《荀子》)《芈子》《内业》《周史六弢》《周政》《周法》《河间周制》《谰言》《功议》《宁越》《王孙子》《公孙固》《李氏春秋》《羊子》《董子》《侍子》《徐子》《鲁仲连子》《平原老》《虞氏春秋》《高祖传》《陆贾》《刘敬》《孝文传》《贾山》《太常蓼侯孔臧》《贾谊》《河间献王对上下三雍宫》《董仲舒》《儿宽》《公孙弘》《终军》《吾丘寿王》《虞丘说》《庄助》《臣彭》《钩盾冗从李步昌》《儒家言》《盐铁论》《刘向所序》《扬雄所序》。

这里所录多以作者姓氏为称,表明该作品系作者一生著作的集成,如《子思》《曾子》《漆雕子》等皆是如此,故余嘉锡有"古之诸子即今之文集"之说。不过这种情况在汉代已经有所改变,《汉志》所录儒家诸子已经出现了专题文献。根据班固自注,《周政》系"周时法度政教",《周法》系"法天地立百官",《河间周制》"似河间献王所述(周时制度)",《谰言》系"陈人君法度",《功议》系"论功德事";又据颜师古注,《周史六弢》系"言取天下及军旅之事",桓宽《盐铁论》系"孝昭与诸贤良文学论盐铁事"。据此可知,《汉志》所录已经不是纯粹的儒家子学著作,而兼及旧史、官制、法度、政事、经济等内容的书籍了。此外《汉志》还将个人所著丛书性质的《刘向所序》《扬雄所序》也列在《诸子略》的"儒家"之中,《刘向所序》共67篇,内含《新序》《说苑》《世说》《列女传颂图》;《扬雄所序》38篇,内含《太玄》《法言》及三篇《乐》和两篇《箴》。内容已经与先秦子书有很大区别,说明儒家子学著作内容和范围在汉代都已扩大。

及至唐初修《隋书·经籍志》"子部·儒家类",在著录《晏子春秋》《曾子》《子思子》《公孙尼子》《孟子》《孙卿子》,至《袁子正论》《新论》《志林新书》《要览》《正览》等传统子书的同时,还著录有《诸葛武侯集诫》《众贤诫》等格言汇编,著录有《女篇》《女鉴》《妇人训诫集》《妇姒训》《曹大家女诫》《贞顺志》等女教闺训。儒家子学的内容和范围在此又有了进一步拓展。《旧唐书·经籍志下》著录儒家子书 80 部、782 卷;《新唐书·艺文志》著录儒家子书 92 部、791 卷;马端临《文献通考·经籍考》著录儒家 90 种;郑樵《通志》著录儒术 124 家、1 613 卷、370 篇;《宋史·艺文志》著录儒家 169 部、1 234 卷(篇);《明史·艺文志》著录儒家 140 部、1 230 卷。

如果说此时儒家子书数量尚少,即使不作分类也无妨检求。但是,在后来的历史演进中,儒家子书日益增多,不加区别就查找为难了。《四库全书》收录儒家类 112 部、1 694 卷,另有儒家类存目 307 部、2 369 卷,两目相加有 419 部。至《中国丛书综录》,其"儒家"和"儒学"两类即达 1 100 多种。在这么多的儒家诸子著作中,主题和类别必然较《汉志》《隋志》时代大有不同。特别是宋儒以后刻意标新立异之风盛行,文献激增、主题纷繁是自然的事。《四库全书总目》谓:"至宋而门户大判,雠隙相寻,学者各尊所闻,格斗而不休者,遂越四五百载。"①门户立则异说生,异说生则文献繁。在这么多的家法、宗派中,儒学文献的繁杂是可想而知的。即以《通志》汇录各种艺文志而成书的《艺文略》论,"儒术类"除了传统的儒学诸子外,还有家训著作:《颜氏家训》《诫子拾遗》《开元御集诫子书》《狄仁杰家范》《卢公家范》《家诫》《司马温公家范》《先贤诫子书》等;有心性著作:《至性书》《四部言心》等;有政论、官箴性著作:《序志》《帝范》《天训》《紫枢要录》《臣轨》《百僚新诫》《少阳政范》《列藩正论》《自古诸侯王善恶录》《平台百一寓言》《君臣政理论》《十代兴亡论》《帝王略论》等;还有谏书:《魏徵谏事》《谏苑》《谏林》等;还有格言:《诸经纂要》《经史要录》《读说苑》《百行章》《前代君臣事迹》《维城典训》《维城前轨》等;还有法语:《五经妙言》《六经法言》《群书治要》等。如果按专题细分下去,在儒家文献中不难发现数十个主题。

面对这么多主题的文献,如果不加排比、不加甄别,一概笼而统之地收进《儒藏》"论部",给人造成的必然是混乱无序的印象,让读者不得头绪,难以入手。况且,这些专题文献是历代儒者对各个社会问题和学术问题进行思考的结晶,是前人留给我们的宝贵财富,不仅应该广泛收集和妥善保护,而且应该进行专项研究,认真吸取。历

---

① 《四库全书总目》卷九四《读书偶记》"提要"。

史上这类文献由于没有得到认真的专题化整理,长期埋没于浩瀚的书海之中,主体价值得不到应有的彰显,先儒理论的灵光长期被淹没在故纸堆中。更有甚者,由于缺乏专题整理和搜求,专题文献也就没有机会得到系统、全面的收录和保存,许多重要文献已经在人们的疏忽懈怠之中渐次失传,尸骨无存了!中国古代儒家专门术学之不兴,明清以后中国科学之不振,其原因也许多种多样,而没有对子学文献进行专题分类著录和系统整理,不能不算是一个重要原因,这是文献学、目录学上的一大遗憾,也是中国学术史的一大损失。

郑樵说:

> 学之不专者,为书之不明也。书之不明者,为类例之不分也。有专门之书,则有专门之学。有专门之学,则有世守之能。人守其学,学守其书,书守其类。人有存没而学不息,世有变故而书不亡。以今之书校古之书,百无一存,其故何哉?士卒之亡者,由部伍之法不明也。书籍之亡者,由类例之法不分也。类例分,则百家九流各有条理,虽亡而不能亡也。巫医之学亦经存没,而学不息;释老之书亦经变故,而书常存。观汉之易书甚多,今不传,惟卜筮之易传。法家之书亦多,今不传,惟释老之书传。彼异端之学能全其书者,专之谓矣。(《通志·校雠略》)

所言十分深刻。无论从全面收集和保存儒学专题文献计,还是欲加强儒家专门之学的研究,都有必要对儒家子书进行专题分类和系统整理。本乎此,如何能将传统的"子部·儒家类"笼统地收入了事呢?

三 《儒藏》"论部"当拟五大专题选录文献

编纂《儒藏》本意就是要使儒家文献得到系统整理,使儒学研究向更专门、更深入的方向发展,首先对儒学文献作"辨章学术,考镜源流"式的系统分类是理所当然的。《儒藏》"论部"编纂也要对儒家子学著作进行系统分析归类,然后再行整理出版。根据儒家学派的理论特点和儒学文献现存的状况,我们可参照古今目录分类方法,将儒家理论著作分为"儒家类""性理类""礼教类""政论类""杂论类",五类之下,还可以根据文献的多寡和内容的状况再分若干小目。如"礼教"下可以再分为"蒙学""劝学""女教""家训""俗训""乡约"等;"杂论"下可以再分"杂说""杂考""史论"等。下面试作逐项介绍。

1. 儒家类

如前所述,在《汉书·艺文志》已在《诸子略》设"儒家类"著录儒家的子学文献了。后世目录书无不如此,或称"儒家",或称"儒学",或称"儒术",名称虽易,实质未变。它们的著录范围,或为通代(如《汉志》《隋志》、两《唐志》、《宋志》以及《四库全书总目》等),或为断代(如黄虞稷《千顷堂书目》《明史·艺文志》《清史稿·艺文志》等)。至张之洞《书目答问》而有所改变,"子部"题注:"周秦诸子,皆自成一家学术,后世群书,其不能归入经史者,强附子部,名似而实非也。若分类各冠其首,愈变愈歧,势难统摄。今画周秦诸子聚列于首,以便初学寻览,汉后诸家,仍依类条列之。"①于是在传统"子部"前单列出一个"周秦诸子类",儒家(如《荀子》《孔丛子》)与道、法、名、墨合在一处。紧接"周秦诸子"之下又立"儒家"为一个大目,著录汉代扬雄《法言》以下的儒家文献。将儒学分成子学时代的"儒"和经学时代的"儒"两截。《中国丛书综录》继承这一方法,也在第二册"子部"之首设"周秦诸子类",下列"儒家之属",著录《孔子家语》《晏子春秋》《荀子》等先秦儒家著作,以及《圣门十六子》《玉函山房辑佚书》等后人辑佚的先秦子书。此外又有"儒学类"的大类,著录汉孔鲋《孔丛子》、陆贾《新语》以下的历代儒学著作。

《书目答问》意在为初学者提供读书方便("以便初学寻览"),其将周秦诸子集中在一起固无不可。但是,从编纂足以反映学术流变的大型丛书立意而言,这一区分就有不太合理的地方,因为它注意了子学时代与经学时代的区别,却忽略了儒学内部"分中有合""变中有不变"的事实。就其"变"者言之,儒学当然可以分为子学与经学两段,而经学中又有汉学、宋学、清学之别,汉学又有今文、古文之异,宋学有理学、心学、气学和事功之学的区别,如果要分都得分别对待,不能只分先秦不分后代。就其"分"者而言,汉以后之儒学固然与先秦不同,但是先秦已是"儒分为八""孟荀互异"了,后世的派别当然更多,其状况比之先秦的"百家争鸣"未必逊色,如果再分下去,岂不琐碎!况且儒学虽然经历2500余年的变化发展,其间也有一贯不变之道,那就是同以孔孟为宗师,以"仁义"为主题,以"六经"为教本,特别是一批志在传承"周孔道统",力图继承"纯儒风范"的儒者,更是保持了儒家原有的传统。先秦儒家的风格并

---

① 〔清〕张之洞:《书目答问》卷三"子部",朱维铮校,中西书局2012年版,第123页。

不是在汉代就戛然而止了，其风格和传统在后世也还大量存在，传其学、著其书者不乏其人。儒学在百变之中有不变者在，如果看不到这种不变的一贯性，就不利于发现儒家的传统风格，不便于认识儒家历史的悠久性，也就不能使人油然而生"儒学悠久、兹道广大"的崇敬之情。因此，纯粹按时代划分是不科学的。《儒藏》"论部"应将整个儒学纳入自己的视域，将历代儒学拉通起来考虑，按其思想内涵而不是按时代来分类。我们将历代沿袭先秦儒家"游文六艺，留意仁义"特征的著述通归在"儒家"，而将儒术在诸领域之运用者另立专题性类目，以便区别对待。因此，《儒藏》的"儒家类"不仅包括了周秦诸子的儒家，而且也应该包容两汉以后仍然坚持先秦儒家特色和风格的儒学著作。本部分拟选自《孔子家语》《晏子春秋》《荀子》以下至谭嗣同《仁学》、章太炎《訄书》等200种左右图书。①

2. 性理类

是著录儒家讲心性、命理的著作，以宋儒、明儒为代表。孔门已有"尚思""贵学"的区别，以子思、孟子为代表的心性一派，实为"性理"之学的鼻祖。两汉时期，儒学内部有"经学"的今文和古文、家法和师法的区别。魏晋以至明代，儒学受到佛教、道教的挑战，又产生了"玄学""理学"乃至"心学"，从而在方法上和理论上与原始儒学立异。为了与传统儒学相区别，元人修《宋史》时，将坚持儒家本色、运用经学方法研究儒学的学者仍然列在《儒林传》，而对着意于心性、道学研究的儒者另创《道学传》来加以表彰。这是符合当时儒学历史情况的，是反映学术实际的做法。《四库全书总目》却加以指责："迨托克托等修《宋史》，以《道学》《儒林》分为两传，而当时所谓'道学'者，又自分二派，笔舌交攻。自时厥后，天下惟朱、陆是争。门户别而朋党起，恩雠报复，蔓延者垂数百年。明之末叶，其祸遂及于宗社。惟好名好胜之私心不能自克，故相激而至是也。圣门设教之意，其果若是乎？"（《子部·儒家类序》）是否因儒学内部门户之争而导致明朝的社稷倾覆这里姑且不论，但说宋代以后儒学内部"二派笔舌交攻"，"天下惟朱、陆是争，门户别而朋党起，恩仇报复蔓延者垂数百年"却是历史的事实。学术的门户之争肯定不好，但是已经成为历史又何必讳言呢？就反映学术史实际而言，客观公正地反映历史倒也是历史研究所必要也是必需的态度。可惜《宋史》只在传记类区别对待，而在目录上却未作区分，《艺文志》只有儒家而无道学，周敦颐《太极通书》、张载《正蒙书》、二程《遗书》及《语录》、《诸儒鸣道集》（濂溪、涑水、横渠等书）及《近思录》（朱熹、吕祖谦编类周敦颐、程颢、程颐、张载等人著作）等标准的理学

---

① 四川大儒藏编纂组：《儒藏总目》，四川大学古籍所印《征求意见稿》。以下所引亦见此稿。

家即道学家著作,也都列在子部"儒家类"中。

明永乐中,胡广等受命修《五经大全》,汇集宋儒以下经学成果,又奉诏将周、程、张、朱诸儒的性理之书,类聚编成《性理大全》七十卷,也是明智之举。王圻更独具只眼,《续文献通考》将儒家之书"各以学派分之,以示区别"。对于展现和研究儒家的学术流派,考察宋明以后儒学分而为道学的演变历程,具有积极作用。可惜这一做法没有传承下去,反而遭到《四库全书总目》的批评:"然儒者之患,莫大于门户。后人论定,在协其平。圻乃门户限之,是率天下而斗也,于学问何有焉。"因此《四库全书》所录"但以时代先后为序,不问其源出某某"(《子部·儒家类》按语)。这实际上是一种倒退,还自以为是地认为"不失孔孟之旨"(《子部·儒家类》按语),其实不然。

《中国丛书综录》第二册"子部·儒学类"专列"性理之属",著录宋人林逋《省心录》以下邵雍《渔樵问对》、周敦颐《太极图说》《通书》、张载《西铭》《正蒙》、二程《遗书》《语录》、朱熹《近思录》《朱子语类》、陆九渊《象山要语》、王阳明《传习录》等,最为可取,今兹从焉。

3. 礼教类

著录以礼乐教化为内容的著作,其下可分:"蒙学""劝学""女教""家训""俗训""乡约""劝善"等子目,以便更专门、更具体地展示儒家礼教的具体内容和成果。孔子曰:"道之以政,齐之以刑,民免而无耻;道之以德,齐之以礼,有耻且格。"荀子亦主:"杀诗书而隆礼乐。"《大学》之道在正心、诚意、修身、齐家、治国、平天下。"修齐"为"治平"之本,而蒙训为修身之端,《易》曰"蒙以养正"是也。故历代儒者致力礼乐教化不遗余力,礼教之书实繁其编。礼的内容至广,下而童蒙之教,上而君臣之礼,外而社会风俗,内而家庭伦理,莫非礼也。故士有蒙训劝学,女有女教闺训,家有家法家规,乡有乡规乡约,纯风俗则见之俗训之篇,正人心则见诸劝善之书。从而构成一个从人心到风俗、从家庭而社会的移风易俗、淑世济人的高度自律自觉的礼教体系。

《汉志》"六艺略":"古者八岁入小学,故《周官》保氏掌养国子,教之六书。"遂将文字学著作、识字课本概称为"小学",而列在"六艺略"。又将《弟子职》等蒙训书籍列在"孝经类",亦居"六艺略"。这一分类方法为后世目录所继承。《文献通考》卷一九〇《经籍考》在"经部·小学类"著录《弟子职》等五书,陈振孙即谓:"漳州教授张时举以《管子弟子职篇》、班氏《女诫》、吕氏《乡约》《乡礼》、司马氏《居家杂仪》合为一篇。"《千顷堂书目》"经部·小学类"有:吴讷《小学集解》、丘陵《婴教声律》、廖纪《童训》(《女训》附)、湛若水《古今小学》、朱升《小四书》(集方逢时《名物蒙求》、程若庸《性理字训》、陈栎《历代蒙求》、黄继善《史学提要》)等。《明史》承之,亦将蒙训读物列在"经部·小学类",甚至还有16种家训(朱有炖《家训》、王士觉《家则》、杨荣《训子编》、曹端《家规辑略》、杨廉《家规》、何瑭《家训》等),十余种闺训(洪武《女诫》、高皇后《内训》、王敬臣《妇训》等)以及一种劝俗文(文皇后《劝善书》)。这些书籍之所以归在"经部",主要是出于对古志所谓"小学"乃"学小道焉,践小节焉"的理解,当然也有重视礼教的一面。

至清《续文献通考》根据思想内涵,将礼教类著作调归"子部·儒家",使其成为儒家子学著作的一个部分。卷一六〇《经籍考》"经部·小学类"序:"马端临《通考》'小学类'自训诂、音韵、字学各书之后,如《兰亭考》《十七史蒙求》《弟子职》等书皆列焉。今续辑此门,惟训诂、字书、韵书以类相从。余如《帖考》则归'目录类',《蒙求》则附'类书'。其有关于养正闲家者,皆入'儒家类',庶区分部别,不使错杂云。"这一分类法较之以前更为合理,《中国丛书综录》在"儒学类"特设"礼教之属",并分成"鉴戒、家训、妇女、蒙学、劝学、俗训"等六目。今修《儒藏》将继承这一传统而稍事损益,特立"蒙训、劝学、女教、家训、俗训、劝善、乡约"等目,而成"论部"的"礼教类"。

4. 政治类

收录儒家议政言治的著作。孔门四科,"德行"以修身力行为本,宋明儒学崇尚心性、命理,即此派之光大者。"语言"以游谈折冲为事,衍为后世之"纵横术",已出儒术之外。"文学"则依经说事,即后世之"经学",自有"经藏"著录。"政事"具有"经世先王"之志,力倡"仁政德治"之说,为儒家一贯不二之法门。《庄子》概括儒学为"内圣外王"之道,正是孔门"德行""政事"二科进一步发展的结果。"政事"系儒门四科之一,"治平"系《大学》至高之教,《周官》"为政"昔曾载于周公之《书》,《周制》《周法》亦复著于《汉书》之"志",说政言治固为儒者专门。

后世人文日修,政事益繁,制度法规,越演越烈。讲制度则有官体、政体之分,言法则乃有治道、治法之别,易而言之,即政治制度、官僚制度、政治理想、为政方略,是皆"政治"之属。其讲制度者多近于"历史",其讲道法者实属于"子部"。《隋志》于"史部"立"职官类"以纪设官分职之书,固无不可,然而该类又兼及为官之道的书,却少伦类。唐太宗撰《帝范》、武则天撰《臣轨》,讲求君臣之道,书目诸家列在"子部"儒家,是为得之。明钱溥《秘阁书目》又立"政书类"兼录政治各书,于是政论著作又脱离"子部"而入于"史"。《文渊阁书目》"史部·政书类"除了著录《元典章》、元《省部政典举要》、元《风宪宏纲》、元《成宪纲要》、元《谕民政要》、元《通制》等制度法规的书籍,还著录有苏子启《有官龟鉴》、刘漫塘《荒政续编》、陈石灵《莅民提纲》《州县提纲》、张养浩《庙堂忠告》《风宪忠告》《牧民忠告》、李元弼《作邑自箴》、秦辅之《资政格言》、蒲登辰《救荒续录》等官箴性文献。由此可见,关于政治类的书籍,传统目录或分在"子部"儒家,或列在"史部"政书、职官等处,分布既广,翻检为难;而又子史混同,专题不明,故无可取。

《儒藏》"论部"将今立足于"政治理论"和"为官之道"的主题,选录儒家政论性、官箴性文献,自旧题马融《忠经》、唐太宗《帝范》、武则天《臣轨》以下,至于清末徐栋、丁日昌《牧令书辑要》,凡100余种,以备"政治类"。

5. 杂论类

收录论杂、体杂的儒家子学著作。所谓"论杂"是说其书主题不一,内容不纯,或议及百科,或事涉三教,不可以归入以上四类。所谓"体杂"是其撰述体例没有成宪,著作方法也不系统。此类之下,又拟分"杂说""杂考""史论"三目。

先秦诸子有"兼儒墨、合名法"的"杂家",后世儒学议论多端,实有"杂学"之实。自孔孟创教,后儒沿波,学随世变,论从心生,一人一是非,一派一主张,于是"杂说""杂论"生焉。又载籍既博、论题亦广,学理不辨不明,掌故不考不清,于是"杂考""杂纂"出焉。《汉书·艺文志》将战国秦汉的"杂家"列于"诸子略"。历代目录,亦复如是。至明黄虞稷《千顷堂书目》的"杂家类",在概念上发生了改变,以为"前代《艺文志》列名、法诸家,后代沿之。然寥寥无几,备数而已。今削之,总名之曰'杂'"。黄氏的"杂家"已经不专指"义兼儒墨、学包名法"的杂家了,而是将后世已经不传其学而空存其书、虽有其目却文献太少的墨家、名家、法家、纵横家统统归在一起视为杂家了。《明史》艺文志《子部》从之。"杂家"概念从《汉志》所录一书兼"儒墨名法"之说,变为一类兼收众家之书了。

清修《四库全书》对《千顷堂书目》有继承也有扬弃,一方面批评:"其墨家、名家、法家、纵横家并为一类,总名'杂家',虽亦简括。然名家、墨家、纵横家传述者稀,遗编无几,并之可也。并法家删之,不太简乎!"①另一方面又不得不承认,诸子百家,后世"绝续不同,不能一概。后人(著录)株守旧文,于是'墨家'仅《墨子》《晏子》二书,'名家'仅《公孙龙子》《尹文子》《人物志》三书;'纵横家'仅《鬼谷子》一书,亦别立标题,自为支派。此拘泥门目之过也。黄虞稷《千顷堂书目》于寥寥不能成类者,并入'杂家'。'杂'之义广,无所不包。班固所谓'合儒墨、兼名法'也。变而得宜,于例为善,今从其说"②。故《四库全书》的"杂家"也是将名、墨、纵横合而为一类。不过《四库》的"杂家"范围更加广泛,共有六大类:"以立说者谓之'杂学';辨证者谓之'杂考';议论而兼叙述者,谓之'杂说';旁究物理,胪陈纤琐者,谓之'杂品';类辑旧文,涂兼众轨者,谓之'杂纂';合刻诸书,不名一体者,谓之'杂编'。凡六类。"(《子部·杂家小序》)六类

---

① 《四库全书总目》卷八五《千顷堂书目》"提要"。
② 《四库全书总目》"杂家类一"。

之中，杂学、杂考、杂说、杂品是就著作的内容而言，杂纂、杂编是就文献的体例而言。"杂家"成了一个大麻袋，举凡"子部"其他各类无法包容的书，都可以统统捡入其中。

这个处理方法同样可供《儒藏》借鉴，我们将儒家著作中内容不纯一（或论儒学义理，或论儒者轶事，或论儒林掌故等）而又不可分析改编的著作，归在"杂说"之下；而将重在考证儒学名物故实、文献百科者，归入"杂考"；同时又将儒者论史或以史辅儒的著作如《史通》《文史通义》之属，作为"史论"而入"杂论"之中。

上列"儒家""性理""礼教""政治""杂论"五类，是按儒学的理论特征和现存儒学文献的具体状况划分的。这不仅可以将现存儒家的相关专著收录起来，编成相关专题的子学丛书；而且还可以根据这一分类，将分散在儒者集部各书中的学术论文辑录成编，形成一个个专题的学术类书，如根据需要可以编成《劝学集林》《家训集林》《闺训集林》《劝善集林》《乡约乡规集林》《忠谏集林》《君道集林》《臣事集林》《诸儒鸣道新集》《儒学博考》等专集，为前贤保存更多的专题性文献，也为研究者提供更多的求书方便。川大《儒藏》确立的"丛书"兼"类书"的编纂体例，在"论部"可以得到更加充分的发挥。

《儒藏》"论部"诸书大致可以模拟为古之"诸子"，但又不能局限于传统目录的"子部"。《汉志》有"诸子略""兵书略""术数略""方技略"，《隋志》有"子部"十四类。但"诸子略""子部"所录诸书并非儒学一家，而是学包九流、艺盖百技，不是一个"儒家"所可笼统概括的。即或是后世的儒学诸子，也因时代变化，文献激增，不仅数量极其丰富，而且主题也日益繁多，不加分析必然杂乱无章。我们既不能将传统"子部"全盘照搬，笼统收入《儒藏》；也不能对古今儒家子学著作不加区分、无所鉴别地一股脑儿收入。立足现存儒学文献的具体情况，结合儒家的学术特征，我们拟将《儒藏》"论部"按专题分为"儒家类""性理类""礼教类""政治类"和"杂论类"五大类，按这些专题将儒家子学著作以及学术论文收录起来，形成一个个专题丛书和学术类书，尽可能多地收集和保存儒家专题文献，为从事儒学专题研究的学人提供更多方便。而且通过儒家专题丛书的编纂，还会凸显儒家专题研究的学术成就，促进对儒家各个主题思想开展系统研究。如果通过《儒藏》编纂能够推动儒家专门之学的形成，又因专门之学的开展而提升儒学研究的水平，那将是我们苦心孤诣希望达到的最高境界！

原载《儒藏论坛》第一辑，四川大学出版社2007年版。

论《儒藏》"史部"的分类问题

为改写"佛道有《藏》，吾儒无藏"的历史，欲集儒学文献之大成，用系统体例编纂一部大型儒学文献丛书《儒藏》，已经提到了当代学人的学术研究日程。在国家各级政府和学术机构的关怀和支持下，《儒藏》编纂已经列入了国家"211工程""985工程"、国家教育部"重大项目"以及中国孔子基金会的"重大项目"；在南北学人的共同努力下，各种版别的《儒藏》都已经取得了飞速进展，四川大学编纂的收书5 000种的大《儒藏》，已经出版首批文字达2 600余万字的50册成果；中国人民大学编纂的涵盖日本、韩国、越南以及欧美各国儒学文献的《海外儒藏》，北京大学牵头的将收录450种书的《儒藏精华编》，也都在顺利进行，不久将有首批样书出版。为了编出一部体例合理、使用方便的《儒藏》，我们曾在一系列文章中对儒学文献进行了考察，并提出了"三藏二十四目"的《儒藏》著录体系。[①] 提议用"经藏"来著录儒家经学文献，用"论藏"来著录儒家的理论文献，用"史藏"来著录儒学史文献。各部之下再分若干子目（共24类）来分别收录、分批出版。对于这一体例，目前国内一批儒学与文献学专家，如张立文、钟肇鹏、陈恩林、廖名春、蔡方鹿、黄开国、黄修明等先生，纷纷撰文予以评价和讨论，已经逐渐取得了学术的共识。

《儒藏》"史部"属于儒学史范围，将对儒学史料进行全面搜罗和系统整理，是中国儒学史的资料集成。《儒藏》"史部"又是儒学史文献的首次分类处理，将探索和建立儒学史的文献著录体系。兹将儒学史著作的产生历程和基本类型、《儒藏》"史部"的分类原则和著录体系略作介绍，以就正于方家。

[①] 舒大刚：《儒藏总序》《儒藏编例》，《儒藏》"史部"第一册、第十四册、第三十七册卷首，四川大学出版社2005年版；《谈谈〈儒藏〉的编纂分类问题》，《四川大学学报》（哲学社会科学版）2004年第4期；《〈儒藏〉编纂之分类体系初探》，《国际儒学研究》第13辑，成都时代出版社2004年版。

一

儒学在中国已有2500余年的历史,经历了发生、发展、兴盛、转化、衰落和复苏的过程,呈现"先秦子学""汉唐经学""宋明理学"及"清代朴学"等形态。其历史数据,也从零星评议、单篇记录,发展为专著记载和系统总结。儒学在中国的发展史,也是其接受学人世世代代评说史。在百家争鸣的"子学时代",出现了《庄子·天下篇》《荀子·非十二子》《韩非子·显学篇》等学术史文献,儒家在其中受到批评,也得到初步总结。汉代司马谈《论六家要旨》、刘安《淮南子·要略》也是这一传统的延续。

汉武帝"罢黜百家,独尊儒术",司马迁《史记》始用专篇记载儒学历史。其书于孔子有《孔子世家》,于孔门有《仲尼弟子列传》,于后儒有《儒林列传》,于孟子、荀卿等皆各有专门列传。班固《汉书》也继承《史记》传统,以列传记儒生,复于《艺文志》中设"六艺略""诸子略"记载儒学文献。自是之后,历代"正史"都自觉配合"儒学独尊"的基本国策,将儒学历史摄入自己撰述的视野。于是传道授业之儒,则有《儒林列传》(或《儒学传》《道学传》);其"学优而仕"之儒,则有专人传记。至于经学之注疏、儒者之著作,则入《艺文志》(或《经籍志》)。儒学在教育上、选举上的制度和成绩,则又载在《选举志》和《学校志》。不仅"正史"如此,他如《通典》《通志》《文献通考》等"十通"、历代《会要》,以及别史、杂史、方志、地理等著述,也无不给予儒学的人物、文献、制度和事迹以相应的篇幅。更有文人雅士之诗文、书信,官僚主司之策论、奏章,以及儒林人物之墓碑、行状、祭文等,也常常关系儒学、反映历史,这类材料则分见于历代文人的别集和总集之内。

魏晋南北朝时期,各地出现了"先贤传""耆旧传""高士传""名士传"和"文士传"等史书,儒学人物也是其中的主角。甚至还出现了《先圣本纪》《孔子弟子先儒传》等儒学人物专著。至于宋代,随着儒学"道统""学统"观念的加强,有关儒家师传授受和学术渊源的内容备受关注,于是以朱熹《伊洛渊源录》为代表的各类"渊源录""师承记"和"宗传"便应运而生。在明代,这类撰述体例与当时盛行的"语录""语类"体结合,又受佛家《传灯录》诸书的启示,产生了以黄宗羲《明儒学案》为代表的专门学术史——"学案体"。"学案"以"辨章学术,考镜源流"为职志,既重视儒学人物活动的记录,也重视儒学流派和学术渊源的探讨,还注意儒学成就和学术精华的总结,有的还辅以"师承表",并"附录"评论资料。兼有学术流派史、学术成果汇编和研究数据类编等多重功能,对儒学成就的总结,学术流派的梳理和学术体系的研究,功能最全,作用最大。中国古代学术史的编纂至此而臻于完善。

百家多言儒学，文献浩如烟海。但是由于儒学本身自古无《藏》，故儒学史料迄今未得系统整理，也没有专门的著录体系。先秦两汉史书不多，《汉书·艺文志》只将史书附在《六艺略》的"春秋类"下，儒学史料也随所在各书编入各自类目之中，如《孔子世家》《儒林列传》《仲尼弟子列传》《孟荀列传》等，都随《史记》列在"春秋类"中。

晋代荀勖《中经新簿》为史书立有专部——"丙部"，以纪史记、旧事、皇览簿、杂事等书籍。南朝阮孝绪《七录》"记传录"亦纪史书，分成12类：国史、注历、旧事、职官、仪典、法制、伪史、杂传、鬼神、土地、谱状、簿录。由于二书久佚，其中有多少儒学史著作尚难考定。

《隋书·经籍志》"史部"共分13类：正史、古史、杂史、霸史、起居注、旧事、职官、仪注、刑法、杂传、地理、谱系、簿录，从此奠定了中国目录书"史部"的基本框架，后世目录都以《隋志》为基础来增删损益。不过，这些目录的分类所面对的都是各类史书，没有特别在意儒学史著作，也没有将"儒学史"设为专目。有感于此，梁启超《新史学》曾提议在史部设"学史"一目，著录学术史著作，"如《明儒学案》《国朝汉学师承记》等"①，但并没有得到目录学家的响应。

历代目录学著作囿于综合性目录的编纂体例，儒学史料只分散杂录于综合性"史部"之下，如《隋书·经籍志》，将可与儒家经典相互补充的《逸周书》、何承天《春秋前传》及《春秋前杂传》、乐资《春秋后传》和刘绍记载圣贤事迹的《先圣本纪》等，统统与《战国策》《楚汉春秋》《越绝记》等同隶"杂史"；将以儒学人物为主要内容的魏明帝《海内先贤传》、无名氏《先贤集》《兖州先贤传》《徐州先贤传》、陈寿《益部耆旧传》、白褒《鲁国先贤传》、无名氏《蜀文翁学堂画赞》、皇甫谧《高士传》、梁元帝等的《孝子传》《孝德传》《忠臣传》《显忠传》，甚至《孔子弟子先儒传》《王朗王肃家传》等，仍与《列女传》《神仙传》《名僧传》《美妇人传》之类杂书同归"杂传"。

即使在儒学史著作已经大量涌现和广泛流行的宋、元、明、清时期，诸家目录也没有为儒学史单立一目。一些纯粹讨论儒学历史和学术渊源的著作，如《东家杂记》《孔子年谱》《孟子年谱》《伊洛渊源录》《明儒学案》《宋元学案》《关学编》《洛学编》《元儒考略》《理学宗传》《圣学宗传》《闽中理学渊源考》和《学统》《阙里文献考》等，体例不可谓不纯，内容不可谓不正，数量也不可谓不多，却仍然被笼统列在"史部·传记"之中。

---

① 载《饮冰室文集全编》第3册，广益书局1948年版，第33页。下同。

不仅其内容和价值未得到应有彰显，而且与释家、道流、方士、神仙合编一处，学术源流混淆不清。至于其他尚载在别集、总集之中的儒学传记、碑版、品题、学录等史料，更成艺海尘珠，不见天日。由于得不到系统收录和整理，许多儒学史料不仅未能得到充分重视和利用，而且不少有价值的史书，如刘绍《先圣本纪》、无名氏《孔子弟子先儒传》等，也在人们的疏忽之中亡佚了。

儒学自古无"藏"，儒学文献也没有自己的著录体系，儒学史料至今也未得到系统的著录和整理。如何系统地将分散各处的儒学史料搜罗起来，建立合理的著录体系，并在此体系下加以科学地整理、编纂和出版，正是从事《儒藏》编纂不可回避也不能回避的问题，也是当代学人责无旁贷的使命。为了编纂出一部富有特色的《儒藏》，我们提出"三藏二十四目"的分类体系，主张按"儒经""儒论""儒史"三大类别将儒学文献分成三大"藏"；各"藏"下再分成若干小类对儒家各类文献进行分类分批处理。《儒藏》的"史部"文献理所当然也是分类处理的对象之一。

有感于学术史料不被重视，梁启超《新史学》曾倡议增设"学史"来统"学术史著作"，即《明儒学案》《国朝汉学师承记》等。又设"史学"来统"史学理论类著作"，即："理论：如《史通》《文史通义》等是也。事论：如历代史论、《读通鉴论》等是也。杂论：如《廿二史札记》《十七史商榷》是也。"显然，其"学史"重在学术的历史，"史学"重在史学的理论。如果从"论"的特征来考察，"史学"类著作仍然可以不在"史部"，而应移入"论部"，成为研究儒家思想的材料。

为适应学术史研究的迫切需要，依准梁启超"学史"的命题，我们拟对综合目录"史部"的"史学""史料"等传统内容作适当扬弃，确立《儒藏》"史部"的"儒学史"主题，制订出新的分类方法，以便将历代有关儒学人物、事件、制度、著述以及其他考证性文献统统收集著录起来，整理成一部大型的儒学史丛书。综合分析历代儒学史料，我们拟将《儒藏》"史部"分为以下 7 个部分：孔孟类、学案类、碑传类、史传类、年谱类、别史类、杂史类。

二

概言之，"孔孟类"是以孔孟史料为主题；"学案类"则以儒学流派资料为主题；"碑传类"以儒学人物的墓志碑文为主题；"史传类"以"正史"的《儒林列传》（或《儒学传》

《道学传》)为主题;"年谱类"以名儒年谱为主题;"别史类"则以"学案"以外有关儒学史专著为主题;"杂史类"所收的则是体例和内容都比较庞杂的儒学史著作。兹分述于下:

(一)**孔孟类**:孔子、孟子是中国儒学的先圣,他们的生平事迹和学术传授,其至其子孙后代、门人弟子及其轶闻掌故,都是学人喜闻乐道的。历代此类著述也不少,它们或考其生平,或述其行事,或详其后裔,或叙其传闻,或考其故里,或记其享祀,是皆可为研究之资、博闻之助。如宋孔传《东家杂记》(记述孔子"姓谱""先圣诞辰讳日""母颜氏""娶亓官氏""追封谥号""历代崇封""嗣袭封爵",以及"先圣庙""祖林古迹"等)、欧阳士秀《孔子世家补》(驳《史记·孔子世家》之讹)、明陈镐《阙里志》(分类编述有关孔子的图像、礼乐、世家、事迹、祀典、人物、林庙、山川、古迹、恩典、弟子、撰述、艺文)、刘浚《孔颜孟三氏志》(考证孔孟颜三氏世系以及褒崇诸典)、清孔继汾《阙里文献考》(述孔子轶事、门人、后裔及历代崇祀最为全面、翔实)、孟衍泰《三迁志》(分21门述孟子及其后裔世系、林庙、祠典)以及朱彝尊《孔子弟子考》和《孟子弟子考》等类著作,凡30余种,概入此门,以见早期儒家人物、学派及其后裔之历史。

(二)**学案类**:"学案"具有"辨章学术,考镜源流"的功能,从儒学流派和师承、家学渊源和交游、儒林列传和语录等方面,全景式地重现儒学史,有利于展现儒学的整体面貌和客观情况,是名副其实的"儒学全史"。明末清初黄宗羲编《宋元学案》和《明儒学案》是其中最优秀的代表。后来学人,代有继作,如王梓材、冯云濠等除补刻《宋元学案》外,又撰《宋元学案补遗》;清人唐晏编《两汉三国学案》;民国时徐世昌编《清儒学案》等,皆蔚为壮观。唯缺先秦、魏晋、南北朝和隋唐五代。就现成诸书来看,宋以下儒学已经有"案"贯通,两汉三国亦已成编,"汉学"与"宋学"的代表时期都已经有"案"可稽了。学案类史书一般都卷帙浩大,总其现有之字数,已经千万有奇,足可视为儒学史料之"泱泱大国"。其他虽有"学案"之名而无学案之实的,如《诸儒学案》(明刘元卿撰),或有学案之实而无"学案"之名者,如《伊洛渊源录》《圣学宗传》《元儒考略》等,皆入"别史"。

(三)**碑传类**:碑传相对于史传而言,此指行状(又称"行述")、墓志铭(又称"墓志"或"墓铭")、墓碑("方者为碑",又称"神道碑")、墓表(又称"阡表""殡表""灵表")、墓碣("圆者为碣")等。其述人物生平事迹,巨细备载者谓之"行状";其记死者世系、名字、爵里、行治、寿年、卒葬年月,与其子孙之大略,勒石加盖,埋于圹前三尺,以防异时陵谷变迁者,有文有韵,是为"墓志铭"(其有志无铭者谓之"墓志",有铭无志者谓之"墓铭")。既为墓志以藏之幽壤,复为石碑以揭橥墓外,或称碑、碣,或曰表、文,与墓志幽显相映、详略互参。秦汉而下,流行石刻;东京以还,渐行碑状。人之云亡,树碑立传。或故吏叙旧,或门生述恩,皆与传主知交甚深,叙事不爽,为研究儒学史的第一手资料。儒者"疾没世而名不称",故于此道尤重。这些传记资料,或葬之幽冥,或树之墓旁;或曾上之太史,为国史立传所本;或仍载在文集,为品题人物之资。"顾石本不尽拓摹,文集又皆散见,互考为难"①,故有将其类编成集,以便使用者。如杜大珪之《琬琰集》、焦竑之《献征录》、钱仪吉等《碑传集》三编等。但是更多的是尚散见各处,无人统综,有的甚至还藏在山崖水涘,无人知晓,读者欲一见而不能得,更遑论其研究利用呢。

今兹广搜史志、文集,兼及金石文类、考古文献,将历代儒学人物的各类碑传,广采慎择,予以汇录。自东汉迄清末,共4000余人。仍按时代为编,各为一书,分题专名,如《汉魏六朝儒林碑传集》《隋唐五代儒林碑传集》《宋儒碑传集》《辽金元儒碑传集》《明儒碑传集》《清儒碑传集》等,文字不下千万。

(四)史传类:在以儒立国的中国古代,史家著述皆重视儒学历史记载,故自《史记》而下的历代"正史"都为纯粹的儒生立有类传(即《儒林列传》,《宋史》在《儒学传》外又立《道学传》),以见一代儒学兴起始末以及师徒授受之概况;其《儒学传序》往往又叙述当代儒学概况,可见一代儒学兴衰、转化之大势。同时又为在政事、军事、经济等方面作出重要贡献者立有专传,可见儒学治世之成绩。这是有关中国儒学人物最集中、最系统、最正宗和最权威的记录,是研究儒学史不可或缺的。《儒藏》将"正史"各书的儒者传记辑出,分别编成各个时代的儒林专辑。《二十四史》史各成一书,外加《新元史》《清史稿》,凡26部。

(五)年谱类:年谱系人物生平事迹的编年史,巨细备录,大小不漏。学术人物的年谱,往往可以反映出谱主的成长过程、治学路径、著述概况和思想演变,是了解儒学人物更直观、更具体的资料。旧时年谱多附在谱主文集之后,少有单行者;即或单行,也侧身"传记"之目,史料价值得不到应有重视。《儒藏》将儒林年谱作为专门体裁予以清理著录,举凡杨殿珣《中国历代年谱总录》、谢巍《中国历代人物年谱考录》、来新夏《近三百年人物年谱知见录》、黄秀文《中国年谱词典》、周和平主编《北京图书馆所藏年谱丛刊》所涉及的儒者年谱400余篇,都尽量予以收录整理。

(六)别史类②:太史公《史记》创传记之体,后儒纷纷效法,名宗巨派,往往有传。

---

① 〔清〕永瑢等:《四库全书总目》卷五七《名臣碑传琬琰集》"提要"。
② 别史:《儒藏》编纂在执行过程中,将此目合并入"史传",而另立"礼乐"类以收相关文献。

这些传记,或为私家著述,没有正统史书之讳;或系乡邦笔乘,更有亲切之感;有的甚至本身就是儒学类传,更可见儒林整体面貌,足与"正史"互为印证。"别史"之称,盖行于汉魏之间。这里之所以称之为"别史",盖有别于"正史"之谓。"别史"所收各书,限于专书,至于见于其他文献的儒林人物,则拟归入"杂史"之中。"别史"类书籍主要有:反映儒学师承、源流的著作,如朱熹《伊洛渊源录》、明周汝登《圣学宗传》《理学宗传》、清熊赐履《学统》等;有地域性儒学传,如明冯从吾《关学编》、清汤斌《洛学编》、李清馥《闽中理学渊源考》以及《台学统》《北学录》等;有断代儒学人物传,如明冯从吾《元儒考略》、清江藩《汉学师承记》《宋学渊源记》、唐鉴《清学案小识》等;有儒学人物生平事迹考略,如《元祐党籍考》《庆元党籍考》等;还有名儒名臣言行录,如朱熹《宋名臣言行录》、苏天爵《元名臣言行录》等。

(七)杂史类:古有"杂史"之目,起自《隋志》,后世目录,率皆承用。"杂"之为训,"义取乎兼包众体,宏括殊名"(《四库全书总目》史部杂史序)。亦即在体例上不纯粹,在内容上不纯一。儒学人物传除了"正史""传记"类史书有分布外,在其他古籍中也大量存在。诸如"地方志"之儒学传、艺文传,各种"先贤传""乡贤传""耆旧传""人物记(志)""敬乡录"等。这些数据有的也许抄自"正史",但是更多的是得之乡邦文献,同时代人笔录和口传,往往比正史更为具体、丰富,也更为翔实、可信。如《两浙先贤传》其第一至十卷,都是儒林人物的传记。此外还有综合性的儒学史,如皮锡瑞《经学历史》;有专题性的制度考,如清徐松《登科记考》、王国维《汉魏博士考》。有关于学校书院的,如清刘光蕡《陕甘味经书院志》、李来章《敕赐紫阳书院志》、吴嵩梁《增修鹅湖书田志》、林伯桐《学海堂志》、赵敬襄《端溪书院志》、李来章《连山书院志》、张之洞《四川尊经书院记》等;有关于儒学著作的,如朱彝尊《经义考》;有关于儒学礼仪的,如清黄位清《圣庙祀典辑闻》、李周望《国学礼乐录》等;还有关于名儒祠墓的,如明舒芬《阙里答问》、清屈大均《先圣庙林记》、孙炳奎《同仁祠录》、范承堃《昭忠祠志》、陆桢《崇义祠志》、孙树礼《义烈墓录》、丁立《谢皋羽墓录》等。

此外,还有散见于其他专著,如"十通""会要""类书"的礼乐、学校、选举、艺文、人物等类中的儒学资料,无一不是儒学史研究的宝贵材料,《儒藏》都将予以辑编和收录。

《儒藏》编纂是一项前无古人的事业,儒学史料也从未得到系统整理。我们坚持一切从儒学史文献的实际出发,一切为学术史研究的需要考虑,确立《儒藏》是儒学之藏,'史部'是儒学史料之部"的观念,对传统目录"史部"的"史学""史料"等规范,进行必要的扬弃,确定了"学史"主题,建立《儒藏》"史部"全新的分类。在收书范围上,我们力求专门著作收录齐全,分散资料也不放弃,既将现成的儒学史著作尽可能地予以收集整理，又将散见的局部材料进行分类辑录，编成各种专题类书。这一"学史"与"史学"相区别的分类原则，"丛书"加"类书"的编纂方法，庶几可以使《儒藏》"史部"编成体例科学、使用方便、内容充实、数据丰富的儒学史专题丛书。

原载《史学集刊》2005年第4期。

继承蜀学传统，整理儒学文献
——四川大学《儒藏》编纂纪事

蜀学是发生在巴蜀大地，曾经与中原学术并行发展，最终影响并融入中华学术宝库的区域性学术。蜀学在其产生和演变、发展的历程中，与儒家经典和儒学文献，曾发生过非常密切的关系，一定程度上推动着儒家经典体系的嬗变和定型，其成功经验和学术成果至今仍然是我们编好《儒藏》的精神食粮。

早在上古时期，这里便诞生了为儒、道、墨三家共同推崇"生于石纽"（《孟子》佚文）、"兴于西羌"（《史记·六国年表》）的大禹，《尚书》载其因治水需要而悟"九畴"，于是衍为《洪范》（见《尚书》）；又因伏羲氏《河图》，于是演为"三易"之首的《连山》（《山海经》佚文），两书及其所含"阴阳"观念和"五行"学说，奠定了后世中国（特别是儒家）经典文献的基本形态和中国哲学的基本范畴。至于孔子所赞大禹"菲饮食而致孝乎鬼神"的孝道观念，以及《考工记》所载"夏后氏世室"的宗庙制度，更是后世儒家坚决持守的道德伦理和礼仪基础。约当殷商时期的"三星堆"遗址，所出土青铜祭坛，明显表现出"三界"（天、地、人）合一的信仰体系。战国时成书的《世本》又揭示蜀为"人皇之后"（《华阳国志》则称蜀"肇于人皇"之际），天皇、地皇、人皇三才一统的观念，又与三星堆出土青铜器吻合起来。《华阳国志》记载蜀王亡故，不同中原之谥号，而以"青帝、赤帝、白帝、黑帝、黄帝"命其庙号，又与《洪范》中所载五行相生相克的观念结合起来。至于禹所娶涂山氏之婢女吟唱"候人兮猗"的《南音》，后为周公、召公所取法"以为《周南》《召南》"（《吕氏春秋·音初》）；又为屈原所依仿，造为《离骚》楚辞（谢无量《蜀学会叙》）。所有这些，均可视为早期巴蜀学人对儒学经典文献形成的特别贡献。

秦汉时期，物华天宝的巴蜀地区不仅是祖国统一的坚强基地，也是中华学术孕育和发展的摇篮。汉景帝末年，庐江舒城人文翁为蜀守，有感于秦后天下绝学，乃修起学宫于成都市中，派张宽等18人前往长安从博士讲习孔子"七经"（在中央所传《诗》《书》《易》《礼》《春秋》之外另加《论语》《孝经》），张宽等学成归来，即居学宫教授；文翁复选下县弟子入石室肄业，成功改变巴蜀的"蛮夷风"，实现移风易俗，儒学正式扎根巴蜀。巴蜀士子，或负笈万里，求学京师，或居乡开馆传道授徒，形成颇具特色的"蜀学"流派，史书或称"蜀之学于京师者比齐鲁焉"（《汉书·循吏传》）；或直接说"蜀学比于齐鲁"（《三国志·蜀书》《华阳国志》）。巴蜀士子以经学为学习和追迹对象，在儒家故里之外又形成一个儒化地区,故当时巴蜀有"西南邹鲁""岷峨洙泗"之称。文翁石室是汉朝首个由地方政府建设的高等学府,在历史上成绩卓著,影响盛大,史称"其后王褒、严遵、扬雄之徒,文章冠天下,由文翁倡其教、相如为之师也"(《汉书·地理志》)。汉武帝推广其经验,"令天下皆置学校官"(《汉书·地理志》),于是汉代遍开郡国之学,中国进入全面"儒化"时代。当时汉博士所守经典为《诗》《书》《礼》《易》《春秋》"五经",蜀中所传则是"七经",在"五经"外增加《论语》《孝经》,形成"蜀学"重视伦理教化的经典特色。是后,中原士人通习群经称"五经无双"(《后汉书·许慎传》)、"通五经"(《后汉书·张衡传》);巴蜀士人通群经则多称"东受'七经'"(《华阳国志·蜀志》),"学孔子'七经'"(《后汉书·赵典传》注),"精究'七经'"(《华阳国志》卷一〇下"杨充"),毕沅《传经表》附《通经表》所列汉代通"七经"者六人(江藩《经解入门》同):张宽(西汉成都人)、荀爽(东汉末汝阴人)、赵典(东汉成都人)、杨克(又作充,东汉梓潼人)、李譔(蜀汉涪人)、许慈(南阳人,仕于蜀汉),除荀爽外,其他五人皆是"蜀学"中人,这自然是蜀学贵"七经"的结果。"七经"概念在东汉得到普遍认同,儒经体系于此实现从"五经"(重史)向"七经"(重传记)的转型。

东汉末年,天下纷乱,中央太学,徒具故事,"博士倚席不讲,诸儒竞论浮丽"(《后汉书·樊准传》);"学舍颓敝,鞠为园蔬,牧儿荛竖,至于薪刈其下"(《儒林列传》)。然而时镇巴蜀的河间人高眹却在成都大兴文教,既恢复被战乱所毁的文翁石室,又在石室之东新建祭祀周公、孔子等历代圣贤的"周公礼殿",教育与祭祀并重,形成中国学校"庙学合一""知信合一"的体制,这比北魏在都城洛阳实行的同一制度提前300年!

唐自武后,滥用威权,学官多授亲信,太学形同虚设,"博士助教,唯有学官之名,多非儒雅之实","生徒不复以经学为意","学校顿时隳废"(《旧唐书·儒学传上》)!但是远在西南的巴蜀地区,却社会稳定,人文辐辏。在8世纪,成都诞生了以"西川印子"命名的雕版印刷物,肇开人类印刷术之先河,宋人有曰:"雕印文字,唐以前无之,唐末益州始有墨板。"(朱翌《猗觉寮杂记》)五代时期,巴蜀图书出版成绩卓著,后蜀宰相母昭裔于广政元年(938)倡刻《石室十三经》,历190余年至北宋宣和五年(1132),最后一经《孟子》入刻。蜀石经有经有注,规模宏大,"其石千数"(晁公武说),堪称中国"石经"之最。蜀石经可贵之处在,于唐代盛行的"九经"(《易》《书》《诗》"三礼""三传")体系(即使"开成石经"刻了12部,也只称《石壁九经》)外,增加《论语》《孝经》《尔雅》和《孟子》,以《石室十三经》(或《蜀刻十三经》)命名(赵希弁《郡斋读书附志》、曾宏父《石刻铺叙》),正式形成"十三经"体系。这套刻在石头上的经书,促成了儒家"十三经"的最后形成。毋氏还将原来用于"阴阳杂书"和佛家读本的雕版技术,移刻儒家经典以及《文选》、类书等正规文献,为五代、北宋儒经"监本"等权威刻本树立了榜样。

宋代"四川"刻书业十分发达，"蜀版"是当时学人和藏家努力罗致和收藏的珍品，杨慎有"宋世书传，蜀本最善"（《丹铅续录》卷六）之说；开宝年间由政府主刻的多达13万片的《开宝大藏经》，即由高品张从信督刊于成都，成为后世藏经鼻祖。南宋理宗时，蜀人魏了翁将唐孔颖达、贾公彦等《九经注疏》删节为《九经要义》，以便学人。至于宋末人史绳祖《学斋占毕》又载："《大戴记》虽列之'十四经'"云云；周密《癸辛杂识》后集载，宋末廖莹中"又欲开手节《十三经注疏》"云云，因宋亡未果，则是在"十三经"观念形成后的事情。

明代，曾为四川右参政使、按察使的曹学佺，既纂辑巴蜀掌故资料成《蜀中广记》108卷，又感于"二氏有藏，吾儒何独无有"，"欲修《儒藏》与鼎立，采撷四库书，因类分辑，十有余年，功未及竣"（《明史》本传）。清乾隆中，在周永年重倡《儒藏说》的同时，四川罗江人李调元独自辑刻《函海》，收书150余种，许多稀见的儒学著作得以保存。晚清经学殿军廖平严分经史，善说古今，发凡起例，撰《群经凡例》，欲以今古文学为标准，撰著《十八经注疏》，以纠正东汉以下注疏今古无别、学派不清（如《十三经注疏》）的状况。民国时期，曾任四川存古学堂督监（院正）的蜀中才子谢无量，曾倡议编刻《蜀藏》；辛亥遗老胡浚诸人，又计划编纂《四川丛书》，只惜皆因时势不济而未成。

历代蜀学先贤热衷整理儒学文献、创建经典体系的探索和创新精神，给后世学人留下许多有益启示。如汉代文翁将博士所守"五经"体系扩大到"七经"（"五经"与《论》《孝》），实现从"尊经典"（重史实）向"重传记"（贵伦理）的突破；蜀刻石经将唐人"九经"扩大到"十三经"（纳入《孟子》），又实现了"贵子书"（重心性）的突破；宋代魏了翁删节《九经注疏》而成《九经要义》，突出了注疏的重要性；史绳祖记载时人将《大戴礼记》列入'十四经'"，又突显了"经"外文献的重要价值；晚清廖平发起《十八经注疏》，突破了郑学、宋学窠臼，都具有典范重塑、肇开风气的意义。此外，蜀人还首创"西川印子"的雕版印刷术，扩大了儒经传播速度；北宋初在成都刻成的规模浩瀚《开宝大藏经》，为大型丛书刊刻积累了经验。

历史进入20世纪90年代，在近代"蜀学"发祥地的四川大学，再度提出了儒学文献整理和体系重建的问题，那就是《儒藏》编纂。承担《儒藏》编纂的四川大学古籍整理研究所，自1983年成立以来，上继文翁石室"七经"教育之遗泽，下承蜀刻"十三经"、廖平"十八经"之余绪，在前辈学人组织完成《汉语大字典》《全宋文》等大型辞书和总集之后，又于1997年发起了"儒学文献调查整理和《中华儒藏》编纂"工程。针对当时中国文化品牌常常被域外国家抢注的现象，为保护儒学知识产权，川大学人特向国家商标总局申请"儒藏"商标注册，向四川省新闻出版局申请《儒藏》著作权登记。

编纂《儒藏》，首先遇到的问题就是如何编好？虽然历代学人都有儒学文献整理的实践,如唐修《九经正义》、宋刊《十三经注疏》、明纂《四书大全》《五经大全》、清成《通志堂经解》和《皇清经解》(正续编),但却没有总汇儒学各类文献而成《儒藏》的先例。明朝万历中后期,孙羽侯、曹学佺曾先后提出《儒藏》编纂设想,却无具体编纂方案;清周永年、刘因等再倡"儒藏说",也没有留下相应成果,其经验和体例都无从参考。

  为取得《儒藏》编纂的学术支撑,川大学人申请了教育部重点研究基地山东大学易学与中国哲学研究中心的重大项目"儒家文献学研究",对儒学文献源流和演变轨迹、文献类型、重要典籍进行系统探索,撰成240余万字《儒藏文献通论》,为《儒藏》编纂做足前期学术储备。同时,针对中国儒学大师辈出、流派众多的历史,为摸清儒家学人的师传授受、学术阵营和学派特征等情况,我们还联合港台学人组织实施了"历代学案"整理和补编工作。该项目对前人所编五种学案(唐晏《两汉三国学案》、黄宗羲《宋元学案》、王梓材等《宋元学案补遗》、黄宗羲《明儒学案》、徐世昌《清儒学案》)重新进行校勘,对前人未编的时段进行补编(《周秦学案》《魏晋学案》《南朝学案》《北朝学案》《隋唐五代学案》),共形成《中国儒学通案》10种,形成脉络贯通、传记齐全的全景式"儒学流派通史"。

  有了对儒学文献的总体了解和儒学发展史的脉络把握,就大致具备了从事《儒藏》编纂所需的文献学知识和学术史背景。再参考《道藏》"三洞四辅十二类"、《大藏经》的"经律论"等方法,初步将《儒藏》按"经、论、史"三大类区分:《经藏》收录儒学经典及其为经典所作的各种注解、训释著作,包括元典、周易、尚书、诗经、三礼、春秋、孝经、四书、尔雅、群经、谶纬等11目;《论藏》收录儒学理论性著作,包括儒家、性理、礼教、政治、杂论等5目;《史藏》收录儒学史料著作,包括孔孟、学案、碑传、史传、年谱、别史、礼乐、杂史等8目。共计"三藏二十四目"。这样专题清晰,类属明备,既照顾到儒学文献的历史实际,也方便了当代学人的翻检和阅读。

  鉴于20世纪以来人们对儒学历史存在隔膜,也为了给学界提供儒学史研究的系统资料,川大《儒藏》首先启动了"史部"编纂。自2005年出版首批《孔孟史志》(13册)、《历代学案》(23册)、《儒林碑传》(14册)以来,陆续于2007年、2009年、2010年、2014年,分四次出版了《年谱》《史传》《学校》《礼乐》《杂史》等类。迄至2015年初,《儒藏》史部274册已全部出齐,实现了2500余年儒学史料的首次结集。继后又于2016年、2017年,出版"经部"86册;全套650册,将于2018年出齐。

  在编纂体例上,本着"辨章学术,考镜源流"的理念,我们试图将入选《儒藏》书籍,按一定体例编录,使其更具系统性,遵从西汉刘向、刘歆父子《别录》《七略》、清《四库全书总目》的传统,于《儒藏》开篇设《总序》一篇,三藏各立《分序》,小类各设《小序》,

每书前又加《提要》。试图通过这些叙录的介绍和勾连,将各自成书的儒学文献联系在一个统一的框架和完整的体系下,使《儒藏》成为"用文献构建的儒学大厦"。

千年儒学,百年沧桑。面对儒学不振,花果飘零,文献残破,学科无归的状况,重新回顾蜀学先贤从事儒学文献研究的学术实践,对我们研究和重审儒学都具有重要借鉴。以系统体例编纂《儒藏》,不仅有利于儒学成果保存推广,而且有利于儒学学科重建、儒学价值重估,特别是儒家学术的再创造和再发展。以儒学为本位、以文献为载体,以"三藏二十四目"为纽带,通过重新构建儒家文献体系,达到恢复儒学大厦的效果,从而找回儒学文献的经典地位和学术价值,必将为儒学的当代传承和发展的找到突破口。

与霞绍晖合著,第一作者。
原载《光明日报》2017年11月25日"国学"版,题为《有一种传统叫〈儒藏〉》。

经学丛考

中华五千年文明史，恰以「六经」为标志形成了承上启下的轴心关系，前此两千五百年历史因之得以记载和传承，后此两千五百年的智慧据此得以启迪和照明。完整、系统地研究儒家经典，正是在全面地、真实地认识中华文化文明的传承序列和承载模式。

儒家「十三经」完成结集的标志又是什么？厘清「十三经」形成的种种误说，考证始刻于五代孟蜀时期，标志「十三经」形成的「蜀石经」正是本章要重点揭示的问题。大道既清，探微取精，对汉代儒学文献整体发展状况、宋代五家学者力倡恢复的古《周易》、汉代失而复得而复逸的古文礼经、《周易》复卦卦辞「七日来复」中蕴含的历史记忆、《孝经》一书得名等，本章均进行了翔实考证，力图找寻历经散佚及后世篡改传衍的经典原貌。此外，本章还论述了北宋较早的经学名著——苏轼经学三书的撰著过程和主要内容，以为「蜀学」在经学传衍过程中的个案考察。

"十三经"：儒家经典体系形成的历史考察

今天通常所说的儒家经典有"十三经"，是儒家非常重要的十三部经典著作，是儒家学说的基础，也是中国学术文化的源头活水。不过，从早期儒家诵法"六经"（又称"六艺"），到后期儒家言必称"十三经"，儒家经典也经历了一个逐渐结集、不断扩充到最后定型的过程。关于这个问题，学术界一直存在不同观点，至今还没有取得一致意见。这里愿结合《儒藏》编纂和儒学文献研究的收获，[1]谈点个人看法，以就正于大方之家。

一 异说纷呈："十三经"结集诸说

"十三经"即《周易》《尚书》《诗经》《周礼》《仪礼》《礼记》《春秋左传》《公羊传》《穀梁传》《论语》《孝经》《孟子》《尔雅》十三部经典。作为儒家最基本的典籍，其形成、结集和汇刻过程历来都是讲学家和撰述者所关心的问题，各类经学著作，特别是概论性或通论型著作（如《群经概论》《十三经概论》《经学通论》等），都照例要在首章（或相当于首章的位置）设列"从'六经'到'十三经'"之类章节来特别介绍。但是，关于"十三经"结集的时代和过程，古今学人的看法可谓异说纷呈，矛盾迭出。兹根据诸说出现的时代早晚，归纳为六家如下：

一、唐代说。焦竑《国史经籍志》："唐定注疏，始为'十三经'。"[2]由于唐代只有《九经正义》，并无《十三经注疏》，故日本学人山井鼎专门考证儒家经典文字异同的著

---

[1] 四川大学《儒藏》编纂始于1997年国家"九五""211工程"建设规划，2004年列入中国孔子基金会重大项目（孔基2004一号文件）。
[2]〔明〕焦竑：《国史经籍志》卷二，载《明代书目题跋丛刊》上册，书目文献出版社1994年版，第247页。

作《七经孟子考文》，在引录了上述焦说后特别指出："未详其所据也。"①

二、宋初说。龚道耕《经学通论》："唐代作《五经正义》，则以《礼记》冒礼经，而宋元明承清之。其立学试士……谓之'九经'。文宗开成时，立石国学……为'十二经'。宋初，升《孟子》为经，则'十三经'。"②按，宋初政府并无特别的尊《孟》之举，将《孟子》列为科举考试的经典，实始于神宗熙宁年间王安石的变法活动（详下）。

三、南宋说。杨伯峻："到宋代，理学家又把《孟子》地位提高，朱熹取《礼记》中的《中庸》《大学》两篇，和《论语》《孟子》相配，称为《四书》，自己集注，由此《孟子》也进入'经'的行列，就成了'十三经'。"③将"十三经"结集定在南宋朱熹撰成《四书集注》之后。近时学人仍风从此说，如谓："至南宋绍熙（1190—1194）间，将《孟子》列入经部，遂有'十三经'之称。"④

四、笼统宋代说。朱剑芒《经学提要》："自宋列《孟子》于经部，'十三经'之名亦因以成立。"⑤今之《辞海》从之。⑥ 持相同观点者还有：夏传才《十三经概论》："到宋代，原来'十二经'再加上《孟子》，便成为流传至今的'十三经'。"⑦褚斌杰《儒家经典与中国文化》："到了唐文宗开成年间（836—840），曾于太学中刻石经……共计'十二经'。到了宋代，理学家抬高《孟子》一书的地位，也列其入经书。至此，儒家的经典才算集结完毕，以后再无增加。"又说："明、清将十三经合刊……成为儒家经典的集成。"⑧据褚说，"十三经"概念形成于"宋代理学家"，而"十三经"丛书却产生于"明清"。

五、明代说。顾炎武说："自汉以来儒者相传，但言'五经'，而唐时立之学官，则云'九经'者，'三礼''三传'分而习之，故为九也。其刻石国子学，则云'九经'，并《孝经》《论语》《尔雅》。宋时程、朱诸大儒出，始取《礼记》中之《大学》《中庸》，及进《孟子》以配《论语》，谓之《四书》。本朝因之，而'十三经'之名始立。"⑨乾隆十一年（1746）开

---

① ［日］山井鼎《七经孟子考文补遗·凡例》引《国史经籍志》，文渊阁《四库全书》本。
② 龚道耕：《经学通论》"后世七经十三经之名"，成都维新印刷局1929年三版重印本，第5、6页。
③ 杨伯峻：《经书浅谈·序》，中华书局1984年版，第5页。
④ 标点本《十三经注疏》"整理说明"，北京大学出版社1999年版，第2页。
⑤ 朱剑芒：《经学提要》，岳麓书社1990年版，第179页。
⑥ 舒新城主编：《辞海》（合订本），上海辞书出版社1980年版，第114页。
⑦ 夏传才：《十三经概论》，天津人民出版社1998年版，第16页。
⑧ 褚斌杰主编：《儒家经典与中国文化》，湖北教育出版社2000年版，第15、2页。
⑨〔明〕顾炎武：《日知录》卷一八"十三经注疏"条，黄汝成集释，载《诸子集成续编》第18册，四川人民出版社1997年版，第466页。

经史馆,校正《十三经注疏》。次年,乾隆皇帝撰《御制重刻十三经序》云:"汉代以来,儒者传授,或言'五经',或言'七经'。暨唐分'三礼''三传',则称'九经'。已又益《孝经》《论语》《尔雅》,刻石国子学。宋儒复进《孟子》,前明因之,而'十三经'之名始立。"①所说与顾炎武同。杭世骏《经解》亦以"明嘉靖、万历间,南北两雍,前后并刻,而'十三经'之名遂遍海宇矣"。刘藻《经解》则谓"十三经"之形成"盖始于唐,衍于宋,而终于明之世云"。② 今人所编《辞源》亦从此说,谓"至明合称'十三经'"③。

六、清代说。蒋伯潜《十三经概论》:"彼时(汉代)所谓'经'者,仅指《诗》《书》《礼》《乐》《易》《春秋》'六经'。……五代时,蜀主孟昶石刻'十一经',去《孝经》《尔雅》而入《孟子》,此《孟子》入经部之始。及朱子……定为'四书'……《孟子》在经类中之地位予以确定,经部唯一大丛书'十三经'亦至是始完成焉……清高宗乾隆时,既刻'十三经'经文于石,立之太学,而阮元又合刻《十三经注疏》,且附以《校勘记》,此'十三经'完成之经过也。"他还在《经学纂要》中重申说:"及清高宗刻'十三经'于太学,于是'十三经'这部丛书乃成定本。"④蒋说多所未安(如"蜀石经"只十一经,又说其中无《孝经》《尔雅》等,俱误。详下),其以"十三经"概念形成于南宋朱子之后,直到清乾隆刻"十三经"入石、阮元校刻《十三经注疏》才完成"十三经"的汇刻,更失之过晚。

由上可知,学人在考察"十三经"结集过程时,提出了唐代、宋初、南宋、明代、清代诸说,还有笼统的宋代说。如此悠长的岁月,都被认为是"十三经"的形成过程,这个历史跨度似乎拉得太长,分歧太大,同时也没有指出"十三经"形成的具体时间和事件。当然我们应当指出的是,以上诸家之说,有的系指"十三经"称呼或概念的形成,有的又指"十三经"经、注、疏的汇刻,但不管何种所指,其实质都代表儒家"十三经"经典体系的结集和形成。虽然任何一个新事物的形成都有一个酝酿过程,但同时也应当有一个起突破作用的关键点,也就是说新事物的最终完成必然有一个具体的事件和明显的成果作为标志。那么关于"十三经"丛书,抑或其概念、注疏或汇刻,其最终出现于何时呢?又以何物为其突出的标志呢?

夷考载籍,我们认为,以上诸说或失之过晚(如清代、明代),或失之过早(如唐代),或失之过泛(如笼统的宋代)。作为儒学最为重要的文献"十三经",学人对其结

---

① 〔魏〕王弼:《周易注疏》卷首,文渊阁《四库全书》本。
② 〔清〕杭世骏、刘藻:《经解》,载《皇清文颖》卷一二、卷一三,文渊阁《四库全书》本。
③ 《辞源》(修订本)第一册,商务印书馆1980年版,第402页。
④ 蒋伯潜:《十三经概论》,上海古籍出版社1983年版,第7、8页;又《经学纂要》(与朱剑芒《经学提要》合刊一册),岳麓书社1990年版,第6页。

集过程之认识尚如此不统一,必然影响到我们对儒学史、经学史作出正确的认识和判断,故有再作审察、予以厘清之必要。

二 自"六经"而"十三经": 儒经体系的结集和完成

儒家经典在结集过程中,有所谓"六经"(或"五经")"七经""九经""十二经""十三经"等概念,此外还有"十经""十一经""十四经"等称呼。它们都在一定程度上记录了儒家经典体系不断发展的不同阶段,反映了儒经范围不断扩大和变迁的历程。

"六经":孔子之前,儒家赖以删述的文献处于"旧法世传之史"的状态,诸书各自以类为称,还没有一个统一的集合名词。《左传》僖公二十七年(前633),晋赵衰称赞郤縠"说《礼》《乐》而敦《诗》《书》"。这些"礼乐诗书"就是后来儒家祖述的原本,大致包括三代遗存的"礼类"(行为规范)"乐类"(乐理乐谱)"诗类"(诗歌文学)和"书类"(历史档案)文献,当时似乎还没有形成固定的经典。《史记·秦本纪》穆公谓由余:"中国以'诗书礼乐'、法度为政。"《国语·楚语上》楚庄王(前613—前590在位)时申叔时论教太子,有"春秋""世""诗""礼""乐""令""语""故志""训典"等文献,其性质也大致与"诗书礼乐"相当。

春秋末年,孔子(前551—前479)"论次《诗》《书》,修起《礼》《乐》","作《春秋》",①"序《易》传"②,将"旧法世传"的"诗书礼乐"四类文献编成可供教学的《诗》《书》《礼》《乐》四经。孔子为何选此"四经"? 早于孔子的晋人赵衰有明确解释:"《诗》《书》,义之府也;《礼》《乐》,德之则也。德、义,利之本也。"③"《诗》《书》"是仁义的宝库,"《礼》《乐》"是德教的准则,一个人要想成就自己,就必须"说《礼》《乐》而敦《诗》《书》"。《礼记·王制》载:"乐正崇四术,立四教,顺先王'诗书礼乐'以造士。"孔子选

---

① 按,语见《史记·儒林列传序》,中华书局1982年版,第3115页。解详金景芳先生《孔子与六经》,《孔子研究》创刊号,1986年第1期,第15—25页。
② 此约《史记·孔子世家》文:"孔子晚而喜《易》,序《彖》《系》《象》《说卦》《文言》";《孔子家语·本姓解》亦称:"(孔子)删《诗》述《书》,定《礼》理《乐》,制作《春秋》,赞明《易》道。"
③《春秋经传集解》僖公下第七,《四部丛刊》影宋本。

这四类文献以施教,正是出于对周礼的继承和发展。

孔子晚年再加《易》和《春秋》,于是形成了儒家早期经典"六经"。①《庄子·天下篇》云:"其明而在数度者,旧法世传之史尚多有之;其在于《诗》《书》《礼》《乐》者,邹鲁之士、缙绅先生多能明之……其数散于天下而设于中国者,百家之学时或称而道之。"庄子(约前369—前286)明确揭示了从"旧法世传之史"到邹鲁之士(儒者)所诵法的"诗书礼乐"(亦即"六经"),再由"六经"到"百家"诸子文献的转化过程,这正是孔子依据"旧史"修订"六经",进而影响"诸子"这一历史进程的客观描述。所谓"旧法世传之史"即未经孔子整理的历史文献,如《左传》之"诗书礼乐"、《国语》之"春秋""诗""乐""故志""训典"等;"邹鲁之士、缙绅先生多能明之"的《诗》《书》《礼》《乐》,乃是经过孔子删定后形成的有史实、有义理的儒家经典。

此后相当长时间内,"诗书礼乐"都是儒家经典的概称,也是儒家文献的基本范式。上引《庄子》"诗书礼乐"即兼包《易》《春秋》在内,因为春秋战国时期"邹鲁之士、缙绅先生"所"明"者非只四经而已,而是兼包"六经"在内矣。秦孝公时,商鞅(约前394—前338)以《诗》《书》《礼》《乐》为"六虱"②。《史记·赵世家》载赵武灵王(约前340—前295)时公子成说:"贤圣之所教也,仁义之所施也,《诗》《书》《礼》《乐》之所用也。"这些"诗书礼乐"都兼指"六经"而言。又《孔子世家》称:"孔子以《诗》《书》《礼》《乐》教……身通六艺者七十有二人。"教"诗书礼乐"而通"六艺",其非兼有"六经"而何!"诗书礼乐易春秋"又可简称"诗书"。《商君书·农战》:"故豪杰皆可变业,务学'诗书'。"又《算地》:"故事'诗书'谈说之士。"又《君臣》:"上以功劳与,则民战;上以

---

① 按,关于孔子与"六经"关系,历史上颇多怀疑。龚自珍《六经正名答问一》(《龚自珍全集》,上海古籍出版社1999年版,第39页):"仲尼未生,已有六经;仲尼之生,不作一经。"章学诚《校雠通义·原道》(王重民《通解》本,上海古籍出版社1987年版,第2页):"六艺非孔氏之书,乃周官之旧典也。《易》掌太卜,《书》藏外史,《礼》在宗伯,《乐》隶司乐,《诗》领于太师,《春秋》存乎国史。"似乎孔子对"六经"毫无用功之处,实为过激之辞。董治安《先秦文献与先秦文学》(齐鲁书社1994年版,第202—227页):"春秋以前,所谓'易''诗''书''礼''乐''春秋',大体都是某类文献的通称,每类文献,或有性质相类的典籍,或有不同的传本。而事实上正是由于孔子的整理、编订、传授,才推动了战国儒家研习和重视,并最终导致了《易》《书》《诗》《礼》《易》《春秋》至西汉开始被普遍尊崇的特殊地位。就此而言,可以说,'六经'实借孔子而得进一步弘扬,孔子则因整理、传授'六经'而愈见其重要历史贡献。"尚不失为持平之论。

② 《商君书·靳令》(严万里校本,中华书局1954年版,第23页):"六虱:曰《礼》《乐》,曰《诗》《书》"云云。

'诗书'与,则民学问。"数处"诗书",都具有"群经"含义。

关于"六经"的性质,《庄子·天下篇》也有明确定义:"《诗》以道志,《书》以道事,《礼》以道行,《乐》以道和,《易》以道阴阳,《春秋》以道名分。"后之同此说者,还有《荀子·儒效》《春秋繁露·玉杯》以及《史记·滑稽列传序》等,《汉书·艺文志序》甚至将"六经"与仁、义、礼、智、信"五常"之教对应起来,都足以说明"六经"是一个自足完美的经典体系。

春秋末年,儒家经典已有"儒书"的统称,至战国时期乃有"六经"之总名。《左传》载,哀公二十一年(前474)鲁人与齐人战,齐人嘲鲁人:"唯其'儒书',以为二国忧。"杜预注"儒书"为"周礼"。① 其时孔子已卒5年,夫子以"周礼"断"六经",故"儒书"亦可指"周礼"。《庄子·天运篇》孔子曰:"丘治《诗》《书》《礼》《乐》《易》《春秋》'六经'。"以"六经"称《诗》《书》《礼》《乐》《易》《春秋》,以此最早。不过,《庄子》之书"寓言十九","六经"之词是否真出自夫子还须研究,但至少在庄子时代已有此称,盖无疑义。

秦汉之际,儒家经典的类称概念又有"六艺"之称。陆贾《新书·六术》:"是故内法六法,外体六行,以(兴)《诗》《书》《易》《春秋》《礼》《乐》六者之术,以为大义,谓之'六艺'。"②司马谈《论六家要旨》:"儒者以六艺为法,六艺经传以千万数。"(《史记·太史公自序》)汉代"六经""六艺"可以互换,经常通用。整个先秦和汉初的儒家经典体系,都无出"六经"之外。

五经:西汉时,《乐经》已经不用来传授生徒,③汉时博士弟子所习皆只"五经",汉武帝所设经学博士只有"五经博士"。《史记》《汉书》儒林传叙述诸经传授线索,也只分《诗》学、《书》学、《礼》学、《易》学、《春秋》学五大群体。"六经"缺《乐》,或言"乐合于礼",或言"乐备于诗",于是举诗、礼之教而乐教存焉,故"五经"功能与"六经"无以异。武帝之尊显儒术,设立"五经博士",使儒学典籍从诸子学(甚至"司空城旦书")中脱颖而出,一跃成为被诸儒乃至朝野上下折中取法的圣经宝典,也使战国儒家从"孔子之后,儒分为八"的状态,在"五经"旗帜下得到重新整合和结集。于是"五经"就构成汉代儒家经典的基本范式,人们提到儒经,想到的自然是"五经";提到"五经",联想到的也自然是《诗》《书》《礼》《乐》《易》《春秋》。"五经"就是当时整个儒家经典代名

---

① 《春秋经传集解》哀公下第三十,《四部丛刊》影宋本。
② 〔汉〕陆贾:《新书》卷八,《四部丛刊》景明正德十年吉藩本。
③ 按,或曰"《乐》本无经",或曰"《乐》亡秦火",但其未被博士用以教授生徒则一。又考汉代文献,《乐》尚处处使用,时时演奏。可见,《乐》并未亡佚,只是未列入博士官传授而已。参蒙文通:《经学抉原·焚书》,载《蒙文通文集》第三册,巴蜀书社1995年版,第59—60页。

词,也是儒家经典的集合名称。

七经: 首次对儒家"六经"或"五经"概念有所突破的是成都的"蜀学"。蜀本西南夷,战国末中原人士还说:"今夫蜀,西辟之国而戎狄之长也。"(《战国策·秦策一》)此情至汉犹存。景帝末文翁为蜀守,初到成都,"见蜀地辟陋,有蛮夷风",翁"仁爱好教化……乃选……张叔等十余人……遣诣京师,受业博士";"又修起学官于成都市中……县邑吏民……争欲为学官弟子"(《汉书·循吏传》)。东汉末秦宓述其事说:"蜀本无学士,文翁遣相如(当作张叔——引者)东受'七经',还教吏民,于是蜀学比于齐鲁。"①常璩也说:"(文)翁乃立学,选吏子弟就学,遣隽士张叔等十八人,东诣博士受'七经',还以教授。学徒鳞萃,蜀学比于齐鲁。"②这就是"文翁化蜀"的历史掌故。

秦宓和常璩都说文翁化蜀的教材是"七经",什么是"七经"呢?古来解释异辞,有"六经"加《论语》说,③有"五经"加《论语》《孝经》说。④ 既然《乐经》在汉代不以教学,文翁石室当然也不例外,故"六经"加《论语》说为无征。考之《汉书·平帝纪》:"征天下通知逸经……及以'五经'《论语》《孝经》《尔雅》教授者。"已将《论语》《孝经》与"五经"并列;晋傅咸作《七经诗》,其中也有《论语》《孝经》,⑤可见"五经"加《论》《孝》之说为可信。"文翁化蜀"正是用"五经"及《论语》《孝经》为教材,实现了当时尚有"蛮夷之风"的巴蜀地区的移风易俗,迅速华化。

于是在汉代儒家经典形成了"五经""七经"两个概念。中央太学传"五经",蜀郡石室传"七经"。中原人士熟读群经称"五经兼通"云云,许慎号"五经无双",所撰也是

---

① 〔西晋〕陈寿:《三国志·蜀书·秦宓传》,中华书局1965年版,第973页。按,秦宓说文翁所遣"司马相如",常璩说是"张叔等十八人",秦说无征,常璩之言与班固《汉书·循吏传》合,可从。学人谓《汉书》"(司马)相如事孝景帝为散骑常侍"的记载,证明司马相如成才和成名在文翁守蜀之前。又据从《益部耆旧传》佚文,司马相如真正的老师为临邛隐者胡安(《蜀中广记》卷一三,文渊阁《四库全书》本,第5、6页)。说明相如学术自有渊源,非文翁所教而成。
② 〔东晋〕常璩:《华阳国志》卷三,刘琳校注本,巴蜀书社1984年版,第214页。
③ 按,《后汉书·张纯传》(中华书局1985年版,第1196页):"乃案《七经谶》《明堂图》。"李贤注:"'七经',谓《诗》《书》《礼》《乐》《易》《春秋》及《论语》也。"张纯是光武时人,当时谶纬盛行,当时纬书中有《乐纬》不假,李贤注"七经谶"有《乐》家是对的;但是作为经书,《乐经》在西汉已无传授,遑论东汉呢?因此李贤以《乐经》注"七经"又是错误的。
④ 〔清〕杭世骏:《经解》,载《皇清文颖》卷一二。
⑤ 〔清〕王应麟《困学纪闻》卷八"经说":"《春秋正义》云:'傅咸为《七经诗》,王羲之写。'今按《艺文类聚》《初学记》载傅咸《周易》《毛诗》《周官》《左传》《孝经》《论语》,皆四言,而阙其一。"(辽宁教育出版社1998年版,第189页)

《五经异义》(《后汉书·许慎传》);桓谭"博学多通,遍习五经"(《后汉书·桓谭传》);张衡"通五经、贯六艺"(《后汉书·张衡传》);姜肱"博通五经,兼明星纬"(《后汉书·姜肱传》),等等。而蜀学人士熟习群经,却多以"七经"誉之,如《后汉书·赵典传》注引《谢承书》:成都人赵典"学孔子'七经'……靡不贯综";《华阳国志》卷十下载梓潼人杨充"精究'七经'"云云,皆是。

汉室君臣引用《论语》《孝经》,只称"传"而不称"经"①。自从"蜀学"将《论语》《孝经》升格为"经"之后,东汉儒家经典范围也随之扩大,熹平年间蔡邕书刻《熹平石经》就有《论语》,②郑玄、王肃诸人号称"遍注群经",其中也包括了《论语注》和《孝经注》,这应当是"七经"概念形成的结果。

九经:然而尽管东汉学人已经接受了"七经"概念,唐人修《五经正义》却没有继承这一称号,孔颖达等受诏撰《五经正义》,只有《周易》《尚书》《诗经》《礼记》《左传》五者。唐代官方儒学,在经本文献上只重视"五经"以及依经而立之"传"(或"记"),对子书性质的儒学著作却不甚关心。唐代"明经"考试的"经典",有"三传"(《左传》《公羊传》《穀梁传》)、"三礼"(《周礼》《仪礼》《礼记》),加原来的"五经"(《春秋》附"三传")而成"九经"。唐人在撰定《五经正义》同时,又撰有《周礼注疏》(贾公彦)、《仪礼注疏》

---

① 按,《两汉诏令》卷一〇(文渊阁《四库全书》本):绥和二年二月成帝《赐翟方进诏》:"传曰:'高而不危,所以长守贵也。'"所引"传"文即《孝经》之《诸侯章》。《古文孝经》伪孔《序》(《知不足斋丛书》本):"汉先帝发诏称其辞者,皆言'传曰',其实今文《孝经》也。"另,《汉书·宣帝纪》(中华书局2000年版,第250页)地节三年:"传曰:'孝弟也者,其为仁之本与?'"〔唐〕颜师古注:"《论语》载有若之言。"又《元帝纪》(第296页)建昭五年诏:"传不云乎:'百姓有过,在予一人。'"师古注:"《论语》载殷汤伐桀告天下之文也。"又《平帝纪》(第358页)元始五年诏:"传不云乎:'君子笃于亲则民兴于仁。'"师古注:"此《论语》载孔子之辞也。"《后汉书·邓太后传》载诏书(第425页):"传曰:'非其时不食。'"〔唐〕李贤注:"《论语》曰'不时不食。'"云云。又载诏书称:"传不云乎:'饱食终日,无所用心,难矣哉。'"(第428页)李贤注:"《论语》孔子言也。"等等甚多,兹不备举。

② 按,历史上有称蔡邕书刻《熹平石经》为"七经"。《隋书·经籍志》"经部·小学类序"(中华书局1985年版,第947页):"又后汉镌刻'七经',著于石碑,皆蔡邕所书,正始中又立'三字石经',相承以为《七经正字》。"《隋志》著录有《周易》《尚书》《诗经》《仪礼》《春秋》《公羊传》《论语》,另据《后汉书·蔡邕传》(第1990页)李贤注引《洛阳记》有"《礼记》十五碑"。〔清〕顾蔼吉《隶辨》卷七:"盖以《仪礼》《礼记》为一经,《春秋》《公羊》为一经,与《周易》《尚书》《鲁诗》而为五经。"故《后汉书》灵帝纪、儒林传、宦者传都称"五经"。《后汉书》蔡邕传、张颐传又称"六经",即以五经加《论语》。《隋志》"七经"之称乃三国以后"相承"而起,并非蔡邕当时即有是称。

(贾公彦)、《穀梁注疏》(杨士勋)、《公羊注疏》(徐彦),合称《九经正义》。

在唐代,儒家经典的总体印象是上述九部经典,时人于是呼群经为"九经",并以"九经"一名概指群经。《旧唐书·柳仲郢传》说郢曾手钞"九经、三史";又《儒学传上》载谷那律"淹识群书",被褚遂良称为"九经库";《儒学传下》说韦表微"著《九经师授谱》",《王友贞传》称友贞"读'九经',皆百遍"等,所谓"九经"皆群经是也。当时《论语》《孝经》也在经学教育中有重要地位,是学童启蒙、国学释奠所必读必讲之书,在科举考试中《论语》《孝经》也曾与《老子》一起被奉为"上经",成为考试"兼经"。但是唐人并没有将《论语》《孝经》当作自己心目中神圣崇高的"经典"。在唐人制订的科考"大经""中经""小经"中,只有"九经":《礼记》《春秋左传》为"大经",《诗》《周礼》《仪礼》为"中经",《易》《尚书》《春秋》《公》《穀》为"小经",却没有将《论语》《孝经》列为专门科目。更有甚者,《开成石经》明明刻的是十二部经典,也依然被称为"石壁九经"①;诸儒校订十二经文字,则称"校定'九经'文字"②;刻入"石经"的十二经字样,也称《九经字样》。校、刻十二书而称"九经",其以"九经"概群经也可知。

十二经:"十二经"之名昉于《庄子·天道篇》:"(丘)繙'十二经'以说。"但当时"十二经"之书却不明所指。③ 将儒家十二部经书有意识地合叙在一起或合刻在一

---

① 《旧唐书·文宗纪》载:开成二年"郑覃进《石壁九经》一百六十卷"。中华书局1995年版,第571页。
② 《旧唐书·郑覃传》:"时太学勒石经,覃奏起居郎周墀……等校定'九经'文字。"第4491页。
③ 按,何为"十二经"?〔唐〕陆德明《经典释文》(上海古籍出版社影宋本,1985年版,第1485页)和〔唐〕成玄英《庄子疏》(郭庆藩集释,《诸子集成》本,第213页)俱云:"十二经,说者云《诗》《书》《礼》《乐》《易》《春秋》'六经',又加'六纬',合为'十二经'也。"可是"纬"起哀、平,战国文献何得而记之?故"六经六纬"之说不确。陆氏、成氏又引"一说云":"《易》上下经并'十翼'为十二。"亦不确。因为《易》"十翼"中《说卦》《杂卦》两篇,迟至西汉宣帝时才由"河内女子"获得进献,庄子何以在前预知之?况且《易传》与《易经》合为一书,始于宣帝以后古文《易》学家费直,也不是战国时期的庄子所能称道的。于是陆氏、成氏再引"又一云":"《春秋》十二公经也。"《困学纪闻》卷一〇(孙通海校点,辽宁教育出版社1998年版,第221页)引《庄子逸篇》:"仲尼读《春秋》,老聃踞灶舰而听之,曰:'是何书也?'曰:'《春秋》也。'"似乎孔、老还讨论过《春秋经》。但是孔子称"六经"时为六本书,称"十二经"反只有一部,不太匹配。庄子说"孔子西藏书于周室",自然不会为一部《春秋经》而兴师动众。近儒廖平说:"十二经:大六艺,小六艺。"(蒙文通:《经学抉原·旧史》,载《蒙文通文集》第三册,巴蜀书社1995年版,第53页)意谓"十二经"即是孔子删定后的经典"六艺"和未经删定的旧史"六艺",其说可参。不过,无论哪种解释,都不是儒家经典结集意义上的"十二经",也不是能与"六经"匹配的十二部经典著作。

处,实始自唐人。由陈入唐的陆德明曾收录《周易》《古文尚书》《毛诗》《三礼》《春秋》(并"三传")《孝经》《论语》《老子》《庄子》《尔雅》14种经典性文献,刊其异文、举其异义,号为《经典释文》。去掉其中道家2种(《老》《庄》)著作,恰好是十二经。但是《释文》虽将儒家十二书列入"经典",却与道家《老》《庄》杂处,他还没有明确的儒家"十二经"意识,也没有形成"十二经"的概念和称谓,有其实而无其名。

太和七年(833),唐文宗命郑覃等人校刊群经入石,至开成二年(837)成,是为"开成石经"。石经在唐人流行的"九经"之外,增加《孝经》《论语》《尔雅》三书,共为十二部,称为"石壁九经"。《唐会要》:"其年(太和七)十二月,敕于国子监讲堂两廊,创立《石壁九经》,并《孝经》《论语》《尔雅》共一百五十九卷,《字样》四十九卷。"①《旧唐书·文宗纪》记开成二年,"郑覃进《石壁九经》一百六十卷。"此乃儒家十二部经典首次汇刻,儒家经典的新规范呼之欲出。可惜当时诸儒并无此意识,"石经"不称"十二经",仍称"九经";所附十二书的校订文字,也称《九经字样》,不称"十二经字样"。可见典型之牢、传统之顽,而新典范形成之不易。

十三经:"十三经"始于成都文翁石室的"蜀石经"。该石经初由五代孟蜀宰相毋昭裔主持,张德昭、孙逢吉等人手写上石,直到北宋宣和时乃正式刻成。"蜀石经"刻成后,立于当时蜀郡最高学府文翁石室,称《石室十三经》。"蜀石经"有经有注,是中国历代石经中规模最大的一种,"其石千数"②,学人誉为"冠天下而垂无穷"之壮举,可惜今皆失传了。石经除立体展示外,还广为拓印流行,晁公武《郡斋读书志》、曾宏父《石刻铺叙》、赵希弁《郡斋读书附志》都有著录;晁公武还对"蜀石经"进行校勘,撰有《蜀石经考异》一书,亦刻置石室之中。

晁公武《石经考异序》:"按赵清献公(抃)《成都记》:'伪蜀相母昭裔捐俸金,取九经琢石于学宫。'而或又云:母昭裔依太和旧本,令张德钊书;国朝皇祐中田元均补刻公羊高、穀梁赤二《传》,然后'十二经'始全;至宣和间,席升献(贡)又刻'孟轲书'参焉。"③于是形成"十三经"丛刻。晁公武曾出仕成都,亲见亲历,所述具体可靠。

对此,曾宏父《石刻铺叙》也有详尽描述:"益郡石经,肇于孟蜀广政……七年甲辰(944),《孝经》《论语》《尔雅》先成,时晋出帝改元开运。至十四年辛亥(951),《周易》继之,实周太祖广顺元年。《诗》《书》《三礼》不书岁月。逮《春秋三传》,则皇祐元年

---

① 〔宋〕王溥:《唐会要》卷六六"国子监"条,上海古籍出版社1991年版,第1373页。
② 见《石经始末记》。"开成石经"立石114通228面,"乾隆石经"立石190通380面。
③ 〔宋〕晁公武:《石经考异序》,见〔宋〕范成大《石经始末记》引,《全蜀艺文志》卷三六,刘琳、王晓波校点,线装书局2005年版。

(1049)九月讫工,时我宋有天下已九十九年矣。通蜀广政元年肇始之日,凡一百一十二祀,成之若是其艰。又七十五年,宣和五年癸卯(1123),益帅席贡始凑镌《孟子》,运判彭慥继其成。"①说明"蜀石经"因宣和五年补刻《孟子》入石而成"十三经"。清儒臧庸《拜经日记》说:"宋高宗御书石经有《孟子》,可补唐《开成石经》之阙。"实为误说。

"蜀石经"当时还有一个总名叫《石室十三经》。赵希弁在逐一著录了"蜀石经"各经的刻成时间、文字书者和经注字数后说:"以上《石室十三经》,盖昶昶时所镌"云云。② 说明汇刻了十三部经书(并注)的"蜀石经",还被学人冠以《石室十三经》这个总名,已是一部名副其实的"十三经"丛书了。③

《孟子》之入石经,是中唐以来学术界重视"义理"和"道统"的时代潮流促成的结果,也是"蜀学"素来重视子书的传统的弘扬。重视《孟子》当然不始于"蜀学",早在汉文帝所置"传记博士"中已有《孟子》博士(赵岐《孟子叙录》),但那时只是"杂学博士"中的一种,不久便被"五经博士"所取代。唐代宗广德二年(764),杨绾申请《论语》《孟子》《孝经》兼为一经,曾经得到采纳;韩愈著论,将孟子与孔子相提并论,以为儒家道统之正传在焉,与夫子并称"孔孟";咸通四年(863),皮日休"请立《孟子》为学科",疏入不报(《唐会要》卷七七)。北宋"二程"大力表彰《孟子》,王安石将《孟子》列入科考经典,初步完成了《孟子》升经过程。④ 可是当时仍然争议很大,引得司马光、邵伯温等人群起反对,形成持续南北宋的"尊孟""非孟"之争。在此背景下,"蜀学"毅然将《孟子》刻入石经,正式将《孟子》与其他经典汇刻成一套丛书,⑤促成了"十三经"固定模式的形成,可见"蜀学"重视子书的传统是起了一定作用的。此后,无论是刊刻石经、编撰目录,或是编印儒学丛书,都忘不了给予《孟子》在"经部"的特殊席位。宋高宗手书"绍兴石经"就有《孟子》,尤袤撰《遂初堂书目》,首先将《孟子》从子部提到经部,陈振孙《直斋书录解题》继之,郝经编《续后汉书》,于卷六五上《儒学》"经术总叙",亦列《易》《书》《诗》《春秋》《礼》《乐》《论语》《孝经》《孟子》。至《明史·艺文志》,以《孟子》入经部的著录方法正式得到确认。清乾隆立石经,《孟子》亦在其中。清代陕西巡

---

① 〔宋〕曾宏父:《石刻铺叙》卷上,《知不足斋丛书》本。
② 〔宋〕晁公武:《郡斋读书志》卷五赵希弁"附志",文渊阁《四库全书》本。
③ 舒大刚:《"蜀石经"与"十三经"的结集》,《周易研究》2007年第6期。
④ 董洪利:《孟子研究》,江苏古籍出版社1997年版,第210页。
⑤ 或说"熙宁石经"有《孟子》。〔宋〕王应麟《玉海》(文渊阁《四库全书》本)卷四三:"嘉祐石经:仁宗命国子监取《易》《诗》《书》《周礼》《礼记》《春秋》《孝经》为篆、隶二体,刻石两楹。"只举七经,而无《孟子》。清人丁晏所藏拓本则有之,据学人考证为元人补刻。见杜泽逊:《〈孟子〉入经和〈十三经〉汇刊》,载《微湖山堂丛稿》,上海古籍出版社2014年版,第55—66页。

抚贾汉复还将《孟子》补刻入西安碑林,使原本没有《孟子》的"开成石经"也凑足了"十三经"之数。所有这些,都不能不考虑"蜀石经"首刻《孟子》入经的开创之功。

从此之后,"十三经"便取代"五经""九经"成为儒家经典的基本范式,"十三经"之名也一跃成为儒家经典文献的总称和通名。南宋时,"十三经"这个名称已经被广泛使用,赵希弁《读书附志》、王应麟《玉海》都袭用了《石室十三经》一词。明清人更是如此。明人任浚说:"若夫《石室十三经》,始自孟蜀。"①清人阎若璩亦称《石室十三经》,又谓:"孟蜀广政十四年镌《周易》,至宋仁宗皇祐元年,《公羊传》工毕,是为《石室十三经》。"②史实虽然略有舛误,但其以《石室十三经》为称,则合乎当时实际。

北宋学人在校刻唐人《九经正义》基础上,又补撰《孝经正义》《论语正义》《尔雅正义》,南宋在朱熹之前已有人撰成《孟子正义》,据称光宗绍熙(1190—1194)时两浙东路茶盐司提举李沐及其继任者三山黄唐合刊《十三经注疏》,其中就收录有《孟子正义》一书。史称,宋末著名藏书家、出版家廖莹中"又欲开手节《十三经注疏》"云云,③《十三经注疏》已经于南宋形成,盖无疑义。明人李元阳以及南监、北监之辑刻《十三经注疏》,清人继之,公私两途(如乾隆、阮元)广泛刻印,于是《十三经注疏》风行天下,成为儒家经典及其注释的代表作。

至此,儒家经典完成了"从'六经'到'十三经'"的最后结集,也完成了《十三经注疏》的基本撰著。清沈廷芳《经解》:"'五经'始汉武帝,'七经'始汉文翁,'九经'始唐郑覃,'十一经'始唐刘孝孙④,'十三经'始蜀母昭裔、孙逢吉诸人,至宋淳化(应为宣和——引者注)而始定。"⑤晚清叶德辉《书林余话》卷下"石经为经本之祖。……唐开成立'十二经'石经,孟蜀广政立'十三经'石经"⑥云云,都认定"十三经"形成于"蜀石经",基本合乎历史事实,洵有见地。前人和时贤谓"十三经"得益于南宋朱子之尊《四

---

① 〔明〕任浚:《十三经注疏序》,载雍正《山东通志》卷三五之六,文渊阁《四库全书》本。
② 〔清〕阎若璩:《古文尚书疏正》卷二,文渊阁《四库全书》本;《潜丘札记》卷五《刊正杨升庵石经考》,文渊阁《四库全书》本。
③ 〔南宋〕周密:《癸辛杂识》后集,吴企明校点,中华书局1997年版,第85页。
④ 按,〔清〕沈廷芳谓"'十一经'始唐刘孝孙",〔清〕杭世骏《经解》亦称:"洎唐刘孝孙作为《问对》,而'十一经'之名定矣。"按,唐刘孝孙,长于历法,秦王李世民"十八学士"之一。撰《古今类序诗苑》40卷。《旧唐书》卷七二、《新唐书》卷一〇二俱有传,然皆不见其有"十一经"事。按,〔元〕何异孙有《十一经问对》5卷,含《论语》《孝经》《孟子》《大学》《中庸》《书》《诗》《周礼》《仪礼》《春秋三传》《礼记》为"十一经"。怀疑沈氏、杭氏之说乃何异孙之误。
⑤ 〔清〕沈廷芳:《经解》,载《皇清文颖》卷一三。
⑥ 〔清〕叶德辉:《书林余话》卷下,《书林清话》附,中华书局1999年版,第24页。

书》，甚至说形成于明、清两朝之汇刻《十三经注疏》，都是不准确的，应予纠正。

自从"蜀石经"形成"十三经"概念后，儒生博通群经多冠以"十三经"。宋元以后，以"十三经"命名的著述日益增多，如明代陈深《十三经解诂》、丰坊《十三经训诂》、郭正域《十三经补注》、顾梦麟《十三经通考》、田有年《十三经篡注》、史铨《十三经类聚》、罗万藻《十三经类语》，清人陆元辅《十三经注疏类抄》、阮元《十三经注疏（附校勘记）》、孙星衍《十三经注疏校记》、吴浩《十三经义疑》等，林林总总，实繁其徒，这在孟蜀《石室十三经》之前未曾经见，它们的出现实有赖于《石室十三经》典范之形成。

此外，历史上还有"十经""十一经"诸称，多是对"蜀石经"经数的误记，①羌无故实。历史上也存在"七经""九经""十经""十一经"同名异指的现象，如傅咸《七经诗》（有《周易》《毛诗》《周官》《左传》《孝经》《论语》，缺一），刘敞《七经小传》（《尚书》《毛诗》《周礼》《仪礼》《礼记》《公羊传》《论语》），南朝周续之"通'五经''五纬'，谓之'十经'"（《南史》本传），日本山井鼎《七经孟子考文》（《易》《书》《诗》《礼记》《春秋左传》《论语》《孝经》，外加《孟子》），何异孙《十一经问对》（《论语》《孝经》《孟子》《大学》《中庸》《诗》《书》《周礼》《仪礼》《春秋三传》《礼记》）等，均属个人治经爱好，与经典体系形成没有关系。南宋又有人欲将《大戴礼记》附"十三经"而成"十四经"②；清代段玉裁又有"二十一经"之议、廖平有"十八经注疏"之说，皆未取得公认，兹不赘论。

由上考可知，从孔子删订"六经"，到最后形成"十三经"，中间经历了西汉博士"五经"、文翁石室"七经"、唐代科举"九经"、开成石经"十二经"和孟蜀石经"十三经"等演

---

① 〔宋〕赵抃：《成都记》："伪蜀相母昭裔捐俸金，取'九经'琢石于学官。"〔宋〕张俞《华阳县学馆记》："惟孟氏踵有蜀汉……遂勒'石书九经'。"（《成都文类》卷三一，文渊阁《四库全书》本）〔宋〕席益《府学石经堂图籍记》："蜀儒文章冠天下，其学校之盛，汉称石室、礼殿，近世则'石壁九经'。"（《全蜀艺文志》卷三六，刘琳、王晓波校点本，线装书局 2005 年版，第 999 页）这里"九经"一词相当于"群经"之意，并非实指。明代以来有"十一经"说。〔明〕顾起元："蜀（永）〔广政〕年之'十一经'。"（《说略》卷一二）蒋伯潜："五代时蜀主孟昶《石刻十一经》，不列《孝经》《尔雅》而加入《孟子》。"（《十三经概论》）都是想当然之辞。
② 〔宋〕史绳祖：《学斋占毕》卷四"成王冠颂"（文渊阁《四库全书》本）："《大戴记》一书虽列之'十四经'，然其书大抵杂取《家语》之书，分析而为篇目。又其间《劝学》一篇全是荀子之辞，《保傅》一篇全是贾谊疏。以子史杂之于经，固可义矣。"清"四库"馆臣也批评说："《大戴礼记》旧附于经。史绳祖《学斋占毕》亦有'《大戴礼记》宋列为十四经'之说。然绳祖所云，别无佐证，且其书古不立博士，今不列学官，未可臆加以'经'号。"（《四库全书总目》卷二一"礼记类"案语，中华书局 1983 年版，第 176 页上）

变阶段,前后历时1 600余年之久!在儒家经典数量增加和范围扩大的背后,反映了不同时期(或不同地域)的文化背景,也反映出儒学研究者们不同的价值取向和学术旨趣。儒家"十三经"实是"史""经""传"(含"记")"子"的结合体,原始"六经"(或"五经")代表了三代"旧史"和"故志",历史性、客观性最强,也最原始;三家之《传》、"三礼"之《记》,是对《春秋》和《仪礼》这些元典性文献的阐释和阐说,主观性和现实性又较"五经""六籍"明显增加;至于《论语》《孟子》《孝经》三书,原其本相,实与"百家"之方术无别,是阐发孔子、孟子等先秦儒家的思想资料,其个性化色彩自然又比"经传""记说"大得多。由此可知,儒家经典体系"由经而传",再"由传而子"的转换过程,实际也是儒家治学风格不断转变和更新的过程,是儒家从早期注重客观记事之"经"(或"史")向兼重(甚至"偏重")主观说理之"子"的范式转移。正是在这一历史的转换过程中,儒学从相对严谨的"汉学"("四库馆臣"谓"其弊也拘")状态下解放出来,向崇尚自由发抒和独立思考的"宋学"("四库馆臣"谓"其弊也肆")境界的过渡,实现了以"通经"为原则的"经学"向以"明理"为目的的"理学"的历史跨越。儒家经典的扩展史,也是儒家经学的发展史、儒家学术的变迁史,是中国儒学发展史的重要组成部分。研究和揭示儒家经典形成和结集的过程,对完整地认识中国儒学,客观地展现儒家经学,都具有借鉴意义。

原载《社会科学研究》2011年第4期。

"蜀石经"与"十三经"的结集

一 扑朔迷离的"蜀石经"

"蜀石经"是历代石经中校刻精审、特色鲜明、质量较高的一种,在当时即受到重视,研究经学的人常引以为校勘的善本(如晁公武、朱熹等)。"蜀石经"也是历代石经中唯一一种在经文之外还附有注文的一种,也是规模最大的一种。刻成之时,"其石千数"①,左廊右庑,蔚然大观。然而由于"蜀石经"在南宋末年即已开始散佚,至明朝初年已经无碑可观,其形制之详已不可得而知,其经典之数也多为学人所忽略,有关"蜀石经"的详情只能用"扑朔迷离"来形容之了。时至今日,关于"蜀石经"的研究已经涌现出一批成果,②"蜀石经"镌刻的经过、特点、存佚、残片及其校勘价值等问题,都有人作过明确探讨。但是,对"蜀石经"与中国儒学史的关系,特别是"蜀石经"对儒家经典结集的促进作用,却还注意不够。清初至今关于"十三经"结集时代的种种异说与分歧,都缘于对"蜀石经"认识和研究之不足。这里愿意结合儒家"十三经"结集过程的考察,谈一点对"蜀石经"的认识。

蜀石经,或称"孟蜀石经",又称"石壁九经""石本九经""蜀刻十经""蜀刻十一经""蜀刻十二经"和"石室十三经"等。从这些称呼,即可见历代学人对"蜀石经"的面貌特别是所刻经数的不同认识和理解,也反映出学术界对"蜀石经"认识的模糊程度。

---

① 〔宋〕晁公武《石经考异序》:"伪蜀相母昭裔捐俸金,取'九经'琢石于学官……凡历八年,其石千数,昭裔独办之,尤伟然也。"〔宋〕范成大《石经始末记》引,载《全蜀艺文志》卷三六,刘琳、王晓波校点,线装书局2005年版,第1001页。
② 详见徐森玉:《蜀石经和北宋二体石经》,《文物》1962年第1期;周荨生:《近代出土的蜀石经残石》,《文物》1963年第7期;李志嘉、樊一:《蜀石经述略》,《文献》1989年第2期;袁曙光:《孟蜀石经残石》,《文物天地》1989年第5期。

北宋盛行"九经"说。宋赵抃《成都记》:"伪蜀相母昭裔捐俸金,取'九经'琢石于学宫。"①张俞《华阳县学馆记》:"惟孟氏踵有蜀汉……遂勒'石书九经'。"②席益《(成都)府学石经堂图籍记》又说:"蜀儒文章冠天下,其学校之盛,汉称石室、礼殿,近世则'石九经',今皆存焉。"③吕陶《经史阁记》也称:"蜀学之盛冠天下而垂无穷者,其具有三:一曰文翁之石室,二曰高公之礼殿,三曰石壁之九经。"④洪迈《容斋随笔》卷四亦有"蜀石本九经","皆孟昶时所刻"之说。北宋时期,"九经"一词多泛称,相当于"群经"之意,如赵抃、张俞、席益等文均是。曹学佺《蜀中广记》卷九一亦有"石本九经"一目,亦与此同。不过吕陶又说:"孟氏……取《易》《诗》《书》《春秋》《周礼》《礼记》刻于石……吾朝皇祐中,枢密直学士京兆田公(元均)……附以《仪礼》《公羊》《穀梁传》,所谓'九经'者备焉。"备列《易》《诗》《书》《春秋左传》《周礼》《礼记》《仪礼》《公羊》《穀梁传》9种,似又实指同书,但却并不完全合乎事实。

除"九经"说外对"蜀石经"又有"十经"之称。晁公武《石经考异序》列"伪蜀相母昭裔"所镌"石经"曰:"《孝经》《论语》《尔雅》,广政甲辰岁张德钊书;《周易》,辛亥岁阳钧孙逢吉书;《尚书》,周德正书;《周礼》,孙朋吉书;《毛诗》《礼记》《仪礼》,张绍文书;《左氏传》不志何人书,而'详'字阙其画,亦必为蜀人所书。然则蜀之立石盖十经。"

不过晁序所说"十经"仅指孟蜀时期八年之中所刻,没有包括北宋后续所刻数种,因此"十经"说不代表"蜀石经"全部。后来有人说:"后蜀广政年间,宰相母昭裔以楷体写十部经书,立于成都石经堂。"如就五代孟蜀而言尚可,但切不可以为"蜀石经"只

---

① 按,赵抃《成都记》,疑即赵抃《成都古今记》,原三十卷,见《宋史·艺文志》著录,原书今佚,《说郛》仅存其书一卷。此引见范成大《石经始末记》引,载《全蜀艺文志》卷三六。又按,《蜀中广记》卷一:"《成都记》云:伪蜀孟昶有国,其相母昭裔刻《孝经》《论语》《尔雅》《周易》《尚书》《周礼》《毛诗》《礼记》《仪礼》《左传》凡十经于石,其书丹则张德钊、杨钧、张绍文、孙逢吉、朋吉、周德贞也。石凡千数,尽依大和旧本,历八年乃成。《公》《穀》则有宋田元均所刻。《古文尚书》则晁公武所补也。胡元质宗愈作堂以贮之,名'石经堂',在府学。"顾炎武《石经考》、倪涛《六艺之一录》卷九一均从之;乾隆《钦定佩文斋书画谱》卷八八亦引此文,注:"赵抃《成都记》。"俱误。赵抃(1008—1084)于嘉祐三年(1058)至五年(1060)帅益州。田况皇祐初(1049)年刻完《公》《穀》二传,赵抃尚可得见。至于胡宗愈建"石经堂",约在元祐六年(1091)以后;晁公武刻《古文尚书》则更迟至绍兴十七年前后,其时赵抃久作古人,何得记其事入《成都记》中? 此盖误引范石湖《记》文,不可取。
② 〔宋〕张俞:《华阳县学馆记》,载《成都文类》卷上三一,文渊阁《四库全书》本。
③ 〔宋〕席益:《成都府学石经堂图籍记》,载《万氏石经考》卷下,文渊阁《四库全书》本。
④ 〔宋〕吕陶:《经史阁记》,载《成都文类》卷上三,文渊阁《四库全书》本。

有十部。

明代以来有"十一经"之说。明顾起元有称："蜀(永)〔广政〕年之'十一经'。"①那么是哪十一经呢？蒋伯潜先生说："五代时蜀主孟昶《石刻十一经》，不列《孝经》《尔雅》而加入《孟子》。"近世又有人说"五代时，后蜀皇帝孟昶命宰相母昭裔楷书《易》《诗》《书》、三《礼》、三《传》、《论》《孟》十一经，刻石列于成都学宫"云云，或以为蜀刻只有十一经，或以为三《传》、《孟子》都是孟蜀时所刻，或将《孝经》和《尔雅》从"蜀石经"中排出，都是想当然之辞，羌非事实。

还有的史料讲"蜀石经"时只列7种，吴任臣《十国春秋·后蜀主本纪》便是如此："广政十四年，诏勒诸经于石。秘书郎张绍文写《毛诗》《仪礼》《礼记》，秘书省校书郎孙明古写《周礼》，国子博士孙逢吉写《周易》，校书郎周德政写《尚书》，简州平泉令张德昭写《尔雅》。"

凡此种种，可谓歧说纷呈，莫衷一是。"蜀石经"到底是九经，或是十经，抑或是十一经，或是七经？"蜀石经"中到底有哪些经典，有没有《孝经》《尔雅》等，如果不搞清楚，自然不利于"蜀石经"研究，也不利于儒家"十三经"结集过程之考察，更不好对"十三经"形成时代和地点作出准确判断。通过宋代以来各类文献的考察，我们发现以上种种记载都不准确，有的显然失考（如"十一经"说），有的出于习惯（如"九经"说），有的则出于误记（如"七经"说），有的则将孟蜀石经与北宋补刻石经互相混淆（如"十经"说、"十一经"说）。

我们认为，"蜀石经"一名而含二义，一是五代孟蜀所刻石经；二是始于孟蜀成于北宋在蜀地所刻石经。"蜀"字既代表时代又代表地域，前后二义所指皆同，即在同一地区发生并延续进行的同一个工程，不能只取前而不取后。因此我们所说"蜀石经"不仅有孟蜀石经，而且也包括北宋后续在成都所刻的石经。经过考察我们发现，"蜀石经"一共刻了十三部，比同时代或前朝任何一种石经或儒学丛书纳入的经典都要多（今存于西安碑林的"开成石经"虽有《孟子》，但系清代补刻），因此我们认为："蜀石经"是儒家"十三经"最早结集的典范，它开创或奠定了儒学文献最稳定的规范和模式。

---

① 〔明〕顾起元：《说略》卷一二，文渊阁《四库全书》本。

二 "蜀石经"识真

下面试对"蜀石经"的情况粗作疏理：
晁公武《石经考异序》：

> 按赵清献公(抃)《成都记》："伪蜀相毋昭裔捐俸金,取九经琢石于学宫。"而或又云："母(立)〔昭〕裔依太和旧本,令张德钊书。国朝皇祐中,田元均补刻公羊高、穀梁赤二《传》,然后十二经始全。至宣和间,席升献(贡)又刻孟轲书参焉。"①

晁公武曾出守成都,亲见亲历,所述具体全面。
对此,曾宏父《石刻铺叙》也有详尽描述：

> 益郡石经,肇于孟蜀广政,悉选士大夫善书者,模丹入石。七年甲辰,《孝经》《论语》《尔雅》先成,时晋出帝改元开运。至十四年辛亥,《周易》继之,实周太祖广顺元年。《诗》《书》《三礼》不书岁月。逮《春秋》三传,则皇祐元年九月讫工。时我宋有天下已九十九年矣,通蜀广政元年肇始之日,凡一百一十二祀,成之若是其艰。又七十五年,宣和五年癸卯,益帅席贡始凑镌《孟子》,运判彭慥继其成。乾道六年庚寅,晁公武又镌《古文尚书》暨诸经《考异》。②

据曾氏所言,"蜀石经"从孟蜀广政初(938)开始刻,到七年刻成《孝经》《论语》《尔雅》《周易》《诗经》《尚书》、三《礼》及《左传》,共用了八年时间。至北宋皇祐元年(1049)刻成《公》《穀》二传,又过去了112年。再经过75年在宣和五年,才将《孟子》入石。如果要算乾道六年(1170)晁公武作《考异》和刻《古文尚书》的时间,则前后经历了230余年！

"蜀石经"所刻经数,晁公武《石经考异序》是13部,而《读书志》著录时却只有10部。曾宏父《铺叙》则备列"十三经"之名,亦即今所奉行的"十三经"。

---

① 〔宋〕范成大：《石经始末记》,载《全蜀艺文志》卷三六,第1001页。
② 〔宋〕曾宏父：《石刻铺叙》,文渊阁《四库全书》本。

"蜀刻十三经"形成后,从南宋至明代曾以拓本形式广为流传。晁公武用通行"监本""十三经"与"蜀石经"对校,撰有《石经考异》,记载:"《周易》经文不同者五科,《尚书》十科,《毛诗》四十七科,《周礼》四十二科,《仪礼》三十一科,《礼记》三十二科,《春秋左氏传》四十六科,《公羊传》二十一科,《穀梁传》一十三科,《孝经》四科,《论语》八科,《尔雅》五科,《孟子》二十七科。"①对以拓本形式流传的"蜀石经",赵希弁《读书附志》和曾宏父《石刻铺叙》都有详尽著录:

《石经周易》,右《周易》十卷,经、注六万六千八百四十四字,将仕郎、守国子助教臣杨钧,朝议郎、守国子《毛诗》博士柱国臣孙逢吉书。

《石经尚书》,右《尚书》十三卷,经、注并序八万一千九百四十四字,将仕郎、试秘书省校书郎臣周德贞书,镌玉册官陈德超镌。

《石经毛诗》,右《毛诗》二十卷,经、注一十四万六千七百四十字,将仕郎、试秘书省校书郎张绍文书。

《石经周礼》,右《周礼》十二卷,经、注一十六万三千一百单三字,将仕郎、试秘书省校书郎孙朋吉书。

《石经仪礼》,右《仪礼》十七卷,经、注一十六万五百七十三字,将仕郎、试秘书省校书郎张绍文书。

《石经礼记》,右《礼记》二十卷,经、注十九万六千七百五十一字,卷首题曰:"御删定《礼记·月令》第一,集贤院学士、尚书左仆射兼右相、吏部尚书、修国史、上柱国、晋国公臣林甫奉敕注。"《曲礼》为第二,盖唐明皇删定之本也,将仕郎、试秘书省校书郎张绍文书。

《石经春秋》,右《春秋经传集解》三十卷,经、注并序三十四万五千八百四十四字,不题所书人姓氏。

《石经公羊》,右《公羊》十二卷,经、注一十三万一千五百一十四字,不题所书人姓氏。

《石经穀梁》,右《穀梁》十二卷,经、注八万一千六百二十字,不题所书人姓氏。

《石经论语》,右《论语》十卷,经、注并序三万五千三百六十八字,将仕郎、前守简州平泉县令、兼殿中侍御史、赐绯鱼袋张德钊书,颍川郡陈德谦镌字。

---

① 〔宋〕范成大:《石经始末记》,载《全蜀艺文志》卷三六,第1002页。

《石经孝经》，右《孝经》一卷，经、注并序四千九百八十五字，不题所书人姓氏，但题"颍川郡陈德谦镌字"。

《石经孟子》，右《孟子》十四卷，不题经注字数若干，亦不题所书人姓氏。

《石经尔雅》，右《尔雅》三卷，将仕郎、前守简州平泉县令、赐绯鱼袋张德钊书，武令升镌。不题经注字数若干。

以上《石室十三经》，盖孟昶时所镌，故《周易》后书"广政十四年岁次辛亥五月二十日"，唯三《传》至皇祐初方毕，故《公羊传》后书："大宋皇祐元年岁次己丑九月辛卯朔十五日乙巳工毕。"①

这里著录的，既有总名（《石室十三经》），又有子目（自《周易》至《尔雅》13 种），俨然一部丛书目录。十三部石刻经典的名称及其与"监本"之异同，皆章章在目，毫无含混。曾宏父《石刻铺叙》也据拓本对每一经的文字都有详尽记录。知其为 13 部书毫无问题，前述诸人称之为"九经""十经""十一经""十二经"，都是不准确的。

"蜀石经"校勘精审，书法秀美，被法书家们奉为宝帖。明代《文渊阁书目》即将其著录于"法帖类"：《石刻周易》一部三册，《石刻尚书》一部三册，《石刻毛诗》一部八册，《石刻周礼》一部八册，《石刻仪礼》一部十册，《石刻礼记》一部十四册，《石刻左氏传》一部三十册，《石刻公羊传》一部七册，《石刻穀梁传》一部七册，《石刻论语》一部三册，《石刻孝经》一部一册，《石刻孟子》一部三册，《石刻尔雅》一部三册，《石刻异考》一部一册。"②

后来张萱《内阁图书目录》也有与《文渊阁书目》相同著录，他还在《疑耀》书中记载其校阅发现的经过，直称之"成都石经"（或"蜀本石经"），还特别告语：诸拓本皆"完好如故"，"独《左氏春秋》未知为何人书，其纸墨之精，拓法之妙，当是宋物，真希世宝也！"③

"蜀石经"拓本入清以后才逐渐消失，光绪时重编内阁大库存书档册时，已经不见"蜀石经"拓本。晚清藏家陆续收集到一些零星残卷和残页，即从内阁大库逸出。"蜀石经"残石，近世也陆续有所发现，累计拓片和残石，已有《周易》《古文尚书》（晁公武补刻，不在"蜀十三经"之数）、《尚书》《毛诗》《周礼》《仪礼》《春秋左传》《公羊传》《穀梁

---

① 〔宋〕赵希弁：《读书附志》，文渊阁《四库全书》本。
② 〔明〕杨士奇：《文渊阁书目》卷三"辰字号"，文渊阁《四库全书》本。
③ 〔明〕张萱：《疑耀》，文渊阁《四库全书》本。

传》8种,①种数刚逾一半,而分量仅片纸零褚。② 具有"其石千数"规模的蜀石经何以澌灭如此,个中原因还须探讨。

三 "蜀石经"的意义和价值

从上考可知,"蜀石经"不是9部,也不是10部、11部、12部,而是13部。其中不仅有《孟子》,而且也有《孝经》《尔雅》。这13部石经刻成于成都府学文翁石室之中,故又号称《石室十三经》。它是儒家"十三经"的首次结集,对儒学"十三经"的正式定型,特别是对儒家经典"文献典范"的形成,都起到过重要的推动作用。

首先,"蜀石经"是最早的"儒学十三经"。儒家经典的结集和传播,在大型儒学丛书产生之前,主要是靠石经的刊刻来实现的。在历代石经中,"蜀石经"最早形成了"十三经"的规模。"熹平石经"只有《周易》《尚书》《春秋》《公羊传》《仪礼》《礼记》《论语》七经;③"正始石经"只有《古文尚书》《春秋左传》2种;唐"开成石经"有12种却无《孟子》;北宋熙宁"二体石经"虽有《孟子》却只有九经;南宋高宗"绍兴石经",即赵构

---

① 参见徐森玉:《蜀石经和北宋二体石经》,《文物》1962年第1期;周萼生:《近代出土的蜀石经残石》,《文物》1963年第7期;李志嘉、樊一:《蜀石经述略》,《文献》1989年第2期;袁曙光:《孟蜀石经残石》,《文物天地》1989年第5期。

② 据载周恩来总理、康生都曾关注"蜀石经"拓本。丁瑜《至臻至美的"郘斋"藏书回归记》记载,1965年11月13日,包括有宋拓《蜀石经》《二体石经》在内的一批郘斋藏书从香港购回,北京图书馆举行了内部展览,邀请中央领导参观。文之五"珍籍展览鉴赏会"载:"康生对这批书帖发表了不少意见……但对宋拓《蜀石经》更为注意,展出的九册他都逐册检阅。……他对《蜀石经》浏览的时间是最久的。"又之六"周总理借阅《蜀石经》":"郘斋旧藏回归大陆展出后的一个星期六,赵万里让我下班以后留下来,协助他把《蜀石经》九册提出清点登记,然后装箱。一切就绪后,他才说明周总理要看《蜀石经》……1969年8月18日……周总理借阅的宋拓《蜀石经》九册又完整地回来了。……郘斋旧藏《蜀石经》计有宋、元两朝拓本之《春秋左传》《穀梁传》《周礼》各二册,《公羊传》一册,又附清木刻印本《石经》一册,写本《石经题跋姓名录》一册。"载《艺术市场》2004年第11期。按,郘斋即陈清华(1894—1978),字澄中,湖南祁阳人。

③〔明〕凌义渠《十三经注疏序》:"自蔡中郎书石于太学门外,已有'十三经'之名。"(载《凌忠介集》卷六,文渊阁《四库全书》本)以为蔡邕书刻石经时即有"十三经"之名,未知所据。

所书《易》《书》《诗》《左氏传》《论语》《孟子》及《礼记》五篇,也只有7种而不完整。唯独"蜀石经"刻成了包含《孟子》在内的儒家13部经典。承此风者,有清朝乾隆时所刻之《清十三经》。"蜀石经"具有儒学文献规模初具、典范粗成的承上启下的作用。近时有学人指出"在石经系统,'十三经'成为一部配套的丛书,是在北宋末徽宗宣和年间"的《蜀石经》,而且"十三经"之称也以此最早,①是极有见地的。

其次,"蜀石经"曾以拓印本形式影响学界。"蜀石经"不是简单地刻石储藏而已,而且公开展示,任人校阅,对儒家"十三经"的广泛传播和规范起到了促进作用。此外,"蜀石经"还广泛拓印流行,形成了规格统一、规模宏大的印本"十三经",拓本"蜀石经"是历史上最早的"十三经"丛书。我们若视"蜀石经"为"以石质为印板的经学丛书"亦不为过。

其三,"蜀石经"最早拥有"十三经"之名。如上所揭,赵希弁已有《石室十三经》之称,而且不把13部书分别隶属于各经分目下,说明诸本原来即汇储一处。赵氏径称之《石室十三经》,说明这13部拓本原有一个总名,已经具有"丛书"性质。除此之外,尤袤《遂初堂书目》于"总类"经部开卷之首即著录《成都石刻九经》;王应麟《玉海》卷四三则径称之为《石室十三经》。明任浚有谓:"若夫《石室十三经》,始自孟蜀。"②清阎若璩《古文尚书疏证》卷二亦称"《石室十三经》"③,认定"十三经"形成于蜀之石经,皆深有见地之言。是故沈廷芳说:"'十三经'始蜀母昭裔、孙逢吉诸人。"④叶德辉《书林余话》卷下说"石经为经本之祖。……唐开成立十二经石经,孟蜀广政立十三经石经"云云,⑤也都继承了这一习惯称呼。可是近人和今人却熟视无睹,一错再错,不能不令人遗憾。

其四,"蜀石经"将《孟子》刻入石经,是儒家"尊经""崇传"向"重子"过程转变的标志。随着"蜀石经"影响的日益扩大,《孟子》在经部的地位也更加巩固和稳定。汉代虽设《孟子》博士,但是后来以其为诸子而取消了,故《汉志》仍列其于"诸子略",说明汉人心目中《孟子》并不是经,只是诸子百家之一。唐代学人曾有立《孟子》为经的建议,但

---

① 杜泽逊:《〈孟子〉入经和〈十三经〉汇刊》,载《微湖山堂丛稿》,上海古籍出版社2014年版,第55—66页。
② 〔明〕任浚:《十三经注疏序》,载《(雍正)山东通志》卷三五之六,文渊阁《四库全书》本。
③ 〔清〕阎若璩:《潜丘札记》卷五,文渊阁《四库全书》本。
④ 〔清〕沈廷芳:《经解》,载《皇清文颖》卷十三,文渊阁《四库全书》本。
⑤ 〔清〕叶德辉:《书林余话》卷下,《书林清话》附,中华书局1999年版,第24页。

未成功。始列《孟子》经者自"蜀石经"①和"嘉祐二体石经"②始。据学人考订,"《孟子》正式被官方列为经书,并作为科举考试的内容之一,是始于熙宁四年"③。但是,对《孟子》的尊崇和推重,似乎还要早些。仁宗嘉祐时,已经将《孟子》刻入"二体石经"了,远在熙宁之前。宣和时,席贡再次将《孟子》刻入"经"时,曾有序说:"伪蜀时刻'六经'于石,独无《孟子》,经为未备。"④说明席氏到蜀之后,已有《孟子》是"经"的信念。自"蜀石经"刻《孟子》入石,其在经部的地位遂更加巩固,南宋高宗书石便直接将《孟子》写入了。

其五,"蜀石经"决定了后来中国儒学经典体系的基本格局。自从"蜀石经"被称为《石室十三经》后,"十三经"之名遂固定下来,成为儒家原典的权威称号,成为儒家经典文献的总称和典范,宋代甚至于还有以"十三经"为基础,再加入《大戴礼记》形成"十四经"的动议,史绳祖即有"《大戴记》一书虽列之十四经"云云的记录。⑤ 儒生博

---

① 〔清〕臧庸《拜经日记》说:"宋高宗御书石经有《孟子》,可补唐'开成石刻'之阙。"(清嘉庆二十四年武进臧氏拜经堂刻本)按,其实宣和五年席旦在刻《孟子》入"蜀石经"时已说:"伪蜀时刻'六经'于石,而独无《孟子》,经为未备。"遂补刻之。是蜀石经已有《孟子》,开成之阙已补,何待宋高宗!

② 关于"嘉祐石经"的经数,〔清〕阎若璩《古文尚书疏证》卷二:"仁宗庆历初,命刻篆、隶二体石经,后仅《孝经》《尚书》《论语》毕工,是为《嘉祐石经》。"这只是至和二年王洙上书时的情景。据南宋人李焘《续资治通鉴长编》嘉祐六年"国子监石经成"等,知在王洙上书之后又有续刻。〔宋〕王应麟《玉海》卷四三:"嘉祐石经:仁宗命国子监取《易》《诗》《书》《周礼》《礼记》《春秋》《孝经》为篆、隶二体,刻石两楹。"所举只有七部。但周密《癸辛杂识》别集卷上:"罗寿可丙申再游汴梁,书所见……'九经'石板,堆积如山,一行篆字,一行真字。"可见南宋末已有九部。但其中没有《孟子》。〔元〕李师圣《汴梁泮官修复石经记》:"惟汴梁旧有'六经'、《论语》《孝经》石本,乃近代辟雍之所树者。陵谷变迁,修而复毁,其残缺漫剥,不营十之五六,前政巨像之贤而有文者,亦不遑论。将七十余年于此矣,今参政公额森特穆尔,一见而病之,慨然以完复为己任,义声所激,附和者众,不数月而复还旧观。奈何《孟子》七篇,犹阙遗焉。"(《汴京遗迹志》卷一五引)可知其书没有《孟子》。清人丁晏所藏"二体石经"拓片,则有《周易》《尚书》《毛诗》《春秋》《礼记》《周礼》《论语》《孟子》《孝经》九种(详见徐森玉《蜀石经和北宋二体石经》,《文物》1963年第1期),疑为后人补刊。

③ 董洪利:《孟子研究》,江苏古籍出版社1997年版,第210页。

④ 按,席氏之语,见万斯同《万氏石经考》卷下所载晁公武《读书志》所引。又席氏,诸本转引公武语所指不同,一作席贡,一作席旦(曹学佺《蜀中广记》卷九一、万斯同《万氏石经考》卷下),一作席益(朱彝尊《经义考》卷二九一、桂馥《历代石经考略》卷下,清光绪九年刻本)。今据曾宏父《石刻铺叙》卷上:"《孟子》十二卷,宣和五年九月帅席贡暨运判彭慥方入石,越年乃成,计四册。"则以席贡为得。

⑤ 〔宋〕史绳祖:《学斋占毕》卷四,文渊阁《四库全书》本。

通群经，从前只谓之"身通六艺"，现在谓之"博通十三经"了；从前群经通论谓之"六艺论""五经说"，现在谓之"十三经"云云。以"十三经"命名的各类著述也日益增多，《明史》卷九〇"陈深《十三经解诂》六十卷"，卷一九一"（丰坊）别为《十三经训话》"。《东林列传》卷一五载"（郭正域）乘小舟往来东林，以《十三经补注》商于顾宪成昆季"，卷二三说"（许士柔）父伯彦课授'十三经'《孙》《吴》《握奇经》诸书，讽诵皆上口"，《池北偶谈》卷一一载李因笃"博学强记，《十三经注疏》尤极贯穿"，等等。至于《江南通志》卷一九〇之著录顾梦麟之《十三经通考》二十卷，田有年之《十三经纂注》，史铨之《十三经类聚》，陆元辅之《十三经注疏类抄》。《皇清文颖》卷五之载汤斌《十三经注疏论》，《续通志》卷一六一著录罗万藻《十三经类语》十四卷。凡此之类，更是前所未有的现象。明清时期，"十三经"已经取代"六经"或"五经"之称，与"二十一史"（或"二十四史"）共同成为传统文献中经部和史部的总代表。而这一变化的实现，"蜀石经"似乎起到了开风气之先或典范粗具的作用。

结　　语

综上所述，"蜀石经"始刻于孟蜀广政初（938），其主体工程卒刻于北宋皇祐元年（1049），前后延续112年。至徽宗宣和五年（1123），席贡补刻《孟子》入石，最终形成"十三经"的典范。"蜀石经"长期收藏于文翁石室之中，当时即有"石室十三经"的称号。这是最早汇刻于一处的13部儒家经典，也是最早获得"十三经"称号的儒学丛书。前人和时贤以为"十三经"形成于南宋，甚至说形成于明代或清朝，都是错误的或不准确的。"十三经"这一称呼及其汇刻形式，对后世儒家经典格局的奠定具有重要推动作用。《孟子》入刻石经，既标志着儒学"十三经"正式确立，还标志着中国儒学从尊经、崇传，到重子书时代的转移，也标志着中国儒学正式从"经学时代"进入了"理学时代"。这其中的关节和消息，也许有轻有重、有明有暗，但其象征意义却是非常明显的，"蜀石经"在这场转换过程中扮演了推波助澜的角色，是不应该被忽略的。

原载《周易研究》2007年第6期，选文有删节。

试析宋代"古《易》五家"在恢复古《周易》上的重要成就

"古《周易》",这里指西汉以前经传次序未被篡乱的《周易》。古今学者一般都认为,从西汉费直以来,易学家以传解经,并进而用传附经,使《易经》这部儒家最高经典面目全非,古貌顿失。传至宋代,学者力倡恢复古《周易》,王洙、吕大防、晁说之开其端,吴仁杰、吕祖谦扬其波,最后经朱熹认可而成定局。《周易》从文献上恢复了它的本来面目,并进而引起了宋代易学思想的重大革新。这是宋人研究《周易》的重要成就,对我们今天研究《周易》仍然有重要的参考价值。这种区别经传的研究方法,对我们研究其他儒家经典乃至所有上古文献,都具有借鉴作用,因此今天仍有重新探讨的必要。

关于宋人恢复古《易》的作用,笔者已有《试论宋人恢复古周易的重要意义》进行探讨。① 这里仅对宋人恢复古《周易》的具体理论与实践进行一番考察,冀识者教焉。

一 恢复古《周易》问题的由来和提出

经学的今古问题本是儒学史上一个陈旧而古老的话题,但《周易》的今古问题,在汉代和宋代所指是各不相同的。《汉书·儒林传》《艺文志》所称带"古"字号的经书,都是指"古文经",形成"古文经"的直接原因是"古文家"经本系用战国文字写成,这相对于汉代通行的隶书("今文")而言即是古文,故称"古文经"。西汉传于民间的费直《易》,书以古字,当时称为"古文《易》"②。当时列于学官、以田何为师承的博士《易》(如施氏、孟氏、梁丘氏、京氏四家)都是用汉隶写成的,后世称为"今文《易》"。刘向校

---

① 舒大刚:《试论宋人恢复古周易的重要意义》,《四川大学学报》(哲学社会科学版)1999年第2期。
② 〔南朝宋〕范晔:《后汉书》卷七九《儒林列传》,中华书局1999年版,第1719页。

书,曾以中秘所藏古文(即"中古文")《易》校雠诸家《易经》,施、孟、梁丘经或脱去"无咎""悔亡",唯费氏经与古文同。① 后世有"《费氏易》真孔氏古文也"的称赞。

根据学者们的精心考证,汉以前古书经传各自为篇,注说也是独立行世,互不混杂。《汉志》著录:"《易》,经十二篇,施、孟、梁丘三家。"颜师古注说:"上下经及十翼,故十二篇。"又著录:"《易》,传:周氏二篇","服氏二篇","杨氏二篇","蔡公二篇";"《章句》:施、孟、梁丘氏各二篇"云云。② 这里,"经十二篇"指《周易》本经;"易传"和"章句"各家,则是汉人的注和说,可见其本经、注说都是各自分离,自成专书的。当时费氏依据的经本,次序如何没有明确记载,《汉书·儒林传》只说他治《易》的方法是"亡章句,徒以《彖》《象》《系辞》十篇(文)〔之〕言解说上下经"。③

东汉以后,今文《易》渐衰,至"永嘉之乱,施氏、梁丘之《易》亡,孟、京、费之《易》人无传者";④学者多是依据费氏经治学,如东汉的陈元、郑众、马融、郑玄,三国魏的王肃、王弼,晋太常卿韩康伯,南北朝的陆德明等,都是以治费氏《易经》显名于世的。唐孔颖达等修《五经正义》,采用王弼、韩康伯所注《周易》作底本。迄至宋代,都是相承费氏《易》经本(现在通行本也是这样)。在宋人眼里,当时通行的马、郑、王、韩相传的《费氏易》,即是"今本"(或称"今经");汉代本来是"今文"的博士《易》反而成为"古本"(又称"古经")了。后来他们要求恢复的"古《易》"实际是西汉博士《易》。

通行本《周易》将《彖传》《大象传》分附于卦辞之后,将《小象传》附于每条爻辞之下,又将《文言传》分附于乾、坤二卦之后。经传相杂,有篡乱圣经之嫌。此本长期行世,古本就逐渐失传了。人们习以为常,渐渐不知道有所谓古本《易经》了。宋人吴仁杰说:"《汉艺文志》十二篇,古经也。才一见于此,魏晋以后便自失之。隋氏藏书最备,亡虑八万九千卷有奇;唐开元丽正殿所藏亦八万五千余卷,皆不著录。"⑤可见古《易》早已不传于世了,"自是世儒知有弼《易》,而不知有所谓古经矣"。⑥ 由于古本不可见,习知王本的学者,遂认定以传附经的今《易》便是古《易》的本来面目;有人甚至曲为之说,牵强附会。博通如孔颖达也难以免俗,《周易正义》于《坤卦·六二·小象》

---

① 〔汉〕班固:《汉书》卷三〇《艺文志》,中华书局1999年版,第1353页。
② 〔汉〕班固:《汉书》卷三〇《艺文志》,第1352—1353页。
③ 〔汉〕班固:《汉书》卷八八《儒林传》,第2672页。
④ 〔唐〕陆德明:《经典释文》序录,《抱经堂丛书》本。
⑤ 引自〔清〕朱彝尊《经义考》卷二九"易学"条,文渊阁《四库全书》本。
⑥ 〔宋〕吴仁杰:《集古易》自序,载〔清〕朱彝尊《经义考》卷三〇。

疏说:"夫子所作《象辞》元在六爻经辞之后,以自卑退,不敢干乱先圣正经之辞。"认为孔子初作《象传》时,就以《象传》附在每卦经辞之后了,实乃误会。晁说之感叹:《周易》旧貌"学者曾未之知也",他指出,刘牧说:"《小象》独乾不系乎爻辞,尊君也。"石介(守道)说:"孔子作《彖》《象》于六爻之前,《小象》系逐爻之下,惟乾悉属之于后者,让也。"这些大儒尚且如此,"他人尚何责哉"!① 孔颖达、刘牧、石介都是唐宋著名学者,对经传次序的认识尚且如此糊涂,一般士人就更可想见了。陈振孙指出当时颇有代表性的情况:"其合《彖》《象》《文言》于经,盖自康成、辅嗣以来,展转相传,学者遂不识古文本经,甚至于今世考官命题,或连《彖》《象》、爻辞为一;对大义者,志得而已,往往穿凿傅会,而经旨破碎极矣!"②以经出题考试士人,考官将经和传抄在一块,不知道何者为经、何者为传;士人凭经典来应试求功名,也稀里糊涂,一味穿凿附会,哪管经传之别! 经学是入仕的敲门砖,士人们却连手里的"砖"是方是圆都搞不清楚,岂不是十分可笑的事情吗?南宋税与权十分愤慨地说:"汉魏迄今几千余年,列于学官,专置博士,无一人能辨其非者。惑世诬民,抑何甚哉! 故曰汉魏以来诸儒之罪,而至王弼、韩康伯尤其罪之魁者也!"③更有甚者,在这种学风影响下,一些人争相效尤,不顾经典的历史面貌和完整性,肆意把经传割裂,将经传次序改来换去,使古书体制受到严重淆乱。正如晁说之批评的那样:"后之儒生尤而效之,杜氏分《左氏传》于经,宋衷、范望辈散《太玄·赞》与《测》于八十一首之下,是其明比也。……唐李鼎祚又取《序卦》冠之卦首,则又效小王(弼)之过也。"(《录古周易》自序)以经典为神圣的人们并不维护经典的神圣地位,真到了"是可忍孰不可忍"的地步了!

宋人认为,变乱古经,"使文王、周公上下二篇之经不成二篇,而孔子《十翼》不成《十翼》"④,后人不见古经之原。《周易》既然经历了不同的作者(即"四圣"),他们在制作时,都各自为篇,自成体系,有其一以贯之的完整内容。以传附经,一句经附一句传,互相淆乱,彼此都不成独立的篇章,这既不利于完整地理解《易经》,也有碍于系统地理解《易传》。吕大防首先就指出:"学者于是不见完经,而《彖》《象》辞次第贯穿之意,亦缺然不属。"⑤经不经,传不传,学者怎么能理解其连贯完整的意义呢? 学者凭

---

① 〔宋〕晁说之:《录古周易》自序,载〔清〕朱彝尊《经义考》卷二○"晁氏说之录古周易"条。又见〔宋〕陈振孙《直斋书录解题》卷一"《周易解义》"条,《武英殿聚珍版丛书》本。
② 〔宋〕陈振孙:《直斋书录解题》卷一"《古周易》"条。
③ 〔宋〕税与权:《易学启蒙小传》,《通志堂经解》本。
④ 同上。
⑤ 〔宋〕吕大防:《周易古经》自序,载〔宋〕吕祖谦编《古周易》,《通志堂经解》本。

一部支离破碎的传来说经,将传的思想附托于经的名下,甚至认为传意就是经义,这又必然会影响对《易经》本义的理解。吴仁杰《集古易》自序又指出:"而末流之弊,学者遂废古经,使后世不见此书之纯全,与圣人述作之本意。"根据传统的看法,经与传出自不同圣人之手,诞生于不同的历史时期,经之与传,怎能没有丝毫差别呢?无视经与传的差别,就不能正确反映经传的演变过程,也不利于准确理解四圣思想的发展历程,正如胡一桂说的那样:"周爻(周公作爻辞)已不尽同于文王(文王作卦辞),而孔翼(孔子作十翼)亦岂尽同于文王、周公? 比而同之,非特使学者猝莫区别,而吾夫子制作初意亦不复可见矣。"①因此,宋代经学家十分强烈地要求,将通行本《周易》恢复到西汉时期的样子,将被混淆的经传原原本本地区别开来,以还历史旧观,"庶几学者不执《彖》以狥卦,不执象以狥爻云"(晁说之《录古易》自序)。于是恢复古《周易》就提上了宋代《易》学家的议事日程。

二 《周易》经传变乱历程的揭示

要复古,应当找到复古的依据,首先必须说明"今经"致乱之源,揭露通行本《周易》怎样被弄乱了? 是谁搞乱的?

历史上对通行本《周易》经传顺序提出质疑者,当以三国魏君高贵乡公最早。《三国志》载:"丙辰,帝幸太学,问诸儒曰……'孔子作《彖》《象》,郑玄作注,虽圣贤不同,其所释经义一也。今《彖》《象》不与经文相连,而注连之,何也?'"②其时去古未远,或许未被弄乱的《周易》本经尚存,比较之下他才会有这番疑问。他所提到的"今《彖》《象》不与经文相连"的本子,可能就是皇家内府所藏的古本《周易》,即《汉志》所录"《易》经十二卷"的白文《周易》,无传说注解。当时除了博士淳于俊有所对答外,似乎并未引起人们重视。直至北宋,都无人问津《周易》经传相杂的问题。身经南北朝的一代经学大师陆德明著《经典释文》就是"以王为主";唐初孔颖达等修《周易正义》,认为王注"独冠古今",遂作为底本。这些权威学者的代表作和政府部门颁行

---

① 〔元〕胡一桂:《周易启蒙翼传》"王弼《易》"案语,文渊阁《四库全书》本。
② 〔晋〕陈寿著、〔南朝宋〕裴松之注:《三国志》卷四《魏书四·三少帝纪》,中华书局1964年版,第135—136页。

的正统著作,都一例尊崇王弼注本,实际就是对他们篡乱经传行为的默认。以后李鼎祚《周易集解》、程颐《易传》,不仅都承用王弼经本,而且进而将王弼所不乱的《序卦传》也分散了冠于各卦之前。在他们眼里,只要解说方便,经传是否完整支离似乎并不重要。直到吕大防、晁说之,才自觉地对通行本《周易》致乱的原因和过程进行考察。到了南宋,才逐渐使《周易》古今演变的轨迹清晰起来。归纳诸家之说,其有三说:

一是始乱于费直说。该说出自《崇文总目》(已佚,今有辑本),说:"以《彖》《象》《文言》杂入卦中,自费直始。"①其后晁说之《录古易》自序称"先儒谓费直等专以《彖》《象》《文言》参解《易》爻,以《彖》《象》《文言》杂入卦中者,自费氏始。"并且考订指出:"费氏初变乱古制,时犹若今乾卦,《彖》《象》系辞之末。"只是到了王弼,才彻底给弄乱了("古经始变于费氏,而卒大乱于王弼")。所谓"先儒",可能即指《崇目总目》的撰稿诸公。邵博也说:"先儒谓费直专以《彖》《象》《文言》参解《易》爻,今入《彖》《象》《文言》于卦下者,自费氏始。……盖古《易》已乱于费氏,又乱于王氏也。"②其说与晁氏如出一辙,不知是邵博承用晁氏,还是兹说本为邵氏家传旧学?南宋吴仁杰也同意此说,但他认为《文言》非费直所附:"郑康成《易》以《文言》《说卦》《序卦》合为一卷,则《文言》杂入卦中康成犹未尔,非自费氏始也。"《集古周易》自序以上三家皆主乱自费直说,晁说之、吴仁杰还将费直乱经的情形都考证出来了,似乎持之有据。但不同意此说的人说,他们误读了《汉书·儒林传》,冯椅《厚斋易学》:"《〔费〕直传》:'徒以《彖》《象》《系辞》十篇之言解说上下经',《崇文总目》……盖误以《彖》《象》为《文言》。"认为"不始于〔费〕直明矣"。③并且将《汉书》"十篇文言"读为"十篇之言",以便与郑玄《周易注》仍以《文言》与《说卦》《序卦》《杂卦》为一卷的事实相吻合。

二是始乱于郑玄说。郑学盛行于魏晋时期,故乱经之罪郑玄亦首当其冲。淳于俊对高贵乡公问说:"郑玄合《彖》《象》于经者,欲使学者寻省易了也。"(《三国志》卷四)明确指出合《彖传》《象传》于经是郑玄所为。从其说者,有南宋程迥和税与权,税曰:"今王弼注本,首卷题曰《周易·上经·乾传》,余卷亦为《泰传》《噬嗑传》《咸传》《夬传》《丰传》之名,盖弼所用者郑氏本,既合《彖传》《象传》于(今)〔经〕,故合题之耳。汉上朱氏曰:'魏高贵乡公问,博士淳于俊曰'……则郑未注《易经》之前,《彖》《象》不

---

① 〔宋〕王尧臣等编:《崇文总目》卷一,文渊阁《四库全书》本。
② 〔宋〕邵博:《闻见后录》卷五,《津逮秘书》本。
③ 〔宋〕冯椅:《厚斋易学》附录一,文渊阁《四库全书》本。

连经文矣。标题仍以《上经·乾传》至《下经·丰传》为六卷。"他又指出,郑康成合《彖》《象》于经,"厥初犹如今《乾卦》,附之于后。至王弼,则自坤以下各爻联缀之。"又说:"及韩康伯,又以《上下系》为七、八卷,而《说卦》为第九,则统《十翼》中《序卦》为第十、《杂卦》为第十一,通谓之'《周易》第九卷';末复以王弼《略例》足成《周易》为十卷。"(《易学启蒙小传》)这就是通行《周易》经传次序形成的全过程。

三是始乱于王弼说。最先见于孔颖达(详前引)。吕大防从之:"《周易古经》者,《彖》《象》所以解经,始各为一书。王弼专治《彖》《象》以为注,乃分缀卦爻之下。"①此说从者不多。不过大多数学者——无论是持始乱于费直说者,还是持始乱于郑玄说者,都认为初乱时并不太严重,只如今之《乾卦》,《彖》《象》总体附在卦爻辞之末。王弼即使不是始作俑者,也是推波助澜,进而将传掺入卦下和爻中的。此外,王弼还将郑本不分的《文言》割散,分附在乾、坤二卦后。因此,诸家都用"卒大乱于王弼"的措辞来声讨他。

以上各家都持之有据,也言之成理,但又都有不够圆通的地方。《汉书》虽说费直以《彖》《象》《系辞》十篇之言解说上下经,但并未明言其以传附经,《崇文总目》为代表的"费直始乱说"也没举出其他证据。因此第一说还不能说就成立了。三国魏博士淳于俊明言郑玄以《彖》《象》附经,则始乱经传者为郑玄是史有明文的;但《崇文总目》载郑书残卷,还以《文言》《说卦》《序卦》《杂卦》四篇合成一卷,说明《文言》附乾、坤二卦就不是郑玄的行为了。至世人所见的王弼注本,才将《文言》附在乾、坤之后,宋人认为这是王弼的罪过。归纳起来,即是西汉费直用传解经,已开后人以传附经的先河。东汉郑玄将《彖传》和《象传》附在每卦之后,起初还只是像今传的乾卦一样,把传文集中地附在卦末,并未逐爻相参;至王弼作注,乃将《彖传》随卦辞、《大象传》继《彖传》、《小象传》附各爻;又将《文言》分开附在乾、坤二卦之后。这些考察都有文献依据,言而有凭,可以信据。但是,需要特别指出的是,宋人认为王弼是在郑玄《易》的基础上,进一步变乱古经的,甚至说王弼是传郑玄之学,那就大错特错了!宋人这样说的依据很简单,那就是王注《周易》每于卷首题"某传""某传",如《乾传》《泰传》《噬嗑传》《咸传》《夬传》《丰传》等,认为这是他依据的《郑氏易》的结果,"既合《彖传》《象传》于(今)〔经〕,故合题之耳"(税与权《易学启蒙小传》附《周易古经传·彖传案语》)。王氏既用郑本,郑本不附而王本附了,那当然责任在王弼了。问题是,郑玄《周易注》称"注"不称"传",尽管郑玄师马融曾作《易传》,但郑氏鄙马融为人,在注经时很少引用马融之

---

① 〔宋〕吕大防:《周易古经》自序,载〔宋〕吕祖谦编《古周易》。

说，书名既不与马书相同，为何单单在篇目上沿用马融的称法呢？这是说不通的。由于宋元人不明经学流派的传承情况，误以《易》学单线流传的模式来谈郑、王之学，认为"三国魏王弼又传郑学"①，将王弼生硬地固定在郑学一脉相传的链条上，这是不可靠的！王弼不传郑学，有案可稽；王弼不仅不传郑学，而且还是郑学的克星和掘墓人，可惜这些都是宋元人所不了解的。曹魏当时立于学官且与郑玄为敌的经学，是王肃创立的"王学"，王学中有王肃整理其父王朗所著《易传》，就是当时国学法定经典之一。王肃师从宋忠（衷）学《太玄》，其时蜀人李譔亦治宋忠之学（譔父仁、师尹默皆游于荆州，师从宋忠），著有《古文易》。史称李书"皆依准贾（逵）、马（融），异于郑玄。与王氏（肃）殊隔，初不见其所述，而意归多同"（《三国志·蜀书·李譔传》）。为何李、王不见其人，也不见其书，而两人所著却内容"多同"呢？其原因端在于李、王之学都出自宋忠（《魏书·王肃传》）。李氏《古文易》虽已失传，但他依本于宋忠则是可以肯定的，因而宋忠治古文也是可以肯定的，与李譔"意归多同"的王肃也是古文经学也就可以推知了。晁说之曾说："宋衷（即忠）、范望辈散《太玄·赞》与《测》于八十一首之下。"（《录古易》自序）既然《太玄·赞》与《测》可以拆散附在《玄》经下，《周易·彖》《象》《文言》拆散开来附在卦爻之下对他来说就没什么有办不到的了。王肃曾整理其父王朗《易传》立于学官，所用底本应当是宋氏经本。著名经学家蒙文通先生说"宋忠、王肃皆倡言攻郑"，而王弼著书"立说皆党王氏（肃）"②，其所据经本自然不会以敌对学派郑玄《易注》作底本了。又据史载，宋忠在荆州为刘表五业从事，率领多人撰《五经后定》。其时王粲和族兄王凯（王弼祖父）俱至荆州，粲著论攻击郑玄《尚书注》，是首先举起反郑大旗的人。后来王粲子被诛于魏，曹操以王凯子王业为粲之后，王弼即王业次子。如此看来，郑学乃官学（王肃）所不容，又为家学（王粲）所不齿，为人臣、为人后之义，使王弼不便也不会叛祖、欺君，冒天下之大不韪来党附郑玄的。王朗《易传》与李譔《古文易》同源，都是古文《易》学，那么，王弼《易》以《文言》附乾、坤二卦，应是古文《易》的另一种传本。并不是像宋人想象的那样，是在郑玄《易》基础上来加以改造的。王肃之学的特点是凡是郑玄肯定的他都反对，凡是郑玄批评的他都肯定，甚至不惜伪造《圣证论》来助己攻郑，为了区别于郑《易》，他将郑所不附的《文言》附入卦中是完全可能的。王弼以王朗《易传》为本，次序袭其秩，卷名承其旧，应是情理之中的事情。如此看来，宋人的第二、第三两说也未见得完全说对了。

---

① 〔元〕鲍恂：《太易钩玄》卷上，清抄本。
② 蒙文通：《经学抉原·南学北学第六》，巴蜀书社1995年版，第81页。

三 "古《易》五家"及其他

宋人复古《周易》,王应麟《玉海》列有"古《易》五家",即吕大防、晁说之、王洙、吕祖谦、吴仁杰;①《四库全书总目》在吕祖谦《古周易提要》中又列有"薛季宣作《古文周易》十二卷,程迥作《古周易考》一卷,李焘作《周易古经》八篇"(卷三);朱彝尊《经义考》也列有多家。不过,就宋时复古《周易》具有影响说,以王应麟所列"五家"最有代表性,下面以五家古《易》为主,分析一下宋人复古《周易》的实践和理论。

1. 吕大防

在王应麟所举"古《易》五家"中最早的是吕大防,因此历来目录之家,皆以"古《易》之复,始于吕氏"为说。吕大防(1027—1097),字微仲,谥正愍。京兆蓝田(今陕西蓝田)人。进士出身。仁宗时任青城等地知县,历英、神二朝,哲宗初至宰相。撰《周易古经》十二篇。《郡斋读书志》著录其书为二卷,"凡十二篇,别无解释"。《文献通考·艺文略》亦二卷,《直斋书录解题》则作十二卷:"所录上下经并录爻辞,《象》《象》随经分上下,共为六卷。上、下《系辞》二卷,《文言》《说》《序》《杂卦》各一卷。"(卷一)盖以一篇为一卷。吕氏自序云:"《周易古经》者,《象》《象》所以解经,始各为一书。……予因案古文而正之,凡经二篇,《象》《象》《系辞》各二篇,《文言》《说卦》《序卦》《杂卦》各一篇,总十有二篇。"综合吕氏《自序》、陈氏《解题》观之,二卷分法,当即以上下经与《象传》上下、《象传》上下六篇合为上卷,《系辞》上下、《文言》《说卦》《序卦》《杂卦》六篇合为下卷。胡一桂《启蒙翼传》有吕氏《周易古经》篇目:"《上经》第一、《下经》第二、《上象》第三、《下象》第四、《上象》第五、《下象》第六、《系辞上》第七、《系辞下》第八、《文言》第九、《说卦》第十、《序卦》第十一、《杂卦》第十二。"吕大防所分篇目,与孔颖达《周易正义》卷首所列王弼、郑玄的《十翼》分法一致("《上象》一、《下象》二、《上象》三、《下象》四、《上系》五、《下系》六、《文言》七、《说卦》八、《序卦》九、《杂卦》十"),是合乎古文《易》实际的,这也许是众人以复古《易》首功归之吕大防的原因。吕氏书序于元丰五年(1082),当年即序行于成都府学,是当时最先公之于世的古《易》本子。《厚斋易学》附"先儒著述上"说:"刘向尝以《中古文易经》校施、孟、梁丘经,至蜀李譔又尝著《古文易》,今皆亡。惟成都府学官有元丰五年壬戌岁吕微仲(大防)自序

---

① 〔宋〕王应麟:《玉海》卷三六"艺文",清光绪九年浙江书局刊本。

其书十二篇，与古经同。"俨然以吕大防书远绍汉代中古文《易》和三国李譔《古文易》，有千载继绝之功。元人董真卿亦说："古《易》，则自吕微仲、晁以道始复。"①清人何焯批校《郡斋读书志》云："《易》之复古，自微仲始。"其后，南宋吴仁杰又改录其书入其《集古易》中刊于世。

2. 晁说之

当吕大防在成都序其《周易古经》之年，晁说之正好进士及第于东京开封。说之(1059—1129)，字以道，一字伯以。澶州(今河南濮阳)人。累官中奉大夫。自号景迂生。有《录古易》八卷、《易规》一卷、《京氏易式》、《周易太极传外传因说》八卷。《录古易》成于建中靖国元年(1101)，《宋志》著录为八卷，《文献通考》作十二卷，《读书志》说他依田何本，分《易》上下并《十翼》为十二篇。可是，说之《录古易》自序曰："《周易》卦爻一、《彖》二、《象》三、《文言》四、《系辞》五、《说卦》六、《序卦》七、《杂卦》八。"《玉海》卷三六"古《易》五家"明确说："靖国中，嵩山晁说之亦注古文《易》，并十二为八，以卦爻、《彖》《象》《文言》《系辞》《说卦》《序卦》《杂卦》各为一篇。"与晁序一致，当以八篇为实。胡一桂《启蒙翼传》中载有晁氏《古周易》篇目：

> 卦爻一(不分上下经，混同为第一)、《象传》二(不分上、下象，混同为第二)、《象传》第三(不分大小、上下象，混同为第三)、《文言》第四(合乾、坤文言为第四)、《系辞》第五(不分上、下系，混同为第五)、《说卦》第六、《序卦》第七、《杂卦》第八。

诸人都亲见其书，明明白白，不会有误。不知作为说之族孙的晁公武("十二篇"之说)何以致误如此？晁说之的分篇法，与陆德明《经典释文·序录》所述"孔子作《彖辞》《象辞》《文言》《系辞》《说卦》《序卦》《杂卦》，是为十翼"说一致，也是有依据的。但德明既称"是为十翼"，必分十篇，说之不分，与陆也未尽相合，因此吕祖谦认为其"离合之际"不能尽善尽美。

晁氏复古《周易》有两大特点值得注意，一是指明《易传》与《易经》原本各自一书，其合编行世始于西汉。《录古周易》自序中指出：

> 晋太康初，发汲县旧冢，得古简编，科斗文字，散乱不可训知。独《周易》最为

---

① 〔元〕董真卿：《周易会通》自序，文渊阁《四库全书》本。

明了,上下篇与今正同,别有《阴阳说》,而无《彖》《象》《文言》《系辞》,杜预疑"于时仲尼造之于鲁,尚未播之远国";而《汉·艺文志》:"《易》经十二篇,施、孟、梁丘三家。"颜师古曰:"上下经及《十翼》,故十二篇。"是则《彖》《象》《文言》《系辞》始附卦爻而传于汉欤?

其依据出土文献和古代目录,认为《易传》本自为书,经与传合乃始于汉人。这一论断合乎古书实际,在他以前不曾有人指出过。这就从根本上澄清了孔颖达、刘牧、石介等人的错误看法。他"欲学者不执《彖》以论卦,不执《象》以论爻",于是作《录古易》,使"《彖》《象》别异于卦爻"(程迥语,《经义考》卷二〇引)。

二是致力于《周易》的文字校正和脱句的补充。说之《题古周易后》:"若夫文字之传,始有齐、楚之异音,卒有科斗、籀、篆、隶书之四变,因而讹谬者多矣。……其幸而诸儒之传,今有所稽考者,具列其异同舛讹于字下,亦庶几乎同复于古也。"晁公武也记载其"以诸家《易》及许氏《说文》等九十五书,考正其文字"。李焘曰:"晁氏专主北学,凡故训多取许叔重《说文解字》,陆德明《音义》,僧一行、李鼎祚、陆希声及本朝王昭素、胡翼之、黄聱隅辈论,亦时采掇。"(程迥语,《经义考》卷二〇引)可见晁氏《录古易》并不仅仅在于誊录和分编,其校定文字的功夫也是不可忽视的。王应麟说:"王昭素谓《序卦》有'离者丽也,丽必有所感,故受之以咸,咸者感也'凡十四字,晁以道《古易》取此三句增入正文。谓后人妄有上下经之辨。"①又可见晁氏书还有补充《序卦传》的内容。从前陆德明作过《周易》各本文字的校异工作,但时间久了逐渐被人忽略,需要学植深厚的学者出来加以提倡和校定,晁说之就是这样的学者。

3. 王洙

前人每每说复古《周易》自吕大防始之,其实在吕氏、晁氏之前,还有四家,也是主张经传分列的,他们是王洙、胡旦、胡瑗、邵雍。他们的年辈都较吕大防、晁说之为早,王应麟只举出其中王洙一家,而且排在晁说之后,不知何故? 王洙(997—1057),字原叔,谥文。北宋应天宋城(今河南商丘南)人。进士出身,历翰林学士、天章阁侍讲等文职。著《周易言象外传》十卷。《直斋书录解题》著录其书为"《古易》十二卷",谓"出翰林学士睢阳王洙原叔家"。其顺序是:"上、下经惟载爻辞外,卦辞一、《彖》辞二、《大象》三、《小象》四、《文言》五、《上系》六、《下系》七、《说卦》八、《序卦》九、《杂卦》十。"叶

---

① 〔宋〕王应麟:《困学纪闻》卷一,《四部丛刊三编》影元本。

梦得以为"此即《艺文志》所谓《古易》十二篇者也",陈振孙质疑说"《隋志》皆无《古易》之目,当亦是后人依仿录之尔"。① 王洙《古易》,《彖传》不分上、下,《象传》却有大、小,与传世王弼本分法不同。可见宋初人已不知道费氏"古易"篇目具体如何排列分合了。当然也有可能是孔颖达所说"数十翼亦有多家"中的一家,具体为哪一家则不得而知。《直斋书录解题》仅说此书"出"其家,不说是王洙所复。《直斋书录解题》载"其序言学《易》于处士赵期。论次旧义,附以新说"云云。② 由此可知,王洙家藏《古易》传自赵期,得之隐者,未曾著录于隋、唐以来的官家书目,可能长期只在民间流传。

又《续资治通鉴长编》载:仁宗天圣四年(1026)正月,秘书监致仕胡旦言撰成《演圣通论》。胡旦,滨州渤海(今山东惠民东)人,字周父。太平兴国三年(978)进士。历将作监丞,至史馆修撰、保信军节度副使。景德初年(约1004)以目疾致仕,卒年八十。《周易演圣通论》今佚,宋、元目录书皆有著录,董真卿《周易会通》述其篇例:"《易演圣通论》:经二篇;传十篇:《彖》一、《大象》二、《小象》三、《乾文言》四、《坤文言》五、《上系》六、《下系》七、《说卦》八、《序卦》九、《杂卦》十。""多引注疏及王昭素论,为之商(确)〔榷〕。"吴仁杰《古周易》自序也称:"胡秘监旦以《彖》《大象》《小象》《上系》《下系》《乾文言》《坤文言》《说卦》《序卦》《杂卦》为十篇。"胡旦书是以《彖传》为一篇,《象传》分大、小,还将《文言》分乾、坤,与陆德明、孔颖达所数都不同,与王洙本也有差别(《文言》复分乾坤二篇)。也不知属于孔颖达所说"多家"中的何家? 胡旦的排列曾引起胡瑗的注意,瑗又在旦书基础上加以调整。吴仁杰说:"胡安定易之,曰《上象》一、《下象》二、《大象》三、《小象》四、《文言》五、《上系》六、《下系》七、《说卦》八、《序卦》九、《杂卦》十。"胡安定即胡瑗(993—1059),泰州如皋(今江苏如皋)人。学者称"安定先生"。胡瑗也是分经分传,以《彖》分上、下,《文言》不分乾、坤,但仍以《象》分大、小,与王洙得于处士赵期者同。瑗是理学开山,是北宋"三先生"之一。倡导易学"变易"说,开创宋朝以来义理《易》之先河,在《易》学上很有造诣,程颐教人读《易》,先看王弼、胡瑗、王安石三家,后著《易传》多引用胡氏之说。他的这一分法应该在北宋有一定影响。

4. 邵雍

邵雍(1011—1077),字尧夫,号伊川丈人。亦传《古周易》八卷。这部书《宋志》不载,而首见于其孙邵博《闻见后录》"《古易》:卦爻一、《彖》二、《象》三、《文言》四、《系辞》五、《说卦》六、《序卦》七、《杂卦》八。其次第不相杂也。……予家藏大父康节手写

---

① 〔宋〕陈振孙:《直斋书录解题》卷一"《古易》"条。
② 〔宋〕陈振孙:《直斋书录解题》卷一"《周易言象外传》"条。

《百源易》，实《古易》也"。并且说："旧秘阁亦有本。"①南宋王炎亦曰："邵氏之学，长于《古易》"。(《经义考》引)董真卿《周易会通·因革》："邵子易：《古周易》八卷。与晁氏说之同。"邵博所列篇目次序和董真卿的考证，可见邵氏《古易》与晁说之《录古易》相同。可是，晁说之并没有交代自己《古易》学的来历。他的《录古易·自序》备述唐以来学人误以今本《周易》当《古易》，慨叹："学者曾未之知也！"又惋惜刘牧、石守道诸人的错误，并一再感慨"他人尚何责哉"！他羡慕刘向曾得见《中古文易经》，恨不见蜀人李譔的《古文易》，"安得睹夫刘、李之书乎"？一似未曾与目先前任何《古易》。但是，果真如此么？他又在《康节先生谥议后记》中承认："说之辞不敏，且不幸不及先生之门，而为《京氏易》十余年。后遇先生门人洛阳杨宝贤，略能发先生《易》之梗概，久之乃有所入。"②那么，晁氏治《易》显然是受到过邵氏易学的影响。在复古《周易》上，是否也得力于邵氏《古易》呢？就很值得注意了。邵博既称《百源易》为乃祖"手写"，又强调"旧秘阁亦有本"。③ 可见，其书早已存在看来绝无问题。董真卿考察出邵子《古周易》"与晁氏说之同"，邵在前而晁在后，其因袭授受关系似乎已经很明显了。李焘序吕大防、晁说之二人《古易》说："吕、晁各有师承，初不祖述，而其指归则往往暗合。"指出吕、晁二人"各有师承"，吕氏师承于处士赵期，有其"自序"为证；晁氏师承于谁？在他的《康节谥议后记》已露其端倪，想来李焘所指当即邵雍吧。

5. 吴仁杰

宋代复古《周易》较奇特的一家是吴仁杰。仁杰号斗南，河南洛阳人，知蕲州罗田县。《宋志》著录吴仁杰《古周易》十二卷，又有《集古易》一卷。前者系自定《古易》十二篇，故为十二卷；后者则系汇录前人《古周易》篇次，每种只录其序目、首卦以示例，故只一卷即可。其书成于淳熙十五年(1188)，乃根据吕大防、晁说之二家之书加以定正，书名亦从晁说之。自谓"博考深求，凡二十八年而后定"，乃用功之作。据胡一桂《启蒙翼传》中载吴书，盖先历考汉晋以来《周易》变古之迹，然后予以复古。吴氏列有所谓"费氏易""郑康成易""王弼易"等目。所谓"费氏易"，盖先画整卦卦画，系以卦辞；再画本卦六爻，分爻系以爻辞，而无"初九""九二"等爻题(乾、坤二卦则再画本卦六爻，系以"用九""用六"爻辞)；然后在卦爻辞下，将《彖传》《大象传》《小象传》依次罗列，删掉"彖曰""象曰"等名，而于《彖传》前总加一"传"字。每书只举乾卦经传为例，以概其余。所谓"郑康成易"，则是依卦画、卦辞，继以爻题、爻辞，再附以本卦《彖传》

---

① 〔宋〕邵博：《闻见后录》卷五，《津逮秘书》本。
② 载〔宋〕晁说之：《嵩山文集》卷一八，《四部丛刊续编》影旧抄本。
③ 按，"旧秘阁"即指北宋内府藏书，被金人掳去，故称"旧"。

《象传》，并于传文前分别加"彖曰""象曰"字样，与今本乾卦相同，只是未附《文言》而已。所谓"王弼易"，其乾卦一同《郑氏易》，另将《乾文言》析出附在《小象传》后；坤卦则将《彖传》附于卦辞下，继以《大象传》，将《小象传》附于各爻辞下；而将《坤文言》附于卦末。费、郑、王三家《易》，《系辞》上下、《说卦》《序卦》《杂卦》诸篇，皆各自为编。吴氏自定《古周易》篇目：

> 仁杰谓《十翼》：《彖传》也，《象传》也，《系辞》上下传也，《文言》也，《说卦》上、中、下也，《序卦》也，《杂卦》也，并上、下经，是为十二篇。（见《自序》）

值得注意的是，仁杰所定十二篇内容，既不同于时人所定，也有悖于古人旧传。他的《象传》即《大象传》，《系辞》上、下传即《小象传》，《说卦》上、中、下，即传统的《说卦》和《系辞》上下篇。之所以这样分，是与他的《易》学思想分不开的。他认为，《易经》经过伏羲、王文、周公三圣人不断制作，伏羲画八卦，并以贞、悔原理重为六十四卦，此时无辞而有象，《易》卦就是"象"；孔子解说六十四卦结构象征意义的文字，即今之《大象传》，应称为《象传》。文王撰卦辞，亦谓之"彖"，孔子解释卦辞的文字即《彖传》。周公撰爻辞，即所谓"系辞焉以断其吉凶"之"系辞"，爻辞即是系辞；孔子解说爻辞的《小象传》应当是《系辞传》。至于吴氏所定《说卦》上、中、下，依据全在于《隋书·经籍志序》"唯失《说卦》三篇，后河内女子得之"一语，于是将今《说卦》定为《说卦》下篇，今《系辞上传》定为《说卦》上篇，今《系辞下传》定为《说卦》中篇，以足"《说卦》三篇"之数。

与吴仁杰之说相同的尚有宋末冯椅。椅著《厚斋易学》，其书收入《四库全书》，系馆臣从《永乐大典》中辑出。《经义考》卷三一引《中兴艺文志》：

> 宁宗嘉定十年（1217），冯椅为辑注、辑传、外传，以程沙随（迥）、朱文公（熹）虽本《古易》为注，犹未及尽正。……（孔传）爻之辞即为"象"，王弼本"彖曰""象曰"乃孔子释彖、象。与商飞卿说同。又改《系辞》上、下为《说卦》上、中，以《隋经籍志》有"说卦三篇"云。

又引何孟春："厚斋冯氏辑《易注》，本吴斗南。"在《古易》诸家中，吴氏之说"特为新奇，迥与先儒不合"（《四库全书总目》卷三《易图说》提要），当时学者即持怀疑态度，朱熹曰：

（吴斗南）《古易》既画全卦，系以象辞；再画本卦，分六爻而系以爻辞，似涉重复。又《象传》释象辞，《象传》释爻辞，《系辞传》则通释卦爻之辞，故统名之曰《系辞传》，恐不可；改《系辞传》为《说卦》，盖《说卦》之体乃分别八卦方位与其象类，故得以《说卦》名之；《系辞传》两篇释卦爻之义例、辞意为多，恐不得谓之《说卦》也。（《经义考》卷三〇引）

当然，也有赞同叫好的，如杨时乔说：

汉初得《说卦》三篇，后以上、下二篇混作《系辞》。宋吴仁杰以今《系辞》上篇为《说卦》上，《系辞》下篇为《说卦》中，今《说卦》为《说卦》下。冯椅《易辑》如之。《说卦》始全，而以俗所作《大象》上、下者复正为《系辞》上、下，于是"系辞""说卦"各复其旧矣。（《经义考》卷三一引）

此外，朱熹对吴仁杰区分郑、王之《易》也表示赞同，认为有过于吕祖谦之处："吕伯恭顷尝因晁氏本更定《古易》十二篇，考订颇详。然据淳于俊之说，便以今王弼《易》为郑康成《易》，尝疑其未安。今得所示，分别郑、王，二本乃有归著，甚善。然不知别有何证据也？"①其书"端平丙申（1236）吴人何元寿刊于湖广饷所"②。

6. 吕祖谦

出于对晁说之《录古易》分篇"未安"的考虑，吕祖谦又更定《古易》。吕祖谦（1137—1181），婺州（今浙江金华）人。字伯恭，谥成。进士出身，中博学弘词科。历太学博士、秘阁直学士等职。南宋理学代表人物，学者称东莱先生，有《读易纪闻》一卷、《古易音训》二卷、《古周易》一卷、《周易系辞精义》二卷。《宋志》著录祖谦《古易》一卷；《通考》作十二卷，乃以篇为卷。董真卿《周易会通》："吕氏《古易》十二篇，一卷。"其书《四库全书》有载，六十四卦举乾为例，《十翼》也只举首尾章节示范。祖谦认为"《费氏易》在汉诸家中最近古"，说"近世嵩山晁氏编《古周易》，将以复于其旧，而其刊补离合之际，览者或以为未安"。于是"因晁氏书，参考传记，复定为十二篇。篇目卷帙，一以古为断"。《古周易》自序至于《周易》文字考订的内容则载于《古易音训》中。吕书对晁书的改造主要在于"刊补离合之际"，即篇目区分上。晁氏书卦爻辞、《彖》《象传》皆不分卷，合古经传十二篇为八篇；祖谦书则卦爻辞、《彖》《象》各分上下

---

① 〔宋〕朱熹：《晦庵集》卷五九《答吴斗南》，《四部丛刊》影明嘉靖本。
② 〔元〕俞琰：《读易举要》卷四，文渊阁《四库全书》本。

篇,共为十二篇,与《汉志》所载"《易》,经十二篇"篇数相合。胡一桂《周易启蒙翼传》卷中列其目为:"《周易上经》第一、《周易下经》第二、《周易彖上传》第一、《周易彖下传》第二、《周易象上传》第三、《周易象下传》第四、《周易系辞上传》第五、《周易系辞下传》第六、《周易文言传》第七、《周易说卦传》第八、《周易序卦传》第九、《周易杂卦传》第十。"朱熹跋其书,加以推崇,并刊行于世。其时,朱熹本已用王弼本作《易注》,见到吕氏《古易》后,又据之作《周易本义》,"揭十二篇以教天下"(《启蒙翼传》中"周易本义"条)。随着朱子之学的广泛传播,《古易》经传的本来面目也日益被世人所知。

不过,时人仍然认为吕祖谦《古易》也有可商之处。首先,吕祖谦《古易》篇次与北宋吕大防《周易古经》完全相同,只是经传篇第上小有差别(如大防无"第一""第二"等序号,祖谦则有),可是祖谦并无一语道及大防,是真的没见到,还是有意回避? 其次,他说《费氏易》"真孔氏遗书",认为《费氏易》纯然古言古貌。但据吴仁杰的考察,《费氏易》已将《彖》《象》二传附于卦后,不能说一点没有改变。其三,祖谦笼统说郑玄、王弼"合《彖》《象》《文言》于经",其实《文言》合经不始于郑玄。对前一疑,当时尤袤在《与吴斗南书》首先致疑:"顷得吕东莱所定《古易》一编,朱元晦为之跋,尝以板行。乃与左右所刊吕汲公古经无毫发异,而东莱乃不及微仲尝编,岂偶然同耶?"① 胡一桂解释说:"愚谓此朱、吕二先生皆偶未及见,东莱决非掩袭。"这有朱熹《答吴斗南》可证,吕大防书早行于蜀,但东南士大夫不一定看到,朱熹既序刊祖谦书后,吴仁杰将吕大防《周易古经》汇同其他三家一道刊行,当初吕祖谦肯定是没有机会看到的。既然宋人复古的依据都是古文献的记载,特别是孔颖达《周易正义》卷首的明示,当然允许二吕前后所见略同了。加之吕大防仅有分经分传之力,晁之有校雠、葺补之功,学术价值似以晁本较胜,李焘曾指出:"吕公(大防)书文字句读初无增损,景迂则辑诸家异同,或断以己意,有增有损。"(《经义考》卷二〇引)晁氏书容易引起人们重视。吕祖谦既撰《古易》,又辑诸家校语为《古易音训》,与晁氏风格正同。对于第二疑,胡一桂曰:"吴氏所载《费氏易》,已自不能不小有变动,而东莱谓费氏经真孔氏遗书,岂吴氏考之犹未的欤?"(《启蒙翼传》中"周易古经"条)尽管吴仁杰所定《费氏易》未必全对,但费氏已开以传说经之途,就不能说与旧本没有丝毫区别;既然范晔《后汉书》、陆德明《释文序录》明明白白地再三申说东汉陈元、郑众、马融、郑玄传费氏学,如果其经本与今文三家《易》完全相同,那又何必多此一举呢? 可见《费易》与三家《易》多少总是有区别的。对于第三点,朱熹也"疑其未安",因此以吴仁杰区别郑、王之说为是(见上)。

---

① 载〔宋〕尤袤:《梁溪遗稿》卷二,清康熙刻本。

"与二吕合"的古《易》学者,还有程迥,他撰有《古易考》。迥字可久,号沙随,睢阳人。登隆兴元年(1163)第,曾为德兴丞。《宋志》著录程迥《古易考》一卷;《经义考》引《宋艺文志序》:"程迥作《易考》十二篇。别为章句,不与经相乱。"《书录解题》说"阙《序卦传》"。胡一桂《启蒙翼传》:"康节《百源易》实《古易》也,沙随盖本诸此,而篇第与二吕氏合,只以《文言》在《系辞》之前为不同耳。"董真卿《周易会通》记载其篇第:"曰上篇(经上),曰下篇(经下),曰《彖上》,曰《彖下》,曰《象上》,曰《象下》,曰《文言》,曰《系辞上》,曰《系辞下》,曰《说卦》,曰《序卦》,曰《杂卦》,凡十有二篇。与康节《百源易》次序同。"

　　吴仁杰集诸家《古易》后附有周燔一家。燔著有《九江易传》,又对诸人所定《古易》进行更改,他的做法更为怪诞,首先肯定"古文《易》书经自经、传自传,各自分帙,不相参入。后人取《彖》《象》散入卦爻之下,使相附近,欲学者易晓。"接着指出:"惜乎!先儒分之,失其次序。"他批评通行本"列卦象于'彖曰'之后,而在六爻之前。上无所承,下无所据,六十四卦皆有此误"。"卦象"即《大象传》,他说不应在《彖传》之后。又说:"诸卦'象曰'有七,其一为卦象,其六为爻象,而坤称'象曰'者八,独乾卦称'象曰'者一,首尾错乱,全与他卦不同。"乾卦是将《大小象传》总附在一卦之后,故只有一个"象曰",坤卦《大小象》分别附在卦、爻辞下,所以有八个"象曰"(卦辞、爻辞外加"用六"传,凡八),体例十分不一。又说:"(乾卦)由卦辞多义又深微,故差失次序,比他卦为甚。"比如,《彖传》与卦辞隔离,《小象》与《大象》相连,《文言》中各部分解释卦辞和爻辞的内容互相悬隔,都有碍对经文传义的理解。他认为,造成这种编排法的原因,在于前人不知道孔子作传的用意。他说:"仲尼之意,因世次为先后赞以《彖》《象》。"认为孔子是按经文产生的世代先后来安排的,解说最早经文的传应摆在前面,然后以此类推。于是他重定次序说:"卦自伏羲之所画也,故赞之以卦《象》,如曰'天行健,君子以自强不息'是也。"周氏说应将《大象传》提到最前面,置于卦画之下。"卦首诸辞,文王之所系也,故赞之以《彖》,如曰'大哉乾元!万物资始'是也。"故应将《彖传》提到卦辞下,居于第二。"爻下诸辞,周公之所系也,故赞之以爻《象》,如曰'潜龙勿用,阳气潜藏'是也。"故应将《小象传》提到第三位。于是"进卦《象》于前,而后《彖》次之,爻《象》又次之,《文言》又次之"。《文言》中从"初九曰:潜龙勿用何谓也"以下,是夫子问答之辞,最次于后;其中解释爻辞的内容本可以逐一分配在六爻之下,只因孔子对《乾卦》六爻"三申其义,不可分也",于是仍然分三个段落"以三节明之"。自认为经他这样调整,"于是经传始各得其归趣矣"①。其实,周燔是将前人恢复过来的古

----

① 〔宋〕周燔:《九江易传》自序,载《经义考》卷二九。

《易》重新按他的想法分配了一次，既不是古文《易》，也不纯然是今文《易》，实际是对复古《周易》成就的倒退，而且是没有根据的倒退。所以《书录解题》评论当时各种"古《周易》"说："凡此诸家所录，虽颇有同异，大较经自为经，传自为传，而于传之中，《彖》《象》《文言》，亦各不相混。稍复古人之旧，均有补于学者，宜并存之。又有九江周燔所次，附见吴氏书篇末，今古文参用，视诸本为无据。"（卷一）说周书在诸本中最不可取。我们认为陈的评价很公允。不过，根据现存的周氏《自序》，我们会发现他也有独到之处："《说卦》卷首'昔者'两段，差误在此，今已附入《系辞》上、下篇；自'天地定位'以下乃为《说卦》首章。"关于《说卦》首段的错简，今人也有多种猜测，特别是近年长沙马王堆出土《帛书易传》，其《系辞》即含有《说卦》首三章（学者们又定名为《易之义》或《衷篇》）。处于九百年前的周燔，能有这样的见地，亦可谓独具慧眼。至于他又对"《系辞》分章小有差者，亦随而正之，庶几于圣人之道有小补"（《古周易》），由于其书早已失传，他是怎样"正之"的就不得而知了。

四 结 语

以上凡五家，共十人。在五家十人中，评论谁人的复古《周易》实践最可取，应看他是否符合古来相传的篇章分编方法。《易传》分篇的问题，在历史上本是一个有争议的问题。《史记·孔子世家》说"孔子晚而喜《易》，序《彖》《系》《象》《说卦》《文言》"，已提及《彖》《系》《象》《说卦》《文言》五种（一读为"序《彖》系《象》，说卦文言"，只《彖》《象》二传，不可取）。西汉末出现的《易纬乾坤凿度》有孔子"五十究《易》，作《十翼》"说，首次将《易传》篇目定为十篇。《汉书·艺文志》"《易》经十二篇"颜师古注"上下经及《十翼》，故十二篇"，将经和传定为十二篇。《六艺略·易类序》"孔氏为之《彖》《象》《系辞》《文言》《序卦》之属十篇"，又袭用《易纬》之说称"十篇"，传目与《史记》相比，《彖》《象》《系辞》《文言》相同，无《说卦》而增《序卦》。释道安《二教论》袭用"十翼"说："伏羲画八卦，文王重六爻，孔子弘《十翼》。"陆德明《经典释文序录》："孔子作《彖辞》《象辞》《文言》《系辞》《说卦》《序卦》《杂卦》，是为《十翼》。"在篇目上已全《易传》各篇，但在如何分数篇目上，仍存在疑问，如《彖辞》《系辞》是否分上、下？《象辞》是否分大、小？《文言》是否分乾、坤？陆德明皆未明言。陆氏又列一说："先儒说重卦及爻辞为《十翼》，不同。"则不知所云。据陆氏自称，他曾在所撰《易》著①中有所辩别，惜其书不可见。孔颖达《周易正义》说："但数《十翼》亦有多家，既文王《易经》本分为上下二篇，则区域各别，《彖》《象》释卦，亦当随经而分。故一家数《上彖》一、《下彖》二、《上象》三、《下象》四、《上系》五、《下系》六、《文言》七、《说卦》八、《序卦》九、《杂卦》十。郑玄之徒并同此说。"孔颖达以王弼注为底本，王本传于今，其篇目次序正与孔氏所述相同；孔氏还指出"郑玄之徒并同此说"，则郑玄的分篇及次序也该是这样的了。郑、王皆承袭《费氏易》经典，那么《费氏易》的分篇肯定也是如此了。近世发现东汉末年的《熹平石经·周易》残石，据专家们考证，"《汉石经周易》经传分列，不相杂厕，各篇之次第为：《上经》第一、《下经》第二、《上彖》第三、《下彖》第四、《上象》第五、《下象》第六、《上系》第七、《下系》第八、《文言》第九、《说卦》第十、《序卦》第十一、《杂卦》第十二"②。早年马衡先生根据石经用字与《经典释文》所引《京氏易》同，定其版本为《京氏易》；③屈万里又根据石经残石《杂卦》之阴有题尾"《易经》梁"三字，认为《周易》刻石系用梁丘氏本。④ 京氏与梁丘氏经本相承，故文字多相同。《汉书·艺文志》注明"《易经》十二篇，施、孟、梁丘三家"，说明西汉博士《易》篇章与文字都是相同的。那么，熹平石经《周易》就是西汉博士《易》已经无疑了。

由上可知，邵雍、晁说之的《古易》篇目和八分法，合乎陆德明《经典释文·序录》的分法，而吕大防、吕祖谦等人《古易》的篇名和十二分法，则与郑玄、王弼等人所说相同，这应是费氏《古易》的正统分法；他们厘定的次序也与石经所据的西汉博士《易》一致，说明汉《易》今古文经在篇目次序上没有区别。王洙、胡旦、胡瑗之易，《象传》分大、小，胡旦还将《文言》分乾、坤，这一方法既不与西汉《古文易》相同，也不与《今文易》一致，也许是孔颖达所称"多家"中的一家；史籍说王洙"得之处士赵期"，可能是流传在民间的隐士《易》。如果说，吴仁杰以《小象》为《系辞传》，以《系辞》上、下为《说卦》上、中，而与原本《说卦》合为"说卦三篇"，还有《隋书·经籍志序》"唯失说卦三篇"之说为据的话；那么周燔将经传恣意更改，既变于"古"，又不合于"今"，就是"古""今"失据的徒事纷更了，除了他关于《说卦》前三章为《系辞》所遗之说尚不失可取外，他对经传的肆意颠倒实无足取！具体在《易传》各篇的排列次序上，陆德明、邵雍、晁说之是先《文言》，后《系辞》上下，紧接《说卦》；郑玄、王弼、吕大防、吕祖谦则是先《系辞》上

---

① 按，《隋志》著录陆氏《周易大义》二卷，《旧唐书·陆德明传》称其"撰《易疏》二十卷"。
② 蒙传铭：《周易成书年代考》，《香港中文大学学报》1975年第3卷第1期。
③ 马衡：《汉熹平石经周易残字跋》，载《周易研究论文集》，北京师范大学出版社1989年版，第536—538页。
④ 屈万里：《汉石经周易残字集证》，台湾"中央研究院"历史语言研究所1999年版。

下，然后是《文言》，再接《说卦》，将《文言》夹在《系辞》与《说卦》之间。根据周燔的考证和出土帛书的实际，《说卦》前段既然是《系辞》的遗篇，那么应以《系辞》《说卦》相邻的可能性较大。如果要恢复《系辞》《说卦》混淆前的"古易"，其篇章的排列应以陆德明一系为优，而分篇上则应以郑玄、王弼一系为长。至于王洙、二胡等《易传》分篇和分卷，又给我们揭示了通行本《周易》以外的另一个经传传承体系，就像马王堆出土别本《易经》卦序一样，代表了另一种易学思想和治《易》方法，应该予以充分的重视。

原载《宋代文化研究》1999年第8辑。

《周易》复卦卦辞"七日来复"新诠

关于复卦卦辞"七日来复"这四个字,古今不知有多少解家,也不知有多少种说法。或以为这是"十二辟卦"说中的第十一个月,或以为这是"卦气"说中的"六日七分",或以为这是"卦变"说中所经历的七个阶段,或以为这是阴阳的特殊转换模式,今人更有认为这是自然界"变化周期"的神奇密码,如此种种,不一而足。历考诸家,只有"辟卦说"比较接近事实,但在解释为何称"日"而不称"月"这个问题上,"辟卦说"诸家又都歧说纷出,不得甚解。其实,"七日来复"蕴含着一段人类认识自然、掌控自然和模拟自然的历史记忆,其中依稀保留着中国古代历法史上久被遗忘的"十日历"("十月历")的踪迹。

一 关于"七日来复"的诸家解释

历史上关于"七日来复"的解释,从汉代开始,不知凡几,就目前所见资料,大致可以分成六家。

1. "卦气说"以"六日七分"解"七日"

《周易》复卦"七日来复",郑玄注:"建戌之月,以阳气既尽;建亥之月,纯阴用事;至建子之月,阳气始生。隔此纯阴一卦,卦主六日七分,举其成数言之,而云'七日来复'。"①"六日七分"是卦气家说,以六十四卦配一年 365 又 1/4 日,以离、坎、震、兑分主四方,用其余六十卦除 360 日,平均每卦各得六日。5.25 天合 420 分,除以六十卦,各得"七分",每卦共得"六日七分"。十二辟卦说又以卦配月,建戌之月即九月,剥卦用事;建亥之月即十月,坤卦用事;建子之月即十一月,复卦用事。从剥卦一阳欲尽,中经坤卦六爻皆阴,至复卦一阳来复,阳气凡历六爻方始复归。卦主"六日七分",称

---

① 〔唐〕孔颖达:《周易正义·序》引,载〔清〕阮元校刻《十三经注疏》,中华书局 1980 年版,第 1 页。下引该书,仅随文标注书名和页码。

其整数,故曰"七日来复"。与此相同,王弼注亦说:"阳气始'剥'尽,至来'复'时凡七日。以天之行反复不过七日,复之不可远也。"(《周易正义》,第38、39页)虽然没有明确说"卦气"问题,但其原理亦用"郑注"为说,故"四库馆臣"就指出王辅嗣注乃"推明郑义之善"。①

孔颖达又指出,郑说实来自纬书《稽览图》。《周易正义》卷三复卦王注"至来'复'时凡七日"疏:"案《易纬·稽览图》云:'卦气起中孚,故离、坎、震、兑各主其一方;其余六十卦,卦有六爻,爻别主一日,凡主三百六十日。余有五日四分日之一者,每日分为八十分,五日分为四百分;四分日之一,又为二十分,是四百二十分。六十卦分之,六七四十二,卦别各得七分。是每卦得六日七分也。'剥卦阳气之尽,在于九月之末;十月当纯坤用事,坤卦有六日七分;坤卦之尽,则复卦阳来:是从剥尽至阳气来复,隔坤之一卦六日七分,举成数言之,故辅嗣言'凡七日'也。"(第39页)其《周易正义·序》也说:"今案辅嗣注云:'阳气始剥尽,至来复时凡七日。'则是阳气剥尽之后,凡经七日始复。……故郑康成引《易纬》之说……仲尼之纬分明,辅嗣之注若此,康成之说遗迹可寻。"(第1页)将《易纬》《郑注》《王注》的相承关系揭示甚明。

而唐李鼎祚《周易集解》复卦又引《易轨》之说,②与《稽览图》内容略同。《后汉书·郎顗传》:"父宗,字仲绥,学《京氏易》,善风角星算、六日七分。"又《崔骃传》附子瑗传:"游学(贾逵),遂明天官历数、京房《易传》六日七分。"③两处李贤注俱引《易稽览图》为解。可见"六日七分"之说实为京房《易》的传统,东汉为贾逵所传。郑玄兼治《京易》与《易纬》者。

2. "辟卦说"以"十一月"当"七日"

李鼎祚《周易集解》在复卦《象传》下引侯果曰:"五月天行至午,阳复而阴升也。十一月天行至子,阴复而阳升也。天地运往,阴阳升复,凡历七月,故曰'七日来复',此天地之运行也。《豳诗》曰'一之日觱发''二之日栗烈'。'一之日',周之正月也。'二之日',周之二月也。则古人呼月为日明矣。"(第108页)孔颖达《周易正义·序》:"江南义疏十有余家……复卦云'七日来复',并解云:'七日当为七月,谓阳气从五月建午而消,至十一月建子始复,所历七辰,故云七月。'"(第1页)孔氏在疏解王弼《注》时又说:"如褚氏、庄氏并云:'五月一阴生,至十一月一阳生,凡七月。而云'七日'不

---

① 〔清〕永瑢等:《四库全书总目》卷一《周易正义》提要,中华书局1965年版,第3页。
② 〔唐〕李鼎祚:《周易集解》,巴蜀书社1991年版,第107页。下引该书,仅随文标注书名与页码。
③ 〔南朝宋〕范晔:《后汉书》,中华书局1965年版,第1053、1722页。

云月者,欲见阳长须速,故变月言日。'"(第38页)说明南朝时期褚仲都、庄氏①亦同侯果之说。后世宋人蔡渊《周易卦爻经传训解》、元人胡一桂《周易启蒙翼传》"十二月卦"条等,都同此说。

3. "卦变说"以"阴阳七变"解"七日"

这一派以程颐为代表。程氏《易传》:"消长之道,反复迭至。阳之消,至七日而来复;姤,阳之始消也,七变而成复,故云'七日',谓七更也。"认为在十二辟卦图中,乾为纯阳,其后从姤至剥,阳爻渐消,自坤消尽,坤下接复,阳爻始归,这期间恰好经过七次变化,因此称"七日来复"。程氏又于《象传》下说:"其道反复往来,迭消迭息,七日而来复者,天地之运行如是也。"②苏轼《易传》也说"坤与初九为七",同此。后之林栗《周易经传集解》、赵汝楳《周易辑闻》、陈应润《周易爻变易义蕴》、来知德《周易集注》、熊过《周易象旨决录》等,皆取此为说。

4. 用"七日来复"以示"忧患"

易学史中于以上三说外还有以方位忧患来解卦者。如宋人耿南仲《周易新讲义》:"圣人之于卦,于临必曰'八月有凶',于复必曰'七日来复',何也?非独于复原始而临要终也……复者,一阳始生,正北方也。北方水也,于情为恐;而南方火也,于情为喜。往而喜,复而恐,物之情也。于物之为恐且顺之焉,则其见天地之心,莫此为著矣。"③实际上他还是以"十二辟卦方位图"立论的。

5. 其他,以神秘数字解"七日"和以月相解"七日"

今天的解《易》之家,多是在以上诸说中有所选择或发挥。但是也出现对"七日来复"的新解释。如:束景南、刘金明认为"七"是一个神秘的数字,反映了生死规律。④这实际是受到了《系辞》的影响,以大衍之数为体现易的精神的媒介,而"大衍之数五十,其用四十有九",恰为七的倍数,则"反复其道,七日来复"就可解为:"反复循环,以七为周期。"又有人批评"卦气说"的局限,采用王国维"月相四分说"来解释"七日来

---

① 庄氏易:已佚。朱彝尊《经义考》卷一三著录佚名作品中,有"《庄氏易义》","按:庄氏《易》解,《正义》屡引之"。还说:"又按《正义》所引庄氏说,每与褚仲都同。"辑其《易》义五事,而漏辑"六日七分"此条。见〔清〕朱彝尊撰,许维萍、冯晓庭、江永川点校:《点校补正经义考》第1册,台湾"中央研究院"文哲所筹备处1997年版,第279页。下引该书,仅随文标注"《经义考》"与卷数、页码。
② 〔宋〕程颐:《周易程氏传》,载《二程集》下册,中华书局2004年版,第818、819页。
③ 〔宋〕耿南仲:《周易新讲义》,文渊阁《四库全书》本。
④ 束景南、刘金明:《〈周易〉"七日来复"与大衍之数》,《杭州大学学报》1998年第3期。

复",认为这是古人对月相变化周期的体验。① 斯二说权且作为第五、第六说。

以上诸说,只有十二辟卦说比较直观地反映了上古时期以卦纪月的历史,颇有参考价值。其他诸说虽然各皆成理,但是也各有所缺。如卦气说之以卦爻配日,到底是先有卦气学还是先有《周易》卦爻辞?如果是先有卦气学,那么其所用的卦爻又从何而来?如果是先有《周易》,易辞又如何能够为卦气预设一辞?况且"六日七分"之说,按卦气说一日等于80分之比例,7分不及1/10,何以便整称为"七日"?又如卦变说,"乾坤生六子"之说已经见于《说卦》,卦变大者无过八卦,而于复卦无取焉。"阴阳往来"之说亦见乎《象传》,但是恰恰又与复卦关系不大。据《系辞》"兼三材而两之故六"、《说卦》"参天两地而倚数""兼三才而两之,故《易》六画而成卦",可见六十四别卦的生成系八经卦相重而得,似与卦变无关。至于"阴阳七变"而成复之说,与今人"七"为神秘数字、"月相七变为期"说,不是过分神秘化,就是过分取巧或西化。如月相说,虽然有国学大家王国维先生的论证,但是古称月相变化,非仅"初吉、既生霸、既望、既死霸"四称,其他如"朔""朏""晦""弦""蚀""方死霸""哉生魄""旁死魄""哉生明"等,②皆未考虑进去,显未周延,因而越来越引起挑战,难成定说。

二　前人解《易经》称"日"称"月"的反思

不过,在"十二月卦"中,复卦卦辞说"七日来复",而下一卦临卦则又称"八月有凶",如果将二卦分别代表十一月、十二月,为何有称"日"称"月"的区别呢?最早对这一现象作出明确解释的是侯果。前文论其以"辟卦说"解"七日"时,曾同时引有其据《豳诗》"一之日""二之日"推断古人曾"呼月为日"的一段文字。可见,他认为"日"就是"月"的异称,至于为何称"月"为"日",他并没有深入说明。

宋人胡瑗以为,"日"代表阳气,复卦是一阳来复,故以"日"称之。胡氏《周易口义》:"按《序卦》云:'物不可以终尽,剥穷上反下,故受之以复。'言阴阳二气有消长升降,阳气既剥尽,则必来复也。然所谓复者,是四月纯阳用事,其卦为乾。至于五月,

---

① 王长红:《由"七日来复"解谈卦气说的弊端》,《中州学刊》2010年第2期。
② 叶正渤:《月相和西周金文月相词语研究》,《考古与文物》2002年第3期。

则一阴剥一阳，故其卦为姤。六月则二阴剥二阳，故其卦为遯。以至于七月为否，八月为观，九月为剥，十月为坤，是阴气之极盛也。至十一月，则一阳之气潜复于黄钟之宫，以再生万物，而万物得其亨通也……'七日来复'者，言阳气消剥，至于此凡历七爻。以一爻为一日，故谓之'七日'。然不谓月而言日者，盖日为阳，圣人欲见其阳道来复之速，故以'七日'言之。其实即七月之间后复也。"①这实际也是基于"辟卦说"的具体说明。

与胡瑗相同或相近的说法还有林栗《周易经传集解》："夫积十二辰而以日数之者，日之一度也；积日三十而以月数之者，月之一周也。日，阳物也；月，阴物也。七，阳数也；八，阴数也。举日称'七'，故于一阳言之，正应乎七数也。举月称'八'，故于二阴言之，正应乎八数也。圣人因象以寓辞，因辞以寓意，'八月有凶''七日来复'，盖有喜惧之辞焉，学者不可不知。"②也用阴阳观念来区别称"七"称"八"和称"日"称"月"的问题。张根《吴园周易解》也说："阴阳之数不过六，天地不能违，况于人乎？阳故言日，阴故言月。"③至于为何"阴阳之数不过六"，他却没有解释，这只是他的一种先验假设。郑刚中《周易窥余》于复卦曰："诸儒'七日'之说不同，大要不过阴生于午、阳生于子，阳自午遭剥，至于穷上反下，其至子七日也。'七日'者，七月之谓；不谓之'月'而谓之'日'，解在临卦，侯果主是说。"又于临卦说："临为二阳，自子至未，是为八月。复卦曰'七日来复'，谓自午至子而阳复也。于复曰'日'，于临曰'月'者，盖七者阳数、日者阳物，故于阳长言'七日'；八者阴数，月者阴物，临刚长以阴为戒，故言'八月'。此日月之辨也。复言阳之复，故自午至子为'七日'；临言遯之反，故自子至未为'八月'。"④

以上诸说，虽然各自成理，但是都没有能够真正说明《易经》"七日""八月"的真谛，因此又引得解家互相争论。宋人王昭素对"六日七分"不以为然，非难说："若实用六日七分，以为坤卦之尽、复卦阳来，则十月之节终，一阳当便来，不到冬至之日矣。"（《周易窥余》引，第474页）认为按照阴阳消长、阴阳互含的理论，阴气和阳气都不存在纯阳纯阴的状况，因为阴中始终有阳，阳中始终有阴，不可能出现纯阴纯阳的状况。既然剥是五阴剥一阳，阳气将尽，那么进入下一个阶段，必然是阳气复升，阴气消退，进入一阳来复的复卦状态，为何中间还要间隔一个坤卦呢？

---

① 〔宋〕胡瑗：《周易口义》，文渊阁《四库全书》本。
② 〔宋〕林栗：《周易经传集解》，文渊阁《四库全书》本。
③ 〔宋〕张根：《吴园周易解》，《丛书集成初编》本，商务印书馆1935年版，第59页。
④ 〔宋〕郑刚中：《周易窥余》，文渊阁《四库全书》本。

赵汝楳则对"辟卦""卦气""卦变"三家都进行了批判。《周易辑闻》:"诸家'七日'之说,大同小异。或主《稽览图》以卦气起中孚,冬至后七日,复始直日,故云'七日'。或主辟卦,以剥涉坤六爻,至复初凡七爻,故云'七日'。或谓自五月至十一月,日行七舍,欲见阳长之速,故变月言日。三说实皆未然。"①他首先用"卦变说"否定"卦气说":"'七日'者爻之数,地载神气,阳本在下,进而为师、为谦、为豫、为比、为剥,则六爻六日矣;反而为初,复其本处,凡七爻,故曰'七日'。乾坤之策当期之日,以一策为一日;此则以一爻为一日,焦赣分卦直日之法,盖窃取于此。"(《周易辑闻》,第135页)说"七日"是指阳从剥卦上九欲尽,经过坤卦六爻皆阴,至复卦初九一阳来复,凡历七爻。又指出,《系辞》明明说乾坤之策"当期之日",一策当一日,复卦"七日"则是以一爻当一日以示卦变,二者已自有别。焦赣等人的卦气说,又以一卦值六日七分,是模仿复卦而又失其卦变的本旨。

赵氏又批评"辟卦说":"'辟卦'虽直其月之中气,犹与杂卦参错于诸月之间。十月中气坤,止直六日七分。其后未济、蹇、颐、中孚继之,而始至复,凡五卦涉三十日,不得云'七日'也。"(《周易辑闻》,第136页)按辟卦的理论,从十月的坤卦到复卦,中间还有未济、蹇、颐、中孚五卦,已经间隔30天了,哪能仍称"七日"呢?

再批评改"月"称"日"说:"'变月称日',其说尤舛。或曰剥之一阳,势必变而成坤,何为一阳不尽剥乃得来复邪? 曰:剥、复二卦,圣人专指一阳反复为言。一阳至上极矣,反而为复,则复之初即剥之上也。譬之木果,生意宿于本根,渐升而为干、为枝、为叶、为华、为实,生意遂藏于其中。及乎坠地,因复发生,其发生者非他,有生意也,即在上之实也。岂此实剥尽其生意,别附之他物以生邪? 或曰剥、复言一阳之反复,夬、姤非一阴之反复乎? 何为不言'复'而言'姤'? 曰:泰之三与上,固已言阴之复矣,姤卦以阴遇阳为义者,主阳也。"(《周易辑闻》,第135页)认为剥卦已经是一阳欲尽了,但同时又含有阳气复苏的元素,剥一变即可成复,何必中间一定要经过纯阴的坤卦呢? 可见,在剥、复之间安排一个坤卦值日是没有必要的。

当代学人也纷纷指责"卦气说"不可信,林忠军就揭示说,卦气学说完成于孟喜,其所用历数亦即汉初历法,可见用卦气不是《周易》卦爻的本意。② 不过,廖名春学兄发现马王堆出土帛书《要》篇"孔子繇《易》至于损益"一章,"以《周易》的损、益两卦表示一年四季节气的变换,以益卦当'春以授夏之时',以损卦当'秋以授冬之时'",已经具备"原始的卦气说";又《衷》篇"岁之义始于东北,成于西南",与《易纬通卦验》"艮、

---

① 〔宋〕赵汝楳:《周易辑闻》,文渊阁《四库全书》本。
② 林忠军:《周易郑氏学阐微》,上海古籍出版社2005年版,第73—75页。

东北也,主立春""坤,西南也,主立秋"相合,认为"八卦卦气说应当溯源至先秦"。不过又指出这"实际是一种八卦卦气说",与孟喜、京房等人的四正卦当四季、六十别卦各值"六日七分"说自然有别。①

三 "十月历"与《易》之"七日""八月"

我们认为,"七日"之称以及复卦的"七日"和临卦的"八月"之序,皆来源于上古时期的"十日历"(即"十月历")。中国古代曾经存在过以太阳视运动为周期,分一年为10个月的历法,在古文献中就称"十日";而"十日历"以夏历三月为岁首,在辟卦排列中,经行至复、临,正好是七月和八月。

《山海经·大荒南经》:"有女子名曰羲和,方浴日于甘渊。羲和者,帝俊妻,生十日。""浴日"即是观测太阳的视运行规律。又《大荒东经》:"有女子方浴月。帝俊妻常羲,生月十有二。""浴月"即观察月亮的运行规律;"生十有二月"即将一年划分为十二个月。《吕氏春秋·勿躬》也说:"羲和作占日,常仪作占月,后益作占岁。"常仪即常羲。"占日""占月",即《山海经》的"浴日""浴月";"占岁"则是观测太岁运行轨道制订历法,也就是《尚书·尧典》所谓"乃命羲和,钦若昊天,历象日月星辰,敬授人时"。

盖古时历法,或测日以定,或观月以成,或占星辰以制,甚至有以物候变化来确立者,大率以太阳视运动、月亮圆缺、星辰出没等周期,以及气候及物象变化为准的。"占日"即根据太阳视运动周期来决定一年长短;"占月"即观察月相变化定一月长短,又根据月象与太阳视运动的关系定一年长短;"占星"即考察星宿(如大火星)出没规律及其在天空中的高低隐显,来预知节候变化。占日的结果是制定了"阳历",后来留下了十个天干,此即是用10个等分单元来划分一年,因系"占日"(或"浴日")所得,当时称为"十日"(今天统称"十月历"),是纯粹的"太阳历"。《诗经·七月》"一之日""二之日",即指夏历的十一月、十二月。

《汉书·律历志》说:"阴阳合德,气钟于子,化生万物者也,故孳萌于子,纽牙于丑,引达于寅,冒茆于卯,振美于辰,已盛于巳,咢布于午,昧薆于未,申坚于申,留孰于

---

① 廖名春:《帛书易传象数说探微》,载氏著《帛书周易论集》,上海古籍出版社2008年版,第78—81页。

酉,毕入于戌,该阂于亥。"讲的是在十二辰中,因阴阳变化而引起事物的12种不同表现。又曰:"出甲于甲,奋轧于乙,明炳于丙,大盛于丁,丰楙于戊,理纪于己,敛更于庚,悉新于辛,怀任于壬,陈揆于癸。故阴阳之施化,万物之终始……经历于日、辰,而变化之情可见矣。"①从表面上看,这里讲的也是在十干之中因阴阳施化的状态不同而引起的事物变化;其实从本质上看,"十干"物象与"十二辰"物象一样,都表达了一年中物候变化的10(或12)个阶段。

关于"十日"的记载,在先秦许多文献中都屡有提及。如《左传》昭公五年:"日之数十,故有十时,亦当十位。"又昭公七年:"天有十日,人有十等。"《大戴礼记·易本命》:"日数十,故人十月而生。"《淮南子·天文》:"日之数十。"前人注释,只知道是"甲至癸"这10个干支,而不知道为何形成这十干。金景芳师在解释"甲子"起源时曾说:"'十日'不是10个太阳,是一个太阳的10个名称。"又说:"十干是日在一年之不同季节中所起不同作用的名称。"而"十二辰"则是"月亮一年与太阳会十二次",是为"十二辰"(辰即会);这"十二辰恰好分配在十二个月份上"②。说明"十干""十二支"是代表天道(以太阳为主体)运行变化的,"十干"和"十二辰"都是人们对一年之中日月运行、节候变化规律的认识和模拟的结果;用历法表示,"十干"正是十月历,"十二辰"则是十二月历。由于十月历观测的主体是太阳(日),故称"十日";十二月历(十二辰)观测的主体是月亮,故称"十二月",《大戴礼记·易本命》"日数十","辰主月",正是就此而言的。

用十来等分一年,除了太阳视运动是个相对固定的数据外,其他物候的参考不太明确,故其历法容易产生错乱,如果用于农业生产就会出大错,今天羌历、彝历(也是十月历)过年并不固定、农事和祀事活动时间点也随年不同就是证明。《尚书·胤征》序就说:"羲和湎淫,废时乱日,胤往征之。"羲和是尧时掌历之官,由于他"乱时废日",而引得帝尧派遣"胤往征之",可见历法错乱危害之大。其原因未必是"淫湎",制历方法不准确倒是可以追究的。《楚辞·天问》有:"羿焉彃日,乌焉解羽。"《淮南子·本经》载:"逮至尧之时,十日并出,焦禾稼,杀草木,而民无所食……尧乃使羿……上射十日"云云。刘勰《文心雕龙·诸子》亦称:"《归藏》之经,大明迂怪,乃称羿毙十日、嫦娥奔月。"郭璞《山海经注》引《归藏》有:"昔者羿善射,毕十日,果毕之。"(此《郑母经》之文也)就是这段史影的神话表达。所谓"十日"即"十日历"(十月历),所谓"并出""焦杀"云云,乃历法错乱,农事受害也。当代考古工作者在山西襄汾发现一处距今

---

① 〔汉〕班固:《汉书》,中华书局1962年版,第964、965页。
② 金景芳、吕绍纲:《甲子钩沉》,《传统文化与现代化》1993年第2期。

4 700年尧时遗址,其中离圆心观测点以东约25米,是一道深埋地下约3米的弧形夯土地基,夯土地基上有20处特意留下的豁口,站在圆心观测点往东遥望塔儿山,在冬至、夏至、春分、秋分等重要节气,正好可以看到太阳分别从夯土地基上几道对应的观测缝中升起。① 专家据此分析,当时人们就是通过观测日出位置的变化来确定节气和农时的,这个遗迹很有可能就是一个观象台。其间依稀可考的20道豁口实际代表了一年时序的20个等分,这也许是"十月历"的又一种表达。

"占月"的成果是将一年分成12等分,这便是"纯阴历"(或"太阴历")。月象的圆缺周期叫作一月,而十二番圆缺正好大致与太阳视运动周期相当,于是一年乃有12个月的计算方法,这种历法用十二支纪之。月之圆阙十二度,是对日行一周(十等分)的辅佐,有一干一支之象。日乃太阳之精,代表天行,月乃太阴之精,代表地道,故又分别称为"天干""地支"。

"十月历"曾经是我国古代最早的历法之一,也是今天许多民族仍然沿用的历法。我国的羌族、彝族、哈尼族、傈僳族、怒族,以及北美的印第安人,今天都还继续在使用"十月"历法。羌历年也称羌年节,羌语称"日美吉",按照古羌太阳十月历和羌族"释比"的铁板算推算而得,羌历年以九月初一(即农历十月初一)为岁首。彝族也是十月太阳历,以36日为1个月,360日,10个月终了,另加5日"过年日",习称"过十月年",全年为365天。每隔3年多加1天,即闰年(闰日)为366天。据传此历法渊源于远古伏羲,彝族以十月太阳历为基础,建立起了五方星、阴阳五行等一整套天文学理论。②

为何复卦说"七日来复"、临卦又说"八月有凶"呢? 也就是说,为何以复卦当七月、临卦当八月呢? 按辟卦(或十二月卦)理论,复卦为十一月,临卦为十二月,俱不得称七月和八月,其故又安在焉? 其实这里还保存着上述"火纪时"的"火历"记忆。

所谓"火历",即通过观测大火星的出没情况而制定的历法。这种历法最大的特点是岁首与夏、商、周三正俱不相同。夏历建寅(正月),商历建丑(十二月),周历建子(十一月),此外还有所谓"颛顼历",该历以十月为岁首;而火历则是建辰(即以夏历三月为岁首)。

据文献记载,尧时除了上述"占日"与"占月"的羲氏和氏外,还有占星的"火正"。《左传》襄公九年,士弱对晋侯曰:"古之火正,或食于心,或食于咮,以出内火。是故咮为鹑火,心为大火。陶唐氏之火正阏伯居商丘,祀大火而火纪时焉。"大火即天蝎座的

---

① 严志斌、何驽:《山西襄汾陶寺城址2002年发掘报告》,《考古学报》2002年第3期。
② 参见李维宝:《十月太阳历研究进展》,《天文学进展》1997年第1期。

α星，我国叫作大火星或心宿二，"祀大火"即观察心宿二，"火纪时"即制订"火历"。对此问题，庞朴先生有精深的研究。①"出火"即大火昏见即放火烧山，开始播种；内火，大火晨隐开始秋收，五谷入库。《周易》革卦："泽中有火，革。君子以制历明时。"此"火"即大火星，否则何以"制历明时"？又何以有"天道乃革"之象？

不过，尧时大概已经将阴历、阳历与火历结合，并设置闰法来调节三者之间的差距，于是产生了"阴阳合历"（也就是《尧典》"历象日月星辰，敬授人时"），这既照顾了四季的变化，对农业生产也有好处。《尧典》载帝曰："咨汝羲暨和，期三百有六旬有六日，以闰月定四时成岁。允厘百工，庶绩咸熙。"同时也有了天干、地支的搭配，有了六十甲子纪历记时方法的诞生。

《左传》昭公九年夏四月载："火出而火陈。"杜预《集解》说："火，心星也。火出，于周为五月。而以四月出者，以《长历》推，前年误置闰。"②又昭公十七年：梓慎曰："火出，于夏为三月，于商为四月，于周为五月，夏数得天。"（《春秋经传集解》卷二十三，第18页上）杜预《集解》："火出，谓昏见。"又："十八年夏五月，火始昏见。"（卷二十四，第1页上）两处都说明，大火星于傍晚见于东方，即是火历一年的开始，这个时间于夏历为三月、殷历为四月、周历为五月。说明古代曾经有以夏历三月为岁首的历法存在。《周礼·夏官·司爟》："季春出火，民咸从之；季秋内火，民亦如之。"郑玄注引郑司农云："以三月本时昏心星见于辰上，使民出火；九月本黄昏心星伏在戌上，使民内火。故《春秋传》曰'以出内火'。"③庞朴先生解"出火"为放火烧山开始农耕，甚是。

与之相似，今天傈僳族所用"十月历"，其实只是一种初级的物候"自然历"。他们借助花开、鸟叫等，先将一年分为干、湿两季：湿季从三月起到十月，干季从十一月起到次年二月。再将一年分成十个月，分别叫成"花开月"（当夏历三月）、"鸟叫月"（四月）、"烧山月"（五月）、"饥饿月"（六月）、"采集月"（七、八月）、"收获月"（九、十月）、"煮酒月"（十一月）、"狩猎月"（十二月）、"过年月"（一月）、"盖房月"（二月）等10个季节月。哈尼族的历法也与之相仿，也是将一年分成10个月、每个月固定为36天，另外5—6天余日用于过新年，也是典型的十月历。又按气候和梯田农耕的主要阶段将

---

① 庞朴：《"火历"初探》，《社会科学战线》1978年第4期；《"火历"续探》，载《中国文化研究集刊》第1辑，复旦大学出版社1984年版；《"火历"三探》，《文史哲》1984年第1期；《火历钩沉——一个遗失已久的古历之发现》，《中国文化》1989年第1期。
② 〔晋〕杜预：《春秋经传集解》卷二十二，《四部丛刊》影玉田蒋氏藏宋刊巾箱本，商务印书馆1929年版，第5页上。下引该书，仅随文标注书名、卷数与页码。
③ 〔唐〕孔颖达：《周礼正义》，载〔清〕阮元校刻《十三经注疏》，中华书局1980年版，第205页。

一年分为"三季",即冷季("造它"),相当于夏历十月至次年二月;暖季("渥都"),相当于夏历三至六月;温热多雨季("热渥"),相当于夏历七至八月。怒族也把一年四季划分为干、湿两个大季和10个小的节令。湿季从夏历的3月至10月;干季从11月雨季结束,到次年2月雨季来临;10个节令则与傈僳族历法相同。这些都证明,在较为原始的民族中,"十月历"是广泛存在的;同时也证明,在十月历中,以季春(即夏历三月)为岁首也是确实存在的。

需要指出的是,在"十日历"阶段只要配十卦就够了,无须使用"十二月卦"。因为乾、坤只代表天、地,是变化的主宰,本身不应代表具体的变化阶段,而宇宙中其实也并不存在纯阴、纯阳之事,因此也不应该以此二卦来标识具体的节候变化。前引宋人王昭素就说:"若实用'六日七分',以为坤卦之尽、复卦阳来,则十月之节终,一阳当便来,不到冬至之日矣。"(《周易窥余》,第474页)赵汝楳《周易辑闻》也主张剥卦应直接复卦:"剥、复二卦,圣人专指一阳反复为言。一阳至上极矣,反而为复,则复之初即剥之上也。"(第136页)同理,从夬卦(五阳削一阴)到姤卦(一阴生于下),中间没有必要再插入乾卦。如此这般,将乾、坤二卦虚位不用,由一阴始生的姤卦,至众阳决阴之夬卦,前后恰为经历十个阶段:姤、遯、否、观、剥、复、临、泰、大壮、夬。"火历"建辰,为夏历三月(商四月、周五月),于卦为夬,自此起数,至复卦所值月正好是"火历"七月,至临卦所值月正好是"火历"八月,因此两卦的卦辞就分别说"七日来复""八月有凶"。

现在还需要考察的是,在上古或殷商时期是否存在以卦纪月的方法?汉人的辟卦说和卦气说,所依据的文献是《易纬稽览图》,宋人认为系出纬书,不足为据。其实根据《易》家考察,以月卦相配的方法早在《归藏》中就存在了:

> 子复、丑临、寅泰、卯大壮、辰夬、巳乾、午姤、未遯(《归藏》本文作"遂")、申否、酉观、戌剥(《归藏》本文作"仆")、亥坤,此《归藏》十二辟卦,所谓"商易"也。(徐善辑《归藏》,《经义考》卷三,第40页)

徐善其人,胡渭《易图明辨》说他"博览精思,无所不通,而尤深于《易》。晚著书以发其蕴,有《天易》《羲易》《商易》《周易》……《商易》者,《归藏》首坤也"①。说明他是一位深通古《易》变迁的学人,于《归藏》尤有研究。以上的说法实得于古书辑遗,我们验之载籍,尚有诸多蛛丝马迹可资佐证。

---

① 〔清〕胡渭:《易图明辨》卷五,中华书局2008年版,第130页。

首先，上古时期应当存在以《易》卦来纪月、纪时的历法。朱彝尊辑《归藏》乃"以六甲配六十四卦,所藏者五行之气也,所用者五行之象也。"(《经义考》卷三,第37页)"六甲"即天干、地支及其相配的六十甲子,"五行"即水、土、木、金、火。又曰:"《归藏》二篇,自甲子至癸巳为先甲,自甲午至癸亥为后甲,其策万有八百。"说明《归藏》已将六十四卦与天干地支和五行配合起来了。又说:"《归藏易》首坤、尾剥。"(《经义考》卷三,第37页)坤是纯阴,居于《归藏》之首;剥是众阴剥一阳,居于《归藏》之尾,阳剥阴来,坤、剥首尾照应;在"十二月卦图"中,剥前坤后,是相邻两卦,亦可见《归藏》有以阴阳消长顺序来排列卦序的方法,益见《归藏》中确有反映古代历法经验和阴阳观念的内容。

其次,徐善所引以十二辰配十二个月,显然反映了殷人的历法知识。朱彝尊辑《归藏》:"乃有夫羲和,是主日月,职出入以为晦明。"(《经义考》卷三,第43页)郭璞《山海经注》引《归藏》:"瞻彼上天,一明一晦,有夫羲和之子,出于阳谷。"以及前文所引《文心雕龙》和《山海经注》保留的《归藏》中羲和"主日月""出于阳谷""羿毙十日"的传说,无疑是有关上古历法产生的朦胧印象;而这些故事,正是"火历"失序的历史记忆。《左传》襄公九年载:"陶唐氏之火正阏伯居商丘,祀大火而火纪时焉;相土因之,故商主大火。"(《春秋经传集解》卷十四,第15页下)既然殷人祖先曾经掌管"火历",商人又继承了"火历"传统,《归藏》中部分保存着"火历"痕迹也是完全可能的。

《礼记·礼运》载孔子说:"我欲观夏道,是故之杞,而不足征也,吾得《夏时》焉;我欲观殷道,是故之宋,而不足征也,吾得《坤乾》焉。《坤乾》之义,《夏时》之等,吾以是观之。"郑玄注:《夏时》为"夏四时之书也,其书存者有《小正》"。又说:《坤乾》为"殷阴阳之书也,其书存者有《归藏》"。①《夏小正》为夏代历书已是公论;《归藏》既然是殷"阴阳之书",其中含有殷历盖无可疑。所以我们认为,徐善辑《归藏》将十二卦与天干地支和十二月相配,是完全可能的。只不过,殷时既有"十日历"的印记,也有"十二月卦"的搭配,已将纯阳历、纯阴历两者混合使用了。

《周礼·春官》大卜"掌三易之法",是"三易"同行于周代也;《左传》鲁襄公九年穆姜为筮,而遇艮之八,杜预释曰:"然则杂用《连山》《归藏》《周易》也。"(《春秋经传集解》卷十四,第15页下)此为《连山》《归藏》《周易》三易至春秋犹参互使用的明证。张行成《易通变》说:"西汉扬子云作《太玄》,义取于《连山》;后周卫元嵩作《元包》,义取于《归藏》。"②扬雄、卫元嵩、张行成,皆蜀人。雄与嵩分别撰《太玄》《元包》,传承《连

---

① 〔唐〕孔颖达:《礼记正义》,载〔清〕阮元校刻《十三经注疏》,中华书局1980年版,第205页。
② 〔宋〕张行成:《易通变》卷四十"四易本原",文渊阁《四库全书》本。

山》《归藏》二易之法；此中消息还能由张行成揭示出来，可见夏、殷之易，直至南宋还在蜀中传承。王弘撰又说："京《易》、扬雄皆以卦配气候，而为说各异，唯以卦气起于中孚则同。"（《经义考》卷七引）指出扬雄所用之法，在原理上与京房是相通的。《汉书·儒林传》说："京房受《易》梁人焦延寿，延寿云尝从孟喜问《易》。"《汉书》又说蜀人赵宾精通《易》理，"好小数书……持论巧慧，《易》家不能难，皆曰非古法也。云受（授）孟喜，喜为名之"。然则京房《易》，其赵宾之传人欤？

以此可见，以复卦、临卦当七月、八月，正是上古历法在"十日历"（特别是火历"三月岁首"法）阶段留下来的历史记忆；以"日"称月，正是继承了"太阳历"（"十日历"）的旧称。因此我们可以说，汉人"辟卦说"是有一定根据的（但其以乾坤二卦值月却又失据）。侯果用《诗经·豳风·七月》"一之日""二之日"来解释复卦之"七日"是合乎古法的（可惜未明"十月历"制）。至于震卦六二"亿丧贝，跻于九陵，勿逐，七日得"、既济卦六二"妇丧其茀，勿逐，七日得"中的"七日"，也当是"火历"所揭示出阳道"七日来复"的必然性后，在失物找复中的具体应用。今人揭示"七"为变化周期，如果本之上古时期的"十月历"，则未必不可，但可惜都只是从现代科学中去寻找依据，过分地西化，难以回答后面临卦的"八月有凶"问题，因此难成定论。

与钟雅琼合著，第一作者。
原载《周易研究》2014年第2期。

"《乐经》亡于秦火"辨析

秦始皇"焚书"之举,无疑是中国历史上消极影响最大的文化毁灭事件。司马迁说《六艺》从此缺焉",《六艺》即"六经","六经"因秦焚书而"缺"。那么,"六经"到底"缺"什么呢?一以为"书缺其篇",一以为"经缺其书"。"书缺其篇"者,如百篇《尚书》仅传29篇之类是也;"经缺其书"者,则莫如《乐经》亡佚为甚。

班固说:"古者以《易》《书》《诗》《礼》《乐》《春秋》为'六经',至秦燔书,《乐经》亡,今以《易》《书》《诗》《礼》《春秋》为'五经'。"①沈约也说:"秦代灭学,《乐经》残亡。"②但是也有人以为"乐"本无经,不存在亡与不亡的问题;又以为《乐》本附《诗》,因汉人传经,重词不重曲,故《诗》行而《乐》亡。到底《乐经》有无?《乐经》因何而无传?就是值得考察的问题了。

一 何为《乐经》?

要探讨《乐经》有无其书、存与不存、亡于何时,首先必须明确什么是《乐经》。

古代学人,有以为《乐经》与"五经"一样都是文字性经典。《汉书·艺文志》"六艺略·乐类"说:"六国之君,魏文侯最为好古。孝文时,得其乐人窦公,献其书,乃《周官》大宗伯之《大司乐》章也。"③有人以为这就是《乐经》,明儒张凤翔"辑述《周礼·大

---

① 《太平御览》卷六〇八引《白虎通》,《四部丛刊》影宋本。
② 《隋书·音乐志》引。
③ 颜师古注引桓谭《新论》云:"窦公,年百八十岁,两目皆盲,文帝奇之,问曰:'何因至此?'对曰:'臣年十三失明,父母哀其不及众技,教鼓琴。臣导引,无所服饵。'"齐召南《汉书考证》:"按窦公事见正史,必得其实。但桓谭言'百八十岁'则可疑也。魏文侯在位三十八年而卒,时为周安王十五年。自安王十五年计至秦二世三年,即已一百八十一年矣。又加高祖十二年、惠帝七年、高后八年,而孝文始即帝位,则是二百零八年也。窦公在魏文侯时已为乐工,则其年必非甚幼,至见文帝,又未必即在元年,则其寿盖二百三四十岁矣,谓之百八十岁,可乎?"按,有可能在高帝时。

司乐》以下诸官而为之注，末以《小戴礼·乐记篇》附焉"，题曰《乐经集注》2卷①；清儒张照引"《乐经》曰：'以乐德教国子中和祗庸孝友'"②云云，即出此《大司乐》章。

汉人基于"《乐》本为书"的观念，于是纷纷补撰《乐记》或《乐经》。至武帝时，河间献王乃"与毛生等共采《周官》及诸子言乐事者，以作《乐记》"。此《乐记》由河间内史王定传给王禹，王禹在成帝时献其书24卷。《隋志》又谓"常山王、张禹，咸献《乐书》"。刘向校书，另得《乐记》23篇，与王禹所奏不同，据沈约说，乃取自《公孙尼子》；而常山王、张禹之书又不得其传。

《汉书·王莽传》又载：元始四年"立《乐经》"。《隋志》也有"《乐经》四卷"，而不著撰人。考东汉鲍邺已引"《乐经》曰：十二月行之，所以宣气丰物也"③。王应麟《汉艺文志考证》又说："《三礼图》云：旧图引《乐经》云黄钟磬云云。《周礼·磬氏》疏：案《乐》云：磬前长三律二尺七寸，后长二律尺八寸。与《三礼图》所引同。"据《隋志》"《三礼图》九卷，郑玄及后汉侍中阮谌等撰"，则《乐经》在东汉曾广为学人所引。此《乐经》是不是先秦的文献呢？非也。

王充《论衡·超奇》说："阳成子长作《乐经》、杨子云作《太玄经》，造于(助)[眇]思，极窅冥之深，非庶几之才，不能成也。孔子作《春秋》，二子作两经，所谓卓尔蹈孔子之迹，鸿茂参贰圣之才者也。"又《对作》："阳成子张作《乐》，杨子云造《玄》，二经发于台下，读于阙掖，卓绝惊耳，不述而作，材疑圣人，而汉朝不讥。"阳成子长，姓阳成，名衡，字子长（又作子张），曾经补《史记》、撰《乐经》，俱佚。王莽所立《乐经》博士和东汉以下诸儒所引《乐经》，乃阳成衡所撰，并非先秦旧籍④。

其实，汉儒的这番折腾完全没有必要，《乐经》不可能是文字性说明，因为凡"经"皆旧史文献，经书的说明皆后世师说，如《易经》本只六十四卦，其《十翼》乃后起；《礼》本只十七篇仪文，其《记》乃后世师说；《诗》本只三百五篇，曰传曰说者亦皆后起；《春秋》只242年大事要录，"三传"（或五传）亦皆后起。同理，最早的《乐经》也可能只是配于《诗》、演于《礼》的乐谱，即使有说明文字，亦如河间献王、公孙尼子等《乐记》，都

---

① 清人陆元辅说，见朱彝尊《经义考》卷一六七引。
② 〔清〕张照：《回奏乐律札子》，《皇朝通典》卷六七，文渊阁《四库全书》本。
③ 鲍邺，东汉章帝时人，其《奏乐事》在建初二年(77)，见《后汉书·乐律志》注引。
④ 《西京民报》1936年12月12日载，明末清初太平人发现蝌蚪文《乐经》，后经译释而成楷体，"全书共三册，每册约百页……首卷前句为帝曰（即指黄帝）下为师曰（乐师名吕），再下为孔子、颜子解释等等"（第四版《乐经》旬邑古庙发现竹简，飞云洞中只余今文），当亦汉人所造。

为后师所撰,非孔子当时旧文。

孔子自云:"吾自卫返鲁,然后《乐》正,《雅》《颂》各得其所。"(《论语·子罕》)《史记·儒林列传》亦称,孔子"修起《礼》《乐》",是其实有整理《乐经》的事实,而且《乐经》就是《雅》《颂》,在《诗经》之中。蒙文通说:孔子"正《诗》即所以正乐,则乐非亡也"①。又《孔子世家》说:"'三百五篇'孔子皆弦歌之,以求合《韶》《武》《雅》《颂》之音。"《诗经》三百五篇皆有曲可以弦歌,而且《韶》《武》《雅》《颂》就是"正《乐》"的标准。班固有"称乐则法《韶》《武》"②之说,《韶》是尧之乐,《武》是周之乐,孔子有曰:"《韶》尽美矣,又尽善也;谓《武》尽美矣,未尽善也。"说明孔子所"正"之《乐》即以《韶》《武》为最高准则。

如果有《乐经》的话,亦即《韶》《武》和《诗经》三百篇之曲调等类。《左传》载季札"观乐",鲁国乐师为之遍歌《风》《雅》《颂》,皆《诗经》篇目,证明当时《诗》《乐》本一体也。明刘濂:"余谓《乐经》不缺,《三百篇》者《乐经》也,世儒未之深考耳。"又说:"惟所谓《诗》者,以辞义寓于声音,附之辞义,读之则为言,歌之则为曲,被之金石弦管则为乐,《三百篇》非《乐经》而何哉?"③

朱载堉也论《乐》与《诗》关系说:"臣尝闻臣父曰:《乐经》者何?《诗经》是也。《书》不云乎:'帝曰:"夔,命汝典乐,教胄子,直而温,宽而栗,刚而无虐,简而无傲。诗言志,歌永言,声依永,律和声。八音克谐,无相夺伦,神人以和。"夔曰:"于,予击石拊石,百兽率舞。"'此之谓也。迄于衰周,《诗》《乐》互称,尚未歧而为二。故孔子曰:'吾自卫反鲁,然后《乐》正,《雅》《颂》各得其所。'又曰:'师挚之始,《关雎》之乱,洋洋乎盈耳哉。'此称《诗》为《乐》也。孟子曰:齐景公'召大师曰:"为我作君臣相说之乐。"盖《徵招》《角招》是也。其《诗》曰:"畜君何尤。"畜君者,好君也。'此称《乐》为《诗》也。秦政坑儒灭学之后,礼乐崩坏。汉初制氏世在乐官,但能纪其铿锵鼓舞,而不能言其义;齐、鲁、韩、毛但能言其义,而不知其音。于是《诗》与《乐》始判而为二。魏、晋已降,去古弥远,遂谓《乐经》亡。殊不知《诗》存则《乐》未尝亡也。"④即是就此而言的。吴汝纶也说:"乐以诗为本,诗以乐为用。诗与乐相为表里者也。"⑤

---

① 蒙文通:《经学抉原·焚书第二》,蒙默整理《蒙文通文集》第三册,巴蜀书社1995年版,第59页。
② 〔汉〕班固:《汉书·儒林传序》。
③ 〔明〕刘濂:《乐经元义》,《律吕精义·内篇五》引,文渊阁《四库全书》本。
④ 〔明〕朱载堉:《乐律全书》卷一七,文渊阁《四库全书》本。
⑤ 〔清〕吴汝纶:《诗乐论》,《清儒学案》卷一八九。

二 《乐经》的流传

夷考载籍，《乐经》尚流传于秦、汉之间。①

李斯《谏逐客书》："郑、卫《桑间》《昭》《虞》《武》《象》者，异国之乐也。今弃击瓮叩缶而就郑、卫，退弹筝而取《昭》《虞》。"（《史记·李斯列传》）《桑间》《昭》《虞》《武》《象》皆乐名；《索隐》："昭，一作韶。"是《昭》即《韶》，尧乐；《虞》即舜乐。说明《韶》《武》等乐，在秦始皇坑焚前的秦国固有保存和演奏，它们又保存和流传到汉代。

《汉书·礼乐志》："孝惠二年，使乐府令夏侯宽备其箫管，更名曰《安世乐》。高祖庙奏《武德》《文始》《五行》之舞；孝文庙奏《昭德》《文始》《四时》《五行》之舞；孝武庙奏《盛德》《文始》《四时》《五行》之舞。《武德》舞者，高祖四年作，以象天下乐已行武以除乱也。《文始》舞者，曰本舜《招》舞也，高祖六年更名曰《文始》，以示不相袭也。《五行》舞者，本周舞也，秦始皇二十六年更名曰《五行》也。《四时》舞者，孝文所作，以示天下安和也。"

何妥说："汉高祖庙奏《武德》《文始》《五行》之伎，当春秋时，陈公子完奔齐，陈是舜后，故齐有《韶乐》，'孔子在齐闻《韶》，三月不知肉味'是也。秦始皇灭齐，得齐《韶》乐。汉高祖灭秦，《韶》传于汉，高祖改名《文始》，以示不相袭也。《五行》伎者，本周《大武乐》也，始皇改曰《五行》。及于孝文，复作《四时》之舞。"②可见，孔子时的《韶》《武》在秦、汉时仍传，只是改名为《文始》《五行》而已，并未失传。

《汉书·成帝纪》："（匡衡）又言：'郊柴飨帝之义，埽而祭，尚质也。歌《大吕》，舞《云门》，以俟天神；歌《太簇》，舞《咸池》，以俟地祇。'"《后汉书·孔僖传》："元和二年春，帝东巡狩，还过鲁，幸阙里，以太牢祠孔子及七十二弟子，作'六代之乐'。"李贤注："黄帝曰《云门》，尧曰《咸池》，舜曰《大韶》，禹曰《大夏》，汤曰《大濩》，周曰《大武》。""六代之乐"即黄帝、尧、舜、禹、汤、周之乐。说汉代尚存"六代"之乐，其间容或有些夸大（何焯就怀疑："按《前书》，秦时惟馀《韶》《武》，安得经新莽之乱尚备此乐？云'六代'者，史仍一时之夸饰也。"），但是成帝时尚有《韶》《武》则是可以肯定的。

正由于旧乐尚存，故汉代还可以举行"乡饮酒礼"和"大射礼"。《史记·孔子世

---

① 王国维：《汉以后所传周乐考》，《观堂集林》卷二。
② 〔唐〕魏徵等：《隋书·何妥传》。

家》:"鲁世世相传以岁时奉祠孔子冢,而诸儒亦讲礼乡饮、大射于孔子冢。"又《儒林列传》:"故汉兴,然后诸儒始得修其经艺,讲习大射、乡饮之礼。"

举行大射礼、乡饮酒礼,是必须演奏音乐的,《仪礼·乡饮酒仪》就明确规定:"工歌《鹿鸣》《四牡》《皇皇者华》","笙入堂下,磬南北面立,乐《南陔》《白华》《华黍》","乃间歌《鱼丽》,笙《由庚》,歌《南有嘉鱼》,笙《崇丘》,歌《南山有台》,笙《由仪》";"乃合乐《周南·关雎》《葛覃》《卷耳》,《召南·鹊巢》《采蘩》《采苹》"云云。又《大射仪》:"乃歌《鹿鸣》三终";"乃管《新宫》三终";"乐正命大师曰:奏《狸首》,间若一"云云。

以上所举篇题,除个别系"佚诗""笙诗"外,其他都是今传《诗经》的篇目,说明《诗经》有曲可奏可歌,亦说明迟至汉世《诗经》都还有曲调以供演奏。如果准《史记》孔子"修起《礼》《乐》",使《雅》《颂》各得其所"的用例,这些工歌、笙歌、间歌的内容,无疑就是当年孔子所"修起"的内容(即《乐经》)了,可见它们在汉代仍然保存并演奏着,并未因秦焚而亡佚。

《汉书·王褒传》又载,汉宣帝神爵元年(前61),王褒作《中和》《乐职》《宣布》诗,皇帝于是"选好事者令依《鹿鸣》之声习而歌之"。《鹿鸣》之乐至汉宣帝时犹存,还被用来配王褒的歌词演唱。王应麟还说:"《晋志》:杜夔传旧雅乐四曲:一曰《鹿鸣》,二曰《驺虞》,三曰《伐檀》,四曰《文王》,皆古声辞。"[①]《鹿鸣》《驺虞》《伐檀》《文王》皆《诗经》篇名。杜夔字公良,东汉末人,汉灵帝时以知音为雅乐郎;后以世乱奔荆州,荆州牧刘表令与孟曜为汉主合雅乐;后归曹操,掌大乐。时至三国时期,仍然有人传奏《诗经》部分篇目的乐曲。

既然孔子所"修起"的《乐》即《韶》《武》和《诗》三百,《韶》《武》传于秦、汉,更名《文始》《五行》;从前孔子"皆弦歌之"的《诗》三百,其中部分篇目在汉代还广为诸儒所演奏,当然《乐经》就不可能因秦火而失传了。

三 《乐经》亡佚的真正原因

然则秦氏焚书,是不是于《乐经》毫无所损呢?则又曰非也。

---

① 〔宋〕王应麟:《汉艺文志考证》"雅歌诗四篇"注。

秦禁"《诗》《书》百家语",故有关《诗经》的解说已所存无几;《诗》之本经也是因讽诵在人口才得以流传。完全可以想象,原本附《诗经》却不便于讽诵的曲调(即所谓《乐经》),当然就未能到完整地保存和传播开来。由于汉立"五经博士"无《乐经》,关于《乐》的义理,因无师说便无人知晓了。

但是,无论是秦皇,还是汉武,他们都是沉湎于音乐的人,不会连《乐经》的演奏都不要了,前举汉世诸庙之演奏《文始》《五行》,乡饮礼、大射礼之"笙歌""工歌""间歌",乃至三国杜夔所传"四曲",皆是其例。这些都说明《乐经》在汉世尚存,只是不传于博士而行于乐工而已。

《汉志》说:"汉兴,制氏以雅乐声律,世在乐官,颇能纪其铿锵鼓舞,而不能言其义。"正是仅传其技,不得其义的表现,此孔子所以要慨叹:"乐云乐云,钟鼓云乎哉!"于汉"制氏"诸情形,可谓不幸而言中矣。

《四库全书总目》"乐类小序":"沈约称'《乐经》亡于秦',考诸古籍,惟《礼记·经解》有'乐教'之文,伏生《尚书大传》引'辟雍舟张'四语,亦谓之《乐》,然他书均不云有《乐经》。《隋志》:'《乐经》四卷。'盖王莽元始三年所立;贾公彦《考工记·磬氏疏》所称'乐曰',当即莽书,非古《乐经》也。"大抵《乐》之纲目具于《礼》,其歌词具于《诗》,其铿锵鼓舞之节则传在伶官。汉初制氏所记,盖其遗谱,非别有一经为圣人所手定也。除不承认《乐经》"别有一经"存在不符历史事实外,其他所言基本准确。

王国维又以为:古代存在诗家和乐家所传两个不同系统的《诗经》:"诗、乐二家,春秋之季已自分途。诗家习其义,出于古师儒,孔子所云言诗、诵诗、学诗者,皆就其义言之;其流为齐、鲁、韩、毛四家。乐家传其声,出于古太师氏,子贡所问于师乙者,专以其声言之;其流为制氏诸家。"王国维还考证出诗家之诗与乐家之诗在顺序、分篇等方面的不同之处四条。但二者虽然有此分别,其为诗、乐合一的体制则是一致的。

王国维还说:"诗家之诗,士大夫习之,故《诗三百篇》至秦汉具存。""乐家之诗,惟令人世守之,故子贡时尚有风、雅、颂、商、齐诸声,而先秦以后仅存二十六篇,又亡其八篇。且均被以雅名,汉魏之际仅存四五篇,后又易其三。迄永嘉之乱,而三代之乐遂全亡矣。"①不过,秉承于师儒之传的诗家并非不传乐者也,不特孔子曾经以《三百篇》"皆弦歌之",即使至秦汉之际也还是诗乐并提、"六经"共论的。故王氏之说,可以解决诗乐一体的问题,而不能说明诗存乐亡的原因。

颇疑汉人之所以不传《乐经》,也是"五行"学说在经典上的反映。自贾谊"以汉为

---

① 王国维:《汉以后所传周乐考》,《观堂集林》卷二。

土德,色上黄,数用五"①后,汉人重视"五行说"到了迷信的程度,举凡"五方""五季""五音""五味""五色""五常",都要与"五行"相配。儒家理论,《周礼》崇尚"六"数,有"六艺""六德""六法""六书"等。孟子已经形成"四德",即仁义礼智。董仲舒为了配合"五行"说,再添加一个"信"字,即成为"五常"。其于儒家经典亦然。儒者本有"六经",汉人却只重其五,故只言"五经",为的是便于与"五行""五常"相配。

《白虎通·五经篇》:"经所以有五何?经,常也,有五常之道,故曰'五经'。《乐》仁、《书》义、《礼》礼、《易》智、《诗》信也。人情有五性,怀五常,不能自成,是以圣人象天五常之道而明之,以教人成其德也。'五经'何谓?《易》《尚书》《诗》《礼》《春秋》也。"

《汉书·艺文志》也说:"六艺之文,《乐》以和神,仁之表也;《诗》以正言,义之用也;《礼》以明体,明者著见,故无训也;《书》以广听,知之术也;《春秋》以断事,信之符也。五者,盖五常之道,相须而备,而《易》为之原……至于五学,世有变改,犹五行之更用事焉。"

《白虎通》《汉书》将"五经"与"五常"相配,虽然具体配对不尽相同,但它们力图贯彻"五行""五常"原理于"五经",而"五经"之学随时"变改""犹五行之更用事"的思想却是一致的。

汉人由于"五行"而形成尚"五"的观念。孟子说:"五百年必有王者兴。"汉人也大崇"五百"之运,司马谈对司马迁说:"自周公卒五百岁而有孔子,孔子卒后至今五百岁,有能绍明世,正《易传》,继《春秋》,本《诗》《书》《礼》《乐》之际?"②就是这种暗示促成了司马迁完成《史记》的修纂。前人谓:"《史记》者,汉太史司马迁父子之所述也,迁知以承五百之运,继《春秋》而纂是史,其褒贬核实,颇亚于丘明之书。"③其实孔子至马迁父子才四百余岁,而为了与"五"牵上关系,硬说成是正当"五百之运"。

因要将儒家经典与"五行""五常"相配,故将先秦已有的"六经"体系改而成"五经"系统。顾实曾经批评说:"'六艺'本六而不五,自秦火烧残,五而不六,而汉人乃以'五常'说'五经',此汉人之曲说也。"④

如此看来,如果是秦火烧掉了《乐经》,使"六经"缺一,汉人岂有不知?岂有不恨?反而就秦火之余而创为"五行"配"五经"之说呢,岂不自欺欺人?必不然也。

---

① 〔汉〕班固:《汉书·贾谊传》。
② 〔汉〕司马迁:《史记·太史公自叙》。
③ 〔唐〕司马贞:《史记索隐·序》。
④ 顾实:《汉书艺文志讲疏》,上海古籍出版社 2009 年版,第 92 页。

汉人"五经"体系的形成，并非出于对秦火残余的承认，而是汉人根据尚"五"观念对现存"六经"体系的自觉取舍。在汉人看来，"五行"是万物之本、万化之原，有了"五行"则天地万物为之备，纲常伦理为之明。"五常"是儒学之本、致治之原，有了"五常"则天地之道、人事之理备矣。而与之对应的"五经"既已与"五行"对应，又能适应"五常"等政治伦理，用"五经"就已经可以完成儒学教化任务，故《乐经》之有无也就不太重要了。

而且《乐》之歌词备于《诗》，其节度备于《礼》，《诗》《礼》存而《乐经》不亡，《诗》教《礼》教行而《乐》教亦在其中矣。清儒邵懿辰说："乐本无经也。乐之原在《诗》三百篇之中，乐之用在《礼》十七篇之中。欲知乐之大原，观三百篇而可；欲知乐之大用，观十七篇而可；而初非别有《乐经》也。"①这番言论颇能洞达汉儒的心理。

何况，《乐经》所载既然是黄帝、尧、舜、禹、汤、文、武等"六代"古乐，必不完全合乎当代人胃口，观魏文侯"听古乐唯恐卧"即可见一斑。《乐经》中具有现实意义和悦情价值的部分，已经转变成时乐新舞演奏于庙堂和乡饮、大射等各种场合，人们的现实需求已经得到满足，至于完整的《乐经》，无之不觉缺陷，有之反觉多余。这样一来，又还有谁去在意《乐经》是否存在呢？

可见，《乐经》不亡于"秦焚"，也不亡于"项火"，而是亡于对儒家新经典体系的选择，甚至是亡于人们的淡漠与无情之间。

然而，乐者《诗》之韵律、《礼》之节奏，《乐经》亡而《诗》失其声调、《礼》失其铿锵。《诗》失声调，故只余文辞徒诵，而乏歌唱音律之美；《礼》失铿锵，故只余繁节冗文，而无和声演奏之乐。后世之治《诗》者遂徒详其名物训诂，治《礼》者又徒演其虚文枯仪，又岂能尽得周公"制礼作乐"、孔子"修起礼乐"和乐盛美之初衷呢？论者有曰："自三代之治既往而《乐经》亡矣，《乐经》亡则《礼》素而《诗》虚，是一经缺而三经不完也。"②岂不然哉？

原载四川大学历史文化学院编《纪念徐中舒先生诞辰110周年国际学术研讨会论文集》，巴蜀书社2010年版。

---

① 〔清〕邵懿辰：《礼经通论》，周予同《中国经学史讲义》引，上海文艺出版社1999年版，第21页。
② 〔宋〕陈旸：《乐书》卷一二〇《琴操》，文渊阁《四库全书》本。

逸礼考略

《逸礼》，又称《礼古经》，是汉代失而复得，又得而复逸的古文礼经。在西汉末期，《逸礼》曾引起学术界的极大关注，并一度走运，曾经成为汉经学中今古文学之争的中心议题之一；但在东汉时期，由于学术界对它兴趣渐减，对其价值，未予足够的重视，致使经散简脱，再度失逸，因而成为经学史上扑朔迷离的一大公案、留于学人的莫大遗憾。本文欲对《逸礼》的出现、流传、内容与归宿作一大概考索。博雅君子，幸有教焉。

一 逸礼出现的种种说法

关于《逸礼》出现的时间、地点，史书俱有不同的说法。在地点上，有淹中、孔壁、河间三说。

1. 淹中说

《汉书·艺文志》《隋书·经籍志》主之。《汉书》曰：

> 《礼古经》五十六卷。
> 《礼古经》者，出于鲁淹中。①

《隋书》曰：

> （礼）古经出于淹中，而河间献王好古爱学，收集余烬，得而献之，合五十六篇，并威仪之事。②

---

① 〔汉〕班固：《汉书·艺文志》卷三〇，中华书局1962年版，第1709—1710页。
② 〔唐〕魏徵等：《隋书·经籍志》卷三二，中华书局1973年版，第925页。

"淹中",苏林注曰:"鲁淹,里名也。"盖谓淹中为曲阜之里弄名,具体位置未详。

2.《孔壁》说

《汉书》、刘歆《移书让太常博士》、王充《论衡》、许慎《说文解字序》主之。《汉书·艺文志》曰:

> 武帝末,鲁恭王坏孔子宅,欲以广其宫,而得古文《尚书》及《礼记》《论语》《孝经》凡数十篇,皆古字也。①

刘歆《移书让太常博士》曰:

> 及鲁共(恭)王坏孔子宅,欲以为宫,而得古文于坏壁之中,《逸礼》有三十九篇,《书》十六篇。②

王充《论衡·佚文篇》曰:

> 孝武皇帝封弟为鲁恭王。恭王坏孔子宅以为宫,得佚《尚书》百篇,《礼》三百,《春秋》三十篇,《论语》二十一篇。③

许慎《说文解字·序》曰:

> 壁中书者,鲁恭王坏孔子宅而得《礼记》《尚书》《春秋》《论语》《孝经》。④

3. 河间说

《汉书·河间献王传》、郑玄《六艺论》主之。前者曰:

> 献王所得书,皆古文先秦旧书:《周官》《尚书》《礼》《礼记》《孟子》《老子》之

---

① 〔汉〕班固:《汉书·艺文志》卷三〇,第1706页。
② 载《文选》卷四三,胡刻本。
③ 〔东汉〕王充撰、黄晖校释:《论衡校释·佚文篇》卷二〇,中华书局1990年版,第860—861页。
④ 〔汉〕许慎撰、〔清〕段玉裁注:《说文解字注》,上海古籍出版社1981年版,第761页。

属,皆经传说记,七十子之徒所论。①

郑玄《六艺论》曰:

> 后得孔氏壁中、河间献王古文《礼》五十六篇。……其十七篇与高堂生所传同,而字多异。②

以上淹中、孔壁、河间三说,互相矛盾,孰是孰非,古来未有定解。窃疑淹中、孔壁俱在曲阜,当为同地而异称(一以地名称,一以物主称),淹中得书与孔壁得书乃同事而异记。孔壁为孔子故宅之墙壁,在今曲阜孔庙故宅井后有纪念性建筑物。鲁淹中,苏林注曰:"里名也。"(《汉书·艺文志》)而不详其地望。以古人称国名代都城之习例之,鲁里名,当是鲁都曲阜里弄之名。曲阜之所以以"淹中"名里,盖与古之奄国有关。奄,嬴姓,商之方国,又称商奄,都于曲阜。周成王之初,曾偕武庚叛乱,周公践灭之,成王以其地封周公子伯禽,此《左传》定公三年祝佗所云"因商奄之民以命伯禽"之谓。因而曲阜有奄之名。清顾祖禹曰:"曲阜旧城即古奄地,亦曰商奄里,又名奄至乡。"③曲阜既是奄国的都城,那么,在其街道里弄的名称上,保留一点古史痕迹就是十分自然的了。奄,又作郁,《说文解字》:"郁,周公所诛郁国,在鲁。"④段玉裁注谓奄与郁同。奄,又作淹,《汉书·礼乐志》:"神奄留,临须摇。"⑤颜师古注:"奄,读曰淹。"⑥是奄与淹可以通用。里名的淹中,为古奄国国名之孑遗,当无疑义。奄为曲阜之古称,淹中又为曲阜之里名,故古人常以淹中代称曲阜或孔子故里:唐人卢照邻《文翁讲堂》:"锦里(成都)淹中馆,岷山稷下亭。"⑦李商隐诗:"废忘淹中学,迟回谷口耕。"⑧皮日休《酬崔璐诗》:"文章邺下秀,气貌淹中儒。"⑨可见,淹中实际成了曲阜、孔里的代名词。想来,孔子幼居"鲁之邹邑昌平乡之阙里"(《史记·孔子世家》司马贞《索

---

① 〔汉〕班固:《汉书·景十三王传》卷五三,第2410页。
② 〔唐〕陆德明:《经典释文·序录》,张一弓点校,上海古籍出版社2012年版,第14页。
③ 〔清〕顾祖禹:《读史方舆纪要》卷三二"山东·兖州府·曲阜县"条,清稿本。
④ 〔汉〕许慎撰、〔清〕段玉裁注:《说文解字注》,第296页。
⑤ 同上。
⑥ 〔汉〕班固:《汉书·礼乐志》卷二二,第1058页。
⑦ 〔唐〕卢照邻、祝尚书笺注:《卢照邻集笺注》,上海古籍出版社1994年版,第110页。
⑧ 〔唐〕李商隐撰,刘学锴、余恕诚集解:《李商隐诗歌集解》,中华书局2004年版,第1248页。
⑨ 〔唐〕皮日休撰、申宝昆选注:《皮日休诗文选注》,上海古籍出版社1991年版,第109页。

隐》),孔子父亲死后,又随母徵在迁居曲阜之淹中里。孔子知名后,地以人荣,淹中里遂改称孔子原故里阙里之名,张守节《史记正义》所谓"夫子生在邹,长徙曲阜,仍号阙里",当是指的这一历史实际。由此看来,淹中为曲阜之里弄名,它得名于古之奄国,孔子徙居于兹,乃改称阙里。淹中为孔宅所在,当然也是孔壁所在,孔壁发现古书与淹中发现古书,可能就是同一件事情。又疑淹中孔壁得书在前,河间献王得书在后,淹中孔壁礼古经,与河间献王礼古经,即是同一种经书。因此,郑玄《六艺论》称"孔氏壁中、河间献王古文礼",将孔壁礼书与河间礼书视为同一种书;《隋书·经籍志》又明确说:"(孔)古经出于淹中,而河间献王……得而献之。"将淹中礼书和河间礼书的源流关系,说得明明白白。总之,淹中礼书,即孔壁礼书,后为河间献王所得,是三书即为一书。

《逸礼》出现的时间,有天汉以前、武帝末两说。刘歆《移书让太常博士》云:"及鲁共(恭)王坏孔子宅,欲以为宫,而得古文于坏壁之中:《逸礼》有三十九,《书》十六篇。天汉之后,孔安国(《汉纪》有"家"字)献之。"可见,《逸礼》的发现应在天汉(前100—前97)之前。而《汉书·艺文志》又作"武帝末,鲁恭王坏孔子宅……",则得书在武帝末。按:据《汉书·鲁恭王传》,"鲁恭王以孝景前二年立为淮阳王。吴楚反破后,以孝景前三年徙王鲁。……二十八年薨"①。《诸侯王表》同之。鲁恭王立二十八年薨,时当元朔元年(前128),距武帝死时(前87)尚有四十一年,何得于"武帝末"坏孔子宅并发现古书呢? 可见,《逸礼》发现于"武帝末"之说不确,应从刘歆说——定在天汉以前。

二 逸礼的内容与卷帙

《汉书·艺文志》著录《礼古经》五十六卷,其序曰:

> 礼古经者,出于鲁淹中及孔氏,学七十篇,文相似,多三十九篇。及《明堂阴阳》《王史氏记》所见,多天子诸侯卿大夫之制,虽不能备,犹瘉(后)仓等推《士礼》

---

① 〔汉〕班固:《汉书·景十三王传》卷五三,第2413页。

而致于天子之说。①

关于《逸礼》篇卷及内容的记载，以《汉志》最全，也以《汉志》所记最混乱。②《汉书》谓《礼古经》内容与《仪礼》十七篇相似，两相比勘，除重去复，《逸礼》"多三十九篇"，此与郑玄《六艺论》所指《古文礼》五十六篇……其十七篇与高堂生所传同，而字多异"者系同指一事。因此，刘歆《移书让太常博士》不计与《仪礼》相重之十七篇，直云"《逸礼》有三十九"。此外，王充称鲁恭王"得佚《尚书》百篇、《礼》三百，《春秋》三十篇"云云，"礼三百"似谓礼仪节目，犹"经礼三百，曲礼三千"之谓，三百、三千皆非篇卷。

《明堂阴阳》《王史氏记》均为礼书名，《汉志》有著录，前者三十三篇，班氏自注曰："古明堂之遗事。"后者二十一篇，班氏自注曰："七十子后学者。"③班氏将《礼古经》与是二书相提并举，且曰"多天子诸侯卿大夫之制"，则知《礼古经》除了有十七篇与《仪礼》相同，为士人之礼仪节目外，还有讲天子诸侯明堂等大制大典的内容，范围包括自天子、诸侯、卿、大夫以及士人各个等级，应是古代礼制资料比较全面、完整的保存。其中尤其可贵的是天子、诸侯、卿、大夫之礼，事关统治阶级的制度典型，是研究古代政治制度史、礼仪史的宝贵资料。《隋书·经籍志》云《礼古经》"并威仪之事"，即其明证。

三　逸礼的流传寻踪

《逸礼》于景武之时被发现后，曾一度引起学者的重视，其流传之迹，可考者有下列数事：

1. 鲁恭王献之朝廷说

王充《论衡·佚书篇》：

---

① 〔汉〕班固：《汉书·艺文志》卷三〇，第1710页。
② 按："学七十篇"，宋刘敞疑为"与十七篇"之误。学，繁体作"學"，与繁体"與"字形近而误；"七十"为"十七"之倒，"十七篇"指高堂生所传《士礼》（即《仪礼》）。
③ 〔汉〕班固：《汉书·艺文志》卷三〇，第1709页。

恭王坏孔子宅以为宫,得佚《尚书》百篇、《礼》三百、《春秋》三十篇、《论语》二十一篇,闻弦歌之声,惧,复封涂。上言武帝,武帝遣吏发取,古经《论语》此时皆出。①

2. 孔安国(家人)②献于朝廷说
《汉书·艺文志》曰:

鲁恭王坏孔子宅,欲以广其宫,而得古文《尚书》及《礼记》《论语》《孝经》凡数十篇,皆古字也。共(恭)王入其宅,闻鼓琴瑟钟磬之音,于是惧,乃止不坏。孔安国者,孔子后也,悉得其书……安国〔家〕献之,遭巫蛊事,未列于学官。③

刘歆《移书让太常博士》曰:

及鲁共(恭)王坏孔子宅欲以为宫,而得古文于坏壁之中,《逸礼》有三十九、《书》十六篇。天汉之后,孔安国〔家〕献之,遭巫蛊仓卒之难,未及施行。④

3. 河间献王得而献之朝廷说
陆德明《经典释文·序录》:

景帝时,河间献王好古,得《古礼》献之。⑤

《隋书·经籍志》:

---

① 〔东汉〕王充:《论衡校释·佚文篇》卷二〇,黄晖撰,第860—861页。
② 按:《汉书》所云《礼记》即《礼古经》,汉时礼经又称礼记,详洪业《礼记引得序》。两处"孔安国献之","孔安国"后应有"家"字。朱彝尊《经义考》曰:"司马迁与都尉朝同受书安国,《(孔子)世家》称安国早卒。《(太史公)自序》则云:'予述黄帝以来,至太初而讫。是安国卒在太初前。若巫蛊事,乃征和二年,距安国殁久矣。《(艺文)志》云遭巫蛊事云云者,乃追述古文所以不立学之故耳。"(转引自〔清〕王先谦:《汉书补注》卷三〇,清光绪刻本。)荀悦《汉纪》《文选》,于安国下皆有"家"字,可知献书者乃孔安国家人,非安国本人。
③ 〔汉〕班固:《汉书·艺文志》卷三〇,第1706页。
④ 〔汉〕班固:《汉书·楚元王传》卷三六,第1969页。
⑤ 〔唐〕陆德明:《经典释文·序录》,张一弓点校,第14页。

《(礼)古经》出于淹中,而河间献王好古爱学,收集余烬,得而献之。①

　　无论是鲁恭王自献,还是孔安国家人、河间献王转献,《礼古经》(《逸礼》)皆归于朝廷,藏在秘府。王充《论衡·案书篇》叙述与《逸礼》同时出的古文《尚书》情形曰:"至孝景帝时,鲁恭王坏孔子教授堂以为殿,得百篇《尚书》于墙壁中,武帝使使者取视,莫能读者,遂秘于中,外不得见。"②古文《尚书》既因其古字,"莫能读者",遂藏于秘府,则古文《逸礼》的命运亦当如《尚书》无疑。

　　《逸礼》因在武帝时期秘藏于中府,无人传习,其中所言"天子、诸侯、卿大夫之制",也就无人知晓,因此,即便是经学十分发达的昭宣之世,朝廷议礼,诸儒常常空空如也,不知从何下手。此即刘歆所讥:"(诸儒)信口说而背传记,是末师而非往古,至于国家将有大事,若立辟雍、封禅、巡狩之仪,则幽冥而莫知其原。"③

　　4. 刘歆论立逸礼博士

　　直到汉成帝时,刘向、刘歆领校秘书,重新发现《逸礼》、古文《尚书》、《毛传》和《左氏春秋》。哀帝时,刘歆上书,请立《逸礼》等四部古文经博士,"哀帝令歆与五经博士讲论其义,诸博士或不肯置对,歆因移书太常博士。"④诋其"保残守缺,挟恐见破之私意,而无从善服义之公心"⑤。于是正式揭开汉经学史上的今古文之争。诸儒怨怒刘歆,《逸礼》等古文经不仅未得齿列于学官,刘歆本人也因"为众儒所讪,惧诛,求出补吏,为河内太守"⑥以避其锋。

　　5. 鲁国恒公治逸礼

　　刘歆《移书让太常博士》曰:

　　　　孝成皇帝闵学残文缺,稍离其真,乃陈发秘臧(藏),校理旧文,得此三事(即《逸礼》、古文《尚书》、《左氏春秋》),以考学官所传,经或脱简,传或间编。传向民间,则有鲁国桓公、赵国贯公、胶东庸生之遗学与此同,抑而未施。⑦

---

① 〔唐〕魏徵等:《隋书·经籍志》卷三二,第925页。
② 〔东汉〕王充:《论衡校释·案书篇》卷二八,第1125页。
③ 〔汉〕班固:《汉书·楚元王传》卷三六,第1970页。
④ 〔汉〕班固:《汉书·楚元王传》卷三六,第1967页。
⑤ 〔汉〕班固:《汉书·楚元王传》卷三六,第1970页。
⑥ 〔汉〕班固:《汉书·楚元王传》卷三六,第1972页。
⑦ 〔汉〕班固:《汉书·楚元王传》卷三六,第1970页。

考之《儒林传》,贯公乃贯长卿,习《毛诗》：

> 毛公,赵人也,治《诗》,为河间献王博士,授同国贯长卿。①

庸生,传古文《尚书》《左传》：

> 孔氏有古文《尚书》……安国为谏大夫,授都尉朝……都尉朝授胶东庸生,庸生授清河胡常少子……又传《左氏》。②

桓公,传《逸礼》：

> 汉兴,鲁高堂生传《士礼》十七篇,而鲁徐生善为颂(容仪),孝文时,徐生以颂为礼官大夫,传子至孙延、襄。……延及徐氏弟子公户满意、桓公、单次皆为礼官大夫。③

6. 平帝时逸礼立于学官

哀帝时,刘歆论立《逸礼》,激起众怒,其事遂寝。至平帝时,王莽秉政,刘歆重归台阁,为王莽所重,于是重修古学,《逸礼》终于立为学官。《汉书·王莽传上》：

> 是岁(元始四年),莽奏起明堂、辟雍、灵台,为学者筑舍万区,作市、常满仓,制度甚盛。立《乐经》。益博士员,经各五人,征天下通一艺教授十一人以上,及有《逸礼》、古《书》、《毛诗》《周官》《尔雅》……④

又《平帝纪》：

---

① 〔汉〕班固：《汉书·儒林传》卷八八,第3614页。
② 〔汉〕班固：《汉书·儒林传》卷八八,第3607页。
③ 〔汉〕班固：《汉书·儒林传》卷八八,第3614页。按：《儒林传》列桓公入高堂生《士礼》(即《仪礼》)传人之列,为治今文礼者；刘歆又称桓公治《逸礼》,则桓公杂治今古文礼,已开郑玄杂糅古今之先河。又按：桓公,在哀帝时尚处"民间",其为"礼官大夫",当在平帝或王莽之世。
④ 〔汉〕班固：《汉书·王莽传上》卷九九上,第4069页。

> 征天下通知逸经、古记、天文、历算、钟律、小学、《史篇》、方述、《本草》及以五经、《论语》《孝经》《尔雅》教授者。①

又《儒林传赞》：

> 平帝时，又立《左氏春秋》、《毛诗》、《逸礼》、古文《尚书》……②

《逸礼》立于学官，实现了《逸礼》在学术史上最辉煌的时期。

7. 东汉初逸礼学废，其经复秘而不传

光武中兴，重修儒雅，复立西京十四博士。而王莽所立古文诸经，一切废罢。《逸礼》亦在贬黜之列，于是《礼古经》再度遭到冷落，无人传习，致使博学该洽若王充者，也未曾与目，其《论衡·谢短篇》曰："今礼不见六典，无三百六十官，又不见天子，天子礼废何时？岂秦灭之哉？"③

"六典""三百六十官"，指《周官》（即《周礼》）。"天子礼"，显指"多天子、诸侯、卿大夫之制"的《逸礼》。王充生于汉光武建武三年（27），约卒于汉和帝永元九年（97），可见东汉立国七八十年间，《逸礼》及《周礼》都不被重视，秘而弗传，连"好博览""博通众流百家之言"（《后汉书·王充传》）的王充也不得一见。真是礼坏乐崩，书缺有间！阮孝绪《七录》所云："（礼）古经出鲁淹中，皆书周宗伯所掌五礼威仪之事，有五十六篇，无敢传者。"④当为实录。

8. 东汉末逸礼复出，蔡邕、何休、郑玄皆治之

东汉时，古文经虽不立学官，但士夫耆儒私相传授不绝，《左传》《周礼》《费氏易经》，莫不如此，唯《逸礼》缺无传人，直到东汉末年才又有人发现并稍稍重视它。与《逸礼》发生联系并有迹可考者，有蔡邕、何休、郑玄诸人。

蔡邕：生活于公元132—192年，长于文学、书法，"至其所为《明堂论》，征引《周官》及《礼记》古大明堂之礼"⑤。古，即古文。"礼记古大明堂之礼"，当为《礼记》中保

---

① 〔汉〕班固：《汉书·平帝纪》卷一二，第359页。按：逸经，即包括《逸礼》在内。
② 〔汉〕班固：《汉书·儒林传》卷八八，第3621页。
③ 〔东汉〕王充撰、黄晖校释：《论衡校释·谢短篇》卷一二，第560页。
④ 载［日］泷川资言考证、杨海峥整理：《史记会注考证》，上海古籍出版社2015年版，第4081页。
⑤ 洪业：《礼记引得序》，载《洪业论学集》，中华书局1981年版，第199页。

存的古文大明堂之礼制。

何休：本今文家，长于《春秋公羊传》，但在其所撰《公羊解诂》中，征引《逸礼》独多，清人陈奂有《公羊逸礼考征》之作。

郑玄：《后汉书·儒林传》云"玄本习《小戴礼》，后以古经校之取其义长者，故为郑氏学"①。又其《六艺论》云："古文礼五十六篇……其十七篇与高堂生所传同，而字多异。"则郑玄以今古文礼经，互相比勘，择善而从之迹，自已明晰。清人胡承珙《仪礼古今文疏义》载，郑玄注列今古异文达三百余条，郑或从今文，或从古文，其从古文者多十余条。可见郑玄于《逸礼》致力特多。但是，郑氏所研习之《逸礼》，乃与《仪礼》相同之十七篇，余下诸篇，并未措意，阮孝绪云："（礼）古经……后博士传其书，得十七篇，郑玄注，今之《仪礼》是也，余篇皆亡。"②即是说的这一情况。

四　逸礼的归宿稽索

《逸礼》的归宿，前人或简单地说它藏在秘府，或一言以蔽之曰"散佚"，如陆德明《经典释文·序录》云：

> 其《古礼经》五十六篇，（后）苍传十七篇，所余三十九篇以付秘馆，名为《逸礼》。③

贾公彦亦曰：

> 三十九篇绝无师说，秘在于馆。④

---

① 〔南朝宋〕范晔：《后汉书·儒林传下》卷七九，中华书局1965年版，第2577页。
② 载〔日〕泷川资言考证、杨海峥整理：《史记会注考证》，第4081页。
③ 〔唐〕陆德明：《经典释文·序录》，张一弓点校，第14页。
④ 〔汉〕郑玄注、〔唐〕贾公彦疏：《仪礼注疏》卷一，彭林整理，北京大学出版社2000年版，第11页。

此藏在秘馆(秘府)说。

前揭阮孝绪曰：

余篇皆亡。

是散佚说。

考兹二说，皆未为圆满。藏在秘府说，指的是《逸礼》刚发现后在武、昭、宣时的情况，而在汉成帝时，秘府《逸礼》已经重新发现和重视，平帝时进而被立于学官，教授生徒，可见藏在秘府并非《逸礼》的最后归宿。而刘歆明云汉成帝时"传回民间"，有鲁国桓公亦以治《逸礼》名，平帝是以礼至礼官大夫，更可见《逸礼》并非仅仅藏在秘府，民间亦有传习。

散佚说也未能令人满意，一是《逸礼》散佚于何时？二是《逸礼》三十九篇是否完全散佚？阮孝绪为南朝梁人，而云"余篇皆亡"，是否可信为南朝梁时（或梁以前），《逸礼》已经亡佚，无可揣寻了呢？其实不然。

王应麟尝检唐人注疏，知其多引《逸礼》经文，吴澄以为："三十九篇，唐初犹存，诸儒曾不以为意，遂至于亡。"①可见《逸礼》在南朝时并未亡佚，其亡当在唐初以后。阮氏处士，所见不广，《七录》所记，必有缺失。

尽管在唐初以后，《逸礼》已经散亡，也不能理解为《逸礼》的内容完全无考。相反，《逸礼》的部分内容以下列两种形式保存下来，使我们今天仍能考知一二。

（一）改隶他书

《逸礼》篇目以改隶他书的形式得以流传，其有迹可考者，目前尚有三书内含有《逸礼》篇目。

其一为《仪礼》。汉初高堂生所传《仪礼》，内容乃士人礼仪，故称为《士礼》。《史记·儒林列传》云："诸学者多言礼，而鲁高堂生最本，礼固自孔子时，而其经不具，及至秦焚书，书散亡益多，于今独有《士礼》，高堂生能言之。"②这里，"其经不具"、"于今独有《士礼》"两句大可玩味："其经不具"，盖谓关于各阶层的礼经，已不完具；"于今独有《士礼》"，盖谓西汉中叶司马迁写《史记》时，诸礼经除讲士人行为准则之《士礼》外，

---

① 〔元〕吴澄：《礼记纂言》，《通志堂经解》本。
② 〔汉〕司马迁：《史记·儒林列传》卷一二一，中华书局1963年版，第3126页。

别无他书。正因为汉初及中叶《士礼》无天子、诸侯、卿大夫之仪,因此,叔孙通乃依据秦仪制作《仪品》;而宣帝时后苍亦"推《士礼》而致于天子"①。然而考之今之《仪礼》则大不其然:今本十七篇,惟冠、昏、丧、相见诸篇为士礼;其余如乡饮、射,通用于士与大夫;少牢馈食、有司彻,纯为大夫礼;燕、聘、大射、公食大夫,为诸侯礼;觐,为诸侯见天子礼。可见今之《仪礼》并非专言士礼,至少它已不是高堂生所传《士礼》之原貌。那么,其中关于天子、诸侯、卿大夫之礼的内容从何而来? 其唯一的可能即是"多天子、诸侯、卿大夫之制"的《逸礼》之改隶。因此清人梁玉绳曰:"《汉书》志、传皆言高堂生传《士礼》十七篇,即《仪礼》也。而今书若《燕礼》《大射》《聘礼》《公食大夫》《觐礼》五篇,皆诸侯之礼;《丧服》一篇,总包天子已下之服制,则所云《士礼》者,十一篇耳。疑今《仪礼》非高堂元本。"②

其二为"两戴记"。"两戴记"是否为宣帝时戴德、戴圣所辑,兹不置论,然两戴《礼记》中保存有《逸礼》内容,却是可以肯定的。

先看小戴《礼记》。《礼记》本是配合《礼经》(即《士礼》或《仪礼》)行世的解说文章,但今传小戴《礼记》中,却有超出《仪礼》内容之外者,其中除取自子史诸书外,亦有取自《逸礼》者。郑玄《三礼目录》于《礼记》中云:

> 《奔丧》者……实《逸曲礼》之正篇也。汉兴后得古文,而礼家又贪其说,因合于《礼记》耳。③(《礼记正义》引)

又曰:

---

① 〔汉〕班固:《汉书·艺文志》卷三〇,第1710页。
② 〔清〕梁玉绳:《史记志疑》卷三五,中华书局1981年版,第1439页。按:梁氏之说,洵为谛当。唯"《士礼》十七篇"的提法,尚受《汉书》之惑,不能不辨。高堂生所传《士礼》,是否为十七篇,大可怀疑。《史记》唯称"今独有《士礼》",不具篇数;至刘歆《移书让太常博士》乃有"《逸礼》三十九"之说(《礼古经》五十六减《仪礼》十七),而依据刘歆《七略》改编的《汉书·艺文志》乃著录"《礼古经》五十六篇,《(礼)经》七十(十七)篇",序云:"《礼古经》……与七十(十七)篇文相似,多三十九篇。"可见,至刘歆时,《仪礼》中已加入了《礼古经》内容,成为十七篇,改变了当初高堂生所传仅为士人礼仪的《士礼》面貌,其时间当在宣帝以后至成帝之间。
③ 〔汉〕郑玄注、〔唐〕孔颖达疏:《礼记正义》卷五六,龚抗云整理,北京大学出版社2000年版,第1775页。

《投壶》……亦实《曲礼》之正篇。①

孔颖达正义谓《投壶》情形与《奔丧》相似,故洪业《礼记引得序》认为"曲礼"上有"逸"字。②

又吴承仕《经典释文序录疏证》云:

《小戴·聘义》与《大戴·朝事》文同。本之《周礼》典命、大行人、小行人、司仪、掌客诸职文,其时《周礼》未行,则亦《逸礼》之次。③

可见,今传《礼记》之中,至少《奔丧》《投壶》《聘义》三篇可以确定为《逸礼》之改隶。次言《大戴礼记》。《大戴礼记解诂》中保存古文《逸礼》,前人多有议及:清王聘珍于《大戴礼记解诂目录·哀公问五义》下曰:"《大戴礼记》是删取孔壁之书,虽经改写,间存古文。"④可谓道出其概。王氏于今存《大戴礼记》各篇皆有考据,其中定为《逸礼》或《礼古经》篇目者如下:

礼三本	王曰:《史记·礼书》采取此篇为之。古文《礼记》是与《尚书》等经同出孔壁,孔氏安国尽得其书。司马迁尝从安国问故,迁书多古文说。(《大戴礼记解诂》,第1页)
夏小正	王曰:大戴只就《古文记》删取成书,未尝自作。(《大戴礼记解诂》,第2页)
保傅	王曰:此篇本《古文礼记》……出自孔壁。(《大戴礼记解诂》,第2页)
曾子立事	王曰:同在《古文记》二百四篇之中,并出于孔氏壁中者也。(《大戴礼记解诂》,第3页)
五帝德、帝系姓	王曰:二篇皆在《礼记》二百四篇之中,与《古文尚书》等

---

① 〔汉〕郑玄注、〔唐〕孔颖达疏:《礼记正义》卷五六,第1826页。
② 参见洪业《礼记引得序》,载《洪业论学集》,第197—220页。
③ 吴承仕:《经典释文序录疏证》,秦青点校,中华书局1984年版,第103页。
④ 〔清〕王聘珍:《大戴礼记解诂》,王文锦点校,中华书局1983年版,第1页。下引该书,仅随文标注书名、页码。

	经,同出孔壁,故谓之古文也。(《大戴礼记解诂》,第5页)
盛德	王曰:此于"古记"当属《明堂阴阳》。(《大戴礼记解诂》,第6页)
明堂	王曰:于"古记"亦当属《明堂阴阳》。……是《大戴礼记》中《明堂》篇目,自是古本所有。(《大戴礼记解诂》,第6页)
千乘	王曰:[千乘、四代、虞帝德、诰志、小辨、用兵、小间]原在"古文记"二百四篇之中,故大戴采而录之。(《大戴礼记解诂》,第7页)
诸侯迁庙	王曰:《礼古经》五十六篇中之篇名,此乃其记也。(《大戴礼记解诂》,第7页)
诸侯衅庙	王曰:亦《礼古经》五十六篇中之篇名,而此乃其记也。(《大戴礼记解诂》,第7页)
朝事	(见小戴《礼记》吴承仕说)(《大戴礼记解诂》,第8页)
投壶	王曰:篇中多阙文错简,恐出孔壁简灭札烂,小戴取其明文著于篇,大戴则仍古本而存之。(《大戴礼记解诂》,第8—9页)
公符	王曰:古本作公冠。……是诸侯之有冠礼,当在《礼古经》五十六篇之中,此乃其记也。(《大戴礼记解诂》,第9页)

王聘珍明确考订《大戴礼记》属于《礼古经》或《古文礼记》的篇目共有十四篇。不过其中有两点需要说明:(1) 王称并出孔壁之《礼古经》与《古文礼记》,实为一事,一则《礼经》亦可称《礼记》;二则《礼记》本是附于《礼经》的说辞,离之为二,合之为一。王氏虽分别言之,其实俱为《逸礼》的内容。至其"二百四篇"云者,乃误袭《隋书·经籍志》之说,不可据。(2) 王称"此其记也",其中所举《诸侯迁庙》《诸侯衅庙》两篇内容俱述礼节仪式,与经解传记有别,故当以二篇为《礼古经》经文。

(二)《逸礼》散见于古注疏之中

郑玄注《三礼》、许慎著《说文》、何休解《公羊》、李善注《文选》,皆引用《逸礼》甚多。于此,前人已多有专论,清人丁晏并且著有《逸礼抉微》(收入《南菁书院丛书》)专著,此不赘述。

综上所述,《逸礼》五十六篇于景帝与武帝之际出现于孔壁之中,当时藏在秘府。昭帝宣帝时,《逸礼》无传人。至成帝时,今文礼家取其中部分言天子、诸侯、卿大夫之礼的内容,加入《仪礼》之中,形成今天可见的《仪礼》十七篇格局。十七篇之外的三十九篇则仍然藏于秘府,并无公开传授。成帝时,刘向、刘歆领校秘书,重新发现《逸礼》。哀帝时,刘歆请为之设立学官,因遭到博士反对未果。其时,民间有桓公者,兼习今古文礼。至平帝时,王莽倡立古学,《逸礼》遂顺利立于学官,传授生徒。东汉建立,尽废古学博士,之后七八十年间,绝无传人。直到东汉末年,蔡邕、何休、郑玄才重修古礼,征引其说。《逸礼》其书唐初犹存,但当时只重小戴《礼记》,《逸礼》未被重视,故渐次散佚。《逸礼》散佚之后,尚以两种形式见于藏于人间,一是改隶于他书,二是见引于注疏。今天比较集中地保存《逸礼》内容者,有《仪礼》《礼记》和《大戴礼记》三书。是知《逸礼》作为专书已佚,而其内容尚可考见一二也。

原载《四川师范学院学报》(哲学社会科学版)1992年第5期。

《孝经》名义考
——兼及《孝经》的成书时代

关于《孝经》一书命名的原理及其成书时代，历来多说，莫衷一是。有人以为"孝"乃"常道""常理"，可以"常行"，故称"孝经"；有人以为"孝"乃"天经地义"之事，著书者出于对自然法则的崇敬，故名"孝经"；有人以为"经"乃"经典"之意，"孝经"乃谈论孝道之经典，神圣不可侵犯；也有人说以"经"名书乃后起之事，"六经"在先秦并无"经"称，《孝经》乃汉世之书。如此等等，不一而足。看来，《孝经》得名缘由之不清，直接影响到对这部经典成书早晚之认识，也直接影响对《孝经》的评价，甚而影响到对中华孝道的弘扬与继承等问题，因此今日仍有再加考究之必要。笔者欲根据上古名书习惯，结合出土文献和金石资料，聊陈管见，以就正于方家。

一 《孝经》得名诸说总检讨

书有名而篇有题，本为文献通例，然而《孝经》一书因何得名，却古来异说，迄无定见：

一说，《孝经》乃自然法则（"天之经"）之摩写，孝乃天经地义之事，故名《孝经》。《汉书·艺文志》："夫孝，天之经，地之义，民之行也。举大者言，故曰《孝经》。"①

二说，孝为"常法""常道"，必须"常行"，故名《孝经》。皇侃："经者，常也，法也。此经为教，任重道远，虽复时移代革，金石可消，而孝为事亲常行，存世不灭，是其常也；为百代规模，人生所资，是其法也。"②《孝经·三才章》"夫孝天之经"，唐玄宗注："经，常也。利物为义。孝为百行之首，人之常德……天有常明，地有长利，言人法则

---

① 〔汉〕班固：《汉书·艺文志》，中华书局1982年版，第1719页。
② 〔唐〕李隆基注、〔宋〕邢昺疏：《孝经注疏》，邓洪波整理，北京大学出版社1999年版，第5页。

天地,亦以孝为常行也。"①《邢疏》:"言孝之为教,使可常而法之。《易》有《上经》《下经》,《老子》有《道经》《德经》,孝为百行之本,故名曰《孝经》。"②此说影响很大,时至今日仍然被学人认同。郭沂《郭店竹简与先秦学术思想》:"《孝经》与《诗经》《书经》等的'经'字是不同的,前者为常也、理也、法也、道也、行也等等,其'经'字是固有的;后者乃经书之'经',其'经'字乃俗所加也。将'经'字与'孝'字合在一起组成《孝经》,可有两种理解:一是把'孝经'作为同位词组,则'孝经'意即孝为人们所必须遵守的准则、道理、行为等等;二是把'孝经'作为偏正词组,则'孝经'意即孝的准则、道理、行为等等。这两种解释都可通。"③这里也是将《孝经》之"经"字视为有义,故有此繁复新说,其实所谓新说也没脱离《汉书·艺文志》的框框,只是解释得更精致一些了。

三说,儒书称"经"始于《庄子》,故《孝经》成于庄子之后。王正己《孝经今考》:"《孝经》究竟是何时成书?我以为是在战国末年,其年限早不过庄子的时代,晚亦不出《吕氏春秋》的成书时代。"其依据是:(1)"称'经'之始起于《庄子·天运篇》说'丘治《诗》《书》《礼》《乐》《易》《春秋》六经'";(2)"《吕氏春秋》引过《孝经》……吕氏一定见过《孝经》的"④。这是认定《孝经》之"经"字乃经典文献之意,故有是说。

四说,以"经"名书起于汉人,故《孝经》成于西汉:蒋伯潜《诸子通考》:"'五经'初但以《易》《书》《诗》《礼》《春秋》为书名,其称为'经',乃后人名之,非孔子名此五书曰'经'也。……《孝经》则直以'经'为名矣……其非孔门之书,显然可知。"又曰:"西汉诸帝之特崇孝道……《太史公自序》引其父谈临卒之言曰:'且夫孝,始于事亲,中于事君,终于立身,扬名于后世,以显父母,此孝之大者。'此与《孝经》首章之言完全相同。……《春秋繁露》曰:'父授之,子受之,天之道也。故曰:夫孝者,天之经也。此之谓也。'又曰:'孝子之行取诸土。……'此谓'孝者,地之义'也,此直似《孝经》'夫孝,天之经也,地之义也'句之注释。但董仲舒亦未尝明言'孝为天经地义'之言见于《孝经》也。盖此时孝之提倡已盛,此类言论已多,故司马谈、董仲舒云然,作《孝经》者乃采集之,非《史记》及《春秋繁露》引《孝经》也。则《孝经》之作,当在汉武帝之后矣。"蒋先生又据朱熹说《孝经》有与《左传》雷同的句式,"《左传》自张禹传之后,始渐行于世。则《孝经》者,盖其时之人所为"。认为:"据此,则《孝经》之作,直在西汉末

---

① 〔唐〕李隆基注、〔宋〕邢昺疏:《孝经注疏》卷三,第22页。
② 〔唐〕李隆基注、〔宋〕邢昺疏:《孝经注疏》卷三,第5页。
③ 郭沂:《郭店竹简与先秦学术思想》,上海教育出版社2001年版,第400页。
④ 王正己:《孝经今考》,载《古史辨》(四),上海古籍出版社1982年版,第173页。

世矣。"①

凡此四说，互鸣其高，然皆不确。究其原因，都缘于对"孝经"二字的理解有误，对《孝经》命名原理认识不足，遂致纷纭更端，徒事繁说。

第一说以为孝乃自然法则，其对《孝经》乃举"天经"之大者言。殊不知《孝经》得名虽与"天之经"有关（详下），但并不是因为"天"德大于地义与人行，故而书名舍地、人而独取"天经"。根根《孝经》"天地之性人为贵，人之行莫大于孝"的思想，人独尊于"三才"之间，而"孝"乃"人行"之大，怎么会这部规定"人行之大"——"孝道"的文献命名，反而舍人取天，不名之"孝行"（或"人行"）而名之为"孝经"呢？这是不合乎《孝经》原理的，固不可取。

第二说以为孝乃人伦常道，故以《孝经》为名。其实，古书命名未必有这样繁复的意义，如《诗》《书》《礼》《乐》《易》《春秋》，名称都很简洁，最初题名并无深意，《孝经》文字浅显，说理朴质，书名会比"六经"更为深奥吗？

第三、第四说都以"经"为经书之名，因此，或定其成书在首称"六经"的庄子之后，或定在以"经"名儒书的西汉时代。《孝经》文字既已见引于《吕氏春秋》，蔡邕《明堂月令论》还引及魏文侯《孝经传》，②《孝经》就不可能产生于汉代。蒋伯潜所引《春秋繁露·五行对》篇之言，正是董仲舒在对"河间献王问温城董君曰：《孝经》曰'夫孝，天之经，地之义'，何谓也"时说的，③怎么能说"董仲舒亦未尝明言'孝为天经地义'之言见于《孝经》"呢？真是欲加否定，不惜诡词了！《孝经》在先秦早已为人引用，何待西汉末世才成书呢！

至于说《孝经》产生于庄子后、吕不韦前，也未见得准确。如果"经"不是经典之意，则《孝经》必产生于《庄子》后就不能成说；况且，王氏所见传世文献引《孝经》虽以《吕氏春秋》最早，如果在此前已有人引用《孝经》呢，则其说岂不徒然？

除了第四说恶意否定《孝经》，歪曲事实用意不良外，其他诸家都过份执着"经"字的含意，偏离了《孝经》产生的时代背景，不符合上古命名书篇习惯，因此这些解释都是不成功的。

---

① 蒋伯潜：《诸子通考》下编，浙江古籍出版社1985年版，第350—354页。
② 〔晋〕司马彪、〔梁〕刘昭注补：《后汉书志第八·祭礼中》，中华书局1982年版，第3179页。
③ 〔汉〕董仲舒：《春秋繁露·五行对》，〔清〕苏舆疏证，钟哲点校，中华书局1992年版，第305—306页。

二　先秦两汉称引《孝经》资料分析

首先，《孝经》不产生于汉代，甚至也不产生于战国后期，其书篇命名未受"经"乃经书之称的影响；也未受到"经"者常也、道也、理也、法也的影响，因为"经"之有"常""道""法""理"之义，更是在"经"有经书观念之后才形成的。

先秦文献本已多引《孝经》，或明引，或暗引，都彰彰在目，其中以《吕氏春秋》最为明显。该书《察微》篇曰："凡持国，太上知始，其次知终，其次知中。三者不能，国必危，身必穷。《孝经》曰：'高而不危，所以长守贵也；满而不溢，所以长守富也；富贵不离其身，然后能保其社稷，而和其民人。'楚不能之也。"①这里所引《孝经》见于《诸侯章》。

关于这段引文，或以为是正文，或以为注文。清儒毕沅校云："黄东发曰：观此所引，然则《孝经》固古书也。"黄东发即黄震，南宋人。其时在朱熹怀疑和删削《孝经》之后，黄震之说显然有所指而言。清人梁玉绳对这段引文则提出怀疑："周秦古书中引《孝经》处甚少。"由是陈昌齐更进一步说："吕氏时《孝经》未出，无从引用。'孝经曰'四十六字当是注语。"陈氏所谓"未出"乃指尚未"出于孔壁"或未经"颜贞所献"，然而颜贞所献和壁中书的发生是因有秦始皇焚书坑儒才有的，吕不韦时儒书未焚，《孝经》一直行世，不存在"出"与不出的问题。王念孙则据《吕氏春秋》其他篇引《孝经》的情况予以反驳："《孝行篇》'故爱其亲不欲恶人'以下八句（详下——引者），亦与《孝经》同，则此似非注文。"汪中也说："《孝行》《察微》二篇并引《孝经》，则《孝经》为先秦之书明。"②我们认为王、汪二氏所言极是。《孝行览》既明引《孝经·天子章》；《察微篇》又将楚视为周之诸侯，故引《诸侯章》来责成他。可见《孝经》的《天子》《诸侯》两章都已被《吕氏春秋》引用，这是《孝经》有关"五孝"的重要内容，《孝经》的基本结构于此可见一斑。

在疑古之风盛行的时代，学人复申旧说，欲以达到否定《孝经》、进而否定"孝道"之目的。谭戒甫说："《孝行篇》所引曾子语皆《孝经》之文，疑此本作'曾子曰'，后人妄改为《孝经》耳。"陈奇猷则以陈昌齐之说为"是"，说："本书别无引《孝经》者，惟高诱多

---

① 〔战国〕吕不韦：《吕氏春秋》，陈奇猷：《吕氏春秋新校释》，上海古籍出版社2002年版，第1013页。
② 参见陈奇猷：《吕氏春秋新校释》，第1018—1019页。

引《孝经》为注。《孝行》'故爱其亲者不欲恶于人'以下八句,虽与今本《孝经》合,然未指明为《孝经》。"①据陈先生的观点《吕氏春秋》之引《孝经》横竖都有问题,一处所引内容虽与《孝经》完全相同,却因未明标《孝经》固不能上算;而另一处呢,虽然明引《孝经》原文,却又因别处未明引,故亦不能上算! 循环论证,固无是理。

20世纪70年代,河北定县八角廊40号汉墓出土《儒家者言》,为我们重新认识《孝经》的创作时代提供了直接的证据。② 该批简牍整理者认为此系一部早于《吕氏春秋》的先秦古书,因为其中关于孝行的文字见引于《吕氏春秋·孝行览》:

　　999号简:故人主孝则名
　　1840号简:天下[誉矣人臣孝]则事君忠处
　　1842号简:置之子不敢撅也父母之不敢
　　1848号简:父母全而生之

以上四句见于《孝行篇》中,现对照比较于下——
《定县竹简》:

　　故人主孝,则名[章荣,下服听]
　　天下[誉。人臣孝],则事君忠处[官廉]
　　[父母]置之,子不敢撅也。父母[全]之,子不改[阙]。父母全而生之

《吕氏春秋·孝行》:

　　人主孝,则名章荣,下服听,天下誉。人臣孝,则事君忠,处官廉,临难死。……曾子曰:父母生之,子弗敢杀,父母置之,子弗敢废;父母全之,子弗敢阙。乐正子春曰:……吾闻之曾子,曾子闻之仲尼:父母全而生之,子全而归之,不亏其身。③

可见《吕氏春秋·孝行篇》完全是《儒家者言》该段文字的全盘继承,《儒家者言》

---

① 陈奇猷:《吕氏春秋新校释》,第1018页—1019页。
② 参见定县汉墓竹简整理组:《儒家者言释文》,载《文物》1981年第8期。
③〔战国〕吕不韦:《吕氏春秋》,陈奇猷:《吕氏春秋新校释》,第736—737页。

产生于《吕氏春秋》之前盖无疑义,《儒家者言》残存的这段文字就是《孝行篇》的原型。更值得注意的是,《孝行篇》中还有一段话:"笃谨孝道,先王之所以治天下也。故爱其亲,不敢恶于人;敬其亲,不敢慢于人。爱敬尽于事亲,光耀加于百姓,究于四海,此天子之孝也。"①与《孝经·天子章》大抵相同:"子曰:爱亲者,不敢恶于人;敬亲者,不敢慢于人。爱敬尽于事亲,而德教加于百姓,刑于四海。盖天子之孝也。"②(只"德教"作"光耀""刑"作"究"而已)下文又说:"曾子曰:身者父母之遗体也,行父母之遗体,敢不敬乎?""《商书》曰:刑三百,罪莫大于不孝。""能全支体,以守宗庙,可谓孝矣。""父母全而生之,子全而归之,不亏其身,不损其形,可谓孝矣。"简直就是《孝经》"身体发肤,受之父母,不敢毁伤,孝之始也""五刑之属三千,罪莫大于不孝"等内容的翻版!由此可见,《孝行篇》就是对《孝经》的阐述,这也许就是《孝经》学史上最早的一篇经解或传注。③

《儒家者言》既有关于《孝经》传解之文,其产生肯定在《孝经》之后。从《孝经》——《儒家者言》(或《孝行篇》)——《吕氏春秋》这一演变传承序列,不难看出《孝经》产生时代之早,影响之大,其时间不会晚于春秋末、战国初。陈奇猷《集释》:"本篇下文乐正子春谓'吾闻之曾子,曾子闻之仲尼',孔门弟子,曾参以孝闻;《公羊传》昭十九年何休注:'乐正子春,曾子弟子,以孝名闻。'然则乐正子春传曾子之学而自成一派。考《韩非子·显学》谓'自孔子死后,儒分为八,有乐正氏之儒',尤为先秦确有乐正子春学派存在之明证。据此,则此篇实系儒家乐正子春学派之言也。"④陈先生此说考订缜密,结论可信。

郭沂进而说:"从《儒家者言》这类文献为《吕氏春秋》所收录,而《孝行篇》这类佚闻又为《儒家者言》所收录的情况看,《孝行篇》其实在《吕氏春秋》成书(引者注:即前241)前很久就已存在了,当与乐正子春生活的时代接近。"⑤既然《孝行篇》系对《孝经》的阐释,那么《孝经》的产生肯定在《孝行篇》形成之前是毫无疑问的。因此,《孝经》成于汉代说肯定是不能成立的。

乐正子春为曾子弟子,曾子(前505—前435)小孔子55岁,孔子死后曾子尚活了48年。乐正子春即以13岁从曾子问学(《学记》"古者十有三岁使入小学"),也应生

---

① 〔战国〕吕不韦:《吕氏春秋》,陈奇猷:《吕氏春秋新校释》,第736—737页。
② 〔唐〕李隆基注、〔宋〕邢昺疏:《孝经正义·天子章》卷一,第6页。
③ 何直刚:《儒家者言略说》,《文物》1981年第8期。
④ 〔战国〕吕不韦:《吕氏春秋》,陈奇猷:《吕氏春秋新校释》,第738页。
⑤ 郭沂:《郭店竹简与先秦学术思想》,第386页。

于公元前 420 年。其带徒称师之年约 40 岁,即公元前 380 年;假如他活了 70 岁而卒,即当公元前 350 年,都在战国初年。庄子约生于公元前 369 年,卒于公元前 286 年。乐正子春卒时庄子年方 19 岁,其著书如果在 40 岁,即公元前 266 年。那时乐正子春早在七八十年前已与弟子大论孝道,并已产生解说《孝经》的传注性文献(如《儒家者言》《孝行篇》等),即使不考虑《庄子》一书是否全是庄子所著,①《庄子》的成书都在《孝经》成书若干年后。因此,说《孝经》之称"经"系受《庄子》以"六经"称儒书影响的说法,就不能成立了。

《孝经》成书于春秋末、战国初,其时正是孔子再传弟子结集《论语》之时。当时文献撰著习惯都是取篇首数字命篇,《论语》篇名即是如此,②《孝经》怎么可能以意名篇?《论语》是孔子言行的真实记录,尚且不得称"经",何《孝经》独以"经"为称?此不可通之甚者。孔颖达《毛诗正义·关雎》曾总结上古命篇之例说,"名篇之例,义无定准,多不过五,少才取一。或偏举两字,或全取一句。偏举则或上或下,全取则或尽或余。亦有舍其篇首,撮章中之一言;或复都遗见文,假外理以定称"③云云,这段文字虽然说的是《诗经》,实可概见上古文献命篇之殊情。具体说来,春秋时期,多取篇首文字题篇;战国后期,渐成"以事""以义"为称之势(《孟子》仍以篇首文字名篇,犹存古式)。

此外,《大戴礼记》中有曾子书十篇:《曾子立事》《曾子本孝》《曾子立孝》《曾

---

① 按:论者已明确考订其《外篇》《杂篇》非庄子本人所作,首称"六经"的《天运篇》即在《杂篇》。
② 关于《论语》《孟子》的篇题有"取义说"与"无义说"之分。"取义说"以汉、宋人为代表,赵岐《孟子章句·梁惠王上》:"圣人及大贤有道德者,王公侯伯及卿大夫咸愿以为师。孔子时,诸侯问疑质礼,若弟子之问师也。鲁、卫之君,皆尊事焉。故《论语》或以弟子名篇而有《卫灵公》《季氏》之篇。孟子亦以大儒为诸侯所师,是以《梁惠王》《滕文公》题篇,与《公孙丑》等而为一例也。"宋邢昺《论语注疏·学而篇》解题亦说:"以好学能自切磋而乐道,皆人行之大者,故为诸篇之先。既以学为章首,遂以名篇,言人必须学也。《为政》以下诸篇所次,先儒不无意焉,当篇各言其旨。"以下各篇邢昺都根据篇名进行了意义的训释,但皆穿凿附会,实不足据。"无义说"以清人及今人为代表,焦循《孟子正义》已纠正赵岐之说:"乃《论语》名篇,但举篇首以为之目,其称《卫灵公》,以篇首有卫灵公问陈;其称《季氏》,以篇首有季氏将伐颛臾,与《学而》《述而》等篇同。《孟子》以《梁惠王》《滕文公》名篇,亦如是耳。非谓例卫灵公、季氏于子路、颜渊,例梁惠王、滕文公于公孙丑、万章也。赵氏所云,恐未尽然。"此解为今人所从,故杨伯峻《孟子译注·梁惠王》解题曰:"'梁惠王'在这里是作为《孟子》七篇第一篇的篇名。《孟子》的篇名和《论语》一样,不过是摘取每篇开头的几个重要字眼来命名,并没有别的意义。"比较两家,以"无义说"为是。
③〔唐〕孔颖达:《毛诗正义》卷一,载〔清〕阮元校刻《十三经注疏》,中华书局 1980 年版。

子大孝》《曾子事父母》《曾子制言》(上中下)、《曾子疾病》《曾子天圆》,论者以为即《汉书·艺文志》著录之"《曾子》十八篇",《大戴》所录十篇盖取自《曾子》。《曾子》原书早佚,《七录》《隋志》、新旧《唐志》、《崇文总目》《通志》《文献通考》《宋志》《郡斋读书志》以及南宋杨简所得本都是二卷10篇,篇目与《大戴记》同。清儒阮元又取《大戴》诸篇作《曾子集注》,可见《大戴礼记》所载即曾参原文。"戴记""曾子"诸篇皆题"曾子"二字,即标明其资料出处,原篇名称当只是"曾子"以后诸字,如《立事》《本孝》《立孝》《大孝》《事父母》《制言》《疾病》《天圆》等。自司马迁开始即有"《孝经》为曾子作"的说法,近今人又进而从思想渊源上予以论证,使司马迁之说更为可信。即或《孝经》不一定是曾子亲手所定,其成书也当与《曾子》一书成书时代相隔不远。考察其书命篇的规律,对我们认识《孝经》命名的原理也是有帮助的。

《立事》:首章"曾子曰:君子攻其恶求其过,强其所不能,去私欲,从事于义,可谓学矣"[1],取"从事"名篇,此稍变为"立事"。《本孝》:首章"曾子曰:忠者其孝之本与"[2],取"孝本"为篇名,此稍变为"本孝"。《立孝》:首章首句"曾子曰:君子立孝"[3],直取"立孝"名篇。《大孝》:首章"曾子曰:孝有三:大孝尊亲,其次不辱,其下能养"[4],直取"大孝"名篇。《事父母》:首章"单居离问于曾子曰:事父母有道乎"[5],直取"事父母"名篇。《疾病》:首章首句"曾子疾病,曾元抑首,曾华抱足"[6],直取首句名篇。《天圆》:首章"单居离问于曾子曰:天圆而地方者诚有之乎"[7],直取"天圆"名篇。以上七篇皆取首章首句(或前数句中关键词)作为篇名,都没有"取文""取事"名篇的做法(唯《制言》三篇"制言"之义已窜至中篇,不易看出,是个例外)。

《孝经》既成书于春秋末、战国初,其命篇原理亦应从当时著述习惯中寻找,其不得超"六经"之上而独以"经典""常道"之意名篇是显而易见的。由此可见,凡认为"孝经"一词有"经典",或"常道"等义项的解释,都是讲不通的。

---

[1]〔清〕王聘珍:《大戴礼记解诂》卷四,王文锦点校,中华书局1983年版,第69页。
[2]〔清〕王聘珍:《大戴礼记解诂》卷四,第79页。
[3]〔清〕王聘珍:《大戴礼记解诂》卷四,第80页。
[4]〔清〕王聘珍:《大戴礼记解诂》卷四,第82页。
[5]〔清〕王聘珍:《大戴礼记解诂》卷四,第85页。
[6]〔清〕王聘珍:《大戴礼记解诂》卷五,第96页。
[7]〔清〕王聘珍:《大戴礼记解诂》卷五,第98页。

三 考古、金石类《孝经》资料之考察

那么《孝经》如何得名呢？出土竹简《儒家者言》第二十四章和大足石刻《古文孝经》又为我们保留了解开此谜的重要信息：

866号简：肤受之父母曾子
1831号简：何谓身体发肤弗敢毁伤曰乐正子
313号简：毁伤父不子也士不友也□□
1199号简：尊荣无忧子道如此可胃（谓）孝
1845号简：□□教之所由曰孝□经□□
769号简：之且夫（为人子亲死然后事）

这段文字加上标点，应该是：

（身体发）肤，受之父母。曾子（下阙）
何谓'身体发肤，弗敢毁伤'？曰：'乐正子（阙）
毁伤。父不子也，士不友也。□□
尊荣无忧，子道如此，可胃（谓）孝（乎）？
□□（德之本），教之所由。曰：'孝，□（天）经、□□（地义）（下阙）
之，且夫（为人子，亲死然后事）（下阙）

学者们已注意到："866号简的'……肤受之父母'、1831号简的'身体发肤弗敢毁伤'引自《孝经·开宗明义章》的'身体发肤受之父母弗敢毁伤'一段；1845号简的'教之所由。曰孝'正是《孝经·开宗明义》'夫孝德之本也教之所由生也'一语的简略。同简的'□经□□'四字，很可能就是'天经地义'即《孝经·三才章》'夫孝天之经也地之义也'的简略语，'天经地义'这一成语的使用，此或为滥觞。所以，从文字结构上看，此章当为《孝经》的传注或解说。"①斯言有理，可以信从。

关于该简的时代和作者，郭沂先生推断："从思想上看，它与《孝行篇》完全一致，它们都借《孝经》阐释孝道，都特别强调对'受之父母'的'身体发肤'的爱护。不仅如

---

① 郭沂：《郭店竹简与先秦学术思想》，第387—388页。

此，它还直接提到了乐正子春其人。所以可以肯定地说，它是又一篇乐正子春学派的文献。与《吕氏春秋》的《孝行篇》一样，它的成篇时代也很早，非常接近于乐正子春生活的时代，故它也很可能作于乐正子春的弟子或再传弟子。"①

从上揭1845号简可见，《孝经》的早期面貌，可能《三才章》是与《开宗明义章》相连或相邻近的，后世有所窜乱。

北宋范祖禹所书、南宋所刻大足石刻《古文孝经》，保存了宋代《古文孝经》的原貌。该本系唐大历年间李士训得之项羽妾墓。②

郭忠恕《汗简》引李士训《记异》："大历初，予带经锄瓜于灞水之上，得石函，中有绢素《古文孝经》一部，二十二章，壹仟捌伯柒拾贰言。初传李太白，白授当涂令李阳冰。阳冰尽通其法，上皇太子焉。"③

韩愈《科斗书后记》称："贞元中……（李）阳冰子授予以其家《科斗孝经》，予宝蓄之而不暇学。后来京师为四门博士，识归公（登），归公好古书，能通之……因进其所有书属归氏。"④

宋夏竦《古文四声韵序》说："唐贞元中，李阳冰子开封令服之有家传《古孝经》及汉卫宏《官书》，两部合一卷，授之韩愈，愈识归公，归公好古，能解之，因遗归公。又有自项羽妾墓中得《古文孝经》，亦云渭上（当为"灞上"——引者）耕者所获。"⑤

以上三条所指皆同一件事。

李士训所得22章、1 872字的《古文孝经》即从项羽妾墓出土。李士训得之于大历初，韩愈受之于贞元中，皆同一书。据文献记载，该本《古文孝经》字形还在五代、北宋被郭忠恕、夏竦收录入《汗简》和《古文四声韵》之中；⑥司马光、范祖禹又据之作《指解》和《说》。范祖禹又手书其文，后刻入大足北山石刻之中，至今犹可按覆。⑦

大足石刻本《古文孝经》保留了秦汉以来《古文孝经》旧貌，在分章上也较传世本

---

① 郭沂：《郭店竹简与先秦学术思想》，第387—388页。
② 舒大刚：《司马光〈古文孝经指解〉的渊源与演变》，《烟台师院学报》2003年第1期。
③ 〔宋〕郭忠恕：《汗简》卷七，郑珍笺正，《丛书集成续编》本，上海书店出版社1996年版。
④ 〔唐〕韩愈：《科斗书后记》，载《别本韩文考异》卷十三，文渊阁《四库全书》本。
⑤ 〔宋〕夏竦：《古文四声韵》卷首，文渊阁《四库全书》本。
⑥ 舒大刚：《论日本传〈古文孝经〉决非隋唐时期自我国传入》，《四川大学学报》（哲学社会科学版）2002年第2期。
⑦ 舒大刚：《试论大足石刻范祖禹书〈古文孝经〉的重要价值》，《四川大学学报》（哲学社会科学版）2003年第1期。

"古文"近古。其经文分22章,有《闺门章》24字。分章与今传司马光"《指解》本"、日本传"《古文孔传》本"都不尽相同。于第六章(即今文《庶人章》)从"子曰:因天之道"以下,直接"故自天子"至章末,下章首句"曾子曰甚哉孝之大也"九字,与上章合为第六,与今文、陆德明所揭古文、传世诸本古文都不同。于第八章(今文《三才章》)"子曰夫孝天之经",至"不严而治"为一章;自"子曰先王见教"以下,至章末"民具尔瞻"别为一章。与刘向《别录》所说"(《古文孝经》)《庶人章》分为二,《曾子敢问章》为三"的情形不尽相同。而与黄震《读孝经》所述一致。① 可见宋代所传《古文孝经》就是这一面貌(今传司马光《指解》、范祖禹《说》本,因与唐玄宗御注今文《孝经》合编,为迁就"今文",对"古文"进行了改篡;同时又根据刘向、陆德明所记,对分章进行了改编。"合编本"虽然与"石刻本"同出一源,但面貌已远非一致了。已不能作为宋本"古文"的典型,它在版本学上的价值要大打折扣)②。

"石刻本"第七章以"子曰夫孝天之经地之义"起句,"夫孝天之经"正在首句。而定县竹简作:"□□教之所由曰孝□经□□"。"□□教之所由"显然是《开宗明义章》"子曰夫孝德之本也,教之所由生也"的残文。下句"□曰孝□经□□"则明明是"子曰夫孝天之经地之义"的省略语,这也许是下一章的起句。如果此说不诬,那么竹简的分章起讫就与"石刻本"完全相同了。

依竹简的顺序,《开宗明义章》为开卷第一,以"子曰夫孝天之经"为首的《三才章》则当为次章第二。依照古人取首句为篇名的习惯,《开宗明义章》首句是"仲尼居"(今文)或"仲尼闲居"(古文),因《礼记》已有《孔子闲居》《仲尼燕居》两个篇名了,都不便再作篇题,以免雷同。③ 只有退而求其次,第二章首句的"夫孝天之经地之义"正当其冲,摘其首句关键词乃是"孝经"二字,于是乎《孝经》就成了本书的正式名称了。

除了这一原因外,古书也有摘取首章首句以外其他句中关键词为篇名的习惯,今传《大戴礼记》首篇《主言》即是如此:

> 孔子闲居,曾子侍。孔子曰:"参!今之君子,惟士与大夫之言之闲也,其至

---

① 〔清〕黄震:《黄氏日钞》卷一,文渊阁《四库全书》本。
② 舒大刚:《今传司马光〈古文孝经〉非原本考》,《中华文化论坛》2003年第1期。
③ 南宋汪晫辑《曾子·内篇·仲尼闲居》,取朱子《刊误》本《孝经》,将《孝经》题名《仲尼闲居》,与《礼记·仲尼燕居》《孔子闲居》重复,盖不知古。清王安定辑《曾子集语》十八篇,又名《曾子家语》,卷一有《至德要道》篇,乃《孝经》一书之改题。都因没有很好解决《孝经》得名原理而徒事纷更,固不足道。

于君子之言者,甚希矣。矜乎! 吾主言其不出而死乎?"①

按照竹简残留的文字,《孝经》首章也可以这样排列:

> 仲尼闲居,曾子侍坐。子曰:"参! 先王有至德要道,以顺天下,民用和睦,上下无怨。女知之乎?"曾子避席,曰:"参不敏,何足以知之?"子曰:"夫孝德之本,教之所由生。"曰:"孝,天经,地义,民之行也"云云。

两相对照,无论从句法、行文、篇章结构,还是从首章的关键词的具体位置,与《主言》都如出一辙,情致完全相同。《大戴礼记》可以用首章中第十句的关键词作为篇名,《孝经》如何不可以摘取首章首句以外其他句的关键词来作书名呢?《主言篇》又见于《孔子家语》,只是"主言"作"王言"。《孔子家语》的材料已见于出土汉简,从《家语》引用《主言》来看,该篇必定产生甚早,当在战国之世。相同命篇情况在《大戴记》尚有《礼察》,是从首章及次章中取其关键词名篇的。② 说明取篇首以外语词作为篇名这一形式在先秦时期是存在的。

无论是取首章、首句的关键词为书名,还是取首章其他语句的关键词作篇题,都与篇名文字本身代表的意义无关。《孝经》之为书名,仅仅取其"夫孝天之经"一语中的两字为称而已,其间并无深意,这里"经"字既没有"经典"的意思,也没有"常道""常法""常理"可供"常行"的意思。后人作此类解释,皆求之过深,不是"孝经"命篇时的本意。又加《孝经》文字有错简,如今文《孝经》的《感应章第十六》在《谏净章第十五》之后、《事君章第十七》之前,《古文孝经》则在《广至德章》之后、《广扬名章》之前。第一、第二章的顺序可能也有错讹,一是将《庶人章》末句"曾子曰甚哉孝之大也"窜入下章,成了《三才章》的首句;二是将《三才章》从第二的位置退至第七。这样,"夫孝天之经"作为首章(或次章章首)的位置已被打乱,后人就不易看出《孝经》得名的真正原因了。

刘向、刘歆尚略知先秦古书命篇之惯例,知道《孝经》乃取篇中文字(即"夫孝天之经")而成的原理,但是又因篇次错乱,该句不在篇首(也不在章首),故只好采"取义"说,曲解为"举大者言,故曰《孝经》"了。殊不知《孝经》之名虽然有得于"夫孝天之经"

---

① 〔清〕王聘珍:《大戴礼记解诂》卷一,第1页。
② 按,首句"孔子曰:君子之道譬犹防与? 夫礼之塞,乱之所从生也",下章"为人主计者,莫如安审取舍……不可不察也"——取上章之"礼"、下章之"察"字为篇名。

一语，但其解释却有悖于"天地之性人为贵"的人文主义精神，因此"取大者言"之说既不合乎先秦名篇之例，也不合乎《孝经》主体精神，因此也未为尽善。《孝经》因错简而埋没其命名之由，致使历代学人竞猜难中，实可为之一慨！

四　结　语

总之，根据大足石刻《古文孝经·三才章》以"夫孝天之经地之文"为章首的分章情形，结合定县八角廊出土竹简《儒家者言》第二十四章有关《孝经》残文的研究，《孝经》命名很可能系取首章关键词组（或第二章首句关键词）构成，这与春秋末、战国初命篇的习惯相合。由此看来，《孝经》之名不可能有孝为"常道""常法"可以"常行"的意思，《孝经》不可能在其他儒家经典都尚未使用"经"字命名时独居"经典"地位。这既纠正了因训"经"为"经典"或"常道"而导致的刻意推迟、贬低《孝经》产生时代的误说，也避免了虽想极力维护《孝经》神圣地位，却因没能解决好其得名与成书两者之间的关系而造成的矛盾现象：一方面人们力图将《孝经》产生时代提前，另一方面又将后世才有的"取义""取事"名篇的方法，以及"经"为"经典"，"经"有"常道""常理"的意义，强加于《孝经》头上，使自己陷入进退两难的境地。于事于理，实为两误。由此亦可证，《孝经》成书于春秋、战国之际的传统说法，是可信的。

原载《西华大学学报》（哲学社会科学版）2004年第1期。

汉代儒学文献的发展与演变

汉代特别是西汉是儒家经学正规化、官方化的时期，也是儒家经典大量复出、儒学文献种类增多，最终奠定中国整个儒学文献基础、形成儒学文献大致体系的时期。先秦时期，因孔子修订"六经"而形成了儒家基本经典，并奠定了儒学文献的基本形式。随着春秋末、战国时期儒家弟子"散游诸侯""友教士大夫"的普及运动展开，便产生了早期儒家解释"六经"的"传记"类文献，以及阐扬儒家理论的诸子类文献。秦世焚书，使儒学文献"书缺简脱""六艺残损"，跌入低谷。随着西汉惠帝"除挟书之律"、武帝"置写书之官"、成帝遣使"求遗书于天下"措施的实施，儒家古经遗传纷纷杂出，为后世"七经""九经"和"十三经"的形成打下了文献基础。特别是汉武帝"罢黜百家，表章六经"，设"五经博士"，"置弟子员"，儒家经典传授形成固定制度，使儒家经典阐释文献无论是数量还是体式都大增于前，在先秦"传记"文献之外又产生"章句"一类。进入东汉之后，儒家继续保持其显学地位，儒学文献也随着今古文问题讨论的深入而呈现出新兴气象，经历了从东汉初期的"今古文并驾齐驱"，到中期的"古胜今衰"，再到后期建立于古文学基础上的经学"今古合一"的过程。

一 除挟书律，儒家遗经大量发现

汉家儒学的真正复兴是从汉武帝时期开始的，但儒学之所以能够复兴，又以儒家经典文献的大量复出为前提；儒学文献的大量复出，则与汉惠帝实行"除挟书之律"政策分不开。汉代儒籍的复现，大致分三个时期：一是惠、文、景时期的初出，二是武帝时期的大出，三是成帝时期的极盛。

秦始皇焚书、禁书，民间敢有收藏和偶语《诗》《书》者，罪至死。《史记·秦始皇本纪》记其事说："史官非秦纪皆烧之。非博士官所职，天下敢有藏《诗》《书》、百家语者，悉诣守、尉杂烧之。有敢偶语《诗》《书》者弃市。以古非今者族……所不去者，医药、卜筮、种树之书。"说明当时秦人所焚所禁乃民间收藏，其博士官所职者固在。

汉初所藏图书，有所谓"中秘古文"，即是得之秦朝所藏。刘歆《七略》谓汉家藏书："外则有太常、太史、博士之藏，内则有延阁、广内、秘室之府。"①大致而言，延阁、广内、秘室所藏即谓之"中书"。这些图书，很大程度上来自秦室旧藏。有人说萧何入关只收军事经济类的图经，不取儒籍，以致连秦朝博士官所藏者亦为项羽所焚，其实不然。

郝经《续后汉书》云："至于坑戮，儒学几乎熄矣。然而秦博士之所掌二帝三王之典籍犹存；及项籍入咸阳，一炬而尽，祸尤酷于秦人。"②《资治通鉴·秦纪》卷七载："非博士官所职，天下有藏《诗》《书》、百家语者，皆诣守、尉杂烧之。"胡三省注："秦之焚书，焚天下之人所藏之书耳，其博士官所藏则故在。项羽烧秦宫室，始并博士所藏者焚之。此所以后之学者咎萧何不能于收秦图书之日并收之也。"今世学人亦有从其说者。

考之《汉书》，以上诸说实属不然。《汉书》载汉世犹多行"中书"或"中古文"。《艺文志》云："刘向以'中古文'《易经》校施、孟、梁丘经，或脱去'无咎''悔亡'，唯费氏经与古文同。"颜师古注："中者，天子之书也。言中，以别于外耳。"是《周易》有"中古文"。《汉志》《尚书》类云："刘向以'中古文'校欧阳、大小夏侯三家经文，《酒诰》脱简一，《召诰》脱简二"云云。又："世所传'百两篇'者，出东莱张霸……成帝……以'中书'校之，非是。"颜师古注："中书，天子所藏之书也。"是《尚书》亦有"中古文"或"中书"。《汉志》所录诸经"古文"，其来于民间或孔壁者，皆明著来源，唯皇家原有所藏则直呼"中书"或"中古文"。③如"礼类"云《礼古经》者，出于鲁淹中"，已明确指出了礼经古文所出（鲁淹中）；《孝经》类称今文《孝经》各家"经文皆同，唯孔氏壁中古文为异"；又《论语》古二十一篇，出孔子壁中，两《子张》"；"小学类"《史籀篇》"与孔氏壁中古文异体"等，皆明确指出了各经所自出（孔壁）。唯原来中秘所藏，则径称"中古文"，二者判然有别。刘邦起于泗上亭长，出身下层，这些皇家才有的"中书""中古文"从何而来？其非萧何取自秦廷而何！

---

① 〔汉〕刘歆：《七略》，《汉书·艺文志序》卷三〇颜师古注引，中华书局1962年版，第1702页。
② 〔元〕郝经：《续后汉书》卷六五上上，文渊阁《四库全书》本。
③ 〔汉〕王充《论衡·正说篇》："至孝景帝时，鲁共王坏孔子教授堂以为殿，得百篇《尚书》于墙壁中。武帝使使者取视，莫能读者，遂秘于中，外不得见。至孝成皇帝时，征为《古文尚书》学，东海张霸案百篇之序，空造百两之篇，献之成帝。帝出秘百篇以校之，皆不相应。于是下霸于吏。吏白霸罪当至死，成帝高其才而不诛，亦惜其文而不灭，故百两之篇传在世间者。传见之人则谓《尚书》本有百两篇矣。"（《汉魏丛书》本）以"中古文"为孔壁古文之遗。但是《汉书》明载孔壁《古文尚书》并非百篇，只比今文28篇多16篇，实止44篇，故王充之说误。

不过汉初学者所掌握的儒学文献毕竟稀少,流行于世的儒家经典,"唯有《易》卜",《诗》则因便于记忆,诵在人口而得以传授。直到惠帝四年(前203),"除挟书之律",解除民间藏书禁令,于是散在民间、藏在崖壁的古旧文献才慢慢复出。郝经《续后汉书》卷六五上:"孝惠四年,始除挟书律。残门余士,祛箱解禁,排蓬荜,振埃烬,掇拾断烂而出焉。"如颜芝所藏《孝经》,即在此时由其子贞献出。

孝文皇帝时,原秦博士济南伏生能读《尚书》,文帝立即派遣晁错前往受《尚书》。据刘歆后来说,当时《尚书》"初出于屋壁,朽折散绝","时师传读而已",没有义理;《诗》"始萌芽",也无人传授;"天下众书往往颇出,皆诸子传说",物以稀为贵,文帝为了保存文献,"犹广立于学官,为置博士"。《论语》《孝经》《孟子》《尔雅》皆于是时设置博士。不过当时朝廷大臣以儒学出身的殊少,"在朝之儒,唯贾生(谊)而已"(刘歆《移书让太常博士》)。

经过七八十年积累,直到汉武帝初年,经学传授都还相当初级:"当此之时,一人不能独尽其经",须经数人"相合而成"。其经典文本,至宣帝时乃逐渐完备,如《尚书》"《泰誓》后得,博士集而读之",乃能粗通;《周易》的《说卦》以下三篇(包括《序卦》《杂卦》),也于宣帝时才由河内女子发老屋所得。因此元朔五年(前124)汉武帝在诏书中还说:"礼坏乐崩,书缺简脱,朕甚闵焉。"(《汉书·武帝纪》)因此刘歆说"离于全经,固已远矣",当属事实。

由于汉武帝的提倡,儒学文献至此时出现了第二次高潮。史称武帝"建臧(藏)书之策,置写书之官",除儒家典籍纷纷出现外,"下及诸子传说","皆充秘府"(《汉书·艺文志》)。故此期儒学文献的特色主要表现在遗书的发现。首先是孔壁古文。秦焚书时,孔鲋将《诗》《书》等典籍藏于壁中,至"武帝末,鲁共王坏孔子宅,欲以广其宫,而得《古文尚书》及《礼记》《论语》《孝经》凡数十篇,皆古字也。共王往入其宅,闻鼓琴瑟钟磬之音,于是惧,乃止不坏。孔安国者,孔子后也,悉得其书,以考二十九篇,得多十六篇。安国[家]献之,遭巫蛊事,未列于学官"(《汉书·艺文志》)。① 刘歆也说:"及

---

① 按,此次获书,刘歆《移书让太常博士》:"及鲁恭王坏孔子宅,欲以为宫,而得古文于坏壁之中,逸《礼》有三十九篇,《书》十六篇。"(载《文选》卷四三,胡刻本)〔汉〕王充《论衡·正说篇》:"至孝景帝时,鲁共王坏孔子教授堂以为殿,得百篇《尚书》于墙壁中。武帝使使者取视,莫能读者,遂秘于中,外不得见。"逸《礼》或说百三十一篇,刘歆说三十九篇。郝经《续后汉书》卷六五上:"孔安国又献《古礼经》七十篇,《周官》六篇,《记》百三十一篇。《礼经》即《仪礼》,《周官》《周礼》也。至刘向,总得《记》二百十四篇。戴德删其烦重为八十五篇,戴圣又删为四十七篇。建武以来,曹充习庆氏学,传其子褒,撰《汉礼》。郑众传《周官经》,马融传小戴学,增入《月令》《明堂位》二篇,共四十九篇,今《礼记》也。"与《汉书》所载又异。

鲁恭王坏孔子宅，欲以为宫，而得古文于坏壁之中，《逸礼》有三十九篇、《书》十六篇。天汉之后，孔安国［家］献之，遭巫蛊仓卒之难，未及施行。"（《汉书·刘歆传》）共王即恭王刘余，这批书有《尚书》《礼记》（又称《逸礼》）、《论语》《孝经》，都是用秦统一文字前的战国文字所写，故称"古文"。孔安国尽得其书，以今文读之，《古文尚书》比时行的今文多16篇；《古文礼记》据说有131篇；《古文论语》有2篇《子张》；《古文孝经》分22章，而通行本是18章。孔安国家献其书，遇巫蛊之祸，未得立于学官。

其次是民间古文。汉代诸侯王多有学问之人，其中以楚元王交、河间献王德、鲁恭王余、淮南王安为最，他们收集民间古籍，厥功甚伟。

元王交是刘邦同父异母少弟，秦末与穆生、白生、申公俱从荀卿弟子浮丘伯习《诗》，及秦焚书，相与别去。汉既立，交为楚王，以穆生、白生、申公为中大夫。高后时，浮丘伯在长安，元王遣子郢客与申公俱卒业。文帝时，闻申公为《诗》最精，以为博士；元王好《诗》，诸子皆读《诗》。申公始为《诗传》，号《鲁诗》；元王亦次之《诗》传，号曰《元王诗》。

淮南王安是刘邦少子淮南厉王刘长的儿子。其为人"好读书鼓琴，不喜弋猎、狗马驰骋，亦欲以行阴德，拊循百姓，流誉天下"（《史记·淮南衡山列传》）。他曾"招致宾客方术之士数千人，作为《内书》二十一篇、《外书》甚众；又有《中篇》八卷，言神仙、黄白之术，亦二十余万言"，今存《淮南子》（又称《淮南鸿烈》）。"时武帝方好艺文，以安属为诸父，辩博善为文辞，甚尊重之"（《汉书·淮南衡山济北王传》）。淮南王还令善为《易》者9人，撰著《淮南道训》2篇，号为《淮南九师说》。

鲁恭王是景帝之子，因扩建宫室而从孔壁中得古文经书，成为历史文献的重大发现，已如上述。

河间献王德亦景帝子。史称他"修学好古，实事求是"，爱好文献，每"从民得善书，必为好写与之，留其真，加金帛赐以招之，由是四方道术之人，不远千里，或有先祖旧书，多奉以奏献王者，故得书多与汉朝等"（《汉书·景十三王传》）。当时淮南王安"亦好书"，但是安所好乃道家、神仙、方术、文学之流，"所招致率多浮辩"；与安不一样的是，"献王所得书皆古文先秦旧书，《周官》《尚书》《礼》《礼记》《孟子》《老子》之属，皆经、传、说、记，七十子之徒所论"，几乎都是儒学文献。他还在自己的王国中设立儒学官职，"其学举六艺，立《毛氏诗》《左氏春秋》博士"；还"修礼乐，被服儒术，造次必于儒者"。因此"山东诸儒，多从而游"（《汉书·景十三王传》）。可见，《周官》《尚书》《礼》《礼记》《孟子》等"古文先秦旧书"，皆献王所得，而且都曾经献于天子。他还在楚国设置了传授《毛诗》《左传》的博士。郝经还说：献王"得《礼古经》五十六篇于鲁淹中，及孔氏学七十篇，与《明堂阴阳》《王史氏记》，皆七十子后学者所记，多天子、诸侯、卿大夫之制,愈于后苍等推'士礼'而致于天子之说,置不用,亡之"(《续后汉书》卷六五)。《礼记》的许多篇章也是献王所得,其于儒学文献的发现、保存与流传,确有重大功劳。

至汉成帝时,西汉所藏图书已经极大丰富,于是带来了首次国家图书整理运动。河平三年(前26)"秋八月乙卯晦,日有蚀之。光禄大夫刘向校中秘书,谒者陈农使使求遗书于天下"(《汉书·成帝纪》)。《汉书·艺文志》亦说:"成帝时,以书颇散亡,使谒者陈农求遗书于天下。诏光禄大夫刘向校经传、诸子、诗赋,步兵校尉任宏校兵书,太史令尹咸校数术,侍医李柱国校方技。每一书已,向辄条其篇目,撮其指意,录而奏之。会向卒,哀帝复使向子侍中奉车都尉歆卒父业。歆于是总群书而奏其《七略》,故有《辑略》,有《六艺略》,有《诸子略》,有《诗赋略》,有《兵书略》,有《术数略》,有《方技略》。"这是中国历史上第一次由政府组织的大规模的古籍整理活动。这次整理,不仅编著了第一部目录学著作《七略》,而且还发现了许多藏在中秘不为人知的经典,开启了经学研究的新课题和新方向。

从孔壁发现的《古文尚书》、古文《逸礼》,河间献王所得而献进的"古文先秦旧书"《周官》(即《周礼》)《毛诗》《左传》等,都再次得到发现和提倡,从而形成了"古文经学"运动。史称刘歆校秘书,见古文《春秋左氏传》,"大好之"。歆从共同校定秘书的丞相史尹咸、丞相翟方进"受学","质问大义"。《左氏传》多古字古言,当时民间传者有鲁国桓公、赵公、贯公和胶东庸生,但都只"传训故而已",未当成经典,也未形成义例和义理。刘歆治《左氏》,"引传文以解经,转相发明,由是章句义理备焉"。刘歆以为"左丘明好恶与圣人同,亲见夫子;而《公羊》《穀梁》在七十子后,传闻之与亲见之,其详各不同"(《汉书·刘歆传》),是非常可宝贵的。

当时属于今文经的"五经博士"只有《易》施、孟、梁丘三家,《书》29篇欧阳、大小夏侯三家,《诗》齐、鲁、韩三家,《礼》17篇后氏学,《春秋》之《公羊》《穀梁》二传等,皆今文经学。哀帝时,刘歆得皇帝亲信,"欲建立《左氏春秋》及《毛诗》《逸礼》《古文尚书》,皆列于学官",以尊古文。哀帝令刘歆与五经博士讲论其义,诸博士以"《尚书》为备",说伏生所传28篇配二十八宿,[①]并无残缺;《左传》乃史书,"不传《春秋》";《周礼》又无来历师说,故"不肯置对"。刘歆于是移书让太常博士,批评他们"信口说而背传记,是末师而非往古";"保残守缺,挟恐见破之私意,而无从善服义之公心。或怀妒嫉,不考情实,雷同相从,随声是非"(刘歆《移书让太常博士》)。博士怨恨,罗织罪名攻击刘歆,于是掀起了经学史上旷日持久的"今古文经学"之争。

---

① 〔汉〕王充《论衡·正说篇》:"或说《尚书》二十九篇者,法斗、七宿也。四七二十八篇,其一曰斗矣,故二十九。"

从总体上看,自西汉初年到西汉末年,儒家经典文献都已经渐次复出和结集完毕。《易》本卜筮之书不焚,其《说卦》以下三篇至宣帝时得以补足;《书》28篇由秦博士伏生所传;《诗》以讽诵在人口传而不绝,文、景、武、宣之时,已经有齐、鲁、韩三家诗,河间献王又传《毛诗》古文;《礼》(又称《士礼》或《仪礼》)自汉文、景时由高堂生、后苍所传;《春秋》公羊学由胡毋生、董仲舒所传,宣帝时又立《穀梁》学博士,河间献王还传《左氏》学。汉惠帝除挟书律时,颜芝所藏《孝经》已经由其子贞献出。文帝时,已经为《论语》《孝经》《孟子》《尔雅》设置博士,说明诸书早出。汉武帝末,孔壁发现《古文尚书》,比伏生本多16篇;《逸礼》39篇;《古论语》《古文孝经》各书。景、武之时,河间献王从民间收得"古文先秦旧书"《周官》(即《周礼》)《毛诗》《古礼经》《礼记》《孟子》等书。这些文献或传于民间儒生,或掌于太学博士,后来又从不同渠道汇集到中央藏书处,成为后世形成"十三经"的文本依据。

二　西汉经学章句文献的盛行

儒家经典以及解经的传记文献基本形成于先秦时期,《庄子·天运》载"丘治《诗》《书》《礼》《乐》《易》《春秋》",《史记·孔子世家》称孔子"论次《诗》《书》,修起《礼》《乐》,赞《易》,修《春秋》",皆其证也,是即孔子修订"六经"的伟大事业。孔子除删订"六经"外,还对"六经"的内涵和精神进行了阐释,形成早期解经文献。《史记》说"《书》传、《礼》记自孔氏",说明早期《尚书》和《礼经》的解释性文献都在孔子时开始了;《孔子世家》又说孔子"序《彖》《系》《象》《说卦》《文言》",说明孔子时首批解释《周易》的文献也产生了。《太史公自序》称"左丘失明,厥有《国语》",又说左丘明见孔门"弟子人人异言"而失其真,于是据鲁史以作《左传》,是《春秋》学文献也产生于先秦。近时一批战国竹书诸如"孔子《诗》论"的发现,又为我们证实儒家《诗》类文献在先秦也产生过了。不过,先秦时期的说经解经文献都是通说通论性质,与经并列独行,很少附经而传(《仪礼》有经有传例外)。根据文献类型,学人将先秦称为"传记"时期,是有道理的。后世习见的对经典难字、难词,甚至章义、段意、名物、故实等进行解释的"章句""笺注""义疏"类经学文献,是在汉代以后才产生的。具体来讲,西汉主今文而"章句"兴,东汉重古文而"笺注"出,魏晋南北朝尊传注而"义疏"成焉。

西汉"章句"文献的产生,是随着"罢黜百家,表章六经"政策实施开始的。《汉书·匡衡传》载匡衡《上成帝疏》："臣闻'六经'者，圣人所以统天地之心，著善恶之归，明吉凶之分，通人道之正，使不悖于其本性者也。故审'六艺'之指，则天人之理可得而和，草木昆虫可得而育，此永永不易之道也。"将"六经"视为"天地之心"（即道）、"善恶之归"（终极标准）、"吉凶之分"（界限）、"人道之正"（正确道路），而且又不违背人类和事物的本性；通过学习"六经"，就可以懂得"天人之理"（自然和人类社会的原理），使万事万物各随所性，得到发育和成功。在汉人看来，"六经"是人类知识的源泉，也是治理人类社会的指南。人若希望获得知识，过文明有品位的生活，就必须博学乎"六艺"，详究其经义；特别是统治者如果需要造就有规矩、有能力、有品行的继承人的话，就必须实施经学教育。文帝时置《诗经》博士，景帝时又置《春秋》博士，至武帝立"五经博士"，并置博士弟子50员，皆此用意。

但是，又由于经典本身是"先王之陈迹"（《庄子·天运》），乃"旧法世传之史"（《庄子·天下》），其教育意义难免淹没于浩瀚的史迹之中。要让这些历史文献承担起教化功能、完成培育人才的任务，执教者就必须总结出其中的义例和精意，阐发其中的微言大义和隐秘奥旨，形成一定的理论体系和解说风格；这些解说又不能离开经典来信口腾说，理论为了取信于人，又必须依据于经典文本，论从经出，于是给经典作解人，撰著经注、经笺以及章句，便势所必然。汉代解经说经的文献不仅数量陡增，而且风格各异，蔚为大观。根据汉代的学术大势，特别是儒家"师法"和"家法"的演变以及汉代儒学文献发展的阶段性，我们完全可以将《汉书·艺文志》所著录的儒家文献，大致分辨出孰为"师说"文献、孰为"家法"文献来。

刘歆称汉代经学"先师皆出于建元之间"。建元（前140—前135）是汉武帝的第一个年号，也就是说早期儒学"师说"文献出现于汉武帝时期。自从汉武帝立"五经博士"，诸博士各以师说教授，"师说"一旦记录下来，便为后代传经博士所遵守，此类文献《汉志》有著录，其名称仍然依仿先秦"传记"传统，多以"传"或"记"命名。后来，转相传授，又于某师之下另成家法，这些家法记录下来，又形成新的经解文献，即《汉志》所录诸"章句"是也。于是西汉诸经文献之下既有"师说"文献，又有"家法"文献。

西汉经学博士初立之时，众博士各以家法教授，不敢轻背师说，故学术严谨，文献也不多。据《汉书·儒林传·赞》记载：武帝初立五经博士时，《书》《礼》《易》《春秋》四经都只立一家：《书》欧阳氏，为汉初伏生所传；《礼》后氏；《易》杨氏，为田何三传弟子杨何；《春秋》公羊传，这是其各守师说、学不分歧的阶段。唯《诗经》有三家（即齐、鲁、韩"三家诗"）：文帝时已有鲁申公、燕韩婴，景帝时又立齐辕固。至宣帝时，不仅《诗》学博士有三家，其他诸经也都各自形成家法教授了，如《易》有施、孟、梁丘、京氏；《书》有欧阳、大夏侯、小夏侯；《礼》有大戴、小戴；《春秋》公羊有严、颜二博士，五经凡十四博士,这是其家法分立、异说纷出的阶段。另外,汉代还在民间流行费直《易》和高相《易》,属于古文经学,没有立于学官。

西汉儒家经学文献的产生也大致循此一路径演绎,大致分出师说、家法两大类型。据《汉书·儒林传》,如《易》学文献:汉初第一代《易》学家是田何,何传王同、周王孙、丁宽、服光,"皆著《易传》数篇";于是《艺文志》载《易传》周氏2篇、服氏2篇、王氏2篇、丁氏8篇(《汉书·儒林传·丁宽传》"宽作《易》说三万言,训诂举大谊而已,今《小章句》是也")。王同传《易》于杨何,武帝时为博士,他是汉代第一位《易》学博士,也是武帝时唯一的《易》博士,《艺文志》著录有杨氏《易传》2篇。自此以前皆"师说"文献。

杨何的师叔丁宽传《易》田王孙,王孙授施雠、孟喜、梁丘贺,三者同门却各自异说,"由是《易》有施、孟、梁丘之学"(《汉书·儒林传》)。三家之学宣帝时立为博士,《汉书·艺文志》亦著录《易章句》"施、孟、梁丘氏各二篇"。此外,京房从孟喜别传弟子焦延寿(赣)受《易》,言灾异,房授殷嘉(又作段嘉)、姚平、乘弘,皆为郎、博士,"由是《易》有京氏之学",《艺文志》亦载其"《易孟氏京房》"十一篇""《灾异孟氏京房》六十六篇""《京氏段嘉》十二篇"。以上皆"家法"文献。

此种情况,《尚书》尤为明显:齐人伏生(名胜)首传《尚书》于济南张生、欧阳生,《艺文志》于《书》学文献,首著"《传》四十一篇",颜师古注云"乃胜之遗说,而张生、欧阳生等录之也",顾实以为"此即《尚书大传》也"。① 是《尚书大传》即第一代"师说"文献。

《汉书·儒林传》说:欧阳生字伯和,"事伏生,授倪宽","宽授欧阳生子,世世相传,至曾孙高子阳为博士","由是《尚书》世有欧阳氏学"。又说:夏侯胜祖先夏侯都尉"从济南张生受《尚书》,以传族子始昌,始昌传胜","胜传从兄子建","胜至长信少府,建太子太傅","由是《书》有大、小夏侯之学"。于是《艺文志》著录《尚书》文献,于《传》下有"《欧阳章句》三十一卷""《欧阳说义》二篇""《大小夏侯章句》各二十九卷""《大小夏侯解故》二十九篇"。此即"家法"文献。

《诗经》文献:汉初已有齐、鲁、韩、毛之分,前三家文、景、武时立于博士,《毛诗》则河间献王立为博士。于是《诗》有《鲁故》25卷、《韩故》36卷、《韩内传》4卷、《韩外传》6卷、《毛诗故训传》30卷,此皆"师说"文献。后来三家皆各传弟子,弟子各自为学,如《鲁诗》有韦、张、唐、褚之学,故又有《鲁说》28篇;《齐诗》有后苍、孙氏之学,故

---

① 顾实:《汉书艺文志讲疏》,商务印书馆1929年版,第28页。

有《齐后氏故》20卷、《齐后氏传》39卷,《齐孙氏故》27卷、《齐孙氏传》28卷以及《齐杂记》18卷。是皆"家法"文献。

《春秋》文献:除《左传》《公羊》《穀梁》《邹氏》《夹氏》《铎氏微》(楚太傅铎椒)《虞氏微》(赵相虞卿)这些先秦传说外,还有《公羊外传》50篇、《穀梁外传》20篇等,是为汉博士"师说"文献。又有《左氏微》2篇、《张氏微》(张苍)10篇等《左传》"师说"文献。及《公羊》一家中又有严、颜之学的分野,故又有《公羊章句》38篇、《公羊杂记》83篇、《公羊颜氏记》11篇等出现,宣帝立《穀梁春秋》,于是又有《穀梁章句》33篇产生,此类盖皆"家法"文献也。

《论语》:有古、齐、鲁三种,而齐、鲁为博士所传,故"汉兴有齐、鲁之说"。传《齐论》者,"昌邑中尉王吉、少府宋畸、御史大夫贡禹、尚书令五鹿充宗、胶东庸生,唯王吉名家",故传《齐说》35篇;"传《鲁论》者,常山都尉龚奋、长信少府夏侯胜、丞相韦贤、鲁扶卿、前将军萧望之、安昌侯张禹,皆名家"(《汉书·艺文志》)。其中安昌侯最后出,故得传于世,文献有《鲁夏侯说》21篇、《鲁安昌侯说》21篇。传《齐论》的王吉之子王骏亦传《鲁论》,又有《鲁王骏说》20篇。

《孝经》文献:经有今、古文二种,唯今文18章为长孙氏、博士江翁、少府后苍、谏大夫翼奉、安昌侯张禹所传,故有《长孙氏说》2篇、《江氏说》1篇、《翼氏说》1篇、《后氏说》1篇、《安昌侯说》1篇,等等。大概是文字浅显的缘故,《论语》《孝经》的师说和家法之分不甚明显。

在西汉时期,诸经(特别是今文经)皆因有师说而有专经之学,有专门之学才能获得博士的设立,因立博士也才有经学文献的产生,《汉书·艺文志》所录"传""说""章句"大多由是而起。当然,在博士传、说、章句之外,西汉尚有许多其他诸家的文献,却不在此列。如《易》家:除《易》博士的文献外,还有师事周王孙的《蔡公传》2篇、《诗》博士韩婴《韩氏传》2篇,以六甲法解《易》阴阳的《古五子》18篇,淮南王刘安"聘明《易》者九人"以道家观点解《易》的《淮南道训》2篇(号《九师说》),以及以《易》理杂说灾异的《古杂》18篇、《杂灾异》35篇、《神输》5篇、图1篇,还有传《梁丘易》的五鹿充宗《略说》3篇,等等。如《书》家:除《书》博士传、章句外,尚有刘向、许商二家的《五行传记》(前者11卷、后者1篇)、《逸周书》71篇,汉宣帝时石渠阁论经时产生的《书经》"奏议四十二篇"等。其他诸经也大致类此。不过,西汉经学传习虽然比较普遍,但是人们不以著述为业,故经学文献仍然以博士所传为主,而且数量也不是很大。

比较"传说"和"章句"两类文献,前者多得先师旧说、先秦古法,文字也质实简劲,如韩氏之《诗外传》、伏氏之《书大传》、董氏之《春秋繁露》等皆是也。后者则乃后师之繁辞衍说,多苛察缠绕,如今文《尚书》经师小夏侯"左右采获……牵引以次章句,具文饰说",传其学的秦恭撰《尚书章句》"增师法至百万言"(《汉书·儒林传》),"说《尧典》篇目两字之说,至十余万言,但说'曰若稽古'三万言"①,当时即被斥为"章句小儒,破碎大道"(《汉书·眭两夏侯京翼李传》)。

及至西汉末年,今文经学的繁辞衍说也已不能以满足日益神秘化的西汉社会特别是西汉统治者的需要,于是一批趋风之徒、无聊之辈,便假托孔子造作了大量"谶纬"文献,虽然其中也夹带一些哲学思维和历史故事,因而曾经得以风行一时;可是谶纬文献的基调主要是神秘与怪异,这与"不语怪力乱神"的孔学追求终究异趋,最终使经学失去了理性和救世的价值,而进入学术的死胡同。

三　东汉今古文学文献的演进

东汉是今文经学与古文经学相杂的时代。自前汉哀、平之际刘歆挑起今古文之争以来,整个东汉都处于今古文对立、互相争胜的状态。具体而言,东汉官方学术仍然维系西汉以来"今文经学"五经十四博士一统天下的局面,选人举士、论事言政,皆以今文经说为依据,今文经学在政治上一直处于官方学术的主导地位,是"在朝之学";古文经学除了《左传》学在东汉初年有过短暂的博士设立外,其他各经一直处于民间自由传诵状态,属于"在野之学";但在学术研究上,古文学却每变愈上、越传越盛,今文学反而呈现出每况愈下的趋势。

《后汉书·儒林列传序》载:"昔王莽、更始之际,天下散乱,礼乐分崩,典文残落。及光武中兴,爱好经术,未及下车而先访儒雅,采求阙文②,补缀漏逸。先是,四方学士多怀协图书,遁逃林薮;自是莫不抱负坟策,云会京师,范升、陈元、郑兴、杜林、卫宏、刘昆、桓荣之徒,继踵而集。于是立'五经'博士,各以家法教授:《易》有施、孟、梁丘、京氏,《尚书》欧阳、大、小夏侯,《诗》齐、鲁、韩,《礼》大、小戴,《春秋》严、颜,凡十四博士。""建武五年,乃修起太学",置博士弟子员额。

以上所举"十四博士",完全是汉宣帝时的格局,都是今文经学的教官。他们所资以教育博士弟子的,也一仍旧惯,"各以家法教授",亦即继承和传扬今文家的说法,不

---

① 语出〔汉〕桓谭《新论》,《汉书》颜师古注引。
② "采求阙文":通行本无,据文渊阁《四库全书》本补。上句"而"字同。

敢越雷池一步。这种状况贯穿整个东汉时期。

可是,古文经学自刘歆提倡以来,学术笃实,实事求是,经过数十年发展,至东汉中期,已经气象粗具、规模初成,出现了一批富有成就的学者大师。上举光武帝时"继踵而集"于京师的"学士",可视为东汉经学的始师,其中除范升(习孟氏《易》)、刘昆(习施氏《易》)、桓荣(习欧阳《尚书》)是今文学家外,陈元(传《费氏易》)、郑兴(传《左传》《周礼》)、杜林(传《古文尚书》)、卫宏(传《毛诗》《古文尚书》)等,都是古文经学家,比今文还多一位,势力已自不小。光武时有韩歆、陈元与范升辩论,古文经《左传》终得立于学官,旋因师亡而罢。但是古文家研究经典的势头并未衰减,而是更加有成就。

今文经学家,由于受到西汉末兴起的谶纬神学的污染,逐渐趋向神秘、繁琐、分歧和空疏,越来越失去其在学术界的支配力和主导力。至章帝时,贾逵为古文经争立教育地位,今文家李育出来反对。可是,今文学者不仅与古文为敌,而且内部也互相立异,莫衷一是。范晔批评说:"汉兴,诸儒颇修艺文;及东京学者,亦各名家,而守文之徒,滞固所禀,异端纷纭,互相诡激,遂令经有数家,家有数说,章句多者或乃百余万言,学徒劳而少功,后生疑而莫正。"(《后汉书·郑玄传论》)为平息今文经学内部分歧,章帝不得不仿石渠阁会议先例,"大会诸儒于白虎观,考详同异",章帝"亲临称制"。由于分歧太多,争论"连月乃罢"。有趣的是,总结这次讨论成果的人却是古文经学家班固(撰《白虎通义》)!这次事件越益显现出今文家的空疏和古文家的笃实,章帝于是诏博士弟子"高才生,受《古文尚书》《毛诗》《穀梁》《左氏春秋》",于是古文学者"虽不立学官,然皆擢高第,为讲郎,给事近署"(《后汉书·儒林列传序》)。研习古文经者也可以获得仕进机会,此乃古文经学取得的实质性胜利。

东汉时期,虽然今文在官方一直处于优势地位,但在文献方面,情形却是相反的。进入东汉中期后,古文经学成果文献无论是数量还是质量都较今文大胜一筹,今天流传下来的东汉文献,也以古文经学最多,且最有价值。整个东汉学术,实可用"今文得势而拙文,古文则劣势却优文"来概括,今文学家虽然独享清要尊崇的官方资源,却并没有产出相应的学术成果;古文学家虽然岩处野居,却尽得万世之文采风流。比较今古文二家异同,乃可理解其成果悬殊之原因。龚道耕以为"比而观之,今古学家,其不同者有五":

一是"今文明大义,古文重训诂"——"大义"非不重要,但是过分讲究就成了空疏玄谈;训诂则实事求是,笃实深厚。二是"今文多专经,古文多兼经"——专经易陷于拘促,发展不开;兼经则路数宽广,学问越做越大。三是"今文守章句,古文富著述"——章句只限于分文析句,照本宣科;古文家遍注群经,自然著述宏富。四是"今文多墨守,古文多兼通"——今文"墨守"今学,不知古义;古文家"兼通"今古之学,可收互补之效。五是"今文多朴学之儒,古文多渊雅之士"——"朴学"非不好,迂腐之为弊;渊雅诚可贵,文采自然生。①

古文经学的这些特色,不仅使东汉古文经文献繁盛,还产生了一批文采斐然的经学家:

《后汉书》记载,贾逵"父徽,从刘歆受《左氏春秋》,兼习《国语》《周官》,又受《古文尚书》于涂恽,学《毛诗》于谢曼卿,作《左氏条例》二十一篇",是典型的古文经学世家。"逵悉传父业。弱冠能诵《左氏传》及'五经'本文",既继承父业,还博通诸经。"以大夏侯《尚书》教授,虽为古学,兼通五家《穀梁》之说",既明古学,又明今文《尚书》和《穀梁》学。"尤明《左氏传》《国语》,为之《解诂》五十一篇"。"帝善逵说,使发出《左氏传》大义长于二传者。逵于是具条奏之曰'臣谨摘出《左氏》三十事尤著明者'云云。""逵数为帝言《古文尚书》与经传《尔雅》诂训相应,诏令撰欧阳、大、小夏侯《尚书》古文同异。逵集为三卷,帝善之。复令撰齐、鲁、韩《诗》与《毛氏》异同",是明于今古文所以异同之故。"并作《周官解故》",是其又长于礼经。"逵所著经传义诂及论难百余万言;又作诗、颂、诔、书、连珠、酒令凡九篇",是其于经学、文学兼有所长。故"学者宗之,后世称为'通儒'"(见《后汉书·郑范陈贾张列传》)。

张衡"少善属文,游于三辅,因入京师,观太学,遂通'五经',贯六艺"。"衡善机巧,尤致思于天文、阴阳、历算,常耽好《玄经》";"遂乃研核阴阳,妙尽璇玑之正,作浑天仪,著《灵宪》《算罔论》,言甚详明",是其于五经外,又善天文、历法和《太玄》。"著《周官训诂》""又欲继孔子《易》,说《彖》《象》残缺者";"所著诗、赋、铭、七言、《灵宪》《应间》《七辩》《巡诰》《悬图》凡三十二篇",是又长于文学者(见《后汉书·张衡列传》)。

荀爽号称"荀氏八龙,慈明无双",亦"著《礼》《易传》《诗传》《尚书正经》《春秋条例》,又集汉事成败可为鉴戒者,谓之《汉语》;又作《公羊问》及《辨谶》并它所论叙,题为《新书》,凡百余篇"(见《后汉书·荀韩钟陈列传》)。

马融"博通经籍",著述则兼及群经、诸子和文学:"著《三传异同说》,注《孝经》《论语》《诗》《易》《三礼》《尚书》《列女传》《老子》《淮南子》《离骚》;所著赋、颂、碑、诔、书

---

① 龚道耕:《经学通论》,民国十五年(1926)成都林思进序刻,己巳(1929)冬三版重印,第30—31页。

记、表奏、七言、琴歌、对策、遗令,凡二十一篇。"(见《后汉书·马融列传》)

蔡邕"少博学,师事太傅胡广,好辞章、数术、天文,妙操音律",是又从文学、天文,向数术、韵律拓展。"其撰集汉事未见录以继后史,适作《灵纪》及《十意》;又补诸列传四十二篇",是于"正史"有所补撰。"所著诗、赋、碑、诔、铭、赞、连珠、箴、吊、论议、《独断》《劝学》《释诲》《叙乐》《女训》《篆艺》、祝文、章表、书记,凡百四篇,传于世。"(见《后汉书·蔡邕列传》)

郑玄先"受业师事京兆第五元先,始通京氏《易》《公羊春秋》《三统历》《九章算术》,又从东郡张恭祖受《周官》《礼记》《左氏春秋》《韩诗》《古文尚书》",已经是今古文兼治的学者。"以山东无足问者,乃西入关,因涿郡卢植事扶风马融",晚乃独师古文大师马融,以古文为倚归。"时任城何休好公羊学,遂著《公羊墨守》《左氏膏肓》《穀梁废疾》。玄乃《发墨守》《针膏肓》《起废疾》。休见而叹曰:'康成入吾室,操吾矛,以伐我乎!'"其著述深通今古文异同之奥,故能入木三分,令何休折服。"凡玄所注《周易》《尚书》《毛诗》《周礼》《仪礼》《礼记》《论语》《孝经》《尚书大传》《中候》《乾象历》,又著《天文七政论》《鲁礼禘祫义》《六艺论》《毛诗谱》《驳许慎五经异义》《答临孝存周礼难》,凡百余万言。"其书摒弃门户,兼采古今,折中去取,各从所长,创立了非今非古、含今熔古的一代"郑学"(见《后汉书·张曹郑列传·郑玄传》)。

古文经学家富于著述,遍注群经,这是今文经学家所无法企及的,也是西汉诸儒无法想象的,这是经学在经过了西汉以来250余年发展后出现的新气象,当然也是东汉诸儒努力耕耘的结果。我们细审五家"补志",就会明显地发现,东汉古文家著述十分繁富,今文家的著述却甚寥寥。

姚振宗《汉书艺文志拾补》(下简称"姚志")显示:《易》类,施氏《易》1家1部,孟氏《易》2家2部,京氏《易》2家3部,费氏《易》却有6家6部,是其他三家的总和。《书》类,欧阳《尚书》5家6部,古文家却有11家12部,是今文家的两倍。《诗》类,《齐诗》3家4部,《韩诗》5家8部,《毛诗》却有8家11部,也是今文两家之和。《礼》类,《周礼》9家11部,《仪礼》3家6部,《礼记》9家11部,不仅古文《周礼》远超《仪礼》,而且《仪礼》注释中最有价值者竟是古文家之作(如郑玄《仪礼注》)。《春秋》类,《左氏》学19家33部,《公羊》学8家12部,《穀梁》学1家1部,古文《左氏》学也是二家总和的两倍,等等。

据考"章句"是今文学中家法文献,与传师法的"传记"文献又自不同。其不同处主要在于,"传记"犹存先师遗说,特别是先秦旧章;而家法则是西汉经师为自立门户,发起的一种反复言说经义的文献。如果从保留先秦旧说角度而言,传记实与古文有相通之处,都具有"旧法世传"的特点。在形式上,"传记"和古文一样,内容充实,文字简练;而"章句"则是经师自说自话,为了争取讲席,传授家法,师心自用,繁辞巧说,文字复冗,去道益远。故东汉学人之厌弃"章句"而归心古文,实是讨厌今文家法的主观自是和文繁无归。如果说经部著述,还有可能是由两家不同的治学特点,亦即龚道耕所谓"今文守章句,古文富著述"决定的话,那么在其他文献(如子部和史部)领域,仍以古文家作品居多,则显示出古文学旺盛的生命力。如:

桓谭"遍习'五经'","尤好古学","非毁俗儒",反对谶纬,撰著《新论》(见《后汉书·桓谭冯衍列传》)。

王充"好博览而不守章句"(《后汉书·王充王符仲长统列传》),撰"疾虚妄"①、贵实诚、崇"鸿儒"、非"俗儒"的《论衡》。

王符"少好学,有志操,与马融、窦章、张衡、崔瑗等友善";由于为人耿介,仕途不得升进,"乃隐居著书三十余篇,以讥当时失得,不欲章显其名,故号曰《潜夫论》。其指讦时短,讨谪物情,足以观见当时风政"(见《后汉书·王充王符仲长统列传》)。

仲长统"少好学,博涉书记,赡于文辞","每论说古今,及时俗行事,恒发愤叹息,因著论,名曰《昌言》,凡三十四篇、十余万言"(见《后汉书·王充王符仲长统列传》)。

徐干"聪识洽闻,操翰成章,笃行体道,委谢荣宠"②,"著《中论》,成一家言,辞义典雅,足传于后"(《三国志·魏书》)。

以上皆古文家,不闻今文家有此类著述也。就连白虎观议礼,本来意在统一今文各家内容的分歧,可是最终执笔撰成《白虎通义》的人不是今文学家,而是"博贯载籍,九流百家之言无不穷究。所学无常师,不为章句,举大义而已"(《后汉书·班固传》)的古文家班固! 益可见古文日盛和今文之衰矣。

四 前后汉儒学文献数量及质量之嬗替

文献和学术从来都是互动的,学术兴则文献必富,文献富则学术必昌,汉代经学的盛衰也直接反映到文献领域中来。西汉经学的初盛,带来了儒学文献的首次繁荣。《汉书·艺文志》"六艺略"载:《易》13家、《书》9家、《诗》6家、《礼》13家、《乐》6家、

---

① 〔汉〕王充:《论衡》卷二〇。
② 〔元〕郝经:《续后汉书》卷六九中。

《春秋》23家、《论语》12家、《孝经》11家,又有"通古今文字"的"小学"著作10家,凡六艺103家、3 123篇,皆经学文献。此外,"诸子略"又著录"儒家"文献53家、836篇。共166家、3 559篇。

不过需要指出的是,这些文献不完全是汉代产生的,而是包括了先秦文献在内,如"六艺略"有40种、"诸子略儒家类"有31种,都不属于汉代。《汉书·艺文志》所录汉代作品共95种,但是这个目录又不是西汉文献的全目,只是班固在刘歆《七略》基础上损益("入三家,出重十一篇")而形成的;刘歆《七略》又是整理成帝时皇家藏书后的结果,其他未入藏或未经整理者,当然就不在此列。如汉末出现的《七经纬》36种及《七经谶》等就不在此列;班固批评的"说五字之文至于二三万言"的现象、桓谭所指"秦近君能说《尧典》,篇目两字说至十余万言,但说'曰若稽古'三万言"等,此类文献,《汉书·艺文志》均未见著录。

姚志"六艺"部分补录:《易》13家14部,附见2家2部;《书》8家8部,附见2家4部;《诗》7家8部,附见2家2部;《礼》16家19部;《乐》3家3部,附见1家1部;《春秋》24家28部,附见4家4部;《论语》2家3部;《孝经》5家6部,附见1家1部;"小学"2家2部,附见1家1部;附"谶纬"11家11部,凡六艺9种80家91部、附录1种11家11部,综91家102部、附见13家15部。"诸子略"补"儒家者流"8家11部。①在《汉书·艺文志》之外又得128部。合正续志,西汉共有儒学文献223种。

东汉的文献,无论是国家收藏,还是时儒著述,数量上都大增于前。《后汉书·儒林列传序》:"初,光武迁还洛阳,其经牒秘书载之二千余两。自此以后,参倍于前。"隋牛弘亦称:"肃宗亲临讲肆,和帝数幸书林,其兰台、石室、鸿都、东观,秘牒填委,更倍于前。"(《隋书·牛弘传》)东汉学人所撰著述也十分丰富,可惜范晔《后汉书》不立"艺文志",东汉著述原有数据已经无法详考。清人钱大昭《补续汉书艺文志》(简称"钱志")、侯康《补后书艺文志》("侯志")、顾櫰三《补后汉书艺文志》("顾志")、姚振宗《后汉艺文志》("姚志")、曾朴《补后汉书艺文志并考》("曾志")②等书,对东汉著作曾经尽力予以搜罗,其中以"姚志"最善,著录东汉文献270余种。

从学术质量来看,前汉虽然奠定了中国经学的基础,决定了中国经学的基本走向,但多在制度层面,如"罢黜百家,表章六经",设五经博士,置弟子员,等等。在文献

---

① 〔清〕姚振宗:《汉书艺文志拾补·例言》,载《二十五史补编》第2册,中华书局1955年版。
② 〔清〕钱大昭《补续汉书艺文志》、〔清〕侯康《补后书艺文志》、〔清〕顾櫰三《补后汉书艺文志》、姚振宗《后汉艺文志》、曾朴《补后汉书艺文志并考》,俱有《二十五史补编》本,中华书局1955年版。

层面,也只收拾经典元本(西汉虽然只是主传"五经",但是"十三经"文献已具),初立经教规模(如"各以家法教授"、产生"传""说""训诂""章句"等解经体例),至于取得经学研究成果,流传后世,为人所遵者,还不是很多。西汉流传下来的儒学作品,只有伏生《尚书大传》(今残)、董仲舒《春秋繁露》、毛亨《毛诗诂训传》、韩婴《韩诗外传》等经学著作,陆贾《新语》、贾谊《新书》、桓宽《盐铁论》、扬雄《法言》等子学著作,司马迁《史记》等史学著作,虽然都是精品,却为数不多。后来进入《十三经注疏》的西汉注解,唯有《毛诗诂训传》一家而已。

东汉则不然。东汉诸儒的著述,特别是东汉后期的经师作品,不仅在当时有影响,而且许多著作还流传后世,在中国学术史上一直发挥着巨大影响。如:

何休"覃思不窥门十有七年"撰成的《公羊春秋解诂》,祖述自董仲舒、胡毋生以来传统,禀承李育、羊弼等师说,将公羊学理论系统化,总结出"五始""三科""九旨""七等""六辅""二类""七缺"等科条,特别是"黜周王鲁""三世"等理论,对公羊学理论的提高具有里程碑式的意义。为唐代徐彦修《春秋公羊传注疏》所尊。

还有郑玄博采今古文诸家,所注《毛诗传笺》《周礼注》《仪礼注》《礼记注》被唐人所修诸经《正义》尊为经典注本,成为详尽疏解的对象。

另有赵岐《孟子章句》,系统揭示《孟子》一书"包罗天地,揆叙万类,仁义道德,性命祸福,粲然靡所不载"①之内容,大大提升了《孟子》的意义和价值。其书在"多明训诂名物"的汉学风格外,重在"笺释文句",阐发经典大义,为后世"口义""讲义"树立了榜样。北宋尊崇《孟子》,宋真宗令孙奭等人别撰义疏,诸人"仍据赵注为本"②,今传《十三经注疏》中《孟子正义》注文为赵岐《章句》。东汉经解之入《十三经注疏》者,一共有六种之多(何休《公羊解诂》、郑玄《毛诗笺》及三礼注、赵岐《孟子注》),几占丛书之半,于此可见后东之儒者成就之大、贡献之多。

特别是号称"五经无双"的许慎所撰的《说文解字》,更是精通经学而又超越经学并具有广泛文化学术意义的巨著。东汉今文学家因不知古文,据隶体解经,"巧辞邪说",制造"马头人为长,持十为斗,虫者屈中也"③等曲说;当时廷尉说律,也闹出"止句为苟"等笑话。许慎依据古文、小篆,分析文字形体音义,撰著探讨文字本义的《说文解字》。其书15卷、133 441字,举凡"六艺群书之诂,皆训其意";而天地、鬼神、山

---

① 〔汉〕赵岐:《孟子题辞》,《四部丛刊》影印清内府藏宋刊本。
② 〔宋〕孙奭:《孟子音义序》,文渊阁《四库全书》本。
③ 〔汉〕许慎:《说文解字》卷一五上,中华书局1963年版,第315页。

川、草木、鸟兽、虫、杂物、奇怪、王制、礼仪、世间人事,莫不毕载"①。既是解释经典文字的工具,也是备载百科知识的"全书"。此外,许慎又"以'五经'传说臧否不同,于是撰为《五经异义》"(《后汉书·儒林列传》),系统记录和评判了当时诸家的经说,特别是考订了今古文的分歧所在,客观上保存了汉代今古文经学的异说,为后世认识和研究汉代经学提供了非常重要的资料。

从著述形式上看,东汉还增加了大量儒学史文献和儒家别集文献。东汉一代士人皆崇尚节义,爱尚高行,各地兴起编撰地方乡贤传记的热潮,于是以"耆旧传""名德传""先贤传""逸民传"命名的文献也相继产生。如《冯翊耆旧序》《扶风耆旧序》《沛国名德赞》、赵岐《三辅决录》(7卷)、袁汤《陈留耆旧传》、郑廑《巴蜀耆旧传》、赵谦《巴蜀耆旧传》、祝龟《汉中耆旧传》、王商《巴蜀耆旧传》、崔瑗《南阳文学官志》、仲长统《兖州山阳先贤传赞》(1卷)、圈称《陈留耆旧传》(2卷),以及曹大家、马融、刘熙诸人的《列女传》等,所记多是具有儒言、儒行之人。至于引儒家礼乐以行教化者,在东汉也繁乎著述,如荀爽《汉语》(集汉事成败可为鉴戒者)、胡广《百官箴》(48篇)、卫宏《汉旧仪》(4卷)、卫宏《中兴仪》(1卷)、马伯第《封禅仪记》、曹褒《汉新定礼》(150篇)、蔡邕《独断》(2卷,考证礼制、解释名物)等,皆是。

东汉学人学识渊博,文章尔雅,斐然成章,于是便产生了"别集"这一新型文献体式。《隋书·经籍志》载:"'别集'之名,盖汉东京之所创也。自灵均已降,属文之士众矣,然其志尚不同,风流殊别。后之君子,欲观其体势而见其心灵,故别聚焉,名之为'集'。辞人景慕,并自记载,以成书部。"前述之东汉儒者大多"繁于著述""尤工词赋","多渊雅之士",他们不仅有经学著作、子学著作,而且还有不少政论、文赋、理论文章,这些文章汇集起来便形成了"别集",其中贯穿有浓厚的儒家精神。

五 今古合流,经学统一

值得注意的是,东汉末年中国经学进入了"小统一"的时代。这个"小统一",有经典上的,也有经说上的。经典上的统一由政府发起,刊刻石经,而石经则以今文经为

---

① 〔汉〕许冲:《进说文解字表》,载《说文解字》卷一五下,第320页。

主,企图将经学文本统一到今文经典上来。经说的统一则发自民间,它经历了西汉末年、东汉初期今古文旗鼓相当,对抗争胜;到中期今文家谨守家法,气竭力弱,而古文家则大师辈出,成果丰富;最后到东汉后期,由郑玄以古文为据,杂采诸家,遍注群经,融会今古才完成的。

先看经文统一:以蔡邕等校刊《熹平石经》为标志。由于早期文献传播都靠手抄,易生讹误,故校正和统一经文、经说的工作始终是儒者的重要功课。如刘向典校中秘,实现了西汉时代经书文献的基本统一。可是后世流传又滋讹误,特别是诸博士在经说上既然"各以家法教授",为了争强好胜,其在经文上也必然出现互异现象。

及东汉党锢之祸,真儒被废,学术荒弛,而经典异同之争又起。汉灵帝时宦者李巡就揭露:"诸博士试甲乙科,争第高下,更相告言;至有行赂,定兰台漆书经字以合其私文者。"(《后汉书·宦者列传》)《后汉书·儒林列传序》亦载此时"章句渐疏,而多以浮华相尚……党人既诛,其高名善士多坐流废,后遂至忿争,更相言告;亦有私行金货,定兰台桼书经字以合其私文"。这种现象当然不能容许,于是李巡、蔡邕等人建议整理经文、统一文字:"(李巡)乃白帝,与诸儒共刻'五经'文于石。于是诏蔡邕等正其文字,自后'五经'一定,争者用息。"(《后汉书·宦者列传》)"邕乃自书册于碑,使工镌刻,立于太学门外。"(《后汉书·蔡邕列传》)"使天下咸取则焉。"(《后汉书·儒林列传序》)

当时所刻经典有:《尚书》《周易》《公羊传》《礼记》《论语》《鲁诗》《春秋》"七经",皆为今文经,是为《熹平石经》,为中国石经刊刻之始。由于校出名儒,书出蔡邕,可谓双美,学术价值和艺术价值都很高,故影响很大,起到了经本文字的统一和规范作用,"于是后儒晚学,咸取正焉。及碑始立,其观视及摹写者,车乘日千余两,填塞街陌"(《后汉书·蔡邕列传》)。将这么大规模的经书刻于石碑,实为一代壮举,也是当时中外不二。

其次看经说统一:以郑玄博采今古,遍注群经为标志。如前所述,汉世经学有师法与家法之分,家法自师法分出,"前汉重师法,东汉重家法"[1]。东汉置"五经"十四博士,亦"各以家法教授"(《后汉书·儒林列传序》),弃"师说"而讲"家法"。可是到了后期,"太学试博士弟子,皆以意说,不修家法"(《后汉书·邓张徐张胡列传》),于是又在"家法"外生出"意说",异说纷出,连"家法"也不遵了。由于"经有数家,家有数说",必致"学徒劳而少功,后生疑而莫正"(《后汉书·张曹郑列传》)。

---

[1]〔清〕皮锡瑞:《经学历史》,中华书局1959年版,第136页。

于是郑玄起而"括囊大典,网罗众家,删裁繁芜,刊改漏失,自是学者略知所归"(《后汉书·张曹郑列传》)。郑玄初诣太学,受业京兆第五元先,始通京氏《易》《公羊春秋》,皆今文也。又从东郡张恭祖受《周官》《礼记》《左氏春秋》《韩诗》《古文尚书》,则古今皆治也。后西入关从扶风马融受业,乃专意于古文经学。玄于群经皆有注说,如表:

书　名	卷　数	存　　佚
周易注	12	今佚,有王应麟、惠栋、丁杰、臧庸辑本
古文尚书注	9	今佚,有王鸣盛、孙星衍、黄奭、袁钧辑本
毛诗笺	20	今存
周礼注	12	今存
仪礼注	17	今存
礼记注	20	今存
春秋左传注	未成,以与服虔为服氏	今佚,有马国翰辑本
孝经注	1	今佚,有严可均、臧庸、龚道耕、陈铁凡等辑本
论语注	10	今佚,有宋翔凤、马国翰辑本及罗振玉影印唐写残本
孟子注	7	今佚

郑玄注诸经,大概"宗古文而兼用今文"。其《戒子益恩书》云:"念述先圣之元意,思整百家之不齐。"(《后汉书·张曹郑列传》)是不专守今古文某派,更不专守其中一家。如他注《尚书》用古文,而又注伏生《大传》,是于《书》兼今古也。注《诗》,宗《毛传》,如有不同,即下已意,多本三家。① "玄本习《小戴礼》,后以古经校之,取其义长者,故为郑氏学"(《后汉书·儒林列传下》),是其于《礼》亦兼今古。说《春秋》也是"杂用三家,不苟从一"②。注《论语》本以张侯的《鲁论》,而又校以《齐》《古》。又针对何休难《左传》而作《箴膏肓》,针对临硕难《周礼》而作《答书》,这是申古文经以驳今文家;而对许慎《五经异义》也有《驳》文,又是其申今以驳古。

郑玄所注采今古,包括众善,于是结束今古文纷争,经说得到初步统一,令学徒后生不再"劳而少功""疑而莫正",时人有"仲尼之门不能过也"之赞(见《后汉书·张曹

---

① 〔清〕陈奂:《郑氏笺考征》,《皇清经解续编》卷八一四,第1页。
② 〔唐〕徐彦:《春秋公羊传注疏》,文渊阁《四库全书》本。

郑列传》）。又兼郑玄一生遭逢党锢，以著述授徒为业，门徒众多，至于数千，著名的有郗虑、崔琰、国渊、任嘏、赵商、张逸、刘熙、宋均，并有作为。郑玄死后，弟子撰其答问"五经"之说，作《郑志》八篇，以拟《论语》，"及传授生徒，并专以郑氏家法"（《后汉书·张曹郑列传》）。自是中国经学进入了"郑学"时代。此后至于隋、唐，经学只有"郑学"和"非郑学"两派，而不再有今古文学之辨矣。

六　结　语

　　西汉时期，由于"除挟书之律""置写书之官""广开献书之路""求遗书于天下"等措施，使因秦火而处于隐匿状态的儒家文献次第出现，奠定了后世"十三经"的文献基础；又由于"罢黜百家，表章'六经'"、"置五经博士""置弟子员"政策的实施，博士各以家法教授，出现大量反映诸经"师说""家法"的传说和章句文献。如果说，西汉是今学文献一枝独大局面的话，进入东汉后，则经历了从今文、古文并行，到古文渐盛、今文渐衰，终致以古文为基础，兼容今文学，走向今文、古文合而为一的经学小统一。东汉时期，今文经学虽然仍居官方学术的统治地位，但其成就和文献却甚寥寥；相反，古文经学虽然处于民间流传状态，却异军突起，发展迅速，成果丰富，古文经学家的成果成了东汉经学著述的主要群体。同时，由于经学经过西汉和东汉300余年的发展，从学术规范到学术质量，都已经进入相对成熟阶段，因此东汉学人著述质量普遍较高，许多都是流传后世的经典名作，何休《公羊春秋解诂》、郑玄《周礼注》《仪礼注》《礼记注》《毛诗传笺》、赵岐《孟子章句》，都是《十三经注疏》尊崇的优秀注本，约占整个"十三经"旧注之半。至于班固《白虎通义》、许慎《说文解字》及《五经异义》，也是研究经学史、语言学史的经典著作。此外，东汉时新出的儒学史和别集文献，对后世学术发展亦具有重要促进作用，这也是东汉学人的重要贡献。

原载《历史文献研究》2012年总第31辑。

苏东坡"经学"三书提要

苏轼是"唐宋八大家"之一,是北宋成就最为全面的文化巨擘,苏轼平生不仅撰写下大量脍炙人口、美轮美奂的诗文辞章,作为北宋"蜀学"的领军人物,还著有造诣深厚、影响深远的儒经训解著作,即经学著作。较之文学作品而言,这些经学著作无疑更为根本,也更能全面系统地反映他的学术思想和哲学观点。然而近世以来,由于重史轻经、重文轻儒的影响,学界虽然对苏轼的文学成就进行了深入且反复的研究,却对他的经学成就颇为忽略,对其经学著作的原貌和流传状况的探讨更是极少有人问津。在"语不虚发",力图追求"周孔真识"的苏轼学术体系里,如果只从文学角度看其诗文词章,而忽视作为其文学根柢的"经学"内容,无异于舍本逐末、买椟还珠,自然难以窥见苏轼思想学术之真谛与根荄,难以推动苏学研究的深入。兹不揣谫陋,试有以发覆焉。

一 苏轼的经学历程

"三苏"父子虽然不以"经学家"身份载诸国史,但是父子三人都曾熟读经史,研究经典,并且都撰有专门经学著作传世。苏轼对儒家经典进行系统研究,大致分为两个时期:一是元丰年间(1079—1082),二是绍圣年间(1095—1098)。元丰二年(1079),苏轼因"乌台诗案"贬官黄州,为团练副使;苏辙亦受牵连,被贬筠州,监盐酒税。这一时期苏轼、苏辙兄弟因无"丝竹乱耳"与"案牍劳形",故得潜心于经学。苏轼在黄州致信友人滕元发(字达道)说:"某闲废无所用心,专治经书。一二年间,欲了却《论语》《书》《易》,舍弟已了却《春秋》《诗》。虽拙学,然自谓颇正古今之误,粗有益于世,瞑目无憾也。"[①]这里所提诸书,即是后来完成的《易传》《书传》《春秋集解》《诗集传》和《论

[①]〔宋〕苏轼:《与滕达道(二一)》,载《苏轼文集》卷五一,孔凡礼点校,中华书局1986年版。下同。

语说》五部经解。苏轼又在黄州上书文彦博(爵路公)也说:"到黄州,无所用心,辄复覃思于《易》《论语》,端居深念,若有所得,遂因先子之学,作《易传》九卷。又自以意作《论语说》五卷。"①又与王巩(定国)书说:"自谪居以来,可了得《易传》九卷,《论语说》五卷。今又下手作《书传》。……子由亦了却《诗传》,又成《春秋集传》。"②这都表明在此期间,苏轼、苏辙兄弟已初步完成了《易传》《春秋集解》《诗集传》和《论语说》的写作,并且苏轼已着手《书传》的写作了。

绍圣元年(1094),苏轼又以"诋斥先朝"罪,贬官岭南,惠州安置。四年(1097),又被责授琼州别驾,移昌化军(今属海南)安置,居于儋州。苏辙也再贬筠州,继迁雷州。直到元符三年(1100)为止,二苏兄弟都在南方贬所过着极其艰苦的生活。在此期间,苏氏兄弟却迎来学术的丰收期,苏辙撰《老子解》,苏轼则奋力写成《书传》,并对已成的《易传》《论语说》作了修订和补充,其与李之仪(字端叔)书云:"所喜者,在海南了得《易》《书》《论语传》数十卷。"③即是明证。二苏兄弟对自己的经学著作十分看重,苏轼答苏养直(字伯固)书中说:"抚视《易》《书》《论语》三书,即觉此生不虚过。"④苏辙为东坡撰《墓志铭》说:"公泣受(父洵)命,卒以成书(《易传》),然后千载之微言焕然可知也。复作《论语说》,时发孔氏之秘。最后居海南,作《书传》,推明上古之绝学,多先儒所未达。既成三书,抚之叹曰:'今世要未能信,后有君子,当知我矣。'"⑤时人对二苏经学著作也颇看重,视为"蜀学"重典,南宋学人撰著相关经注,未有不引用其说者,即使是"党洛攻蜀"的朱熹也不例外,他对苏氏《易传》虽时议其"杂",但对苏氏《书传》却推崇备至。

可是,由于北宋"元祐党争",朝廷打击"元祐学术",二苏经学著作在当时并未全部刊行。据文献著录,北宋只有《诗集传》刻本,在南宋也只有《易传》刻本,其他各书均以抄本形式流传,《论语说》一书后竟失传。直至明万历年间,焦竑千方百计收集二苏著述,亦仅得苏轼《东坡先生易传》九卷、《东坡先生书传》二十卷,苏辙《颍滨先生诗集传》十九卷、《颍滨先生春秋集解》十二卷、《论语拾遗》一卷、《孟子解》一卷、《颍滨先生道德经解》二卷;至于苏轼所撰《论语说》,明代已无处可寻。焦氏将收集所得二苏

---

① 〔宋〕苏轼:《黄州上文潞公书》,载《苏轼文集》卷四八。
② 〔宋〕苏轼:《与王定国(一一)》,载《苏轼文集》卷五二。
③ 〔宋〕苏轼:《与李端叔(三)》,载《苏轼文集》卷五二。
④ 〔宋〕苏轼:《答苏伯固书》,载《苏轼文集》卷五七。
⑤ 〔宋〕苏辙:《亡兄子瞻端明墓志铭》,载《栾城后集》卷二二,《四部丛刊》影明嘉靖蜀藩活字本。

经学著作编为《两苏经解》,并撰序给予高度评价。万历二十五年(1597),毕氏将书稿刊刻于世,人们始见二苏经学之全貌。后 14 年,顾氏又据其本翻刻,二苏的经学著作乃行于时。

然而研究苏氏兄弟者,仍然重在文学而忽视其经学,故使苏氏经学成就不彰、著作不明。为便学人了解苏氏经学著作之整体面貌,有必要从文献学角度予以介绍,今本此意为撰提要,而以苏轼三书先焉。

二　苏轼《苏氏易传》九卷

《苏氏易传》又称《东坡易传》《毘陵易传》,是现今保存的宋代最早的义理派易学著作,其成书时代略与程颐《程氏易传》相当。本书作者虽署名苏轼,但其实是由"三苏"父子合力完成,凝聚了"三苏"父子的智慧和心血。苏洵 27 岁始发愤读书,继而因科举失利,"益闭户读书,绝笔不为文辞者五六年,乃大究六经、百家之说"①,对六经进行了深入研究,写成《六经论》,《易论》就是其中之一。《易论》比较全面地论述了《周易》的性质、作用等问题,初步奠定了苏氏《易》学观。苏洵晚年还立志撰写一部系统的《易传》。欧阳修《苏君墓志铭》说他:"晚而好《易》,曰:'《易》之道深矣,汩而不明者,诸儒以附会之说乱之也,去之则圣人之旨见矣。'"②他自己则说:嘉祐五年(1060),"始复读《易》,作《易传》百余篇"③,并写下"十卷"《易传》,④为构建苏氏易学体系做出了开拓性努力,他曾自负地认为,此作乃"拨雾见日",重现《易》道,"此书若成,则自有《易》以来未始有也"⑤。只惜《易传》未成而其身先死。苏洵在弥留之际,将《易传》的续成留给了苏轼、苏辙兄弟。苏辙《亡兄子瞻端明墓志铭》载:苏洵"作

---

① 〔宋〕欧阳修:《故霸州文安县主簿苏君墓志铭并序》,载《欧阳文忠公文集》卷三四,《四部丛刊》影元本。
② 同上。
③ 〔宋〕苏洵:《上韩丞相书》,载《嘉祐集》卷一三,《四部丛刊》影宋抄本。
④ 〔宋〕张方平:《文安先生墓表》,载《乐全集》卷三九,文渊阁《四库全书》本。
⑤ 〔宋〕苏洵:《上韩丞相书》,载《嘉祐集》卷一三。

《易传》未完，命公（苏轼）述其志，公泣受命，卒以成书"①。苏籀《栾城遗言》亦谓："先曾祖（苏洵）晚岁读《易》……作《易传》未完，疾革，命二公述其志。东坡受命，卒以成书。初二公少年读《易》，为之解说。各仕它邦，既而东坡独得文王、伏羲超然之旨，公乃送所解予坡，今《蒙卦》犹是公解。"②可见，《苏氏易传》实为苏洵、苏轼、苏辙三父子共同写作的，故《四库全书总目》该书提要说"此书实苏氏父子兄弟合力为之"（卷二，下同）。书名或称《苏氏易传》更合乎实际，但更多是称《东坡易传》、题"苏轼撰"，是因苏轼总其成的缘故。

《苏氏易传》是现存较早的义理派易学著作，其解经方法继承了王弼《周易注》扫除象数、专言义理的传统。《四库全书总目》称："（苏）籀（《栾城遗言》）又称：（苏）洵晚岁读《易》，玩其爻象，因得其刚柔、远近、喜怒、逆顺之情，故朱子谓其惟发明爱恶相攻，情伪相感之义，而议其粗疏。胡一桂记晁说之之言，谓轼作《易传》，自恨不知数学，而其学又杂以禅，故朱子作《杂学辨》，以轼是书为首。"说《苏氏易传》探讨了《周易》中的"刚柔、远近、喜怒、逆顺之情"，实有其事，这其实就是探讨《周易》的阴阳互动、矛盾对立原理；至于说苏轼"自恨不知数"，则说明他对当时盛行的邵雍等人的图书《易》数不感兴趣。又说"其学又杂以禅"，表明《苏氏易传》走的是儒、释、道"三教合一"路子，也是北宋学术特征的时代烙印。

《总目》又称："今观其书，如解《乾卦·彖传》性命之理诸条，诚不免杳冥恍惚，沦于异学；至其他推阐理势，言简意明，往往足以达难显之情，而深得曲譬之旨。盖大体近于王弼，而弼之说惟畅玄风，轼之说多切人事；其文词博辨，足资启发，又乌可一概屏斥耶？"则表明《苏氏易传》虽继承了王弼义理之学的方法，但在具体内容上又与王氏有别。王氏引老、庄以入《易》，但只推崇玄远，不切人事；苏轼则以"文辞博辨""多切人事"为特征，是用《易》学来讨论人生哲理的专门著作。

《苏氏易传》的卷数，据其《上文潞公书》（作于元丰五年，1082）："到黄州……作《易传》九卷。"可见其书本来"九卷"。可是宋代目录书却多作"十卷"（陈振孙《直斋书录解题》卷一）或"十一卷"（王应麟《玉海》卷三六），盖已加入王弼《周易略例》在内。明代以后，刻书家对其篇卷时有分合，故又有"八卷本"和"九卷本"两种。

苏轼撰成《易传》后，本书并未及时刊刻，在其去世之前，曾将《易传》托于钱济明保存。由于政局日非，党禁益严，苏轼死后，苏学遭到朝廷禁止，苏辙在晚年便命其子

---

① 〔宋〕苏辙：《亡兄子瞻端明墓志铭》，载《栾城后集》卷二二。
② 〔宋〕苏籀：《栾城遗言》，《粤雅堂丛书》本。

辈将自己和亡兄的学术著作抄录以便保存。不过,到北宋晚期,《苏氏易传》已有刊本出现了。陆游《跋苏氏易传》云:"此本,先君宣和中(1119—1125)入蜀时所得也。方禁苏氏学,故谓之'毘陵先生'云。"①当时四川社会安定,文化发达,是全国著名的刻书中心,所刻之书号称"蜀本",蜀本《苏氏易传》巧妙地避开时讳,以苏轼仙逝之毘陵为称,改题《毘陵易传》,亦善避祸存贤者。袁本《郡斋读书志》卷一著录"《毘陵易传》十一卷",正是特殊时期《苏氏易传》刊刻这一历史隐情的记录。南宋末冯椅说:"《读书志》云《毘陵易传》,当是蜀本。"②是有依据的。

今存最古的《苏氏易传》版本是明代陈所蕴冰玉堂刻本、吴之鲸万历二十四年(1596)刻本(俱8卷),又有万历二十五年(1597)焦竑序毕氏刻《两苏经解》本、万历三十九年(1611)焦竑序顾氏刻《两苏经解》本,后有毛晋汲古阁刻《津逮秘书》本、《四库全书》本、张海鹏《学津讨原》本(俱9卷)、闵齐伋刻朱墨套印本(8卷)、崇祯九年(1636)顾宾刻《大易疏解》本(10卷)等。此外,现存还有明代抄本数种。2002年,语文出版社出版金生杨校点本《苏氏易传》(收入《三苏全书》)。该本以张海鹏所刻《学津讨原》本作底本,主要参校冰玉堂本、《两苏经解》本及《四库》本等。(此条与李冬梅博士合写)

三　苏轼《东坡书传》二十卷

苏轼、苏辙在青年时期即对《尚书》有所研究,苏辙《栾城应诏集》之《进论五首》分别对《礼》《易》《书》《诗》《春秋》五经进行了论述。③ 之后随着学力增益,苏轼对《尚书》中一些重要议题曾撰有专论,如"乃言厎可绩""聖谗说殄行"(俱《舜典》)、"视远惟明,听德惟聪""始终惟一,时乃日新"(俱《太甲上》)、"王省惟岁"(《洪范》)、"作周恭先""作周孚先"(《洛诰》)、"惟圣罔念作狂,惟狂克念作圣"(《多方》)、"庶言同则绎"(《君陈》)、"唐虞稽古建官惟百""夏商倍,亦克用乂"(《周官》)、"道有升降,政由俗革"

---

① 〔宋〕陆游:《跋〈苏氏易传〉》,载《渭南文集》卷二八,《四部丛刊》影明活字本。
② 〔宋〕冯椅:《厚斋易学》附录一《先儒著述上》,文渊阁《四库全书》本。
③ 五论又收入《三苏文粹》苏轼名下,后收入《苏轼文集》卷二。

《毕命》）等，①都反映了他的《书》学思想。

苏轼撰《易传》《书传》《论语说》三部经学著作，几乎耗费了半生心血，大致说来，即经始于黄州，重订于惠州，最后完成于海南。苏轼初到黄州有"欲了却《论语》《书》《易》"计划，②但从他在黄州上文彦博书③和苏辙撰苏轼《墓志铭》④看，苏轼在黄州只完成了《易传》和《论语说》两部。后来贬官岭南，再迁海南，才又"草得《书传》十三卷"⑤。苏轼《与李之仪》云："海南了得《易》《书》《论语》传数十卷。"⑥又在海南《题所作书易传论语说》："吾作《易》《书》《论语说》，亦粗备矣。"⑦表明其三经解最终完成于海南。

《东坡书传》是现存唐宋《尚书》全解中较早的一部，当代学人认为"在今天见到的宋人解《书》之作中，这是较早的解说得较有见地的一部"⑧。晁公武《郡斋读书志》称，熙宁以后专用王安石《三经新义》进退多士，"此书驳异其说为多"；《四库全书总目》该书提要亦云："但就其书而论，则（苏）轼究心经世之学，明于事势，又长于议论，于治乱兴亡披抉明畅，较他经独为擅长。"（卷一一，下同）可见其书颇有因经以议政的特色。

《东坡书传》在解经方面，对文义审察深刻，对制度考述详明，对错简校勘、句读审定等方面也有诸多贡献。《郡斋读书志》称赞其"以《胤征》为羿篡位时，《康王之诰》为失礼，引《左传》为证，与诸儒之说不同"。《直斋书录解题》也称其"于《胤征》以为羲和贰于羿而忠于夏，于《康王之诰》以释衰服为非礼……又言昭王南征不复，穆王初无愤耻之意"。《朱子语类》卷九七又称其解《吕刑》篇，以"王享国百年耄"作一句，"荒度作刑"作一句，甚合于理。这些创新之处，多为后来《书》家所采，特别是南宋理学家蔡沈禀承朱熹意旨撰著的《书集传》引录本书之说尤多。《四库全书总目》曾说："洛闽诸儒，以程子之故，与苏氏如水火，惟于此书有取焉，则其书可知矣。"⑨苏辙撰苏轼《墓

---

① 以上并见《苏轼文集》卷六。
② 〔宋〕苏轼：《与滕达道书》，载《苏轼文集》卷七七。
③ 〔宋〕苏轼：《黄州上文潞公书》，载《苏轼文集》卷四八。
④ 〔宋〕苏辙：《亡兄子瞻端明墓志铭》，载《栾城后集》卷二二。
⑤ 〔宋〕苏轼：《与郑靖老书》，载《苏轼文集》卷五六。
⑥ 〔宋〕苏轼：《与李之仪》，载《苏轼文集》卷七八。
⑦ 〔宋〕苏轼：《题所作书易传论语说》，载《苏轼文集》卷六六。
⑧ 刘起釪：《尚书学史》，中华书局1989年版，第225页。
⑨ 〔清〕永瑢等：《四库全书总目》卷一一《东坡书传》提要。

志铭》说他"作《书传》,推明上古之绝学,多先儒所未达"①,实非虚语。

《东坡书传》的卷数历代著录有异。晁公武《郡斋读书志》作"《东坡书传》十三卷",《宋史·艺文志》同。但后来所传多作二十卷,万历《两苏经解》本、明末朱墨套印本都是如此。据苏轼《与郑靖老(一)》"草得《书传》十三卷"②云云,则十三卷乃是原书面貌,二十卷本乃流传过程中有所分合,内容并无增减。

苏轼三部经解著作,在其有生之年曾"携以自随",又曾托付给钱济明保存,都是抄本,没有刊刻。南宋和元代是否有刻本,亦不可考。明嘉靖年间胡直书《东坡书传》后云:"昔唐荆川先生(顺之)语予曰:'曾见苏子瞻《书传》乎?'曰:'未也。''盍求之?'岁之甲子(嘉靖四十三年,1564),予行部至眉,求诸乡大夫张中丞,得其写本读之。"③万历丁酉(1596)毕侍郎又据此"写本"刻入《两苏经解》,此乃迄今可见《东坡书传》的最早刻本。

今存《东坡书传》的重要版本如下:一是《两苏经解》本(称"经解本"),今藏于中国国家图书馆、北京大学图书馆等处。二是明朱墨套印本,题名《东坡书传》二十卷,凌蒙初刻(称"凌本")。三是清《四库全书》抄本(称"四库本"),二十卷。四是《学津讨源》本(称"学津本")。此外,尚有清顺治刊本二十卷和名目繁多的明清写本。历考诸本,"经解本"诸篇大题皆在小题之下,尚存古式;"四库本"则校录精审,但二本内容都有脱落,尤其是《多士》一篇,脱误之处几不可读。"凌本""学津本"内容较为齐全。2002 年,语文出版社出版《三苏全书》舒大刚、张尚英校点本,系依"学津本"为底本,而以"经解本""四库本""凌本"详加校勘。

四 苏轼《论语说》五卷(辑)

苏轼《论语说》成于贬官黄州期间。据苏轼《与滕达道书》《黄州上文潞公书》和苏辙《亡兄子瞻端明墓志铭》,苏轼在黄州即完成了《易传》和《论语说》二书。其上文彦博书说:"到黄州……因先子之学,作《易传》九卷;又自以意作《论语说》五卷。穷苦多

---

① 〔宋〕苏辙:《亡兄子瞻端明墓志铭》,载《栾城后集》卷二二。
② 苏轼:《与郑靖老》,《苏轼全集》卷七七,文渊阁《四库全书》本。
③ 〔清〕胡直:《书苏子瞻书传后》,载《衡庐精舍藏稿》卷一八,文渊阁《四库全书》本。

难,寿命不可期,恐此书一旦复沦没不传。意欲写数本留人间,念新以文字得罪,人必以为凶衰不祥之书,莫肯收藏;又自非一代伟人,不足托以必传者。莫若献之明公,而《易传》文多,未有力装写,独致《论语说》五卷。"①他在黄州不仅完成"《论语说》五卷"写作,还抄正一本送与文彦博。另据苏辙《论语拾遗引》所言,苏辙少年时也曾作《论语略解》,苏轼贬官赴黄州时"尽取以往",《略解》许多观点即被苏轼采纳,"今见于(轼)书者十二三也"②。可见,《论语说》也包含了苏辙的观点。

绍圣继述,苏轼贬惠州,再迁儋州,期间苏轼还对《易传》《论语说》有所修改,《论语说》最后定稿应在海南。其与李之仪(字端叔)书云:"所喜者,海南了得《易》《书》《论语》传数十卷。"③即指此而言。建中靖国元年(1101),苏轼渡海北归,"所撰《书》《易》《论语》皆以自随,而世未有别本"④,将至虔州,修书答苏养直说:"《论语说》,得暇当录呈。"⑤后辗转至常州,一病不起,苏轼把三书托付钱济明:"某前在海外了得《易》《书》《论语》三书,今尽以付子。"⑥

苏辙《亡兄子瞻端明墓志铭》说他"复作《论语说》,时发孔氏之秘"。苏轼对包括《论语说》在内的三部经学著作很是珍视,有"抚视《易》《书》《论语》三书,即觉此生不虚过"⑦之说。从南宋朱熹至金元诸儒,后世学人对《论语说》的引用和称道,更是史不绝书。

是书卷数,晁公武《郡斋读书志》卷一上、马端临《文献通考·经籍考》均作"《东坡论语解》十卷";陈振孙《直斋书录解题》卷三亦作"十卷",书名作《东坡论语传》;尤袤《遂初堂书目》作《苏文忠论语传》,不载卷数;《宋史·艺文志》、朱彝尊《经义考》卷二一三作《论语解》"四卷";明曹学佺《蜀中广记》卷九一作"五卷";《国史经籍志》亦作"十卷"。但据苏轼《黄州上文潞公书》:"又自以意作《论语说》五卷。"则书名当以《论语说》为正,卷数当以"五卷"为准。其作"十卷",或为南宋以来流传版本分卷不同;而"四卷"之本,当为后来有所残缺。

明朝前期所修《文渊阁书目》尚著录"《论语东坡解》一部二册";傅维麟《明书·经

---

① 〔宋〕苏轼:《黄州上文潞公书》,载《苏轼文集》卷四八。
② 〔宋〕苏辙:《论语拾遗引》,载《栾城第三集》卷七。
③ 〔宋〕苏轼:《与李端叔(三)》,载《苏轼文集》卷六六。
④ 〔宋〕苏轼:《记合浦舟行》,载《苏轼文集》卷七一。
⑤ 〔宋〕苏轼:《答苏伯固(四)》,载《苏轼文集》卷五七。
⑥ 〔宋〕何薳:《春渚纪闻》卷六,《津逮秘书》本。
⑦ 〔宋〕苏轼:《答苏伯固(二)》,载《苏轼文集》卷八五。

籍志》亦有著录,作"二册"。《文渊阁书目》,杨士奇编于正统六年(1441),是清点当时明皇室内阁藏书的记录,其时苏轼《论语说》尚存;同时叶盛《菉竹堂书目》卷一著录:"《论语东坡解》二册。"反映的都是明朝前期的情况。后此 156 年,当万历丁酉(1597)焦竑刻《两苏经解》时,已不见《论语说》了。焦氏《两苏经解序》称:"子瞻《论语解》卒轶不传。"可见此书在明万历时期已难觅,因此《两苏经解》中没有苏轼《论语说》。

清初钱曾《述古堂藏书目》卷一载有"《东坡论语拾遗》一卷,抄",不知是苏轼《论语说》辑本,还是误苏辙《论语拾遗》为东坡《论语说》,已无以详考。但是,《论语》注称《拾遗》者乃苏辙所著,《文渊阁书目》等书目都在苏轼《论语说》外,著录苏辙《论语拾遗》一册(或一卷)。钱曾书目只有《东坡论语拾遗》而无苏辙《论语拾遗》。与他同时的钱谦益《绛云楼藏书志》等又只有《苏子由论语拾遗》一卷,而无题名为《东坡论语拾遗》的书。因此我们怀疑钱曾著录的《东坡论语拾遗》乃苏辙《论语拾遗》之误,大概是因苏辙《论语拾遗》所拾乃东坡《论语说》之"缺遗",故有是题。继后朱彝尊著《经义考》已称《苏氏论语解》"未见"了,表明明末清初学人已经看不到苏轼《论语说》了。

清末张佩纶《涧于日记》丁亥卷载:

> 东坡先生说《论语》已佚,今从《栾城集·论语拾遗》辑三条,《朱子集注》辑九条,宋余允文《尊孟续辨》中有辨坡《论语》八条(自注:王若虚《滹南〔老人〕(遗老)集》有《孟子辨惑》一卷,云:"苏氏解《论语》与《孟子》辨者八,其论差胜,亦皆失其本旨。"即余所辨之八条也),益以文集所载,如《刚说》《思堂记》之类,略见一斑矣。①

可见张氏曾有《论语说》辑本,但这个辑本不见于诸家书目,也许并未流传下来。

四川大学教授卿三祥、马德富两位先生分别对苏轼《论语说》有辑佚补苴工作:卿氏《苏轼〈论语说〉钩沉》辑得 87 条,载《孔子研究》1992 年第 2 期;马氏《苏轼〈论语说〉钩沉》辑得 50 条,载《四川大学学报》同年第 4 期。两种辑本是目前可见苏轼《论语说》佚文最集中的辑录。2002 年,语文出版社出版《三苏全书》时,整理者舒大刚在卿、马二氏辑本基础上,复广稽宋金文献,得苏轼《论语》之说 40 余条,加卿、马二氏所辑,已达 130 余条,每条或注明"卿辑",或注明"马有"或"马辑",新得遗说则注明"舒补",以示区别。同时,为了给研究者提供参考资料,又广辑北宋以至清人称引论说之

---

① 〔清〕张佩纶:《涧于日记》,张氏涧于草堂石印本。

语,作为"附录",列于相关各条之下。2008年北京大学谷建博士又据《历代名贤确论》一书辑得《论语说》佚文10余条,发表于《孔子研究》第3期(《苏轼〈论语说〉辑佚补正》)。2012年,北京师范大学许家星博士复据《四书或问》《四书通》《朱文公文集》诸书拾得《论语说》佚文10余则,撰《苏轼〈论语说〉拾遗》发表于《兰台世界》第15期。看来天未丧斯文,妙文有遗篇,苏氏之《论语说》尚残存于人间,不时为学人所发现,尚望群贤多加留意,继续拾遗补阙,或冀有恢复其原貌之可能。

原载《湖湘论坛》2013年第3期。

儒史钩沉

自孔子修订「六经」，创建儒家学派，儒学经历了发生、发展、兴盛、转化、衰落和复苏的过程，呈现「先秦子学」「汉唐经学」「宋明理学」「清代朴学」「近代新学」等形态。儒学的发展史，也是其接受学人世代评说、改造、传衍的历史。

本章前四篇回溯儒学先圣，论及诸子百家。孔子如何确立国人「三统」信仰体系？其举世无双的教育成就和教育经验是怎样的？继承孔子的荀子，如何进一步建立「天地君亲师」信仰体系，构建出「仁义礼法」「忠信」的儒家核心价值观？墨家、儒家在义利观上具体有哪些同与异？这些将在本章展开论述。

关于儒学在后世发展，本章考镜源流，既针对易学源流史中的关键问题——「王弼传郑学」澄清误说，还以文翁石室周公礼殿为考证对象，揭示其对中国孔庙祭祀制度形成的先导性和典范性影响，并以主张区别今古而倾向「今文经学」的廖平、主张统合贯通并推尊郑学的龚道耕为晚清蜀学代表人物，系统阐述两位经师博大精深的学术思想。

本章最后一篇系统介绍著名历史学家、经学家金景芳先生与世纪同行的一生及其经学、史学、孔学等成就，对全面了解金景芳先生其人其学作了极好提示。

孔子"三统"：中华民族信仰略论

信仰是一个国家和民族的精神家园，决定一个国家和民族最基本也是最牢固的价值观、道德观和行为守则，它是民族文化中最为核心的内容和灵魂。大凡一个历史悠久的民族，都有自己比较固定的精神家园和文化信仰，古希腊有丰富多彩的神话传说，希伯来人有至高无上的耶和华崇拜，古印度人有神秘的彼岸世界，中国人也有自己的精神信仰，那就是孔子总结夏、商、周文化特征而形成的"天道"（天命）、"鬼神"（祖先）和"礼乐"（仁义）"三统"信仰。"三统"作为一种全民信仰，曾经是中华民族共同的精神寄托和情感皈依，也是铸造中华文化生生不息的价值判断和创造动力。[①]

《礼记·表记》曾经引孔子的话说："夏道尊命，事鬼敬神而远之"，在价值观上重天道而"尚忠"；"殷人尊神，率民以事神，先鬼而后礼"，在价值观上重鬼神而"尚质"；"周人尊礼尚施，事鬼敬神而远之"，在价值观上重礼乐而"尚文"，[②]是谓"三统"。"三统"是以夏、商、周三代为代表的既互相区别又互相联系的文化系统。有人说三代服色有尚白、尚黑、尚赤的区别，三色随朝代更替而互相嬗代，故称"三统"；又有人提出三代历法有建寅、建丑、建子之别，三历岁首因改朝换代而各不相同，亦称"三统"。其实这些都是表面现象，最根本的是夏、商、周三代在信仰体系和价值观上的区别和不同。而这种不同，又形成互补结构，共同维系中华文化的继续和繁衍，经汉唐，迄于明清，虽然具体方式上每有改革，而其精神实质则一直未变，至于今日其影响犹然未绝。

一　天道与天命

天道与天命是中国思想文化的重要概念。它代表中国人对自然之天的认识，对

[①] 本文所引《尚书》酌用《古文尚书》，以其思想不悖于儒教也。
[②] 〔汉〕郑玄注、〔唐〕孔颖达疏：《礼记正义》，载〔清〕阮元校刻《十三经注疏》，中华书局1980年版，第1641页下—1642页上。下仅随文标注篇名。

天体运行规律的观察,对天道与人事关系的体悟。出于对天道自然属性的认识,确立了中国人"道法自然"的观念;出于对天道规律性的认识,造就了古老中国的历法;出于对天道化生万物的认识,成就了中国人"三才"一体的系统思想;出于对天道生生不息的认识,激发出中国人"法天则地""替天行道"的壮志;出于对天道无私的认识,确立了中国人的公平正义的精神……在中国人的心目中,天道是万物之原、正义之原,天命是力量之本和成败之规。一个君子的养成,端赖于对天道和天命的知觉;一个圣贤的成就,端在于乐天知命和奉天保民。天道和天命,就是中国人的终极关怀和情感寄托。

"天"本是自然界的客观概念,但是如果组合成"天道""天命"时,就具有丰富的哲学、宗教、伦理、道德、政治乃至科学的含义了。天人关系的观念,如果要追溯远源,大致起源于颛顼时期的"绝地天通"①。颛顼是五帝之一、黄帝的孙子,据说少昊之时"九黎乱德,民神杂糅","家为巫史",人类的正常生活常常被巫风鬼气所干扰。颛顼于是令"南正重司天以属神,火正黎司地以属民"②,将管理"天道"的神职人员(南正)与管理"火历"的民事人员(火正)区分开来,天神与人文就有明确分工。是以前的"天"还是与"神"联系在一起的,之后政权与神权乃有所分工。

接着效法天道而产生历法。《尚书·尧典》说:"乃命羲和,钦若昊天,历象日月星辰,敬授人时。"孔子曰:"人能弘道,非道弘人。"(《论语·卫灵公》)又说:"大哉,尧之为君也!巍巍乎!唯天为大,唯尧则之。"(《论语·泰伯》)并转述尧命舜的话说:"咨尔舜!天之历数在尔躬,允执厥中。四海困穷,天禄永终!""舜亦命禹。"(《论语·尧曰》)则天、历数、弘道,最初都是指模仿天道而制订历法。尧时已结束单凭大火星(心宿二)制历的粗浅做法,而将日、月、星、辰四者的运行纳入统一考量之中,制订出"阴阳合历"。这个时期的"天"(昊天),已是"日月星辰"的代称而与"历法"合谋了。

尧舜时期能够"钦若(敬顺)昊天""历象日月星辰"来制订历法,表明当时人们已经认识了天体运行是有规律性的,古人称之为"天道"。夏人继之,制定出更为精密的历法——"夏时",后世传有《夏小正》,于是奠定了中国历法的基础,后世将中国的阴阳合阳统称"夏历"。

在制定历法和日常生产生活中,古人已逐渐认识了"天道"的必然性和规律性。《礼记·哀公问》载,孔子回答鲁哀公"君子何贵乎天道也"之问时,说:"贵其不已,如

---

① 〔汉〕孔安国传、〔唐〕孔颖达疏:《尚书正义》,载〔清〕阮元校刻《十三经注疏》,中华书局1980年版,第248页中。下仅随文标注篇名。
② 徐元诰:《国语集解》,王树民、沈长云点校,中华书局2002年版,第514—515页。

日月东西相从而不已也,是天道也;不闭其久,是天道也;无为而物成,是天道也;已成而明(光明),是天道也。"揭示出天道有规律性("日月东西相从")、永恒性("不闭其久")、自然性("无为而物成")等特性。孔子又曾对子贡说:"天何言哉?四时行焉,百物生焉。天何言哉!"(《论语·阳货》)又对其规律性、必然性有了认识。孟子概括为:"莫之为而为之者,天也;莫之致而至者,命也。"①《庄子·天地》也说"无为为之之谓天"②,与此有同致焉。

古人在长期的生产和生活中,根据天体运行、四季变化出现的物象更替、新旧代换,直观地认识到,正是天道的运行,产生了万事万物。《周易·乾卦·彖传》:"大哉乾元,万物资始,乃统天。云行雨施,品物流形。"③《系辞上》说:"乾知大始,坤作成物。"《姤卦·彖传》:"天地相遇,品物咸章。"万物是天地作用的产物。

《周易·序卦传》更系统地说:"有天地然后有万物,有万物然后有男女,有男女然后有夫妇,有夫妇然后有父子,有父子然后有君臣,有君臣然后有上下,有上下然后礼义有所错(措)。"将天地运行与万物化成,人类诞生,君臣形成,礼义构建等联系起来了。《系辞上》甚至说:"易有太极,是生两仪,两仪生四象,四象生八卦,八卦定吉凶,吉凶生大业。"从而构建了中华民族系统的宇宙观。人与宇宙都处在同一个发展系统和链条中,他们互相关联,互相影响。这就使冷冰冰、黑洞洞的自然之"天"与万物和人类联姻,从此天与人便骨肉相连、情感相通、思虑相感了。这就自然而然地形成了中国人特有的"道法自然"和"天人合一"的系统思维。

道家基于"道生一,一生二,二生三,三生万物"的冥想,提出了"道法自然"的命题。④ 儒家出于对"天地氤氲,万物化醇"的观察,《周易·系辞》认为天人一体、德性相通:"夫大人者,与天地合其德,与日月合其明,与四时合其序,与鬼神合其吉凶。先天而天弗违,后天而奉天时,天且弗违,而况于人乎,而况于鬼神乎!"(《周易·乾文言》)

建立在上述天人关系的基础上,儒家以为,人性可以反映天道,天道亦将影响命运。《礼记·中庸》说:"天命之谓性,率性之谓道,修道之谓教。道也者,不可须臾离

---

① 〔汉〕赵岐注、〔宋〕孙奭疏:《孟子注疏》,载〔清〕阮元校刻《十三经注疏》,中华书局1980年版,第2738页。下仅随文标注篇名。
② 〔清〕郭庆藩:《庄子集释》,王孝鱼校点,中华书局1961年版,第406页。
③ 〔魏〕王弼、〔晋〕韩康伯注,〔唐〕孔颖达疏:《周易正义》,载〔清〕阮元校刻《十三经注疏》,中华书局1980年版,第14页上。下仅随文标注篇名。
④ 朱谦之:《老子校释》,中华书局2008年版,第17、103页。

也,可离非道也。""天道"通过"天命"影响并伴随人类,是决定人类本性和命运的最高权威。人文教化的目的,就是对这种原本与人类相亲相连的天道之体认。

不过"天"或"天道""天命",对人类(乃至万物)虽然有如许巨大的影响力,但并不意味着人在天的面前纯粹就是奴隶,或只能唯命是从,毫无作为。在儒家看来,尽管天地生产了人类,人在天地之中,还是最可宝贵的精灵。《孝经》引孔子说"天地之性人为贵,人之行莫大于孝"云云。① 儒家认为,通过认识人类自己的本性,就可以认识"天命",体会"天道",甚至意识到自己与万物一体的"使命"。孟子提出"尽心知性,知性知天",就是这个思路的升华和提高,也是儒家学者之于宇宙、世界的认识论和责任心。

《尚书》很早就认为:"天工人其代之。"(《皋陶谟》)故《中庸》随之也提出"赞天地之化育"的设想。人类应当效法天地,甚至"替天行道"。《乾卦·大象传》:"天行健,君子以自强不息。"《坤卦·大象传》:"地势坤,君子以厚德载物。"《周易》其他各卦《大象传》之"君子以"云云,以及《老子》"人法地、地法天、天法道、道法自然",就是这一关系的具体而生动的说明。

聪明的统治者,就是要体会天道、效法天道、体认天命、奉行天命以行人事,以施仁政。尧舜时期的皋陶就已经提出:"天聪明自我民聪明,天明畏自我民明威。"(《尚书·皋陶谟》)后来经过殷周巨变,使人们更懂得"天命不可长依"的道理,周人提出"惟命不于常"(《尚书·康诰》),"皇天无亲,惟德是辅"(《尚书·蔡仲之命》)和"天视自我民视,天听自我民听"(《尚书·泰誓》)等思想。或认为"天命不可违",从政者应当"敬天保民":"天生民而立之君,使司牧之,勿使失性。"②"天之生民,非为君也;天之立君,以为民也。"③或又从另一角度提出"天道远,人道迩"④,甚至"非命"等主张。⑤ 在天道、天命与人事、人政之间,构建起明显的或分或合的特殊模式。

在这一思维模式下,要求治国理政者要"敬天保民",士大夫要"乐天知命",戡乱创业者要"替天行道",君子士人要"知性知天"(《孟子·尽心上》),人民百姓要"敬天

---

① 〔唐〕玄宗(李隆基)注、〔宋〕邢昺疏:《孝经注疏》,载〔清〕阮元校刻《十三经注疏》本,中华书局1980年版,第2553页上。下仅随文标注篇名。
② 〔晋〕杜预集解、〔唐〕孔颖达正义:《春秋左传正义》,载〔清〕阮元校刻《十三经注疏》,中华书局1980年版,第1958页上。
③ 〔清〕王先谦:《荀子集解》,中华书局1988年版,第504页。
④ 〔晋〕杜预集解、〔唐〕孔颖达正义:《春秋左传正义》,第2085页。
⑤ 〔清〕孙诒让:《墨子间诂》,中华书局2001年版,第264页。

法祖"——这样一个普遍的"尊天""畏命""崇道""守法"的民族性情,从而构建起"昊天→天道→天命→天性→尽心→知天→敬天→赞天→畏天"等信仰体系和价值观念。

从儒家哲学的层面描述"天道","天道"无非"仁义"。《周易·系辞下》说:"《易》之为书也,广大悉备,有天道焉,有人道焉,有地道焉。"天、地、人(是谓"三才")在《易》中都有自己的位置,而且形成了系统互依的结构。《周易·说卦传》又曰:"立天之道曰阴与阳,立地之道曰柔与刚,立人之道曰仁与义。"阴阳、刚柔、仁义都是互含互通的,天道、地道和人道原来是互补互法的。"天道=地道=人道","阴阳=刚柔=仁义","天命=人性=五常=仁政",等等。《系辞下》又曰:"天地之大德曰生,圣人之大宝曰位,何以守位曰仁,何以聚人曰财,理财正辞、禁民为非曰义。"《系辞上》又曰:"生生之谓易,成象之谓乾,效法之谓坤。"原来圣人实施的仁政,正是对易道之生生、天地之大德的具体效仿。

推而广之,从《周易》的角度描述"天道",天道无非"事业";①从道家的角度描述"天道",天道无非"万物";②从术数天文的角度描述"天道",天道就是"历法"(元气、阴阳、四季、历法);从医学的角度描述"天道",天道就是"仁寿"(元气、阴阳、五行、五运、六气),等等。

孔子提倡"下学而上达"(《论语·宪问》)"不知命无以为君子"(《论语·尧曰》),自谓"五十而知天命"(《论语·为政》)。并且推崇"闻道",以为"朝闻道,夕死可矣"(《论语·里仁》),将是否"上达"作为划分"君子"与"小人"的分水岭,一则曰:"君子上达,小人下达。"(《论语·宪问》)一则曰:"君子有三畏:畏天命,畏大人,畏圣人之言。小人不知天命而不畏也,狎大人,侮圣人之言。"(《论语·季氏》)在孔子的影响下,天、天道、天命、命,就成了中国人认识天人关系,实现终极关怀,阐释人生价值,树立生命意义的重要依据和权威理由。

孔子所说"尊命""尚忠"观念,与《周易》"天道""重生"、《尚书》"天命""贵德"说,构成了中华民族数千年来"尊天重道""敬天保民""遵命贵德"的精神信仰和价值追求,由此而形成的系列世界观、价值观和人生观,甚至历法、服色、车舆等文化体系,是中华民族自立于人类文化之林的精神力量和重要标志。

---

① 《周易·系辞传上》:"易有太极,是生两仪,两仪生四象,四象生八卦,八卦定吉凶,吉凶生大业。"(《周易正义》,第82页上至中)
② 《老子》"道化章":"道生一,一生二,二生三,三生万物。"(朱谦之:《老子校释》,第174页)

二　鬼神与阴阳

"鬼神"信仰在世界各地都存在,中国的"鬼神"信仰并不纯粹是迷信的人格神,也不是纯粹愚昧的表现。神灵崇拜,究其根源其实是人们对于美好事物的想象和追求,或是对于祖先(以及其他超人力量)的崇拜和感恩。英国神学家凯伦·阿姆斯特朗在《神的历史》中说:"神就像富含启发能力的诗词和音乐一样,是创造性想象的产物。"①她说的虽然是世界上的一神宗教,不过中国早期信仰其实亦然。

中华民族信仰系统中的鬼神崇拜,其本质是阴阳理论普世价值的神秘表现。我们通过对《周易》等儒家经典中阴阳思想的分析和归纳,不难发现,阴阳观念其实是中国鬼神信仰崇拜的核心理念,其本质在于"神道设教"和"以神化民"。这一理论不但对中国古代宗教信仰崇拜产生了巨大影响,它还承载着中华民族的精神家园重建的希望。

孔子说,殷人"率民以事神"。这个论断从19世纪末以来在河南安阳等地发现的大量卜辞中,得到完全的证明。甲骨卜辞显示,殷商君王在处理重大事务之前,都要用龟甲或兽骨进行占卜,祈求鬼神的启示或主意。所问事项,内容和范围都十分广泛,大到战争、国政和年景收成,小到疾病痊愈、出行利屯,应有尽有,真到了所谓"率民以事神,先鬼而后礼"的地步。观其所问对象,大要有三,即天神、自然神、祖先神。其中以对祖先神的卜问最为普遍,也最频繁。殷人对天神和自然神的信仰,显然是对夏人"尊命"传统的继承、发展和抽象。其对"祖先神"的崇拜当是殷人自家的创造,故卜辞中卜问祖先(即先公、先王、先妣、先君)的机会也最多,也最虔诚。这也应验了凯伦"每一代人必须创造适于他们自己的神意象"的论断。②

在当时,君王是否敬天法祖,是否准时合规祭祀鬼神,成了衡量他们是否是"有道"之君的重要标志,若有疏忽,就有可能招致讨伐甚至被推翻。《墨子·非命中》据《太誓》引纣曰:"我民有命,毋僇其务。"③这是商纣以天命自卫。但是《尚书》中却多处谴责商纣王"弗敬上天""自绝于天"(《泰誓》)、"昏弃厥肆祀弗答"(《牧誓》)等行为。周武王之所以胆敢以下犯上、以臣诛君,就因为大量罗致了纣王的此类不敬神的大

---

① [英]阿姆斯特朗:《神的历史》,海南出版社2013年版,第4页。
② [英]阿姆斯特朗:《神的历史》,第5页。
③ 〔清〕孙诒让:《墨子间诂》,第277页。

罪,才大张旗鼓地"躬行天之伐"的。

"鬼神"范围到春秋时期虽然有所扩大,但是其以祖先为"鬼神"这一观念犹然保存,《左传》襄公十四年,师旷就说:"夫君,神之主也,民之望也。若困民之主,匮神乏祀,百姓绝望,社稷无主,将安用之?弗去何为?天生民而立之君,使司牧之,勿使失性。"①此处的"神"是社稷、政权之神,包括天地、先王、先君在内。《论语·为政》载孔子言:"非其鬼而祭之,谄也。"此处的"鬼"无疑就是自家祖先神了。

《孝经·丧亲章》引孔子曰:"孝子之丧亲也……擗踊哭泣,哀以送之,卜其宅兆,而安措之;为之宗庙,以鬼享之。"更明白不过地说明"鬼"就是自己刚刚去世的父母等亲人。《感应章》又引子曰:"昔者明王事父孝,故事天明;事母孝,故事地察……天地明察,神明彰矣。故虽天子,必有尊也,言有父也;必有先也,言有兄也;宗庙致敬,不忘亲也;修身慎行,恐辱先也;宗庙致敬,鬼神著矣。孝悌之至,通于神明,光于四海,无所不通。"将对"鬼神"或"神明"的祭祀,定义为明王的"事父""事母"行为(或其延伸),以为君主自家的"宗庙致敬",即可能引起"天地""神明"的好感,获得"光于四表,无所不通"的效果,便直接将鬼神、祖先、父母、天地、家国联系在一起了。

以上都表明,中国人"鬼神"信仰,最早其实就是对逝去的祖先,甚至刚故去的父母的礼敬和追思。金文中的"追孝"和《诗经》的"曰追来孝"即其事也。

何以要称故去的亲人为"鬼"为"神"呢?古人曾经从语源上给予解释和说明:"鬼"者,归也;②"神"者,伸也。③ 人类之所以将故去亲人称"鬼"、称"神",完全是出于对阴、阳二气消长的认知。古人认为,人之生、死,全在于阴、阳二气的起灭聚散。阴、阳平衡为人,阳熄纯阴为鬼,阴熄纯阳为仙,鬼神不过是阴、阳二气的伸缩盈虚罢了。

"阴阳"盈虚导致"鬼神"产生的观念及其原理,在《周易》中有非常明确的表述。《周易·乾文言》称"与鬼神合其吉凶",《系辞下》说"阴阳不测之谓神""神无方而易无

---

① 〔晋〕杜预集解、〔唐〕孔颖达正义:《春秋左传正义》,第1958页。
② 〔汉〕许慎:《说文解字》卷九上《鬼部》:"鬼,人所归为鬼,从人,象鬼头。鬼阴气贼害,从厶。"(中华书局1963年版,第188页下)
③ 《说文解字》卷一上《示部》:"神,天神,引出万物者也。"(第8页上)〔汉〕王充《论衡·论死篇》:"鬼者,归也;神者,荒忽无形者也。或说:鬼神,阴阳之名也,阴气逆物而归,故谓之鬼;阳气导物而生,故谓之神。神者,伸也。"(上海人民出版社1974年版,第315页)〔宋〕朱熹又说:"神,伸也;鬼,屈也。""鬼神只是气。屈伸往来者,气也。"(载〔宋〕黎靖德编《朱子语类》卷三,中华书局1986年版,第34页)

体",似乎都很神秘,无可言状。其实细考《易》文,鬼神即阴阳,亦即天道、天命的翻版。《系辞上》说:"精气为物,游魂为变,是故知鬼神之情状。与天地相似故不违,知周万物而道济天下,故不过。旁行而不流,乐天知命故不忧。安土敦乎仁,故能爱。范围天地之化而不过,曲成万物而不遗,通乎昼夜之道而知,故神无方而易无体。一阴一阳之谓道,继之者善也,成之者性也。仁者见之谓之仁,智者见之谓之智,百姓日用而不知,故君子之道鲜矣。"这里的"精气、游魂、鬼神、天地、万物、天道、天命、阴阳、人性、仁智"等,全是相通或互相关联的概念。作为物质情态来讲它是"精气",其运动状态则是"游魂",其内在奥秘就是"鬼神"。这个鬼神不是别的,而是描摹"天地"原理、周济天下万物的"天道",是作用于人的"天命",是包罗天地变化、曲成万物生灭的"神"和"易";这个东西不是别的,其实也就是表现为"一阴一阳"互动互济的"道"。这种力量,反映在人道方面,就是"仁"和"智",可惜百姓天天与它打交道却不自知觉,因此君子所追求的"道"也就很少得到发挥了呵!

《周易》中的"鬼神"是哲学化的,被抽象化了的,它是天地变化、万物生灭、万法起灭、万理呈露、人事利屯的根本原因和根本法则。诸如《易》的制作,观象设卦,前知后测,都是圣人描述阴阳、演示阴阳、探索奥秘、极深研几,亦即体现"鬼神"奥秘的人为制作。

首先,作为《周易》构成基石的八卦符号,就是圣人拟议"神明"和"万物"的结果。《系辞下》说:"古者包牺氏之王天下也,仰则观象于天,俯则观法于地,观鸟兽之文与地之宜,近取诸身,远取诸物,于是始作八卦,以通神明之德,以类万物之情。"八卦从其产生上讲是对天文地理、远物近身的描摹,其功能是对"神明"变化之原理(德)的归纳和事物内在情势(情)的揭示。

其次,六十四卦的形成,也是"人谋鬼谋"的呈现:"天地设位,圣人成能。人谋鬼谋,百姓与能。"作为一部《周易》门户和纲领的乾、坤二卦,也是对阴阳等天地德性的模拟:"子曰:乾坤其易之门邪。乾阳物也,坤阴物也。阴阳合德而刚柔有体,以体天地之撰,以通神明之德。"(《周易·系辞》)

求卦占验的筮法也是对神明的凸显。《说卦传》:"昔者圣人之作《易》也,幽赞于神明而生蓍,参天两地而倚数,观变于阴阳而立卦,发挥于刚柔而生爻,和顺于道德而理于义,穷理尽性以至于命。"又曰:"昔者圣人之作《易》也,将以顺性命之理,是以立天之道曰阴与阳,立地之道曰柔与刚,立人之道曰仁与义。"鬼神、天地、阴阳、刚柔、道德、义理、性命等,都通过《周易》中"神明"的筮法,得到统一和沟通。由于筮数前景莫定,故亦称"神":"是故蓍之德圆而神,卦之德方以知。""神以知来,知以藏往。"筮法的演算,也体现了鬼神的奇妙:"凡天地之数五十有五,此所以成变化而行鬼神也。"(《系

辞上》)

《周易》中的鬼神似乎也有正义感,能够福善而祸淫。《谦卦·彖传》:"天道亏盈而益谦,地道变盈而流谦,鬼神害盈而福谦,人道恶盈而好谦。"其实,所谓"神"也、"明"也、"鬼"也,无非阴阳、仁义、天道、天命等决定作用的同质异辞:"神也者,妙万物而为言者也。"(《说卦传》)这一切的一切,都是圣人的发挥和操作在起作用:"子曰:圣人立象以尽意,设卦以尽情伪,系辞焉以尽其言,变而通之以尽利,鼓之舞之以尽神。""极天下之赜者存乎卦,鼓天下之动者存乎辞,化而裁之存乎变,推而行之存乎通,神而明之存乎其人。"(《系辞上》)是之谓也。

圣人对《周易》原理的设定,其实就是对天道、人事奇妙原理的事先设定和精妙模拟,只是这种模拟难以言传,神妙莫测、奇妙无方而已:"是以明于天之道,而察于民之故,是兴神物,以前民用。圣人以此齐戒,以神明其德夫。是故阖户谓之坤,辟户谓之乾,一阖一辟谓之变,往来不穷谓之通。见乃谓之象,形乃谓之器,制而用之谓之法,利用出入、民咸用之谓之神。"(《系辞上》)所谓"神明"就是在前知天道原理、民事规矩的前提下,运用神秘莫定的蓍草表达出来的演算方法。其原理在《周易》首卦《乾》和次卦《坤》中蕴藏着,通过辟阖、往来的动态呈现体现出来。它外现的象和器,经过人民的模仿和广泛利用,就表现出了神奇的效应。

探知阴阳的变化,就知道鬼神的情状了。《系辞上》:"仰以观于天文,俯以察于地理,是故知幽明之故,原始反终,故知死生之说。精气为物,游魂为变,是故知鬼神之情状。"精气、游魂都是对阴阳二气运行的描写,知道它们便知道了鬼神的情状了。知道变化莫测就是通"神"了。子曰:"知变化之道者,其知神之所为乎?""易无思也,无为也,寂然不动,感而遂通天下之故,非天下之至神,其孰能与于此?""唯神也,故不疾而速,不行而至。"这与英国神学家凯伦·阿姆斯特朗所谓"一神论者称此超越经验为'神'"①,是同一原理。

如何才使自己修得"神"圣的境界呢?一是知道变化的原理和奥秘,二是知道变化的先兆和节点。《系辞上》说:"穷神知化,德之盛也。"又说:"子曰:知几其神乎?"《系辞上》说:"阴阳不测之谓神。"可见"鬼神"就是对阴阳的形象描写,是对变化的通俗概括,是对圣人设教的神秘表述,是对事业成功的先期预测,如是而已,岂有他哉!《系辞上》又说:"一阴一阳之谓道。"道的运行、阴阳的消长才是"鬼神"产生和显灵的根本动力。《周易》反复将"鬼神、阴阳、天道"等联系起来就是出于这一考虑。

---

① [英]阿姆斯特朗:《神的历史》,第6页。

鬼神，说穿了仍然是人类对美好事物的预期设定，是对未知世界的哲学表达，也是对理想境界的虚幻构拟。由于人类认识不一，贤愚不等，能力不齐，功劳各异，后来人们对于"鬼神"的认识便产生出很大分歧，也才生出众多名目的精灵古怪。这些鬼神也善恶不一，美丑非类。儒家的鬼神是逝去的"祖先"和消长的"阴阳"，墨家的鬼神是祸人福人的"精怪"，法家的鬼神是吓人的专制"魔王"，兵家的鬼神是知胜知败的"兵神"，而百姓的鬼神既是消灾弭祸的福星，和避之唯恐不及、需要禳除的"恶魔"。天有神，地有祇，山有精，水有灵，家有家先，乡有土地，事事物物的神秘性都被人格化，甚至妖魔化了。所有这些都是后话，若溯其初，无非"阴阳"的消长、"祖先"的存殁而已！

《周易·观卦·彖传》曰："观天之神道而四时不忒，圣人神道设教而天下服矣。"所谓"神道"乃是圣人设教的手段，"神道设教"可谓一语道破"鬼神"学说的根源，神鬼是工具，教化才是目的，如是而已。荀子曰："君子以为文，而百姓以为神。以为文则吉，以为神则凶也。"[1]不其然乎？

三　礼乐与文明

中华礼仪曾经被讥讽为繁文冗节、精神桎梏，实际上它却是中华先民对人类文明的一大贡献。在儒家看来"礼"是对"太一"为代表宇宙精神的模拟，是对人类情欲的必要节制，同时也是尊重自然差别、社会等级的制度设施。"礼"自周公正式制定以来，在历史上曾起到规范人们灵魂生活、政治生活、社会生活、人伦生活的制度保障。"礼"是人与动物的分界线，也是人类社会文明与野蛮的分水岭。一个人要想修成君子、完善仁德，必须在礼仪修养方面有所造诣，做到"文质彬彬，然后君子"。当然，儒家为了确保"礼"避免落入消极的虚仪，减少阶级对抗和等级对立，时时注意对"礼乐"实质的唤醒和保存，那就是充满爱意和原则的仁义。仁义其实才是一切礼乐文明、制度设施的实质内容。

在孔子所总结的夏人尊命、殷人重鬼、周人遵礼的"三统"结构中，"礼"处于敬天

---

[1]〔清〕王先谦：《荀子集解》，第316页。

法祖、安人保民的重要位置。如果说"天道"代表了终极关怀,"鬼神"代表了临终关怀的话,"礼乐"实际代表了对现世人生的现实关怀,同时也是使终极关怀和临终关怀落到实处、行得其宜的文字说明。子曰:"礼乎礼,夫礼所以制中也!"①岂虚语哉!要想纠正当下国人信仰缺失、价值倒错、精神空虚、行为失范、社会失序等弊端,对以"礼乐"文明为代表的"三统"体系的适当重建,不失为一种可供尝试的选择。

"礼"的根由。中国号称"礼义之邦",礼乐文化自古发达,这个传统其来久远,形成制度起自姬周,寻其远源则本于天地。孔颖达《礼记正义序》论礼的起源说:"夫礼者,经天纬地,本之则大一之初;原始要终,体之乃人情之欲。"认为礼的终极根源是宇宙精神(太一),其直接功能则是节制人的情欲"太一"即太极。《说文系传》释"一"曰:"惟初太极,道立于一。造分天地,化成万物。"②太极,又作"太始",也就是万物资以发生的原始状态。这就与表现为"阴阳"的天道、反映出阴阳消长的"鬼神",同其一源了。只不过,阴阳是虚的,鬼神是不可捉摸的,而礼乐则是制度化了、化为制度的"天道"和"阴阳"罢了。孔颖达还说,人有情欲,情有善恶,善者有所不为,而恶者则无所不为,因此"古先圣王鉴其若此,欲保之以正直,纳之于德义……故乃上法圆象(天),下参方载(地),道之以德,齐之以礼"③。

孔颖达此说的依据本于他之前的《礼记·坊记》:"子云:'小人贫斯约(窘迫),富斯骄;约斯盗,骄斯乱。礼者,因人之情而为之节文,以为民坊(防)者也。故圣人之制富贵也,使民富不足以骄,贫不至于约,贵不慊(不满足)于上,故乱益亡(无)。'"又曰:"子云:'夫礼者,所以章(明)疑别微,以为民坊(防)者也。故贵贱有等,衣服有别,朝廷有位(尊卑),则民有所让。'"④

可见礼的设置完全是为了克服人性粗野的一面,发扬其良善的一面,礼制也是对天道、地道的模拟和规范。

"礼"的起源。那么礼仪具体起源于何时呢?孔颖达说:"燔黍则大亨之滥觞,土鼓乃云门之拳石,冠冕饰于轩初,玉帛朝于虞始;夏商革命,损益可知;文武重光,典章斯备。洎乎旦姬旦,负扆临朝,述曲礼以节威仪,制周礼而经邦国。"⑤燔黍、土鼓是神农时代的礼乐,属于氏族社会。冠服之礼起于黄帝,玉帛朝聘起于虞舜,中经夏殷的

---

① 〔汉〕郑玄注、〔唐〕孔颖达疏:《礼记正义》,第1613页中。
② 〔南唐〕徐锴:《说文系传》,文渊阁《四库全书》本。
③ 〔汉〕郑玄注、〔唐〕孔颖达疏:《礼记正义》,第1222页。
④ 〔汉〕郑玄注、〔唐〕孔颖达疏:《礼记正义》,第1618页中、1619页上。
⑤ 〔汉〕郑玄注、〔唐〕孔颖达疏:《礼记正义》,第1222页。

因革和损益,至周代乃形成制度,特别是周公制礼作乐,才得到完善。孔子说:"夏礼吾能言之,杞不足征也;殷礼吾能言之,宋不足征也。"又说:"郁郁乎文哉！吾从周。"通过对三代礼制这番认真的考察和鉴别,孔子发现夏商之礼,皆有缺失,唯姬周之制,最为完美。他又说:"殷因于夏礼,所损益可知也;周因于殷礼,所损益可知也。其或继周者,虽百世可知也。"(《论语·八佾》)可见西周的礼制也有对前代制度的继承和发展,而且将对后代的文化建设具有历史性影响。

"礼"的节目。当时有所谓"礼经三百,威仪三千"(或"经礼三百,曲礼三千")之说。西周、春秋时期,"礼乐"一直是官府塑造合格接班人的重要教典,《王制》说"乐正崇四术,立四教,顺先王《诗》《书》《礼》《乐》以造士"《左传》即将"说《礼》《乐》而敦《诗》《书》"作为选择元帅的优胜条件。①

历经时代变迁,《乐经》失传,《礼经》则衍为"三礼",即《周礼》即卸《周官》《仪礼》及《礼记》。关于这些礼经的功能《荀子·大略》有曰:"礼者,人之所履也。"②《说文解字》:"礼,履也。"《释名》则曰:"礼,体也。"体,即身体力行。孔颖达更发挥说:"礼者,体也,履也。""礼者,理也。"③体是体用之体,即根本法则,统之于心;履即实践,即体用之用,指礼节仪文指导实践;理即治理之理,指礼法具有使天下走向大治的功能。《礼记·礼运》记载孔子说在结束了"天下为公"的"大同"(原始)社会后,"今大道既隐,天下为家,各亲其亲,各子其子,货力为己,大人世及以为礼,城郭沟池以为固,礼义以为纪。以正君臣,以笃父子,以睦兄弟,以和夫妇,以设制度,以立田里,以贤(表彰)勇知,以功为己。"礼义是人类社会维系和平秩序的制度设施。

前引《周易·序卦传》"有天地然后有万物"直至"有上下然后礼义有所错",更明白不过地表明,礼义是使天地之道、社会进化等,顺利推行和完善的必要措施,礼法是自然法则的一种自然延伸。

具体地讲,《周礼》属于体,是经邦治国之大经大法;《仪礼》属于履,是日常生活的行为准则。也就是文献所谓"经礼三百(周礼),曲礼三千(仪礼)"④。经之与曲,体之与履,一大一小,一简一繁,各有专主,相辅为用。至于《礼记》,则主要是对《仪礼》各仪意义的解说,还有先秦儒家诸子的文献辑存,多属于治道的范围了,是孔颖达"礼者,理也"的具体说明。

---

① 〔晋〕杜预集解、〔唐〕孔颖达正义:《春秋左传正义》,第 1822 页下。
② 〔清〕王先谦:《荀子集解》,第 495 页。
③ 〔汉〕郑玄注、〔唐〕孔颖达疏:《礼记正义》,第 1223、1222 页。
④ 〔汉〕郑玄注、〔唐〕孔颖达疏:《礼记正义》,第 1435 页。

"礼"与文明。在儒家看来,真正的"人",不是从直立、无毛和说话开始的,而应该从知道并履行礼义发轫。荀子说:"人之所以为人者,非特以其二足而无毛也,以其有辨(别)也。夫禽兽有父子而无父子之亲,有牝牡而无男女之别,故人道莫不有辨,辨莫大于分,分莫大于礼。"①是礼将人类引向文明和秩序,也是礼将人与动物区分开来。《礼记·曲礼上》亦载:"鹦鹉能言,不离飞鸟;猩猩能言,不离禽兽。今人而无礼,虽能言,不亦禽兽之心乎?夫唯禽兽无礼,故父子聚麀(共妻)。是故圣人作,为礼以教人,使人以有礼,知自别于禽兽。"

礼是人类区别于其他动物的重要标准,也是文明和野蛮的突出分水岭。礼是人所履行的规范。反言之,举凡人类的物质生活、精神生活、灵魂生活,以及伦理生活、社会生活和政治生活的一切规矩,无一不属于礼的范围。物质生活包括衣、食、住、行,精神生活包括教育、娱乐、学术等活动,灵魂生活包括信仰、宗教、祭祀等活动,伦理生活包括夫妇、父子、兄弟、亲戚等关系,社会生活包括朋友、师徒、邻里、同事、长幼等关系,政治生活包括君臣、上下、尊卑、贤愚等区别,等等。在文明社会里,无不有具体的礼仪制度来为之节文和设防,从而避免了人们因处理这些关系不当时造成的社会错乱。

孔子说:"丘闻之:民之所由生,礼为大。非礼,无以节事天地之神也;非礼,无以辨君臣、上下、长幼之位也;非礼,无以别男女、父子、兄弟之亲,婚姻疏数之交也。"(《礼记·哀公问》)已将礼乐在灵魂生活、社会生活、伦理生活中的重要性言之甚明。没有礼制,就没有祭天告地的仪式,就无法辨别君臣、上下、长幼之间的职权和差别,就不能体现男女、父子、兄弟之间的亲情关系和亲戚之间的亲疏等级,从伦理关系、社会秩序到政治地位、宗教活动,都会出现混乱不堪的局面。倘若家庭不亲,伦常失序,贵贱失等,君臣失位,祭祀废弛,灵魂无归,那么这个社会就颓废了、混乱了,这个国家就不成其为国家,社稷国祚也就不存在了!可见,礼是维系社会正常运转的必要保证,礼成了治世与乱世的分界线。

礼仪制度是为不同阶级和阶层、不同等级和类别的人们在这些领域活动中,制定出的相应的行为规范,以便人们处理好各种关系,扮演好自己的角色,以维系整个社会的秩序、和谐与稳定,也造就社会向文明鼎盛发展。礼是人格自觉的人们过文明生活的实践哲学,也是社会是否文明的重要标志。人类的每一个活动领域无不浸透着礼的规定,无不存在着礼的身影。一个士人如果很好地掌握了这些规定,遵守了这些

---

① 〔清〕王先谦:《荀子集解》,第79页。

规范,那他就能很好地立身并服务于这个社会,与人们和谐相处、合作共赢,就有可能获得生活的幸福和事业的成功。此即孔子要反复叮嘱"不知礼,无以立","不学礼,无以立"的用意所在。

"礼"的实质。为避免使礼仪落入繁文冗节的境地,儒家特别重视"礼乐"的精神实质,一定的礼仪是代表一定的文化追寻和精神诉求的。孔子说:"仁者人也,亲亲为大;义者宜也,尊贤为大。亲亲之杀(差),尊贤之等,礼所生也。"(《中庸》)礼是仁、义的外现和物化。孟子也说:"仁之实,事亲是也;义之实,从兄(尊长)是也;智之实,知斯二者弗去是也;礼之实,节文斯二者是也。"(《孟子·离娄上》)礼是对仁、义、智三者的规定和节文。荀子也说:"亲亲、故故、庸庸、劳劳,仁之杀(差别)也;贵贵、尊尊、贤贤、老老、长长,义之伦(类别)也;行之得其节(节度),礼之序(秩序)也。"①礼是使人们在施行"亲亲"等仁之差别,和"贵贵"等义之伦类时,确保行得其宜、处得其度的制度设施。从本质上讲,礼乐的精神无非仁义而已。孔子曰:"礼云礼云,玉帛云乎哉?乐云乐云,钟鼓云乎哉?"(《论语·阳货》)于此有深意存焉。

"礼"与君子。孔子曰:"恭而无礼则劳,慎而无礼则葸(胆怯),勇而无礼则乱,直而无礼则绞(尖刻)。"(《论语·泰伯》)恭则敬,慎则寡过,勇则敢为,直则无偏。这些本来都是优良品质,但如果行不由礼、处不以度,就会适得其反:恭敬而不知节度,成天精神紧张,故劳;谨慎而不知节度,委琐胆小,故葸;勇猛而不知节度,剽悍逞强,故乱;直率而不知节度,尖酸刻薄,故绞。任何好心善意,都必须以恰当的方式和尺度表达出来。这个恰当的方式,便是约定俗成、能为大家所接受的礼。礼正是保证人们行动得体的尺度,故孔子无限感慨地说:"礼乎礼! 夫礼所以制中(适中)也!"(《礼记·仲尼燕居》)

孔子认为,一个人要完善自己的修养,一定要以"义"为质,以"礼"为行动的规范:"君子义以为质,礼以行之。"(《论语·卫灵公》)君子本质上是行义,但为了行义的方便,却要用礼仪来文饰。君子重义,而行其所重又莫非礼仪。子路问"成人",孔子回答说:"若臧武仲之知(智),(孟)公绰之不欲,卞庄子之勇,冉求之艺(多才),文之以礼乐,亦可以为成人矣。"(《论语·宪问》)孔子要求人们"克己复礼",教导人们在伦理生活、社会生活、政治生活乃至灵魂生活等各个领域,都按礼制行事,做到"非礼勿动"。他又说:"质胜文则野,文胜质则史,文质彬彬然后君子。"(《论语·雍也》)

人们奉行孝道,无非礼的落实。孟懿子问孝,孔子曰:"无违。"又曰:"生事之以

---

① 〔清〕王先谦:《荀子集解》,第491页。

礼,死葬之以礼,祭之以礼。"(《论语·为政》)如果要从社交活动中获得教益,那就多多参加礼义活动吧!孔子曰:"益者三乐……乐节礼乐,乐道人之善,乐多贤友,益也。"(《论语·季氏》)要治理好民众,礼当然更不能缺少。子曰:"道之以德,齐之以礼,(民)有耻且格。"(《论语·为政》)又说:"君使臣以礼,臣事君以忠。""事君尽礼。"(《论语·八佾》)《孝经》更归纳起来说:"教民亲爱,莫善于孝。教民礼顺,莫善于悌。移风易俗,莫善于乐。安上治民,莫善于礼!"(《孝经·广要道章》)

礼具有广泛的约束性,也具有广泛的应用价值。在修身上,如果他按礼办事,"言中规,行中伦,用中权",他就会成为仁人,成为君子。在社会上,如果他找准自己的位置,尽自己的职分,就不会与人冲撞。如此,不仅他自己事业有成,而且社会也得惠于他,实现安定和秩序。在灵魂生活中,哪怕是对天地鬼神的礼拜,也要按礼行事。子曰:"祭如在,祭神如神在。""吾不与祭,如不祭。"(《论语·八佾》)否则就是对神灵的不敬,将遭天谴。作为统治者,如果将礼乐教化推行天下,人人被教,个个知礼,那么,必然处处是丝竹管弦之声,处处有行为礼貌之民。这样一来,君子何愁不成?仁德何愁不备?国家何愁不治,天下何愁不太平呢?倡礼行礼有这样多的好处和功能,无怪乎孔子要低吟婉唱:"一日克己复礼,天下归仁焉。"(《论语·颜渊》)

结　　语

孔子总结夏、商、周以来文化特征而形成的"天命"崇拜、"鬼神"崇敬和"礼乐"崇尚三大特点,与《尚书》中提倡的"天命""尚德"观,《周易》中的"鬼神""阴阳"观,《周礼》《仪礼》及《论语》等文献"礼乐""仁义"说,恰好构成了中华民族数千年来的精神信仰、价值追求和行为守则,由此而形成的系列的世界观、价值观、人生观和行为礼法,甚至历法、服色、车舆等文化体系(号称"三统"),是中华民族自立于人类文化之林的重要标志。

天道有阴阳,阴阳有消长,故表现为鬼神(归伸);天道有节文,鬼神有规矩,故人道制定礼乐来推行之,效法之。三统之中,天道最高,也最根本;鬼神则是对天道阴阳法则的形象表达;礼乐则是人类对于天道模拟效法的制度建设。如果说,在夏代,天道尚是对其节度历数的揭示和模拟的话;殷人则是将天道人格化,化为神圣的时代;周人则是在继承天道、鬼神崇拜基础上,对天道、鬼神以及人事的制度化管理。《周易·系辞》说:"(《易》)有天道焉,有人道焉,有地道焉。""故能弥纶天地之道。""天地之大德曰生。""立天之道曰阴与阳,立地之道曰柔与刚,立人之道曰仁与义。"如果就大者言之,"阴阳"即是天道(或天命);"柔刚"亦即阴阳之变,相当于"鬼神";"仁义"是一切制度设施的核心价值,故可当"礼乐",《周易》再次将天道、阴阳鬼神与仁义、礼乐完全贯通起来了。

"三统"代表了中国文化发展的三大阶段(或三种路径),夏人的忠质则未脱离自然状态,殷人的尊神则已进入形上的信仰状态,周人的尚文则是对天道、鬼神这些观念的抽象描述,也突出了一种文化自觉和文化自信。此三种境界的互相配合,从而形成中国人"天人相与""鬼神无欺""敬天法祖"的信仰系统,"仁民爱物""诗书礼乐""文明秩序"的人文精神,"孝悌忠信""礼义廉耻""博施济众""民本""德治"的政治诉求。敬天、法祖、尚文,正好推动中国人形成系统的尊重自然、尊重历史、尊重民意的价值取向。如果说"天道"解决了中国人的"终极关怀"问题,"鬼神"解决了中国人的"临终关怀"问题,那么以仁义为内核的"礼乐"之教,则解决了中国人的"现实关怀"问题。这三种关怀都解决好了,人生还有什么可迷茫的?社会还愁什么不平静安宁的呢?

荀子继承这一体系,进而将天地、亲与君师结合,形成"天地君亲师"结构。《荀子·礼论篇》云:"礼有三本:天地者,生之本也;先祖者,类之本也;君师者,治之本也。无天地恶生?无先祖恶出?无君师恶治?三者偏亡焉,无安人。故礼上事天,下事地,尊先祖而隆君师,是礼之三本也。"①"天地君亲师"是一切礼制的根本,故称"三本"。这三本被后世国人奉为神明供奉在"神龛"之上,形成中华民族的共同信仰。针对当下信仰缺失、精神空虚、行为粗野、社会无序等弊病,以"天道"(敬天)"鬼神"(敬祖)"礼乐"(爱人)为特征的制度文明和荀子所确立的"天地君亲师"信仰体系,不失为国人重拾灵魂信仰、重建精神家园的救世良方。

原载《西华师范大学学报》(哲学社会科学版)2016年第2期。

---

① 〔清〕王先谦:《荀子集解》,第349页。

孔子的教育思想

引　言

孔子是我国古代著名的思想家、教育家、儒家学派创始人。他首开私人教学的先河,不仅总结了系统的教学方法(如"循序渐进""因材施教","启发式"教学等),而且提出了"有教无类""学以明道"等教育理念,更重要的是开创了"全能""全智""全德"等教育体系,也确立了"安邦""安魂"等教育目标。无疑,孔子是人类教育史上第一个重视完美人格、丰富知识和服务能力培养的教育家。

孔子在历史上有许多称呼:当时的人们称他为"夫子";逝后,鲁哀公谏文称他为"尼父";战国人称他"孔子";西汉称他"素王"或"先师","素王"是有王者之德、王者之风,但是没有王者之位,"先师"指开一代教育万世师表的人物;汉平帝时正式封他为"褒成宣尼公";北魏孝文帝称他为"文圣尼公";北周静帝封他"邹国公";隋文帝时称他为"先师尼父";唐太宗尊他为"先圣",后又改成"宣父";唐高宗尊他为"太师";武则天称他为"隆道公";唐玄宗升孔子为"文宣王",这是统治者正式给他的封号;宋真宗时称他为"先圣文宣王",后来又改称"至圣文宣王";元武宗加封孔子"大圣先师";清顺治加封他"大成至圣文宣王",后又恢复"至圣先师"之称;民国时期沿用"大成至圣先师"这一称呼。

历代这些称呼都是褒称,而且这些褒称中有一个共同现象,即大多称孔子为"圣"或"师"。以"大成至圣文宣王"为例,根据苏洵《谥法》记载,"行道化民曰圣",意思是说推行自己的道德主张来教化民众,这就是"圣";"穷理尽性曰圣",从哲学、心理学、人性学的角度来穷尽这些义理、穷尽人性,这就是"圣"。关于"文",苏洵认为"经纬天地曰文","修德来远曰文","道德博文曰文",这些都是孔子所具备的。关于什么是"宣",苏洵认为"善闻周达曰宣",就是把他的美名向四面八方宣扬出来,"诚意见外曰宣",即内外表里如一。①

---

① 〔宋〕苏洵:《谥法》卷一,《三苏全书》第三册,曾枣庄、舒大刚主编,语文出版社 2001 年版,第 287—293 页。

"大成"是孟子赞扬孔子集三代文化、古今圣贤之大成;"至圣"是说孔子是圣人中最高大的一位。"先师"一词在孔子之前就出现了,《周礼》记载"师以贤得民,儒以道得民"①,当时有师、儒之分,师以贤明来获得人们的敬重,儒以知识和道义来获得人们的崇敬。师和儒在孔子以前是两种官职,这两种官职所掌握的都是要表率万民,一个是用自己的德行,一个是用自己的知识和道理。韩愈讲得更清楚,即"师者,传道、授业、解惑者也"。真正承当"先师"之任的孔子是当之无愧的,所以评价孔子最核心、最主要的就是师,从事教育、教学、人才培养是孔子终生的事业,也是他影响千秋万代,甚至影响人类的一代伟业。本文将主要从下面六个方面介绍孔子的教育成就和思想。

一 至圣先师——人类最早的教育家

孔子是人类最早的专职教师,具有多方面的才能。

1. 博学多能

《论语·为政》记载孔子的一生:"吾十有五而志于学,三十而立,四十而不惑,五十而知天命,六十而耳顺,七十而从心所欲不逾矩。"②这是孔子一生的生命历程,亦即其完成知识追求和个性修养的几个阶段。

孔子三岁丧父,十四岁丧母,十五岁的时候正面临人生选择,是栖栖惶惶地为了糊口而劳作,还是完善自我,甚至后来走向教化世人、拯救灵魂这一工程师之路,对于一个血气未定的少年确实是一大考验。在没有家长监督下,孔子却作出了正确的选择:"志于学",这一决定是非常不简单的。"三十而立",三十岁的时候,孔子已经掌握了全套的知识和礼仪,可以立身于当时的社会。如果他要想谋得一官半职,仅仅满足于做一个人上人,生活能好一点,凭他当时的修养也可以做到,但孔子仍然继续再努力。"四十而不惑",孔子称"惑"为"爱之欲其生,恨之欲其死,既欲其生,又欲其死,是

---

① 参见〔汉〕郑玄注、〔唐〕贾公彦疏:《周礼注疏》卷第二,载〔清〕阮元校刻《十三经注疏》,中华书局1980年版,第648页。
② 〔魏〕何晏集解、〔宋〕邢昺疏:《论语注疏》第二卷,载〔清〕阮元校刻《十三经注疏》,中华书局1980年版,第2461页,下仅随文标注篇名。

惑也"(《颜渊》),如果没有掌握到恰当的分寸,没有掌握好中庸的境界,就是"惑"。"四十而不惑"代表着孔子掌握了不偏不倚、恰到好处的方法。"五十而知天命",很多人将"天命"理解成迷信、宿命论,实际上孔子所说"天命"指的是自然规律,因为孟子的两句话做了很好的解释,"莫之为而为者,天也;莫之致而至者,命也",也就是自然性和必然性。"六十而耳顺",六十岁的时候判断力非常娴熟,一听就知道真伪对错。"七十而从心所欲不逾矩",这个时候他的个人修养、个人道德、个人行为,都达到了一种纯自然而不犯规的境界,能够做到像《周易》所说"与天地合其德,与日月合其明,与四时合其序,与鬼神合其吉凶,先天而天弗违,后天而顺天时"了。①

孔子的其他知识也相当丰富,《孟子》记载他曾经为"委吏",即管仓库,孔子曾说"会计当而已矣",意思是当会计记账收支做得非常准确无误。又"尝为乘田矣","乘田"是管畜牧业的一个官员,孔子说"牛羊茁壮长而已矣"。② 也就是说,孔子无论是从事会计,还是从事畜牧业工作,都可以做得很好。他自己也曾说"吾少也贱,故能多鄙事"(《子罕》),因为父亲去世得早,需要帮母亲做事,很多常规的事都能做。

十九岁的时候,孔子娶妻亓官氏,二十岁生子,鲁昭公很重视,送给他两条鱼,于是孔子给儿子取名为"鲤",字"伯鱼"。作为一个二十岁青年,孔子能够引起国君的重视,得到赏赐,这是不容易的,而且当时他既不是贵族,也没有背景,完全是靠个人的努力、个人的知识、个人的修为来赢得人们的尊重。

2. 教育生涯

孔子有了知识之后,不满足于独善其身,而是让更多的人获得知识,谋求幸福。当时中国的等级制度不像西方中世纪或印度的等级制度那样不可改变,人的身份地位是可以通过学习知识、掌握礼乐来改变的,平民的子弟也可以步入上流社会,所以孔子希望更多的平民子弟能够获得知识、改善自己的人生,甚至有助于社会的建设。于是孔子开始四处传播知识开展教育。

第一阶段,自孔子30岁左右开始办学,到去齐国求仕之前,约七八年时间,这是孔子的第一次教育生涯。这一阶段门徒还不多,但是办学已经有了成效,并且在社会上有较大的名声。

第二阶段,自孔子37岁从齐国返回鲁国,到55岁周游列国之前,共计18年。这

---

① 〔魏〕王弼、〔晋〕韩康伯注,〔唐〕孔颖达疏:《周易正义》卷一,载〔清〕阮元校刻《十三经注疏》,中华书局1980年版,第17页。
② 〔汉〕赵岐注、〔宋〕孙奭疏:《孟子注疏》第十卷下,载〔清〕阮元校刻《十三经注疏》,中华书局1980年版,第2744页。

一阶段是孔子教育事业大发展的阶段。他的一些有名的弟子,如颜回、子贡、冉求、仲弓等,大都是这一时期进入孔门的。

第三阶段,从孔子 68 岁周游列国结束回到鲁国至孔子去世,共 5 年时间。他把精力集中到办教育与整理古代文献典籍上。这一时期他的学生也很多,并培养出了子夏、子游、子张、曾参等才华出众的弟子。这几个人后来大都从事了教育事业,对儒家学派的形成与发展,对孔子思想的传播起到了重要作用。

3. 弟子众多

孔子比较专门的办学带徒大致是上述三个阶段。这三个阶段带来的教育方面的收获、成就、效果是非常令人羡慕、令人钦佩的。其中之一就是弟子众多。曾经有人怀疑,孔子在当时是一个小人物,他能有三千弟子吗?其实,孔子一生都在从事教育,并且有 30 多年时间专门带弟子,因此三千弟子不算多。

《吕氏春秋·遇合》记载孔门"委质为弟子者三千人,达徒七十人"①。《吕氏春秋》是秦国宰相吕不韦所编,他们下集聚了很多九流十家的人物,他们把各家的重要文献典籍加以收集整理编制成了《吕氏春秋》。书成之后为了取信于人,吕不韦把书悬挂在秦国的城门上,谁能够提出一个疑问或者改一个字,就赏金千两。这足以说明书中的记载是能够经得起考验、经得起推敲的。

此外,孔子办学的时候,每收一个学生就要登记造册,做成一个"弟子籍",这个弟子籍一直传下来,司马迁修《史记》时还能见到。《史记·孔子世家》载:"孔子以《诗》《书》《礼》《乐》教,弟子盖三千焉,身通六艺者七十有二人。"②

《淮南子·泰族训》也有记载:"孔子弟子七十,养徒三千人,皆入孝出悌,言为文章,形为仪表,教之所成也。"③《淮南子》是淮南王刘安聚集众多名士写成,所记历史应该属实。

4. 至圣先师

孔子约在 30 岁(公元前 522)从事教育事业,其贡献是多方面的,也是巨大的。在那样早的时代,进行如此大规模、有固定场所、固定职业、固定教材、固定方向的系统教学,在人类历史上是第一次。这比柏拉图(前 427—前 347)在古希腊开办"学园"(前 387)早 135 年,因此称孔子为"至圣先师"是有依据的,并不夸张。

5. 创新体制——学在民间

首先,孔子使教育由官府下放到民间。在此之前"学在官府",各级学校为政府所

---

① 许维遹:《吕氏春秋集释》,中华书局 2009 年版,第 341 页。
② 〔汉〕司马迁:《史记》卷四七,中华书局 1959 年版,第 1938 页。
③ 何宁:《淮南子集释》卷二〇,中华书局 1998 年版,第 1405—1406 页。

控制,《礼记·学记》:"古之教者,家有塾,党有庠,术有序,国有学。"①"家"指大夫之家,是有封爵之人,平民只能称"室"不能称"家"。"党"指乡党,术是州的意思,这些教育都是控制在贵族手里的,平民子弟没有机会接受教育。孔子第一次实行有教无类,将教育下放到了民间,使平民弟子也能学习。

其次,孔子以前没有专职老师,当时所谓的"老师"是官吏,"以吏为师"是李斯提出的,他是荀子的弟子,传承了儒家的典籍制度,"以吏为师"就是早期"学在官府"的状态。《周礼》中记载了"乡师"这一官职,当时的"乡"相当于现在的省、州,乡师不仅掌管民间的治理,还掌管教化。② 这种制度在儒家文献里记载得很清楚。《荀子》里记载孔子当时说过这样的话:"君子有三思,而不可不思也。少而不学,长无能也;老而不教,死无思也;有而不施,穷无与也。"③意思是说,君子要考虑三个问题,少年不学习,长大就没本事;老年之后要教化,否则去世后就没人记得你,这一句是最主要的;有钱又不施舍,这和穷人差不多。也就是说,孔子之前,人们是追求"老而教"的,指官员退休以后回到政府办的学校去执教,这种制度实际在尧舜时期就有了,当时叫"养老","有虞氏养国老于上庠,养庶老于下庠"④指的就是教化的意思。当时只有这些老年退休的官员才可以做教师。但是孔子从30岁开始就当教师,因此可以说他是一个专职教师。

6. 有教无类

孔子实行有教无类,不问贵贱贫富,都可以受教。他曾说"自行束脩以上,吾未尝无诲焉"。"束脩"有争议,一种说法认为"束脩"是三束干腊肉,另外一种说法认为"束脩"是指一个人长到六七岁,自己能够穿衣、盥洗,能够把头发扎起来,也就是生活可以自理,因此对他实行教化。⑤ 不管哪种解释,都表示孔子收学生没有阶级门第、没有贫富门槛。即使交三束干腊肉也不算多,因为孔子也要生活呵。

据《尸子》记载,"子贡,卫之贾人",子贡是个商人;"颜琢聚,盗也",这个人是小偷小摸;"颛孙师,驵也",他是做牛马生意的经纪人;"子路,东鄙之野人",就是郊外的平

---

① 〔汉〕郑玄注、〔唐〕孔颖达疏:《礼记注疏》卷三六,载〔清〕阮元校刻《十三经注疏》,中华书局1980年版,第1521页。
② 参见《周礼注疏》卷一一,第713页。
③ 〔清〕王先谦:《荀子集解》卷二〇,沈啸寰、王星贤点校,中华书局1988年版,第537页。
④ 参见《礼记注疏》卷一三,第1345—1346页。
⑤ 〔清〕程树德:《论语集释》卷一三,程俊英、蒋见元点校,中华书局1990年版,第445—448页。

民子弟。"孔子教之,皆为显士",所以孔子不问这些人的出身,只要愿意学就教育他们。① 当然,孔子的学生中也有贵族,比如孟僖子的两个儿子就是贵族。据《左传》记载,昭公七年九月,鲁昭公与楚君相会,孟僖子作为随从,但是他在外交活动中不知礼出了洋相,因此感到非常遗憾。回来后,孟僖子就提倡学礼。临死时他召见大夫说,礼是人立身的根本,不知礼就没法立身。于是派自己的两个儿子孟懿子、南宫敬叔去向孔子学习。②

所以有人问孔子的弟子,你老师的门下有贵族,有君子,还有小子,甚至还有出卖老师的,为什么孔子不搞"政审"? 他的弟子回答得很好,他说这个很简单,"良匠之前多弯木",弯的木头之所以都跑到良匠门前去,是因为他的手艺好,他能把弯木弄直、修成材。"良医门前多怪病",好的医生门前恰恰有各种各样的病人,良医门前如果都是健康者有什么用呢?③ 所以说孔子是有教无类。

7. 传播学术,开启民智

《史记·儒林列传》:"自孔子卒后,七十子之徒散游诸侯,大者为师傅卿相,小者友教士大夫,或隐而不见。故子路居卫(孔子死前,子路已死于卫国),子张居陈,澹台子羽居楚,子夏居西河,子贡终于齐。"④孔子的弟子都很成才,自孔子死后,他们就分散到各个诸侯国传播孔子的学术,有的当了诸侯的师傅,有的给士大夫做老师,有的做了隐君子研究学术。

这些弟子在各地讲学,起到了传播"六经"、启蒙思想的作用,带来了"百家并兴,诸子争鸣"的局面。孔子以前有学术,但没有学派。形成学派要有几个因素:一是导师,二是理论,三是经典,四是纲领,此外还要有人宣传、传播,否则就不能称之为学派。孔子之前,没有学派出现。管仲、老子等虽有著作,但是没有像孔子这样作为老师来办学,并大规模地传授弟子。这一现象是从孔子开始的。后来的诸子百家也是受孔子的弟子到处讲学的启发而出现的。虽然儒学成了诸子百家之一,但是它是诸子中的显学,而且是诸子百家中最早的学派。孔子不仅是儒家的创始人,也是其他诸子的先师,其他的或继承他,或批驳他,或与他分庭抗礼,都在其启发下产生的。

---

① 参见〔周〕尸佼:《尸子》卷上,〔清〕汪继培辑、黄曙辉点校,华东师范大学出版社2009年版,第1—2页。
② 参见〔晋〕杜预注、孔颖达疏:《春秋左传注疏》卷四四,载〔清〕阮元校刻《十三经注疏》,中华书局1980年版,第2051页。
③ 参见〔清〕王先谦:《荀子集解》卷二〇,第536—537页。
④ 〔汉〕司马迁:《史记》卷一二一,第3116页。

所以如果说中国在先秦时期,尤其是春秋战国时期,出现了一个智慧大开发、思想大解放的潮流,那么孔子有启迪之功。西方学者认为,在公元前800年到公元前200年,有一个所谓的思想启蒙的文化的轴心时代,这一现象中国也是存在的,而这个轴心时代的滚动第一推动力就是孔子。如果说中国有5 000年文明史,有文字记载的历史,那么孔子恰恰居于这个2 500年之间,上承2 500年古代历史,下开2 500年的文明史,可见孔子影响之大。通过教育活动,孔子建立了划时代的、里程碑式的功业。

8. 教学艺术

从孔子这一专职教师开始,才形成了有系统的教学艺术,比如"学而不厌,诲人不倦"(《述而》),"因材施教,循循善诱","中人以上,可以语上也;中人以下,不可以语上也"(《雍也》),"不愤不启,不悱不发"(《述而》)等。而且孔子最得意的弟子颜渊曾感叹:"夫子循循然善诱人,博我以文,约我以礼,欲罢不能。"(《子罕》)意思是说孔子非常善于循序渐进地引导学生,从一个阶段走向另一个阶段,再向更高的阶段跟进,很多弟子都在他的引导下一辈子致力于儒学的研究和儒家的教化,这都是先师孔子诱发出来的。

二 六艺——全能教育

1. 六艺与七十二弟子

孔子的教学与今天不同,他重视全能教育、全方位训练,即所谓的"六艺":礼、乐、射、御、书、数。礼,不仅指今天所说的有礼貌、有秩序,古代的礼包容非常广,有吉、凶、军、宾、嘉五礼,还有若干小类,有所谓"经礼三百,曲礼三千"①之说,所有的制度典章、行为规范都在礼的规范当中。乐有"六乐",包括从尧舜一直到周代的音乐。射也不是简单的射箭,有"五射":白矢、参连、剡注、襄尺、井仪,即五种射箭的技巧、理论和机能。御的讲究也非常多,有文车、武车之分,武车是打仗是战车,文车是出行外交坐的车。书是"六书",包括书法、"六书"的原理、文字的含义等。数指"九数",包括各种计算,如工程计算、面积计算等。简单来看,礼、乐就是当时的文明制度,主于

---

① 《论语注疏》卷二三,第1435页。

教世；射、御是当时的武艺和技能，是战备制度和技能，用于救世；书、数是文化知识，用于治理社会。① 这几种知识都具备，可以说是能文能武，知今知古，精文精理，通艺通技，无往不利。孔子认为"君子不器"(《为政》)，是说不要成为一个具体的、简单的用具，君子应该是全能的、全面的。《史记》记载孔子弟子"身通六艺者七十有二人"，也就是说能够全面掌握这些技巧的有72位。

2. 六艺对历史的继承——乡三物

儒家经典《周礼》中记载了教化万民的"乡三物"："(乡大夫)以乡三物教万民而宾兴之"，"宾兴之"就是把他作为珍贵的人才举荐，"一曰六德：知、仁、圣、义、忠、和；二曰六行：孝、友、睦、姻、任、恤；三曰六艺：礼、乐、射、御、书、数"②，孔子讲的"六艺"就是从这里来的。"六德"属于内在的品质，也包括政治的理想；"六行"属于伦理的品行；"六艺"属于知识技能。这是孔子对历史的继承。乡大夫既以这三种品德和知识教训万民，又以此为标准来推荐优秀人才。

3. 四科造士

孔子在继承六艺的基础上又有所扩展。《礼记·王制》曰："顺先王诗书礼乐以造士。"③孔子将诗书礼乐分成四科：一是德行，颜渊、闵子骞、冉伯牛、仲弓在德行这一科是非常优秀的；二是"语言"，相当于今天的外交辞令，比较突出的有宰我、子贡等；三是"政事"，主要有冉有和子路；四是"文学"，指古代文献，也就是当时的经学，有子游、子夏。④ 孔子的弟子中，有不少人都干出了一番成就，对于当时政治，尤其是对于孔子思想的传播，对于儒家的形成和发展，起到了重要作用。

三　六经——全智教育

1. 四经与六经

孔子之前是"四经"，《礼记·王制》曰："乐正崇四术，立四教，顺先王《诗》《书》

---

① 参见《周礼注疏》卷一〇，第707—708页。
② 《周礼注疏》卷一〇，第707页。
③ 《礼记注疏》卷一三，第1342页。
④ 参见《论语注疏》卷一一，第2498页。

《礼》《乐》以造士。春秋教以《礼》《乐》,冬夏教以《诗》《书》。"孔子晚年对此做了补充、改造,尤其是周游列国之后赞《易》修《春秋》,形成了"六经"。《庄子·天运篇》记载,孔子"治《诗》《书》《礼》《乐》《易》《春秋》六经"①,用这"六经"来教授学生,尤其是对"六经"进行了新的阐释,加入了很多仁义、道德,还包括民本、秩序等方面的思想,形成了系统的儒家经典。

2. 六经异说

有人认为,"六经"讲的都是历史,不是孔子自己创作的,孔子以前已经有了"六经",如章学诚《校雠通义·原道》"六艺非孔氏之书,乃周官之旧典。《易》掌大卜,《书》藏外史,《礼》在宗伯,《乐》隶司乐,《诗》领于太师,《春秋》存乎国史",②这种认识是不对的。虽然"六经"的内容在孔子以前有了,但只是记载历史事件,是孔子从中总结规律、提炼道理,作为经典文献定下来的。也有人说"六经"在孔子那个时候不存在,是汉代的人整理出来的,这也是不对的。郭店战国竹简《六德》记载:"观诸《诗》《书》则亦在矣,观诸《礼》《乐》则亦在矣,观诸《易》《春秋》则亦在矣。"这说明在战国时期这"六经"已经形成,而且成为一个体系,它不是短时间能够实现的。

3. 六经益智

"六经"不仅是历史故事,它是有精神内容的。《庄子·天下篇》记载孔子说"《诗》以道志,《书》以道事,《礼》以道行,《乐》以道和,《易》以道阴阳,《春秋》以道名分"③。《诗》是用来道志的,怎么妥善地表达自己的感情,《书》是讲历史经验的,《礼》是讲行为规范的,《乐》是讲怎样和谐、融洽相处,《易》以道阴阳,阴阳就是哲学;《春秋》是讲秩序的,在哪一个等级就要做符合那个等级、那个身份的事,也就是孔子所说的"君君、臣臣、父父、子子"。

4. 六经载道

"六经"也是载道的,孔子把他的主张、理念贯穿于"六经"之中。据《汉书·翼奉传》记载,日月星辰的运转、四季的更替等,普通人只能见到现象,被动接受,而圣人能够从这些现象中总结出规律,提升为道。圣人从自然界看到这些东西,然后体会人们该怎样去做,用以垂教,因此"画州土,建君臣,立律历,陈成败,以视贤者,名之曰

---

① 〔清〕郭庆藩:《庄子集释》卷五下,王孝鱼点校,中华书局1961年版,第531页。
② 〔清〕章学诚著、叶瑛校注:《文史通义校注》下册,中华书局2014年版,第1108页。
③ 〔清〕郭庆藩:《庄子集释》卷一〇下,第1067页。

'经'"①,"六经"里面就包含这些东西。

5. 六经与五行

《汉书·艺文志》记载:"六艺之文,《乐》以和神,仁之表也;《诗》以正言,义之用也;《礼》以明体,明者著见,故无训也;《书》以广听,知之术也;《春秋》以断事,信之符也。五者盖五常之道,相须而备,而《易》为之原。"②"五经"不是随意选出来的,它们之间相互独立又相互联系,从而形成一个与五常相对应的、完善的体系。《乐》是让人们精神快乐的,代表着仁的情怀;《诗》是正言的,古代外交辞令要引用《诗经》来表达自己的主题和想法,否则没有说服力和感染力;《礼》是讲行为规范的,告诉人们怎样身体力行;《书》记载了尧舜至西周时期的重要的文诰和事件,让人们总结历史的经验,这样会增加人的智慧;《春秋》下笔很有考究,它将褒贬寓于措辞之中。"五经"里包含了"仁、义、礼、智、信"五常,五常之间相互配合、相辅相成。

但是只有这五者还不够,还缺乏一种理论思考、哲学原理。"而《易》为之原",《易经》讲的是阴阳,是万事万物变化的源头,所以"五经"里都涉及阴阳问题;而阴阳又代表仁义,"五经"里也都涉及仁义问题。因此,"六经"的选择是有科学依据的,是相互制衡、互为支撑、互相配合的。

6. 六经的功能

《诗》是抒情文学,故长于真情实感;《书》是历史记录,故长于明事纪功;《礼》是行为规范,故长于制度文明;《乐》是音乐作品,故长于和乐盛美;《易》讲天地阴阳,故长于运数变化;《春秋》讲是非名分,故长于社会治理。"六经"各司其职,各行其事,共同塑造"仁义"之士,共同促进天下文明与和平。古代"六经"分别代表了文学、美育、历史、政治、哲学、社会学、行为学甚至语言学等各个方面。被梁漱溟先生誉为"千年国粹,一代儒宗"的马一浮先生就曾称"六经"可以统摄天下一切学术。如果掌握了"六经",再去读之后各家的学术,都可以像犀角分水一样迎刃而解。

"六经"既是历史的记载,又是道理的记载,又是教化的经典,又是益智的教科书,它兼有德育、智育、美育,甚至增加情商、构筑信仰的经典。所以孔子作为一个伟大的教育家,他的教化是全方位的。

---

① 〔汉〕班固:《汉书》,中华书局1962年版,第3172页。
② 〔汉〕班固:《汉书》,第1723页。

四　君子——全德教育

(一) 形形色色的人格

孔子有非常明确的教育目标,就是要培养君子。君子在当时来说是一种全德,孔子教化是养成完全德行的教育。孔子把一个人的成才分成很多类型,作为一个教育家来说,他必须要形成自己的明确的教育目标。

中国古代诸子百家也都提出了自己的目标,比如道家提倡的是"无为"的隐士;墨家提倡的是敢于牺牲的义士;名家提倡能言善辩的诡辩家;兵家提倡能够出奇制胜的智谋者;农家提倡亲自耕作,耕而食、织而衣的劳动者;法家提倡不避亲属、不分贵贱、一断于法的铁面法官;阴阳家提倡善于推算历法的、神秘的方士;儒家推崇的则是文质彬彬的君子。

(二) 孔子论人格

孔子把人格分成很多类型,包括匹夫、士、成人、君子和圣人,而君子是最理想的人格形象。

1. 匹夫

匹夫就是有志气的、能够坚持操守的自由人。孔子说"三军可夺帅也,匹夫不可夺志也"(《子罕》),就是说匹夫有自己的操守、荣辱以及是非观。但是这种匹夫只知道小义小节,而不知大义、大节、大道,缺乏灵活性,所以孔子与他的学生讨论管仲是不是君子的时候,就把匹夫与君子区分出来了。管仲跟随公子纠到鲁国时,公子纠被齐桓公杀死,后来齐桓公听取鲍叔牙的建议,又重用管仲,管仲又答应了。孔子的弟子子贡问,齐桓公杀公子纠,而管仲没有做到"君辱臣死",反而做了他的相,还帮助他"九合诸侯、一匡天下",这样的人能算君子吗?孔子回答他说:"管仲相桓公,霸诸侯,一匡天下,民到于今受其赐,微管仲,吾其被发左衽矣!"(《宪问》)当时北方少数民族山戎南下,齐桓公靠管仲的辅佐,"尊王攘夷",将山戎打败,从而保持了华夏民族文化不被中断,要是没有管仲,大家都得披头散发,"由夏变夷"了,是管仲捍卫了华夏文化。如果管仲当时像匹夫一样,主子死了,自己也去殉君,自杀了事,后来这些建功立业的事情就没了,华夏文化也将变了颜色,如果是那样有什么好呢?所以孔子说管仲的"义"要比匹夫高,管仲守的是大节大义,这是匹夫与君子的区别。

2. 士

士最早是一种等级,士的上面是公、大夫,下面是庶人、工商、皂隶,在后来逐渐成了一种追求文化或理想的一群人,包括文士和武士。管仲治理齐国的时候,把士农工商分开,士处于"闲燕"之地,即让他们在较好的氛围中传习文化。①

士是有知识的。孔子就说"推十合一曰士"②,"十"是十种知识,古代"十"表示多,把多方面的知识合为一个然后提炼出规律性普遍性来就叫"推十合一曰士",学了很多知识,又会分析归纳,这就是士。

士是有担当的。《白虎通德论·爵篇》:"士者,事也,任事之称也。故传曰:'通古今,辩然否谓之士。'"这个"事"就是能够任事的意思,具有担当,敢于做事。士还要弘毅,要能够坚持,有恒心,《泰伯》:"曾子曰:'士不可不弘毅,任重而道远,仁以为己任,不亦重乎?死而后已,不亦远乎?'"《宪问》:"子曰:'士而怀居,不足以为士矣。'"士不能只想着安稳的窟宅,要善于去追求。

士又是善于学习、努力学习的人。士还能够办事情,"行己有耻,使于四方,不辱君命,可谓士矣",这就是士。

但是士有一个缺点,就是比较功利,没有达到超然的人格,所以士是"见危致命,见利思义"(《子张》),就是士会想着去求利牟利,只是会先义后利。《论语·颜渊》:"子曰:'夫(士之)达者,质直而好义,察言而观色,虑以下人,在邦必达,在家必达。'"意思是说士还处于谋求成功,谋求回报,谋求利益的阶段。

3. 成人

士之后,如果在几个方面都获得了一定成就,当时叫"成人",意思是成为一个比较有担当的人。子路向孔子请教什么是成人时,孔子说,一个人有一定的知识、才能,或者很勇敢,但是外在表现方面还要受礼乐的约束,这就叫"成人"。③

4. 圣人

孔子理解的"圣人"很简单,"修己以安百姓"(《宪问》)就是圣人,内在修成君子,外在能够让百姓受益,这就是圣人,就是有德、有才、有能、有识,还要有位,能够建功立业,这就是圣人的最高境界。实际上君子成功了就是圣人,所以孔子说:"圣人,吾

---

① 徐元诰:《国语集解》,王树民、沈长云点校,中华书局2002年版,第219—221页。
② 〔清〕段玉裁:《说文解字注》,上海古籍出版社1981年版,第20页。
③ 参见《论语注疏》卷一四,第2511页。

不得而见之矣,得见君子者斯可矣。"(《述而》)也就是说圣人退回一步就是君子,君子进一步就成圣人。

5. 君子

君子兼有士、成人所拥有的优点,同时又有更多的修为。古代的君子很有修养,他们从小接受诗书礼乐的教化,同时要接受礼、乐、射、御、书、数的培养,此外还要担当维护国家、家族及天下安稳的责任。

孔子眼中的君子具备一些基本的特征,大致有以下几点。

《论语·宪问》里记载了孔子的话:"君子道者三,我无能焉:仁者不忧,知者不惑,勇者不惧。"子贡曰:"夫子自道也。"孔子认为君子首先有仁德,仁者爱人,没有忧惧;其次是君子很有智慧,没有看不懂的事情;君子还应该具有勇敢的精神,无所畏惧。美国思想家威尔·杜兰也认为:"孔子心目中的完人是一个哲圣兼备的超人,孔子心目中的这个超人,是兼备苏格拉底的'智',尼采的'勇',以及耶稣的'仁'这个三达德的完人。"① 可见,仁、智、勇三者的结合是中西方最美的人格,但是儒家的君子还有更多的修养和追求。

孔子在《尧曰》中说:"不知命,无以为君子。"孔子认为君子应具备高尚的信仰,他所说的"命"是天命、使命、命运,《论语·季氏》云:"君子有三畏,畏天命,畏大人,畏圣人之言",这里的"畏天命"就是敬畏天命、敬畏命运的意思。天是莫之为而为者,命是莫之致而至者,也就是客观性和必然性。

君子"内省不疚"(《颜渊》),"乐天知命故不忧"(《系辞上》),他知道天命、自然及规律,所以不忧,在做事的时候就会掌握好分寸,所以"君子之中庸也,君子而时中"(《礼记·中庸》),"时"就是在恰当的时机来掌握中庸。

君子具有仁义情怀,《里仁》载:"子曰:'君子去仁,恶乎成名?君子无终食之间违仁,造次必于是,颠沛必于是。'""造次"就是如意,"颠沛"就是不如意,无论是事业成功,风车斗转的得意之时,还是落魄潦倒的时候,君子都不会忘记仁义。又"君子之于天下也,无适也,无莫也,义之与比","适"就是绝对的服从,"莫"就是绝对的否定。君子做事时不绝对的服从也不绝对的否定,要看它有没有义,合不合乎原则。《论语·卫灵公》"君子义以为质,礼以行之",意思是说君子心中坚持的是正义,表达出来就是要遵守礼教。

君子具有高尚的志趣,君子重义轻利,如"君子喻于义,小人喻于利"(《里仁》),又

---

① [美]威尔·杜兰:《世界文明史》第一卷,东方出版社1998年版,第465页。

如"君子固穷,小人穷斯滥矣"(《卫灵公》),君子穷但是穷得有骨气,穷得有底线,小人没底线、没规矩,无所不为,所以"君子坦荡荡,小人长戚戚"(《述而》)。

君子还有优良的处事态度,"君子周而不比"(《为政》),"君子和而不同"(《子路》),"君子求诸己"(《卫灵公》),"君子成人之美"(《颜渊》),"君子泰而不骄"(《子路》)等。

(三) 君子的养成

君子怎么养成? 孔子在他的言论当中,尤其是《论语》中有非常系统的描述。

1. 君子要有远大的理想

如《论语·卫灵公》:"子曰:'君子谋道不谋食。耕也,馁在其中矣;学也,禄在其中也。君子忧道不忧贫。'"做君子不能天天想着挣钱发家,不要当君子又做小人做的事情。又如《论语·学而》:"子曰:'君子食无求饱,居无求安,敏于事慎于言,就有道而正焉。'"

2. 君子要勤奋学习

如《论语·子张》:"子夏曰:'君子学以致其道。'"又如《论语·雍也》:"子曰:'君子博学于文。'"又如《论语·雍也》:"子谓子夏:'汝为君子儒,无为小人儒。'"

3. 闻道知命,探究真理

君子要探究真理,追求天道。所以孔子说"君子上达,小人下达"(《宪问》),"上"是形而上者谓之道,"下"是形而下者谓之器。君子要追求道,没有悟到道就不能称君子,而只能称士人、成人。此外君子还要用礼和文来装点自己,所以"质胜文则野,文胜质则史,文质彬彬然后君子"(《雍也》)。"质"就是内在的修养,"文"就是外在的表达,言谈举止要合乎规范,要优雅,只有做到内外兼达才是君子。

4. 君子要言行一致

如君子"敏于事而慎于言"(《学而》),"君子欲讷于言而敏于行"(《里仁》),"先行其言而后从之"(《为政》),"君子耻其言而过其行"(《宪问》)等都是对君子言行一致的规定。

5. 君子还要慎择其友

"君子求诸己,小人求诸人"(《卫灵公》),"君子病无能焉,不病人之不己知"(《卫灵公》),"人不知而不愠,不亦君子乎"(《学而》),君子"主忠信,无友不如己者"(《学而》),"益者三友,损者三友。友直,友谅,友多闻,益也;友便辟,友善柔,友便佞,损也"(《季氏》)等都是君子择友的要求。

6. 君子要三戒九思

儒家也有戒律,"君子有三戒:少之时,血气未定,戒之在色;及其壮也,血气方刚,戒之在斗;及其老也,血气既衰,戒之在得"(《季氏》)。

君子有九思,"视思明,听思聪,色思温,貌思恭,言思忠,事思敬,疑思问,忿思难,见得思义"(《季氏》),这都是非常重要的金玉良言。

7. 君子要三省改过

曾子曰:"吾日三省吾身,为人谋而不忠乎?与朋友交而不信乎?传不习乎?"《孝经》:"进思尽忠,退思补过。"君子要经常反省自己的言行。还有君子"过则勿惮改"(《学而》),"小人之过也必文"(《子张》),小人犯了一个错误,总是要用另外很多理由来掩盖它。子贡说"君子之过也,如日月之食焉。过也,人皆见之;更也,人皆仰之"(《子张》),要善于改过,像这样才能把君子修好。

归纳起来,孔子心目中的君子应同时具有古希腊"智者"的智慧和技能,欧洲"骑士"、日本"武士"的勇敢和正义,美国"精英"的担当和亲和力,以及耶稣的仁慈,释迦的悲悯,再加上英国"绅士"的礼貌与温和,这才是孔子心目中真正的理想人格——君子。

五　经济——安邦教育

孔子的教育不是把人塑造成君子后就供起来,或者是躲到深山里修道,而是要进入社会,要安邦。所以孔子进行的是安邦教育,要实现人格完善、社会和谐、国家稳定。这在他的下列名言中得到完整的表述:"君子学道则爱人,小人学道则易使。"(《阳货》)意思是君子学了道就可以有仁者情怀,能够爱人。子夏也说"学而优则仕,仕而优则学",(《子张》)也就是学习好了要进入官场,要治理社会、治理天下。

《大学》里有更全面的表述:"正心、诚意、格物、致知、修身、齐家、治国、平天下。"因此可以说,儒家教育是积极入世、内修外行的教育。同时还要博施济众,修己以安百姓。如《宪问》:"子路问君子,子曰:'修己以敬。'子路又曰:'如斯而已乎?'孔子曰:'修己以安人。'子路曰:'如斯而已乎?'曰:'修己以安百姓。修己以安百姓,尧舜犹病诸。'"

六　三统——安魂教育

　　君子的目标确定下来后，就要确定信仰，孔子深通古代文化，他从古代文化中总结出了"三统"理论。"三统"是以夏商周为代表的中华传统信仰体系。据《礼记·表记》载孔子说，夏代在价值观上"尚忠"，重视天道；殷人在价值观上"尚质"，重视祖先；周人在价值观上"尚文"，注重仁义礼乐。① "天命"和"天道"，"鬼神"和"孝悌"，"礼乐"和"仁义"，构成了中华民族的精神信仰和价值追求，从而形成中国"天人相与""鬼神无欺""敬天法祖"的信仰系统，"仁民爱物""诗书礼乐""文明秩序"的文化系统，"孝悌忠信""礼义廉耻""博施济众""民本""法治"的政治系统。加以提炼即道、仁、孝，分别代表尊重自然、尊重祖宗、尊重民意的价值取向。

　　在我们今天也是一样的，没有信仰是不行的。根据社会学家的调查，人均 GDP 达 1 000 美元时，人们处于温饱状态，要树立的是信心问题；到了人均 3 000 美元的时候，需要信任，因为那个时候已经造成了贫富分化，要确立民众信任政府会调解好两极分化的问题；等人均 6 000 美元时，需要的是信仰，没有信仰人们就会乱信。现在西方就看到了中国大量的信仰缺失空间，派了很多人秘密到中国来传教。据国家宗教局统计，中国信基督教、天主教的人数已经超过了一亿人。

　　从人的追求来说，人有四种境界，一是动物境界，要追求生存；二是功利境界，要追求成功；三是道德境界，要追求好的名声；最后是天人境界，知道自己在宇宙当中的位置，生命从何而来，生命又将往哪里去，也就是所谓的终极关怀、临终关怀。我们现在需要找回信仰。对历史文化，要注重发掘和利用，溯到源，找到根，寻到魂，找准历史和现实的结合点。深入挖掘历史文化中的价值理念、道德规范、治国智慧。

　　2015 年 2 月 8 日，习近平在会见第四届全国文明城市、文明村镇、文明单位和未成年人思想道德建设工作先进代表时说："人民有信仰，民族有希望，国家有力量……实现中华民族伟大复兴的中国梦，物质财富要极大丰富，精神财富也要极大丰富。"

　　有人说，"中国人没有信仰，而没有信仰的民族是可怕的"。说这种话的人，要不

---

① 参见《礼记注疏》卷五四，第 1641—1642 页。

是不了解中国的传统文化,要不就是用西方的宗教信仰来衡量一切。孔子"三统"理论,为中华民族构建了"终极关怀""临终关怀"和"现实关怀",是自足的、完整的,也是现实可行的。

结　　语

孔子作为人类历史上第一位专职教师,开创了私人办学的先河,注重"全能""全智""全德"教育,培养了一大批"身通六艺",在"德行、政事、语言、文学"等方面卓有造诣的弟子,还删修"六经",传承文明,启迪智慧,成为诸子百家的先驱,开启了人类历史上东方的轴心时代。他在教学实践中,总结出系统的教育理论,包括教育目的、教育方针、教育规律、教学方法等,使教育成为立德树人的重要手段,也成为文化传承和文明再造的重要途径。特别是他确立的"君子"人格和"三统"信仰,更是培养完美人格和合格公民的重要指标,如果加以创造性转化和创新性发展,对当今教育事业和文化建设都不无借鉴价值。

原载《人文天下》2015年8月刊,寿光李海梅据笔者2015年6月6日在山东"尼山书院"讲座录音整理。

《易》墨的"义利观"略论

梁启超先生曾论儒墨的根本对立,曰:"要而论之,利之大原出于天,而祸福无不自己求之者,此墨学之纲领也,其与儒教之根本差异处即在于是。"又说:"儒墨之异同比较,有最明显之一语,即儒者常以仁义并称,而墨者常以爱利并称是也。曰仁曰爱,同一物也;而儒者以义为仁爱之附属物,墨者以利为仁爱之附属物。"并说,公孟子所说"有义不义,无祥不祥"(《墨子·公孟》。下引本书,只注篇名),孟子批评宋牼以"不利"说秦楚构兵为志大而号卑(《孟子·告子下》),以及董仲舒"正其谊(义)不谋其利,明其道不计其功"(《汉书·董仲舒传》),就是儒者重义轻利,墨者以爱利为事的明证。[①] 于是儒墨异同的根本点在义利观的尖锐对立,遂成为从事儒墨研究的基调。由此带来很大误解,仿佛儒家只重教条式的"义",而忽视物质性的"利";墨家反是,只追求实在的"利",而不讲求抽象的"义"。儒者重义轻利,墨者重利轻义,遂成为许多研究文章的共识,至今犹然,未有异议。

我们通过比较研究儒墨经典,综合分析儒墨的义利言论,发现儒墨两家在义利观上并不是完全对立的,也不是决然矛盾的,非但不对立、不矛盾,有时甚至相同、相通,足以互相发明,互相补充。

一 以 义 至 上

义是什么,据传统的解释,义即宜。《国语·周语》:"义,所以制断事宜也。"《礼记·中庸》引孔子曰:"义者宜也。"《释名》曰:"义,宜也,裁制事物使合宜也。"后世儒者,靡不同之。朱熹《论语集注》说:"义者,天理之所宜。"《孟子集注》:"义者,心之制,事之宜也。"将义的适宜原则,视为天地之理,人心之制,事物之度,将义的恰当原则客观化,无非要告诉人们:义是人类追求合理生活的原则,是合乎天心,顺乎民意,中乎

[①] 梁启超:《子墨子学说》,载《梁启超论诸子百家》,商务印书馆2012年版,第274页。

物理的普遍精神。人类进入社会生活以来,无不在追求一种既能满足自己,又能稳定群体的合适原则,这种原则就是"义",为这种原则所作的追求就是"赴义"(或"取义")。儒墨两家都是天下为己任的救时济世学派,"义"的追求首先就是他们的行动纲领。儒家贵义重义,似乎已是无须证明的事实,但将义置于什么位置却是我们大可考究的,也是欲作儒墨利义观比较研究必须考虑的。孔子曰:

> 君子义以为上,君子有勇而无义为乱,小人有勇而无义为盗。(《论语·阳货》)

又曰:

> 君子义以为质,礼以行之,孙(逊)以出之,信以成之。(《论语·卫灵公》)

义是人格自觉、道德高尚的"君子"至上的、首要的("义以为上")、本质的("义以为质")德行和为人处事原则。一个要想成为君子、有所作为的人,必须以义为首要修养,以义为最高原则,孔子号召人们见义勇为、徙义成德,说:"见义不为,无勇也。"(《论语·为政》)又说:"闻义不能徙,见善不能改,是吾忧也。"(《论语·述而》)不外乎要人们以义为上,以义为本,以义为基。

与之相联系的是,《周易》亦将义作为最高原则:

> 昔者圣人之作易也,将以顺性命之理,是以立天之道曰阴与阳,立地之道曰柔与刚,立人之道曰仁与义。(《说卦》)

阴阳是天道的主体内容,刚柔是地道的主体内容,而仁义则是人道的主体内容。这一方面表明仁义之道是对天地阴阳刚柔之道的模拟,人道具有天地之道的客观依据;另一方面,又明确告诉人们,仁与义是人道的全部内容的主宰,犹之乎阴阳产生万物,仁义即是制定人类社会其他一切道德规范的基础,犹之乎乾坤是易之门,仁义也就是人伦之门,是道德一大关键。举凡《周易》中的"吉、凶、悔、吝、利、厉、无咎"的判断,都是看其是否义与不义来决定的,"易不可以占险"[1]"易为君子谋,不为小人谋"(张载语),即古之明训。义是《周易》断定是非、决定吉凶的最高准则。

---

[1] 《左传·昭公十二年》:南蒯将叛季氏,"南蒯枚筮之,遇《坤》之《比》曰:'黄裳元吉。'以为大吉也。示子服惠伯曰:'即欲有事何如?'惠伯曰:'吾尝学此矣。忠信之事则可,不然必败。……且夫易不可以占险,将何事也。'""黄裳元吉"本为吉占,但子服惠伯认为用于忠信之事则吉,用于叛逆之事则不可,其原因就是叛逆者非义也。

《墨子》怎样呢？答曰：与《周易》、孔子一般无二。墨子曰："夫义，天下之大器也。"（《公孟》）"天下莫贵于义。"（《贵义》）天下以义为最可贵，为什么呢？因为这是天意："天欲义而恶不义。"（《天志上》）又曰："义果自天出。"（《天志中》）墨子尊天，天是人间祸福、人世是非的最高主宰和最后裁判，天的本质是义，天的爱好也是义，义自然是天地万物最高尚的德行和原则，故墨子治世，必主"尚同一义"以为政（《尚同中》），认为一同天下之义是天下大治的首要条件。天下之义既已统一，在从政时，亦必须时时依义行事，以义定赏罚，以义定富贵，以义定亲疏："是故古者圣王之为政也，言曰不义不富，不义不贵，不义不亲，不义不近。"（《尚贤上》）又说："有义则生，无义则死，有义则富，无义则贫。"（《天志上》）义就是墨子考察然否是非的绝对标准。因此他要求统治者在治理天下之前，首先把义考虑好，只有义的准则定好，才能遇事不迷，处事不乱："故古之知者为天下度也，必慎虑其义，而后为之行。是以动则不疑，远迩咸行其所欲，而顺天鬼百姓之利，则知者之道也。"（《非攻下》）可见，义在墨子心目中一点也不次要，一点也不含糊。不仅不次要，而且为义就可获利："今用义为政于国家，人民必众，刑政必治，社稷必安。所为贵良宝者，可以利民也，而义可以利人，故曰义天下之良宝也。"（《耕柱》）怎能说他是重利而轻义的人呢？

墨子还对普遍的义和局部的义作了定性分析。墨子曰："举公义，辟（避）私怨。"（《尚贤上》）"公义"在概念上与儒家的"大义""通义"相同。与"公义"相对称的即是私义。公义与私义之别，墨子在《尚同》三篇中有反复周致的比较：

> 古者民始生未有刑政之时，盖其语人异义，是以一人则一义，二人则二义，十人则十义，其人兹众，其所谓义者亦兹众。是以人是其义，以非人之义。故交相非也。（《尚同上》，中下篇略同。）

人各异义，相为非义，这些"天下之异义"自然是小义、私义，与公义尖锐对立，是天下祸乱之源。为去除乱源，墨子主张"一同其义"，认为"尚同一义可以为政乎天下"（《尚同下》），使"家君总其家之义"（《尚同下》），"乡长壹同乡之义"，"国君壹同国之义"，"天子壹同天下之义"（《尚同中》）。其中家、乡、国之义是局部的义，但相对于"一人一义"又是本范围内的公义；天下之义是公义（这当然是就墨子所认识的"天下"范围而言的）。定天下之公义，后世谓之"国是"，墨子视为政治的前提条件，因为它是普遍的，具有广泛的适应性。

由上可知，儒墨两家、《易》《墨》二书，都重义贵义，将义摆在高于一切的位置，儒墨两家都是提倡和捍卫正义的义士，也都是勇于"舍生取义"的勇士，不存在重不重义,要不要义的问题,也不存在谁重谁轻的区别。

二　利　就　是　义

人类首先必须求得生存,为了生存,不能没有利,这是用不着多予论证的事实。一切思想家,除非是以人生为苦、以肉身为累的"外道",未有不替人类探讨利害之源的,他们只有方式方法的不同,而无要不要利的根本区别,儒墨两家都是如此。墨子以救世济时为己志,"摩顶放踵利天下为之"(《孟子·告子下》),力倡"兴天下之利,除天下之害",从来不讳言利,他说:"故古者圣王,明天鬼之所欲,而避天鬼之所憎,以求兴天下之利,除天下之害。"(《尚同中》)又说:"仁人之所以为事者,必兴天下之利,除天下之害。"(《兼爱中》)古代圣王为天下兴利除害,欲效法圣人的仁人,也必须"兴天下之利,除天下之害"。不仅圣王、仁者要如此,就是一般的君主和官员也都要以此为职志,"古者上帝鬼神之建国都、立正长也,非高其爵,厚其禄,富贵游佚而错之也,将以为万民兴利除害,富贫众寡,安危治乱也。"(《尚同中》)天子、诸侯、各级官吏设置的本意并不是仅仅让他们享高爵之荣,食厚禄之利,让其富贵游乐而已,这些职位的设立,端在于"为万民兴利除害"。基于这样的认识,墨子讲兼爱时,常"爱利"连言,《尚贤中》言:"爱利万民""兼而爱之从而利之",《兼爱中、下》言:"兼相爱交相利""爱人利人",爱人必须利人,爱人自然利人,爱人就是为了利人,这是墨子的一贯思想。爱人必须利人,这不仅是墨子一人主观的提倡而已,还是上天的意志,将爱人利人赋予天意的特征:《法仪》曰:"天必欲人相爱相利""天之于人,兼而爱之,兼而利之""爱人利人者天必福之。"等等,莫不如是。由于墨子讲爱必言利,故十分重视实利和实用;在墨子的价值学说中,举凡有利有用的就是合理的,就是有价值的,否则就是不合理的,没有价值的。他说:"用而不可,虽我亦将非之。岂焉有善而不可用者?"(《兼爱下》)有用就是善,善必然有用,有用就是真理,是真理必然有用,这就是子墨子的价值观。

为了检验是不是善政,墨子为天下王公大人确立了"三利"的准绳,即上以利天,中以利鬼,下以利人。如果三利无不利,就是天下之善政,如果三利无所利,就是天下之恶政。他提出的"尚贤、尚同、兼爱、非攻、节用、节葬、非乐、天志、明鬼、非命"十大政纲,均本着实用的原则提出,并根据是否有实利来进行检验。他向弟子传授心法曰:"国家昏乱则语之尚贤尚同,国家贫则语之节用节葬,国家熹音湛湎,则语之以非乐非命,国家淫僻无礼则语之尊天事鬼,国家务夺侵凌则语之兼爱非攻。"(《鲁问》)俨然实用主义的自白。《亲士》"虽有贤君,不爱无功之臣;虽有慈父,不爱无益之子";《节用中》"诸加费不加民利者圣王弗为",俨然实利主义的自白。并认为所谓天下称誉的大义,就是合乎"三利"准则的:"今天下之所誉善者,其说将何哉?……虽使下愚之人,必曰将为其上中天之利,而中中鬼之利,而下中人之利,故誉之。"(《非攻下》)在墨子眼中,举天下之事,凡有用之物,无非在于有利于人而已。故言:"凡言凡动,利于天鬼百姓者为之;凡言凡动,害于天鬼百姓者舍之。"(《贵义》)劝导圣王仁人以"同利"为事,建议以利保民,以利聚民,曰:"古者明王圣人所以王天下正诸侯者,彼其爱民谨忠,利民谨厚,忠信相连,又示之以利,是以终身不厌,殁世不卷(倦)。"(《节用中》)

那么,可不可以说墨子是唯利是图、唯利是爱的势利虫呢?曰:否也。墨子所言之"利",非自私自利,而是公利、利他。其所谓"举天下之利""上中天之利,中中鬼之利,下中人之利"之"利",都是公利;其所谓"交相利""爱人利人"之"利",即利他。公利、利他是墨子反复阐明,竭力提倡的利。墨子也不忽视私利,他承认私利,但不主张损人自利,而提倡互助互利。他批评"子自爱不爱其父,故亏父而自利;弟自爱而不爱其兄,故亏兄而自利;臣自爱而不爱君,故亏君而自利"的损人自利行为,认为是天下乱原,(《兼爱上》)而提倡"爱人者人必从而爱之,利人者人必从而利之"(《兼爱中》)的正当利益的获得。在他看来,人生存的价值在于兴公利,谋利他,而自己的私利正是在公利的兴办中得到实现,自利必待利他而后行,利己是利他的间接结果。一句话,从利他出发,到自利为归宿;主观为他人,客观为自己。反之,如果主观为自己,或从自利出发,不管暂时得到多大的利,最终也必然自食其果,身受其害。因为,投桃报李,"恶人者人亦从而恶之,贼人者人亦从而贼之"(《兼爱中》),一切以损人为手段的自私行为,都将以不利而报其身。墨子严分公利利他与私利自利,他是重利而又不自利的仁人高士。

墨家重利,此孟子以来固无异说,说儒家言利,恐怕众皆期期然以为不可了。孔子不明言"君子喻于义,小人喻于利"(《论语·里仁》)乎?不明言"放于利而行,多怨"(《论语·里仁》)乎?《论语》不明载"(孔)子罕言利,与命与仁"(《子罕》)乎?孟子不谓梁惠王:"王何必曰利,亦有仁义而已矣"(《梁惠王上》)乎?荀子不明谓"义之所在,不倾于权,不顾其利"(《荣辱》)乎?董仲舒不明说"夫仁人者,正其谊(义)不谋其利,明其道不计其功"(《汉书·董仲舒传》)乎?等等,不可枚举矣,奚不以为儒家重义而轻利!故早在20世纪三四十年代,梁启超即谓儒者重义,墨者重利,是二教的根本分歧;方授楚亦谓"凡儒家正统派,大率以义与利不相容也;墨子贱人,亦即小人,故不讳言利"①。似乎儒家只重义理,而忽略物质利益。可是,《乾文言》曰:"利者义之和";"利物足以和义。"又曰:"利贞者,性情也。乾始能以美利利天下,不言所利,大矣哉!"子贡问政,子曰"足食"(《论语·颜渊》);冉有问治,子曰"富之"(《论语·子路》);又主张"因民之所利而利之"(《论语·尧曰》)。孟子力言"制民之产"(《梁惠王上》);荀子以"义与利者,人之所两有也"(《大略》);董仲舒亦力主"限民名(占)田",打击豪强。他们并非不关心人民的物质利益,可见儒家不言利的结论是非常片面的(下文还将具体说明,这里暂不展开)。

三　义　利　合　一

儒家重义亦不轻视利,墨者贵利也不忽视义,义利双修是儒墨两家的共同特点。言不言义,重不重利,还是抽象的概念,抽象地谈义利是很难作出正确判断的。儒墨以什么为"义"？追求的是什么样的"利"？儒墨对待"义""利"关系的态度如何？这是我们从事儒墨义利观比较研究必须弄清楚的问题,从这里也才能看出两家价值观念的差异,从这种差异中才可体会出两家的优劣高下。

从义利的内涵看,儒家的"义"以尊贤为大,以尊尊贵贵为上,维护以尊卑贵贱为核心内容的等级秩序。墨者反对儒家"亲亲有术(杀,即差),尊贤有等",主张兼相爱交相利,实现没有等级、没有差别的平等之爱。儒者爱有等差,出于对社会差别这一现实的正视和承认;墨者反对差别,出于对社会不公平的反动和对平等社会的向往。二者都希望天下和平安宁,老者安之,少者怀之。儒墨之义,都正大无私,只有差别,没有邪正。《周易》说:"乾始能以美利利天下。"又屡言"利天下","利万民",其所重者在公利,在大利。墨子亦曰:"兴天下之利,除天下之害。"而反对谋私利,求小利。在义利的内涵上,儒墨二家实质上是一致的。

在义利关系上,儒墨都有主张义利一致的一面。《周易》曰:"利者义之和","利物足以和义。"(《乾文言》)"义"好比等级,"利"好比安宁,"和"好比和谐。是等级秩序("义")带来的和平与安宁("利"),促成各阶级阶层的和谐相处("和"),亦即是和乎安

---

① 方授楚:《墨学源流》,中华书局1937年版,第87页。

宁的实惠（"利"）促使各阶级阶层安（"和"）于严格的等级秩序（"义"）。利是义这一原则得以顺利推行和维护的保证。苏轼："义非利，则惨冽而不和。"①叶适："既无功利，则道义者乃无用之虚语尔。"②谓行义，必以功利为前提，都比较合乎《周易》的原意。《系辞》说"理财正辞，禁民为非曰义"。"理财"即追求经济效益，"正辞"即公平理狱，"禁民为非"即加强社会治安，明白将"理财"列入"义"的内容。如果说《周易》是"义利统一"论者，应当是没有问题的。基于这样的认识，儒家主义与利的协调，在义的前提下，从来不排斥功利的求取，荀子说"义与利者人之所两有也"；陈亮说"义利双行"，都是这个意思。关键要以义为前提，孔子要求"见得思义"，"见利思义"，赞赏"义然后取"，强调义与利的统一，以免做出见利忘义之事。在功利与大义相冲突时，儒家要求临于利害之际的人们，毫不犹豫地自拔于功利之外，超脱于物欲之表。孔子说："不义而富且贵，于我如浮云。"（《论语·述而》）又说："富与贵，人之所欲也，不以其道得之，不处也；贫与贱，人之所恶也，不以其道得之，不去也。"（《论语·里仁》）《孟子》云："非其义也，非其道也，禄之天下弗顾也。"（《万章上》）以及"舍鱼取熊掌""舍生取义"妙喻，正是这一通达态度的形象说明。《荀子》所谓："义之所在，不倾于权，不顾其利。"（《荣辱》）所谓"义胜利者为治世，利克义者为乱世"，亦是这一人生观的哲学概括。墨子一则说"天欲义而恶不义"（《天志上》），一则说"天必欲人之相爱相利，而不欲人之相恶相贼"（《法仪》），天是一个天，欲是天的欲，则《天志上》所欲的义，即《法仪》篇所欲的"爱人利人"，义即爱人利人；《非攻下》又考察"天下之所誉义者"即"上中天之利，而中中鬼之利，而下中人之利"，有"三利"即是义，故《经上》曰："义，利也。"很明显，墨子也是"义利合一"论者。不过墨子排除了以自利为目的的求利行为，认为自利必以损人为手段，损人者人必损之，终是不利，说到底算不得真正的利。他认为，个人利益只有通过利他手段来实现，我为人人，人人为我，爱人利人者，人恒爱利之；爱人父者人亦从而爱其父。投桃报李，恩恩相酬。墨家又主张视人犹己，为人犹为己，私利在公利中得到体现——"爱人不外己"（《大取》）。如果个人利益与义相冲突，墨家也会断然牺牲个人而服从公义，秦墨腹䵍的故事是其典型。

由于儒家的义主要以等级制度为内容，故特别强调用利来和义；墨家的义就是兼爱交利，故直接将义定义为利。义和利在儒墨两家的哲学辞典中都是一致的。不仅如此，孔子"见得思义"（《论语·季氏》），"义然后取"（《论语·宪问》）的教诲，与墨子"有义则生，无义则死；有义则富，无义则贫"（《天志上》）的论断，以及他对"倍（背）禄

---

① 〔宋〕苏轼：《东坡易传》卷一，明万历中金陵毕氏刊《两苏经解》本。
② 〔宋〕叶适：《习学记言·汉书》，文渊阁《四库全书》本。

而向义"的高石子的赞赏(《耕柱》),若合符节,说明儒墨都把义放在高于利的位置,义是利的前提条件,利与不利,首先视其义与不义。以义断利害,以义定是非。如果义与利冲突,儒家将舍生取义,墨家也不会苟且偷生。义崇于利,利从属于义,也是儒墨的共同特点。

四 儒墨义利观之分殊

儒墨之间既不存在"言义不言利"或"言利不言义"的区别,也不存在"重义轻利"或"重利轻义"的区别,儒墨在"义利观"上本无尖锐对立之处。可见梁启超和方授楚两先生之说实难成立。但是,墨子非儒,儒者非墨,也是事实。这些分歧必然要反映到义利观上来。《淮南子》谓"墨子学儒者之业,受孔子之术,以为其礼烦扰而不悦,厚葬靡财而贫民,(久)服丧生而害事,故背周道(儒者所崇)而用夏政。"(《要略》),这说到了问题的关键。儒者从周。周礼尚文,礼以义为核心;墨者用夏,夏政尚质,故直接注重物质利益。具体表现在义利观上,其差别有二:一是表现在义利观上的价值取向不同;二是将义利观运用于社会的着眼点不同。

首先看取向问题。儒者以义统利,以义生利,义是利的充分而又必要的条件。义是本,利是末;义是体,利是用。这种体用、本末关系,决定了儒家在看待义利时,首先考虑的是义不义的分析,孔子"见得思义","义然后取",合乎义就是利,不合乎义虽丝毫不取——"不义而富贵,于我如浮云"。这一价值取向决定了儒家将义视为高于一切的人生态度。同时,《文言》"利者义之和""利物足以和义"的论断,又明确表明,义和利不是两个决然对立东西,而是一个东西的体和用,义是体,是本质的、主要的东西;利是从属的、次要的东西。利是和义的手段,义是统利的灵魂;义是主体,利是服务于主体的支辅。它强调的是义无利不便于推行,在行义之时不能忽视利,但并不认为利就是义,更不认为利可以代表义,或取代义。义最终可以归结到利上来,义常常是生利的根本。《左传·僖公二十七年》"德义,利之本也",正是这一关系的明确表达。但义之为利仅是公利,对私利来说有时是不完全吻合的。尽管《系辞》将"理财正辞,禁民为非"视为"义",但是理财仅是义的一个方面,而不是义的全部。义可以为利,义也必须有利,但义不只为利;利可以和义,利有时就是义,但利不等于义。义与利的这种关系,又如禾之与米,禾可出米,但禾本身不是米;米出于禾,但米已不是禾。

这就是儒家"义"与"利"的辩证法。

墨家虽然承认以义断利，义重于利。但是在定义"义"与"利"时，都是以公利公义为准则的，认为公义才是义，公利才是利。认为凡合乎义的东西必然有利，他说"义可以利人，故曰义天下之良宝也"（《耕柱》），"天下所誉义"即上以利天，中以利鬼，下以利人，凡义必有"三利"；凡不合乎义的东西必然有害无益，"恶人者人必从而恶之，贼人者人必从而贼之"，冤冤相报，天道好还，因此他说一切损人利己的私利，最终都是不利的，不能算作真正的利。因而形成义必有利的逻辑（《经上》"义，利也"），从而又进行反推理：即有利即是义（《天志中》"三利无不利是谓天德"）。在《墨子》书中，用义不义论证问题者甚少，并常常语焉不详；而以利不利作论据者则比比皆是，不嫌辞费。翻开墨子书给人的感觉是处处言利，时时讲利，而对正义的提倡，大义的阐述反甚寥寥。因为他心目中自有一个义即利、利即义的概念，故言义与言利都是一个意思。墨子义即利、利即义的论断本是有条件的，但他却常常过分强调，就有失偏颇了。在正义无人主持，公道无人实施的社会里，善恶之报常常不能兑现，伯夷、叔齐义不食周粟，却饿死于首阳山；孔门三千，颜回挺秀，却屡空早夭；盗跖日杀不辜，肝人之肉，横行天下，却以寿终；至于在剥削制度下，操行不轨，专犯禁忌，却终身佚乐，累世富贵者，更是不可胜数。司马迁就曾深有感慨地质问："倘所谓天道，是邪非邪？"（《史记·伯夷叔齐列传》）可见，墨子关于义利的价值观，反不如儒家的辩证和圆通。

其次看利义观的运用。孔子、墨翟所处皆天下极乱之世，春秋礼坏，战国纷争，"国之与国相攻，家之与家相篡，人之与人相贼。君臣不惠忠，父子不慈孝，兄弟不和调"，"强必执弱，众必劫寡"（《兼爱中》），政治黑暗，伦常颠倒，秩序混乱，道德沦丧，从上到下，从内到外，无不处于极乱极衰之中。对春秋战国的乱世，儒墨两家都有相同的认识，也表示深刻的忧虑。但是，正如墨子所说，欲医疾必知病之所由起，欲理乱必察乱之所从生。儒墨二家在考察致乱之源时，产生了分歧。儒家认为天下之症结在秩序混乱，固有等级被冲破被打乱，也就是"名不正"："名不正则言不顺，言不顺则事不成，事不成则礼乐不兴，礼乐不兴则刑罚不中，刑罚不中则民无所措手足。"（《论语·子路》）故孔子治世，必欲从"正名"着手。正名即使社会秩序化，重建等级制度，这就是"义"。故儒者治世，首先从正其义始。义正则名正，名正则无不正，秩序正常化就是天下之大利。《系辞》所谓"立人之道曰仁与义"，仁义是人道之大者首者，也就是治世首当讲究的东西。程颐曰："圣人以义为利，义安处便为利。"①就是从这个意

---

①〔宋〕程颢、程颐：《二程遗书》卷一七，文渊阁《四库全书》本。

义上说的。在儒家看来,义是本,君子务本,本立而利生。《坤文言》云:好比为人,内心主敬,以义规范言行,敬义一立,就可收"不习无不利"之效。① 无不利,正是敬义既立带来的客观效果,利是义之用。义是出发点,也是目的地,利是手段,也是中转站。

墨子认为天下大乱、人间罪恶"皆起不相爱"(《兼爱上》),乱的根源在于人们相恶相贼。欲救治天下,主张"以兼相爱交相利之法易之"(《兼爱中》)。爱只是情感,需要实际行动,故墨子兼爱必主兼利(或交利)。情感的爱与实际的利结合是墨子治天下的法宝,墨子的爱是兼爱,即无等差的爱,爱人犹爱己身,爱人之亲若爱己亲。墨子的利即平等互利,方法是利他,然后利己。由于墨子将"义"定义为"利",认为凡行义,必以兴利为出发点。他屡屡以"兴天下之利,除天下之害"相号召,以"富其国家,众其人民,治其政刑"为行动纲领,以"上中天之利,中中鬼之利,下中人之利"为客观效果。其核心内容,其主观意图,不外乎"兴利"而已。以为爱心一立,众恶立消;交利一兴,天下立治。天下的种种纷争,处处不平,都将因爱与利的实行而化干戈为玉帛,化不利为有利。故爱与利乃为政之要,致治之方。墨子兢兢以求者,欲"兴天下之利"而已。

五 儒墨义利观的不同效果

儒家欲行正义于天下,以义治国,以义正人心,以义重整秩序;墨子欲兴天下之利,利天下之人,以兼爱为心,以互利为法,让天下之人以平等的身份备受其爱,备享其利。其主观动机,都是高尚可贵的。但儒墨治世方法在效果上又有差别,此不可不知。孔子首先注目于正名以正义,但并不反对利,一则认为正名正义之后本身就可以带来好处,就可以实现功利;二则孔孟都主张分工,行义者"君子"之事,谋利者"小人"之事。孔子说:"君子谋道不谋食。"(《论语·卫灵公》)又说:"君子喻于义,小人喻于利。"(《论语·里仁》)孟子说:"有劳心,有劳力,劳心者治人,劳力者治于人。治于人者食人,治人者食于人。"(《孟子·滕文公上》)樊迟请学稼、请学圃,孔子说他是"小人",其言下之意,无非食、利、稼、圃,皆小人之事,非君子之为,故孔孟不予深讲。董

---

① 《坤文言》释"直方大"曰:"直其正也,方其义也。君子敬以直内,义以方外,敬义立而德不孤,直方大,不习无不利。则不疑其所行也。"

仲舒"专精于述古,年至六十余,不窥井菜"①,其曰:"皇皇(惶惶)求财利常恐乏匮者,庶人之意也;皇皇(惶惶)求仁义常恐不能化民者,大夫之意也。"②就是这种社会分工理论的形象说明。可见孔孟仲舒并不是反对求利,原因在于君子不当以功利为事,而应从事乎大者本者,其小者末者,自有小人谋之。

其次,由于儒者以义为本为体,以利为末为用,故主张从事乎本与体,而其末其用自得。儒者讲正秩序,正人心,正世风,正根本,根本既正,何患不成?如果君子言利,君主亦利,上行下效,上下交争,天下岂有不乱之理?这正是春秋乱世致乱的教训。董仲舒曰:"及至周室之衰,其卿大夫缓于谊(义)而急于利,亡推让之风而有争田之讼。故诗人疾而刺之曰:'节彼南山,惟石岩岩,赫赫师尹,民具尔瞻。'尔好谊,则民乡(向)仁而俗善;尔好利,则民好邪而俗败。"(《汉书·董仲舒传》,第1977页)好利是人的本性,过分提倡其害无穷。孔子以为"放于利而行多怨","见小利则大事不成",故"罕言利"。梁惠王问孟子何以利吾国,孟子对"何必曰利,亦有仁义而已矣"(《孟子·梁惠王上》)。江都王问勾践之事,董仲舒对"夫仁人者,正其谊(义)不谋其利,明其道不计其功"③,都当作如是观。司马迁曰:"余读孟子书,至梁惠王问'何以利吾国',未尝不废书而叹也。曰:嗟呼,利诚乱之始也!夫子罕言利者,常防其原也,故曰'放于利而行多怨'。自天子至于庶人,好利之弊何以异哉!"④不肆言利,正是恐怕启天下逐利之心,导天下致乱之源。程子曰:"君子未尝不欲利,但专以利为心则有害。惟仁义则不求利而未尝不利也。"⑤朱熹曰:"仁义根于人心之固有,天理之公也;利心生于物我之相形,人欲之私也。循天理,则不求利而自无不利;殉人欲,则求利未得而害己随之。"⑥这些言论看似迂,实为中理。后人颇以空谈性理、非议其"灭人欲,存天理"为"以理杀人",恐怕当具体问题具体分析,不可一概而论。

---

① 〔汉〕桓谭:《新论》,黄霖、李力校点,上海人民出版社1977年版,第1页。
② 〔汉〕班固:《汉书》卷五六《董仲舒传》,中华书局1999年版,第1917页。
③ 此见《汉书·董仲舒传》,第1918页。《春秋繁露·对胶西王越大夫不得为仁篇》作:"仁人者,正其道不谋其利,修其理不急其功。"文句大致相同,但"不计其功"与"不急其功",张岱年先生说"语意轻重相去甚远。"又考证说:"董子讲'圣人积聚众善以为功',又谓'不能致功,虽有贤名,不予之赏。……则百官勤职,争进其功。'是董子未尝不重功。疑《春秋繁露》所载,乃董子原语,而《汉书》所记,乃经班固修润者。"参见张岱年:《中国哲学史大纲》,中国社会科学出版社1982年版,第393页。
④ 〔汉〕司马迁:《史记》卷七四《孟子荀卿列传》,中华书局1999年版,第1839页。
⑤ 〔宋〕朱熹:《四书章句集注》,中华书局2012年版,第202页。
⑥ 同上。

墨者为了"兴天下之利,除天下之害",主张尚同、尚贤、非攻、节用、节葬,"自苦为极","备世之急"(《庄子·天下篇》),"摩顶放踵利天下为之"(《孟子·告子下》),此固舍己利人,忘我救世者也。其所利,天鬼致其享、人民受其惠,堂堂正正,可歌可泣。这对处于水深火热之中的人民大众,自然是雪中送炭,因而深受欢迎,成为与儒学抗衡的一世"显学"。但是墨子过分强调实"利",至以用是否有利来衡量是否有用,用是否有用来衡量是与不是。而其所谓利又局限在温饱冷热等起码的物质获取上,故非礼非乐,反对一切礼乐文章,连正常的音乐也要一并取消,《荀子》批评"墨子蔽于用而不知文"(《解蔽》)。正是对墨子狭隘的实利观中肯的批判。除了追求饱食暖衣这种动物式的生活外,墨家没提出任何建立高尚文化设施的设想,这实际上限制了墨者建设更大实利社会的手脚,这是墨者只知小用小利,不知大道大本的严重局限。

此外,墨者过分追求功利,开启了人类好利的本性,稍微偏离为天下求利的前提,或是一旦"兴天下之利"成了少数权势人物谋私利的借口,极易陷入追名逐利的泥坑。君臣言利,父子逐利,夫妇讲利,举天下一大利海,环中国一大欲壑,"天下熙熙,皆为利来,天下攘攘,皆为利往"①,整个社会人欲横流,竞相逐利。但是人欲无限,物质有极,物不胜欲,必致争战,天下未有不陷入困境的。而且,过分强调物质利益的获取,容易造成人为宇宙中心的误识,为了填补无限的人类欲壑,不惜役使万物,乃至宇宙,暴殄天物,破坏自然和谐体系,这又必然受到大自然的报复。利欲的开启,既可能带来人类进步的巨大变革,但也可能造成人类自己的毁灭。人类物欲造成对宇宙对社会的巨大危害,早已引起国际范围内有识之士的警觉,这种理论的潜在危机,恐怕是墨者当年做梦也没有想到的。

儒家的义利观大不了空疏迂阔,但却可避免唯利是追的危险。它首先强调秩序,这包括天地自然秩序,人类社会秩序,人的任何活动都以不违反秩序为前提,《乾文言》:"夫大人者,与天地合其德,与日月合其明,与四时合其序,与鬼神合其吉凶。先天而天弗违,后天而奉天时。天且弗违,而况于人乎?"正是这种重视宇宙、人类秩序的崇高境界,给人欲横流的天下带来了希望的曙光。至此,我们不难分辨出儒墨两家"义利观"的高下与优劣。

原载《周易研究》1996年第2期。

---

① 〔汉〕司马迁:《史记》卷一二九《货殖列传》,第2463页。

仁义·礼乐·忠信：荀子求实的价值观

中华学术素来注重实践性和可行性，自先秦时期已经形成精练可行的核心价值，深深影响后世学人。这些核心价值结构，没有比"仁义礼智信"影响更大且久的了，自从汉代董仲舒将其奉为"五常"之后，便影响中国社会2 000余年。不过"五常"之教的形成也有一个过程，本文所要表彰荀子就在其中也起到过重要作用。

一 上继周孔

荀子生活于战国后期，时值诸侯力政，诸子纵横，强权得势，诡诈公行，自周公建立、孔子重申、子思传授、孟子捍卫的礼乐文明，已经消融殆尽。荀子游历诸国，遍览山川，纵观形势，预测走向，面对道德的滑坡，诚信的缺失，不免对人类的前途和未来充满担忧和关怀。以什么样的方式安定天下？以什么样的方式塑造人格？以什么样的方式齐家治国，这些问题的答案在当时都显得十分迫切，当时的诸子百家都有思考，荀子也提出自己的设想和建议。其中最为重要的莫过对人性本质的探讨，和对理想人格的重绘。荀子的地位是承上启下的，上继周孔子，下启汉唐的，他思想的影响也是深远的，其地位自然不可忽视。

杨倞在《注荀子序》中说：

> 昔周公稽古三五之道，损益夏殷之典，制礼作乐，以仁义理天下，其德化刑政存乎《诗》。至于幽厉失道，始变风变雅作矣。平王东迁，诸侯力政，逮五霸之后，则王道不绝如线。故仲尼定《礼》《乐》，作《春秋》，然后三代遗风弛而复张。而无时无位，功烈不得被于天下，但门人传述而已。
>
> 陵夷至于战国，于是申、商苛虐，孙、吴变诈，以族论罪，杀人盈城。谈说者又以慎、墨、苏、张为宗，则孔氏之道几乎息矣。有志之士所为痛心疾首也！
>
> 故孟轲阐其前，荀卿振其后，观其立言指事，根极理要，敷陈往古，掎挈当世，

拨乱兴理,易于反掌,真名世之士,王者之师!

又其书亦所以羽翼"六经",增光孔氏,非徒诸子之言也。盖周公制作之,仲尼祖述之,荀、孟赞成之,所以胶固王道,至深至备。虽春秋之四夷交侵,战国之三纲弛绝,斯道竟不坠矣。

(杨)倞以末宦之暇,颇窥篇籍,窃感炎黄之风,未洽于圣代,谓荀、孟有功于时政,尤所耽慕。①

根据杨氏此论,荀子乃处于孟子既亡,诸子并行,孔氏微绝,纵横蜂起,儒家缺乏大师,理论受到挑战的时段,荀子慨然而起,上继周公之仁义德政,下阐仲尼之《礼》《乐》《春秋》,于是乎著作成"羽翼六经,增光孔氏"的《荀子》一书,为儒学的兴亡继绝、转化创新,做出了重大贡献。荀子对于孔子学说的最大发展,无过于儒家核心观念的重新构建了。

《吕氏春秋·不二》说:"老聃贵柔,孔子贵仁,墨翟贵廉(兼),关尹贵清,子列子贵虚,陈骈贵齐,阳生贵己,孙膑贵势,王廖贵先,兒良贵后。"②说明先秦诸子都有自己的核心内涵和主体精神,这些核心精神是构成百家学说的重要归趋和实践价值。孔子除了"仁"这一观念外,还在自己的言谈中提出过多种价值观念,如义、礼、乐、忠、恕、孝、悌、恭、宽、信、敏、惠等等,这些都成了行仁或辅仁的重要品行。如《论语·宪问》载曰:"君子道者三,我无能焉:仁者不忧,知者不惑,勇者不惧。"将仁、智、勇搭配,构成孔子早期的核心观念。后世儒家"祖述尧舜,宪章文武,宗师仲尼"(《汉书·艺文志》),其思想渊源上可追溯于尧、舜传统,中则继承于周文、周武和周公,晚则师事乎孔夫子,因此孔子所构建的核心价值体系,对后世儒家学派的发展演变具有重要的指导作用。

孔子之后,"儒分为八","有子思之儒,有孟氏之儒,有孙氏之儒"。③ 子思、孟子、荀子(即孙氏)是孔子之后对儒家学术具有重大推动作用的三大家。子思系孔子之孙,孟子又学于子思之门人,前后相承形成了"思孟学派"。子思《中庸》载:"天下之达道五,所以行之者三。曰:君臣也,父子也,夫妇也,昆弟也,朋友之交也;五者,天下之达道也。知、仁、勇三者,天下之达德也,所以行之者一也。……子曰:'好学近乎

---

① 〔清〕王先谦:《荀子集解》,沈啸寰、王星贤点校,中华书局2013年版,第63页。
② 《吕氏春秋·审分览·不二》,许维遹《吕氏春秋集释》本,中华书局2009年版,第467—468页。
③ 《韩非子·显学》,〔清〕王先慎《韩非子集解》本,钟哲点校,中华书局1998年版,第456页。

知,力行近乎仁,知耻近乎勇;知斯三者,则知所以修身;知所以修身,则知所以治人;知所以治人,则知所以治天下、国、家矣.'"《中庸》将仁、智、勇称为"三达德",与《论语》正好相应证,当得自自家心传。

此外,《中庸》又将仁义礼组合到一起,说:"仁者人也,亲亲为大;义者宜也,尊贤为大。亲亲之杀,尊贤之等,礼所生焉。"提示出仁、义、礼三者的关系,相须而行,互为补充。由此可见,"仁智勇""仁义礼"便是孔子思想的核心内容。

子思祖述其先祖之意,还将仁智勇与仁义礼结合,形成以"四端"(仁义礼智)为核心的"五行"(仁义礼智圣)结构,得到孟子极大弘扬。《孟子·尽心下》说:"仁之于父子也,义之于君臣也,礼之于宾主也,知之于贤者也,圣人之于天道也,命也,有性焉,君子不谓命也。"①朱熹注《孟子》"圣人之于天道也"引"或曰":"'人',衍字。"这个说法已被新出土文献所证实,此处的"圣人"应为"圣"字,即指"圣"者的德行。

孟子将"仁、义、礼、智"称为"四德"或"四端"并加以大力提倡。《离娄上》也说:"仁之实,事亲是也。义之实,从兄是也。智之实,知斯二者弗去是也。礼之实,节文斯二者是也。"《告子上》云:"恻隐之心,仁也;羞恶之心,义也;恭敬之心,礼也;是非之心,智也。仁义礼智,非由外铄我也,我固有之也,弗思耳矣。"可见"仁义礼智"是孟子强调的核心观念,其最高境界便是成为圣人,于是将"仁、义、礼、智"与"圣"结合形成"五行"。孟子的这套主张,就其学术渊源来讲,应当始于子思。

这个理论,荀子并不认同,他在《非十二子》中对其进行了剧烈批判:"略法先王而不知其统,犹然而材剧志大,闻见杂博。案往旧造说,谓之'五行',甚僻违而无类,幽隐而无说,闭约而无解。案饰其辞而祗敬之,曰'此真先君子之言也'。子思唱之,孟轲和之,世俗之沟犹瞀儒,嚾嚾然不知其所非也,遂受而传之,以为仲尼、子游为兹厚于后世,是则子思、孟轲之罪也。"②

照荀子的说法,思、孟曾经"案往旧造说"形成"五行"说,称说是子思的"先君子"(即孔子)的遗说。不过这个"五行"具体指什么,荀子并没有列出,但其为五种可以按行的德目则是可以肯定的。杨倞《荀子注》曰:"五行,五常,仁、义、礼、智、信是也。"杨氏说"五行"又称"五常",即仁义礼智信。杨倞之说殆本于郑玄。郑玄注《乐记》"道五常之行"说:"五常,五行也。"郑玄又在注子思《中庸》时,开宗明义便是"木神则仁,金神则义,火神则礼,水神则信,土神则知",此说暗示了子思"五行"说就是后来的"五

---

① 〔汉〕赵岐注、〔宋〕孙奭疏:《孟子注疏》,北京大学出版社1999年版,第463—464页。
② 《荀子集解》,第110—111页。

常"。但这个说法未必正确。

据现存文献记载,仁义礼智信并称"五常"始于汉代董仲舒。战国时,仁义礼智四德是与"圣"搭配的。① 新出土郭店楚简《五行》篇说:"仁形于内谓之德之行,不形于内谓之行;义形于内谓之德之行,不形于内谓之行;礼形于内谓之德之行,不形于内谓之行;智形于内谓之德之行,不形于内谓之行;圣形于内谓之德之行,不形于内谓之(德之)行。德之行五,和谓之德;四行和,谓之善。善,人道也;德,天道也。"②(马王堆帛书《五行》略同,而以"仁知义礼圣"为序)汉贾谊《新书·六术》曰:"天地有六合之事,人有仁、义、礼、智、圣之行。"③仍然沿用了战国时期思、孟学派核心价值观的搭配法。可见仁义礼智圣的配搭渊源有自,自是思孟学派的一个固定结构,只是荀子不予承认而已。荀子以为他们此说是"略法先王而不知其统",没有历史的继承性;是子思假托其"先君子"之言,其实并不是孔子的思想,没有合法性!于是对思孟"仁义礼智圣"的核心构架进行了颠覆。

二 宗崇仁义

荀子反对思孟"四端""五行"之说,但并不影响他对"仁义"的推崇,也不影响他对"礼乐"路径的遵从。他在《劝学篇》告诉士人的学习和成德路径时说:

> 将原先王,本仁义,则礼正其经纬蹊径也。若挈裘领,诎五指而顿之,顺者不可胜数也。不道礼宪……不可以得之矣。故隆礼,虽未明,法士也;不隆礼,虽察辩,散儒也。④

在荀子看来,"仁义礼"是成其为雅儒的必备条件,否则就是"散儒"。其中"仁义"又是一以贯之的核心精神;"礼"是无施不宜的行为规范:"百发一失,不足谓善射;千

---

① 详李耀仙:《子思孟子"五行"说考辨》,载《先秦儒学新论》,巴蜀书社1991年版。
② 刘钊校释:《郭店楚简校释》,福建人民出版社2003年版,第69页。
③ 〔汉〕贾谊:《新书·六术》,阎振益、钟夏校注本,中华书局2000年版,第316页。
④ 《荀子集解》,第18—20页。

里蹞步不至,不足谓善御;伦类不通,仁义不一,不足谓善学。"据杨倞注,"伦类不通",谓礼法之制不能该遍所有;"仁义不一",谓仁义精神不能一以贯之。礼法是有形的制度设施,仁义则是无形的精神实质,二者相须而行。

又《荣辱篇》指出:"仁义德行,常安之术也。"甚至明确说:"今以夫先王之道、仁义之统,以相群居,以相持养,以相藩饰,以相安固邪。"认为先王之道是以"仁义"为统,无须搞什么"五行"。他认为有了仁义,就可以维系人们群居、持养、藩饰、安固了,仁义就是君子的大纲大纪,何须智和圣呢? 在他看来,要贯彻好"先王之道,仁义之统",还要有"诗书礼乐之分"①,这里提出了"诗书"的作用。不过他在前一篇认为,"诗书故而不切",凭据诗书而欲究大道,"犹以指测河,以戈舂黍",是绝对不行的,"诗书"在此仅为虚设,具体所重仍为"仁义礼乐"。②

《非相》篇称赞以弱小之身"入据楚,诛白公,定楚国,如反手耳"的叶公子高,曰:"仁义功名,善于后世。"将忠君爱国、克定叛乱者,视为"仁义"的最高榜样。可见,在荀子思想中,"仁义"仍然是其核心中的核心。

《儒效篇》又说:"俄而原仁义,分是非,图回天下于掌上而辩白黑,岂不愚而知矣哉!"说用仁义来分别是非,经营天下,可以运诸掌上;用仁义来辩明黑白,虽愚者亦可能矣。又说:"圣人也者,本仁义,当是非,齐言行,不失毫厘。无他道焉,已乎行之矣!"圣人并非神迷,他不过是依本于仁义,能够辩明是非,知而能行,不差分毫而已。圣人也是以能行仁义为前提的。

《王制篇》:"案平政教,审节奏,砥砺百姓,为是之日而兵剸(专擅)天下劲矣。案修仁义,伉隆高,正法则,选贤良,养百姓,为是之日而名声剸天下之美矣。"认为讲明政教,可以"兵专天下之劲"(即兵威强于天下),讲明仁义,修隆法则,则可以"名声专天下之美"(美名独擅天下)。可见"仁义"远在政教之上。

《富国篇》:"故知节用裕民,则必有仁义圣良之名,而且有富厚丘山之积矣。"《王霸篇》:"故百里之地,足以竭势矣;致忠信,著仁义,足以竭人矣。两者合,而天下取,诸侯后同者先危。《诗》曰:'自西自东,自南自北,无思不服。'一人之谓也。"百里之地,是称王称霸者的物质基础,而忠信仁义才是得人归趋的道德保障。有了物质和道德的"二者合"(双重结合),才能够取天下、合诸侯,而成就其美名。

《议兵篇》提出:"故齐之技击,不可以遇魏氏之武卒;魏氏之武卒,不可以遇秦之锐士;秦之锐士,不可以当桓、文之节制;桓、文之节制,不可以敌汤、武之仁义。有遇

---

① 《荀子集解》,第80页。
② 《荀子集解》,第16页。

之者,若以焦熬投石焉。"以为仁义是兵家制胜的根本大法,是无敌于天下的根本保证。这与孟子"仁者无敌于天下"并无二致。

同篇又载:"陈嚣问于荀卿子曰:'先生议兵,常以仁义为本。仁者爱人,义者循理,然则又何以兵为?'"荀子回答:"非女所知也。彼仁者爱人,爱人故恶人之害之也;义者循理,循理故恶人之乱之也。彼兵者,所以禁暴除害也,非争夺也。故仁人之兵,所存者神,所过者化,若时雨之降,莫不说喜。"就像"尧伐驩兜,舜伐有苗,禹伐共工,汤伐有夏,文王伐崇,武王伐纣"一样,"皆以仁义之兵行于天下也,故近者亲其善,远方慕其德,兵不血刃,远迩来服。德盛于此,施及四极。《诗》曰:'淑人君子,其仪不忒。'此之谓也。"①称兵邀战,如想得必胜之道,亦在乎仁义而已。当然,荀子讲以仁义治兵,不是宋襄公式"不鼓不成列、不擒二毛、不重伤"的小仁小义,甚至不是齐桓、晋文挟天子以令诸侯的假仁假义,而是在内政外交上推行仁政以强其国本的大仁大义:"故汤之放桀也,非其逐之鸣条之时也;武王之诛纣也,非以甲子之朝而后胜之也。皆前行素修也。此所谓仁义之兵也。"

《性恶篇》载,有人质疑荀子"涂之人可以为禹,曷谓也"?荀子回答:"凡禹之所以为禹者,以其为仁义法正也。然则仁义法正有可知可能之理,然而涂之人也,皆有可以知仁义法正之质,皆有可以能仁义法正之具。然则其可以为禹明矣。"提出禹之所以为禹,因为他能为"仁义法正",法正即法制政令。仁义是可知的,法正是可行的。禹是人可以知仁义,可以行法正;途之人也是人,也可以知也可以行:"今涂之人者,皆内可以知父子之义,外可以知君臣之正,然则其可以知之质、可以能之具,其在涂之人明矣。今使涂之人者,以其可以知之质、可以能之具,本夫仁义之可知之理、可能之具。然则其可以为禹明矣。"荀子甚至认为,如果让涂之人也一心一意地学习钻研,日积月累,他也是可以达到圣人境界的:"今使涂之人伏术为学,专心一志,思索熟察,加日县久,积善而不息,则通于神明,参于天地矣。故圣人者,人之所积而致也。"②圣人可作,而其保障首先就是懂得并且力行仁义。又:"夫人虽有性质美而心辩知,必将求贤师而事之,择贤友而友之。得贤师而事之,则所闻者尧舜禹汤之道也;得良友而友之,则所见者忠信敬让之行也。身日进于仁义而不自知也者,靡使然也。"

---

① 《荀子集解》,第330页。
② 《荀子集解》,第523页。

三 推尊礼法

《儒效篇》载:"秦昭王问孙卿曰:'儒无益于人之国。'"孙卿子曰:"儒者法先王,隆礼义,谨乎臣子,而致贵其上者也。"儒者是重崇礼义而讲究秩序的。《劝学》亦谓"礼乐法而不说"[①],"仁义礼乐"是荀子比较固定的核心观念。《大略篇》说,礼是指导行动的,而其实质就是仁义,此即对《易经》以"履"训礼的翻版。他说:"夫行也者,行礼之谓也。礼也者,贵者敬焉,老者孝焉,长者弟焉,幼者慈焉,贱者惠焉。礼以顺人心为本,故亡于礼经,而顺人心者,背礼者也。礼之大凡,事生饰驩也,送死饰哀也,军旅饰威也。"礼是将各种行为做得恰到好处的保证。

同篇又说:"亲亲、故故、庸庸、劳劳,仁之杀也;贵贵、尊尊、贤贤、老老、长长,义之伦也。行之得其节,礼之序也。"荀子接着还对这四个概念进行解说:"仁,爱也,故亲。义,理也,故行。礼,节也,故成。仁有里,义有门。仁非其里而虚之,非礼也。义非其门而由之,非义也。推恩而不理不成仁,遂理而不敢不成义,审节而不知不成礼,和而不发不成乐。故曰'仁义礼乐',其致一也。君子处仁以义,然后仁也;行义以礼,然后义也;制礼反本成末,然后礼也。三者皆通,然后道也。"[②]仁义礼乐相辅相成,只有将仁义礼都做好了,或是只有按照礼乐原则将仁义实质贯彻好了,才能达到"道"的境界。由此可见,荀子的核心价值观是"仁义礼乐","道"则是对三者(乐在礼中)的贯通。思孟提出"仁义礼智圣"将"圣(通天道)"与仁义礼智并列,显然是不伦不类的!所以他斥其"略法先王而不知统"也。

四 美化忠信

自战国以来,随着列国纷争、纵横盛行的局势漫延,世儒已经重视"忠信"的价值。《荀子·王霸篇》在强调"仁义"的同时,还特别提升了"忠信"的地位:"致忠信,著仁

[①]《荀子集解》,第16页。
[②]《荀子集解》,第580页。

义,足以竭人矣。"①

《修身篇》谓:"士君子不为贫穷怠乎道,体恭敬而心忠信,术礼义而情爱人,横行天下,虽困,四夷人莫不贵。"恭敬即礼,爱人即仁,配以忠信与义,即仁义礼忠信,有此五者,可以横行天下,四夷皆贵。此亦孔子:"言忠信,行笃敬,虽蛮貊之邦,行矣!"《仲尼篇》亦曰:"然后恭敬(礼)以先之,忠信以统之,慎谨以行之,端悫(诚实)以守之,顿穷则疾力(勤勉)以申重之"云云,也是将忠信与礼诚谨慎勤勉结合。

《儒效篇》:"志意定乎内,礼节修乎朝,法则度量正乎官,忠信爱利形乎下,行一不义,杀一无罪,而得天下,不为也。此君义信乎人矣,通于四海,则天下应之如讙。"《富国》:"故先王明礼义以一之,致忠信以爱之。""故厚德音以先之,明礼义以道之,致忠信以爱之。"《臣道》:"忠信以为质,端悫以为统,礼义以为文。"《议兵》:"为人主上者也,其所以接下之百姓者,无礼义忠信焉,虑率用赏庆刑罚,势诈除阨其下,获其功用而已矣。"《强国》:"人之所好者何也?曰礼义辞让忠信是也。""凡得人者必与道也。道也者何也?曰礼让忠信是也。"又称赞入秦所见:"其百吏肃然,莫不恭俭、敦敬、忠信而不楛,古之吏也。"提倡:"然则凡为天下之要,义为本,而信次之。古者禹汤本义务信而天下治,桀纣弃义倍信而天下乱。故为人上者,必将慎礼义,务忠信,然后可。此君人者之大本也。"都将忠信与礼法仁义结合。

不仅政治领域需要忠信,就是祭祀活动,也是忠信的一种表现形式。《礼论》曰:"故曰:祭者,志意思慕之情也。忠信爱敬之至矣,礼节文貌之盛矣。"孝子行孝也无非忠信之为。《子道》:"明于从不从之义,而能致恭敬、忠信、端悫以慎行之,则可谓大孝矣。传曰:从道不从君,从义不从父。此之谓也。"君子修行亦须忠信,《哀公》载或问何以可谓君子?"孔子对曰:所谓君子者,言忠信而心不德,仁义在身而色不伐,思虑明通而辞不争。"大至平天下,亦无非忠信。《尧曰》:"执一无失,行微无怠,忠信无倦,而天下自来。"可见,荀子对忠信的强调,几乎到了无以复加的地步。

---

① 《荀子集解》,第254页。

余 论

　　正是由于有荀子对周公、孔子"仁义"学说的坚守,对"礼乐""忠信"的强调,特别是对子思、孟子"仁义礼智圣"的"五行"框架的破除,才使西汉董仲舒有机会顺利建立起"仁义礼智信"的"五常"之教。

　　董仲舒在《春秋繁露·楚庄王》中说"《春秋》尊礼而重信",《汉书·董仲舒传》"《春秋》之义,贵信而贱诈"等等。于是毅然抛弃荀子所批判的"五行",以"信"易"圣",将思、孟学派"仁义礼智圣"的"五行"观改造成为"仁义礼智信"的"五常之道"。① 伴随着汉武帝"罢黜百家,表章六经"文化政策的推行,"仁、义、礼、智、信"便成为中国价值体系中的核心要素而影响了中国两千余年。为了神化"五常"之教,董仲舒还将"五常"与阴阳五行哲学联系起来,《春秋繁露·五行相生》:

> 东方者木,农之本,司农尚仁,进经术之士,道之以帝王之路,将顺其美,匡救其恶。……南方者火也,本朝司马尚智,进贤圣之士,上知天文,其形兆未见,其萌芽未生,昭然独见存亡之机,得失之要,治乱之源。……中央者土,君官也,司营尚信,卑身贱体,夙兴夜寐,称述往古,以厉主意。……西方者金,大理,司徒也,司徒尚义,臣死君,而众人死父,亲有尊卑,位有上下,各死其事。……北方者水,执法,司寇也,司寇尚礼,君臣有位,长幼有序。

　　董仲舒以"五行"释"五常",以"天道"释"人道",不仅将社会道德规范神秘化,更赋予其绝对权威性,从而完成了思孟学派没有完成的道德哲学化、伦理终极化的过程。这里虽然体现了董氏个人的慧眼独识、匠心独运,但是荀子崇仁义、重礼乐、美忠信、破五行的系列工作,对董氏五常学说所具有的奠基作用,特别是推动儒家核心价值观念的最后形成,也是不可低估的。

---

① 〔汉〕班固:《汉书》卷五六《董仲舒传》,中华书局1962年版,第2505页。

"王弼传郑学"驳议

王弼(226—249)是三国时期的天才易学家和玄学家,他的易学实践扭转了笼罩中国学术领域数百年的"汉学"传统,拨正了魏、晋以下中国义理易学的航向。王弼据以作注的古文《周易》,也成了1 700多年来中国一切易学家所沿用的标准经本。正因为王弼在中国易学史上具有这样特殊的地位,他的学术师承、他所据以作注的《周易》经本问题,就成了人们普遍关注的对象。但是,由于魏晋南北朝时期的文献对此语焉不详,自宋人起已生出"王弼传郑学"的说法,直至今天都还有人沿用这一谬说,造成了易学源流史研究的许多误会。为了辨章学术,考镜源流,以便正本清源,我们有必要对这一误说加以澄清。

一 问题的提出

宋人系统提出"王弼传郑学"说的学者以欧阳修(1007—1072)为代表,他说:

> 田(何)、焦(赣)之学废于汉末,费氏(直)独兴,递传至郑康成(玄),而王弼注或用康成之说(《比卦》六四之类)。是弼即郑本而为注,今行世者惟有王弼《易》,其源出于费氏也。①

在欧阳修看来,王弼《易》在说经观点上,经书底本上,都直接依本于《郑氏易》。同时的石介(1005—1045)也说:"王弼(《易》),多取康成旧解为之训说,今之《易》盖出于费说也。"②此说一出,南宋学者翕然从之,晁公武说:"王弼最后出,或用郑说,则弼

---

① 〔宋〕欧阳修:《欧阳修全集》,中华书局2001年版,第948页。
② 转引自〔清〕朱彝尊:《经义考》卷一〇,文渊阁《四库全书》本。

亦本费氏也。"①以恢复西汉《古周易》自居的吴仁杰说:"王弼《易》用康成本。"②又说:"三国王弼又传郑学。"金君卿说:"弼出于马(融)、郑(玄),马、郑出于费氏。"这一看法几成定论,明、清人也都袭用,陈廷敬说:"至于弼注《易》,用康成本。"③《四库全书总目》卷一王弼《周易注》"提要"云:"自郑玄传费(直)之学,始析《易传》以附经,至弼又更定之。说者谓郑本如今之《乾卦》,其《坤卦》以下又弼所割裂。"亦以王弼《易》乃袭用《郑氏易》为底本。近人吴承仕说:"辅嗣之学远宗费氏,近接马、郑。"④几乎众口一词,无人致疑。王弼《易》成了郑玄《易》的直接继承,王学是郑学的异代传人。

南宋税与权进而从篇题上寻找王弼依据《郑氏易》的依据:"今王弼注本首卷题曰《周易·上经·乾传》,余卷亦为《泰传》《噬嗑传》《咸传》《夬传》《丰传》之名,盖弼所用者郑氏本,既合《彖传》《象传》于经,故合题之耳。"⑤认为王弼《周易注》每卷开始都以该卷首卦卦名加"传"字为题,以为整卷名称,是由于用郑氏本,已将《彖传》《象传》合于经中,故兼经名(卦名)、传名而题名"某传"了。

笔者认为,这些说法都是有问题的,是没有历史文献依据的。以下试辩其非。

二 宋人"王弼传郑学"说析疑

首先,从内容上看,王弼谈义理,郑玄讲纳甲,王弼《易》与《郑氏易》不是一个系统,这一点前人已有多种论断,这里不必具引;今天《王易》和《郑易》(辑本)俱在,我们还可按覆原书,其区别是非常明显的。至于欧阳修说"王弼注或用康成之说",并举"《比卦》六四"为例;石介说"王弼《易》多取康成旧解为之",似乎王弼《周易注》沿用了郑玄许多说法,这也是靠不住的。由于《郑氏易》只有辑本传世,不幸《比卦》六四注文又不见于辑本;王弼在《比卦》六四又未明言袭用了郑氏之说,因此欧阳修所举例证是否真实,尚难明断。据《四库全书总目》孔颖达《周易正义》"提要"考察,王弼只在"六

---

① 〔宋〕晁公武:《郡斋读书志》卷一,上海古籍出版社1990年版,第4页。
② 〔宋〕吴仁杰:《集古易自序》,载《经义考》卷三〇。
③ 载《经义考》卷一〇。
④ 〔清〕吴承仕:《经典释文叙录疏证》,秦青点校,中华书局1984年版,第35页。
⑤ 〔宋〕税与权:《周易古经传·象传按语》,载《易学启蒙小传》,粤东书局同治十二年本。

日七分"问题上"偶用"郑氏之说,其他地方是否"多取"了郑义,尚待确证。

同样是宋人的李石有与欧阳修、石介完全相反的记载,他说:"王弼注《易》,刻木偶为郑玄像,见其所误,辄呼叱之。"宋祁也说:"王弼著《易》,直发胸臆,不知郑康成等师承有自。"①王弼与郑玄治学方法完全不同,王弼对郑玄从感情上如此深恶痛绝,他还能"多取郑玄旧解"来撰其新著吗?况且,据《隋书·经籍志》序说,郑玄《周易注》唐时已微,至北宋时已经严重残缺,南宋则完全亡佚,至王应麟才又有《郑氏易》辑本问世。欧阳修主修《崇文总目》时,著录说:"《〈周易〉郑康成注》一卷,今惟《文言》《说卦》《序卦》《杂卦》,合四篇,余篇皆逸。"《崇文总目》是欧阳修检点国家四馆图书时所修的国家藏书总书目,郑注《周易》当时只有《文言》《说卦》《序卦》《杂卦》四篇尚存于世,并无包括《比卦》在内的上、下经。王弼注既未说引用郑氏注,后来的《郑氏易》辑本也看不出王氏用郑的佐证。那么,欧阳修何以知道王弼注《比卦》六四袭用了郑氏说呢?石介又如何知道"王弼《易》多取康成旧解"呢?这是我们不得其解的事情。

其二,税与权找出来的篇题证据也是靠不住的。关于王弼《周易注》上、下经六卷各题"某传"的问题,宋人陈皋已有解释:"《易》本上、下二篇,王弼注释之时,以孔子《十翼》文相错,因离为六篇,谓之《乾传》《泰传》,夫既称经,又何以名'传'?案:郑康成本并无'乾传''泰传'字,盖辅嗣加之也。"②明确告诉我们《郑氏易》并无"乾传""泰传"等称法,不能凭王弼《易注》有异称就说成是袭用郑氏。《四库全书总目》也说:"每卷所题《乾传第一》《泰传第二》《噬嗑传第三》《咸传第四》《夬传第五》《丰传第六》,各以卷首第一卦为名。据王应麟《玉海》此目亦弼增标,盖因毛氏《诗传》之体例。"更明白不过地说明,各卷题"某传"并非郑玄之旧,而王弼所增。陆德明《经典释文》还记载,一本王弼《周易注》,"以《泰传》为《需传》,以《噬嗑传》为《随传》",与今天所见王弼注又不相同。四库馆臣曾"证以《开成石经》,一一与陆氏所述合",于是论断:"当由后人以篇页不均为之移并。"可见,将篇名题为某传、某传的做法,完全是王弼的个人行为,而且还有将王弼所定卷名改题的版本,那更是后人所为,这里有很大的随意性,其间并无微言大义,用不着硬与郑玄扯上关系。既然目前找不出王弼"多取"郑玄说的证据,经卷也不一定袭用《郑氏易》,那么宋人认定"王弼传郑学"的两个支点都不能成立了。

其三,从经本文字上考察,《郑氏易》与王弼《易》也不是同一系统。王应麟在辑校郑玄《周易注》时已发现这一问题,指出:

---

① 语见《经义考》卷八引。
② 载《经义考》卷一〇。

> 郑康成《诗笺》多改字,其注《易》亦然。如"包蒙",谓"包当作彪,文也";《泰》"包芒",谓"芒读为康,虚也";《大畜》"豮豕之牙",谓"牙读为互";《大过》"枯杨生稊",谓"枯音姑,山榆也";《晋》"锡马蕃庶","读为蕃遮,谓蕃遮禽也";《解》"百果草木皆甲拆",作"甲宅,皆读如解,解谓坼,呼皮曰甲、根曰宅"《困》"劓刖"当为"倪仉";《萃》"一握为笑","握读为夫三为屋之屋";《系辞》"道济天下"之"道","当作导","言天下之至颐,颐当为动";《说卦》"为乾卦","乾当作幹"。其说多凿。①

王应麟这里列出的《郑易》异文异说,是本着当时通行的王氏《易》考查出来的。王应麟说郑氏"多改字",且谓"其说多凿",言下之意当以王本为正、为是了。殊不知郑、王的区别并不仅仅在于郑氏善改字,而恰恰表明二者所依经本并非一个系统。

清儒朱彝尊撰《经义考》,也指出"郑氏之《易》,与王辅嗣本不同者甚多",他仅仅依据陆德明《经典释文》就列出自"'为其嫌于无阳也','嫌',作'谦';'君子以经纶',作'论'"至"'蛊则饬也','饬'作'节'",凡58处异文。② 这些文字的不同,主要有以下五种情况:

> 一是通假字,如"'终朝三褫之','褫'作'拕'",拕即脱。"'王三锡命','锡'作'赐'",锡与赐通。"'乘其墉'作'庸'",庸通墉。
> 二是异体字,如"'裒多益寡','裒'作'捊'",捊与裒同。"'枯杨生稊'作'荑'",稊与荑同等等。
> 三是文异义通者,如:"'不鼓缶而歌'作'击缶';'浚恒'作'濬恒';'后以施命诰四方'作'诘四方,蛊则饬也','饬'作'节';'羸其角','羸'作'累'"等皆是。
> 四是文字不同而导致文义各别者,如:"'君子几'作'秒';'包蒙','包'作'彪';'需读为秀';'需于沙'作'沚(小渚也)','致寇'作'戎患至'"等20余处。
> 五是少字缺字者,如"'则大耋之嗟'下无'凶'字;'宜待也'作'宜待时也'"等。

在经学时代,文字的异同往往标志经本的不同,如果王弼《周易注》系用《郑氏易》为底本,何致有这样多的同异之处呢?二者不出于同一系统经本,亦已甚明。

---

① 〔宋〕王应麟:《困学纪闻》卷一,《四部丛刊三编》影元本。
② 载《经义考》卷九。

其四,宋人之所以说"王传郑学",乃误读前史,并无其他可靠的文献依据。《后汉书·儒林列传》叙《费氏易》传授过程说:"(后汉)陈元、郑众皆传《费氏易》,其后马融亦为之《传》,融授郑玄,玄作《易注》。荀爽又作《易传》。自是费氏兴而京氏遂衰。"尚未言及王弼。《隋书·经籍志序》始及之:"后汉陈元、郑众皆传费氏之学,马融又为其传,以授郑玄。玄作《易注》,荀爽又作《易传》。魏代王肃、王弼并为之《注》,自是费氏大兴,高氏遂衰。"将王肃、王弼同时纳入《费氏易》传授序列(即费直、陈元、郑众、马融、郑玄、荀爽、王肃、王弼)之中。这种排列方法,很容易让人理解为王肃、王弼承用郑玄之《易》。比如近人吴承仕就说:"《隋志》首述陈元、郑众,次言马、郑,次言二王注而费氏大兴,似谓辅嗣之学远宗费氏,近接马、郑。自尔迄近世,皆谓《王易》即《费易》矣。"①宋人如是说,也许正和吴先生的理解一样。其实这段文字本只叙述《费氏易》的流传与兴盛过程,除点明马融与郑玄有师授关系外,其余皆未明言他们的授受关系如何。将二王《易》列入《郑氏易》的异代传人,是对《隋书·经籍志序》的误解。

王弼传《费氏易》不假,但不是传的经过郑玄改造后的《费氏易》。据《汉书·艺文志序》和《儒林传》,《费氏易》有两大特点:一是内容齐全,无脱文,与《中古文易》文字相合,优于博士四家《今文易》。《汉书·艺文志序》:"刘向以《中古文易经》校施、孟、梁丘经,或脱去'无咎''悔亡',惟费氏与古文同。"二是"长于占筮,亡章句,徒以《彖》《象》《系辞》十篇(文)〔之〕言解说上、下经"②。这两点除"长于占筮"王弼没有继承外,其他的王弼都继承了。但是后汉以来传《费氏易》的学者,徒承费氏经典,在解经方法、内容和风格上都发生了变化,至郑玄还将他从第五元先那里学来的今文家法,与从马融那里学来的古文经典相结合,再加上他擅长的礼制,又附会卦气纳甲说,于是便构成了他特有的杂释今古的《郑氏易》,这已不再是纯正的费氏学了。王弼深恶痛绝之,并不是没有理由的。

三 王弼之学出于荆州学派

关于王弼《易》学师承,《三国志》虽无明文,但是通过其他旁证材料,还是可以考

---

① 〔清〕吴承仕:《经典释文叙录疏证》,秦青点校,第35页。
② 〔汉〕班固:《汉书·儒林传》,中华书局1962年版,第3602页。

见其大概的。

《魏书·钟会传》王弼简传谓："初,(钟)会弱冠与山阳王弼并知名。弼好论儒道,辞才逸辩,注《易》及《老子》。"裴松之注引何邵《王弼传》也只说"弼幼而慧,年十余,好老氏,通辨能言",得吏部郎裴徽赏识云云,亦不及其师受渊源,当然更没有关于王弼学习《郑氏易》的记载。

种种迹象表明,王弼之学来自家传,而其家传学术又本自荆州。建安初,刘表为荆州牧,儒雅好学,四境安宁,关西、兖、豫学士归荆州者千余人。当时的荆州是社会安定、人文荟萃的地方。建安四年,刘表"遂起学校,博求儒术",建立了荆州学宫。州学以"五经"教授,宋衷(又作忠)、綦毋闿、邯郸淳等人就是当时在荆州传授经学的老师,其中宋衷为"五业从事"。① 荆州学宫使用的教材就是刘表"使綦毋闿、宋衷等撰定"并与郑玄立异的《五经章句》(又谓之《后定》)。② 其时,王弼的叔祖王粲和祖父王凯也走荆州,依刘表。相传刘表本欲招王粲为婿,"以粲貌寝而体弱通侻"③,未果;刘表"以(王)凯有风貌,乃以妻凯"。王凯生王业,业于刘表为外孙;王业生宏,"宏,弼之兄也"。④ 换句话说,王弼也是刘表的外重孙。又据谢承《后汉书》记载,刘表尝学于王畅:"(刘)表受学于同郡王畅,畅为南阳太守,行过乎俭,表时年十七,进谏曰"云云。王畅生王谦,谦生子,即王粲,"以文才知名"⑤。王畅是王粲的祖父,刘表与王粲还是世交。王粲、王凯之依刘表,亦儒者"故旧不遗"之义。后来曹魏时期,魏相谋反事发,宋衷之子和王粲之子受株连而死。其时王粲已卒,曹操为了不使王粲绝后,遂以王业(亦即王弼父)为其后,于是王弼又成了王粲的法定后裔。由于这种双层关系,荆州学就成了王弼的家学了。

以刘表、宋衷为首的荆州学派,是与郑玄风格不同的古文经学派。据《后汉书·刘表传》,刘表乃西汉鲁恭王的后裔,鲁恭王是孔子壁中古文经书的发现者,与河间献王同为汉、魏古文经学推尊的鼻祖。《隋书·经籍志》说孔安国、毛公、王璜、贾逵之徒

---

① 五业从事,即掌"五经"教育的长官。陆德明《经典释文序录》作"五等从事",姚振宗《隋志考证》说:"'五等'似'五业'之讹,五业者,'五经'业也。"吴承仕《经典释文序录疏证》:"《三国志注》引《魏略》云:'乐详少好学,五业并受。'五业谓'五经'之业也。'等'为'业'字形近之讹。"甚是。
② 〔晋〕陈寿撰、〔南朝宋〕裴松之注:《三国志·魏书·刘表传》,中华书局1959年版,第212页。
③ 《三国志·魏书·王粲传》,第598页。
④ 《三国志·魏书·钟会传》,第796页。
⑤ 〔南朝宋〕范晔:《后汉书·王畅传》,中华书局1965年版,第1826页。

"因汉鲁恭王、河间献王所得古文,参而考之,以成其义,谓之古学",即指此事。刘表在荆州大倡古学,除了因应宋衷等人所学外,未必没有弘扬家学,树立风声的意图。宋衷、邯郸淳、司马徽之传古文,也都有案可稽。西晋卫恒《四体书势》说:

> 自秦用篆书,焚烧先典。而古文绝矣。汉武帝时,鲁恭王坏孔子宅,得《尚书》《春秋》《论语》《孝经》,时人已不复知有古文,谓之科斗书。汉世秘藏,希得见之。魏初传古文者,出于邯郸淳。①

据此,邯郸淳传《古文尚书》可知。《三国志·蜀书·尹默传》说:默因"益部多贵今文而不崇章句,知其不博,乃远游荆州,从司马德操(徽)、宋仲子(衷)等受古学。"默精于《左氏春秋》。同书《李譔传》载:李仁与尹默"俱游荆州,从司马徽、宋忠等学",其子譔"俱传其业","著古文《易》《尚书》《毛诗》《三礼》《左氏传》《太玄》指归"。可见,司马徽、宋衷等亦皆传古文经学。这批荆州学人(包括王粲、王凯等人),在曹操灭刘琮后,都北归曹魏,成为曹魏国学中的学术中坚,王肃就是他们调教出来的大学者。

荆州学士虽然传的也是古文经学,但是却与郑玄大异其趣。郑玄杂糅今古,荆州学则以纯正古学相号召,最先举起了反对郑学的旗帜。王弼的叔祖(也是嗣祖)王粲就是第一个著书反对郑学的人。《新唐书·艺文志》著录王粲《郑玄尚书注释问》即其事。蒙文通先生考察这段历史说:

> 仲宣(王粲字)盖尝学仲子(宋衷)之道,闻《后定》之论,故谓:"伊洛以东,淮汉之北,郑氏一人而已,莫不宗焉。咸云先儒多阙,郑氏道备,粲窃嗟怪,因求其学,得《尚书注》,退而思之,以尽其意,意皆尽矣,所疑之者犹未愈焉。"颜之推尝说:"《王粲集》中《难郑玄尚书事》。"元行冲曰:"凡有两卷,刻于其家。"《新唐志》有"《郑玄尚书注释问》,王粲问,田琼、韩益正"。是粲为最先攻郑者,而田琼、韩益申郑以正之。仲宣亦传宋衷之业者,南学盖源于仲子之《后定》,而大于子雍(王肃)也。②

东汉初年陈元、范升反对立古文经为博士,开启了东汉今古文之争的论端;郑玄与何休继之,最后郑学以普注群经、杂采今古的优势胜出。这以前的经学之争都是今

---

① 《三国志·魏书·刘邵传》,第621页。
② 蒙文通:《经学抉原·南学与北学第六》,上海人民出版社2006年版,第78—79页。

文与古文之间的争论,至东汉末年的荆州学宫,宋衷等人撰写与郑学立异的《五经后定》,提倡纯正的古文经学,以纯古文而攻郑学今古杂糅之失,自然是行家里手,切中要害,于是又启南学与北学之争。南、北之争,以隋朝统一中国,南学征服北学而告一段落,当年荆州学宫奠定的学术基础实与有力焉。如果说《五经后定》还是从侧面立论以抗衡郑学,那么王粲著《难郑玄尚书事》则是从正面挥戈直攻郑学了。出自这样一个对郑学深恶痛绝的家庭,很难想象王弼会承袭郑学而背其祖先以为此不肖之学。李石谓"王弼注《易》,刻木偶为郑玄像,见其所误,辄呼叱之",并非无中生有。

荆州学派的攻郑之业,至王肃而更加光大,王弼立说即党肃而攻郑。据《三国志·魏书·王肃传》,肃18岁即"从宋衷读《太玄》,而更为之注"。宋衷也有《太玄注》,还对诸经有《后定》,这些都对王肃有影响。《三国志·蜀书·李譔传》谓譔所著诸经《指归》,"皆依准贾(逵)、马(融),异于郑玄。与王氏(肃)殊隔,初不见其所述,而意归多同"。李譔、王肃虽未谋面,所著书却"意归多同",并不是他们有通神的灵犀,其原因就在于都出自宋衷。而宋衷之学又以贾逵、马融为依准,与郑学杂糅今古不同。王肃继承宋衷的学问,在攻郑玄上更加激进。本传说:"初肃善贾、马之学,而不好郑氏,采会异同,为《尚书》《诗》《论语》《三礼》《左氏》解,乃撰定父朗所作《易传》,皆列于学官。"善贾、马,不好郑氏,都是宋衷的风格。王肃的诸经传解在魏、晋时立于学官,王弼也正是在此时从学问业的,自然首先受到的学术熏陶就是这种反郑学的风味了。因此,后来王弼著书立说,也多党同王肃而倡言攻郑。《隋书·经籍志》说:"魏代王肃,推引古学以难其(郑玄)义。王弼、杜预从而明之,自是古学稍立。"正是这一历史事实的准确陈述。清代汉易专家张惠言说:"王弼祖述王肃,而弃其比附爻象者。于是空虚不根,而道士之图书作矣。"①蒙文通先生也说:"宋忠、王肃皆倡言攻郑",而王弼著书"立说皆党王氏(肃)"。既然党王肃以攻郑,又怎能传郑学、用郑经呢?朱伯崑先生虽然不同意"将王肃和王弼易学来源,归之于宋衷,特别是其《太玄注》",但是也承认"王弼《周易注》中的许多观点同王肃说是一致的",并举出二王注《损卦》上九爻辞的说法"基本一致"。② 所有这些,都足以说明,与其说王弼之学承袭郑玄,不如说出自王肃。

郑玄《易》以《彖》《象》附经,《文言》《说卦》《序卦》《杂卦》尚合为一卷,见于《崇文总目》所述,本自不诬。但是王弼的经文,不仅《彖》《象》附经,而且《文言》也分开来附于乾、坤二卦之后,与《郑氏易》本已经有区别了。论者又说郑玄以《彖》《象》附经,只

---

① 〔清〕张惠言:《易义别录》"王子雍氏"条,载《茗柯文编》二编卷上,清同治八年刻本。
② 朱伯崑:《易学哲学史》,华夏出版社1995年版,第247—248页。

如今《周易》乾卦,传文附在卦爻之后;王弼《易》则逐条附在各爻之下,更与郑《易》有别了。宋、元人认为这种状态是王弼在郑玄《易》基础上,进一步改造的结果,这同样是毫无依据的猜测。从费直始,"以《彖》《象》《系辞》十篇(文)〔之〕言解说上、下经"本是古文家法,郑玄用《彖》《象》附经就是从马融那里继承来的。宋衷、王肃以贾、马之学相尚,岂独不能继承贾、马之传统乎?何需待郑玄而教之?晁说之说:"宋衷、范望辈散《太玄·赞》与《测》于八十一首之下。"①《赞》《测》都是《太玄》的传,犹如《周易》的《彖》《象》一样,宋衷以前无人将《赞》《测》拆散附在《太玄》各首之下,宋衷、范望尚敢于破碎经文以附之,何况《周易》以传附经有费直、马融诸前辈作表率,宋衷何难于祖费而宗马,也来作以传附经的文章呢?更何况荆州学人志欲打倒郑玄,进而将郑所不附的《文言》附于乾、坤,将郑玄只附在各卦之后的《彖》《象》进而拆开附在逐爻之下,这并不是难以办到的。王弼用郑学既成为不可能,那么他的经本的面貌当然就只能从当时已立为国学的王学,或是他的家学传统的荆州之学中找答案了。

由上所考可知,宋人所说"王弼传郑学"说没有任何证据。王弼易学自有其家学的渊源和时学的背景,这个家学源渊即以刘表、宋衷为代表的荆州之学;这个时学背景,即当时已取得国学地位的王肃经学。王肃之学出自荆州,师于宋衷,祖于贾、马,是与糅合今古的郑学相对立的返祖之学。王弼嗣祖王粲首先撰书反对郑玄,反郑学也就成了王氏的家学特色。王肃继承宋衷、王粲之业,在反郑事业上更为激进,遂起南学与北学争锋的论端。王弼著书多同王肃,正好表明他的学问本自荆州学术中来,而与郑玄无关。此学者不可不知也。

原载《史学集刊》2001 年第 3 期。

---

① 〔宋〕晁说之:《录古易自序》,载《经义考》卷二〇,"晁氏说之录古周易"条。

"庙学合一"的创举：
成都石室学宫"周公礼殿"考

祭祀先圣、先师、先贤是中国古代学校的功能之一，孔庙（或称文庙）则是实现这一功能的主要设施。春秋末年，鲁人据孔子故宅及弟子宿舍，收藏孔子当年使用过的衣冠、琴、车、书，岁时致祭，初步形成孔庙雏形。不过迄止汉末，这一建制仅限于曲阜，而且是私家性质，西汉和东汉皇帝要祭孔，都得远到曲阜才能实现。这一状况直到北魏暨唐代才得以改变。据史载，北魏孝文帝始于京师设"孔子庙"，唐代承之，因令地方学校亦得建孔庙，不过这些举措的时代都偏晚。有幸的是，远在西南的成都，汉文翁所建讲堂石室，在立学之初即有祭祀先贤的功能；及至东汉后期高眹守蜀，重建周公礼殿，正式形成"庙学合一"之制。所谓"讲堂石室"，即是地方政府主办的教育机构，首建于西汉景帝末年（约前141），是当时中国由政府所建最早的学校，曾得到汉武帝的表彰和推广。所谓"周公礼殿"，即是祭祀以周公、孔子为主的历代圣贤及儒林人物的庙祀场所，重建于东汉后期兴平元年（194），比北魏和平十三年（489）在京师建立的孔子庙早295年。

这个周公礼殿即是当时蜀人对先圣先贤进行缅怀和祭祀的场地，内中陈列有历代圣君贤臣画像，也绘有孔子及其弟子等儒家著名人物，并且岁时祭祀，供人景仰，无异于蜀学的精神家园，也是中国古代学校庙学合一的最早标本。据文献所录，其中绘有传说神圣盘古、伏羲、神农、黄帝、尧、舜等，政治人物禹、汤、文、武、周公直至汉武、光武，治世名臣李冰、文翁、诸葛亮、王道、谢安等，学术人物则从仓颉、沮诵、老子、孔子、孔门弟子，以逮郑玄、谯周、王肃、杜预等，既是历代贤君名臣（政统）之荟萃，也是历代学术文化（道统、学统）以及地方文化代表人物的遴选。这一体系的建立，较之唐代贞观二十一年（647）形成的陪祀制度及人选，要早453年。

石室礼殿自汉代建成后，经魏、晋的增饰、维护，庙宇殿堂历经修葺，绘祀人物也续有增添，历南北朝、隋唐五代、北宋、南宋，直至元、明，以其古朴的风格、精湛的画技，深得文人雅士喜爱，一再被外地学宫依仿和效法，在历史上曾发挥过非常重要的作用，对中国孔庙祭祀制度的形成具有先导和典范性影响。今欲详考其规制，以求教于识者。

一 天下倡始：文翁石室及历代"蜀学"概说

北宋蜀人吕陶《经史阁记》述"蜀学"之盛事曰：

> 蜀学之盛，冠天下而垂无穷者，其具有三：一曰文翁之石室，二曰高公之礼殿，三曰石壁之"九经"。盖自周道衰微，乡校废坏，历秦之暴，至汉景、武间，典章风化，稍稍复讲。时文翁为蜀郡守，起学于市，减少府用度，以遗博士，遣诸生受业京师。招子弟，为除繇，且以补吏，或与之行县。民用向化，几比齐鲁。自尔郡国皆立学，实文翁倡之，所谓"石室"者存焉。
>
> 至东汉之季，四海板荡，兵火相仍，灾及校舍，弦诵寂绝，儒俗不正。兴平中，郡将陈留高昳修旧补废，作为庙堂，模制闳伟，名号一新，所谓"礼殿"者见焉。
>
> 及五代之乱，疆宇割裂，孟氏苟有剑南，百度草创，犹能取《易》《诗》《书》《春秋》《周礼》《礼记》刻于石，以资学者。吾朝皇祐中，枢密直学士、京兆田公，加意文治，附以《仪礼》《公羊》《穀梁》传，所谓"九经"者备焉。
>
> 始汉景末，距今凡十六代、千二百四十余年，崩离变革，理势不常，而三事之盛，莫易其故，然则冠天下而垂无穷，非夸说也，考实以议也。①

南宋名臣席益《府学石经堂图籍记》也说：

> 蜀儒文章冠天下，其学校之盛，汉称石室、礼殿，近世则石壁九经。（《成都文类》卷三〇）

都将石室学宫、周公礼殿、蜀刻石经作为"蜀学"影响天下后世的三大法宝，说明他们在历史上具有不同凡响的贡献和领先全国的意义。

"文翁石室"是汉景帝、武帝时期，庐江舒城人文党守蜀时在成都所开学宫。

巴蜀地处西南，自古为西南夷人所居，而巴国蜀国为之君长。《战国策·秦策一》

---

① 〔宋〕吕陶：《经史阁记》，载〔宋〕袁说友编：《成都文类》卷三〇，文渊阁《四库全书》本。又〔宋〕吕陶：《净德集》卷一四，题作《府学经史阁落成记》，首句作"蜀学之盈"云云。

张仪曰:"今夫蜀,西辟之国而戎狄之长也。"①是其证。战国后巴蜀为秦所灭,巴蜀成为秦国经略天下的重要基地,风俗迅速"染秦化"②。但是直到西汉初年,其蛮夷之风犹然未改。汉景帝末年,鯀文翁守蜀,乃设立学校以教化之,巴蜀学术文化乃勃然兴起。《汉书·地理志下》述巴、蜀、广汉风俗情形时说:"景、武间,文翁为蜀守,教民读书、法令,未能笃信道德,反以好文刺讥,贵慕权势。及司马相如游宦京师、诸侯,以文辞显于世,乡党慕循其迹。后有王褒、严遵、扬雄之徒,文章冠天下,鯀文翁倡其教,相如为之师。"这就是文翁化蜀的故事。是文翁教民读书,习法令,改变了蛮夷之风的状态,从此巴蜀士女乃爱好文雅,追迹中夏,成为出人才、重学术,甚至"文章冠天下"的地区。

《汉书·循吏传》对此有详尽记载:

> 文翁,庐江舒人也。少好学,通《春秋》。以郡县吏察举,景帝末,为蜀郡守。仁爱好教化,见蜀地僻陋,有蛮夷风,文翁欲诱进之。乃选郡县小吏开敏有材者张叔等十余人,亲自饬厉,遣诣京师,受业博士,或学律令。减省少府用度,买刀布、蜀物,赍计吏以遗博士。数岁,蜀生皆成就还归,文翁以为右职,用次察举官,有至郡守、刺史者。
>
> 又修起学官于成都市中,招下县子弟以为学官弟子,为除更繇。高者以补郡县吏,次为孝弟力田。常选学官僮子,使在便坐受事。每出行县,益从学官诸生明经饬行者与俱,使传教令,出入闺阁,县邑吏民见而荣之。数年,争欲为学官弟子,富人至出钱以求之。繇是大化,蜀地学于京师者比齐鲁焉。
>
> 至武帝时,乃令天下郡国皆立学校官,自文翁为之始云。文翁终于蜀,吏民为立祠堂,岁时祭祀不绝。至今巴蜀好文雅,文翁之化也。

相同的记载还见于常璩《华阳国志》卷三《蜀志》:

> 孝文帝末年,以庐江文翁为蜀守。穿湔江口,溉灌繁田千七百顷。是时世平道治,民物阜康,承秦之后,学校陵夷,俗好文刻。翁乃立学,选吏子弟就学。遣隽士张叔等十八人,东诣博士受"七经",还以教授。学徒鳞萃,蜀学比于齐

---

① 〔汉〕刘向:《战国策》卷三,《士礼居丛书》影宋本。
② 〔晋〕常璩:《华阳国志》卷三,《四部丛刊》影明抄本。

鲁。巴汉亦立文学。孝景帝嘉之，令天下郡国皆立文学，因翁倡其教、蜀为之始也。

两段文字内容基本相同，只在时间上微有差异：前者将文翁守蜀时间定在景帝末，后者定在文帝末；前者说推广文翁经验令天下兴学的皇帝是武帝，后者说是景帝。征以当时全国儒学兴起的史事，当以班固之说较为可信。综合二者可见，文翁通《春秋》，"仁爱好教化"，是纯然的儒吏；他所派弟子到长安从博士学习，主习儒家"七经"，兼习汉家法令；他在成都"修起学宫"，选下县子弟"以为学官弟子"就学，是政府最早在地方办学，并为之设置官学生的开始；他选拔学习成绩"高者，以补郡县吏，次为孝弟力田"，是最早采用儒术来选拔官员的发端；他又"从学官诸生明经饬行者"与他一道行县，"使传教令"，让人民产生羡慕，从而激起整个社会向学之风，巴蜀地区前往京师游学的与齐鲁相当（"蜀地学于京师者比齐鲁焉"，或称"蜀学比于齐鲁"）。所有这些，都在董仲舒建议"罢黜百家，表章六经"和公孙弘建议设立"五经博士""置弟子员五十人"之前。宋时传有一方《汉文翁学生题名》："凡一百有八人。文学、祭酒、典学从事各一人，司仪、主事各二人；左生七十三人，右生三十人。"欧阳修曰："文翁在蜀，教学之盛，为汉称首，其弟子著籍者，何止于此？盖其磨灭之余，所存者此尔。"①可见当时石室的办学规模，竟比中央太学的规模还要大。宋人李石《左右生题名》诗有曰："蜀地虽远天之涯，蜀人只隔一水巴。自从文翁建此学，此俗化为齐鲁家。颊林春风桑葚熟，集鼓坎坎闻晨挝。诸生堂奥分左右，相比以立如排衙。"（《成都文类》卷四）说远在天涯的巴蜀由于有文翁建学立教，乃使"此俗化为齐鲁家"，迅速地儒化起来。

继志易为功，倡始实为难。文翁的可贵，在于他开启了汉家"重视儒术""经学入仕"的先河。清吴省钦《重修锦江书院讲堂碑记》："以孝景之不任儒，又郡国向未立学，（文）翁振厉绝业，所治向风，固宜为循吏首。"②特别是他在蜀郡设立学宫，实行儒学教化的经验，还得到汉武帝推广，"令天下郡国，皆立学校官"，从此地方郡国才有官办学校传播儒家学说。《三国志·蜀书·秦宓传》《华阳国志·蜀志》都说文翁立学

---

① 〔宋〕欧阳修：《集古录》卷二，文渊阁《四库全书》本。按，〔宋〕洪适《隶释》卷一辨曰："成都又有左右生题名一巨碑，盖左学、右学诸生也。其间江阳、宁蜀、晋原、遂宁乃蜀晋所置郡，欧阳公以为'汉文翁学生题名'，非也。"（《四部丛刊三编》影明万历刻本）存疑。
② 〔清〕吴省钦：《重修锦江书院讲堂碑记》，载〔清〕刘锦藻《清续文献通考》卷一〇〇，民国影《十通》本。

后，出现"蜀学比于齐鲁"的局面；唐卢照邻《文翁讲堂》诗："锦里淹中馆，岷山稷下亭……良哉二千石，江汉表遗灵。"岑参有诗："文公不可见，空使蜀人传。讲席何时散，高台岂复全。"裴铏有诗："文翁石室有仪刑，庠序千秋播德馨。"①北宋田况《进士题名记》也说："蜀自西汉教化流而文雅盛，相如追肩屈、宋，扬雄参驾孟、荀，其辞其道，皆为天下之所宗式。故学者相继，谓与齐鲁同俗。"(《成都文类》卷三)②喻汝砺《过府学遂谒文公堂》："我行鲁侯宫，独谒文翁堂。若人骨已朽，道在斯不亡。遂令蜀文章，照耀日月傍。世事俱腐臭，斯文真久长。"(《成都文类》卷四八)都仅就蜀地得益文翁的儒化而言，那还是小看了文翁化蜀的历史作用。如果从全国影响说开去，文翁这番创举，毋宁说是开启了武帝"儒化中国"的新篇章！杨慎《全蜀艺文志序》称："昔汉代文治，兴之者文翁。……文之有关于道若此，文翁之功不可诬也。"③似不为过。

文翁开设的石室学宫，自汉而下，直到明清，一直是四川成都最高学府，除了少数几个短暂时段遭到破坏而有所沉寂外，其他时期都承担了传播儒学、作育人才的历史使命。北宋吕陶《经史阁记》说："始汉景末，距今凡十六代、千二百四十余年，崩离变革，理势不常，而三事之盛，莫易其故。然则冠天下而垂无穷，非夸说也。"(《成都文类》卷三〇)同时张俞《成都府学讲堂颂》序曰："蜀之学远矣，肇兴于汉，历晋、唐至于五代，世世传诵不衰。所谓周公礼殿、文翁石室，越千余载而岿然犹存。"(《成都文类》卷四八)又在《华阳县学馆记》说："三代之学錄秦废，蜀郡之学由汉兴，而天下之学由蜀起。历汉至宋，殿室画像古制尽在，则蜀之学其盛远矣哉！"(《成都文类》卷三一)这些说法都是事实。五代以后，不仅书院未息，而且在宋代还得到更大发展。宋末曾经毁于兵火，元代又予修起。明代继续，明末复毁于张献忠之乱，清代再起，并于其地建锦江书院，成为有清一代四川最高学府。

下面将文翁石室在历代的维持和重建过程，列为一表以示其概：

---

① 以上三首俱载〔明〕曹学佺：《蜀中广记》卷一，文渊阁《四库全书》本。
② 〔宋〕僧道璨《送源虚叟归蜀序》也说："自蜀学盛行于天下，蜀士之明秀肤敏者，抉属而南。"(《柳塘外集》卷三)张楚民《郫县移建学记》也说："蜀学之兴，其来久矣！汉景、武间，文翁起学官于成都，为郡国倡，其后邦人司马相如、扬雄之徒，为天下学者师。夫汉之初，蜀未有文也。苟非文翁善教，有以动其英华，则斯人也，虽有豪杰之姿，亦沉俗而不作矣。乌乎！学之成也，其功如此。士之才世不乏也，惟其教之而已。"(《成都文类》卷三一)都只强调文翁化蜀对巴蜀出人才具有巨大作用。
③ 〔明〕杨慎：《全蜀艺文志》，刘琳、王晓波点校，线装书局2003年版，第12页。

时 代	人 物	事 项	出 处	备 注
西汉景帝末（前194）	文翁	开石室精舍讲堂，复作礼殿，绘孔子及其弟子像	《华阳国志》	蜀守。始建郡国之学，汉武帝嘉之，令天下郡国皆立学
东汉建武十年（34）	梓桐文君	增造吏舍二百余间	《殿柱记》，《金石录》卷一八	赵明诚考其为《华阳国志》之文参，或疑其为文翁后人
献帝兴平元年（194）	高公	重修石室讲学及礼殿，绘开辟以来历代君臣、孔子及其弟子像	同上	太守。名眹，又作胜、腾、朕、眹。
晋太康中（280—289）	张收	增绘后贤像于壁间	席益《成都府学石经堂图籍记》，《成都文类》卷三	刺史。或说他始画像于壁，不确
南朝宋武帝（454—464）	宋武帝代王	檄文于石壁之室，以丹青增饰古画，仍加豆卢辨、苏绰之像	李膺《益州记》	《元和郡县图志》卷三二引
齐永明十年（483—493）	刘悛	益以礼家器服制度，弟填更为图	席益《成都府学石经堂图籍记》	刺史。或作"钱悛"，不确
梁天监九年（510）	萧憺	兴学校，祭汉蜀郡太守文翁，由是人多向方	《南史》卷五二	
北周大象二年（580）	辛昂	益州平，昂行成都令，到县即与诸生祭文翁学堂	《周书》卷三九	
唐永徽元年（650）		修学馆庙堂，贺公亮撰《碑记》，刻石	《舆地碑目》	
大周（武则天）	宇文宪	立《总管太学碑》，刻石	同上	益州刺史齐国公
唐神龙二年（706）	史奏	修州学庙堂，撰《益州州学庙堂颂》，刻石	同上	
开元二十七年（739）	唐明皇	追谥孔子册文	同上	宋太平兴国五年府尹辛仲甫立石
开元中（713—741）	周灏	撰《益州孔子庙堂碑》，刻石	同上	

续　表

时　代	人　物	事　项	出　处	备　注
大历十年（775）	郑藏休	撰《石室赞》	同上	维州刺史。殿中侍御史李枢篆
会昌五年（845）	裴儇	修文宣王庙，撰《益州文宣王庙碣》，刻石	同上	或作裴坦
唐	颜有意书，陈玉等撰	立《唐益州学馆庙堂记》	《集古录》卷二，《金石录》卷二四	颜为成都县令。陈为法曹。又有阙名"文学太子詹事待诏弘文馆陵州长史"某
五代孟蜀广政七年（942）	毋丘衍	仿太和石经，摹刻庙堂石壁	《石刻铺叙》卷上	
宋太平兴国五年（980）	辛仲甫	立明皇《追谥孔子册文》	《舆地碑目》	府尹
仁宗庆历中（1042—1048）	蒋堂	汉文翁石室在孔子庙中，堂因广其舍为学宫，选属官以教诸生，士人翕然称之	《宋史》卷二九八本传	知府。迨成，堂去，继任转运使毁之以增廨舍
皇祐中（1049—1054）	田况	增刻石经，吕陶撰《经史阁记》	《成都文类》卷三	知府
嘉祐中（1056—1063）	宋祁	就西学废址建文翁祠，撰记	《成都文类》卷三四	知府
同时	王素	摹礼殿壁图像为七卷，凡155人	李石《方舟集》卷二	知府
治平中（1064—1067）	韩绛	修讲堂，张俞作颂	《成都文类》卷四八	知府
绍兴六年（1136）	胡宗愈	作石经堂以贮图籍，席益作记	《成都文类》卷三	胡为蜀帅，席兼知府事
同年	宋高宗皇帝	御书"大成殿"，榜成都府学	《成都文类》卷三	从教授范仲艾请
同时	席益	摹礼殿人物图像于石经堂，凡168人		蜀守

续 表

时 代	人物	事 项	出 处	备 注
绍兴二十八年(1158)	王刚中	修殿庑斋舍四百楹,深广精邃,冯时行撰记	《成都文类》卷三	制置使
	陈某	就崇宁故址修四斋二十八楹,李焘撰记	《成都文类》卷三	蜀帅
淳熙二年(1175)	范成大	修礼殿石室、学官讲堂、斋舍,杨甲撰记	《成都文类》卷三	蜀帅
元元贞初(1295)	解璔	修庙学门,撰记		教授
泰定中(1324—1328)	赵世延	置赡学田,罗寿撰记	《全蜀艺文志》卷三六	节使
至正五年(1345)	谢晋贤	王守城巡四川省,儒学提举谢晋贤请复文翁石室为书院,从之	《元史》王守诚传	
明洪武间(1368—1398)		重修	《锦江书院纪略》卷上(以下简称《纪略》)	
弘治十三年(1500)		修学。有碑记	《纪略》卷上	
嘉靖中(1522—1566)		御书《程子四箴》	《纪略》卷上	
万历六年(1578)	耿定力	重修殿庑门堂阶垣斋舍如制,楼钥撰记	《纪略》卷上	提学
	郭子章	刻唐吴道子所绘圣像于石,撰记	《纪略》卷上	提学
明末(1644)	张献宗	焚毁书院,古制尽毁	《纪略》卷上	
清顺治十八年(1661)	佟凤彩	捐修大成殿五楹、东西庑各五间、戟门五间、灵星门、启圣宫、明伦堂、敬一亭、左右学舍、坊垣悉具,撰记	《纪略》卷上	巡抚。司事张明彩亦有记

续 表

时 代	人 物	事 项	出 处	备 注
康熙八年（1669）	张德地	增修学宫	《纪略》卷上	巡抚
又四十三年（1704）	刘德芳	即石室故址重建锦江书院	《纪略》卷上	按察使
又四十九年（1710）	殷道正	重修	《纪略》卷上	知府
又六十年（1721）	方觐	增修讲堂、学舍三十余间；拔通省士之尤者，延师教之，一时文物称盛	雍正《四川通志》卷二四	提学使
乾隆三十九年（1774）	文绶等	重修，提学吴省钦撰记	《纪略》卷上	总督。与布政使钱鎏、署按察使顾光旭同建
嘉庆十九年（1814）	李尧栋	仿古制，建石室于讲堂后	《纪略》卷上	
又二十二年（1817）	蒋攸铦	查书院自雍正、乾隆、嘉庆年间历经培修，旧制狭隘，次处倡捐重修，改修门路，规模宏大，增修房舍	《纪略》卷上	
光绪二十八年（1903）	岑春煊	锦江书院并入四川通省大学堂（1902年尊经书院与中西学堂合并），改称四川省城高等学堂	《四川大学史稿》第一册第三章	总督。是即四川大学的前身

　　文翁石室在长达 2 000 余年中其办学活动一直延续，尽管名称有变，甚至同时有书院、孔庙和府学（或州学）并存的状况，但是地点和功能却一直未变。历史上，这所历史悠久、学统深厚的教育机构，曾培养出许许多多杰出人才，成为建设巴蜀乃至影响全国的中坚力量和学术干城，无愧于人类历史上最早的地方学府！在这个历史长河中，此地学人不断创造历史文化奇迹，影响祖国文化特别是儒学的发展，它不仅是历代"蜀学"教育中心和思想振起的策源地，也是中国儒学的重要传播和发展基地。

直到 20 世纪初,这所在文翁石室故址上建立起来的锦江书院,又与尊经书院和中西学堂合并,成立四川通省大学堂(后改四川省城高等学堂),是为今天四川大学的前身。宋代张俞《华阳县学馆记》说:"三代之学繇秦废,蜀郡之学由汉兴,而天下之学由蜀起。"(《成都文类》卷三一)并有颂称赞:"维蜀学宫,肇于汉初。用倡庠学,盛于八区。八区洋洋,弦诵复兴。周法孔经,是缵是承。"(《成都文类》卷四八)说"天下之学由蜀起",说它率先"倡学","盛于八区","弦诵""缵承""周法孔经",就其历史(特别是宋代及其以前)而言,一点也不夸张。

说起石室学宫所创造的文化奇迹,最值得称道的就是前引吕陶、席益所举"冠天下而垂无穷"的"周公礼殿"和"石壁九经"。"周公礼殿"建于东汉,是当时在曲阜之外最早开设祭祀周公、孔子以及历代圣贤的专门建筑。"石壁九经"又称"石室十三经",始刻于五代孟蜀时期,是儒家"十三经"的最早结集。都对中国儒学发展史产生过重要影响。关于"石壁九经"的面貌和意义,时贤以及笔者已有专文加以探讨。[①] 而关于"周公礼殿"的研究则目前未见其人,以致有关"礼殿"的许多基本问题还未搞清,至于它的学术地位和历史影响,更是无人问津,久暗于史。本文欲就"礼殿"的建设修葺过程、规模建制、人物图绘和历史作用等事项,进行初步探讨。

二 乱世箫韶:石室讲堂与"周公礼殿"的恢复

关于石室周公礼殿的建置和沿革,清雍正《四川通志》(下称"通志")卷二四《古迹·成都府》"文翁石室"有详尽记载:

> 在(成都)县南,又名"文翁学堂",即今之成都府学。《华阳国志》:"文翁立学,精舍讲堂,作石室,一曰玉室。"《旧志》:"文翁立学,作石室,在城南。安帝永初间(107—113)遇火。兴平初(194),太守高朕更新;又增一石室,始作礼殿,以祀先圣周公。画三皇五帝、七十二子,及三代、两汉君臣像于壁。"

---

① 舒大刚:《从"蜀石经"的刊刻看"十三经"的结集》,载林庆彰主编《经学研究论丛》16 辑,台湾学生书局 2009 年版;又:《"蜀石经"与"十三经"的结集》,《周易研究》2007 年第 6 期。

李膺《记》:"后汉中平(184—189),火延学观,厢廊一时荡尽,惟此堂火焰不及。"壁上悉图古圣贤。齐永明中(483—493),刘瑱更图焉。

内有《礼殿记》,欧阳修谓蔡邕所书,柱上有钟会隶书,盖追文翁、高君之美而书也。又《周公礼殿图考》:礼殿制度甚古,低屋方柱,柱上狭下广,与今异制。殿有板龛,护先圣像,丘文播画山水;龛后有板壁,黄筌画湖滩。礼殿之壁,高下三方图像,世传晋太康中(280—290)太守张收之笔,即张载①父也。

宋嘉祐中(1056—1063),王素命摹写为七卷,凡一百五十五人,为《成都礼殿圣贤图》。绍兴中(1131—1162),席益又摹写于石经堂,凡一百六十八人。明末为献贼所毁。国朝康熙四十三年(1704),按察使刘德芳修复之;六十年(1721),学使方觐增修讲堂、学舍三十余间;拔通省士之尤者,延师教之,一时文物称盛。

这是一篇完整的"文翁石室周公礼殿"兴废简史,详细记载了礼殿修建年代及其沿革,还介绍了其中的制度设施、人物画像及其作者。其个别细节稍有不准确(宋席益说:"殿有画自高朕始。"非始于张收),但从这段文字我们还是可以得其大概:

一、礼殿是东汉献帝兴平初(194)蜀郡太守高朕重建,其功能是祭祀以周公为代表的历代圣贤和孔子为首的儒林人物(如后文所考,当时连中央都还没有此类专供祭祀圣贤和儒林人物的建筑)。

二、在礼殿中"画三皇五帝、七十二子,及三代、两汉君臣像于壁",以供人们凭吊。

三、又说这些图像和文字,曾历经高朕、蔡邕、钟会、刘瑱、张收、丘文播、黄筌、王素、席益等人维护和增饰,直到明末才为张献忠所毁,康熙时又得刘德芳恢复重建。

文翁石室中这座祭祀先圣、先贤和先师的文化建筑(周公礼殿),竟然延续了1500余年,即使改朝换代也没有被弃,而是不断得到维护和重修,尽管在一些特定时期曾被毁坏过,后起者也会重新恢复它(如席益、刘德芳),这是一种什么力量在起作用呢?很显然它的修建是受欢迎和爱护的,它既是蜀人传播知识、接受陶冶、净化心灵的地方,也是蜀人缅怀先贤、伸张正义、寄托理想的地方,它是知识的温床,也是蜀人的精神家园!

---

① 张载,晋人,其父守蜀,曾作《剑阁铭》,勒于石。

关于高朕其人和他兴建礼殿的事,不见正史。其人名字,或作朕,或作胜,①或作眹、联、朕,②或又疑为高躬,③俱不确,④当以作眹者为得。《华阳国志》卷三《蜀志·蜀郡》有记,亦作"高眹",事迹与上引《通志》大致相同:"始文翁立文学,精舍讲堂,作石室,一作玉室,在城南。永初后,堂遇火,太守陈留高眹更修立,又增造二石室。"⑤同篇"其太守著德垂积者"下又载:"陈留高眹,亦播文教。大尉赵公初为九卿,适子宁还蜀,眹命为文学,撰《乡俗记》,亦能屈士如此。"雍正《四川通志》卷六《名宦》据此撰高氏小传:

> 高眹,陈留人。东汉安帝(当作献帝——引者)时,为蜀郡太守。始文翁立文学,精舍讲堂,作石室于城南。永初后,堂遇火。眹更修立,又增造二石室,祀先

---

① 〔宋〕董逌《广川书跋》卷五《周公礼殿记》:"昔人尝疑'朕'非制名可称于臣下者。自秦汉天子所为称,岂复可存耶?流俗谓为'高胜',至宋璋洗视,知为'高联',范蜀公尝为人道之甚详。余尝至其处,求字画得之,实为'朕'字。知在汉犹未有嫌,不必曲辨'朕'为'胜'也。《蜀书》有'高胜',为郪县人,昔人疑其为守,非也。魏文帝时夏侯霸为右将军,霸父朕尝仕于汉,可信也。"(中华书局1985年版,第60页。)〔清〕吴省钦《重建锦江书院讲堂碑记》:"翁之后,唯眹最贤。眹,董逌作朕。记述辽旷,名有显晦,迹有兴废,惟其德长以不毁耳。"[载李承熙《锦江书院纪略》卷中,咸丰八年(1858)锦江书院刻本]

② 〔宋〕范镇《东斋记事》卷四:"其西有文翁石室,其南有高朕石室,比文翁石室差大,皆有石像。朕,或以为胜,宋温之璋洗石以辨之,乃朕字也(音持禀反)。"(中华书局1980年版,第32页)

③ 〔清〕李承熙《锦江书院纪略》卷上:"陈寿《魏志·高柔传》注:高干父躬,蜀郡太守,陈留圉人。疑即此人,而字讹作眹也。"并无证据,难以取信。

④ 〔宋〕洪适《隶释》卷一按:"又云'郡将陈留高君者',高眹也。诸书多有误以眹为'朕'者。"

⑤ 按,〔清〕顾霭吉《隶辨》卷七:"《隶续》云:太守张景题字四行,在高眹石室梁上,磨灭鲜成章句,首云'光和六年四月,太守张景',中有'追念先祖,早失覆□,孤茕自悲,纪刊先象'之句。相去尺许,有'少子早瘁'之文,前有'治郡'二字,盖张公追远之词也。按《华阳国志》……至献帝兴平元年,太守高眹于玉堂东复造一石室,为周公礼殿。此字乃'光和六年'所题,下距'兴平'改元尚有十一年,不应于未造石室之前,梁上先有题字。《全蜀艺文志》载李石《成都府学十咏》,其《石室诗》注云:'汉孝景时,太守文翁始作石室,西为文翁,稍南为高眹,比文翁石室差大。皆有石像。蜀守席益奏秩文翁、高眹于祀典。窃疑二者蜀人所以祀二公之意,必非自作。'则石室之像为高眹,蜀人谓其自作者也。而此题字乃有'纪刊先象'之语,因疑石室非高眹所造,其像亦非高眹。则此石室乃是太守张景为其先祖所作,而刊先象于壁。……高眹所作者周公礼殿,语在《周公礼殿记》,石室非即礼殿,《华阳国志》乃谓兴平元年眹复作一石室为周公礼殿,盖其误也。"

圣、先贤及文翁。其治蜀政积，颇仿翁云。

高眹除了上述事迹，更无其他显迹可考，正史也绝无他的记录。关于他建礼殿的最早记录，有残存于宋代的《殿柱记》：

> 汉初平五年，仓龙甲戌，旻天①季月，修旧（《隶释》无此二字）筑周公礼殿。始自文翁，应期凿度，开建頖宫，立堂布观，庙门相钩。閟司幔延②，公碎相承。至于甲午，故府梓潼文君，增造吏寺二百余间。四百年之际，变异蜂起（《隶释》作"启"），旋机离常，玉衡失统，强桀并兼，人怀侥幸，战兵雷合，民散失命。烈火飞炎，一都之舍，官民寺室，同日一朝合为灰炭，独留文翁石室庙门之两观。礼乐崩塌（《隶释》作"坦"），风俗混乱，诵读已绝，倚席离散。夫礼兴则民寿，乐兴则国化③。郡将陈留高君，节符兴（《隶释》作"典"）境，迄斯十有三载。会直④复乱，（阙）虑匡救，济民涂炭。闵斯丘虚，（阙三字）冠，学者表仪，（阙四字）。大小推诚，兴复第馆。八音克谐，鬼方来观。为后昌基，（阙）神不（阙）。⑤

这段文字，分别著录于欧阳修《集古录》、赵明诚《金石录》、洪适《隶释》等金石文献，是当时不可多见的汉代石刻（其书者则有蔡邕、钟会等说法⑥）。赵书卷八就说："今成都府学有汉时所建旧屋，柱皆正方，上狭下阔。此记在柱上刻之，灵帝初平五年立，距今盖千年矣，而字画完好可读。当时石刻在者，往往磨灭，此记托于屋楹，乃与

---

① 天，原阙，据洪适《隶释》卷一补。
② 閟，原阙，据《隶释》补。后"幔"，《隶释》作"帏"。
③ 兹二句，原文作"夫礼兴则国化"，据《隶释》补。
④ 直，原阙，据《隶释》补。
⑤〔宋〕袁说友：《成都文类》卷三〇缺名《殿柱记》。
⑥〔宋〕范镇《东斋记事》卷四："其柱钟会隶书刻其上。"郑樵《通志》卷七三："周公礼殿石楹记"自注"初平五年，钟会书，成都府"。又"周公礼殿记"自注"蔡邕隶书，成都府"。李石《周公礼殿》序则说："汉人祀周公为先师，故钟会《记》云'周公礼殿'。"（《方舟集》卷二）似以钟会说较普遍。然清人顾蔼吉《隶辨》卷八"周公礼殿记（初平五年）"："此记初平五年立，《魏书》云'会以正始中为尚书郎'，注谓'其弱冠登朝'，盖已在初平四十年之后矣。谓之会所书者非也。《舆地碑目》云，钟会于魏咸熙元年始入蜀，距汉兴平初祀已七十一年，不应追书也。"

金石争寿,亦异矣。"①又说:"《记》有云'甲午年,故府梓潼文君,增造吏舍二百余间',按《华阳国志》有'文参字子奇,梓潼人,平帝用为益州太守,不从王莽、公孙述,光武嘉之'。疑此《记》所载,即其人也。盖光武建武十年,岁次甲午云。"从而坐实了继文翁后,第一个增修石室的太守为文参(有人甚至怀疑他就是文翁留在蜀中的后人)。不过,此刻最为珍贵的还是有关重修石室、复兴礼乐的记载。

碑文说,自汉初文翁首开石室学宫,400年后,突遭"烈火飞炎",包括学宫在内的"一都之舍","同日一朝合为灰炭",只剩下"文翁石室庙门之两观"。一时"礼乐崩塌,风俗混乱,诵读已绝,倚席离散"。陈留高君守蜀"十有三载",考虑到"礼兴则民寿,乐兴则国化",发起重修学宫,"大小推诚,兴复第馆"。学宫修成,礼乐复兴,远近各族都来观礼("八音克谐,鬼方来观"),为巴蜀将来的太平日子和文化鼎盛夯实了基础。

不过首句称"汉初平五年,仓龙甲戌,昃(阙)季月,修旧筑周公礼殿"云云,欧书卷二"据颜有意②《益州学馆庙堂记》云:'……献帝无初平五年,当是兴平元年,盖时天下丧乱,西蜀僻远,年号不通,故仍称旧号也。'今检范晔《汉书》本纪,初平五年正月改为兴平。颜说是也。"③今按,兴平元年当公元194年,正是甲戌纪年,颜氏考证为有据。当时,处于三国前夜,军阀征战,天下攘乱,各方力量正为扩大或固守势力范围而大肆较量。翻开是年(194)日历,呈现在人们眼前的景象是:

  春,曹操攻徐州陶谦,刘备援之,操还。马腾、韩遂与李傕战于长平观,败还凉州。

---

① 殿柱材质,欧、赵皆以为石质,洪适、娄机以为木质。适《隶释》卷一按:"右《益州太守高眹修周公礼殿记》,今在成都。…又东即周公礼殿,规模古质,井斗异制,柱皆削方,上狭下广。此记刻于东南之一柱,亦木尔。欧阳氏以为'文翁石柱记'者,误也。自兴平甲戌至于乾道丁亥,千有三年,殿宇岿然如故。机《汉隶字源》卷一:"今碑在成都府学礼殿东南,柱上形方,上狭下广,其木坚若金石。木碑传远者唯此尔。《集古》并《录目》并误作'石柱',《天下录》云'钟会书'。"然北宋蜀人范镇《东斋记事》卷四有"宋温之璋洗石以辨之",则为石质可知,也许北宋尚存石质,南宋已经易为木邪?
② 按,此记乃颜有意所书,并非颜氏所撰。〔宋〕赵明诚《金石录》卷二四《唐益州学馆庙堂记》跋:"成都县令颜有意书,撰人题'法曹陈玉,文学太子詹事侍待诏弘文馆陵州长史',而姓名残缺不可辨。《集古录》直以为有意撰,非也。碑阴载当时官僚姓名,后人题云'此记贺遂亮撰',未知果否。"又作"贺公亮"。
③ 〔宋〕洪适《隶释》卷一亦按云:"献帝初平五年,正月朔已改元兴平矣,此碑书九月事,尚用初平者,天下方乱,道路拥隔,置邮到蜀稽晚也。"(中华书局1985年版)

四月，曹操略地至琅琊、东海，所过残灭。陈留太守张邈迎吕布，拒曹操。后曹与吕战于濮阳，不利。

七月，三辅大旱，谷贵，长安中人相食。

八月，冯翊羌攻西部属县。

十二月，益州牧刘焉死，子璋继。徐州牧陶谦死，刘备暂领州牧。

当时形势，真是自东（琅琊、东海、徐州）至西（凉州、冯翊羌），战火遍地，《殿柱记》所谓"战兵雷合，民散失命"，盖非虚言！唯独益州的成都太守高公，尚在大肆兴起礼乐教化，修复石室，增建礼殿。一野一文，不亦彰彰矣乎！真可谓"乱世箫韶"，"西南邹鲁"也。

高公虽处"变异蜂起，旋机离常，玉衡失统，强桀并兼，人怀侥幸"的时代，面对"烈火飞炎，一都之舍，官民寺室，同日一朝合为灰炭"的景象，痛心"礼乐崩塌，风俗混乱，诵读已绝，倚席离散"等状况，独怀文翁"仁爱好教化"之盛德，仍然以"礼兴则民寿，乐兴则国化"为治国理念。于是追古吊今，继绝存亡，鄙弃干戈，崇尚礼乐，修起石室，重建礼殿。希望通过"八音克谐，鬼方来观"的途径，实现孔子当年"远人不服，则修文德以来之"的远大理想。虽然有些不合时宜，却使文翁仁化之教得以延续，蜀人尚文之风因之奠定。

千余年之后，曾在太学任博士的蜀人李石回到故乡掌此府学，当他拜谒周公礼殿后，无比激动，热情赋诗道："蜀侯作頖锦水湄，先圣先师同此室。魏然夫子据此座，殿以周公名自昔。圣人两两如一家，均是周人先后出。想见东家中夜梦，犹与公孙同衮冕。斯文授受乃关天，不为汉唐加损益。"说周公、孔子两圣同室，前后相继，"斯文关天"，又岂是一朝一代的事？又说："汉宫制度九天上，散落人间此其一。多因丰屋起戎心，独此数椽绵岁历。规模嵘嶱东鲁似，气象缥缈西岷敌。"说汉代的制度文物已经随着历史烟云而散灭了，唯有这个礼殿保存下来，堪与东鲁孔庙匹敌，可与岷峨共垂。又说："虽然汉献来至今，阅世已多驹过隙。…诗书譬彼尚阙文，后学如何补遗逸。祖龙非意窃登床，蝌蚪有心来坏壁。"①说从汉献帝始修时到南宋已经历多时，饱历战火和独裁者的破坏，其间还有许多阙文，后起之士当努力追述古典，补其遗阙。睹物而生壮志，感旧而起仁心，这就是礼乐教化的特大功能。

不过这里有一个问题，就是"礼殿"到底始于何时？是高公新建呢？还是修复文

---

① 〔宋〕李石：《周公礼殿》，载《方舟集》卷二，文渊阁《四库全书》本。

翁之旧？对此，《华阳国志》记载比较含糊："始文翁立文学，精舍讲堂，作石室，一作玉室，在城南。永初后，堂遇火，太守陈留高眹更修立，又增造二石室。"是文翁的"精舍""玉室"中就有教学和祭祀场地呢？还是高公增造的"二石室"才是祭祀建筑？常璩未明言。前引《四川通志》则明确说祭祀建筑是高公所建："始文翁立文学，精舍讲堂，作石室于城南。永初后，堂遇火。眹更修立，又增造二石室，祀先圣、先贤及文翁。"但是宋人宋祁《翁祠堂记》却说："蜀有儒自翁始，班固言之既详矣。初公为礼殿，以舍孔子及七十二子之像。……晚汉学焚，有守曰高眹能兴完之。"（《成都文类》卷三四）董逌也说："昔庐江文翁治蜀，初立学成都，作讲堂石室，开二堂：左温故，右时习。复作周公礼殿，画孔子像。盖古者以周公为先圣、孔子为先师，故学必祀周公，以孔子配之。其后遇灾，太守陈留高眹修立，增二石室"云云①。据此则是礼殿始修于文翁，重建于高公。根据上引《殿柱记》"汉初平五年，仓龙甲戌，昊天季月，修旧筑周公礼殿。始自文翁，应期凿度，开建頖宫，立堂布观，庙门相钩，阒司幪延"之文，前称"修旧周公礼殿"，后说"始自文翁"时已"开建頖宫、立堂布观、庙门相钩、阒司幪延"，有"頖""堂"，有"观"和"庙"，显然是頖、堂属于教育用地，观和庙则当是祭祀用地，特别是"庙门相钩、阒司幪延"八字更显出其神秘性和庄严性。其下讲火灾毁坏建筑时又有"官民寺室，同日一朝合为灰炭，独留文翁石室庙门之两观"，明确说在高公重建之前已有"庙"及"观"。联系下文"礼乐崩塌，风俗混乱；诵读已绝，倚席离散"的话，"礼乐"两句是指祭祀活动，"诵读"两句则显然是指教育活动了，功能和场地都很分明。由此看来，在高公重建之前，文翁石室已经有供教育使用的"頖""堂"和供祭祀使用的"观""庙"。由此可见，文翁石室在高公前已经有"庙学合一"的风格了。

高公凭其恢复文翁石室、重修周公礼殿、"图画邃古以来君臣、圣贤"，和聘用赵宁撰《乡俗记》等文教事迹，便赢得了蜀人世代尊重，被列入祀典，立庙享祀。宋祁曰："蜀之庙食千五百年不绝者，秦李公冰、汉文公翁两祠而已。"②后来有所增加，则高公亦在其中。宋祁《成都府新建汉文翁祠堂碑》云："初公（文翁）为礼殿，以舍孔子及七十二子之象。殿右庑作石室，舍公像于中。晚汉学焚，有守曰高朕（眹），能兴完之，后人又作朕（眹）象，进偶公室。岁时长吏率掾属诸生，奉笾豆饔醪荐之于前，虔跽谨洁，一再奠而退，辞无敢不信焉。"（《元宪集》卷三六）宋祁还专门为"蜀学"史上十位重要人物写赞（即太守文翁、司马相如、王褒、严遵、张宽、李仲元、何武、扬雄、太守高眹、知

---
① 〔宋〕董逌：《广川书跋》卷五《周公礼殿记》，《津逮秘书》本。
② 〔宋〕洪适：《隶释》卷一："政和中，郡守席贡有请诏封文翁为庐江伯，高眹为陈留伯，在从祀之列云。"

益州蒋堂),文翁、高公皆在其中。① 蜀自立郡2 000余年,过往守臣贤士,何止千百!而获歌颂者唯此十人,而获永祠祭于学者止有文、高二翁。北宋末席旦奏请朝廷,正式将文翁高公列入祀典。席益《府学石经堂图籍记》:"益之先人(席旦,或席贡)镇蜀,奏秩文翁、高朕于祀典;又请乐工于朝,教士以雅声,而后頖宫之礼乐文物,粹然近古,自国家三雍之外,无与比者。"②李石《府学十咏石室序》:"汉孝景时,太守文翁始作石室。西为文翁,稍南为高朕,比文翁石室差大,皆有石像(朕或为胜,宋温之璋洗石以辨之,乃朕字也)。蜀守席旦奏秩文翁、高朕(眹)于祀典。窃疑二室者,蜀人所以祠二公之意,非必自作。"③

《左传》有"三立""三不朽"之说:"太上有立德,其次有立功,其次有立言。"验之李冰、文翁、高朕,信然!李冰修都江堰,灌溉万顷良田,民得无忧,是为"立功"。文翁既有溉田之功,复有教化之德;其高朕、蒋堂二者,则以复兴教化,使人民得过文明理性生活,是纯然"立德"者。立功立德,俱堪不朽。宋京《蜀事补亡》诗:"君不见,西汉文翁为蜀守,蜀学不居齐鲁后。诸生竞欲保翁名,石室镌磨贵难朽。东汉高公又几时,为作石室还如兹。至今二室坚且久,文公高公名不衰。"董逌也说:"今学石室,一为高朕,朕自有功学者,故其室至今与文翁俱传。在汉为蜀守,以劝学为本,二人之存尔,可以不废也。"④1 500余年后,岁值康熙四十三年(1704),四川按察使刘德芳在文翁石室旧址修起锦江书院,他在缅怀石室教泽不朽之迹时,仍然推崇说:文翁"兴起学宫成都市中,文教由是大启,士风埒齐鲁焉。永初后,高守(眹)更新礼殿于灰烬之余,增一室以祀文翁,生徒相诵习讲课。历魏、晋、唐、宋、元、明,巨公名彦,踵接代兴,蜀

---

① 〔宋〕王应麟:《玉海》卷五七"汉礼殿图、文翁学堂图、益州记"引,广陵书社2003年版。
② 〔宋〕席益:《府学石经堂图籍记》,载《成都文类》卷三〇。
③ 〔宋〕李石有诗曰:"来为人所爱,去为人所思。若看文与高,慈惠蜀之师。至今窟中像,凛凛建立时。知非伯有室,定是同乡时。蜀人爱二公,远与千载期。"(《成都文类》卷四)又李石以为奏文翁、高公入祀典者为席旦,洪适又以为席贡。洪适《隶释》卷一:"政和中,郡守席贡有请诏封文翁为庐江伯、高朕为陈留伯,在从祀之列云。"按,席贡、席旦兄弟,宣和、政和间曾先后知成都。据〔宋〕苏过《代席帅除徽猷阁待制知成都表》:"兄弟持橐,愧先后于一门,"〔宋〕许景衡《横塘集·席贡母赵氏特赠燕国夫人制》:"克训诸子,为时闻人,持橐禁涂,分闑帅路。"是其证。席贡政和中补刻《孟子》完成"石室十三经"结集,由他奏请文、高二公入祀典更协事理。〔清〕顾蔼吉《隶辨》卷七引《隶续》又作"蜀守席益奏秩文翁高朕(眹)于祀典",当误。
④ 〔宋〕董逌:《广川书跋》卷五《周公礼殿记》。

学之盛甲宇内。所以继文翁遗绪久而不坠者,实惟高守!"①

当然,20世纪以来,由于历史的嬗变,传统的毁弃,所有民族精神家园、名君贤臣、先圣先师,都被当成了牛鬼蛇神,统统列入扫除之列。曾经蜀人列入祀典、千古不祧的李冰、文翁、高眹等祭祀,目前只有李冰父子因托庇于都江堰文保单位尚得独存,文翁、高公当年的盛德,时下仅留一座以"石室"命名的中学,其他周公之礼殿,文翁、高公之祀典,早已不知遗迹,无可觅踪矣!

三 陈规立矩:"周公礼殿"所祀圣贤图考

文翁石室的周公礼殿,除了作为学校祭祀先圣先师的专门场所外,还选定了所祀先圣先师的基本人物,并且绘制了这些先圣先师的图像。这些画像自晋以来,曾经得到各方关注、多方记录。王羲之《与周益州帖》:"知有汉时讲堂在,是汉何帝时立此?知画三皇五帝以来备有。画又精妙,甚可观也。彼有能画者不?欲因摹取,当可得不?信具告。"②一代书圣尚且如此醉心,其他人士可想而知矣!

至于礼殿所绘人物,唐李吉甫《元和郡县志》卷三二引李膺《益州记》云:

> 壁上悉图古之圣贤,梁上则刻文宣及七十弟子。齐永明中,刘瑱更图焉,朱龄、石平、谯纵勒。宋武帝檄文于石壁之室,代王更以丹青增饰古画,仍加豆卢辩、苏绰之像。

宋乐史《太平寰宇记》卷七二引任豫《益州记》:

> 厦屋三间,皆图画古人之像及礼器瑞物。

北宋蜀人黄休复专门记录唐五代蜀中名画的名著《益州名画录》卷下"无画有

---

① 〔清〕刘德芳:《锦江书院碑记》,载〔清〕李承熙《锦江书院纪略》卷中。
② 〔东晋〕王羲之:《与周益州帖》,载〔宋〕朱长文:《墨池编》卷七,文渊阁《四库全书》本。

名",对此更有清晰的记载:

> 《益州学馆记》云,献帝兴平元年(194),陈留高朕为益州太守,①更葺成都玉堂石室,东别创一石室,自为周公礼殿。其壁上图画上古盘古、李老等神,及历代帝王之像。梁上又画仲尼七十二弟子,三皇以来名臣。

说周公礼殿壁上所绘人物有三类:一是"上古盘古、李老等神"及历代帝王,二是"仲尼七十二弟子",三是"三皇以来名臣"。名君、名臣和名儒俱有,不是单一的儒林画像,而且孔子七十二弟子俱全。席益《成都府学石经堂图籍记》又说:

> 太守高朕作周公礼殿于石室东,图画邈古以来君臣、圣贤,然亦有魏晋名流,以故世传西晋太康中刺史张收始画,非也。殿有画自高朕始,迨收尝增益之。今壁间又有东晋人士,盖收之后继有画者,不知谁氏也。齐永明十年(492),刺史刘悛益以礼家器服制度。(《成都文类》卷三〇)

又说所绘人物,不仅有高公以前的古人,也有高公以后的魏晋名流,故有人以为这些图画是西晋刺史张收所画。② 却又有东晋人物,则在张收后仍然有人增补。此外,《玉海》载《益部耆旧传》:"益州刺史董荣图画谯周像于州学,命从事李通颂之。"说明西晋刺史董荣曾增谯周像于学宫。又引《李业传》:"益部纪载其高节,图画形象。"此又有补李业像于学宫者。据上引李膺《记》,南朝宋又增加"豆卢辨、苏绰"。直到北宋宋祁《文翁祠碑》仍云:

> 公为礼殿,以舍孔子及七十二子之像。殿右庑作石室,舍公像其中。后人又作高朕像,进偶公室。嘉祐二年,祁知益州,肖公像于宇间,绘相如等于东西壁。本古学之复,莫若朕,今学之盛,莫若蒋堂,绘二公配祠焉。

---

① 按,此处说高朕初平元年为成都守,不确。据《殿柱记》,高公于此时已经守蜀十有三年矣。
② [宋]李石《礼殿圣贤图》序:"《耆旧传》云'西晋太康中益州刺史张收画',而东晋王右军已有书问蜀中事,'知有汉时讲堂在,知画三皇五帝以来人物,画文精妙,欲因摹取得广异闻'。则疑非收所画。当是自汉以来画,至收辈递增益其数耳。然画之后前既无可考,则当以收为正。"按语:"又按,元丰郭吉虚《图画见闻志》云:'汉文翁学堂在益州,昔经颓废,高朕复缮葺,图画古来圣贤之像及瑞物于壁。'未知孰是?则与《耆旧传》小异。"(《方舟集》卷二)

除重绘文翁、高公及司马相如外,还增加了宋代蒋堂的像。可见这些人物是不断增益的,也不断有人加入绘画的行列。

至南朝齐永明中,刺史刘悛又增加礼殿的祭器、服饰等制度,使其祀典制度更加完善。另据记载,当时悛弟瑱还绘"仲尼四科十哲像"暨"车服礼器"于其中。①

南宋李石《礼殿圣贤图·序》还说:

> 嘉祐中,王素命摹写为七卷,总一百五十五人,为《成都礼殿圣贤图》。蜀守席益又尝摹其容貌名位可别识者一百六十八人于石经堂。②

李石说,北宋嘉祐年间(1056—1063),王素曾经将这些人物画摹写下来,分装成七卷,共得人物155人。南宋绍兴间,蜀帅席益又将这些人物中容貌可辨、名位可考者,共168人重绘于石室旁的"石经堂"。王象之《舆地碑目》:"所存者孔门七十二子像,又近时摹宋本而刻者,人物衣褶,差有古意。"当即席益所摹刻。

据目录所载,将石室图画和文字拓印成册,远在王素之前已有其人。《旧唐书·经籍志》史部"杂传记类"有"《益州文翁学堂图》一卷",不明其内容。但《隋志》有"《蜀文翁学堂像题记》二卷",明称"像题记",当是人物像并有题记。章宗源《隋书经籍志考证》引李膺及任豫《益州记》(详前)注之,所叙皆是周公礼殿内的人物图像,《唐志》所载当与其同类。司马贞《史记索隐》于《仲尼弟子列传》曾三引《文翁图》以证《史记》,当即此类。

当然这些旧本都不一定传到宋代,《宋史·艺文志》已无"文翁学堂图"之类著录,故宋人又得重绘礼殿画像。与王素摹绘同时者,尚有熙宁五年(1072)以参知政事、资政殿大学士知成都的赵抃。抃自云从庆历至熙宁曾四至成都,对成都风物掌故十分熟悉,曾辑成都故实、文章为《成都古今集记》30卷;又摹绘"周公礼殿图像"为八轴。绍兴十七年(1147),向子諲(芗林)曾在临江府将"周公礼殿图"刻于石上,楼钥得其石刻,发现与其"先人"所藏画本不侔,于是借赵抃摹本《礼殿图》对勘,发现赵本"丹青焕然,自盘古而下位次,向背不同者十八九";特别是"第七轴画文翁……豆卢,第八轴画

---

① 〔宋〕黄休复《益州名画录》卷下:"刘瑱。齐永明十年(492),成都刺史刘悛再修玉堂礼殿,灵宇严肃。悛弟瑱,性自天真,时推妙手,画仲尼四科十哲像并车服礼器。今已重妆别画,无旧踪矣。"
② 〔宋〕李石《礼殿圣贤图》序,载《方舟集》卷二。

汉武帝……儿宽,丹青愈工,皆石刻所无"①等等。绍兴三十年(1160),王刚中帅蜀,作《续成都古今集记》22卷,其中亦有礼殿人物图记,成为元人考知礼殿风貌的主要依据。

可惜这些栩栩如生的圣贤、儒林图像,不幸经过宋末战火,原物不存,元代只存图册。刘岳申见之:

> 初自文翁兴学,而蜀为邹鲁,历代不乏人,至宋而苏氏父子遂闻天下。宋南渡,蜀被兵最甚,宋亡又甚,时丝枲织文之富、衣被天下,今皆不可复识矣。况衣冠礼乐之盛乎?今世所传《汉成都礼殿图像》,犹使人想见文翁之盛。皇元混一,亘古所无。②

蜀人费著撰《成都志》时,也是根据南宋王刚中《续成都古今记》,考其"可辨识姓名者一百七十三人,今貌像宛然者一百四十九人,仅存仿佛者三十二人,姓名存者六十五人"③。

费氏《成都志》已不存,其所考姓名尚载于曹学佺《蜀中广记》,今列于左:

第一类是上古至周代圣君贤臣:

---

① 〔宋〕楼钥《跋周公礼殿图》云:"余近得临江周公礼殿图石刻,绍兴十七年向芗林刻于学官,疑与先人所藏画本不佯。闻大资政赵公帅守成都,尝摹礼殿本为八轴,借而校之,丹青焕然。自盘古而下,位次向背不同者十八九;虑羲八卦,上下各有字,位置亦不伦。夔之球为钟,无傅说像;孔子弟子中多徒父、叔鱼、原亢,又一人阙名。石刻中有梁鳣字叔鱼,而形貌不类,却无颜路、公孙龙、冉季、公祖兹、漆雕从、狄昱、公良孺、奚箴、林会、容箴、颜之仆、左郢,而有蜀太守李冰,又一人无名。第七轴画文翁、司马相如、匡衡、萧德仁、戴圣、王吉、严君平、扬雄、刘向、服虔、陈实、钟繇、诸葛亮、崔桓、平福、王濬、杜预、张华、杜畿、豆卢。第八轴画汉武帝、萧何、张良、叔孙通、陆贾、陈宽、贾谊、司马迁、董仲舒、汉光武、邓禹、桓荣、班固、张湛、廉范、马融、第五伦、郑玄、公孙弘、兒宽,丹青愈工,皆石刻所无。益州刺史张收,未知在汉何帝时?后汉诸名儒,或在其前,若钟繇、诸葛亮、王濬、杜预、张华等,皆魏晋间人,既在张收之后,岂后人所续耶?武帝、光武列于诸臣之间,次序亦多不可考。萧德仁、崔桓、平福,名不甚显。豆卢复姓,不知何名。姑记大概,以俟考证。"(《攻媿集》卷七二,《武英殿聚珍版丛书》本)
② 〔元〕刘岳申:《送蒲学正序》,载《申斋集》卷二,文渊阁《四库全书》本。
③ 〔元〕费著:《成都周公礼殿圣贤图考》,载〔明〕曹学佺《蜀中广记》卷一百五"画苑记第一"。

盘古、伏羲、神农、仓颉、沮诵、黄帝、少昊、高阳、祝融、高辛、尧、舜、禹、咎繇、稷、契、伯夷、夔、汤、伊尹、高宗、傅说、太王、王季、太伯、文王、武王、太颠、闳夭、散宜生、南宫适、太公、周公、召公、宣王、仲山甫、管仲、子产、老子、蘧瑗。

第二类是孔子及其弟子：

孔子、颜回、闵损、冉耕(《家语》作"冉有")、冉雍、冉求、端木赐、卜商、乐欶、仲由、有若、宓不齐、原宪、商泽、曾参、南宫韬(韬，《史记》作"括")、公冶长、言偃、公西箴(箴，《家语》作"减")、颜高(高，《家语》作"刻")、公西赤、樊须、宰予、高柴、任不齐、漆雕开、颜哙、冉孺、漆雕徒父(《家语》无"父"字)、荣旗(旗，《家语》作"祈")、奚容箴(《家语》无"容"字)、澹台灭明、琴牢、廉瑀、施之常、公伯寮、秦商、秦非、后处(后，《家语》作"石")、石作蜀(作，《家语》作"子")、邽巽(巽，《家语》作"选")、巫马施(施，《家语》作"期")、廉洁、梁鳣、燕伋、孔忠、商瞿上(《家语》无"上"字)、郑国、曹恤、公晳哀(晳，《家语》作"西")、壤西赤(《家语》作"穰驷赤")、颛孙师、原元籍(《家语》无"元"字)、公肩定(《家语》无"定"字)、漆雕哆(哆，《家语》作"侈")、曾点(点，《家语》作"蒧")、公祖勾兹(《家语》无"勾"字)、步叔乘、左人郢(《家语》无"人"字)、颜无由(由，《家语》作"繇")、司马耕、颜祖(祖，《家语》作"相")、申傥(傥，《家语》作"积")、秦祖、伯虔、颜幸、邬单(《家语》作"悬亶")、叔仲会、公孙龙、冉季、秦冉、公良孺、狄黑。

第三类是秦以来名君贤臣及名儒：

李冰、萧何、张良、叔孙通、陆贾、汉文帝、贾谊、文翁、汉武帝、董仲舒、公孙弘、兒宽、司马相如、王吉、萧奋、戴胜、匡衡、王尊、李强、庄君平、刘向、扬雄、汉光武、邓禹、张堪、张湛、桓温、刘平、钟兴、第五伦、廉范、班固、黄昌、种皓、马融、李膺、高昳、陈实、服虔、陈纪、郑玄、诸葛亮、庞统、董和、费诗、谯周、钟繇、王肃、羊祜、张华、杜预、王浚、夏侯湛、乔智明、范广、王尊、谢安、桓石虔。

这个本来是图绘和祭祀遂古以来历代圣君贤相和学术人物的礼殿，因汉代崇尚周公、孔子，却被称为"周公礼殿"了。唐代取消周公之祀，礼殿成为孔庙专祠，是为成都"孔庙"最早起源。宋末殿毁，元代重建，其图像只有孔子及其弟子了。曹学佺曾为四川参政，亲临其地，撰《蜀中广记》曰："今学宫惟存孔子及七十二子像，又摹宋本而重刻云。"相同的内容还见于清雍正时所修《四川通志》卷四五,兹不复赘。

四　千古流芳：周公礼殿的意义和价值

　　杨慎《全蜀艺文志序》称赞汉代"蜀学"影响曰："昔汉代文治,兴之者文翁。礼殿之图,后世建学仿焉;七十子之名,马迁之立传征焉。当时号为'西南齐鲁,岷峨洙泗'。文之有关于道若此,文翁之功不可诬也。"说蜀学中的"礼殿图",成为后世兴学、立庙者依仿的蓝本;其所绘"七十子"图像及姓名,成了后来司马迁修《史记》时考证的依据。可见,文翁石室除了开汉代郡国之学外,还在立殿祭祀周孔、图绘七十子上,为后世学校树立了榜样和规范。

　　首先,周公礼殿是曲阜之外中国所建最早祭祀周公、孔子的机构。

　　中国自古有尊师重教的传统,举凡诸侯立校,士子游学,都要向"先圣先师"行"释奠"①之礼。《礼记》曰："凡学,春,官②释奠于其先师;秋、冬亦如之。"说明学生四季要随先生(学官)向"先师"行礼。又说："凡始立学者,必释奠于先圣先师。及行事必以币,凡释奠者必有合③也,有国故则否④。"这里说,诸侯受王命建立学校时,也要向先圣、先师行礼。可是这些"重道尊师"的活动,很久以来却没有专门场地和专门建筑,只临时在"东序"举行。《礼记》载："凡祭与养老、乞言、合语之礼,皆小乐正诏之,于东序。"(《文王世子》)而且东序还是养老、乞言、合语之处。《礼记·王制》又说："夏后氏养国老于东序,养庶老于西序。"什么是"东序"呢？郑玄注：东序、西序,"皆学名也"。东序"亦大学,在国中王宫之东";西序"亦小学也,西序在西郊"。可见,东序和西序本是分设于王宫东侧和都城西郊的大学与小学,其功能在于养老和教育。《礼记·文王世子》又载："春、夏学干戈,秋、冬学羽籥,皆于东序。""东序"还是练习文舞、武舞的地方,祭祀并不是它的主要功能,更不是专门祭祀孔子的地方。

---

① 〔汉〕郑玄注："释奠者,设荐馔酌奠而已,无迎尸以下之事。"
② 官,即学官。〔汉〕郑玄注："官,谓《礼》《乐》《诗》《书》之官。"
③ 合,〔汉〕郑玄注："合谓国无先圣先师,则所释奠者,当与邻国合也。"
④ 国故,本国故有之圣。〔汉〕郑玄注："有国故,若唐虞有夔、龙、伯夷,周有周公,鲁有孔子,则各自奠之,不合也。"

历史上祭祀孔子的专属机构,最早出现于曲阜,汉家皇帝要大祭孔子都得远上曲阜。《史记·孔子世家》说,自孔子之卒,"鲁世世相传以岁时奉祠孔子冢,而诸儒亦讲礼、乡饮、大射于孔子冢。……故所居堂、弟子内,后世因庙藏孔子衣冠、琴、车、书。①至于汉二百余年不绝。高皇帝过鲁,以太牢祠焉。"东汉,明帝年永平十五年(72)二月东巡狩,"还幸孔子宅,祠仲尼及七十二弟子"②。安帝延光三年(124)三月,"祀孔子及七十二弟子于阙里"③。三国,魏文帝黄初二年(221)正月,"诏以议郎孔羡为宗圣侯,邑百户,奉孔子祀。令鲁郡修旧庙,置百户吏卒以守卫之"④。故王应麟说:"鲁哀公十七年(前478),立孔子庙于故宅,阅千余载未尝出阙里。"⑤就中原形势而言,信然。

由于京师尚无孔庙,故四时祭孔,只有假太学或国学一隅举行。三国曹魏齐王芳正始二年(241)二月讲《论语》通;五年正月讲《尚书》通;七年十二月讲《礼记》通,"并使太常释奠,以太牢祠孔子于辟雍,以颜回配"⑥。晋武帝泰始三年(267)十一月,"诏太学及鲁国,四时备三牲以祀孔子"。泰始七年,"皇太子讲《孝经》通;咸宁三年(277),讲《诗》通;太康三年(282),讲《礼记》通"。惠帝元康三年(293),"皇太子讲《论语》通";元帝太兴二年(319),"皇太子讲《论语》通","太子并亲释奠,以太牢祠孔子,以颜回配"。成帝咸康元年(335),"帝讲《诗》通";穆帝升平元年(357)三月,"帝讲《孝经》通";孝武宁康三年(375)七月,"帝讲《孝经》通","并释奠如故事"。可是由于时处离乱之中,"穆帝、孝武,并权以中堂为太学"⑦,连像样的学校也没有,更遑论专门的祭孔建筑了。

这种临时假学为祭的状况,在南朝和北朝都不例外。如北魏始光三年(426)"起太学于城东,祀孔子,以颜渊配"⑧。太延三年(437)二月,"祀孔子于国学,以颜渊

---

① 〔唐〕司马贞《史记索隐》:"谓孔子所居之堂、其弟子之中,孔子没后,后代因庙藏夫子平生衣冠、琴、书于寿堂中。"
② 〔南朝宋〕范晔:《后汉书》卷二《明帝纪》,中华书局1965年版。
③ 〔南朝宋〕范晔:《后汉书》卷五《安帝纪》。
④ 〔唐〕房玄龄等撰:《晋书》卷一九《礼志上》,中华书局1974年版。
⑤ 〔宋〕王应麟《玉海》卷一一三"孔子庙"。
⑥ 〔晋〕陈寿撰、〔南朝宋〕裴松之注:《三国志·魏书》卷四《齐王芳传》,中华书局1959年版;
  〔唐〕房玄龄等撰:《晋书》卷一九《礼志上》。
⑦ 〔唐〕房玄龄等撰:《晋书》卷一九《礼志上》。
⑧ 〔北齐〕魏收撰:《魏书》卷四上《太武纪》。

配"①。直到北魏孝文帝太和十三年(489)秋七月"立孔子庙于京师"②，才根本改变这一现状。北魏太和年间立孔子庙是中央政府在京城设立孔庙的开端，其地点在当时都城洛阳，时间在公元489年。南朝的梁紧随其后，武帝也于天监四年(505)六月"立孔子庙"③。唐代承之，武德二年(619)，"庙周、孔于胄监"，国学仍然并祀周、孔。贞观二年(628)，"诏停周公为先圣，始立孔子庙堂于国学。稽式旧典，以仲尼为先圣、颜子为先师。两边俎豆干戚之容，始备于兹矣"④，于是国学专以孔为祀，乃成定制。清李周望《国学礼乐录》于《文庙图后》按曰："汉世京师未有夫子庙，后魏太和十三年，始立庙于京师。唐高祖武德二年，于国子监立周公、孔子庙各一，以四时致祭。贞观二年，从左仆射房玄龄议，停周公祭，升夫子为先圣，专礼焉。历代因之。"讲的就是这一演变过程。

可是，成都文翁石室却比中原王朝早得多，早在文翁始建之时已经图绘孔子及七十二弟子像为祭祀对象了，其后虽毁于兵火，但在东汉献帝兴平元年(194)又得到重建，专门祭祀以周公、孔子为代表的历代圣贤和儒林人物，即使以恢复的时间算也比太和所建整整早了296年。这个礼殿在周、孔并重的汉魏两晋南北朝时，称"周公礼殿"，随着唐代专尊孔氏、成都的礼殿也遂成为祭孔专门场所，但其包容各家的图像以及殿宇建筑仍然得到保留。王象之《舆地碑目》载："《益州孔子庙堂碑》，开元中周灏撰；《益州文宣王庙碣》，会昌五年裴儋撰。"当时人已经直接称周公礼殿为"孔子庙堂""文宣王庙"了。

宋代因之，席益《成都府学石经堂图籍记》有曰："本朝因礼殿以祀孔子，为宫其旁，置学宫弟子，讲习传授。"李石说："汉人祀周公为先师，故钟会《记》云'周公礼殿'。范蜀公镇云：'屋制甚古，非近世所为，秦汉以来有也。'内翰王素云：'其屋制绝异今制，后之葺者，惜其古，不敢改作。'"⑤是其明证。可见，宋之成都孔庙，即汉之"周公礼殿"，而汉代所建之"周公礼殿"即为后来成都孔庙(也是曲阜以外异地所建孔庙)之最早尝试。

庙是神灵所凭依，事亡如存，若仍在其处。孔子曰："祭神如神在。"在没有庙宇的情况下，每次祭神都得请神、迎神、送神，或迎神主、送神主，很不固定。祭祀先圣先师

---

① 〔北齐〕魏收撰：《魏书》卷一八一《礼志四》。
② 〔北齐〕魏收撰：《魏书》卷七下。
③ 〔唐〕姚思廉：《梁书》卷二《武帝纪中》，中华书局1973年版。
④ 〔唐〕吴兢：《贞观政要》卷七"崇儒"，上海古籍出版社1978年版。
⑤ 〔宋〕李石：《周公礼殿》，载《方舟集》卷二。

如果没有固定场所,只临时借用东序,其典礼必然简慢不周,故释奠而不迎主。周公礼殿的建立,在规范周孔祭祀、完善学祭礼仪方面,必然具有重要推动作用。

其次,周公礼殿确立了庙学中系统的祭祀体系。

在周公礼殿设立之前,学校祭祀很不固定。《礼记·文王世子》虽说学生四季都要"释奠于先师",又说始立学者"必释奠于先圣先师",这些"先圣先师"是谁,其实都不固定。郑玄在注释时,一会说如《周礼》"凡有道者有德者,使教焉,死则以为乐祖,祭于瞽宗",是先代从事教育而有德有功的人。一会又说"先师之类,若汉《礼》有高堂生,《乐》有制氏,《诗》有毛公,《书》有伏生,……亿可以为之也",又是汉代开始传授专经的老师。这也难怪郑玄,就是《礼记》本身也没有明确规定,其下文就说:"凡释奠者必有合也,有国故则否。"这是什么意思呢?郑玄解释说:"合,谓国无先圣先师,则所释奠者,当与邻国合也。"又说:"有国故,若唐虞有夔、龙、伯夷,周有周公,鲁有孔子,则各自奠之,不合也。"所谓"先圣""先师"也是相对的,本国总可以找出几位相对较好的"先人",何必一定要向邻国合祭呢?这样一来,必然各行其是,各祭其"先",是非高下,必然难以统一,这在"礼乐征伐自诸侯出""自大夫出""陪臣执国命",甚至"诸侯力政,天下近于战国"的时代,就更是如此了。这样的祭祀,是否能起到劝善勉仁的作用就可想见了。到了汉朝"表章六经",宗崇儒术,学校祭祀已经逐渐形成以周公、孔子为先圣先师(郑玄注:"先圣,若周公、孔子。")的认识,但是朝廷还没有以固化的方式将其认定下来。晋人就感慨:"《礼》:'始立学,必先释奠于先圣先师,及行事必用币。'汉世虽立学,斯礼无闻。"[1]王应麟也对前引郑玄的解释表示困惑:"'先师',释者曰'若高堂生、制氏、毛公、伏生'。'释奠必有合',释者曰'若鲁之有周公、孔子'。至如祀先贤于西学,祭乐祖于瞽宗,传者亦谓各于所习之学祭先师。夫周公、孔子非周鲁之所得专也,经各立师,周典岂有是哉? 所谓各祭其先师,疑秦汉以来始有之。"[2]可见祀典不正,学礼也就难以真正兴起了。

至于陪祀人物,《后汉书·章帝纪》载元和二年(85)三月曾经帝"进幸鲁,祠孔子及七十二弟子";《孔僖传》也载元和二年春,"帝还过鲁,幸阙里,乙太牢祠孔子及七十二人,作六代乐"云云[3],虽然以七十二弟子陪祭,但是只是临时举措,没有固定制度,在前引文献中,从汉代到南北朝祭祀孔子时只"以颜渊配"。中央王朝直到贞观末年

---

[1]〔唐〕房玄龄等撰:《晋书》卷一九《礼志上》。
[2]〔宋〕王应麟:《玉海》卷一一三"孔子庙"。
[3]〔宋〕王应麟:《玉海》卷一一三"汉祠七十二弟子孔子弟子籍"。

才确定"陪祀"人选。①《唐会要》卷三五：贞观"二十一年(647)二月十五日,诏以左丘明、卜子夏、公羊高、穀梁赤、伏胜、高堂生、戴圣、毛苌、孔安国、刘向、郑众、杜子春、马融、卢植、郑康成、服子慎、何休、王肃、王辅嗣、杜元凯、范宁等二十一人,代用其书,垂于国冑。自今有事于太学,并令配享尼父庙堂。"此后尚递有增损,乃成定制。成都周公礼殿早在东汉后期(194)即将祭祀人员基本固定下来,并且使孔子弟子整体得到呈现,其祭祀对象和建制得到系统化和正规化,而且范围和规模都比贞观所制大得多。

如前所引费著《成都周公礼殿圣贤图考》所示,周公礼殿所纪念的人物,大致以孔子及弟子为中心,在其前者自盘古、伏羲、神农以来,以至子产、老子、蘧瑗等;在其后者有李冰、萧何,至谢安、桓石虔等,多达173人。当然,由于所刻人物因经后人不断增饰,所选未免稍滥,有的甚至不知其事迹,②其中甚至还有主事者个人私心,将自己祖先刻进来的现象,③但大体而言,还是比较系统的。黄休复《益州名画录》归纳说："图画上古盘古、李老等神,及历代帝王之像;梁上又画仲尼七十二弟子、三皇以来名臣。"

以今观之,这些人物大致可分六类：一是盘古、伏羲、神农、仓颉、沮诵、黄帝这些传说中的神圣,二是尧、舜、禹、汤、文、武等历代圣君,三是咎繇、伊尹、傅说、周公、召公等历代名臣,四是仓颉、沮诵、老子等学术人物,五是孔子及弟子等儒林人物,六是与巴蜀有关特别是巴蜀名宦,如李冰、文翁、高公、诸葛亮、桓石虔等。时代则从上古,迄于魏晋。将自开天辟地(盘古)以来,中国历史各个时期的重要历史人物,当然是重视"人文化成"特别是重视儒术的历代人物,不限身份,不限等级,都统统予以选录,这自然比礼经上记载的"释奠"其国"先圣先贤"或其学"先师"的范围更博大、系统得多。这种遴选,不难发现其中还体现了当时人们的宇宙观、正统观、文化观、乡土观和价值观,中国历史上的"道统""政统""学统"以及价值体系,都在其中得到反映。难怪《文

---

① 〔宋〕王应麟《玉海》卷一一三"孔子庙"："古者惟功臣与祭大烝,未闻弟子从祀于师也。自建武祠七十二子于孔庙,然亦不出阙里也。贞观末,加以左、卜诸儒,从祀太学,而武成王之祠亦仿而为之。总章开元以来,又加诸儒以三等之爵,而州县学官咸有从祀矣。"
② 〔宋〕楼钥《跋周公礼殿图》就曾经批评："萧德仁、崔桓、平福,名不甚显。豆庐复姓,不知何名。"(《攻媿集》卷七二)
③ 〔清〕顾蔼吉《隶辨》卷七："《隶续》云：太守张景题字四行,在高朕石室梁上,磨灭鲜成章句,首云'光和六年四月,太守张景',中有'追念先祖,早失覆□,孤茕自悲,纪刊先象'之句。相去尺许,有'少子早瘁'之文,前有'治郡'二字,盖张公追远之词也。……而此题字乃有'纪刊先象'之语,因疑石室非高朕所造,其像亦非高朕。则此石室乃是太守张景为其先祖所作,而刊先象于壁。"

翁石室图》很早就被独立摹印成册,流行于南北朝、隋唐之际了。进入宋代,又广为人们所绘摹和仿制了。① 这个体系的建立,比唐宋以后形成的孔庙只祭孔子及其弟子的格局,似乎要合理一些。

其三是创造了对所祭对象较好的表达方式——画像。

汉人曾说:"庙者,貌也,以其貌言之也。"(《尚书大传》卷四)庙是代表神的,那么神又如何在庙中被代表呢?古之祭祀,有立尸,有设主,有遗物,②有塑像,有绘画,文翁石室的周公礼殿,就是采取的画像方式。比较之下,主和物皆无貌可言,尸又不易备,塑像较笨重而且后起,只有画像较为方便易行,而且还不缺乏艺术性。文翁石室周公礼殿的圣贤画像,便是如此。东晋书法家王羲之就称赞其"画文精妙",于是拜托益州守"欲因摹取,得广异闻"。隋唐之间,《文翁石室图》成了藏家的心爱之物;五代末、北宋初,黄休复在《益州名画录》中专门记录了礼殿图像。③ 王素、赵抃、王刚中等人,则不厌其烦地描摹其像,原因都是它们具有极高的艺术价值和文献价值。范镇《东斋记事》卷四:"成都府学有周公礼殿及孔子像在其中。其上壁画三皇五帝及三代以来君臣,即晋王右军《与蜀守帖》求三皇五帝画像是也。……其门屋东西画麟凤,盖取感麟叹凤之义。其画甚精,亦不知何代所为。"郭思《林泉高致集》"画题"也说:"如今成都周公礼殿,有西晋益州刺史张收画三皇、五帝、三代至汉以来君臣、贤圣人物,粲然满殿,令人识万古礼乐,故王右军恨不克见,而逮今为士大夫之宝。"④

南宋李石在看了这些图像之后,有诗赞曰:"成都名画窟,所至妙宫墙。风流五代余,轨躅参隋唐。其间礼殿晋画为鼻祖,未数后来鸿雁行。画者果谁欤?或云名收人姓张。右军问蜀守,墨帖求缣缃。乃知前辈人,不爱时世妆。"说成都是产生名画的地方,其中以周公礼殿晋画最优,曾经引起王右军关注。又说其内容:"上自皮羽之服,下至垂衣裳。盘古众支派,帝霸皇与王。君臣分圣贤,有如虎豹龙凤殊文章。"再赞其画技非常生动,堪称"神品":"视之若有见,日月星象空中垂耿光。听之如有闻,冲牙

---

① 〔宋〕郭若虚《图画见闻志》云:"汉文翁学堂,在益州,昔经颓废,后汉高朕复缮立,并画古人圣贤之像及瑞物于壁。靖康初,资县令卢法初建惠远堂,摹礼殿人物,图绘堂中。绍兴中,黔江学筑东西序,亦绘七十子像于壁。"
② 〔唐〕司马贞《史记索隐》:"孔子没后,后代因庙藏夫子平生衣冠、琴、书于寿堂中。"
③ 〔宋〕黄休复《益州名画录》卷下"无画有名":"古有《益州学堂图》,今已别重妆,无旧迹矣。"
④ 〔明〕朱谋垔《画史会要》卷一亦转录:"张牧,官益州刺史,于成都周公礼殿画三皇、五帝、三代至汉以来君臣、贤圣人物,灿然满殿,令人识万世礼乐,王右军恨不克见。"(文渊阁《四库全书》本)

玉佩鸣以锵。三古以降历今世,视听所感犹一堂。乃知此画自神品,碌碌余子非所望。"①说周公礼殿神像画技高妙,栩栩如生,犹日月行空,光彩照人,若神人降临,环佩之声相闻;上古、中古、近古圣哲以及时贤,济济一堂,謦欬貌宛然在前。如此神品,无人可以比拟!

其四是形成了左庙右学的庙学合一制度。

中国上古的学校同时具有祭祀功能不假,如前引"凡祭及养老于东序",但是东序还不是"庙"。孔子故里曾经在鲁哀公十七年就以孔子故居和弟子内形成了祭孔场所,但曲阜孔庙还不是"学"。东汉"郡县学校祀圣师周公孔子",②但毕竟学校没有专门固定的祭孔场所。有之,亦学亦庙,有堂有殿,则自文翁石室始。前引《修周公礼殿记》开篇即明确说,高公是恢复了被战火烧毁的文翁石室讲堂和礼殿:"汉初平五年,仓龙甲戌,旻天③季月,修旧筑周公礼殿。始自文翁,应期凿度,开建頖宫,立堂布观,庙门相勾。"周公礼殿与頖宫讲堂都既是文翁石室的一个组成部分,礼殿是专门用来祭祀以周公、孔子为首的历代先圣、先贤和先师的场所。据《华阳国志》所载,高公所建周公礼殿,在石室之东。颜有意书《益州学馆庙堂记》:文翁"石室,一名玉堂。安帝永初间,烈火为灾,堂及寺舍并皆焚燎,惟石室独存。至献帝兴平元年,太守高朕(眹)于玉堂东,复造一石室,为周公礼殿"④。将"学馆"与"庙堂"并提,又说礼殿在石室东边,正是后来"左庙右学"雏形。范镇《东斋记事》卷四自注明确说:"周公礼殿,乃古之学。"乐史《太平寰宇记》卷七二:"文翁学堂,一名周公礼殿。"学堂与礼殿在一处,故可互称。这一体制,虽历经变迁,都得到基本保持或修复。

南宋绍兴六年(1136)蜀帅席益就说:"本朝因礼殿以祀孔子;为宫其旁,置学官弟子,讲习传授。"⑤是祭祀与教学功能并有。二十九年(1159)中书舍人王刚中出镇全蜀,下车伊始,即"谒孔子庙,顾见学宫圮毁不治",喟然而叹:"成都西南大府,当时学校荐祭无位,肄习无所,其何以仰承圣明休德?"于是亟命度材计工,"易腐败而新之,与新作而补其阙,凡四百楹"。⑥ 淳熙间,范成大守蜀,亦同时重修石室讲堂及礼殿。

---

① 〔宋〕李石《礼殿圣贤图》,载《方舟集》卷二。
② 〔南朝宋〕范晔:《后汉书·礼仪志》明帝永平二年(59)三月:"上始帅群臣,躬养三老五更于辟雍,行大射之礼。郡县道行乡饮酒于学校,皆祀圣师周公、孔子,牲以犬。"
③ 天,原阙,据洪适《隶释》卷一补。
④ 〔宋〕洪适:《隶释》卷二一引。
⑤ 〔宋〕席益:《府学石经堂图籍记》,载《成都文类》卷三〇。
⑥ 〔宋〕冯时行:《修成都府府学记》,载《成都文类》卷三〇。

杨甲《修学记》："成都学宫,自汉至今千余岁,祠殿、讲室岿然独存……岁久弊漏污甚……淳熙二年六月,敷文阁待制范公自桂林移镇全蜀。始至,谒先圣,率诸生列拜庭下。览古叹息,顾见屋室陊剥,木老石腐,则慨然欲兴废。于是……自礼殿、石室,与今学官讲诵之舍、师儒之堂,黝暗缺落,风雨入而鸟鼠宅者,皆彻新之。"①等等,都是讲堂、礼殿同修,教学、祭祀并存,无疑是典型的"庙学合一"体制。直到明朝末年,文翁石室再度被毁,康熙四十三年(1704)刘德芳在其遗址重建锦江书院,也还是恢复了这一格局,兹不备述。

西汉景帝末年(约前141)文翁所建石室玉堂、东汉献帝兴平元年(194)高公重建的文翁石室和周公礼殿,是当时专门用来祭祀以周公、孔子为代表的历代先圣、先师和先贤的专门场所,是中国古代最早"庙学合一"的雏形。周公礼殿初步形成和确立了学祭中先圣先师的具体对象,即以孔子以及其弟子为中心,同时展示上自盘古、伏羲等传说人物,下至魏晋的历代圣君、贤相和文化名流,围绕儒学主体,兼容其他具有人文精神的代表人物,充分照顾了中华"道统、政统、学统"及"乡情"等方方面面,具有很大的包容性和示范性。周公礼殿对纳入祭祀的人物采用图像的方式来展现,既保持了中国文化重视图文的传统,也更具有经济适用、简便易行的效果,还容易体现其艺术性和神圣性,故自晋以来为历代文人雅士所珍爱。文翁石室这种"左庙右学"体制,从东汉以下一直得到保持或恢复,这里既是蜀中最早的学府,也是蜀人最权威的祭祀场所,真正起到了知识园地和精神家园的作用,宜其历代得到人们的重视和讴歌!楼钥有诗："成都郡庠千白袍,后来之秀日益奇。周公礼殿岿然在,画像盘古继宓牺。春秋奠谒用旧乐,想见节奏并威仪。谈经酌史各专门,学问可以相发挥。"②说成都郡学培养了成百上千、一代又一代的优秀人物,周公礼殿历经风雨仍岿然独存,其中画有盘古、伏羲等古先圣像,蜀人春秋二祭用旧乐来祭祀他们,古风犹存、古仪俨然;其中学子谈经说史各有专门、足以互相启发。由于文翁石室中周公礼殿有这么多建树,故宋儒誉其"冠天下而垂无穷",杨升庵又称其为"西南齐鲁,岷峨洙泗",不是没有道理的。

在这个文翁、高公当年兴学修礼、推行教化的地方(今成都第四中学),今天还保持了一所重点中学的规模,虽然距从前全蜀最高学府、冠天下垂无穷的地位还有差距,但是教学水准不错,仍是全省著名中学,从这里走出不少著名人物。可惜的是,汉代以来曾经一直是蜀人精神家园、可供凭吊和纪念先贤、祭祀和景仰先圣先师的礼殿

---

① 〔宋〕杨甲:《修学记》,载《成都文类》卷三〇。
② 〔宋〕楼钥:《送王粹中教授入蜀》,载《攻媿集》卷三。

被抛弃掉了,成都至今没有一所孔庙,也没有一处供人们凭吊先贤的地方,使蜀学甚至巴蜀文化真正成了无家可归的"游魂",也使今天的蜀人成了告庙无门、怀古无所的精神贫困者。这既是对前人兴起教化之旧功德的冷漠和淡忘,也是对当今文化建设之新需求的忽视和失语,数典忘祖,维新失范,忘古而又忘今,失体而又失用,不亦重可哀痛矣乎!

原载《长江流域文化的交融与发展——第二届巴蜀·湖湘文化论坛论文集》,四川大学出版社2014年版。

《廖平全集》总序

在19世纪末20世纪初的中国学术文化史上,四川井研县的廖平,无疑是一位值得高度重视的人物。他生当晚清、民国,治学勤奋,著述等身,声华盖代。他的著作曾影响康有为、梁启超等人,他的学术思想曾被转化为"戊戌变法"的理论基础。他自经学而哲学,从人学而天学,"推到一时,开拓万古;光被四表,周流六虚"。他的思想学说经历了"平分今古""尊今抑古""大古小今""人学天学"等多次转变,最后却在以"孔经哲学"包容天下一切学术的构建和沉思中,寿终正寝。对于他的学术,有人说他"风疾马良,去道益远",有人说他"离经叛道,穿凿附会",也有人说他"转捩乾坤,思想革命",评价悬殊若此,却集于一人之身,实乃世之奇观。僻处西川的廖平,何以实现这多重身份的复合呢?整理出版的《廖平全集》,将为我们通观廖平的生平、治学、著述、思想等提供最直接的资料。

一 廖平生平与事业

廖平(1852—1932)初名登廷,字旭陔,又字勖斋,继改名平,字季平。号四益,继改四译,晚年更号五译,又更号六译。初名其堂曰小世彩堂、双鲤堂,五十岁前后曰则柯轩,后乃更名四益馆、六译馆。

井研廖氏祖籍湖北麻城,其先祖于明洪武二年(1369)自鄂迁蜀,辗转流徙,始得占籍于井研县,定居青阳乡之盐井塆(今井研县东北研经镇)。此地既非平畴沃野,更无渔盐舟楫之利,廖家世以农耕负贩维生,在廖平出名之前,其门"四百年间无显者"①。

廖平出生于清咸丰二年(1852)二月初九日,排行第四。七龄始入本县万寿宫乡

---

① 廖幼平编:《廖季平年谱》,巴蜀书社1985年版。下引此书者,不复出注。

塾就学，其后又就读于禹帝宫、舞凤山诸塾，直到十四五岁。其间尝从廖荣高学医。少年廖平资质平常，记性尤劣，颇以背诵为苦；于是诉于师，请许以不背。自后即"专从'思'字用功，不以记诵为事"①。

廖平一生命运的改变，与张之洞密切相关。张之洞（1837—1909）字孝达，号香涛，晚号抱冰，直隶南皮（今属河北）人，晚清洋务派代表人物之一。其治经汉宋兼宗，讲究实用，历任多省巡抚、总督，所到之处，重视发展近代工业，倡导经世致用之学，兴办多所工厂和学堂、书院，造就人才甚众，仕至军机大臣、体仁阁大学士。同治十二年（1873）六月，张之洞奉旨充本年度科举考试四川分试副考官。十月，简放四川学政。翌年二月，廖平参加院试，试题为《子为大夫》，廖平以三句破题，有违八股文章法，为阅卷者黜落，张之洞于落卷中搜得其文，喜其破题不凡，遂拔置秀才第一。

当时蜀中教育流行的是制义、帖括，以至有人"毕生不见《史》《汉》"②。故学术不兴，人才衰敝。这种状况直至同治十三年至光绪二年（1874—1876）张之洞督学四川时，才发生改变。张在成都创办尊经书院，③亲撰《创建尊经书院记》，阐明建院宗旨，指示读书门径，以"绍先哲""起蜀学""成人材"勉励蜀士，"要其终也，归于有用"④，故数月之间，蜀中"文风丕变，霈然若决江河"。又撰著刊行《书目答问》《輶轩语》，提倡"纪（昀）、阮（元）两文达之学"，蜀中士人喜识治学门径，"人人有斐然著述之思"⑤。光绪二年（1876）正月，廖平赴成都应科试，张之洞主考，得其答卷，见其引用《说文解字》作答，拔以优等，食廪饩，调尊经书院肄业。廖平刻苦事学，经业精进。当时，尊经书院同学有宋育仁（芸子）、张祥龄（子宓）、杨锐（叔峤）、范溶（玉宾）、岳嗣仪（凤吾）、岳林宗、颜印愚（印伯）、毛瀚丰（霍畦、鹤西、霍西）、曾培（笃斋）、张森楷（式卿）、傅世洄、陈光明（朗轩）等，随后骆成骧、刘光第亦从锦江书院转来尊经肄业，可谓英才云集。廖平与张祥龄、杨锐、毛瀚丰、彭毓嵩（籛孙）五人尤为张之洞所器重，号"蜀中五少年"，交谊也最深厚。

廖平在尊经书院首尾近十载，其学术思想不断发展。他先致力于训诂文字，醉心

---

① 廖宗泽编：《六译先生年谱》，同治三年甲子（1864）条引《经学初程》稿，重庆图书馆藏稿本。
② 廖宗泽编：《六译先生年谱》光绪元年乙亥（1875）条。
③ 尊经书院为今四川大学之前身，建于光绪元年（1875），由张之洞创办。张氏以纪文达（昀）、阮文达（元）之学为号召，为书院订章程、立制度，又从各府、县学抽调高才生百人肄业其中，并亲撰《輶轩语》及《书目答问》之书，宗旨纯备，开示详明，尊经诸生受益良多。
④ 张之洞：《创建尊经书院记》，《张之洞全集》第12册，河北人民出版社1998年版，第10076页。
⑤ 张祥龄：《翰林院庶吉士陈君墓志铭》，《六译先生年谱》光绪元年乙亥（1875）条引。

于考据之学,但泛滥诸经,无所专攻。光绪五年(1879),王闿运应四川总督丁宝桢多次函约,来掌尊经书院,始改变这一状况。王闿运(1833—1916)字壬秋,自号湘绮楼主人,湖南湘潭人。其为学宗今文,明于礼制,以致用为鹄的,又善于辞章,蔚为一代辞宗。廖平常就王闿运请业,每至夜分。从学七载,深受王氏影响,从此厌弃破碎饾饤之学,治经专求大义。是年八月,应优贡试,主司以"辞达而已"命题,廖平得陪贡第一名。九月应乡试,中第二十四名举人。

六年(1880)春,廖平赴京会试,不第。在京日,曾以《易》例向张之洞请业。张告诫廖平:"风疾马良,去道愈远。"三年后廖平再赴北京会试,又未中式。其时,张之洞已自内阁学士出为山西巡抚,廖平会试后,拜谒恩师于太原,张仍以"风疾马良"之语诫之,并以小学相勖。此时廖平《穀梁春秋经传古义疏》即将完成,谈话间,廖平声言通一经较治一省为难,且说:"倘使《穀梁》书成,不羡山西巡抚。"光绪十年(1884)秋,《穀梁春秋经传古义疏》十一卷完稿。接着《起起穀梁废疾》《释范》各一卷,《穀梁集解纠谬》二卷相继完稿。是年,廖平欲改注《公羊》,于是综括大纲,成《公羊何氏解诂十论》,作为读《公羊注》的阶梯(后来又作《续十论》《再续十论》)。至是,廖平《春秋》今文学体系基本建立。

光绪十一年(1885)春,廖平以旧本《王制》有传、记、注之文,旧本淆乱失序,考订改写《王制定本》一卷,以备作《王制义证》之用(此书后来收入《六译馆丛书》,名《王制订》)。又以偶抄《五经异义》,悟今文与古文之分全在礼制之不同,始定今、古异同之论,形成其经学思想第一变的基础。

从尊经书院肄业之后,廖平辗转各地从事教育活动。光绪十二年(1886),廖平主讲井研来凤书院。六月,撰成《今古学考》二卷。① 此书是廖平经学初变完成的标志,在学界影响巨大。书中,廖平主张以礼制平分今、古,上卷为表,下卷为说。上卷列表二十,回溯今、古文学源流,梳理今、古文学之界限和线索。下篇于《经话》中取其论今古学者106则,申论今学归本孔子、《王制》,古学归本周公、《周礼》之旨。此期,廖平又欲以《今古学考》所揭示经今古文之别为基础,区别于郑玄注暨唐人《正义》混合今、古的做法,按今文、古文两大系统,新撰《十八经注疏》,构建"蜀学"体系,于是先著《十八经注疏凡例》。自谓:"予创为今、古二派,以复西京之旧,欲集同人之力,统著《十八经注疏》,以成'蜀学'。"②又约集尊经同人撰《王制义证》。欲以《王制》为经,取《戴

---

① 此书作于光绪十一年乙酉(1885)至光绪十二年丙戌(1886)间,光绪十二年由成都尊经书局刊行,为《四益馆经学丛书》之一。后收入《六译馆丛书》。
② 廖平:《今古学考》卷下,光绪十二年成都尊经书局刊本,收入《六译馆丛书》。

记》九篇,外加《公羊》《穀梁》《孟子》《荀子》《墨子》《韩非子》《司马法》《尚书大传》《春秋繁露》《韩诗外传》、纬候、今学各经旧注,以及两汉经学先师旧说,务使详备,足以统帅经学诸经。待此书作成之后,再作《周礼义》,以统古学。①

光绪十三年(1887)二月,廖平来到成都,任尊经书院襄校。这年其著有《续今古学考》,此书实为《辟刘篇》的原稿。他认为周制全不可考,所有礼制概为孔子新制,《周礼》为伪托之作。十四年,成《公羊补义》十一卷,欲以《公羊》为主,兼采《穀梁》《左传》,合通三《传》,以成一家之言。是年,又成《知圣篇》一卷,附《孔子作六艺考》一卷,《辟刘篇》一卷、《周礼删刘》一卷。后来《周礼删刘》附入《辟刘篇》,易名《古学考》。《知圣篇》《辟刘篇》成为廖氏经学二变的代表作。

光绪十四年(1888)冬,廖平第三次赴京应礼部试。张之洞时任粤督,电召赴粤,欲使廖平协助编纂《左传疏》,以配清代"十三经义疏"。十五年四月,廖平大挑二等,会试中第三十二名进士,房师张预,座主李鸿藻、昆冈、潘祖荫、廖寿恒。六月,由京赴张之洞召,前往广州。途经天津,与王闿运相见。七月,经苏州,与俞樾相见。俞氏极称《今古学考》为"不刊之书",廖平却告诉他自己已改变前说,并及"三《传》合通"之事。俞颇不以为然,曰:"俟书成再议。"②秋,至广州,宿广雅书局,以张之洞命纂《左传疏》,始专力治《左氏》。在广州欲刊《知圣篇》,或以发难为嫌而止。然其书却广为外间流传,东南士大夫因转相抄录,以为谈资,甚至视为枕中鸿宝。

在广州期间,廖平与康有为两度相会,并影响其学术归趋。康有为(1858—1927)字广厦,号长素,广东南海人,先前读过廖平《今古学考》,遂引廖为知己。此番晤面,廖平又示以《知圣篇》《辟刘篇》(此稿后改为《古学考》刊行),兹二稿立论乃一反前说,以今文为孔学之真、古文乃刘歆篡乱之伪。其时康氏正据古文经《周礼》撰《教学通义》,以其太过惊世骇俗,一时难以理解,别后竟"驰书相诫,近万余言",斥以"好名鹜外,轻变前说",力劝其将此二书一火焚之。为阐明新说用意,廖平遂回访康有为于广州安徽会馆,将自己的见解反复阐述,康有为乃幡然领悟,终于"两心相协,谈论移晷","见廖平所著书,乃尽弃其旧说"而学焉,③于是改宗今文,弃《周礼》而治《公羊》,其后遂由《公羊》而发明"改制"之义。之后不久,康氏宗《知圣》《辟刘》二篇之意,撰《新学伪经考》《孔子改制考》二书,为其变法张本。梁启超说:"康先生(有为)之治《公

---

① 廖平:《今古学考》卷下。
② 廖平:《经话》甲编,光绪二十三年成都尊经书局刊本,收入《六译馆丛书》。
③ 梁启超:《清代学术概论》,上海古籍出版社1998年版,第77页。

羊》、治今文也,其渊源颇出自井研(廖平),不可诬也。"①委婉道出康氏之两《考》是对廖平以上二《篇》的吸收和发挥。而钱穆则云:"长素《伪经考》一书,亦非自创,而特剽窃之于川人廖平。"②

光绪十六年(1890)四月,廖平由广州赴京补应殿试,得二甲七十名,赐进士出身。朝考三等,钦点即用知县,以亲老求改教职,部铨龙安府教授。此后数十年,廖平一直在四川从事教育活动,先后担任龙安府教授、嘉定九峰书院山长、尊经书院襄校等,培养了大量的人才。与此同时,廖平也取得了丰硕的学术成果,除前面所举外,尚有《左氏古经说义疏》《群经凡例》《左氏长编》《杜氏左传释例辨证》《春秋左传杜氏集解辨证》《五十凡驳证》《五十凡补证》《尚书备解》《易生行谱》《经话》等书,发挥其今古之学。

光绪二十三年(1897),廖平家居致力于《易》。此时康有为"素王改制"之说风行一时,世人以为廖平为始作俑者。夏,廖平得当年尊经书院同学宋育仁书,传张之洞告诫之语。十月,廖平赴成都与宋育仁相见,宋再传张语,仍曰:"风疾马良,去道愈远;解铃系铃,唯在自悟。"命改订经说条例,不可讲今古学及《王制》,停止攻驳《周礼》,甚至威胁"如不自改,必将用兵"。廖平为之忘餐寝者累月。③ 十一月,廖平与宋育仁书(即《与宋芸子论学书》)自辩。又上张之洞书(即《上南皮师相论学书》),情词较为谦抑,但仍坚持己见,不愿删改。是年宋育仁奉旨治四川商矿,兼任尊经书院山长,引廖平与吴之英为都讲。宋、吴等设"蜀学会",并发刊《蜀学报》,廖平亦与其事,为主笔,宣传变法主张。次年"戊戌变法"失败,尊经书院同学杨锐、刘光第同日被杀,廖平弟子惧其遭受牵连,遂将其提倡"大统之学"的《地球新义》(初稿)付诸一炬。

此后,廖平的学说由"尊今抑古"转变为"大统小统"之学。光绪二十九年(1903),绥定知府聘廖平兼任绥定府中学监督。由于廖平学术屡变,新论迭出,又兼曾以学说影响康有为,难免遭人忌恨,是年冬,四川提学使吴郁生以"离经叛道,行检不修"之罪参劾廖平,并革去其教职。之后一段时期,廖平又曾复掌教席,除尊经襄校、主讲、都讲外,曾先后主讲井研来凤书院、嘉定九峰书院、资州艺风书院、安岳凤山书院。至宣统元年(1909)秋,时任提学使的赵启霖又以廖平"三《传》并为子夏所传"之说为"穿凿附会",下令各学堂毋得延其讲学;次年,廖平即携眷归返乡里,杜门家居。

---

① 梁启超:《论中国学术思想变迁之大势》,上海古籍出版社2001年版,第128页。
② 钱穆:《中国近三百年学术史》,商务印书馆1997年版,第713页。
③ 廖宗泽编:《六译先生年谱》,光绪二十三年丁酉(1897)条。

1911年，川汉铁路公司延聘廖平为《铁路月刊》主笔，廖平复居成都。是年秋，四川"保路运动"爆发，10月，"大汉四川军政府"成立，下设枢密院，以廖平任院长。四川军政府又设国学院，每月出版《国学杂志》一册，每周作一次学术讲演。是时刘师培因随端方入川，端方被杀后，刘滞留四川。1912年，刘师培任四川国学馆馆长，聘廖平主讲经学。是时，廖氏持经今文说，刘氏则大讲古文经学，二人互相论难、切磋，亦互相补充和称赏。刘向廖提供古文字学资料，同时又采纳廖平平分今文、古文的方法，完善自己古文经学壁垒，更赞赏廖平"长于《春秋》，善说礼制"，"汉魏以来，未之有也"。同年8月，蒙文通入四川国学院就读，即从廖平、刘师培请问经学。

民国成立后，教育部废除学校经学学科，廖平作《中小学不读经私议》，提出不同意见，主张读经之效已见两汉，应当令小学读经。次年，廖平以四川代表身份，赴京参加教育部召集的全国读音统一会。旅京四川同乡于湖广会馆发起欢迎会，请廖平讲演，所讲者为孔学关于"世界进化、退化"与"小康、大同"之宗旨。北京人士又发起伦理学会，延请廖平定期讲演，并计划根据廖平之说编订伦理教科书，发行《伦理杂志》。孔子诞辰日，孔教会在山东曲阜召开第一次全国大会，廖平与会并作讲演，大意认为孔经言退化，实为言进化之意，如倒景；文明、野蛮的标准，应当以伦常为主，不纯在物质。秋初，转到上海，完成《孔经哲学发微》一书，付中华书局出版。此书为廖平经学第四变的代表作。

此后廖平在宣传尊孔读经的同时，又致力于医书的校勘整理，先后著医书数十种。并治诸子、术数、《山海经》《楚辞》，兼及佛、道。1914年，廖平出任四川国学专门学校校长，又先后兼任成都高等师范学堂、华西协合大学等校教授。1918年，门人黄镕推本廖平之说，成《尚书宏道篇》《中候宏道篇》，廖平五变之说至此年而完备。其说大体上于六经分天人、大小，归重于六经皆孔子所作，孔子作六经，必须造字。廖平自撰《五变记》，黄镕又为之作《五变记笺述》。

1919年，廖平六十八岁。这年春在家剃头，晚餐时得中风，虽经治愈，仍遗偏瘫之疾，右肢上下拘挛，眠食动作非人帮助不成，而思路依旧清晰，仍著述不辍，唯书写须恃左手。1921年，廖平以六变说成，易号六译老人。将平生著作已刻者编为《六译馆丛书》，统由存古书局印行。1922年，廖平辞去国学专门学校校长职务，四川省政府每月致送著述金一百银元。1924年秋，家人奉廖平返井研养疴。1932年5月，廖氏赴成都洽商著述出版事宜，行至乐山而疾作，家人未及舁返井研，6月便卒于乐山河呷坎旅次，时年八十一岁。

二　廖平学术及其变迁起讫

廖平为学博大,且以善变称。自述幼时笃好宋"五子书"及唐宋"八大家文",其后亲炙于张之洞、王闿运两大家,始转而专攻经学。初入尊经书院,博览考据诸书,用功甚勤,不知不觉间乃嫌唐宋之文空泛无实,"聪明心思至此一变"。及王湘绮来长尊经,始"厌弃破碎,专事求大义。以视考据诸书,则又以为糟粕而无精华,枝叶而非根本;取《庄子》《管》《列》《墨》读之,则乃喜其义实。是心思聪明至此又一变矣"①。自此以后,廖平孜孜矻矻,好古敏求,以探诸经大义。初治《穀梁》,后乃并及《公羊》《左氏》,及于《易》《书》《诗》《三礼》等,且旁及诸子百家之书,又及于医方、堪舆之学。

廖平之治学,既不囿于旧说,亦不拘守师说,更不故步自封。在学术特色的形成上,廖平受王闿运之影响甚深。王氏治经主今文学,廖平亦从今文入,且终身保持之;当年王氏专治《春秋》,认为"《春秋》拟《易》而作,圣人之极功,终身研之而不能尽"②,廖平亦从《春秋》着手,一生以《春秋》学著作最多;王氏以礼制考三代制度,廖平亦以礼制区分今文、古文学。刘师培称廖平"长于《春秋》,善说礼制"③,此两大特点,几乎都导源于王闿运。不过,廖平并不亦步亦趋,唯老师之马首是瞻。他思维明敏,时出新论,却从不蹈袭旧说;无论先儒前贤,或者近人师长,只要其说有未惬于心,廖平都勇于论难商榷,提出自己的见解。

廖平尝言:为学当精进不已,不可故步自封,当求"十年一大变,三年一小变,每变愈上,不可限量"④;"变不贵在枝叶,而贵在主宰";"若三年不变,已属庸才,至十年不变,则更为弃材矣"。廖氏之学历经"六变",各有年代。⑤

第一变:始于1883年癸未,以《王制》《周礼》平分今、古,是为初变,光绪十二年

---

① 廖平、吴之英:《经学初程》,民国三年成都存古书局刊本,收入《六译馆丛书》本。
② 王代功:《王湘绮先生闿运年谱》卷三,民国八年刻本。
③ 蒙文通:《井研廖季平师与近代今文学》,蒙默编《蒙文通文集》第3卷,巴蜀书社1995年版,第105页。
④ 廖平:《经话》甲编。
⑤ 案:关于廖平经学"六变"的起止时间,学术界有不同的看法,见黄开国《廖平评传》第2章,百花洲文艺出版社2010年版。此据廖平《四益馆经学四变记》、黄镕《五变记笺述》、柏毓东《六变记》诸书的传统说法。

(1886)付梓之《今古学考》为此期之代表著作。廖平认为：今文经为孔子所创，古文经为周公所作；"今学博士之礼制出于《王制》，古文专用《周礼》，故定为今学主《王制》、孔子，古学主《周礼》、周公，然后二家所以异同之故，灿若列眉；千溪百壑，得所归宿"①，《王制》《周礼》可"同治中国"。从此今、古文之学遂得分明。

以礼制之别区分今、古，堪称廖平对经学及经学史之一大贡献。古文学家俞樾亟称《今古学考》为"不刊之书"，近人蒙文通更誉之为有清一代学术史上"三大发明"之一（另两大"发明"，为顾炎武之《音学五书》、阎若璩之《尚书古文疏证》），具有"划时代"意义。

第二变：始于1888年戊子。此一时期，变平分今古为尊今抑古，以《知圣篇》《辟刘篇》（后改为《古学考》）为代表作。廖平"折群言而定一尊"，认为"古文家渊源，则皆出许（慎）、郑（玄）以后之伪撰。所有古文家师说，则全出刘歆以后据《周礼》《左氏》之推衍。又考西汉以前，言经学者，皆主孔子，并无周公；六艺皆为新经，并非旧史。于是以尊今者作为《知圣篇》、辟古者作为《辟刘篇》"。故据《王制》以遍说群经，以今文为孔子之真学，且于《周礼》中删除与《王制》相反者若干条（旧有《周礼删刘》之作）。

第三变：始于1898年戊戌。泯灭今、古之畛域，群经传记，统归一律，进而判分王、伯、皇、帝之学，变"今""古"而为"小""大"。廖平发现，"以《王制》遍说群经，于疆域止于五千里而已"，与《中庸》所谓"洋溢中国，施及蛮貊"、《礼运》所言"大同"等说颇有龃龉；乃"闭门沉思，至于八年之久"，乃悟"《周礼》为根基，《尚书》为行事"。于是定《周礼》为皇、帝之学，为大统；《王制》为王、伯之学，为小统。且曰：旧之平分今、古及尊今抑古"大抵皆就中国一隅言"；"盖《王制》《周礼》，一林二虎，互斗不休，吾国二千年学术政治，实受其害。合之两伤，甚于洪水猛兽"，今若"一内一外"，以《王制》治内，主中国；以《周礼》治海外全球，主世界，则"一小一大，一内一外，相反相成，各得其所"矣。此期代表作为《地球新义》《王制集说》《皇帝疆域图》等。

梁启超认为，此第三变乃是张之洞干预的结果，说廖平"晚年受张之洞贿逼"，故对平分今、古之说"复著书自驳"②；或者是廖平惧祸的支吾应付之辞："言今文为小统，古文为大统"，"则戊戌以后惧祸而支离之也"。③ 梁说甚有影响，然而未必中肯。

对廖平尊今抑古诸说，张之洞的确深致不满。1897年，张曾令宋育仁传语廖平，

---

① 廖平：《四益馆经学四变记》，《六译馆丛书》本。本节以下所引，未另加说明者皆同此。
② 梁启超：《清代学术概论》，第77页。
③ 梁启超：《论中国学术思想变迁之大势》，第128页。

重申"风疾马良"之诫。面对师友的责难,廖平虽因之"忘寝餐者累月",然而并未改变自己的看法,其致宋育仁函,仍固执己见。其函略云:作《今古学考》,主于平分今古,皆天时人事、时会使然,"非鄙人所能自主者也";尊今抑古之说,李兆洛(申耆)、龚自珍(定庵)诸先达已申之于前,则已说"实因而非创"。"两汉旧学,坠绪消沉,鄙人不惜二十年精力扶而新之,且并群经而全新之,其事甚劳,用心尤苦,审诸情理,宜可哀矜";而"风之见疾,马之见良,正以其识见精明耳","若门户有异,则学问之道,何能囿以一途?"同时又隐隐流露出对恩师张之洞的不满:"即使弟子学人,不绍箕裘,而匠门广大,何所不容!……况至人宏通,万不以此。反复推求,终不解开罪之所由。"①字里行间,全无悔过自责之心,更非改弦易辙之意。至于《地球新义》诸作,已经成书于戊戌政变之前,则"惧祸"云云,遂不知从何谈起!

第四变:始于光绪二十七年辛丑(1901),主题是"天学"与"人学"。1901年,廖平始以《楚辞》解《诗》,次年又成《知圣续篇》,渐悟天人之学,是乃廖氏经学四变之始。廖平以为,孔学之中,不仅有治中国、治世界的小统、大统之学,是即"人学",而且有治天地神鬼和未来世界的"天学";《易》《诗》《书》《春秋》四经以天、人分,"人学为六合以内,天学为六合以外";《春秋》言伯而包王,《尚书》言帝而包皇,一小统,一大统,为人学二经,《诗》《易》则天学之二经。廖平又称,先儒所谓"诡怪不经之书",如《灵枢》《素问》《楚辞》《山海经》《列子》《庄子》《尸子》《穆天子传》等等,以及道书、佛典之类,"自天人之学明",皆能涣然得其解释。刊行于1914年的《孔经哲学发微》,是此一时期的代表著作。

第五变:始于1918年戊午,融"小大"于"天人"。廖平认为,六经皆孔子"革更野史,译从雅言",由"古本之文"翻译而成。六经各有领域:《礼》《春秋》《尚书》讲六合以内事,为"人学"三经,《王制》《周礼》等为之传,而"各有皇、帝、王、伯四等"。《易》《诗》《乐》"遨游六合以外",为"天学"三经,《灵枢》《素问》《山海经》《列子》《庄子》《楚辞》、古赋为之传。不仅此也,中国之六书文字,亦为孔子所创造。②

第六变:约始于1919年,在1921年完成。其特点可以用廖平自题楹联来概括:"黄帝六相说《诗》《易》,雷公八篇配《春秋》。"即以《黄帝内经》之"五运""六气"说来发挥《诗》《易》的"天学"哲理,以《灵枢》《素问》中黄帝与其臣雷公等人相问答的内容及理致来阐释《春秋》的"人学"思想。廖平以为,"《内经》旧以为医书,不知其中有'天

---

① 廖平:《四益馆文集·论学三书·与宋芸子论学书》,《六译馆丛书》本。
② 黄镕:《五变记笺述》卷上,《六译馆丛书》本。

学',详六合以外,有'人学',详六合以内"①。

自六变学成,廖氏经学体系之孔经哲学便由"人"及"天",兼摄"人""天",广大悉备,无所不有,无施不宜;廖氏之思想便从经学、诸子,相容文学、医学、方技、宗教神学诸领域,驰骛乎诸学并包,勤思乎参天贰地。

廖平一生,以学术、教育自任,不仅勤于著述,成就斐然,而且桃李满天下,弟子遍蜀中,如黄镕、吴虞、蒙文通、李源澄、杜刚伯等知名经学家、思想家和史学家,皆出其门下。

廖平是中国近代影响巨大的经学大师之一,同时也是中国传统经学的最后一位大师,因而赢得了人们普遍的尊敬。他逝世以后,追悼大会在成都举行,自蒋介石、戴季陶、孙科以下,各界名流或亲赴吊唁,或敬致挽联,以表达对这位硕儒的哀悼之思、崇敬之情,章太炎先生还为廖平撰写了墓志铭。②

三 廖平的著作

廖平一生潜心学术,著述甚丰,数量达数百种,内容广泛涉及经、史、子、集四部,范围极为广博,虽然有的著作托名门人,但不影响其反映廖平的思想。可惜大量的文献或未觅见,或已亡佚,或已残缺,有的今天只可考其存目。1921 年成都印行《六译馆丛书》,卷首《新订六译馆丛书目录》表明,该丛书收录廖氏著作 108 种(篇)。1942 年,四川省图书馆《图书集刊》发表廖平女儿廖幼平所编《六译先生未刻已刻各书目表》,著录"现有未刻者 21 种,已刻者 97 种"(《书目表》序),其已刻书目从光绪三年到民国二十五年,全部按撰著和刊刻年代先后编排,其未刻书目实际列目 16 种,总计实有 113 种。

20 世纪 80 年代初,廖幼平辑《廖季平年谱》(巴蜀书社,1984 年)亦附此目,内容无所增减;又附卞吉新编《现存廖季平著作目录》,系"据四川省图书馆及四川省社科院所藏者"编成,共有 104 种(内含稿本 4 种),按小学类、论学类、孝经类、春秋类、礼类、尚书类、诗经类、乐经类、易经类、诸子类、医类、地理类、杂著类 13 类排列。

---

① 黄镕:《五变记笺述》卷下,《六译馆丛书》本。
② 章太炎:《清故龙安府学教授廖君墓志铭》,《制言》半月刊 1935 年第 1 期。

近时,由于编纂和研究《廖平全集》的需要,郑伟博士博考各类书目和传记,撰《廖平著述考》(四川大学出版社,2014年),共考得廖平各类著述信息(含单篇文章和专著,包括已刊、未刊、已佚、草稿和拟撰未成者等)凡722种(篇),另有丛书汇编13种。其中,现存者273种(篇),亡佚者10种,残缺者9种,未见者399种,拟撰未成者31种。在现存的文献中,专著类(不含抄录者)共有164种,分为14大类:① 群经类;② 周易类;③ 尚书类;④ 诗经类;⑤ 三礼类;⑥ 乐经类;⑦ 春秋类;⑧ 孝经类;⑨ 论语类;⑩ 小学类;⑪ 子学类;⑫ 医书类;⑬ 术数类;⑭ 杂著类。其中著作部分目录(此处专著分类根据文献实际进行分合,与《廖平著述考》分类略有差异)如下。

(一)"群经类"26种

廖平以经学有微言大义,章句繁多,博而寡要,劳而少功,故治经以博览会通,提纲挈领,发幽阐微,归纳义例为特色。其群经之作贯穿经学六变,与廖氏经学思想嬗变(前四变)大体对应。第一变,以发明"平分今古"之说为核心,阐发群经义例,概论为学次第,撰有《经学初程》一卷(与吴之英合撰)、《今古学考》二卷、《群经凡例》一卷;第二变,以"辟刘"和"知圣"为要,收录以经说琐语,并于"小大""皇帝"之说间或讨论,为经学第三变做了必要铺垫,撰有《知圣篇》一卷、《古学考》一卷、《尊经书院日课题目》一卷、《经话》甲编二卷、《经话》乙编一卷;第三变,推扬小大统之说,发挥皇、帝、王、伯之学,由中国而及全球,并就"尊今抑古"转为"古大今小"变化过程中的著述提要与短篇文稿进行辑存,对所著经学著作进行编目,撰有《地球新义》二卷、《家学树坊》一卷、《四益馆经学目录》一卷;第四、第五变,推尊孔子,为孔正名,借群经之言,以贱"小大"之旨,发明"人天"之学,撰有《知圣续篇》一卷、《皇帝大同学革弊兴利百目》一卷、《群经大义》一卷、《群经总义讲义》一卷、《尊孔篇》一卷、附录一卷、《群经大义补题》一卷、《孔经哲学发微》一卷、《四译戻书目》一卷、《世界哲理笺释》一卷(又名《世界哲理进化退化演说》,廖氏演说,乐山黄镕笺释)、《祆教折中目录》一卷。第六变,总结廖平经学之学术源流与思想变迁,"今古""大小""人天"等,不一而足,撰有《四益馆经学四变记》一卷、《五变记》(黄镕笺述)二卷、《经学六变记》等。

(二)"周易类"6种

廖平《易》学始于光绪六年(1880)《生行图谱》(今未见),该书尝呈张之洞审阅。此后经学六变,皆有易学之作,然多数已难寻见,恐或亡佚,现唯存6种。第二变时,廖氏易学重在推明《易》例，疏解"贞悔"之义，撰有《易生行谱例言》一卷、《贞悔释例》一卷、《易经新义疏证凡例》一卷；第三变时，旨在推明《易古本》之要旨，撰有《易经古本》一卷；第四变时，就三《易》原旨流别、六十四卦卦名意义进行辨正，撰有《四益易说》一卷，《易经经释》一卷。

（三）"尚书类"7种

廖平《书》学发端于同治十年（1871）《禹贡验推释例》之作，"六变"之中，皆有撰述，而以第二变"尊今抑古"以后，撰著为多，现存7种。第一变，以发明《书》学义例为主，撰有《今文尚书要义凡例》一卷、《今文尚书二十八篇序例》一卷；第四变，以《尚书》为六合以内人学之大成，即《诗》《易》天学之初步，以发明大统小统之说，撰有《书经大统凡例》一卷、《书经周礼皇帝疆域图表》四十二卷；第五变，发挥经义，推明皇、帝、王、伯之说，撰有《尚书弘道编》一卷、《书中候弘道编》一卷、《尚书今文新义》一卷。廖氏书学虽以言"小大""人天"为要，且多以后三变为主，然其早期之作，如《禹贡验推释例》《洪范释例》《尚书王鲁考》等，亦见其对"验小推大"方法之阐发与运用，据此可见其书学思想滥觞与治《书》径路。

（四）"诗经类"5种

廖平《诗》学肇始于光绪二十六年（1900）《三家诗辨正》《齐诗微绎必读》之作，而诗学诸作则多成于廖氏经学第三变以后，现存5种。除《诗经经释》（作于1930年）外，《诗纬新解》一卷、《诗纬搜遗》一卷、《释风》一卷（又名《诗学质疑》）、《孔子闲居》一卷（此四种后又汇编为《四益诗说》），皆成于民国三年（1914），即第五变时期，为廖氏晚年之作，亦为其诗学之代表。廖氏治经，师今文家说，于《诗》则以《齐诗》为主，其捃摭群经纬候之辞，取其涉于《诗》三百篇者汇辑成篇，以发明《诗纬》之义，以破《诗》无义例之说，进而推"小大"之学，以至"人天"之境。

（五）"三礼类"16种

廖平《礼》学为其经学大宗，数量仅次于《春秋》类文献。廖平治《礼》，发端较早，同治十年（1871）即作《官礼验推》。在其"经学六变"前的"专求大义"时期，廖平于《穀梁春秋》用力尤深，其解经多据礼制言，发明三礼例、表甚多，可谓治《礼》之滥觞。廖平精研礼学,通贯六变,而主要集中于前三变之中。廖氏以"礼制"为经解钤键,以为治《春秋》之理论基础,亦为其"平分今古""尊今抑古""小大"统等学说之理论依据。故刘师培称其"善说礼制,其洞察汉师经例,魏晋以来,未之有也"。蒙文通则言:"礼制以立言,此廖师根荄之所在。"现存文献16种,分布于三礼之中,其治礼次第,初以《仪礼》《礼记》为主,后及《周礼》。第一变,发明三礼经传诸例,认为今学《礼》以《王制》为主,六经皆素王所传,故诠解礼制、经义,大张《王制》之学,于分经、分传汇辑,附以先师旧注,撰有《礼经凡例》一卷,《两戴记分撰凡例》一卷,《王制学凡例》一卷,《容经凡例》一卷,《周官考征凡例》一卷,《礼运礼器郊特牲订》(又名《礼运三篇合解》)三卷,《王制订》一卷,《王制集说》一卷,《分撰两戴记章句》一卷。此后沿袭第二变"尊今抑古"思想,商榷古注,于第三变时成《周礼郑注商榷》一卷。第四变时,廖氏继续发扬"小大"之说,详述皇、帝、王、伯之学,渐至"人天"之学,撰有《周礼新义凡例》一卷,《坊记新解》一卷,《大学中庸演义》一卷,《容经浅注》一卷,《周礼订本略注》二卷。第五变时,又将旧所批《礼记》付刊,取名《礼记识》。

(六)"乐经类"1种

廖氏《乐》学之作凡11种,多成于前三变,尤以第二变为多,或辑补经传,疏证经籍;或推考源流,以纬证经;或发明新义,推求凡例,然其原著皆未及得见,唯得其《乐经凡例》一卷,为第一变时之作。廖氏以《乐经》虽亡,尚存其他经传之中,由记考经,可辑而出之,是书遂立经为主,以记附之,旁采诸经、子、史所载乐事而成。

(七)"春秋类"26种

廖平《春秋》学为其经学大宗,数量居其经学文献之首。三传博大,治之非易,故廖氏治《春秋》,特重礼制与发凡起例,因而为《凡例》、图表者甚众。其治三传,又以"内外"别之,《穀梁》以"内学""外学"言,《公羊》《左传》以"内编""外编"言。以本传为核心所撰之注疏者,归入"内学"或"内编";围绕本传所作之基础研究者,归入"外学"或"外编"。廖氏治《春秋》,以《穀梁》为初阶,其发端于光绪六年(1880)《穀梁先师遗说考》,次及《公羊》,后治《左传》与《春秋》总论,其《穀梁》学所奠定之基本范式(经学义理、治经原则,解经方法等)成为其《公羊》学、《左传》学等之凭依。故蒙文通称"《穀梁》释经最密,先生(廖平)用力于《穀梁》最深","后复移之以治《公羊》《左氏》,皆迎刃自解"。廖平《穀梁》学、《公羊》学诸作大多成于经学前两变,而《左传》学及"三传"总

论则多为第二变以后之作。现存"春秋类"著作 26 种,据廖氏治《春秋》次第与成书时间先后,其目如下:

1.《穀梁》学

〔内学〕《穀梁春秋经传古义凡例》一卷,《穀梁春秋经传古义疏》十二卷;

〔外学〕《释范》一卷,《起起穀梁废疾》一卷,《穀梁春秋经学外篇凡例》一卷。

2.《公羊》学

《何氏公羊春秋十论》一卷、《续十论》一卷、《再续十论》一卷(合为《何氏公羊解诂三十论》),《公羊春秋补证凡例》一卷,《公羊春秋经传验推补证》十一卷、首一卷。

3.《左传》学

《春秋左传古义凡例五十则》一卷,《春秋左氏传汉义补证简明凡例二十则》一卷,《春秋古经左氏说后义补证凡例》一卷,《五十凡驳例》一卷,《左传杜氏五十凡驳例笺》一卷,《左氏春秋学外编凡例》一卷,《春秋左传杜氏集解辨正》二卷,《箴箴左氏膏肓》一卷,《左氏考证辨正》二卷,《左传经例长编》一卷(北图抄本),《春秋左氏古经说疏证》十二卷。

4.《春秋三传》总论

《春秋图表》二卷,《春秋孔子改制本旨三十问题》一卷,《素王制作宗旨三十题》一卷,《拟大统春秋条例》一卷,《春秋三传折中》一卷。

(八)"孝经学"3 种

廖平《孝经》学诸作多载于《孝经丛书目录》,多数未及得见,或拟撰未遂,或已亡佚,现存 3 种:《孝经学》,《孝经学凡例》一卷,《孝经丛书目录》一卷。

(九)"论语类"1 种

廖平《论语》学之作多成于经学前两变,其以《论语》为"素王"微言,其凡例大端,在发群经之隐秘,故以例求隐,稽考旧说,发隐抉微,于《论语》之义,多有辨正。现存 1 种,即作于第一变时的《论语汇解凡例》一卷。

(十)"小学类"4 种

廖平文字训诂之作现存 4 种。多成于经学六变以前,而民国间撰述者以尊孔尊经为基调，不似早期汉学著述。廖氏初习宋学，张之洞督学四川后，提倡"两文达"之学，廖平遂弃宋学而习汉学，自谓："入尊经后，始从事训诂文字之学，博览考据诸书，始觉唐宋人文不如训诂书字字有意。"其间，撰有《尔雅舍人注考》一卷，《六书说》一卷。进入经学第一变后，廖平将旧作《转注假借考》补为《六书旧义》一卷，以班固之说为主，六书各分其类，以形、意、事、声为造字之法，转注、假借为用字之法。第四变之时，廖平推尊孔学，以为广大悉备，"人""天"并包，撰《文字源流考》一卷，以为孔子翻经正名，特创六书雅言，未有六书之前，亦必有字母之时代，所谓孔氏古文，不能不由结绳而改进。古文其初发明，囿于邹鲁；今则东西南北，万里而遥，所有齐语、楚咻、方言、百家语、外国语，无不为其所吸收。六书必传之万世，统一全球。此说可谓孔经人学一统宇内之旁证。此期，另作有《隶释碑目表》一卷。

（十一）"子学类"4 种

廖平之学，始于经学，而及子学，廖氏以诸子之学，皆出于孔门四科，为六艺支流，源皆本于六经。其所论及子学者十家：儒家、道家、释家、阴阳家、法家、名家、墨家、纵横家、杂家、兵家，其中以儒家类居多。现存 4 种，涉及道墨、阴阳者。四变之际，廖氏主"人天"之学，撰《庄子新解》一卷，《庄子经说叙意》一卷，《五行论》一卷，以敷宏其说。大抵以庄学出于孔子，其尊孔宗经，诟訾伪儒，传六经之天学，心同《诗》《易》。《庄子》一书屡言"大小""天人"之分，以天人、神人、至人为天学三等，以仁、义、礼、乐为人学四等。六合之内，圣人为尊；六合以外，为天人、至人。而"五行"全为五帝学，经传之《五帝德》本不指中国一隅而言，"天人"皆有五帝之说。六变之后，廖氏又为伍非百《墨辩解诂》作序，成《墨辩解故序》一卷。

（十二）"医书类"45 种

廖平自幼习医，舞勺之年，尝从廖荣高学医。至其晚年，于医学诸作用力尤深。现存 45 种，作于第四变后期至第五变初，即 1912 年至 1918 年。初就《黄帝内经》中有关诊络、诊皮等问题进行专题考释，并对日本丹波元坚所著医书进行删辑，撰有《释尺》二卷，《诊络篇》一卷，《诊络名词》一卷，《古经诊皮篇》二卷，《古经诊皮名词》一卷，《药治通义辑要》二卷。继而，对脉络诸说，诊皮之法，平议补证，撰有《脉学辑要评》三卷，《脉经考证》一卷，《杨氏太素诊络篇补证》三卷，《诊络篇病表》一卷，《黄帝太素人迎脉口诊补证》二卷（又名《人寸诊补证》），《分方异宜篇》一卷，《黄帝内经太素诊皮篇补证》一卷,《营卫运行杨注补证》一卷。此后,专治《黄帝内经》所论经脉者,于杨上善之说有所辨正,间论伤寒诸症,撰有《伤寒讲义》一卷,《隋本黄帝内经明堂》一卷(附《摄生消息论》),《平脉考总论》一卷,《内经平脉考》一卷,《灵素五解篇》一卷,《素问灵台秘典论篇新解》一卷,《杨氏太素三部诊法补证》一卷,《九候篇诊法补证》一卷,《十二经动脉表》一卷,《疟解补证》一卷,《真藏见考》一卷。后又于《黄帝内经》论筋骨与论疑难者,以及"三部九候"诸说,详辨疏证,撰有《诊筋篇补证》一卷,《十二筋病表》一卷,《三部九候篇》一卷,《仲景三部九候诊法》一卷,《难经经释补证》二卷,《中西骨格辨正》一卷,《诊骨篇补正》一卷。最后,围绕"伤寒",进行专题研究,力主古义,稽考诸说,平议优劣,间或订补,撰有《伤寒总论》一卷,《伤寒古本考》一卷,《伤寒平议》一卷,《瘟疫平议》一卷,《太素伤寒总论补证》一卷,《桂枝汤讲义》一卷,《巢氏病源补养宣道法》二卷,《热病说》一卷(又名《太素四时病补证》),《伤寒杂病论古本》一卷,《伤寒古本订补》一卷。此外,又成医著目录三种,即《四译馆医学丛书目》一卷,《隋本灵枢目录》一卷,《素问杨氏太素本目录》一卷。

廖平现存医著虽多为第四变之作,且以研讨医学问题为主,然亦出现经、医会通之倾向。廖氏以《灵枢》《素问》分政治、医诊二大派,天道人事,异辙殊趋,厘定部居,剖析泾渭,庶政学收功于大统,医术不遁于虚玄。故廖氏治医,不唯以医论医,更是以医明经。为其经学第五变、第六变,借《灵枢》《素问》,以"五运""六气"等说而发明"天学"之旨,打通"人天"之际,奠定其思想基础。而其后所撰《内经三才学说》(存目)、《灵素皇帝学分篇》(存目)、《灵素阴阳五行家治法考》(存目)等会通诸学之作,亦当为此会通思想之反映。

(十三)"术数类"5 种

廖平术数诸作现存 5 种,皆成于经学第四变之时。世传唐杨筠松撰《撼龙经》《疑龙经》《天玉经》《青囊奥语》《都天宝照经》等著,专论地理形势,或言山龙脉络、结穴之义;或以阴阳星辰,言相地之法。然诸书文字简略,术亦深奥,昔日术家多所不传,故廖氏撰《地学答问》一卷,《撼龙经传订本注》一卷,仿《王制》《周礼订本》,分经、传、说之例,掇其要语为纲,采其详说为目,审辨部居,判划门类,重订《撼龙》之书;并以经学、天文、律历为本,探源于汉晋以前诸书,为之钩玄而提要;推重蒋大鸿之说,力辨飞宫挨星之误,以辅弼分九星,并绘顺逆交会各图,以资证明,使杨氏绝学复明于世。虽蒋氏《地理辨证》一书,于杨氏诸作有所发明,然蒋书或囿于授受,或拘泥旧文,或惧于漏泄,故艰深隐僻,于是廖氏又撰《都天宝照经》一卷,《地理辨证补证》三卷(黄镕笺述),以穷经之精思,研古先旧法,博采传、纬、子、史诸说,勘明杨(筠松)、曾(文迪)立法之原。廖氏以术数诸书为经传之精华、天学之佐证,故廖氏之作虽究地学,其所征引,皆明孔道精微,亦足见地学肇端于圣经,推广为六合,扼要于天枢,会归于《周易》,弥纶上下。又有《命理支中藏干释例》一卷,以明其说。

(十四)"杂著类"15种

此为廖平各时期艺文之作,主要包括游记、伦理、楚辞及文集汇编等。现存15种,据成书时间,其目如下:《游峨日记》一卷,《国语义疏凡例》一卷,《伦理约编》一卷、附录一卷,《楚辞新解》一卷,《楚辞讲义》一卷,《离骚释例》一卷,《高唐赋新释》一卷,《游戏文》一卷,《会试朱卷》一卷,《四库西书提要》一卷,《四益馆文集》一卷,《四益馆杂著》一卷,《六译馆杂著》一卷,《四益馆外编》一卷,《六译馆外编》一卷。

另据晚清民国各种报刊,还搜集到廖平的《集外文》一卷。

四 《廖平全集》的整理

廖平的著作,除部分未刊稿外,大部分随撰、随刻或随发表,除单行本外,还编有《四益馆经学丛书》(收12种)、《四益馆医学丛书》(收24种)、《则柯轩丛书》(分装十册),后来成都刊印《蛰云雷斋丛书》,上海刊《适园丛书》,都收有廖平著述。1921年四川存古书局辑印《新订六译馆丛书》,收录廖平著作最多,达108种,虽说蔚为大观,但是仍然未全,如廖平研究《春秋》学的代表作《穀梁春秋经传古义疏》,就没有收录。至于其他手稿、单篇散文,更是散见各处,有的甚至逐渐亡佚,故需要重新加以编录和整理。

自1932年廖平逝世后,学界即渐次展开了对其学术文献的整理与研究。在思想研究方面,有的学者对廖平经学六变、经学思想、在中国经学史上之地位,以及与康有为、张之洞等人之关系问题进行了深入的讨论,已经取得丰硕成果。相较而言,对廖氏学术文献的整理,则显得较为薄弱,仅有李耀仙主编《廖平学术论著选集》(巴蜀书社,1989年)、《廖平选集》(巴蜀书社,1998年),刘梦溪主编《中国现代学术经典·廖平蒙文通卷》(蒙默选辑,河北教育出版社,1996年)和王凤兰主编《廖平医书合集》

(天津科学技术出版社,2010年)等。由于是选编,这些选编和整理自然缺乏全面性、代表性和系统性。

从经学文献的整理来看,两部"选集"收录廖平的经学著作共计15种,主要围绕廖平经学"六变",涉及礼学类、春秋类和论学类。它们的整理出版,为对廖平经学思想的研究提供了第一手资料,给相关研究提供了较大便利。然而,廖平经学著作多达数百种,涉及《易》《书》《诗》、"三礼"、《乐》《春秋》三传、《论语》《孟子》《孝经》《大学》《中庸》等经典领域,卷帙浩繁,亡佚较多,仍需进一步全面系统地搜集整理。

从医学文献的整理来看,《廖平医书合集》收录廖氏医学著作22种,但仍然有部分医书散在《合集》之外。

《廖平全集》即以《六译馆丛书》为主,广搜博采廖平已刻、未刻各类著述,还将散落各种杂志的单篇文章收集起来编为《集外文》。所收各书施以新式标点,还附录各类研究资料,为学界提供齐全的廖平文献。

可惜由于年久失收,廖氏有的著作早已不存或不知散落于何处。我们根据现存廖平著作的实际情况,将所收录廖平著述归为9大类(加上"附录"共10类):① 群经类(17种);② 周易类(5种);③ 尚书类(6种);④ 诗经类(2种);⑤ 三礼类(11种);⑥ 春秋类(16种);⑦ 杂著类(14种);⑧ 医书类(26种);⑨ 术数类(4种);⑩ 附录(6种)。共收廖平专著107种、集外单篇48种,共155种(篇)。其分类和分卷较前诸家稍有不同,且《六译馆丛书》汇印时将数种书合为1种,或将多种单篇合为一书,故总数统计稍异。如十八中"凡例"合刊为《群经凡例》,故只统计为一。"医书类"的一些小书,往往附刊于其他书后,未计种数。一些单篇文章则收入"杂著类"。"附录"系廖平年谱、传记、学术、评论等信息。此外,《六译馆丛书》所收《光绪会典》《三巴金石目录》《长短经是非篇》以及见于杂志的《四库西书提要》全系抄录旧文,别无诠解;成都玉清道院所刊《吕祖忠孝诰附考》虽署"廖平校证",实非廖平之作。故不予收录。

编校的原则是要保持原貌,但是廖平为了阐发自己的思想,往往有意改经,我们在点校时一般不予回改,必要时在校记中指出。底本中的异体字、俗字、避讳字,一般不强求规范;但对于其前后使用不同而有碍理解者,根据其使用频率较高的一种酌情统一。引文与原书或通行本文字不同者,或显系删节,又不影响文意者,一般不出校,也不改动原文。如果引文确实有误,或与通行本形成较大反差者,酌情出校说明。对于前人的校勘成果,我们亦择善而从。

由于廖平著作数量很多,收藏比较分散,一些藏书机构又坐地起价,搜集资料的过程可谓一波三折,艰难之至。含辛之余,我们仍黾勉从事,尽量搜罗,并对这些著作进行全面系统的整理校点,力图为学界提供资料完备、校勘精良的廖平研究文献。

本书的校点工作，主要由杨世文、舒大刚、邱进之、郑伟承担，其中杨世文教授组织审稿用力尤多。刘明琴、邹艳、宋桂梅、仇利萍、张卉、吴龙灿、张玉秋、张梦雪、杨婷、薛会新等分担了部分资料搜集校对工作。金生杨、潘斌、田君承担了部分审读工作。蒙默、廖名春、蔡方鹿、黄开国、郭齐、尹波等先生对编纂工作给予了极大的关心与支持。

最后我们要特别致谢的是，上海古籍出版社原社长王兴康先生、原总编辑赵昌平先生，现社长高克勤先生、总编辑吕健先生，都对本书的出版给予了特别的关照；中共中央文献研究室原主任、国际儒学联合会会长滕文生先生，四川省政协原副主席章玉钧先生，四川大学社科处处长姚乐野教授，都曾积极推动本书编纂与地方文化建设的结合。由于本稿的繁复性，奚彤云、杜东嫣等同志在编辑工作中付出了超常的精力。此情此义，真是感激莫名，谨在此一并致以衷心感谢！

由于我们的水平有限，其中可能有不少未尽人意之处，恳请识者不吝赐教。

与杨世文、邱进之、郑伟合著，第一作者。
原载舒大刚、杨世文主编：《廖平全集》，上海古籍出版社2015年版。

龚道耕学术成就刍议

清末民初是"蜀学"兴盛的重要时期,当时曾涌现出诸如骆成骧、廖平、杨锐、刘光第、宋育仁、吴之英、张森楷、吴玉章、郭沫若、蒙文通、向楚、向宗鲁、赵少咸等著名学者,[①]这些学人多出自"两院两堂"(即锦江书院、尊经书院和中西学堂、存古学堂)以及后来由"两院两堂"组建发展而成的四川大学。在"两院两堂"之外,还有一批相当出色的"蜀学"人士,无论经学、辞章,或是小学、校勘,都不乏精绝之作,影响深远,这也是近代"蜀学"的重要组成部分。龚道耕(1876—1941)即是其中重要一位。龚氏历任成都多所大学、中学的校长和四川大学、华西大学等名校教授,人称"著述行天下,弟子遍蜀中",是近代四川不可多得的教育家和学问家。其人朴实谨厚,学识广博,精熟《仓》《雅》,精意经史,著述110余种。他不趋新以炫世,不随众而媚俗,在以廖平为代表的"今文经学"大张赤帜、大行其道之时,龚氏却注重小学、力标"郑君",在"今文"学之外独标一帜,形成与廖氏学术互异互补的景象,从而构成近代"蜀学"的完整概念。他是四川近代"蜀学"著名大师,也是中国儒学发展史上重要人物。然而,在近世的种种研究中,龚道耕却被学人忽略了,至今不见有专文发表。为补此缺,本文拟对龚氏学术特色聊作探讨,希望能引起人们对他的重视。

龚道耕学术成就是多方面的,他在经学、史学、文学,乃至教育、社会等领域,都有造诣,都值得我们深入探索。这里仅就其学术特征归纳数事,以为深入研究的引玉之砖。就龚氏学术而言,大致可以归纳为六大特征:其一"博学渊深,学贯四部";其二"汉宋兼宗,不废今古";其三"气度恢宏,独具通识";其四"经史皆通,善于文学";其五"持论平衡,发人深省";其六"关心国事,切近日用"。

---

① 即使主要活跃在科学、音乐、文学等领域的周太玄、王光祈、李劼人、魏时珍等人,也有极深的旧学功底,深受"蜀学"的熏陶。

一　博学渊深，学贯四部

龚道耕学识渊博，无论前贤，还是朋辈；无论后昆，还是门徒，都对此无异议。庞俊(石帚)《记龚向农先生》谓其"发奋力学，自《仓》《雅》、群经、诸子家言，乙部掌故及当代典制，朝野轶闻，莫不浃熟穿穴，仰取俯拾，日有造述。"①庞氏又撰《龚氏墓志铭》说："自《仓》《雅》训故、九流家言、乙部掌故，下及当代典制，朝野轶闻，浃熟贯通，无不宣究。"②

殷孟伦代龚读簖撰《先王父向农府君学行述略》载："府君于学无所不窥，早岁治小学考据，及《流》《略》纂辑。"又："治学以广博为务，闻见搜讨，每深惟其终始，以为此孟轲氏所谓'博学而详说之，将之反说约'也。"③唐振常《忆舅文》也说："先生在学术上的成就博大精深，……四部之学，无所不窥，而于经史，尤所倾注，最得力的著作，在于经学的研究。……正由于学无所不窥，所以能成其大。"④

龚氏的博学，当世已引为学人楷模。唐振常回忆："赵尧生熙先生，我祖之学生而又我父之师。清末以翰林出为御史，硕学名流，驰誉国内。尧生先生最推重向农大舅父，我家尚存尧生先生致先父书札数十通，札中有谓'如向农先生者，可谓读书种子矣'。多次嘱先父多与向农大舅父相接，学其学，学其人。"赵熙(1866—1948)乃近世四川"五老七贤"⑤之一，德业文章，乡里钦崇，他对龚向农尚且如此推重，益证龚氏其人非同凡响。

---

① 庞俊：《记龚向农先生》，《志学》1942年第6期。下简称《记》。
② 庞俊：《成都龚向农先生墓志铭》，《成都大学学报》(社科版)1987年第4期。
③ 按，龚读簖《先王父向农府君学行述略》，发表于《志学》第6期。2007年11月13日龚师古(即龚读簖)先生亲自告诉笔者，该文实为殷孟伦代写。可见，此说实学人公议，非一家之私言。下简称《学行述略》。
④ 按，唐振常《记一代经学大师龚向农先生》，发表于《文史杂志》1990年第4期。又题《忆舅文——记一代经学大师龚向农先生》，载唐振常：《往事如烟怀逝者》，上海人民出版社1990年版。下称《忆舅文》。
⑤ "五老七贤"，是旧时成都的一个文化群体。清末民初，成都汇集了大批文人学士，他们不仅学识渊博，品行高尚，还经世致用，广植桃李，使"蜀学"在国内产生深远影响，深受当时主持川政者礼遇，其中的佼佼者被尊称为"五老七贤"，即赵熙、颜楷、骆成骧、方旭、宋育仁、徐炯、林山腴、邵从恩、刘咸荣、曾鉴、吴之英、交龙等。

龚道耕著述十分丰富,庞俊《记》谓其"发奋力学,……仰取俯拾,日有造述。年未三十,成书数十种,由是知名"。《墓志铭》也说:"甫逾立年,造述有斐,扃箧至数十种。"庞《记》后附有《龚先生遗著目录》,徐仁甫则专门编有《龚向农先生著述目录》,发表于《志学》第6期。二目著录龚氏著述69种。此外,笔者考察各类文献,又补充龚氏著述遗目42种。① 综合两项,可得龚氏经部著述39种、史部著述33种、子部著述27种、集部著述12种,四部合计共111种之多。

在龚氏著述中,有系统的学术专著,如《经学通论》②《中国文学史略论》③等,是当时颇受学界重视的学术专著,一时成为成都各大、中学校通用教材;有单篇学术论文,如《补礼经宫室例》《〈孝经郑氏注〉非小同作辨》《孔子生年月日说》④《三家诗无〈南陔〉六篇名义说》⑤等,都在某些重要问题上具有精深见解,发人所未发;有的则是辑佚作品,撷拾千古不传之秘笈(如自《鲁连子》至南北朝袁子《正论》《佚子最录》44种等)。或又独识别裁,撮录古代美文范本(如《六代文钞》《南北朝八家文钞》等),以为文化弘扬与传播之助;或又发凡起例,意欲新撰史、志(如《重修清史》《重修成都县志》等⑥);或又对古籍经典作校勘批注(如"南北朝八史"及新、旧《唐书》诸《札迻》⑦);或又关注现实,评时论政;或又吟曲作诗,蜚声艺林,等等。从内容上看,则遍及经学通识、制度考证、文献整理、新史修撰、文学创作、时事政治、辑佚、文选等方面,举凡经学、史学、文学,以及时政各个领域,都有涉猎,都有精深的发现和发明。可惜时运多艰,穷于应对,又且天不假年,遽归道山,无暇著述的董理刊布,许多著作未得发表,有的甚至还未成定稿。其已经刊布的著作不过《经学通论》《中国

---

① 按,龚氏著述,详见舒大刚《龚道耕著述考略》(未刊稿)。
② 按,龚氏《经学通论》一书,有民国十五年(1926)林思进序刻本、己巳(1929)冬三版重印本等多种。
③ 按,龚氏《中国文学史略论》一书,有乙丑(民国14年,1925)自序、民国29年(1930)成都建国中学印本,乙酉(1945)秋成都薛崇礼堂刊本。
④ 按,龚氏《补礼经宫室例》《〈孝经郑氏注〉非小同作辨》《孔子生年月日说》诸文,发表于《志学》1942年第6期。
⑤ 龚道耕:《三家诗无〈南陔〉六篇名义说》,《志学》1942年第4期。
⑥ 按,《重修清史》和《重修成都县志》俱未成,《成都县志》只成《成都县志拟例》,发表于《志学》1942年第6期。
⑦ 按,龚道耕诸书《札迻》多未刊,只有《旧唐书札迻》部分原发表于《华西学报》1941年第6、7期合刊本,(至"本纪"部分而止),全书至1989年四川大学出版社据殷孟伦抄本整理出版。其余诸书今未见出版。

文学史略论》《三礼述要》《礼记郑义疏发凡》①等数种,不及全部著述的十分之一。不无遗憾!

二 汉宋兼宗,不废今古

汉人说:"《诗》《书》《礼》《乐》定自孔子,发明章句始于子夏。"②此言经学之滥觞也。至于"经学"之成为众学之首、诸教之宗,则自西汉始。汉人治经,专门名家,重视训诂,却不重视理想体系。宋儒振起于"三教"纷争之际,注重义理思辨,超越传解注疏,直探圣人本意,放言"道统",独标"心传",于是理学大盛,体系粗具。中国学术遂有"汉学""宋学"两派之别。后世学者,或从汉,或主宋,互相攻驳,中国学术也因之互有消长。清"四库馆臣"曰:"自汉京以后垂二千年,儒者沿波,学凡六变:……要其归宿,则不过汉学、宋学两家互为胜负。夫汉学具有根柢,讲学者以浅陋轻之,不足服汉儒也。宋学具有精微,读书者以空疏薄之,亦不足服宋儒也。消融门户之见,而各取所长,则私心祛而公理出,公理出而经义明矣。"③馆臣虽然已经看到汉宋相争的问题所在,也提出了解决办法,提倡"消融门户,各取所长",但是清代"汉学""宋学"分歧问题仍然没有得到很好解决,更没有达到"私心祛而公理出,公理出而经义明"的境界。朝廷主持的科举考试,虽然以"程朱传义"《四书集注》为主,清廷治国理念也是以"存天理,灭人欲"的"宋学"为宗。但是学人(或民间)学术研究的重心,却趋向于"汉学"方法,于是以"乾嘉学派"为主体的考据之学在清代十分繁盛,整个学界仍然以"汉学"为主流,于时有所谓"家道许、郑、贾、马,世薄程、朱、陆、王"之说,朝野上下自然形成了"汉学"和"宋学"分野。江藩撰《汉学师承记》,流露出尊汉抑宋倾向,方东树撰《汉学商兑》予以商榷,江氏再撰《宋学渊源录》,于是汉、宋营垒更加明晰,汉、宋对立也更趋白炽。汉、宋之争不只如往日"互为胜负"、彼此"轻之""薄之"而已,而是几乎到了操戈相向、不共戴天的程度。

及至道光、咸丰时期,常州学派兴起,大张"公羊学"旗帜,于是西汉今文经学又取

---

① 按,龚道耕《礼记郑义疏发凡》,发表于《志学》1942年第1、3两期。
② 按,东汉徐昉言,见《后汉书集解》,中华书局1984年版,第525页。
③〔清〕永瑢等:《四库全书总目》卷一《经部总叙》。

代乾嘉学人推崇的东汉许郑贾马之学而行世。及至王壬秋遍注群经，入蜀主教，蜀中学风又为之一变。弟子廖平成《今古学考》，正式在汉学中分出"古文学"和"今文学"，使汉世的"家法"之异、"师法"之别，几乎重现于近世矣。至康有为等人出，大倡"新学伪经""孔子改制"之说，一时之间，学人治经，大臣议政，似乎以不识汉、宋，不讲今、古，不谈改制，不辨伪经，为不时髦、不入流了！不仅经学中有汉、宋之争，而且汉学内又有今、古相仇！不仅经义中有先圣、后贤之别，而且也有真伪、新旧之异了。于是学者说经，各逞意气，日起论端，经学本真，圣贤遗意，去道益远。

龚道耕却不为时论所驱，而是坚持自己的学术见解，进行独立的学术研究。自其少时读江藩《汉学师承记》而好之，粗识治学门径，但他并不是此非彼，而是汉宋兼治，无所偏倚。他既治小学，专精于文字、音韵、训诂，校刻了多种小学著作行世，撰有如《唐写残本〈尚书释文〉考证》、正史校勘记等考据性著作。同时又宗崇宋学，义理精通，践履笃实，真情厚意，蔼然仁者。他对于今古文学，也不抑此扬彼，任情去取，而是各明其是，各取其长。

针对时人批评汉学"破碎大道，不切实用"，他著书申辩说："其时儒者多致贵显，类能通经致用。明《易》者能占变知来，明《书》者以《洪范》察变、以《禹贡》行水，明《诗》者以'三百五篇'当谏书，明《春秋》者以决疑狱，明《礼》者以议制度，《孝经》《论语》则为保傅辅道之用。此西京经学之所以称盛也。"①但也不掩盖汉学烦琐之失，他批评曰："自传业寖盛，诸弟子各述师言，著于竹帛，于是有传，有章句，有解故，有说义，有故，有杂记，有说，有外传，有记。一经之说至百余万言，皆后师所推衍……则几与后世制举经义无异。宜乎通人恶繁，羞学章句。"②

针对时人对宋学"空谈性理"的指控，他辩护说："夫宋儒说经，以义理为宗，以心得为贵，其所发明，诚有汉唐诸儒所不逮者。"但又批评宋学："信心之过，至于蔑古，删窜旧本，攻驳经文，亦非小失。"③他曾在《经学通论》综评宋儒："综言其弊，盖有数端。一曰陋：空谈义理，昧于典制是也。一曰妄：连篇累牍，动称错简，分经析传，率意刊定是也。一曰杂：假借'六经'，自抒己意，语多附会，义等断章是也。一曰悍：疑注不已，至于疑经，《尚书》《毛诗》，俱遭刊削是也。一曰诞：昌言心性，流入狂禅，杨、谢开其源，陆、王扬其波，迄于明代，此风尤盛是也。一曰固：坚持门户，无敢出入，宁道周

---

① 龚道耕：《经学通论》，己巳（1929）冬三版重印本，第27页。
② 龚道耕：《中国文学史略论》卷二，乙酉（1945）成都薛崇礼堂刊本，第2页。
③ 龚道耕：《中国文学史略论》卷六，第1页。

孔失,讳言程朱非是也。"①

历数事实,优劣自见,褒讥贬绝,无所偏倚。龚道耕计划撰写的《礼记郑氏义疏》,即欲兼采汉、宋两家治学风格及成果。《发凡》曰:"《记》中通论诸篇,发明礼意,及圣门论治、论学微言大义,最为精深。汉、唐注疏,既失之简,宋、元解说,又多朱子所谓'舍经作文',繁而寡要,几同制举经义。今本诸《尔雅》《说文》,以正其训诂;又取先儒理学,以发其精微。破汉、宋门户之成见,合义理、训诂为一家。庶于经义,或有所当。"②龚读籍《学行述略》说他:"不存汉、宋门户之见,欲合义理、考据而为一家。"即指此而言。

当时四川是"区别今古""托古改制"学说策源地,蜀人治学也以今文经学为特色。及民国初年,刘师培受聘为四川国学院院正,古文经学势力又在四川大张赤帜。刘氏四世研治《左传》,是古文经学大本营。师培之入川也,朝夕与廖平讨论考校,日以今古文问题为话题。一时学术,靡然从风,撰文著书,入主出奴,不主古文,即主今学,无不打上"今古学"之烙印。龚道耕置身其间,却不受影响,既不左廖,也不袒刘。庞氏赞其"尤好群经,兼综今古。于时巨儒井研廖氏、仪征刘氏,并有重名,斩斩辨诵,先生高揖其间,容色晬然。及所发正,不为苟同,斯所谓深造有得者乎。"(《墓志铭》)他为学"尽睹诸儒之书,左右采获,不为偏倚"(《记》),各取所长。龚读籍《学行述略》说他"治经宗今文,然未尝诋古文不为,如近世衍常州今文之末流者。"姜亮夫《学兼汉宋的教育家龚向农》也说:"南海康长素隐依井研廖平之说为《孔子改制考》《新学伪经考》两书,大扇庄存与、刘申受、宋翔凤、龚自珍、魏源之说以取卿相,天下壮之。蜀士之轻健者悉尊之,其奇诡狂肆之说,为纯儒所不取。先生虽与廖君同郡国,且亦习今文,然不相唱和。"③

由于他宅心公正,出入汉、宋,留意今、古,故能升入堂奥,识其优劣,评长论短,多中肯綮。他论"今古文"之异同,尤其击中要害,论者多龌之:

> 比而观之,今古学家,其不同者有五:丁宽说《易》,惟举大义;申公传《诗》,疑者则阙,今文家大率如此;古文晚出,字多奇异,欲明义理,必资训诂,故杜(子春)、郑(兴、众)、谢(曼卿)、卫(宏)、贾(逵)、服(虔),说经之作,皆以"训诂""解诂""解谊"题名;郑玄之于杜、郑,亦以发疑、正读赞之。是今文明大义,古文重训

---

① 龚道耕:《经学通论》,第37、38页。
② 龚道耕:《礼记郑义疏发凡》,《志学》1942年第3期。
③ 载《四川近现代文化人物》,四川人民出版社1989年版,第117页。

诂,一也。《后汉书·儒林传》所载经生,惟任安兼通数经,景鸾兼治《齐诗》《施易》,余皆以一经著称;古文则贾(逵)、马(融)、许(慎)、荀(爽),皆并通五经。其余通一二经者,尤指不胜屈。是今文多专经,古文多兼经,二也。今文家讲明师法,不尚著述,范书所载,如年长、伏恭、薛汉、张匡,仅定章句;洼丹、景鸾、赵晔、杜抚,略有著书;古文则郑、贾、马、荀,遍注群经,其余注一二经者尤众。是今文守章句,古文富著述,三也。今文如孙期、张驯,兼治古学者甚鲜;古文则郑兴、尹敏、贾逵,皆先治今文,后治古学;明章以后,兼通今古者尤众。是今文多墨守,古文多兼通,四也。范《书》载今文学家三十余人,大率治经之外,无所表见;古文家则桓(谭)、卫(宏)、许(慎),撰著博通;张(衡)、马、崔(瑗)、蔡(邕),尤工词赋。是今文多朴学之儒,古文多渊雅之士,五也。观其同异所在,而东汉以后今蹶古兴之故,可思矣。①

寥寥数百字,历数"今古文"经学家之异,兼及其盛衰之原,言简意赅,能道人之所未道,发人之所未发,斯为可贵。龚读籀《学行述略》曰:"晚近经师,如井研廖氏、仪征刘氏,府君皆尝与上下议论。平生以为积学深造,不难直追古人,论者亦重府君学,以为非妄语也。"唐振常《忆舅文》云:"先生治古文经学,于经今学亦所深研,虽不喜今学奇诡狂肆之说,然于二家不主重此轻彼,由此方能发为实事求是之论。"

特别是对廖平猛烈批评的、博综今古的经学家郑玄,龚氏尤其倾心。庞俊说他:"最重郑君,为之《年谱》。名其堂曰'希郑',从所志也。"②龚道耕认为"郑氏解经,大概宗古文,兼用今文","囊括大典,罗网众家,删裁繁芜,刊改漏失"。这一做法,深有助于实现其"述先圣之元意,整百家之不齐"的宗旨。他认为郑玄在中国经学史上实开辟了一个崭新时代,故在《经学通论》中专列"郑玄经学"为一个时期:"自建安以及三国,数十年中,今、古两学皆微,而郑氏学统一天下矣。""自兹以后,经学惟有郑学、非郑学两派,而无复今、古之辨矣。"③龚读籀《学行述略》说他:"而于'郑学'之博综古今,渊源朴茂,尤尊崇之,故于高密遗书,多所疏证,后得善化皮鹿门所著诸书读之,乃辍不为。"庞石帚也说龚氏"于廖说不为苟同,尝欲作书申郑君,以辨廖氏之加诬,属草未具,会治他书而辍"④。针对阎若璩批评郑玄"信纬""注纬",提议将郑玄从孔庙中

---

① 龚道耕:《经学通论》,第30、31页。
② 庞俊:《记龚向农先生》,《志学》1942年第6期。
③ 龚道耕:《经学通论》,第32、33页。
④ 庞俊:《记龚向农先生》,《志学》1942年第6期。

请出,龚氏特著《书〈古文尚书疏证〉后》①加以辩护;其著《礼记新疏》也是要以《郑注》为本,故书名即定为《礼记郑氏义疏》,《发凡》说:"郑君初习今文,后明古文,扶风问业,学乃大成,遂以礼学自名其家。……王肃而后,诘难蜂出,而迄于唐、宋,礼家终以郑氏为宗。庄绥甲、李兆洛,訾其变易古文家法,井研廖君从而衍之。不知以郑义推诸经传,夫固浑浑圜圜,盛水不漏。今之所疏,以郑为主,故名曰《礼记郑氏义疏》。"②不过他对于郑氏也不盲从盲信,他反对六朝唐人"疏不破注"作法,以为如果郑注有误,也是可以攻驳的:"六朝唐人注疏,例不破注。……今于典制大端,并遵郑氏,间引异说,皆是外篇。至于名物训诂,句读文义,或有违失,间加匡纠。庶成狐死丘首,木落根归,免于孔颖达之讥。"姜亮夫谓其"求真求是,则希郑而不为阿郑也"③,盖得其实。

三 气度恢宏、独具通识

虽然清代汉学已经不像汉代那样"专门授受,递禀师承,非惟诂训相传,莫敢同异;即篇章字句,亦恪守所闻"了,但是唯汉人是尊、唯旧闻是贵的陈腐习气仍然笼罩着当时的整个学界。馆臣批评"国初诸儒征实不诬,及其弊也琐"的现象,在后来的130多年间并未得到改观。蒙文通曾论清代学术说:"清世学者四分之三以上都是饾饤之学,只能是点。其在某些分支上前后贯通自成体系者,如段玉裁之于文字学,可以算是线,还不能成面。如欧阳竟无先生之于佛学,廖季平先生之于经学,自成体系,纲目了然,但也只限于一面。"自从廖平"平分今古",主张"托古改制"以来,巴蜀学人勇于进取,志在创新,在"通经致用"、"自成体系"方面尤所尽心。蒙文通明确标立"学问贵成体系",什么是体系呢? 蒙先生说:"体系有如几何学上点、线、面、体的体。"主张要"在整个学术各个方面都卓然有所建树而构成一个整体","做学问必须有此气魄。"④如谢无量之于古代文学史(有《中国大文学史》《中国妇女文学史》等)、哲学史(《中国哲学史》),郭沫若之于古文字、上古史、文化史,蒙文通之于经学史、上古史、民

---

① 龚道耕:《书〈古文尚书疏证〉后》,《志学》1942年第6期。
② 龚道耕:《礼记郑义疏发凡》,《志学》1942年第3期。
③ 姜亮夫:《学兼汉宋的教育家龚向农》,载《四川近现代文化人物》,第121页。
④ 蒙文通:《治学杂语》,载《蒙文通学记》,生活·读书·新知三联书店1993年版,第2页。

族史,等等,都堪称自成体系之作。龚道耕也是沿着这一路子走出来的。

龚氏与以上诸人皆为同调。他《与人论学书之二》批评:"近代学者,心耽琐屑,理昧宏通,墨守《诗》《书》,檗积训故。历代仅知崖略,《三史》皆同挂壁。……其或耗心钉饤,疲神蹇绌,李玉溪之襕褕,挦裂横遭;张黄门之匹锦,割裁都尽,风斯下矣!"①故其治学虽博不杂,颇有体系,遵循孟子"博学而详说之,将之反说约"方法,在精识和宏通方面,独具特色。庞俊《记》谓其:"大抵平生著述,多网罗众家,刊改漏失,似善化皮鹿门而无其剽窃,似象山陈伯弢而无其庸琐。"

龚氏深通中国经学之流变,其述经学之历史,颇能尽学术之起伏转承之大势,深得经学转换更革之原理。关于中国经学史之分期,皮锡瑞《经学历史》颇据正史"儒林传"折中之,故他的分期全以朝代废兴为断,共为十期:

1. 经学开辟时代(春秋);
2. 经学流传时代(战国);
3. 经学昌明时代(西汉);
4. 经学极盛时代(后汉);
5. 经学中衰时代(魏晋);
6. 经学分离时代(南北朝);
7. 经学统一时代(隋唐);
8. 经学变古时代(两宋);
9. 经学积衰时代(元明);
10. 经学复盛时代(清朝)。②

这十个时段,整齐划一,容易记忆,在这个意义上还是很成功的。但是学术演变轨迹不清,学术自身内部发展原因不明。学术产生和发展有政治因素,但不完全随着改朝换代而改换,一种学术的发展和勃兴,必然有其自身理路;一种新兴学术取得统治地位,也有一个由渐而肆、由微而显的过程。上一个学术典范结束时,其实也孕育了下一个学术典范的粗型。

蒙文通说:"讲论学术思想,既要看到其时代精神,也要看到其学脉渊源,孤立地提出几个人来讲,就看不出学术的来源,就显得突然。"③并且认为讲学术史不能单以朝代更迭来讲,而应注意学术思潮的变迁。龚道耕在撰写《经学通论》时即已经注意

---

① 龚道耕:《与人论学书二首》,《志学》1942年第12期。
② 皮锡瑞:《经学历史》,中华书局1989年版。
③ 蒙文通:《经学抉原》,上海人民出版社2006年版,第274页。

到了这一点。他在章节处理上,有《群经名义》《群经篇目》《经学沿革略说》《群经学说》,比较全面地展现了经学问题的基本内容和主要方面。在学术分期上则更显特识,其《经学沿革略说》一章将中国经学史分为十三期:

1. 经学始于孔子;
2. 晚周秦代经学;
3. 汉初至元成时经学;
4. 哀平至后汉经学;
5. 郑氏经学;
6. 魏晋经学;
7. 南北朝经学;
8. 隋及唐初经学;
9. 中唐以后至北宋经学;
10. 南宋元明经学;
11. 明末清初经学;
12. 清乾嘉经学;
13. 道咸以后经学。

历观龚氏的十三个分期,其中固然有按时代或朝代分者,有的也是约定俗成的,如"晚周秦代""魏晋经学""南北朝经学""清乾嘉经学"等等,皆是。但是更多的则是将一个朝代分成前后两段,或将几个朝代合成一段,如"汉初至元成""哀平至后汉""隋及唐初""中唐以后至北宋""南宋元明经学""明末清初""道咸以后"等等;有的甚至将一个人划分为一个时代,如"孔子""郑玄"等。这样划分看似零乱,时间长短也颇不一致,其实这是有他的深意的,而且也更能够体现出学术之萌芽、转变和盛衰的真面貌,更能看出学术典范转换之轨迹。

为何如此分期?龚氏虽然没有明确论证,但在文内的叙述中还是可以看出其用意的。如讲"经学始于孔子"云:"中国学术政治宗教,无一不源于'六经'。'六经'为孔子所作,或为孔子所述,论者互有不同。……两说相争,至今未定。而'六经'之学出于孔子,则二千年来无异辞。无论其为述为作,谓'六经'之学即为孔子之学可也。"①可见他之所以将孔子定为一个时期,是因为"'六经'之学出于孔子"。

其论"哀平至后汉经学"云:"由哀平以后至后汉之末,二百年中,经学之争议,则

---

① 龚道耕:《经学通论》,第22页。

今古文是也。'今文'之名始于后汉,'古文'之名始于西京之季。"①他之所以要将"哀平至后汉"200年间划为一个时期,是因为经学的主要纷争在于"今古"文学,而今古文学之争实始于哀、平之际。

其论何以将"郑氏经学"设为一个时期说:"兼用今、古两家之学,而会通为一,郑玄是也。……自兹以后,经学惟有郑学、非郑学两派,而无复今、古文之辨矣。"②之所以将郑玄经学作为一个时期,是因为他结束了今古文之争,开辟了今古合一的"郑学"时代。

其论何以将"魏晋经学"作为一个时代说:"魏正始中,王弼、何晏之徒,祖法老、庄,号为'玄学'。……于是家法沦亡,经学遂远不逮两汉。……盖两汉经学,至此乃一变矣。"③

其论何以将"中唐以后至北宋经学"定为一个时期曰:"唐代敕撰《正义》,所以息'六经'之异说,而'六经'之异说乃始于唐人。自武后时王玄感著《尚书纠缪》《春秋振滞》《礼记绳愆》,当时已讥其掎摭旧义,……至于刘商洛、王安石、程颐、苏轼之徒,争说经义,其门人弟子,益加演述,而诸经之异说日滋,唐以前经学遂尽改旧观矣。"④

其论"南宋元明经学"为一时期说:"中唐以后,经学之纷纭,自道学兴而后其论定,而集其大成者,厥为朱熹。……至明永乐时,诏胡广等作'五经'《四书大全》,依宋、元人旧本,剽窃成书,著为令典,则举注疏而悉去之,并《礼记》亦废郑注而用陈澔,于是八比讲章之学兴,而经学荒芜极矣。"⑤

其论何以将"明末清初经学"立一时期,是因为清代朴学考据之风始于此时:"道学统一天下,自宋迄明,四百余年。明嘉、隆以后,杨慎……诸人,号为博雅,所著书偶涉经义,稍稍引据古说驳难宋儒。……迄明末造,常熟钱谦益始倡言注疏之学。桐城方以智著《通雅》、昆山顾炎武著《音学五书》,训诂音韵之学始萌芽矣。炎武尤通经术,作《五经同异》《左传杜解补正》诸书,《日知录》中,力辟宋以来空言说经之非,而教学者以读汉、唐注疏。黄宗羲作《易学象数论》,辨图书之谬。衡阳王夫之,遂于经学,'五经'皆有撰述,其所考论,往往与后来汉学家闇合;又为《说文广义》,虽于小学未

---

① 龚道耕:《经学通论》,第28页。
② 龚道耕:《经学通论》,第31、33页。
③ 龚道耕:《经学通论》,第33、34页。
④ 龚道耕:《经学通论》,第38页。
⑤ 龚道耕:《经学通论》,第42、43页。

深,实为治许书之先导。三君者,皆宗宋学,而说经则兼采汉唐,无所偏主。清代学术之盛,谓三君为先河可也。"①

其以"道咸以后经学"为一时期,原因是:"道咸以降,经学之别有三:其一则沿乾嘉旧派者。……其一则调和汉宋者。……若其于乾嘉学外,别为一派者,则今文学。今文学始于庄存与之治《公羊》,其徒刘逢禄述之。"②因而形成近代今文经学一种风气。

这样讲经学沿革,当然深得学术演变之本质,所以庞俊说他:"尝著论明经学流变,秩如有条,视皮鹿门《经学历史》有过之而无不及也。"③实非虚语。徐仁甫《目录》还载有龚氏《经学沿革史略》④一书,可惜"未成",不然当有更可观者。

四 经史皆通,善于文学

如前所述,龚道耕有经部著述39种、史部著述33种,以经、史两部为最多,也以经史著述尤为专门,然而其在文学史上的造诣亦不可忽。

其史部诸书主要以校勘为主,如南北朝"八史"、"新旧《唐书》"皆有校勘记,即《札迻》。现存下来的只有一种《旧唐书札迻》而已。如前所述,龚氏在新修史书方面也有许多设想,如《重修清史》《重修成都县志》等,可惜皆未成书。不过通过龚氏所撰《成都县志拟例》,粗可见其精密实际的史学思想。他在小序中说:中国的郡县志,肇始于古之"图经",古志主要记载山川地理,人物典制只是其中附庸。至明朝胡缵宗撰《安庆府志》才设立"记、表、志、传"诸科,始用正史的方法。后来修志,不思更张,不切实际,只如"类书",依样画葫。章学诚首言"四方之志即古之国史",故欲将方志纳入"晋之《乘》、楚之《梼杌》、鲁之《春秋》"的范围,要体现治乱兴衰、微言褒贬于其间,这又小题大做,文不对题了。于是他主张:"宜仍用《志》名,参以史例,旁考前贤名著之体",来拟订新修《成都县志》的体例。于是他提出了"图四、记一、表六、录八、传九"的

---

① 龚道耕:《经学通论》,第36、37页。
② 龚道耕:《经学通论》,第37、38页。
③ 庞俊:《记龚向农先生》,《志学》1942年第6期。
④ 徐仁甫:《龚向农先生著述目录》,《志学》1942年第6期。

结构,还仔细胪列了拟写的细目和范围。具体来讲,即:

(1) 图四篇:疆域(全县总图),山川(用新法绘制),城市(县属街巷),乡镇。
(2) 记一篇:大事记(纂辑历代属于成都之事及置县沿革,犹史之"本纪")。
(3) 表六篇:晷度,官师,府第,学位,仕宦,列女(有事实者入传,仅有姓名者入表)。
(4) 录八篇:舆地,田赋,乡治,学校,兵卫,交通,礼俗,经籍(此相当于正史的"志",此从《史通·书志篇》议,略变其名)。
(5) 传九篇:良政传(用《南齐书》例),先贤传(纪明以前人物),后贤传(清世人物),寓贤传(流寓名人),孝友传,忠义传,文学传,列女传,叙传。①

从《拟例》可见,他要撰的《成都新志》有图有文,有纵有横,有人物,有典制,可谓重点突出,眉目清楚,面面俱到,大而且全。其大纲虽然仅有五条,这其实已经体现了龚氏对方志体例的更新,也熔铸了他对古代史志撰修方法的继承和发展。在整个结构上,旧志多以天文分野、山川形胜置于卷首,或妄言星躔,侈陈分野,迷信不实;或仅图山川画数幅,有似游览手册,不切实用,不能征实。龚氏以"图四篇"居首,一改故志旧观,要求"当用新法改绘""测绘",将一县之全景、山川之分布、街市之曲折、乡镇之分布,描绘其中,让人开卷即知一县之整体概貌。

在内容上也有适时之变,增加现代气息。"录八篇"虽然体例上仿自正史"志""书",但在结构上却有更新视域。"乡镇篇"自注:"凡议会、局、所诸事皆属之。""学校"自注:"述旧学制、书院制,及今中、小诸学概要。""交通"自注:"交通以邮电、船、路为要。"这些都是旧志所没有的。针对旧志有"艺文""经籍"二志,"经籍"收书目;"艺文"收录诗赋、杂文,篇幅几占全书三分之一,太过臃肿。故新志只设"经籍"以"载县人著述书目及其书序例",而将旧志所收"艺文"择其要者置入所记各类事项之下,体现了很好的变通精神。

凡此之类,都表现出龚氏对旧志和正史体例的继承和改进。如果照此体例撰修成编,成都一方之地理、山川、历史、故实、典制、人物、旧章、新风,尽皆囊括其中矣。惜焉未成!

其经部诸书又集中在两个方面:一是小学,二是礼学。其小学诸书遍及文字、音

---

① 龚道耕:《成都县志拟例》,《志学》1942 年第 6 期。

韵、训诂、校勘各个方面,校刻《字林》《说文》《仓颉》《音义》《玉篇》各书,①又撰《训诂学》(未成)、《唐写残本〈尚书释文〉考证》等,②都可见其治学始于小学、明于故训的路径。

其于礼学,除撰有通论性《三礼述要》外,其他主要集中在《礼记》研究上,如撰《丧服经传五家注》《礼记旧疏考证》《叶辑礼记卢注疏证》等。③ 晚岁,有感于"自清世经学鼎盛,诸经多有补作新疏,独《小戴记》四十九篇,所见止朱彬《训纂》、孙希旦《集解》,未尽精博,不足与诸疏配。"在休假后,仍发凡起例,"欲依准郑注,兼综诸儒之说,勒成一家。"④为撰《礼记郑义疏》,他事先草拟了一个凡例,全篇只有 12 条,但是却将龚氏此书的体例和他关于《礼记》的基本看法囊括其中了。⑤

其上篇首条论《礼记》作者和文献来源:"礼家之记,则戴德有八十五篇,戴圣、庆普各有四十九篇。惟小戴之书,自魏晋以来列于学官,尊与经等。其与大戴、庆氏之记,分合异同,末由尽考,要其为自七十子至高堂、后苍师师相传之本,与孔壁及河间献王所得《古文礼记》不相涉也。自晋陈邵谓'《古礼》二百四篇,戴德删为八十五篇,戴圣又删为四十九篇',后儒虽据郑君《六艺论》,知二戴各自传述,非互相删并,陈邵说不足信。然皆谓'二戴之《记》,取于河间《古礼》',并为一谈,迷而不悟。此读《礼记》所当先辨也。"明确了《礼记》是"七十子至高堂、后苍师师相传之本",纠正了晋陈邵以来以为二戴删取《古文礼记》的误说。

---

① 按,现四川大学图书馆收藏有龚氏校刊的《字林逸遗订补》一卷,《字林考逸校误》一卷(有光绪二十五年刻本),《颜氏家训》校本七卷、徐北溟《补校注》一卷(有民国三十三年刻本),《六书音均表》校本(有民国二十五年刻本),《声类表》校本九卷(有民国十二年刻本),《古韵谱》校本二卷(民国二十二年刻本),《古韵标准》校本四卷(民国十五年刻本),《古今韵考》校本四卷(民国二十年刻本)等等,可见其致力小学诸书甚勤。

② 按,龚氏《唐写本〈尚书释文〉考证》一文,载《华西学报》1936 年 6 月第 4 期,1937 年 12 月第 5 期。

③ 徐仁甫:《龚向农先生著述目录》,《志学》1942 年第 6 期。

④ 龚读籀:《学行述略》,《志学》1942 年第 6 期。

⑤ 按,龚读籀《学行述略》:"当逊清乾嘉间,音韵训诂之学盛极一时,学者施以治经术,颇有成书。用是有《十三经新疏》之议,惟《礼记》付阙如,前贤苦其难治,多未敢自奋。井研廖君,至论'其书如深山大泽,多人迹不到之处',然所著亦但有《凡例》,而未遑造述。府君精《三礼》,思藏其事,以为名山之业皆在于斯,亦所以启前秘而导来学者也。历年苦于生计,仓卒未能,迨中日战起,府君随大学迁峨眉,三十年,以例得退休家居,遍发图书,罗列案右,日夜沉思研理,为《礼记义疏》,甫成《发凡》,骤得风疾,竟以一夕卒。然《发凡》文虽数千,而于府君治经宗法,藉可概见(兹从略)。"

第二条论《汉志》何以不载二《戴记》:"《释文·叙录》引刘向《别录》云'《古文礼》二百四篇',此《古文记》都数也。《正义》云:'刘向《别录》《礼记》四十九篇,《乐记》第十九',此《小戴记》都数及目录也。……是古文与诸家之记,刘向俱载其目。……至刘歆总群书而奏《七略》,遂仅载刘所校诸记篇数,而古文、戴、庆诸记,《别录》有其目者,并不著录。"自注:"《别录》著录刘向定本,而仍存古文今文之篇目,犹乾隆间《四库全书》之有'存目'也;《七略》但著刘向定本、篇目,犹《四库简明目录》,不载'存目'之书也。"

第三条针对近人怀疑"《礼记》杂今古,不为二戴所辑"之说,辩正说:"廖君(平)作《戴记今文古文篇目表》,以为《戴记》'古多于今'。近人泥之,遂疑戴氏为今文家,何以多录古学?又以其采及《逸礼》(即《奔丧》《投壶》二篇)及曾、思、荀、贾诸子书,疑今之《礼记》并非二戴所辑。夫古文晚出,戴氏所传之记适与古经相同,初非取经附记。曾、思、荀、贾,儒家大宗,吐词为经,宁谓非当?且诸子之书亦多述古,必谓出于自作,则又识昧通方,斯为妄矣。"

第四条针对《礼记》制度与"经制"相违的问题,他说:"窃谓廖君分别今、古,举世所推,其发明经制,厥功尤巨!……而《礼记》所载,其于经制,时有异同。"其中原因,廖平以为是今、古文异制造成的。龚氏认为,今文与古文的对立是西汉末年之事,二戴之时尚无其说。《礼记》所载之所以与"经制"异,原因是:"'六经'所举只其大纲,条目施行,或不详备。故传其学者,或损益经制,而推为新礼;或服行经义,而别定仪文;或经有所略,而益之为详;或经书其常,而推及其变。或解经而各持异议,或援经而衡论当时,说非一人之说,书非一家之书,矛盾互陈,职由于此。"如果"概以今文、古文为别,殊不足以括之!"

其下篇主要讲明作《疏》义例:第一条申明何以"郑注"为本;第二条申明将突破"疏不破注"规矩,将对郑注小失之处予以匡正;第三条申明主要对《礼记》的制度义理作疏释,至于其中的史事真伪不作考证;第四条将沟通汉宋,训诂多用汉儒,义理多采宋儒;第五条使用南宋淳熙抚州刻本《礼记》为底本;第六条说将博取自桥仁以下各家之说以成新疏。从这里我们不难发现龚氏学术的旨趣和他思维之缜密。

在文学方面,龚道耕也是有成就的文学家。龚读箴《学行述略》云其"为文规模八代,诗效温李,有《八代文钞》《严辑全文校补》《研六斋诗文遗稿》《蛛隐庐文存》《丁未述征集》等"。除了以上自撰诗文和古文别裁外,龚氏还发凡起例自撰"中国文学史"。

在讨论中国文学史时,他特别注重通识,反对过分狭隘的文学史观。民国元年(1912)龚道耕主教成都高等师范学校,曾受刘师培委托,撰作《中国文学史略论》一书。他在自序中旗帜鲜明地反对"近世言文学者,或以诗歌戏曲小说为干,而摈经史诸子,以为非类"①。指出这样的"文学观"盖"仿据远西",不合乎中国文学的具体实际。因此他讲文学史,必先明一代学术之大势,再详其经学之源流,再备列其诸子以及史学之盛衰,然后才是文体的变化,诗词歌赋小说戏曲之创作。这样内容自然深广完整,视野也更加开阔,整个中国学术大势、文化沿革,也就尽在其中了。蒙文通说:"文化的变化不是孤立的,常常不局限于某一领域,因此必须从经、史、文学各个方面来考察,而且常常还同经济基础的变化相联系的。"②与龚氏"文学史观"正可前后呼应。

五 持论平实,发人深省

龚氏治学极具主见,不人云亦云,亦不炫怪以鸣高。龚读籀《学行述略》云:"其教人不侈为夸语,不考征猥琐以炫博,亦不暖姝菌蠢、学一先生之言以自意。放所著述,绝矜慎,以表襮邀时誉以为耻。"正其写照。但在他的著作中,又见解独到,新义时出,多能见人所未见。

秦氏焚书乃千古所唾,但他却认为秦朝的坑焚之祸并不像后人所说的那样严重。《经学通论》曰:"秦用李斯为相,亦尊儒术,置博士七十人,每有大事,尝得与议。后人以焚坑之祸,集矢祖龙,不知秦所焚者,民间之书,而博士所职《诗》《书》百家语自若也;所坑者,咸阳之诸生四百余人,其他儒生自若也。特秦在帝位日浅,旋值楚汉之乱,文献散落,学派无考。然当经籍道息之际,崎岖兵燹之中,抱持六艺以待汉兴者,皆秦之博士诸生也。秦之功何可没哉!"③

他认为,不仅秦人未灭学术,未毁经典,而且还有功于文化。说:"秦并天下,二世而亡,加以焚《诗》《书》,坑儒士,文学之阨,宜无若此时者。夷考其实,乃不然。盖秦之为功于文学者二事:一则置博士官,掌通古今,为汉代设学官之始。其时《诗》《书》、百家语在民间者虽焚,而博士所职者自若。故羊子、黄疵皆著书传世。疵又为

---

① 龚道耕:《中国文学史略论》,民国29年(1930)成都建国中学印本、乙酉(1945)成都薛崇礼堂刊本,卷首。
② 蒙文通:《治学杂语》,载《蒙文通学记》,第32、33页。
③ 龚道耕:《经学通论》,第23、24页。

秦歌诗,而叔孙通、伏生之徒,亦以制礼传《书》显于汉世。一则初作小篆、隶书。周宣王时,史籀改古文为大篆,文颇繁重;六国时,复多异形文字。李斯变为小篆,行同文之治,作《仓颉篇》;中车府令赵高作《爰历篇》,太史令胡毋敬作《博学篇》,以课学僮,而'小学'以兴。同时,下杜人程邈增减篆体,作新字,以施于徒隶,谓之'隶书',虽多变古文,失'六书'之义,而数千年沿用不废。二者皆于文学关系甚巨,正不独琅琊、会稽诸刻、《仙真人》之诗,擅文章之美而已。"①

"经""传"二字本义,是治经者首当必知的问题,也是经学中颇为聚讼的话题,龚氏《经学通论》的解释却非常有新意。他解"经"字不取"经,常也,法也"等陈说,而取《周易》"云雷屯,君子以经纶"为证,用郑玄注:"谓论撰《诗》《书》《礼》《乐》,施政事。"(陆德明《周易释文》),以为"此'经'名所由昉。"认为以"经"为书名在《周易》"大象传"中就已经存在了。又据《管子·戒篇》"泽其四经",用尹知章注:"谓《诗》《书》《礼》《乐》。"以为"此'六经'称'经'所由昉"。以为儒经称"经"在《管子》里就已经有了。立论奇古,皆别具一格。

又解"传"字:"传与专同。《论语》'传不习乎',鲁读传为专。(见《论语释文》)《说文》曰:'专,六寸簿也。'"②以为"传"本字是"专",即短小之六寸简。说经之书,简册谦短,故称"传"也。

又论谓经学始于孔子:《经学通论·经学沿革略说》提出"中国学术政教,无一不源于'六经'。'六经'为孔子所作,或为孔子所述,论者互有不同。……两说相争,至今未定。而'六经'之学出于孔子,则二千年来无异辞。无论其为述为作,谓'六经'之学即为孔子之学可也"③。在另一书中说:"经为孔作,或为孔述,论者互有同异,要其定于孔子,则百世无异辞。"④

又辨正《周易》篇数:《经学通论》"《汉书·艺文志》云:'《易》经十二篇,施、孟、梁邱三家。''十二篇'下当脱'经二篇'三字。十二篇者,古文也;二篇者,今文也。今文只有上、下经,故《志》所载周王孙、服光、杨何、王同之传,施、孟、梁邱之章句,皆二篇。

---

① 龚道耕:《中国文学史略论》,民国29年(1930)成都建国中学印本、乙酉(1945)成都薛崇礼堂刊本,卷二,第1页。
② 龚道耕:《经学通论》,第1页。
③ 龚道耕:《经学通论》,第22页。
④ 龚道耕:《中国文学史略论》,民国29年(1930)成都建国中学印本、乙酉(1945)成都薛崇礼堂刊本,卷一,第1页。

费氏古文经,则合十翼为十二篇"①。此说足发千古不识之秘。《汉志》著录各经皆有"古文经",独《易经》没有,知有缺误。② 据龚氏之意,《汉志》"易类"著录应当是"《易》,古十二篇。经二篇,施、孟、梁邱三家"。庶几可复班固之旧。

他关于"六篇亡诗"的讨论也很有见地。《经学通论》"诗经篇目":"《诗》四家,今惟存毛氏,其篇目与三家盖无异同。惟《毛诗》小雅有《南陔》以下六亡诗篇名,而三家无之耳。(郑注《礼》时未见《毛诗》,故云:'今亡,其义未闻。'又说为孔子时已亡之诗。及笺《诗》,乃易其说为孔子后始亡。是其证。陈乔枞辑《三家诗》,列此六篇名,非也。)"③并且作《三家诗无〈南陔〉六篇名义说》④专论以申之,足为定论。

《经学通论》论魏晋经学之弊曰:"自中朝以及江左,经学之弊,略有数端。一曰尚浮虚而忽训诂。如谢万、韩康伯之注《易》,孙绰、李充、郭象之注《论语》,皆说以清谈是也。一曰工排击而罕引申。如顾夷之《周易》难王,关康之又申王难顾;孙毓评《毛诗》异同而朋于王;陈统又难孙氏;以及《礼》之争王、郑,《左氏》之争服、杜是也。一曰废家法而矜私智。如刘兆作《春秋调人》七万言,陈邵《评周礼异同》,范宁注《穀梁》,义有不通,即加驳难是也。一曰好摭拾而鲜折衷。如杜预《左氏》,攗贾、服之文;郭璞《尔雅》,袭樊、孙之注;及张璠《二十二家之周易》,江熙《十三家之论语》是也。盖两汉经学,至此一变矣。"⑤深中魏晋玄学病灶,虽起王弼、何晏于地下,亦无以置其喙也。

值得表彰的是,龚氏在学术上,严谨认真,匠心独运,心得独造,虽名家大贤也不能移其志。当时四川学界以廖平"平分今古"为自豪,一时相从如鹜,龚氏独不然。龚读籀《学行述略》:"晚近经师,如井研廖氏、仪征刘氏,府君皆尝与上下议论。"其《礼记郑义疏发凡》有曰:"乡先生井研廖君,说经以分别今文、古文为大纲,自此经学为之一变。近世儒者,其学虽或与廖君大异,亦无以异其说也。然所谓今文学、古文学,乃哀、平以后之名(廖君初说,谓今学为孔子晚年之说,古学为孔子壮年之说,甚至以《仪

---

① 龚道耕:《经学通论》,己巳(1929)冬三版重印本,第6页。
② 姚振宗《汉书艺文志拾补》卷一特为补辑:"《易经》十二篇,中古文;《易经》十二篇,费氏。"引《汉书·艺文志》:"汉兴,田何传之,讫于宣、元,有施、孟、梁邱、京氏,列于学官。而民间有费、高二家之说。刘向以《中古文易经》校施、孟、梁邱经,或脱去'无咎''悔亡',惟费氏经与古文同。"师古曰:"中者,天子之书。言中,以别于外耳。"姚氏按:"此中外各一本,《艺文志》但言及之,不著于录。"并非不著于录,而是被后人搞乱了。
③ 龚道耕:《经学通论》,第13页。
④ 龚道耕:《三家诗无〈南陔〉六篇名义说》,《志学》1942年第4期。
⑤ 龚道耕:《经学通论》,第33、34页。

礼》经为古文,《记》为今文,皆大谬不然者。后亦不持此说矣),西京五经博士(此亦后汉古文学称西汉今文博士之名),固尚无此区别。其于后来古文家根据之书,凡有所见,未尝不兼综博采,以广异义,初非摈斥不道。(廖君初说,谓汉代今文、古文,相避如洪水猛兽,尤不然。无论西汉博士绝无古文之见,即后汉古文学家,三郑、贾、马,皆先治今文学,具见本传;而二郑之注《周礼》,马融之注《尚书》,亦取博士说,惟何休绝不引《周礼》耳。)"

又:"窃谓廖君分别今古,举世所推,其发明经制,厥功尤巨!"但是廖氏以今古文的区别来解释《礼记》中的礼制异同却是不可以的,以为:"概以今文、古文为别,殊不足以括之。"①

对于廖平"平分今古"的问题,今人李学勤也颇不以为然。他在《清代学术的几个问题》中认为,关于汉代有经今、古文学派之说,主要是晚清廖平在其《今古学考》中提出的,而后康有为在其著作中进一步阐发,遂"在社会上得到广泛流传,长期以来,已经成为经学史上的常识,而且还渗透到学术史、思想史、文化史等领域中去。然而,这样的观点实际上是不可取的",所以"有必要重新考虑汉代经学所谓今文为一大派,古文为另一大派的观点"②。

王俊义《经学及晚清"经今、古文学分派说"之争议》以为怀疑廖平"平分今古"之说不是李学勤首创:"我还注意到学界前辈钱宾四先生在其所著《国学概论》与《两汉经学今古文平议》中,就两汉经学今古文分派之说,也早曾提出与学勤先生相类似的观点。"钱氏认为今、古文问题,"仅起于晚清道、咸以下,而百年来掩胁学术界,几乎不主杨,则主墨,各持门户,互争是非,渺不得定论所在。而夷求之于两汉经学之实况,则并无如此所云云也"。王先生认为是钱穆先生首揭此义。③

可是,当我们翻阅龚道耕的著述,这一观点早已散见于龚著各处。除上所引之外,如《经学通论》"哀平至东汉末经学"曰:"由哀、平以后至后汉之末,二百年中,经学之争议,则今古文是也。今文之名始于后汉,古文之名始于西京之季。"④又说:"所谓今文学、古文学,乃哀、平以后之名,西京五经博士,固尚无此区别。"⑤将今、古文之争

---

① 龚道耕:《礼记郑义疏发凡》,《志学》1942年第1期。
② 李学勤:《清代学术的几个问题》,载《中国学术》总第6辑,商务印书馆2001年版,第233—239页。
③ 王俊义:《经学及晚清"经今、古文学分派说"之争议》,发表于"中华文史网"。
④ 龚道耕:《经学通论》,第28页。
⑤ 龚道耕:《礼记郑义疏发凡》,《志学》1942年第3期。

定在哀、平以后。这与廖平将今古学之争定在整个汉代,甚至将古文定为孔子早年"从周"之说,今文定为孔子晚年"改制"之论,已经大不相同。

林思进为《经学通论》作序署于"丙寅(1926)二月",谓:"庚子、癸卯之际,吾与龚君相农年皆盛壮,亦尝稍稍窥览其域。"又说:"而相农以经教授吾蜀高等师范者十年矣。"则其讲授和酝酿"经学通论"之作,又在此前十余年中。而钱穆讨论今、古学问题最权威的著作《刘向歆父子年谱》成于1930年,《两汉经学今古文平议》即包括了《刘向歆父子年谱》《两汉博士家法考》《孔子与春秋》和《周官著作时代考》。四篇文字成文并发表于不同年代,《刘向歆父子年谱》最初刊于1930年6月《燕京学报》第7期,《周官著作时代考》初刊于1931年6月《燕京学报》第11期,《两汉博士家法考》初刊于1944年7月中央大学(南京大学前身)的《文史哲》季刊第2卷第1号,《孔子与春秋》初刊于1954年香港大学东方文化研究院的《东方学报》第1卷第1期。至于四篇文章结集为《平议》由香港新亚研究所初版,则在1958年8月。他为本书作序当然也是在1958年了。钱穆《国学概论》(全二册)则出版于1946年。都远远在龚氏《经学通论》之后。可见怀疑并辨别廖平"区分今古"的人,无疑应以龚道耕最早,钱、李等说皆远在其后。

六　关心国事,切近日用

近世蜀学,受尊经书院"通经学古"、培养"致用之才"方针的影响,一时学人,或言"托古改制"(廖平),或言"复古改制"(宋育仁),或言"实业救国"(卢作孚),或直接投身"维新变法"(杨锐、刘光第),或务实治史学(如张森楷之于《二十四史》、伍非百之于《墨子》等),一时蔚为风气,衍为一方学术特色,龚道耕也是如此。

如前所述,龚氏《经学通论》盛赞西汉,"其时儒者多致贵显,类能通经致用"[①]。表彰:"仲舒之《春秋决事》,通论即是名臣;张汤以《尚书》谳疑,酷吏亦征经义。谈折鹿角,乃著攀槛之忠;疏陈阙直,不负燃藜之照。公卿当用经术,博士悉补史亭,则知通经原以致用。"他批评:"而近代学者,心耽琐屑,理昧宏通,墨守《诗》《书》,襞积训

[①]　龚道耕:《经学通论》,第27页。

故。历代仅知崖略,《三史》皆同挂壁。不知班史乃有元成,直谓先儒曾无王粲,羊公之鹤不舞,叶公之梁徒尽。""其或耗心饤饾,疲脚蹇绉,李玉溪之襧襦,挦裂横遭;张黄门之匹锦,割裁都尽,风斯下矣!"①都是出于学术是否切于实用的考虑。

龚氏自己治学也颇注重实用。龚读籛《学行述略》:"当是时,清政不纲,士夫多倡言时事,凡挟策游京师以干公卿,莫不有以自见,盱衡抵掌而谈天下之事,意取功名如拾芥,盖骎骎乎移风俗矣。府君忧之,于政理、教育、革新诸大端,极论其得失,下笔不能自休,所言多切中时弊。"可见他还撰有大量时论文章,只可惜这些讨论"政理、教育、革新"之"大端""得失"的文章今已无传,无以考其如何"切中时弊"了。

唐振常《忆舅文》云:"大舅父不与闻政治,但内心有其看法,对于正义之举也能参与其中。20多年前,曾见《四川文史资料选辑》刊有早年四川大学教师为某事罢教记载,几次发表的宣言中,都是大舅父领衔。抗战时期,国民政府派党阀程天放主持四川大学,教师反对,大舅父也参加了反对行列。"这也反映了龚氏在平时工作中关心社会之一面。

在研究学问上,他有鉴于国运不昌,军事凋弱,特捡出《墨子》"城守"各篇加以详注详解,热情洋溢地撰《兵家墨子十三篇注叙》以发其宗旨。他批评当时不讲条件的"主战派"和纯粹卖国的"主和派",正式宣布"龚道耕曰:'欲可和,先可战;欲可战,先可守!'"反对不顾民生国计,固守"儒者耻言兵"陋习,提倡读书人应当知兵且要言兵:"古者读书未有不学兵,知兵未有不自读书。"他列举:"孔子曰'我战则克',冉有用矛齐师,有子三刻越沟,五礼之目军居其一。"盛赞:"穰苴、孙武、吴起之书,闳雅瑰奥,文士无以过!"于是他明白地自道其著书旨趣:"龚道耕学兵家,求古言守者之言,得《墨子》一书。墨子,古之善守者魁也!其书自四十九至七十一皆言兵,其存者十三篇。其言器械法令,备御方略,笃雅翔实,无浮辞曼语,兵家言火攻机巧,实始此;《旗帜》一篇,又西人以旗灯为言语之法祖。是言守之要书,学兵法者宜以通其读也!"②可见他研究和注释《兵家墨子十三篇》,并非仅仅是出于纯学术的考虑,也不仅仅是发思古之幽情,而是为了强兵强国,知兵言兵,振起国威,唤醒民众!

---

① 龚道耕:《与人论学书二首》,《志学》1942年第12期。
② 龚道耕:《兵家墨子十三篇注叙》,《志学》1942年第6期。

结　语

　　龚道耕是四川近代史上具有成就的教育家和经学家。他学问渊博,勤于著述,学贯四部,自学成才,不拘家法,汉、宋兼主,今、古并治,左右采获,卓然成一大家,实可与以"平分今古""托古改制"为特征的廖平学术形成互补局面!可惜他长期僻处西陲,著述很少刊行。高论卓识,往往为他家所先。又以天不假年,猝然长逝,著作未经整理,宏构未成完璧。加之以世事风云,遗稿无存,嘉言谠论,亦随之云散风收!生今之世,论往之人,欲发其幽光,阐其微绝,怎奈书缺简残,文献无征,是亦深可叹惜者矣!

原文载《社会科学研究》2008年第2期。

金景芳先生生平与学术简论
——《金景芳全集》序

金景芳先生(1902—2001)是我国 20 世纪著名的历史学家、经学家。早年曾入乐山复性书院学习,得马一浮、谢无量等先生指授。终生游教庠序,研经习典,著作等身,学开一派。从事中国古代史和儒家经学研究 80 余年,在先秦史学、孔学、《易》学、《书》学、《春秋》学、诸子学等领域,都有极高造诣。平生出版著作 16 种,编撰讲义 3 种,发表文章 100 余篇,是 20 世纪不可多得的成果丰富、观点鲜明的学术大师。收集整理金先生的学术论著,不仅是缅怀前辈学人,绍述师门学统的需要,也是重温历史,总结上代学术成果,实现学术继承与创新的需要。

一 与世纪同行:教学科研的一生

先生字晓邨,辽宁省义县人。生于清光绪二十八年(1902),卒于公元 2001 年,身历清、民国、共和国三个时代,寿登百祀,几与 20 世纪相终始。先生一生游历,约分三个时期:自幼年至壮年(即 35 岁前),活动于辽宁义县、通辽和沈阳等地,足迹未出"东三省";日本侵华期间(35 至 45 岁),则辗转于陕西、安徽、湖北、湖南与重庆、四川等地,奔波于大半个中国;建国之后,主要定居于吉林长春,在大学从事教学与科研工作达半个世纪。

先生本是农家子,幼而聪慧,长而力学,卒成一代名家。先生 7 岁习珠算,颖异非常,被家人视为早慧。9 岁入小学堂,由于学习勤奋,成绩优异,考试成绩常位居年级第一;先生酷嗜读书,于"新学"知识外,还在课外遍习《四书》《三国志》《东周列国志》等国学读物。13 岁初等小学毕业,入读高等小学半年,由于学校停办而辍学,在家务农。14、15 岁继续完成高小学业。17 岁考上奉天第四师范学校。在学期间,先生对国文、数学、英文三课非常用功,成绩优秀。同时还在国文老师张膺韬指导下,于课外大量阅读《古文观止》《古文辞类纂》《国语》《楚辞》《庄子》《老子》《周易》《史记》等书,对《老子》《周易》尤为用心,打下坚实的国学基础。1929年,新任辽宁省教育厅长吴家象为刷新教育,决定通过考试委任各县教育局局长。先生通过系列考试,以总分第一名的成绩被录取委任为通辽县教育局局长,时年29岁。次年调任辽宁省教育厅股长。在此工作期间,先生颇受著名史学家、时任辽宁省教育厅厅长的金毓黻先生赏识,自后先生在生活、学业、工作等方面得其助力甚多。1931年"九一八"事变爆发,先生不愿做亡国奴,于1936年潜离沈阳,取道北京,径赴西安。经金毓黻先生介绍,入东北大学任工学院院长秘书。未几,"西安事变"爆发,先生复从西安经徐州至南京,投奔金毓黻先生。金毓黻先生旋赴安庆任安徽省政府委员兼秘书长,先生亦随从至安庆,做省府秘书处秘书。1937年"七七"事变后,金毓黻离任,先生亦离开安庆至武汉暂住。次年,入东北中学任教,居于河南、湖北之间的鸡公山。同年,徐州战事吃紧,又随校迁湖南邵阳县之桃花坪。旋因长沙大火,又离开桃花坪,经由溆浦、辰溪、晃县、贵阳、重庆,最后迁入四川威远县之静宁寺。受聘为东北中学教务主任。

先生执掌东北中学教务期间,因整顿内务,招致校内"三青团"忌恨,国民政府教育部电令先生离职。先生遂于1940年9月离校,赴四川乐山入马一浮主讲之复性书院,问业于马一浮、谢无量等大儒,时年39岁。此一期间,先生主攻《周易》与《春秋》,撰《易通》《春秋释要》二稿,《易通》初用马克思唯物辩证法解《易》,大得谢无量先生好评,继获民国政府教育部奖励;后书采用《史记》资料,斥何休"王鲁新周"之陋,蒙马一浮先生嘉许特多,初展学术才识。

1941年,先生从复性书院结业,又经金毓黻介绍,赴四川三台入东北大学,任文书组主任,后升任中文系讲师、专任讲师。1945年,先生44岁,被东北大学聘为副教授,《易通》亦由商务印书馆出版。8月日寇投降,翌年,先生从三台经重庆、南京、上海,乘海船,至塘沽,转陆路,回到阔别十年的故园。

回沈后,继续在东北大学执教。1947年,升任教授。1948年又因东北解放战争,随东北大学内迁北京。共和国建立以后,先生回沈,曾在东北文物管理处工作,后调任东北图书馆研究员兼研究组组长。1954年,先生53岁,调入长春东北人民大学(即今吉林大学)历史系任教,直至99岁辞世,整整于此工作45个春秋。先生数十年潜心学术与教育,鞠躬尽瘁,死而后已。先生之系统从事中国上古史、易学、孔子及先秦学术文化的研究和探讨,开创"金氏学派",以及他在政治上、学术上经历的风风雨雨、酸甜苦辣,都主要是定居长春以后的事情。

晚岁,日本、韩国和中国台湾地区等地组织和学人每欲邀请先生往访,终因年事已高而未能成行。

先生初则受知于著名史学家金毓黻,金毓黻系当代史学史、东北史、清史大家。

蒙金毓黻多方嘉掖提拔,先生卒得其学术经世、实学救国之精髓。继师从马一浮、谢无量诸名宿,马、谢二先生皆当代硕儒,尤善宋明理学,先生受业经年,虽自谦"未学得其道真,不但不足语于升堂入室,简直是还在数仞夫子之墙之外"(《金景芳学术自传》),但其一生治学,注重理论思辨,注重探究形上之学,特别是毕身维护中华文化,其所取于二先生者多矣。当然,先生师从马、谢师时间较短,所受影响毕竟有限,究其平生得力处,实仰赖发奋自学、勤勉苦思、孜孜不倦,卒成一代学术宗师。

先生一生教书育人,民国时期曾任通辽县教育局局长、东北大学教授等职。共和国时期曾任吉林大学图书馆馆长、历史系主任、名誉主任,主要从事教学、科研工作,是国家首批部聘中国古代史专业博士生导师,兼任国家古籍整理出版工作领导小组顾问、中国孔子基金会顾问、国际儒学联合会顾问、东方易学研究院顾问、中国先秦史学会顾问、吉林省史学会顾问、吉林省《周易》学会顾问。①

先生平生潜心治学,成就斐然,出版有《易通》《学易四种》《周易讲座》《周易全解》《〈周易·系辞传〉新编详解》《中国奴隶社会的几个问题》《论井田制度》《中国奴隶社会史》《孔子新传》《〈尚书·虞夏书〉新解》等学术著作16部,发表学术论文100余篇。在中国古史分期、《周易》研究、孔子研究、井田制度、宗法制度、中国古代典章制度研究、中国古代文献研究、中国古代思想文化研究等学术领域均有精深造诣,并卓有创见,自成特色,学开一派;先生年20余即开始执教,80余年,桃李满天下,弟子遍寰中,形成了史学界气度不凡的"金氏学派"。活跃于学术界的金门弟子及其丰硕成果,集中展现了金氏学派的学术实力和学术成就。

二 穷神知化:《周易》与《春秋》研究

先生治学,大致分为三个时期:早年穷经,中年治史,晚年侧重于形上之学。

先生早年喜读《诗》《书》《易》"三礼""三传"《国语》《老子》《庄子》等经子百家著作,而"尤精于《易》及《春秋》两经"。② 方其抗战期间于辗转流徙之中,内忧外患,国

---

① 以上生平传记,可参见金先生自著《金景芳学术自传》,巴蜀书社1993年版。
② 罗继祖:《金晓邨教授九五寿言》,载吕绍刚编:《金景芳九五诞辰纪念文集》,吉林文史出版社1996年版,第19页。

难当头,遇困者数,遭厄者再。原始要终,欲效西伯而演《周易》;内夏外夷,愿学孔子以修《春秋》。1939年于迁校途中购得傅子东译列宁《唯物主义与经验批判主义》,附录有《谈谈辩证法问题》,读而有悟,时觉得辩证法许多原理与《周易》中一些疑难之解,可以彼此契合,互相发明。遂以辩证思想解《易》,顿感涣然冰释,怡然理顺。遂竭一冬之力撰成《易通》一书。这是中国学人运用马克思主义唯物辩证法指导《周易》研究的早期著作,也是先生早年的成名之作,是书1942年获当时教育部著作发明三等奖,1945年由商务印书馆正式出版。

《易通》共分十章:第一章《〈周易〉之命名》、第二章《〈易〉学之起源与发展》、第三章《先哲作〈易〉之目的》、第四章《〈易〉之体系》、第五章《〈易〉之特质》、第六章《论象数义理》、第七章为《筮仪考》、第八章讨论《〈周易〉与孔子》、第九章比较《〈周易〉与老子》、第十章《〈周易〉与唯物辩证法》。本书自立宗旨曰:"中国哲学综为二大宗派,而以孔、老二大哲人为开山。二哲之思想结晶,则在《易传》与《老子》。是二书体大思精,并为百代所祖。而尤以《易传》为最正确,最有体系。洵吾炎黄冑裔所堪自诩之宝典!"又自立戒条:"不自欺欺人,不枉己徇人,不立异,不炫博,贵创,贵精,贵平实,贵客观。"从《易通》之谋篇布局及自立"戒条"已可见其体大思精、立意高远、自成体系。书中批评汉儒象数、宋儒图书,而力标孔子《易传》、王弼《略例》、程子《易传》,自表撰此一书的"目的在求真理"!(《自序》)书中一再说:"《易》之用在发明宇宙真理,以为人生准则。"(第一章)"先哲作《易》其目的在将其已由变动不居之宇宙现象中所发现之自然法则及社会法则,用蓍卦等符号衍变之方式表出之,以作人生行为之指针。""具体以言,则即'天之道'与'民之故'。以今语释之,则即自然法则与社会法则。"(第三章)在象数与义理的关系上,书云:"《易》兼象数义理","象含于卦,而卦者,《易》之体也;数生于蓍,而蓍者,《易》之用也。故象数备而《易》之体用该矣,焉有歧象数而言理尚得谓之《易》乎?"(第六章)易言之,象数都是为义理服务,同时也是不能脱离义理而独立存在的。在孔子与《易传》的关系问题上,本书相信司马迁"孔子晚而喜《易》,《序》《彖》《系》《象》《说卦》《文言》",提出"研究孔子学说当以六经为准,尤当侧重《易》与《春秋》"。并从孔子的哲学基础、人生观、论仁、论诚等方面列举数十节目,论证孔子思想与《易传》内容的一致性。(第八章)用同样的方法,本书又对老子与《周易》的关系进行了比较,得出"老子哲学与《易》不同:《易》为唯物的、积极的、进步的、社会的、实证的哲学;老子则为唯心的、消极的、保守的、个人的、内省的哲学"的结论,两者不是同一体系。(第九章)该书尤为特出的是在国统区运用唯物辩证法原理解释《周易》,感慨:"中国之《周易》与西土之唯物辩证法,事隔几千年,地距几万里,而其说若合符节,洵属大奇!"通过互证,书中发现:辩证法三大法则即对立统一、否定之否定、质变与量变,皆与《周易》暗相符合!(第十章)这在风雨如磐的年代,无异于石破天惊,惊世骇俗!故谢无量先生题词赞曰:"《易》道广大,无所不包,善读者乃能观其通耳。此编综孔、老之绪言,并合以当世新学之变,可谓得《易》之时义者。由是而不已,《易》道不难大明于今日也!"

1940年秋,先生方入乐山复性书院,马一浮要他读《传灯录》《法华经》,先生醉心六经,归本孔学,对此当然不感兴趣;及读了熊十力《新唯识论》《佛家名相通释》等书,遂加讥评,惹得马先生不高兴。于是坚持自学,广读书院所藏正续《清经解》,对《春秋》三传用力特深,撰成《春秋释要》一篇,收入复性书院论丛《吹万集》中。此文继承传统治经先求义例的方法,立《春秋》"名义""宗旨""原始""笔削""大义""微言"六目,对其义例、原理、主旨、书法以及孔子与《春秋》之关系等问题,进行了系统考述。其独特之处,在于因读《史记》"主鲁亲周"一语,而悟何休"黜周王鲁"说之非;谓"三世""内外"特以远近详略而异辞,不可并为一谈。此外在《春秋》释名上,以为得名于上古以年为"春秋"之衡言,并非别有深意,立论皆冥思苦想,匠心独运,平实雅正,能发前人所未发,足释前贤之宿疑。马一浮阅后欣然题词:"晓邨以半年之力尽读'三传',约其掌录以为是书";"岂所谓箴膏肓、起废疾者耶!"对先生的创见十分欣赏。

三　由经入史:古代社会史研究

55岁以后,先生执教东北人民大学(即今吉林大学)历史系,从中文改业史学。方其从文学而入于史学,颇觉事事新鲜,样样陌生,自觉"必须从头学起","既要学习马列理论,又要学习历史知识"。于是发愤忘食,乐以忘忧,凭着坚忍不殆之毅力和原本具有的雄厚经学、文献学功底,很快便进入角色,不到两年时间就写出《易论》(上下)和《论宗法制度》两篇长文。二文抓住《易》学和上古制度等主要问题,不炫怪,不刻意趋新,立论宏阔,逻辑严密,论证系统,滔滔汩汩,博辨无碍,以深厚的学术功力,站在了学术研究的前沿与峰峦之上。

写《易通》之时,先生以辩证法为指导,在论证之中处处见其思想精华;而今结合历史唯物论,又从《周易》的字里行间见到古代社会面貌及历史演变之轨迹。故《易论》不仅仅讲《周易》蓍卦之结构和应用,而且大讲《周易》产生之时代背景和社会结构。把易学、经学、史学融汇为一,站在马克思主义理论的高度论述,形成了一系列有关中国上古社会、思想、学术的系统看法。文章开宗明义指出："《周易》是历史的产物,是人类认识在具体历史条件下长期发展的结果。论其形式,不可否认是陈旧的、卜筮的形式,而其内容在当时却是新生的、先进的哲学内容。这个具有旧的卜筮形式与新的哲学内容的矛盾统一体,就是《周易》一书的本质特点。"为了说明"《周易》是历史的产物",先生广征博引、析微阐幽,从生产力水平和认识论水平两个方面研究和论证了在殷、周社会足以产生出《周易》这部"卜筮形式与新的哲学内容的矛盾统一体"的特殊历史,回顾了从卜筮到《周易》的演变过程,其中涉及殷周社会性质、婚姻形态、继承制度、社会思潮、土地制度等等,然后论断"《周易》是人类认识在具体历史条件下长期发展的结果"。金老对《周易》和上古社会的看法,构成了自己研治先秦史的特色之一,学人称"金派的史学体系的基础是在这时奠基",可谓中的之语。

张之洞尝曰:"由经学入史学,而史学可信。"验之先生之学术实践亦信然。当近代社会西学东渐,全盘西化、历史虚无等言论甚嚣尘上,一般激进人士视中国经学如土苴屎溺,除了毒素别无可取。先生以历史唯物眼光视之,则景象迥然。自谓:"解决中国原始社会与奴隶社会分期问题不可不研究经学;解决中国奴隶社会内部的阶级问题不可不研究经学;解决宗法问题不可不研究经学;解决井田问题不可不研究经学;解决中国哲学史中'天'的问题不可不研究经学;解决中国古代的官制、礼制、兵制、学制等问题不可不研究经学。"①几乎有关古代历史发展、社会结构、学术思想、名物制度、家庭伦理等所有问题,无一不可从经学中找到材料和答案。先生正是凭着对经学认识的升华,很快实现了从旧式儒者向新型史家的转变。

孟子有曰:"观水有术,必观其澜。"金老治学措意于大者、要者,贵成体系。其先秦史研究著书16部、撰文100余篇,在古史研究的许多领域皆有创获,表现在古史分期、阶级结构、宗法制度、井田制度、《周易》和孔子等一系列重要问题上。他精于"三礼",善说制度,早年供职辽宁省教育厅寓居沈阳时,曾购得署名"李审用"的《三礼古注》等书,即深入研读,自谓"以后对'三礼'感兴趣"即从此开始;②又说过:"生平最喜读《周易》《春秋》'三礼'。"③其于《易》有《易通》《易论》《学易四种》《周易讲座》《周易全解》《〈周易·系辞传〉新编详解》及论文数十篇;其于《春秋》则有《释要》及主要依据

---

① 金景芳:《经学与史学》,《历史研究》1984年第1期。
② 金景芳:《金景芳学术自传》,巴蜀书社1993年版。
③ 金景芳:《治学二题:读书与科研》,《文史哲》1982年第6期。

"三传"材料撰成之《中国奴隶社会史》;于"三礼"则主要有《论宗法制度》《论井田制度》及《〈周礼〉浅谈》《〈周礼〉〈王制〉封国之制平议》等宏文。

说起"宗法制度",这是先秦史中非常重要的制度,它关系到对先秦时期统治集团内部关系如何调整、财产如何分配、权利如何转移等等,甚至也影响到礼制、司法如何处理等问题。它正式诞生于周初,盛行于西周而下的先秦时期,其残余形式(或修正形式)对秦汉而下整个中国古代社会都有深远影响。古今学人多有论及,然而许多学者对宗法制度的认识却是不足的。如将君统与宗统混为一谈,说天子是天下之大宗、诸侯是一国之大宗、大夫是自己采邑的大宗云云,建国初期的许多史学大家都如是说。金老《论宗法制度》①力排众议,运用马克思主义"两种再生产理论",认为宗法制产生于周代,是统治者因应统治秩序的需要,运用政治手段对血缘关系进行的改造、限制和利用,目的是隔断血缘关系对天子、诸侯之君权的干扰,同时又要利用宗族等血缘关系对君权起到捍卫作用。这是西周设立宗法制度的实质。所以,天子、诸侯代表的君统是政权系统,强调的是政治关系;卿大夫代表的宗统是家族系统,强调的是血缘关系。两者虽有共同性,但区别是主要的。在君统系统中,主要讲君臣关系、尊卑关系;在宗统体系中,主要讲兄弟关系、血缘关系。这个原则叫"门内之治恩揜义,门外之治义断恩"(《礼记·丧服四制》)。这"恩""义"两个字就是对君统、宗统两个不同系统的本质概括。周代是一个以领土财产为基础的奴隶制国家,在国家的政体中,宗法血缘关系影响再大,也要让位于政治关系、君臣关系。天子、诸侯作为天下共主或一国之君,首先要强调的是自己的政治地位和政治权威,所谓"溥天之下,莫非王土;率土之滨,莫非王臣"(《诗经·小雅·北山》),正是对这一权威的真实写照,所以君统与宗统不可能是统一的。君统第一,宗统第二,宗统服从君统,这是极为自然的。说"天子是天下大宗,诸侯是一国大宗",其所以不对,正在于它混淆了中国奴隶社会的政治关系和血缘关系。虽然周代的天子、诸侯大都是由大家族的族长转化来的,但是他们一旦成为天子、成为国君,就成为天下之人的王,一国之人的君。天下非一姓之天下,国家非一姓之国家,在"民不祀非族"的时代,王和国君怎能再是他们的大宗子?这一根本问题得到了解决,至于宗法制与分封制、嫡长子继承制的关系,宗法实施的范围和起止时代,为何大宗百世不迁、小宗五世则迁等问题,也一并得到很好的解决。

井田制也是中国古代史研究中的重大课题。井田制涉及中国奴隶社会土地所有

---

① 金景芳:《论宗法制度》,《东北人民大学人文科学学报》1956年第2期。

制问题,是中国奴隶社会赖以存在和发展的经济基础。对井田制缺乏了解,就不能正确认识中国奴隶社会,也不能真正了解中国上古史。胡适曾撰《井田制有无之研究》(华通书局,1930年)认为"豆腐干块"式的井田制是"绝不可能实行"的。后之郭沫若、范文澜等先生虽承认中国有井田制,但是认为孟子所说的"井田制"是"乌托邦"(郭著《奴隶制时代》)、"是一种空想"(范著《中国通史简编》第一编),而他们自己所描绘的"井田制"却没有文献根据,出于杜撰,无助于问题的真正解决。先生通过对马列经典文献与中国古代典籍的综合考察,认为"西方的农业公社或马尔克,同中国古文献上记载的井田制是一样的",说明在人类社会早期用条块分割法进行土地分配和管理在许多民族中都曾经实行过,并广搜《周礼》《孟子》《尔雅·释地》《诗经·鲁颂》毛传及《小雅·出车》和《豳风·七月》《国语·周语》等文献中记载,撰《井田制的发生和发展》①《论井田制度》②等系列论文,对井田制度的发生、发展、形制、管理和消亡过程进行了全面探讨,指出井田制就是中国古代农村公社的土地制度。先生是最早以马克思、恩格斯古代公社的理论研究井田制的学者之一,先生的成果对于推动井田制研究的深入开展做出了重要贡献。

关于古代社会的结构(或称阶级和阶级斗争)问题,也是研究古代历史不可回避的问题。共和国成立以来由于受斯大林学说和阶级斗争理论的影响,史学界几乎众口一词地认为:奴隶社会的阶级斗争是奴隶和奴隶主的斗争,奴隶反抗奴隶主的阶级斗争推翻了奴隶制度等等。金老通过研究马克思、恩格斯、列宁的有关论述,结合中国古代的历史实际,撰文指出:这种说法不符合事实。③ 马克思在研究古罗马史时指出:"古代的罗马,阶级斗争只是在享有特权的少数人内部进行,只是在自由富人与自由穷人之间进行,而从事生产的广大民众即奴隶,则不过为这些斗士充当消极的舞台台柱。"④在"我们的时代,资产阶级时代,却有一个特点,它使阶级对立简单化了。整个社会日益分裂为两大敌对的阵营,分裂为两大相互对立的阶级:资产阶级和无产阶级"(《共产党宣言》)。在奴隶制时代,阶级不是简单化为两大直接对立的阶级,阶级的对立是以等级的形式表现出来的,而不是直接以奴隶与奴隶主之间的矛盾出现。斯大林简化奴隶社会的阶级存在与阶级斗争的说法是不符合实际的。先生的

---

① 金景芳:《井田制的发生和发展》,《历史研究》1965年第4期。
② 金景芳:《论井田制度》,《吉林大学社会科学学报》1981年第1至第4期。
③ 金景芳:《论中国奴隶社会的阶级和阶级斗争》,《中国社会科学》1980年第3期。
④ [德]马克思:《路易·波拿马的雾月十八日》第二版序言,载《马克思恩格斯选集》第1卷,人民出版社,第599—600页。

这一重要论断在 20 世纪 80 年代初冲破了学术禁区，起到了为古代史学研究中的阶级和阶级斗争问题正本清源的作用。

先生在中国古史分期问题上更是独树一帜，鲜明地提出了"秦统一封建"说，并成为这一说的代表。中国古代史分期是共和国成立以后史学界讨论最为热烈的问题，被称为中国史研究的"五朵金花"之一。历史学界曾召开大型会议展开专门讨论，《历史研究》编辑部先后编辑出版专题论集。后来由于毛泽东正式指示采用郭沫若"战国封建说"，问题的讨论方转入沉寂。金老虽然没有直接参加 20 世纪 50 年代的分期大讨论，却于 1962 年中华书局出版的《中国奴隶社会的几个问题》一书中，基本概述了自己有关古史分期的看法。1978 年在长春再次举办中国古代史分期讨论会，先生撰《中国古代史分期商榷》上下两编，首次对"钦定"的郭氏理论提出异议。文章上编专门就郭老分期提出"八点意见"：

一、马克思主义所说的奴隶制是一种形态还是两种形态；二、夏代尚有待于地下发掘物证明，这个观点是可以商量的；三、人牺人殉能证明殷代是典型的奴隶社会吗；四、关于井田制问题；五、"溥天之下，莫非王土；率土之滨，莫非王臣"讲的不是土地所有制问题；六、"初税亩"三个字没有"极其重大的社会变革的历史意义"；七、《左传》上的"三分公室""四分公室"讲的是兵制，同"初税亩"毫不相干；八、鲁三家、齐田氏是完成社会变革的新兴的地主阶级吗？分别从概念上（奴隶制形态）、"战国说"的理论依据和史料依据等方面，展开了系统商榷。

文章的下编则系统地阐述了金老自己的分期观点。金老指出中国奴隶社会与封建社会的区别在于："中国奴隶社会的经济基础主要是井田制，即土地公有制；而中国封建社会的经济基础是土地私有制。中国奴隶社会的政治制度是分封制；而中国封建社会的政治制度则为郡县制。中国奴隶社会的意识形态主要是礼治；而中国封建社会的意识形态则主要是法治。所以中国奴隶社会向封建社会的转变，从经济基础和上层建筑来说，实际上就是从井田制、分封制和礼治向土地私有制、郡县制和法治的转变。"特征既已明确，用来考量中国上古史的历史实际，就自然会得出正确的结论。这就是史学界所称"金派"之"秦统一封建说"！

金老认为，由原始社会进入奴隶社会，应以国家的产生为标志。私有制和阶级的出现是阶级社会产生的原因，而不是标志。因此，"中国奴隶社会的上限应从夏后启杀益夺权之日开始，下限终于秦始皇统一中国"。中国奴隶社会共"经历了夏商西周、春秋和战国三个阶段"。具体地讲，"夏还带有过渡性质，商则已完成了过渡，至西周而达到全盛。至春秋，则是中国奴隶社会的衰落时期，战国则是中国由奴隶社会向封建社会转变的时期"。此外，金老还撰有《马克思主义关于奴隶制社会的科学论断与中国古代史分期》①《关于中国原始社会向奴隶社会过渡的讨论》②等文章,以及后来出版的《中国奴隶社会史》③专著,都对古史分期问题讨论中的一些不正确观点提出了商榷,进一步加强了自己的分期学说。

金老的"秦统一封建说",其意义不仅仅在于在其他诸说之外添立新说、创立了自己的学派,而在于基本弄清了中国奴隶社会与封建社会的本质特征、中国奴隶制("东方的家庭奴隶制")与希腊罗马奴隶制("古代的劳动奴隶制")的异同,纠正了部分学人在讨论分期问题时,误将两种奴隶制概念混淆使用而不顾中国实际的不恰当做法;同时也很好地解释了中国古今学人对本国社会的经典概述,认为"三王"(夏商西周)、"五霸"(春秋)、"七雄"(战国)等概念,基本上可以反映出中国奴隶社会发展的不同阶段。不仅将马列理论与中国社会具体实际相结合,而且将当代学术研究与前代经典论说相结合。史论结合,新旧互证,说服力强,越来越多地为学人所接受。

四 学究天人:孔学与哲学研究

20世纪80年代初,是先生的学术丰产时期。先是齐鲁书社出版了先生的论文集——《古史论集》(1981),继之上海人民出版社出版了先生的学术专著《中国奴隶社会史》(1983)。前者收文22篇,系先生数十年研究上古史论文之精萃;后者40余万言,系先生研究先秦史的系统学术性著作。两书是先生治史成就的最高代表。其时金先生已经年登八秩,犹精神矍铄,笔耕不辍,看到多年心血凝成的硕果,其喜其乐,可想而知!

金先生晚年常对弟子们说:我老矣,写完某本书,送走某批学生,就不打算再写再招了。还曾将自己的雅号取名为"知止老人"。可是在这一点上,先生常常不能如愿。他一生的学养积累,一生的治学经历,使他进入学究天人、洞达幽微的境界。一

---

① 金景芳:《马克思主义关于奴隶制社会的科学论断与中国古代史分期》,《社会科学战线》1985年第1期。
② 金景芳:《关于中国原始社会向奴隶社会过渡的讨论》,《吉林大学社会科学学报》1978年第5至第6期。
③ 金景芳:《中国奴隶社会史》,上海人民出版社1983年版。

个博学而化的学者面对改革开放、民族文化复兴的春天,怎能无动于衷、停顿不前,而效夫子"吾欲无言"呢!于是先生不顾春秋已高仍继续从事写作,并把主要精力转到对《周易》和以孔子为代表的儒家学派研究上来。

1979年《哲学研究》第6期、第11期接连刊载了金先生《西周在哲学上的两大贡献》《关于孔子研究的方法论问题》两篇论文,自是一发而不可止,《战国四家五子思想论略》(1980)、《孔子思想述略》(1981)、《中国古代思想的渊源》(1981)、《中国奴隶社会上升时期的思想》(1982)、《〈孙子〉十三篇略说》(1982)、《研究中国古代史必须继承孔子这一份珍贵的遗产》(1985)、《说易》(1985)、《孔子与六经》(1986)、《我对孔子的基本看法》(1986)、《孔子对〈周易〉的伟大贡献》(1987)、《关于〈周易〉作者问题》(1988)、《关于〈周易〉研究的若干问题》(1988)、《孔子所说的仁义有没有超时代意义》(1989)、《论孔子思想的两个核心》(1990)、《孔子的天道观和人性论》(1990)、《孔子与现代化》(1990)、《孔子的这一份珍贵遗产——六经》(1991)等一大批研究先秦思想学术的论文,先后相继问世。对易学、儒学与先秦诸子思想的研究提出了一系列精辟的见解。

1985至1986年度,先生以84岁高龄主办了全国最早也是当时唯一的"《周易》研讨班",担负起培养高校中青年《易》学爱好者和中国传统文化教育者和研究者的重任。耄耋之年的老人,不辞辛劳,每周坚持给学员授课,析微阐幽,妙论珠连。一年下来,其讲稿《周易讲座》经助手吕绍纲整理,由吉林大学出版社出版(1987)。同年,汇集先生多年研《易》心得的又一本专著《学易四种》,由吉林文史出版社出版。逾一年,先生又与助手吕绍纲完成60余万字的《周易全解》,由吉林大学出版社出版(1989);再逾一年,集中体现先生孔学思想、由助手吕绍纲与学生吕文郁协助完成的《孔子新传》,在湖南出版社出版(1991)。同年,总结先生80年代研究上古学术思想的论文集《金景芳古史论集》,亦由吉林大学出版社出版。至是,先生仍未将自己的学术研究工作画上句号。1996年先生又以94岁高龄指导吕绍纲完成《〈尚书·虞夏书〉新解》,由辽宁古籍出版社出版。越两年,先生亲自编撰《知止老人论学》(东北师范大学出版社,1998年);同年,先生以"生命不息,奋斗不止"的精神,亲自口授,由学生张全民整理完成《周易·系辞传》新编详解》,由辽海出版社出版。

综观先生晚年的主要研究成果,要在《周易》与孔学两大主题。《周易》是中国古代的重要经典,自汉以来被奉为儒家六经之首、大道之源,对中国思想学术史影响极大,人谓不研究《周易》,即无以认识中国传统文化,并非夸张之辞。先生弱龄嗜《易》,刻苦钻研,至老弥笃。他不囿旧说,博综汉宋,兼审清儒,群言淆乱折诸己,众理纷呈衡以用。先生视《周易》为哲学著作,运用马列主义观点,结合经学、史学的方法研究

《周易》,多窥古人未至之境,在众多的易学成果中卓尔不群,自成一家。张岱年先生说:"景芳先生对于《易》学造诣尤深,早年著《易通》,晚年又著《学易四种》《周易讲座》等书,阐明易学的义理,摈斥关于象数的迷信,同时坚信孔子作《易传》的记载。"①颇能反映金老的易学特点。唐嘉弘先生亦谓金老易学:"方法科学,论证严密,破治《易》二蔽,成一家之言。"②

在孔子研究上,先生亦堪称一代大家。除与弟子合作的《孔子新传》一书外,还发表了专题论文 20 余篇。从研究孔子的方法、所依据的史料,到思想内容、历史贡献以及孔子思想的现代意义、孔学在历代的流传等方面,都进行了系统探究,形成了先生别具特色的孔学研究体系。先生常说:"中国有孔子,毋宁说是中华民族的光荣。"③又说:"孔子是中华民族长期以来精神文明的最突出的代表。在孔子这份遗产里,蕴藏着很多极为珍贵的东西,正有待于我们继承。那种坚持民族虚无主义全盘否定祖国历史文化遗产的做法,是非常错误的。"④

先生认为孔子留给后人的珍贵遗产大要有二:一是文献,即六经;二是思想,即仁义、时中。先生坚信自《史记》以来传统所说孔子删定六经的说法,认为:"六经是孔子竭尽毕生之力学习先代历史文化,经过选择整理并加进自己的见解而著成的。"⑤因此他对六经与孔子无关的说法持批判态度。先生认为:"孔子编著六经的方法是不一样的。他对《诗》《书》是论次,对《礼》《乐》是修起,对《春秋》是作,对《易》则是诠释。"所以,研究孔子的思想必须研究"六经",而不能仅仅局限于《论语》。先生曾在《孔子新传序》说:"真正的孔子之学,主要是六经和《论语》。七十子后学的记述和《孟子》《荀子》二书的一部分,也应包括在内。在上述著作中,最能反映孔子思想的,首推《易传》,其次是《春秋》,再次是《论语》。"在六经中,《周易》与《春秋》对研究孔子之所以重要,是因为先生认为《易传》中有孔子对《易》"天之道"与"民之故"的系统阐述,《春秋》是孔子"拨乱反正"的"正名"之作,是孔子政治思想的集中表现。

先生认为孔子学说有两个核心:"一个是'时',另一个是'仁义'。'时'是基本的,'仁义'是从属的。'时'偏重在自然方面,'仁义'偏重在社会方面。孔子特别重视

---

① 张岱年:《祝贺金景芳先生九五寿辰》,载《金景芳九五诞辰纪念文集》,吉林文史出版社 1996 年版,第 1 页。
② 唐嘉弘:《〈周易〉研究中的倾向性问题》,载《金景芳九五诞辰纪念文集》,第 358 页。
③ 金景芳:《孔子思想述略》,《中国哲学史》1981 年第 2 期。
④ 金景芳:《研究中国古代史必须继承孔子这份珍贵的遗产》,《人文杂志》1985 年第 1 期。
⑤ 金景芳:《孔子这一份珍贵遗产——六经》,《吉林大学社会科学学报》1991 年第 1、2 期。

'中',实际上'中'是从'时'派生出来的。孔子还特别重视'礼',实际上'礼'是从'仁义'派生出来的。"①金老还特别重视古为今用,研究和探讨孔子思想的精华与糟粕,指出其时代局限性和有超时代的永恒性:"孔子所讲仁义,不仅有时代性,也有超时代性。""孔子所讲的仁,实际上是当时存在的血族关系;孔子所讲的义,实际上是当时存在的阶级关系。仁的'亲亲为大',义的'尊贤为大',就是它们在实质上反映当时存在的这种关系的确凿证据。"因此"孔子所讲的仁义有时代性,在它们的上面有阶级的烙印,是没有问题的"。但是,它又具有明显的超时代性:"孔子所讲的仁义,在战争年代固然多'见以为迂远而阔于事情'。然而从积极意义来说,它不仅有时代性,而且有超时代性。无论到什么时候,如果真正能够行仁,使人人亲如兄弟,如果真正能够行义,使社会实现安宁秩序,有什么不好呢?"②

针对历代封建统治者都抬出孔子的招牌愚弄民众,金老研究孔子十分强调区别"孔学"与"儒学",明确反对"今人称孔学为儒学,往往把孔学与儒学并为一谈"的做法,说:"因为今人所谓儒学,实际上包括汉儒和宋儒之学。据我看来,汉儒、宋儒虽然打的都是孔子的旗号,实际上他们所传承的多半是孔子学说中的糟粕,至于精华部分他们并没有传承,反而肆意加以歪曲和篡改。因此,今日应把真正孔子之学正名为孔学,以与汉儒之学、宋儒之学相区别。"(《孔子新传序》)

此外,金老晚年对《尚书》的研究也成就斐然,颇多独得之见。与助手吕绍纲合作撰写的《〈尧典〉新解节选》(1992)、《〈甘誓〉浅说》(1993)、《〈皋陶谟〉新解》(1993)、《甲子钩沉》(1993)、《〈禹贡〉新解前言》(1994)、《〈汤誓〉新解》(1996)、《〈盘庚〉新解》(1996)等一批学术论文以及《〈尚书·虞夏书〉新解》一书,就是先生新见解的代表之作。因篇幅所限,这里就不一一叙述了。

先生晚年致力于形上学的研究,除了他对易学、孔学的特殊爱好以外,主要原因还在于关注现实、关注人生的强烈忧患意识。综观中国近代史,热血青年、爱国志士为了寻求救国救民的真理,许多人漂洋渡海,从事"西学"研究。而西学者又分化出两大派别,一是主张"全盘西化",认为中国不彻底西化没有出路;一派是"洋为中用"(或称"中体西用"),主张将西方有用的东西借鉴来以为中用。但无论是"全盘西化"论,或是"洋为中用"论,都对中国传统的文化,特别是对传统的儒家和易学肆意贬低和丑化。对此,一批学人又反其道而行之,自西学而回归中学,特别是儒学或佛学,对现代新学(或西学)展开抗争,从而促进了现代新儒学的产生。先生的业师马一浮、熊十力

---

① 金景芳:《论孔子思想的两个核心》,《历史研究》1990年第5期。
② 金景芳:《孔子所讲的仁义有没有超时代意义》,《孔子研究》1989年第3期。

以及梁漱溟等老一代新儒家经历先西后中、坚守宋明理学的历程,就是证明。先生没有重走业师的治学道路,更没有全盘否定中国传统文化,而是对近代思潮产生的原因和背景进行了深刻反思,运用马克思主义批判继承的理论,走自己的学术道路。

他不止一次地指出:"谈孔子与现代化,首先要解决的一个问题,这就是'五四'及其以后长时期批孔,而今天却大张旗鼓地纪念孔子,到底谁对谁不对?是批对,还是纪念对呢?我说都对。原因是时代不同了。前此是革命时代,战争年代,而今天是和平年代,建设年代。好似冬衣裘,夏衣葛,没有什么奇怪的。""中国有句老话,叫做'治世尚文,乱世尚武',我看是对的。今日中国正是革命已取得胜利,进入和平建设的时期,作为中国传统文化代表的孔子,自然应予以重视了。"①又指出:"中国自孔子生时起,一般说,凡是治世都尊孔,凡是乱世都反孔。其道理在于孔子的学说对维护社会安宁秩序有利,对破坏社会安宁秩序不利。而社会当革命时期重在破,不破除旧秩序,不能建立新秩序。社会当建设时期,也就是建立新秩序的时期重在立,不能再破了。再破,旧的新的将同归于尽,不会有好结果。""中国自'五四'至中华人民共和国成立是革命时期。革命时期批孔是正确的。因为它有利于推倒帝国主义、封建主义、官僚资本主义三座大山。今日不同了,今日中国正在进行社会主义建设,对孔子这样一个有重大影响的历史人物,就不能不重新加以评价了。""看来我们今日就行动起来,努力做承继孔子这一份珍贵的遗产的工作是不会有过错的。"②

对于用西学否定孔学、用马列反对孔子的做法,金老不以为然,认为今天研究和宣传孔子:"这不是说:我们不应该向西方学习马克思列宁主义,不应该向西方学习科学技术。我们不愿意落后挨打,怎能不学习这些东西?不过我们有一个取舍标准,就是看它是不是真理,是不是有益于人民,而不是什么中或西、新或旧。今日我们中国已经站起来了。现正在从事伟大的社会主义建设,乃竟有人丧失民族自信心与自尊心,用民族虚无主义的眼光看待中国传统文化,这是很不应该的!"③又说:"孔子是中国两千多年以前的人物。'五四'以前长期被称为圣人,受人崇拜;'五四'以后却截然相反,打倒孔子、批判孔子的呼声,响彻全国。同是一个孔子,为什么前后的看法如此悬殊呢?""'五四'以前,中国社会是封建、半封建的社会,孔子思想能为这个社会的政治服务;'五四'时期和'五四'以后,中国社会正在或已经发生巨大变化,即正在或已经被新民主主义或社会主义所代替,这时孔子思想不但不能为这个社会的政治服

---

① 金景芳:《孔子与现代化》,《书林》1990年第3期。
② 金景芳:《孔子新传·序》,湖南出版社1991年版。
③ 金景芳:《孔子所讲的仁义有没有超时代意义》,《孔子研究》1989年第3期。

务,反而是前进道路中的障碍,必须清除。""过去长时期在搞革命,人们对待孔子大都强调政治方面,这无疑是对的。今天我们党正在领导全国人民进行建设,重视祖国历史文化遗产,改从学术方面看待孔子就应当提到日程上来。"①话语虽然平实,但却表达了当代知识分子的共同心声,饱含了一代学术大师对社会、对民族的高度责任感,也是先生一生究《易》得其"随时之义"的具体反映。

从方法上讲,金老晚年研究思想学术,又与早年纯经学的研究大不相同。早年金老研究经学虽然自励以"贵平实,贵客观",其《易通》力求探讨真理;作《春秋释要》,又力黜何休公羊学"非常异义可怪之论",但是由于所受传统经学独尊思想的影响,难免对经典有过信之处,如相信"伏羲画卦",对"观象制器"一节也信而不疑。金老晚年治形上之学则加入了更多的历史方法。用治史的方法来治经,讲究实证地、历史地、一分为二地看待问题,金老在20世纪50年代撰写《易论》时即有成功的尝试,其上篇专从时代背景方面考察《周易》的产生和形成,指出:"《周易》是历史的产物,是人类认识在具体历史条件下长期发展的结果。""《周易》哲学思想的形式,无疑是依赖于社会实践,它是那个时代的生产水平与认识水平的反映。"等等,都表明了这一点。晚年更加强调《周易》与时代的关系,正如唐嘉弘先生所云:"金老在研究《周易》时,总是把《周易》放在先秦夏、殷、周三代历史范畴,从一定的时间和空间及其演变过程去分析《周易》。"并对金老关于殷易《归藏》与《周易》反映了不同的亲亲、尊尊历史和传弟、传子不同继承制的探讨大加欣赏:"金老历史主义的以社会的发展变化来研究卜筮的发展变化。由于方法的科学,在解决问题和分析问题时,自然得到合符历史实际的观点。"张岂之总结金老的思想史研究方法也说:"思想史研究和中国社会史研究的结合,这是金老学术研究中的另一个注意焦点。""应当指出,金老在中国社会史研究中,是做出了很大成绩的。他的《中国奴隶社会的阶级结构》《中国古代史分期商榷》《论井田制度》《马克思主义关于奴隶制的科学概念与中国古代史分期》等论文,实际上构成了金老关于中国古代社会史理论体系的基础。而金老关于中国古代思想史和经学史的若干观点都与他的社会史观点密切联系着,形成一个整体。金老的研究成果充分显示他是一位有系统的社会史理论的古史专家、古文献学家和思想史家。"②都是知人之谈。

---

① 金景芳:《研究中国古史必须承继孔子这份珍贵的遗产》,《人文杂志》1985年第1期。
② 张岂之:《金老与中国思想史研究》,载《金景芳九五诞辰纪念文集》,第17—18页。

五　儒林新韵：先生的事业与传人

李锦全赞先生九五寿辰之诗曰："曾将铁笔惊流俗，每把金针度世人。""已随学府开新运，更向儒林续逸篇。"①先生亦自谓："平生无多嗜好。如果说有嗜好，就是读书。""我平生最大的乐事，一是我教出一大批的学生，一是出版了十几本书。"②一生执教，乐育人才，这就是金景芳师的世纪人生。先生耕耘于三尺讲坛，历时80余年。尤其执教吉林大学时曾任图书馆长、历史系主任，桃李满天下，弟子遍九州。据学人统计，接受先生之教的亲传弟子可达500余人。

先生自1961年开始招收研究生，1978年又作为首批博士生导师，招收和培养博士研究生，吉林大学也就成了国内重要的先秦史和古代思想文化研究高级人才的培养重镇。自此之后，在慎择人才、严格培养的思想下，先生共招收和指导了16名硕士和24名博士。这些硕士俊彦、博士弟子，分布四方，各守师业，北起黑龙江、吉林、辽宁、内蒙古、山西、北京，南至湖北、江苏、广东、湖南、海南，东自山东、上海、安徽，西至陕西、四川，都有先生受业弟子，可谓"自西自东，自南自北，无思不服"！先生弟子中，目前有博士生导师10多人，硕士生导师20多人，是许多院校、科研机构和文化教育部门的中坚力量，在不同领域和岗位继承和弘扬先生的学术事业。

先生学风纯正，治学范围宽广，在先秦史、古代思想史、历史文献学、经学、易学和先秦诸子等诸多领域都卓有建树，故其学术观点被学术界誉为"金派"。先生又循循善诱，因材施教，引而不发，金针屡授。故所培养之门人弟子专业扎实，方法得当，而且不拘一格，研究面广。如今活跃在学术界的先生弟子，立足于先秦历史和制度、先秦文献与古代思想、学术等领域，能向上下旁侧纵深开拓，俨然成为学术界不可小视的学术生力军。

"儒门道脉传千古，天地长留草木春。"（李锦全诗）太上有立德，其次有立功、立言，先生著作等身，学开一派；年高德劭，道德文章，足为一代师范。立德、立言、立功，兼而有之。先生立己立人、达己达人，培育大批后学，颇具大儒风范。先生之德、言、功三者，皆足以称不朽于后世！先生所创之学派，弟子门生，薪火相传，后继有人，学术事业将长盛不衰。

---

① 李锦全诗，载《金景芳九五诞辰纪念文集》序前像页。
② 金景芳著，吕文郁整理：《金景芳学述》，浙江人民出版社1999年版，第1页。

为了继承金老的学术成就,弘扬金老开创的学术事业,我们曾经在金老自编《古史论集》《金景芳古史论集》《学易四种》《知止老人论学》《金景芳自选集》等基础上,选编过《金景芳学案》(三册,陈恩林、康学伟、舒大刚主编)、《金景芳儒学论集》(二册,舒大刚、舒星等编),对金老的学术成果进行了初步整理和传播。现又在各方赞助和支持下,将金老平生所发表文章和出版著作,以及部分未刊手稿和讲义,进行全面收集整理,编成《金景芳全集》。《全集》收录金老著作16部、未刊讲义3部、论文100余篇,共500余万字,分装10册。末附学人回忆和评论文字及相关资料。金老各个时期的学术成果既汇于此,而有关先生之评论和记录亦毕聚于兹,其于先生固是一学术纪念之丰碑,而于后学亦无异于问津学术之梯航矣!

　　谨述先生学术生平于上,以求教于大方之家。其所未备,幸有教焉。

　　　　原载吕文郁、舒大刚主编:《金景芳全集》,上海古籍出版社2015年版。

当代儒学

儒学是中国传统文化的主干和中国传统学术中最重要、最有影响力的学术，在两千多年的历史长河中，儒学承担了"国魂"的责任——既是中国传统文化的核心价值，也是中国人文化认同、身份认同的精神根本。时至今日，儒学不仅是中华民族共有的精神家园和血脉灵根，更是人类文化的共同遗产和宝贵财富。不仅是民族精神振兴和社会主义核心价值观重建的固有传统源泉，还是实现"国家富强，民族振兴，人民幸福"的"中国梦"的重要软实力。

本章既有关于儒学体系重建，恢复儒学学科，编纂儒学教材的思考，也针对儒学如何复兴、如何实现"中国梦"、如何构建中华"国学"体系提出了建设性方案。笔者吁请，在重建"国学"的大门类下，全面恢复儒学完整学科，编撰系统的儒学教材，培养基础扎实、知识全面的儒学专业人才，应为当代学人的学术使命和神圣追求。

重建儒学学科　提高文化自觉

自近代"西学东渐"以来，如今全球一体化进程日益加剧，我国思想文化一直都面临着来自外界及自身的不断冲击和挑战。在这对于整个人类历史而言并不算长的两个左右世纪里，伴随着国运的兴衰变革，国人在文化思想上亦先后经历了自我怀疑、自我否定，再到自我反思和自我觉醒的曲折路程。在这场思想文化的争鸣中，即便遭遇最低潮、最冰点的时期，依然有一个声音、一种主张不绝于耳——中华文化的自觉和自信决不能消亡！而今，这个声音、这个主张正逐渐壮大。尤其在中国经济和物质文明建设获得重大突破的当下，文化自觉和文化自信的重要性正日益成为国家文化建设的基本国策，成为每个文化工作者所强调和力倡的内容。然而，探讨文化自觉和文化自信的关键在于什么？在经历了如此长时间的自我否认和自我遗忘之后，我们应当如何充实自觉与自信？

首先，我们必须要了解自身的文化类型和形态，确立自身文化的主体意识，加强中华文化的主干地位，在学理和学科上发展和巩固自身的文化学术。中国作为一个多民族、多宗教、有着5 000余年文明史的文化古国，其包容的文化类型、文化形态可谓多种多样。如果要以简练的语言来描述真正具有全国意义的"中国文化"，当然是：以儒学和诸子百家（包括释、道）互补为结构，兼融各民族（甚至周边各国）文化的多元一体的庞大体系。这个海纳百川、兼容并包的庞大文化体系自来就是所有中国人所引以为傲的精神家园。然而，若一定要在这个庞大体系中确定一个核心主干，不容置疑，它将是儒学。以儒学为主导的中国传统文化，一直是中华文明的主干，中国历史及文化的方方面面无一不受到儒学的影响。而儒学本身也在这种影响中接受影响，不断地自我发展和自我完善，形成了具有自足的经典体系、博大的思想内涵、丰富的文献积淀和成熟的教育体制，以及实实在在的学科和思想文化体系。从而，研究和重构儒学影响中国的历史，就是提高文化自信的首要条件；重建儒学的现代学科地位，就是实现文化自觉的第一步。

从经典上看，儒家有所谓"六经""五经""七经""九经""十三经"和《四书》等组合提法。"六经"即《诗》《书》《礼》《乐》《易》《春秋》，是孔子继承中国上古以及夏、商、周三代历史典籍整理而成的经典教材，这些经典上记往古历史文化，下启后世思想智慧，它们既是此前历史的记录，也是此后新知的启蒙。老子云："夫'六经'，先王之陈迹也。"《庄子》也称之为"世传旧法之史","六经"记载了尧、舜、禹、汤、文、武、周公等二帝三王亦即唐、虞、夏、商、周等历史文化,是"六经"者述古之"史"也。"六经"经过孔子整理和阐释后,又成为历史教科书,《庄子》曰:"《诗》以道志,《书》以道事,《礼》以道行,《乐》以道和,《易》以道阴阳,《春秋》以道名分。"道志者,文学是也;道事者,历史是也;道行者,规范是也;道和者,美育是也;道阴阳者,哲学是也;道名分者,政治学是也——"六经"综合反映了上古哲学、史学、文学、伦理学、政治学、社会学等内容,是"六经"者,又训世之"经"也。汉代儒者只传《易》《书》《诗》《礼》《春秋》,谓之"五经";东汉盛行"七经",在五经之外另加《论语》《孝经》;及到唐代,又将《易》《书》《诗》与《春秋左传》《公羊传》《穀梁传》和《周易》《仪礼》《礼记》合称"九经"。五代后蜀政权在成都刊刻"蜀石经",在"九经"之外再加《论语》《孝经》《尔雅》《孟子》,合称"十三经"。宋儒又将《礼记》中的《大学》《中庸》析出,与《论语》《孟子》一道并称《四书》。中华5 000年文明史,以"六经"为主体的儒家经典恰恰成为一个承上启下的中介,中华前此2 500年历史因之以讲明,后此2 500年智慧得之以点燃。宋人说"天不生仲尼,万古长如夜"者,诚然。

　　从学术上看,儒学具有丰富多彩的学术思想,集哲学、政治、思想、伦理、社会、教育以及其他学术文化观念于一体,是中国文化精神的集中体现。其"太极生两仪,两仪生四象""天人合一"的命题,构成了中国人特有的宇宙模式和世界观。"过犹不及""中正""中庸"的辩证思维,形成了中国人高超的思维方式和处世哲学。"仁义礼智信"的五常之教,成了中国人作"新民"、立"新德"的指道思想。追求和平、讲究秩序的理论,成了中国人建立和谐社会、实现文明生活的理想模式。"载舟覆舟"的君民关系论和"民为邦本""民贵君轻"的"民本"思想,成了历代志士仁人反对专制集权、追求"仁政德治"的思想武器。"士人、君子、圣人"和"内圣外王"的修身模式,构成了中国人终身向往的理想人格和修身之道。"立己、立人,达己达人""己所不欲,勿施于人"的"忠恕"之道,成了中国人建立和谐人际关系的无上法宝。这一切的一切,都经儒家的提倡、推广,逐渐融入了中国的民族精神之中,支撑着这个民族生存、发展、繁衍,创造和丰富着自己灿烂的文化和文明,至今犹闪烁出熠熠光辉。

　　从实践上看,儒学具有孝悌忠信的道德伦理、恭宽信敏的处世哲学和仁政德治的政治理念。儒学尤其是一门修身之学、实践之学,伦理道德学说构成了儒家学说的核心和灵魂。儒家重视教化即思想教育,注重个性修养和道德情操培养,提倡"孝悌忠信""礼义廉耻""舍生取义""杀身成仁""以天下为己任",强调道德责任感和历史使命感。它虽然上究"天人"之际,下探"心性"之微,形上无象,玄之又玄,但在讲究"博学""慎思"的同时,又特别强调"笃行"。它的"仁"便是要"爱人","义"便是要行而得宜,

"礼"本身就是行为规范,"智"便是要知晓"仁义"之道而慎守弗失(孟子),"信"便是要言而行之(孔子)。儒家成功地将个人的品德修养与国家的治理安定紧密地结合起来,把道德主体的能动作用与社会的道德感化力量有机地融为一体,从而使道德规范的约束功能与知耻自觉的自律机制更好地相辅相成。儒学以其理论与实践结合,个体修养与群体利益结合、道德修养与政治事业结合的学术思想,形成了中华民族"自强不息""厚德载物""仁义道德""民胞物与""孝亲敬老""崇德尊贤""诚实忠信""见义勇为""文明理性""公平正直"等优秀品德,这是她有别于宗教神学的根本之处,也是其影响中国历史文化,乃至今仍有其旺盛生命的魅力所在。

从文化成果上看,儒学具有庞大丰富的文献载体。儒家是以经典教育为本位、文献创造为特色的学派,儒家在历史上产生的学术文献数以万计。自孔子修订"六经"而后有儒家文献;自孔子"以《诗》《书》《礼》《乐》教"而后有儒家知识群体"弟子三千";自《左传》提出"立德""立功""立言"三不朽的人生观后,形成了儒者以"著书立说"来实现自我价值的重要途径。放眼世界,传世的古典文献以中国为多;而考诸中华,传世古文献中又以儒家最盛。这些数量庞大的儒学文献,遍布经、史、子、集,内容包括儒家经典的注解和疏证,儒家诸子智慧的发挥和更新,儒学历史的记录和考订,以及儒家文化的推广和弘扬。它们是文化的载体,是智慧的记录,是中华文明的核心骨干。加强对它们的整理和研究,是认识中华古老文化的主要途径。

从信仰上看,儒学具有多元一体的信仰体系。班固说:"儒家者流……助人君顺明阳、明教化者也;游文于'六经'之中,留意于'仁义'之际,祖述尧、舜,宪章文、武,宗师仲尼。"(《汉书·艺文志》)"助人君"是其政治功能,"顺阴阳"是其宇宙功能,"明教化"是其社会功能,"六经"是其经典体系,"仁义"是其理论核心,而尧、舜、文、武、仲尼的圣贤信仰,亦是其立教的道统体系。儒家正是以本民族的圣君贤士作为楷模,以尊天命、顺阴阳为其哲学依据和宗教情怀,以"六经"为之教典依据,以"仁义"为其理论基础的学术流派,这一整套理论体系和价值体系,是指导和引领中华民族数千年发展和生生不息的思想源泉,也是中华学人慧命永存、日新其德的精神家园。

从教育上看,儒学具有成功的教育经验。孔子是中华民族的"至圣先师",开创了私人办学的先河,他是中国乃至世界上第一位职业教师,具有"性近习远""有教无类""因材施教""启发""激励"等教学思想和教学方法,他有弟子三千,达徒七十二,形成了庞大的儒家学派。后世儒者如子夏、子思、孟子、荀子之徒,读其书,继其志,游说四方,传道授业,继承和弘扬了儒家学说,也积累和丰富了儒家教育经验。西汉文翁在成都设石室传授儒家"七经",首开郡国立学传播儒学先例;汉武帝开太学,立五经博士,置弟子员,并在全国推广文翁经验,大兴郡国之学;还在全国举明经秀才,儒学于是成为全国教育的主体内容,也成为量士衡才的终极指标。后之继起者,无论是后汉三国,或是两晋南北朝,或是唐宋元明清,都毫无例外。历代王朝,继承和发展西汉以太学(或国学)、郡国府学传播儒学的教育设施,还创造和更新了以明经或科举选拔人才的选人制度,积累了丰富的教育、考试和选材经验。为中国古代社会培养和造就了众多的优秀人才,也启迪和影响了西方文官制度的产生。

儒学的这些丰富内涵,在中国历史上曾经产生过重要和积极影响,儒家经典是中华学人述古知新的知识源泉,儒家思想是中华学人的精神家园,儒家文献是中华文明的重要载体,儒家伦理是中华志士修身齐家的理想模式,儒家教育理论和实践也是中国人造就人才和选拔人才的成功经验。儒学在历史上作为天字第一号的学术,是维系"大一统"局面的重要精神力量,是实现中华民族广泛的文化认同的重要理论基础。在它的陶冶下,曾经造就了大批的哲学家、政治家、军事家、文学家、历史学家和科学家,为人类历史文化创造了辉煌灿烂的精神财富。在儒学指导下的中国社会,也曾出现过"大汉文明""大唐文明""大宋文化"等一个又一个太平盛世和文化高峰,在历史上多次担当起世界文化中心的作用。① 这些成就的取得,因素当然是多方面的,但是其中具有主导作用的儒家学说自然功不可没。

历史降至 19 世纪末,中国儒学一枝独秀的历史瞬间成为明日黄花,孔庙被拆、书院转型,尤其是民国初年全盘吸收西方学制,将儒家经学从教学计划中取消,从此在中国教育界再没有儒家的地位。中国儒学被虚化、被肢解、甚至被遗忘,"中国儒学"在自己的国度顿时成为游魂孤魄,无处庇身、寄托!现行的所有学科设置、图书分类和项目管理体系,均不见中国儒学的身影!

自兹往后,百余年间,在普遍的疑古批儒风潮之下,曾经是考古知新的儒家经典被疑为非伪即残的零篇断简;曾经是精神家园的儒家思想被批驳成腐朽落后的罪因祸源;曾经是修身齐家良言的儒家伦理被诬蔑为愚忠愚孝的害瘤毒草;曾经记载了中华数千年思想文化成果的儒家文献也被斥为封建落后的故纸残书;曾经是淑世济人

---

① 据专家统计,中世纪时期,中国的经济和科技也是相当发达的,相当一段时间占世界经济总量 20% 至 30%,处于领先地位;宋代铁的产量已达 125 000 吨,相当于 400 年后 17 世纪整个欧洲的产量;中国科技在 15 世纪前一直处于世界领先,有人统计自公元前 6 世纪至公元 15 世纪,世界重大科技成果,中国约占 1/2。从经济形势看,中国在南宋时期、明中叶以后,私人资本主义经济都曾有较大发展,出现向产业资本发展的倾向,两次出现了资本主义萌芽。只是由于北方游牧民族入主中原,受文化背景、价值观念和政策导向等非经济因素的影响,才中断了这一进程。

的儒家教育经验也被不加判断地盲目抛弃和清除！在文化教育领域，甚至发展到唯西是信、唯西是崇的地步，对西方舶来品，曾经几乎完全不加辨别地模仿吸纳。一时间，消极与积极、宗教与迷信，沉渣泛起、谬种流传，各种稀奇古怪的理论和价值观充斥神州大地；重功利而轻操守，重技术而轻文化，更是泛滥教育领域。这样做的结果，虽对中国人接受新事物、传播新思想开辟了道路，但同时也导致中华民族信守了2 000余年的核心价值观念大厦顷刻隳堕，中华民族固有精神家园随之破裂失守。连续近百余年历史里，中华传统遭到亘古未有的破坏，儒家学说也遭到史无前例的打击。此实思想学术的剧变，也属儒家文化的浩劫。在儒学诞生、流传并主导了2 000余年的国度里，诸如"儒学在哪里""儒学为何物""儒学到底有何价值""儒学研究从何着手""儒学人才如何培养"之类本不应该存在的问题，此时却竟也成了十分棘手、不得不加紧进行研究和探讨的"问题"。实际上，这不仅是文化遗忘、传统失落的后遗症，更是精神空虚、思想混乱的恶果。

可喜的是，当一些短视之人尚迷失于一味追求GDP简单拉升的歧途之中时，党和政府已清楚认识并指出："一些地方和单位对文化建设重要性、必要性、紧迫性认识不够；一些领域道德失范、诚信缺失，一些社会成员人生观、价值观扭曲。"这种"富而不知礼，贵而不幸福"的现实，再次提醒全国人民："物质贫乏不是社会主义，精神空虚也不是社会主义。"已经清醒地意识到："文化是民族的血脉，是人民的精神家园。在我国5 000多年文明发展历程中，各族人民紧密团结、自强不息，共同创造出源远流长、博大精深的中华文化，为中华民族发展壮大提供了强大精神力量，为人类文明进步作出了不可磨灭的重大贡献。"(《中共中央关于深化文化体制改革的决定》)中国终于梦醒，国人终于自觉，这是好事，也是大事！

在物质文明建设获得初步成功，而民族文化的建设、民族自信的树立仍然任重而道远的当下，党和国家适时提出了"加强文化自觉，提高文化自信"的号召，这无疑是斯民之幸，斯文之幸！

然而自觉从何始，自信从何来？鄙意以为，自觉应从认识自己的悠久的历史文化开始，自信当从继承和弘扬优秀的传统文化中来。我们中国具有悠久的历史，曾经创造了以儒家学说为主导的辉煌文化，研究好中国的历史文化，提炼其优秀的合理内核，就是增强文化自觉、提高文化自信的首要条件。如果说"学在学府，用在官府，行在士民，化成天下"的话，作为在高等学校执行教书育人功能的我等学者文人，正应当将影响中国文化至深的儒家学说加以深入研究和总结，加强儒学的学科建设、学术弘扬和人才培养，使儒学重回淑世济人的领域。而要达到此目的，必须重建儒家经典的阐释体系、重构儒家的精神家园、重倡儒家的实践伦理、精研儒家的文献典籍、重温儒家的教化理论,使当代中国大学生在经典上、思想上、伦理上、文献上、教育上,重新得到儒家的关怀和陶冶,同时也促进儒学的现代更新和转化,以适应变化发展了的当代社会。

以上浅见,定有不妥之处,希请达人批评指正。

与舒星合著,第一作者。
原载《国际儒学研究》2013年第21辑。

"经典儒学"与"大众儒学"
——儒学当代复兴之路

一 儒学复兴：必要性和迫切性

儒学是自古以来圣贤体用不二、道器不离、彻上彻下的政治社会、历史文化智慧的结晶，中国传统文化的主干和中国传统学术中最重要、最有影响力的学术，历代儒学大师针对中国国情提出了修身养性、治国安邦、社会和谐的系列解决办法，也产生出了系统的思想和学说，在两千多年的历史长河中儒学承担了"国魂"的责任——既是中国传统政治的指导思想和中国人的核心价值，也是中国人文化认同、身份认同、广土众民人心凝聚的精神根本。作为历经2 500余年发展的系统学术，儒学已成为中华民族共有的精神家园和血脉灵根，也成了人类文化的共同遗产和财富。我们无论是要认识中国，还是要研究世界；无论是要研究历史，还是要服务现实；无论是要探讨理论，还是要躬行实践，在古今学术中，儒学都位居首选。今天儒学更是民族精神振兴和社会主义核心价值观重建的固有传统源泉，也是实现"国家富强，民族振兴，人民幸福"的"中国梦"的重要软实力。

目前，在欣赏中华国力大幅度提升的同时，人们也在感慨社会道德失范、人心不古。究其原因，表面上是技术发展和经济竞争的功利性带来了工具理性过分膨胀、价值理性极大萎缩造成的，根源上却是我们几代人缺失儒学传统精神护佑滋养而造成的后果。儒学传统在百余年的西风东渐大潮和中西古今之争中蒙受了历史上最严重的质疑和劫难，要结束这种传统文化"花果飘零"和儒家精神"游魂无归"的状态，真正使中国从"文化大革命"走向"文化大复兴"，必须从国家的文化教育体制、社会的观念意识，以及学人的学术良知等方面的全面改善入手，在儒学学科建设、儒学教育考试、儒学研究和普及等方面进行重塑，让儒学的复兴获得制度保障、资源保障和观念保障。

在建设文化强国和小康社会的当代中国，儒学作为中国文化软实力的灵魂怎么强调都不为过。《论语·先进》中载孔子与子路、冉求、公西华、曾点四大弟子言志时,就说明一个政权要想长治久安,文化建设一定是必需的功课,都将经历"强兵以巩固政权"(子路之志)、"富民以安百姓"(冉求之志)、"礼乐(或文化)以定民志"(公西华之志)三个阶段,然后才能实现孔子所赞赏、曾点所向往的"悠然与天地同乐"的幸福境界。同时,《论语·子路》中表达的孔子"庶""富""教"三步走的治国方略,以及中外大国崛起的历史实践,也从正反两面证实"富国强兵"与"文化建设"同时并重的必要性。近代英国的"国教"振兴运动和德国的德意志精神建设,当代法国的法语纯洁性保护运动,日本的国学提升和韩国的儒学普及教育等做法,都是重视"教化"和"文化建设"的成功典范。孔子曾说:"如有王者,必世而后仁。"(《论语·子路》)如果按"三十年为一世"的中国传统观念,现在中华人民共和国已经经历了"两世"的探索,我们用了30年"以阶级斗争为纲"来巩固政权,又经过了30年"以经济建设为纲"来富国裕民,目前我们已经实现"军事强国"和"经济大国"之梦,当下逻辑地应当进入建设"文化强国"和"幸福家园"的阶段,儒学应该在这个阶段发挥自己的作用了。可以预期,如果再用30年"以文化建设为纲"的话,党中央提出的"国家富强、民族振兴、人民幸福"的理想和目标必定能够实现。党的十八大三中全会决议和习总书记的多次重要讲话,都体现了这一重大战略构想和历史转折的必然趋势。

如何发挥儒学淑世济人的功能呢？这是历史形成而遗留至今的百年难题。解铃还须系铃人,历史实践昭告我们,复兴儒学的首要之举,还在于从政策上尽快恢复儒学的独立学科地位！

晚清民国初期,中国积弱积贫,面临亡国亡种的危险,内忧外患的形势逼迫志士仁人反思自身传统、学习西方长处,矫枉过正,一度误将中国一时落后于科技革命后繁荣起来的西方社会归因于中国固有传统文化的拖累,民国伊始便将"经学"学科废除了,一时间改书院建学堂、拆孔庙建学校成为一时潮流,儒学因而失去制度依托和信仰空间而流离失所、孤魂游荡。后来又在"五四"新文化运动中大兴"反传统""打孔家店"思潮,儒学成为没落王朝的"替罪羊"。这一历史公案,在以阶级斗争为纲的新中国第一个30年中越演越烈,儒学被当作"封建糟粕"遭到严厉批判,"破四旧""文化大革命"时达到高峰,以儒学为代表的数千中国优良文化传统被截流断源,不绝若线。

改革开放时期"拨乱反正",儒学虽然重新得到研究和肯定,有了正常的学术研究和教学活动,但至今在教育和科研体制中仍无恰当的名分。特别是开放之后急于富起来、强起来的中国社会和中国学术界,对西方的教育体系和学术思想不免存在良莠不辨、片面接受的现象，一些半生不熟、囫囵吞枣的西方理论，实用主义、工具至上的教育体制，以及人文学科自然科学化管理的学术体制，至今仍然充斥教育领域和学术领域。人们常说的"以知识教育取代人格教育，用政治教育代替品德教育"等现象，更是当下各级教育的基本特征。于是就出现了中国学生可以在各种国际性知识竞赛中屡拔头筹、获得大奖，但是在最基本的道德规范和公共礼仪中，却常常交了白卷！社会出现"官员不廉，士人无耻，下民无赖"，甚至"13亿中国人扶不起一位摔倒的老人"等丑恶现象，自然就会层出不穷了！

近年来，尽管中央精神、领导讲话屡屡强调马克思主义的中国化、中国传统文化应成为中国特色社会主义核心价值体系建设的基石，但至今在社会公德和个人品德的改良方面却收效甚微，其原因就是儒学至今仍然只在学术研究领域热闹，除了研究著作的层见叠出、学者自言自话外，儒学普及和社会公众参与还基本没有推行。穷其根源，是自从民国初年取消儒家"经学"学科之后，在现有以西学体系为主的所有学科体制和学术分类中，都没有"儒学"对应的学科和名目，有的只是被割裂到各分科之学中的支离偏颇的知识化儒学，真正自成体系的儒学研究与知识普及基本还没有得到来自公众的、政府的资源扶持，儒学研究或普及难以获得体制性的资源保障，许多学者投入儒学的研究与普及、继承与发展等工作纯属自发性质，不足以形成有组织、有计划、有阶段、有规模的系统化、持久化的理论研究和创造性应用转化，儒学传统资源的发展和利用远远跟不上现实需求。

儒学无体制保障这一境况的形成，既有历史观念解放和转变滞后的思想原因，也有体制改革不到位的现实原因。前者症结在于，没有用全面的、辩证的、历史的、发展的眼光看待历史特殊时期对"儒学"的特殊态度，不能与时俱进地用正确的态度面对传统；后者症结在于，拘泥于从西方引进的学科体制及其管理模式，不能正确贯彻"古为今用，洋为中用"的内核，即以我为主的中国主体性原则和中外传统皆须"去其糟粕、取其精华"的扬弃的灵活性原则，甚而一方面迷信学科体系，食洋不化，作茧自缚，另一方面无视中国优良传统和文化软实力，邯郸学步，自废武功。

要想改变儒学在社会公德、职业道德、家庭美德和个人品德建设中缺位的现象，必须恢复儒学固有的学科地位，发挥其应有的致君尧舜、淑世济人的社会功能。当务之急的解决方案，在于适当突破西学体系中不适合中国国情的樊篱，大胆而合理地予以相关学科体制改革，赋予"儒学"或"经学"以独立的一级学科地位，以便于整体地、全面地学习、研究和发展以儒学为核心的中国优秀文化传统，使儒学在当代得到全面的继承和弘扬，通过创造性的诠释和转化更好地为伟大的中国特色社会主义建设服务。

二　复兴之路：经典儒学和大众儒学

毋庸置疑，儒学经过百余年坎坷和劫难，其复兴已刻不容缓，以免久假不归、元气不复而永远成为"不归的游魂""博物馆中的展品"。然而如何复兴儒学，在百年之间志士仁人探索了许多途径，这些摸索是否找到了合适的道路，值得我们回顾、反思和借鉴。

在晚清民初，随着科举废除，经科取消和"五四"新文化运动"反传统"思潮兴起，失去制度依托和文化信仰的儒学流离失所成为百年中国文化危机的核心内涵，各种民族文化重振运动纷纷奋起自救。廖平发起的尊孔尊经运动、康有为发起的孔教运动肇其始，梁启超、章太炎、胡适、学衡派等发起的传统国学、整理国故、国粹振兴等中国文化现代转化论随其后，王国维、蔡元培以哲学代经学的经学哲学化思潮，钱玄同、顾颉刚发起儒学去魅的疑古思潮，傅斯年、郭沫若的儒家经典史料化研究等，在中西古今之争中逐渐支离作为整体道德学问的儒学。现代新儒家作为文化守成主义的主力登上现当代儒学保存运动的舞台，他们把中国儒学精神与西方哲学理论结合起来，使儒学能够在全盘西化为主流的现代、激进主义为主流的当代仍然保持其理论活力，又在儒学不绝若线的20世纪下半叶流落海外，不遗余力发明和宣传儒学，成为保存儒学的历史功臣。

"改革开放"之后，在中国本土复兴儒学提上了中华民族伟大复兴事业的议事日程。经过西方文化热、国学热、复古风等洗礼，中国文化复兴的主调逐渐确立，那就是通过儒学复兴作为原动力促成中国传统文化主体性实现和中国文化伟大复兴。当代儒学复兴的各种标志性事件纷至沓来：各类儒学学术会议连绵不断、儒学会等学术组织遍布全国、儒学论坛等讲堂风起云涌、孔子学院遍布全球、民间的祭孔活动蔚然成风、孔子铜像在各地的出现、儿童读经班纷纷开张、大量儒学研究书籍的出版、政府对儒学的重视以及主流意识形态中儒学因素的日益增多。于是各种以发明儒学之某种特性、功能、侧面的儒学复兴理论纷纷出台。以牟宗三为代表的后期现代新儒家的"心性儒学"和对峙而兴的蒋庆为代表的"政治儒学"，是最有影响而又有互补性的两种儒学复兴思潮。此外，黄玉顺的"生活儒学"、林安梧的"公民儒学"、姚中秋的"君子儒学"、干春松的"制度儒学"，以及蒋庆、陈明等提倡的"当代儒教建设"等提法影响广泛。但如吴光先生所言，熊十力、牟宗三先生的新心学，冯友兰先生的新理学以及马一浮先生的新经学虽然分别阐发了传统儒学的不同方面，但他们都是精英儒学、是

"书斋中的学问"。而当代学者提倡"政治儒学"事实上并不符合多元、民主的现代社会,是一种乌托邦的设想。在儒学的当代复兴中,这些学说都存在不同程度的局限。

真正的儒学复兴,应该是在理论上阐明宇宙人生大义、在实践中切合人生社会日用的儒学整合复兴。董仲舒说:"道之大原出于天,天不变,道亦不变。"(《汉书·董仲舒传》)儒学传统有其一贯的精神实质,不会因为时代变迁而失去其本具的普世价值。张之洞有言:"切于治身心治天下者,谓之大义。凡大义必明白平易,若荒唐险怪者乃异端,非大义也。"(《劝学篇·守约》)此"治身心治天下"之"大义",通过形式上的创造性转化应用,在当代仍然得到发扬光大。吴光先生认为,在文化多元、价值观念趋同的当代社会,面向生活实践的生活儒学与重视道德人文精神、兼融中西价值观的民主仁学应该成为儒学发展的方向。民主仁学是吴先生结合儒学精髓与当代文化提出的思想体系,它以东方道德人文主义为儒学定位,主张"一元包容,多元辅补,会通古今、兼融中西"的文化观。民主仁学的要旨是仁爱民主为体、礼法科技为用,它以"一道五德"作为核心价值观、具有现代性与普世性的特点,儒学只有深入生活才能教化民众,只有弘扬民主才能立足现代化。他认为推动"儒学复兴"主要有四条:一是体制内教育,在高校设立儒学专业,建立儒学院、国学院、国学系、儒学研究中心等教育机构,将儒学课程引入大中小学课程系统,开展系统性儒学教育;二是体制外教育,建立儒学会、国学院、孔子讲堂,开办社会性讲座、大讲堂,举办专题研讨会、读书会;三是尽可能恢复各地的孔庙、书院,通过学礼祭礼加深普通民众的信仰,通过书院教育使受教育者系统了解儒学知识及其道德人文精神;四是写书、编书、出版儒学丛书如《儒藏》《儒典》等,并通过影视媒体广泛开展儒学教育。

近十多年以来,中国大陆各地自发形成了草根民间社会与民间儒学的再生运动。近期郭齐勇先生对"民间儒学"做了学理上的梳理和总结,并寄予厚望。他认为民间儒学是儒学灵根自植、重返社会人间的文化思想形态,使仁义礼智信、忠孝、廉耻等核心价值进入寻常百姓之家,成为老百姓的生活指南与安身立命之道,安立世道人心。民间儒学,也可以理解为在民间、在日常生活世界里的儒学,或民间办儒学,即民间组织推动的儒学。现代儒学既包括乡村儒学的重振,又包括城市儒学的建设,即是使中国文化的基本做人做事之正道,即儒家仁义之道,透过广大城乡的家庭、学校、小区、企业、机关等现代公民社会的组织形式,通过冠婚丧祭之家礼等宗教性的仪式,在每个国民的心中扎根。民间儒学是多样的,它与各宗教的活动,包括外来宗教的传教活动形成健康的互动,保持文化的主体性与生态平衡。儒家学者要眼中有民,努力到民间去,弘扬儒学,把会议儒学、书本儒学转化为民间儒学、生命儒学。

对应郭齐勇先生"民间儒学"思想阐发,结合《儒藏》编纂和多年思考,笔者提出

"经典儒学"与"大众儒学"并重以整体振兴儒学的构想。认为"经典儒学"可以概括传统儒学以至当下学人以经典阐释、学术创新为目的,著书立说、藏诸名山为手段的儒学的历史和现实;"民间儒学"则以儒学应世、日用常行为主旨,很好地体现了儒学"助人君,顺阴阳,明教化"(《汉书·艺文志》)的真精神和真价值,也反映了当代社会亟需道德规范和精神信仰的现实性。但无论是学理儒学或是致用儒学,目前都迫切需要解决在坚持学术研究、经典阐释的同时,如何将发展了的儒学和致用性的儒学普及于民,公之于众的问题。因此,结合儒学的历史使命和当下任务,我们建议采用"经典儒学"和"大众儒学"的结构,借以凸显儒学的当代使命和新生价值。

"经典儒学"与"大众儒学"两者是当代儒学振兴的一体两面。这一体,指的是儒学的经典、理论和实践的一体性,是一个不可分割的整体和修己治人的依据。这一体,也指学理上的体系性和儒学复兴主体的整体努力。儒学体系重建主要解决儒学理论架构、经典诠释和应用救世的基本学理问题。"儒学"学科发展最主要的推动者和实施者应当是这样一批学人:他们认同并实践以儒学为主流的中国传统文化精神,充满忠诚的爱国精神和强烈的历史使命感,具备忧患意识和文化自觉,勇于担当中国文化复兴和儒学服务现实的文化使命,不仅用心于书斋中的精深学问(或可称之为"经典儒学"),而且还要把儒学的学术研究与社会服务、民间日用结合起来,为社会服务,为中国社会和人类文明的健康发展服务(或可称之为"民间儒学""大众儒学")。在一次对话中,杜维明先生认为,按中国传统,"士"必定是要关切政治的,一定要参与社会并注重文化。现在一个民族的进步和发展以及新的文化认同,需要有独立人格的公共知识分子,要靠在政府、企业、学术界、媒体、各种不同的职业团体和社会组织的公共知识分子,进行横向的沟通,来塑造"文化中国"的认同,而这个认同应是开放而多元的,是有强烈反思能力的。在此氛围下,大家对经典、对传统本身的深刻价值,就不会在教育上不闻不问。吴光先生则认为,所谓儒家知识分子就是信仰儒学、实践儒学、按照儒家理想"修己安人""经世致用"的"儒士",其主要品格是确立道德良知、关心人类发展、坚持知行合一。要做儒家,就得实践儒道,这就是所谓"君子"人格。我们认为,这样的学人,是儒学学科发展的主体,也是推动儒学应用普及和社会伦理改善的脊梁。"经典儒学"主要是从经典阐释、学术研究层面切入,注重学术性、传世性、总结性、创新性。"大众儒学"主要是从礼仪重建、应用实行、推广普及层面切入,注重应用性、针对性、操作性、普适性。以学科重建、经典新释、文献整理、学理转化和更新为内容的"经典儒学",和以庙堂重建、礼义重兴、道德重振、民间日用为儒学创造性实践应用内容的"大众儒学",一学一术、一体一用,是为当代儒学复兴的一体两面的现实途径。国家提倡和政府主导是儒学复兴的先导；作为儒学体系重建的主体，具有文化自觉的学人要全面系统地研究、阐释、振兴和普及儒学；而民间儒学是儒学复兴的基础和土壤，"礼失求诸野"，儒学在民间的实践活力，在实践者及周围直接受益之外，一方面给予政府和社会以文化复兴的信心和推行儒学的勇气，另一方面使学人的儒学复兴努力具备实践经验和现实依据。只有通过"经典儒学"和"大众儒学"相偕而行，在国家保障、体系重建、全面研究和系统普及的基础上，形成政府为主导、学人为主体、民间为基础的儒学复兴格局，儒学才可望实现浴火重生、淑世济人的当代价值。

我们认为，儒学复兴必须造就实现儒学研究和传播普及的现代"儒士"。研究和汲取传统儒学的教育内容、科举考试的方法和及第后的称号和表彰方式，制定当代儒学教育系统方案，可通过专门培育，使儒士职业化、专业化，有效推进儒学普及推广，也附带为国家增加就业机会。现代"儒士"群体是儒言儒行、希贤企圣、礼乐复兴等儒学传统的实践群体，既是儒学学科发展的主体，也是推动儒学应用普及和社会伦理改善的脊梁，是儒学转化应用于淑世济人的中坚。应当汲取世界各地建立"孔子学院"的经验，探讨各级政府在政策和资金上支持各地恢复和兴建孔庙、书院和其他机构，为儒学推广和教学提供场地的可行性。研究培养和造就现代儒士的途径和标准，制订建立和装备当代书院、文庙的形制和舆服、礼仪等。招收本科和优秀高中毕业生，进行儒学和国学知识与技能培训，根据他们所掌的经典儒学知识、大众儒学实践水平和古典文化技能娴熟程度，通过严格考核和大众品评，分别授予"秀才、举人、进士"等称号，条件成熟时还可接受全国性知识竞赛，优胜者不妨授予"状元、榜眼、探花"称号，以增强历史继承性。设立儒学研习和普及推广奖励基金，奖励品学皆优的现代儒士培训优秀学员，表彰身体力行普及推广儒学、有较高经学或儒学成就的政府官员和高水平儒学专业专家，授予"循吏、经学博士（分经称，如易学博士、诗学博士、孝经学博士、论语学博士等）、翰林学士、庶吉士"等荣誉名号。

儒学复兴是中华民族伟大复兴的必要根基，而如何复兴的重任则首先落到有文化自觉的儒者。我们应当更加系统和深入地总结百年来有关儒学复兴的思想阐述和有益尝试，通过对传统儒学的适当回归、综合创新和转化应用，逐渐摸索出最合时宜的儒学复兴理论，加以进一步深入、系统地阐发和建构，成为政府、学人和民间社会可以遵照实行的儒学复兴计划纲要。

三　使命担当：政府、学人和民间社会

从历史的经验来看，"儒学"学科的恢复和发展，国家倡导和政府推行是先导。我们认为应当在国家体制法规和教育行政两个层面双管齐下，在义务教育内容和学术科研保障两方面支持儒学教育和研究，使儒学的思想体系和道德伦理通过人才培养、民间教化、社会推广、应用普及，来培育儒学全面发展的土壤，社会风俗全面改善的气候，公民道德素质全面提升的气氛。《孝经》说："教民亲爱，莫善于孝；教民礼顺，莫善于悌；移风易俗，莫善于乐；安上治民，莫善于礼。"(《广要道章》)通过儒学教化走向政通人和、讲信修睦的太平治世，仍然是今天值得借鉴的历史通途。

历史上，儒学曾经是中华文化的主干和灵魂，中国历史文化的方方面面都深受儒学影响。可是 20 世纪以来，人们由于反传统的缘故，在写中国历史和文化史时，往往不写儒学，更不写儒学对中国历史的正面影响，罔顾儒学主体地位和历史实际。这不是历史的观点，也不是正确审视和反思历史的做法，不利于当今国人正确地认识历史，客观地汲取历史经验。现在应当改变这一做法，在政策法规中，明确肯定儒学作为中国文化主体的核心地位。应当尽快消除百年来对儒学传统歪曲和妖魔化造成的民族文化失落感，培育国人自信而忧患的文化自觉和自豪而忠诚的民族精神，在国家法规层面肯定儒学是中国历史、传统文化的灵魂，承认孔子和儒学在中国社会发展和中国文化建设中所起的积极意义和指导作用，将孔子和儒学作为构建社会主义核心价值观、实现"国家富强、民族振兴、人民幸福"伟大中国梦的文化软实力。儒家思想和儒家伦理应当成为当代中国人最基本的文化素养和道德修养，建议在教育科目、公务员考试和各种职业培训中，把儒学及其经典作为必须学习和必须考核的重要内容。

儒学是具有丰富经典、系统理论、完整学说、成功经验和具有实践价值的学术体系，在历史上一直是启迪民智、塑造君子的首要学科，它的许多理论和学说至今仍然具有指导意义。我们应当在教育系统中全面保障儒学的教学和科研活动。根据中央要将中华传统优秀文化"进教材、进课堂、进头脑"的号召，教育部应当将儒学及其经典的学习与考核纳入中小学教学计划，将儒学内容纳入高考和其他各级各类考试之中，将儒学或经学列入大学本、硕、博的学科建设规划。同时国家社科基金、国家出版基金应设立更多的儒学招标课题和资助项目。当然，如果由权威机构做好儒学研究、振兴与普及的系统规划，国家再给予专项资金支持，在全国招标完成，那就更好了。为了使儒学研究与普及建立起长效机制，还可以参照教育部"人文社会科学研究重点

基地"的办法,由国家有关部门牵头,在全国建立多个儒学研究、教学与普及机构,来具体组织实施。对儒学方面的学术科研活动的正常开展,政府宣传和科研管理部门应给予充分的思想话语空间,不可横加干涉,强硬按照意识形态要求予以规制。相反地,正如钱穆先生所总结的"学术指导政治"(《道统与治统》)的中国优良传统,我们不仅要保证学术和思想的独立性,还要适当体现儒学经典和优秀儒学研究成果对现实政治的指导性。

班固在《汉书·艺文志》中说儒家是"助人君,顺阴阳,明教化","游文于六经之中,留意于仁义之际",具有学术的经典性和救世的普适性。当代儒学的复兴,也应当在学术研究的同时,立体地构建起儒学民间教育、社会推广和应用普及体系。首先,在国家层面制定儒学普及推广指导意见,使儒学普及的应用性、针对性、操作性成为各级政府机构和推广工作人员的相关工作导向,支持鼓励优秀儒学普及读物的出版。其次,应鼓励各级政府在政策和资金上支持各地恢复和兴建孔庙、书院和其他机构,以便儒学的推广和教学的开展。同时鼓励有志青年专业从事儒学的学习和推广普及,对于以儒学教育为主要内容、以儒家伦理践行为职志的机构和个人,国家应给予一定的资源、奖励和就业机会,以便造就一支知识丰富、品行高尚,同时又具有儒家理论、礼仪践行和推广能力的当代儒士,既为国内各地民众宣讲和普及儒学,还可以为世界各地孔子学院输送合格师资。第三,为了促进地方的儒学普及,可借鉴汉代以来的经验,取消单纯的GDP考核办法,而将儒学推广业绩纳入地方官员政绩考核体系。国家和地方还可在电视广播中增加儒学普及类频道和栏目,利用民众喜闻乐见的形式来宣传儒家的思想、礼仪和文化。大学、文化宫、博物馆、图书馆及其他文化机构专门设立儒家"礼、乐、射、御、书、数"等六艺体验区和定期举办《孝经》《大学》《中庸》《论语》《孟子》《诗》《书》《礼》《乐》《易》《春秋》"等儒家经典讲解和诵读活动。最后,中央和地方政府长官率先垂范,身体力行,定期举行尊师重道、尊贤敬老示范活动。谨备尊师礼仪,恭行经筵听讲,敬"三老"、举"孝廉",表彰孝悌贤德,树立师道尊严,敦厚政风民俗。

作为"经典儒学"和"民间儒学"的自觉担当者,学人首先要全面系统地研究、阐释、振兴和普及儒学。他们要做好一套计划,包括如何落实"全面地认识历史""四个讲清楚""儒学精华""文化软实力""如何走出去""中国特色""核心价值""基本道德""礼仪重构"等问题。要梳理和阐发儒学完整的学术体系,在我们看来这至少有三个方面:一是儒家信仰体系和价值系统:说清楚儒家建立了怎样的精神信仰和精神家园?有什么样的价值体系?有什么样的人生追求?中国是一个缺乏全民宗教的国度,我们不可能再去引进一个宗教来强迫全民信仰,但是儒学建立的这个"天命""鬼神""礼乐"体系,在历史上实际起到了精神家园和价值信仰的作用,今天也还具有某种适应性。二是讲清楚儒家的道德体系与行为准则:说明儒家构建了怎样的供人们信守的道德观念和行为守则。如"孝悌忠信礼义廉耻""格致诚正修齐治平"等,以及"五常""十义"等具体守则。三是讲清儒家的知识体系和技能系统:如以"礼乐射御书数"的艺能和"诗书礼乐易春秋"等经典。对于这些东西要做知识性介绍和经典性阐释。

为了适应儒学为当代服务的问题,要做好"儒学"五大课题。一是全面地研究中国历史和儒学史,包括在中国社会怎样产生了儒家、儒家有怎样的理论、历史如何选择儒学、儒学如何适应历史发展、如何影响中国文化、如何规范国家社会、如何影响古代东方和近代西方等问题,要在这样的构思中和框架下来写《中国历史》和《中国文化史》,那才是真正的、完全的中国史。同时要加强儒学自身发展演变史的系统研究,包括儒家经典、儒学大师、儒学流变、儒学与社会、儒学与异教、儒学与政治、儒学与教育、儒学与选举、儒学与家庭等专题的个案研究,最终写出一部既尊重历史又全面系统的多卷本《儒学通史》。二是编撰一套全新的《儒家经典》读物,包括"十三经"以及其他先秦两汉的儒家重要文献的解读,可以分普及与提高两个系统,分别适应研究和普及之用。三是编纂一本分门别类、包罗万象的《儒家格言》,包括儒家理论、修身、齐家、治国、平天下、礼仪、操守、文明、精神等各个方面,使人有一书在手,便具万象毕见、一检即得、方便适用的感觉。四是针对目前礼仪混乱、公德缺失和社会失序等现象,应当加强儒学文化与礼仪研究和宣传,编纂出适用于各个人群的《儒学通礼》,包括国家礼仪、民间礼仪、婚丧嫁娶、集会结社、朋友往来等方面,供现代人学习和应用。五是加强"大众儒学"宣传与普及,当年艾思奇《大众哲学》,及中国孔子基金会"儒家文化大众读本"就是很好尝试,可在此基础上,组织更系统的儒学专题读物加以普及,或与电视台、广播电台合作,联合拍摄孔子或儒学影视作品,向大众普及儒学知识,传输优秀伦理内涵和展示优雅礼仪魅力。

其中制定和实践儒学通礼,是"民间儒学""大众儒学"普及推广实践的当务之急和可行捷径。孔子说:"导之以政,齐之以刑,民免而无耻;导之以德,齐之以礼,有耻且格。"(《论语·为政》)礼防于未然之前,法禁于已然之后,古今中外成功的政治治理,都是在法治社会建设过程中礼治优先推行,德为主、刑为辅,建设小政府大社会,极大减少社会治理和社会生活的交易成本。孔子思想和儒学的基本精神是"孝悌"为本、"仁"内"礼"外,通过儒家经典教化和政治社会生活中礼义贯彻,培养君子人格,规范道德行为。大众儒学的普及教育和应用推广,也应在从小开始孝悌为本的"小学"功夫(如《弟子规》所言)和六艺练习的基础上,通过修身为本的经典儒学研习(如《大学》所言),成为有德君子,从事修齐治平、明明德于天下的社会事业,儒学通礼正是贯穿这一君子成人成物的全过程,故在传统断层的当代,社会各阶层都非常需要,尤其在家庭、乡村、企业、学校、医院等社会基层单元之文化建设中,应该成为重中之重。比如,乡村文明是中华文明史的主体,村庄是这种文明的载体,耕读文明是我们的软实力。农村是我国传统文明的发源地,最具儒家礼俗社会特征的乡土文化的根不能断,农村不能成为荒芜的农村、留守的农村、记忆中的故园。为此我们要学习总结历史传统和当代乡村儒学推广经验,做好大众儒学普及教育、应用推广和乡村自治的历史考述和国内外现状调查研究,以儒学经典传习和儒学通礼实践作为乡村文化建设内容。司马光、吕祖谦、朱熹的家礼、乡约实践和梁漱溟乡村建设运动等历史实践,都是这方面的先进典范,故要对儒家礼义传统作翔实的历史考述,并编纂儒家礼义传统的经典集成,使今天的礼仪损益因革皆有义理和器物之依据,在此基础上根据当代中国实际情况,对儒家礼义传统进行合理的创造性应用转化,通过礼学专门家的编排设计和系列礼仪演示活动的改善确认,逐步重建当代儒学通礼。通过各阶层和各层级儒家传统礼仪的创造性转化重建、示范演习和试点推广,逐渐形成当代中国儒学通礼范本,与经典儒学和大众儒学之复兴大势相匹配,重塑中华民族自古以来的礼仪之邦文明形象。

总之,儒学复兴是中华民族伟大复兴的根基,在传统断裂百年的今天,不仅其必要性不言而喻,其紧迫性也不允许我们再有丝毫犹疑。在文化多元、价值观念混乱的当代社会,以学科重建、经典新释、文献整理、学理转化和更新为内容的"经典儒学",和以庙学重建、礼义重兴、道德重振、民间日用为儒学创造性实践应用内容的"大众儒学",是当代儒学复兴的一体两面的现实途径。只要形成政府为主导、学人为主体、民间为基础的儒学复兴健康格局,中国文化复兴和当代儒学繁荣将指日可待。

与吴龙灿合著,第一作者。
原载《中国文化》第 39 期,2014 年 5 月。

孔子儒学与中国现代高等教育

孔子儒学是中国文化的主干,曾经以多种渠道和形式影响和规范中国人的行为举止和思想道德,其中教育和科举便是影响中国士人和社会最主要的途径。因此,孔子儒学要在今天重回淑世济人之路,发挥其进德修业的影响力,中国的大学教育便是一块急待开拓和占领的阵地。从中国高校的现状,可以看孔子儒学进入的必要性。

由于中国的现代大学是在近代中国社会和文化转型甚至反帝反封建运动中兴办起来的,除了各具特色的专业教育和科学研究外,在校园文化建设方面,在民族精神和传承上,特别是在滋润大学生心灵的思想和价值取向上,却注意得不够的。我们的校园建设,犹如中国的城市一样,一律追求高楼大厦、钢筋水泥的西式建筑,往往缺乏传统文化的气息;我们的课堂除了一味地灌输"专业"知识和强调"竞争"意识外,却缺少紧扣我们民族历史和文化的教育;我们的一些老师一度也唯"新"是趋、唯"西"是崇,讲学为文,言必称希腊,生怕因讲求中国古代文明而沾上"守旧""传统"的"晦气";我们的校园文化,除了尽量地攀附外国明星或外国政要、外国科学家及其"教条"或"格言"外,很少能看到中国自己的圣贤语录和经典词语。即使讲人生观,也少真正触及人的思想和灵魂,造成"政治理想"与"人生哲学"的脱节,达不到真正的理想教育和情操陶冶的根本目的。

即或是这样,似乎有人还不满足,还要以"国际接轨"为借口,要将中国大学办得更加"国际化"(其实是更"国外化""西方化")。将中国大学办得更"西化",或更"现代",就是唯一的出路吗?这些难道是中国大学真正的努力方向吗?

大学是培养和孕育科学家、思想家、政治家和各种专业人才的摇篮,是引领社会发展和文化发展方向的号角,也是指导社会进步和文化繁荣的旗帜。自近代以来兴起的中国高等教育,在引进现代科学、传播现代民主、启蒙现代思想等方面,确实起到了桥头堡、宣传站的作用。在近代的革命运动中,在当代的建设史上,传播了新的知识,引进了新的思想,为中国的近代化、现代化培养了一代又一代具有新技术、新思想的新人。但是与此同时,"全盘西化""打倒孔家店"的呼声以及"抛开线装书,不守圣贤训",也是首先在大学发轫的,而中国传统文化的主干和中坚——孔子儒学,也最早在中国大学里被划清了界限;提倡"温良恭俭让""仁义礼智信"的儒家学说,当然也就一度无缘进入中国大学殿堂,而行使其淑世济人之功能。在这种情况下,培养出来的一些人,是有"知识"没有"文化",有"现代"意志却没有起码教养,有"竞争"意识却缺乏公德意识,有个人"权利"欲望却没有奉献精神……见贤不能思齐,见不善不能内省;"群居终日,言不及义,不善不能改,见善不能徙"的人也不在少数;知恩无图报之心,视索取为当然之事;见师长无尊严之意,视父母为索财之源,甚至不孝不悌,不友不爱。

在21世纪的今天,面对"科技发达,文化衰退"的情形,中国的大学又该扮演怎样的角色呢?为使社会长治久安,经济可持续发展,在适当的时候加强人的心灵美化,提高道德素质,是必需的,甚至是十分迫切的。因此,党中央适时提出"八荣八耻"的教育,就是明智之举。作为引领社会发展方向的中国大学教育,理所当然应该因时制宜,乘势而变,富有远见和前瞻性地倡导新的文化发展方向和新的价值取向。

科学技术可以是国际的,思想言论也可以是自由的,而文化特征却是(也必然是)民族的。没有民族特征的文化是没有生命力的,任何一种有价值的文化必然是植根于本民族文化之中,吸收历史文化营养而创建起来的。中国大学教育要在新时期继续成为中国社会和文化发展新趋势的引领者,就必须时刻回顾我们的传统,回味我们的历史文化,去吸取可以丰富我们民族精神生活,可资壮大我们民族肌体的营养,以便培育出合乎时代的文化新芽。

孔子建立的儒学历经了2500年发展,历代仁人志士、圣人贤士,运用自己的聪明才智,构建了一系列的系统人生观、世界观、荣辱观、价值观,诸如"仁、义、礼、智、信""自强不息,厚德载物""诚信""孝悌""尊师重道""宽以待人,严以律己""临财勿苟得,临难勿苟免""见得思义"等等,都是当代青年需要重温和吸收的。中国儒学也有自己成功的教育机构和教学经验,是培养"博习亲师""论学取友"品质的良好方式。中国儒学还有优美的诗词歌赋、礼乐制度,也是培养青年全面的人文修养和道德体验可资取法的精神食粮。

总之,无论要解决中国当代大学生所缺乏的文化素质、民族特征、健全个性,或是要充实当代青年的个人素养,扩大其知识面,增强其人文底蕴,都有必要从中国包括儒学在内的传统文化中吸取养分。

原载《中国文化报》2006年11月23日第6版。

实现"中国梦"的传统途径

作为一个文明古国,特别是作为一个具有 5 000 年绵延不断的文明史、每变益昌渐行渐盛的文化大国,中国无疑经历和承载了无数先贤和志士的理想与追求,演绎了一幕又一幕奇谲壮美的梦想和史诗,正是一代又一代国人一个又一个美丽梦想的设计、奋斗和实现过程,构建了绚烂多彩的华夏文明和中国文化。当代"中国梦"的目标是什么呢?中国共产党的十八大将之归结为:"国家富强,民族振兴,人民幸福。"[①]这个目标无疑是中华民族矢志奋斗的共同理想,它的实现无疑需要全国各族人民在各个方面、各个领域的持久努力。不过这个"中国梦"的构建和实现,也离不开对历代先贤"梦想"合理因素的汲取和弘扬,只有如此才是真正中国特色之路,也才可以说是真正实现了"中国梦"。在往圣先贤中,修订"六经"、创立儒家学派的"至圣先师"孔子,他的梦想或"志向"(下文称"圣人梦""夫子志")自然是影响和推动中国历史文化最为深刻的思想资源,认识和回顾这份资源,对于当今"中国梦"的实现,无疑具有重要参考价值。

一 孔子之"梦"与"志"

近代心理学大师弗洛伊德说:"梦是愿望的满足。"同时,梦又是未满足的愿望,是愿望的开始。宋人有曰:"形接为事,神遇为梦;事见于有为,梦出于有思。"[②]付诸实践才是事业,未付诸实践只能说是梦想。古人的梦想往往以"言志"方式表达出来,故又称"志"。无论贤愚都有自己的"梦"和"志",只不过,凡人之梦与志仅及己身,圣贤之梦和志则关乎众生、惠及天下,孔子的"梦"与"志"当然是关于天下苍生的大梦和

[①]《习近平解读中国梦:国家富强、民族振兴、人民幸福》(记者谢东樱、刘洪侠、谢维),中国青年网 2013 年 3 月 17 日。
[②]〔宋〕陈祥道:《论语全解》卷四,文渊阁《四库全书》本。

大志。

《论语》《史记》明确记载的"孔子梦"有两处,记载孔门师徒言"志"(愿望)的有三处。《史记》曾记孔子晚年"梦坐奠两柱之间",不久他就死了,①这是个不祥之梦。《论语·述而》记载了孔子另一个关于"梦"的故事:"子曰:'甚矣,吾衰也久矣!吾不复梦见周公。'"孔安国曰:"孔子衰老,不复梦见周公,明盛时梦见周公,欲行其道也。"②说明孔子壮年时曾经常常梦见周公,他梦见周公的愿望是"欲行其道",要现实周公的事业,这是"圣人梦""复兴梦"。周公的什么事业呢?即周公"制礼作乐""礼让为国"的事业。《论语·雍也》载:"子曰:'周监于二代,郁郁乎文哉,吾从周。'"何晏《集解》引孔曰:"监,视也。言周文章,备于二代,当从之。"二代指夏、商,夏尚忠,殷尚质,周尚文,周之礼乐文化,远比二代丰富盛美,孔子提倡"礼让为国",故以实现周代的礼乐文明为其理想的追求。《论语》还说:"天下有道,则礼乐征伐自天子出。天下无道,则礼乐征伐自诸侯出。"(《泰伯》)前者讲的是西周盛时的情况,后者讲的是东周即孔子所处时代的状况。他梦见周公、欲行其道就是要恢复西周"有道"的状态,重新实现天下大治的理想,是即最早的中华"复兴梦"。宋人陈祥道说:

> 孔子之盛时,尝欲有大勋劳于天下,而思周公之所为,故梦见之。及其衰也,知时命不我与,而不复思周公所为,故不复梦见之。高宗之梦傅说,文王之梦臧丈人,其出于有思,亦如此。庄周曰"古之真人不梦",何也?真人以性言,圣人以德言,性则入而冥道,故无梦;德则出而经世,故有梦。③

无论陈氏说夫子前后"梦"与"不梦"是否真出于"有思"和"无思",但是他说"孔子梦"是"思周公之所为",和"德出经世,故有梦"之说,却是合乎孔子当年实际的。因此我们说,"孔子梦"是关乎天下苍生的"复兴周礼"的"圣人梦"。

"孔子梦"的具体内容,在《论语》和《礼记》还有三处记载,详尽阐述了孔子之"志"(或"夫子之志"),可借以彰显"孔子梦"的完整内涵。

一是《论语·公冶长》载:

---

① 〔汉〕司马迁:《史记·孔子世家》,中华书局1999年版,第1564页。
② 按:〔三国魏〕何晏:《论语集解》引"孔安国曰",元盱郡覆宋本。
③ 〔宋〕陈祥道:《论语全解》卷四,文渊阁《四库全书》本。

> 颜渊、季路侍,子曰:"盍各言尔志?"子路曰:"愿车、马、衣、轻裘,与朋友共,敝之而无憾。"颜渊曰:"愿无伐善,无施劳。"子路曰:"愿闻子之志?"子曰:"老者安之,朋友信之,少者怀之。"

子路之志主于仗义疏财,颜回之志主于谦虚内敛,孔子之志则主于安邦利民。宋人邢昺《论语注疏》说,子路表现出"重义轻财之志",颜回表现出"仁者之志",而"夫子之志"则表明:"愿老者安己,事之以孝敬也;朋友信己,待之以不欺也;少者归己,施之以恩惠也。"子路所言是"处财"之道,颜回所言是"处己"之道,孔子所言才是"处世"之道;故子路可与共财,颜回可与共荣辱,夫子可以与共天下。师徒都有安人利人的情怀,但却以夫子之志为最高。

二是《论语·先进》载:

> 子路、曾皙、冉有、公西华侍坐,子曰:"以吾一日长乎尔,毋吾以也,居则曰不吾知也。如或知尔,则何以哉?"
> 子路率尔而对曰:"千乘之国,摄乎大国之间,加之以师旅,因之以饥馑,由也为之,比及三年,可使有勇,且知方也。"夫子哂之。
> "求,尔何如?"对曰:"方六七十,如五六十,求也为之,比及三年,可使足民。如其礼乐,以俟君子。"
> "赤,尔何如?"对曰:"非曰能之,愿学焉。宗庙之事,如会同,端章甫,愿为小相焉。"
> "点,尔何如?"鼓瑟希,铿尔,舍瑟而作,对曰:"异乎三子者之撰。"子曰:"何伤乎?亦各言其志也。"曰:"暮春者,春服既成,冠者五六人,童子六七人,浴乎沂,风乎舞雩,咏而归。"夫子喟然叹曰:"吾与点也。"
> 三子者出,曾皙后,曾皙曰:"夫三子者之言,何如?"子曰:"亦各言其志也已矣。"曰:"夫子何哂由也?"曰:"为国以礼,其言不让,是故哂之。""唯。求则非邦也与?""安见方六七十如五六十而非邦也者?""唯。赤则非邦也与?""宗庙会同,非诸侯而何?赤也为之小,孰能为之大?"

子路、曾皙、冉有、公西华各言其"志",夫子唯独赞赏曾皙之志,说明夫子之志与曾皙相同。何也?细观其情其文,子路之志,立足乱世之中发展武备,是即《论语·颜渊》之"足兵",犹尚于"力"。冉求之志,不辞小国,虽然能够富民,是即《论语·颜渊》

之"足食",但犹主于"利"。公西华之志,主于礼乐文明,略当《论语·颜渊》之"民信",乃尚于"文"。只有曾点之志,自由自在,幸福安乐。四子之言志,正好反映出治国的理政的不同阶段:子路使民"有勇"主于巩固政权,冉求"足民"主于发展经济,公西华"治礼"主于文化建设,只有在此三个阶段完成后,才会有曾点所希冀的幸福境界。但是前三子之志各有所长,也各有所偏,因为他们还处于治国理政的初级阶段,未脱于功利。只有曾点之志,既无战争之祸,又无衣食之忧("春服成"),亦无劳作之苦,还有礼乐之化("舞雩"),更有朋友之乐,加之以个性解放、行为自由("风乎""浴乎"云云),是其时天下有清明之政,天地有清朗之气,山水有晴和之光,从者有情投之乐,自己才有忘情之适。这是既富足又安闲,既和谐又平等,既轻松又快活,既自由又文明的状态,安宁、富足而又幸福,难怪夫子要有"与点"之叹了。

对于这段文字,朱熹《论语集注》有长篇点评说:

> 曾点之学,盖有以见夫"人欲"尽处,"天理"流行,随处充满,无少欠阙。故其动静之际,从容如此。而其言志,则又不过即其所居之位,乐其日用之常,初无舍己为人之意。而其胸次悠然,直与天地、万物、上下同流,各得其所之妙,隐然自见于言外。视三子之规规于事为之末者,其气象不侔矣,故夫子叹息而深许之。①

到底是不是真如朱子所说,曾晳之志表现了"人欲尽处,天理流行"的状态,不必追究,但他说这体现了曾晳"即其所居之位,乐其日用之常,初无舍己为人之意"的自由,和曾晳"胸次悠然,直与天地、万物、上下同流"的自得,倒是如实而可取的。这正是政治稳定、社会富足,安而泰、富而乐的理想状态。人生得此,就是有燕侣仙俦、琼楼玉宇也不必去羡慕了。

如何才能实现曾晳这个"志"(希望)呢?在儒家经典所记孔子言"志"的第三条文献中,亦即《礼运》孔子所述"古志",对此有所完整的注解,是即著名的"大同"理想和"小康"世界:

> 大道之行也,天下为公,选贤与能,讲信修睦。故人不独亲其亲,不独子其子。使老有所终,壮有所用,幼有所长,矜寡孤独废疾者皆有所养。男有分,女有

---

① 〔宋〕朱熹:《四书章句集注》卷六,中华书局1983年版,第130页。

归。货恶其弃于地也,不必藏于己。力恶其不出于身也,不必为己。是故谋闭而不兴,盗窃乱贼而不作,故外户而不闭。是谓大同。

今大道既隐,天下为家。各亲其亲,各子其子,货力为己,大人世及以为礼,城郭沟池以为固,礼义以为纪。以正君臣,以笃父子,以睦兄弟,以和夫妇。以设制度,以立田里,以贤勇知,以功为己。故谋用是作,而兵由此起。禹汤文武成王周公,由此其选也。此六君子者,未有不谨于礼者也。以著其义,以考其信,著有过,刑仁讲让,示民有常。如有不由此者,在执者去,众以为殃。是谓小康。

上述"大同"和"小康"之说,据孔子说是见于"古志"记载,这个"志",郑玄注为"识"(音志),孔颖达疏:"孔子自序虽不及见前代,而有志记之书披览可知。"知此"志"为"志记之书",即历史记录。孔子及其儒家"游文于'六经'之中,留意于仁义之际"(《汉书·艺文志》),以史为教,要他们所述的"古志"中也寄托了自己的志愿和理想。近人说孔子是"托古改制",因为"六经"皆史,也是"六经"皆志,所以"大同""小康"也是儒者之"志"(理想)。这套安于"小康"、向往"大同"的政治观,完整地体现了孔子及其儒家的治国"理念"("儒者梦"),可以说是国人最早的"强国梦""富国梦"和"安天下之梦",我们称之为"中华梦"也无不可。

《礼运》只记录了"大同""小康"这个"中华梦"的大致轮廓,如何实现却未明言。汉代流行孔子之说:"吾志在《春秋》,行在《孝经》。"①又提出了"《春秋》之志"和"《孝经》之行"的问题,似乎孔子之"志"就是《春秋》,何哉?汉人说《春秋》是孔子"据乱世而反之正"的作品,是孔子政治理想的寄托。这个理想的实现,要通过《孝经》来完成。

何为"《春秋》之志"?《庄子·天下篇》云:"《春秋》经世,先王之志"云云。说明"《春秋》之志"即是"先王之志",二者是完全相同的,"《春秋》之志"与《礼运》所载"古志"(亦即"先王之志")所言是可以相通的。如果说"大同"中"天下为公""不独亲其亲,不独子其子"等等体现了最伟大的"仁德"的话;那么"小康"中"礼义为纪"和"著义考信"等等,就体现了最广泛的"道义"。"《春秋》之志"也就是"仁义"之志。

董仲舒《春秋繁露·仁义法》就说:

《春秋》之所治,人与我也。所以治人与我者,仁与义(繁体作"義"——引者)也。以仁安人,以义正我,故仁之为言人也,义之为言我也,言名以别矣。仁之于

---

① 按:《礼记·中庸》"仲尼祖述尧舜"郑玄注引"孔子曰",孔颖达《正义》谓为《孝经纬》佚文。

人,义之于我者,不可不察也。众人不察,乃反以仁自裕,而以义设人,诡其处而逆其理,鲜不乱矣。是故人莫欲乱,而大抵常乱。凡以闇于人、我之分,而不省仁、义之所在也。是故《春秋》为仁义法:仁之法在爱人,不在爱我;义之法在正我,不在正人。我不自正,虽能正人,弗予为义。人不被其爱,虽厚自爱,不予为仁。①

董仲舒认为,"仁"从"人"得声,是爱人的意思。"义"(繁体作"義")从"我",是严格自律的意思。董子这套关于"仁""义"本义的探讨未必合乎"六书"的训释原则,但是他说:"仁之法在爱人,不在爱我;义之法在正我,不在正人。"却是合乎儒家精神的。特别是他揭示"《春秋》为仁义法",也是千真万确的,《春秋》就是孔子用"仁义"原则来删修的一部政治史学名著,与《礼运》的精神是相通的。他说:"以仁安人,故仁之为言人也",不就是"大同"理想中的"老有所终,壮有所用,幼有所长,矜寡孤独废疾者皆有所养。男有分,女有归"吗?"以义正我,义之为言我也",不就是"小康"世界中"谨于礼,著其义,考其信,著有过,刑仁讲让,示民有常"吗? 所以我们说,孔子修《春秋》,通过对鲁国历史的褒讥贬绝、笔削隐寓,所要达到的目的正是《礼运》所述"古志"中的治国信念和政治理想。因此,读《礼运》可以知"圣人梦"的具体内容,读《春秋》可以知"夫子志"的具体应用。《春秋》与《礼运》本来是可以相通而又相证的。

归纳以上数处孔子言"志"的内容,我们不难看出,孔子"梦"的基本特征,不外乎:**政治清明**("天下为公""礼让为国"),**官员廉能**("选贤举能,讲信修睦""礼义为纪");**经济富足**("货恶其弃于地""丰衣足食"),**生活安宁**("男有分,女有归""矜寡孤独废疾者皆有所养");**五伦克谐**("以正君臣,以笃父子,以睦兄弟,以和夫妇"),**社会和顺**("老者安之,少者怀之,朋友有信之""盗贼不作,外户不闭");**生态文明**("浴乎沂,风乎舞雩,咏而归""胸次悠然,直与天地、万物、上下同流"),**天下和平**("足食足兵""谋闭而不兴")。这难道不是整个中华民族的共同理想? 称之为"中华梦"固亦可矣。

二 《孝经》:"中华梦"的完整体现

《礼运》展示了孔子"圣人梦"的具体状态,但其中只揭示其纲领;《春秋》表达了孔

---

① 〔清〕苏舆:《春秋繁露义证》,钟哲点校,中华书局1992年版,第249—251页。

子"圣人梦"对历史的评价,但这其中也只见诸评断。在孔子看来,这都还不算完美,要努力去实现这一梦想,就要通过对《孝经》的实践,故说:"行在《孝经》。"也就是说,必欲实现他所揭示的"中华梦",就必须从《孝经》所示做起,《孝经》是指向成己成仁、幸福安宁的康庄大道。何以言此?答曰:《孝经》既有与《论语》《礼运》和《春秋》相通的共同理想,也有切实可行的实践路径,其中所构建的"孝悌礼乐"体系就是美丽梦想得以实现的具体道途。

《孝经·开宗明义章》就载"子曰:'先王有至德要道,以顺天下,民用和睦,上下无怨。'"讲的就是"政治清明":其说"至德要道,以顺天下",就是"天下为公,选贤与能";说"民用和睦,上下无怨",就是"礼让为国""老安、少怀、友信"。"至德要道,以顺天下"者,"仁"也;"民用和睦,上下无怨"者,"义"也。可见《孝经》讲的也是"仁义"思想,其宗旨与《春秋》《礼运》都是相通的。《孝经》在《三才章》说:"其教不肃而成,其政不严而治。"在《圣治章》说:"圣人之教不肃而成,其政不严而治。"多次强调"不肃""不严",即是提倡"和平"政治,春风化雨,润物无声,用以譬喻"仁政""德治"的温和推进,即是"政治清明"的理想方式。

《孝经》表达"官员廉能"的章句有:《圣治章》强调官为民则,言传身教,"(君子)言思可道,行思可乐,德义可尊,作事可法,容止可观,进退可度,以临其民。是以其民畏而爱之,则而象之,故能成其德教,而行其政令";《感应章》号召官员要"修身慎行,恐辱先也";《诸侯章》要求处于高位的官员要有规矩廉耻,"在上不骄,高而不危;制节谨度,满而不溢";《卿大夫章》明确要求官员们生活要有法度,"非先王之法服不敢服,非先王之法言不敢道,非先王之德行不敢行,是故非法不言,非道不行,口无择言,身无择行,言满天下无口过,行满天下无怨恶",等等。

《孝经》讲"发展经济"的段落有:《三才章》要求顺应天地之道以享其利,"则天之明,因地之利,以顺天下";《庶人章》则要求人尽其力,聚财养亲,"用天之道,分地之利,谨身节用,以养父母"。

人生努力的目标无非是谋求"生活幸福",古今无二。《孝经》讲"生活安宁"有《开宗明义章》,认为个人的成功和幸福,首先在于身体健康,然后才能立身扬名:"身体发肤,受之父母,不敢毁伤,孝至始也;立身行道,扬名于后世,以显父母,孝之终也。"《纪孝行章》认为要想得到生活幸福,必须遵守法纪:"事亲者,居上不骄,为下不乱,在丑不争。居上而骄则亡,为下而乱则刑,在丑而争则兵。"《诸侯章》又强调,只有"富贵不离其身,然后能保其社稷而和其民人"。

幸福的前提是"五伦和顺""家安国治"。《孝治章》也说:"治国者不敢侮于鳏寡,而况于士民乎?故得百姓之欢心,以事其先君。治家者不敢失于臣妾,而况于妻子乎？故得人之欢心，以事其亲。"《圣治章》也说："父子之道天性也，君臣之义也。父母生之，续莫大焉……故不爱其亲而爱他人者，谓之悖德；不敬其亲而敬他人者，谓之悖礼。"《三才章》又载子曰，要求"先之以博爱，而民莫遗其亲"。《纪孝行章》引子曰："孝子之事亲也，居则致其敬，养则致其乐，病则致其忧，丧则致其哀，祭则致其严。"《感应章》说："长幼顺，故上下治。"

由家庭而社会，由社会而环境，《孝经》认为，家庭幸福要建立在"生态文明""天人一体"的系统之下。《三才章》提倡要尊重天地之道："天地之经，而民是则之，则天之明，因地之利，以顺天下。"《感应章》引子曰："昔者明王事父孝，故事天明；事母孝，故事地察……天地明察，神明彰矣。"等等。

《孝经》将政治生活的终极目标，确定为"四邻友好""天下和平"。《孝治章》引子曰："昔者明王之以孝治天下也，不敢遗小国之臣，而况于公、侯、伯、子、男乎？故得万国之欢心，以事其先王。……是以天下和平，灾害不生，祸乱不作。"

从上简单的比对中可知，《孝经》在讨论政治和人生的理想时，同样有**政治清明**（"民用和睦，上下无怨""不肃而成""不严而治"），**官员廉能**（"在上不骄，高而不危，制节谨度，满而不溢"）；**经济富足**（"勤身节用，以养父母"），**生活安宁**（"在下不乱""在丑不争"）；**五伦克谐**（"不失于臣妾，故得人之欢心""居则致其敬""养则致其乐"），**社会和顺**（"长幼顺，上下治，天地明察，神明彰矣"）；**生态文明**（"顺天之道，因地之利""灾害不生"），**天下和平**（"天下和平，祸乱不作"）等内容。其中也贯穿有"仁义"情怀和"礼乐"精神，与《论语》《礼运》乃至《春秋》所言，可谓情意相通，宗旨相全，《孝经》的理想也就是"中华梦"的完整体现。

从前司马迁在《史记》中说：孔子"以为（曾参）能通孝道，故授之业，作《孝经》"①。以为《孝经》是孔子专门为曾子履行孝道而作的方案，何其小焉者焉！《孝经》内容至大、立意高远，孙中山《三民主义》就说："《孝经》所讲究的'孝'字，几乎无所不包，无所不至。"②《孝经》是中华美德的集中表述。故郑玄有曰："孔子以'六艺'题目不同，指意殊别，恐道离散，后世莫知根源，故作《孝经》以总会之。"③认为《孝经》概括了"六经"内容，是儒家思想的总纲，可谓得其精神矣！

---

① 〔汉〕司马迁：《史记·仲尼弟子列传》，第1748页。
② 刘仁坤：《〈三民主义〉导读》，中国民主法制出版社2012年版。
③ 按：〔宋〕邢昺《孝经注疏》、〔唐〕玄宗《孝经序》《疏》引郑玄说。《隋书·经籍志序》亦云："孔子既叙'六经'，题目不同，指意差别，恐斯道离散，故作《孝经》以总会之。明其枝流虽分，本萌于孝者也。"

三　孝悌礼乐：实现"中华梦"的有效途径

《论语》《礼运》及《春秋》所展示的孔子"梦"（或"夫子志"）如彼，《孝经》展示的理想政治和幸福人生图景又与之契合如此，孔子所谓"志在《春秋》，行在《孝经》"，正指明了《春秋》与《孝经》实质相同，精神相通，一主理想，一主实行。要实现《春秋》所反映的"夫子志"，端由于《孝经》的兑现和付诸实施。也就是说，无论是"天下为公"，或是"天下为家"；无论是"选贤与能，讲信修睦"，或是"大人世及，礼义为纪"；无论是"财弃于地，力根不出于己"，或是"以立田里，以立制度""货力为己"，如果要达到"民用和睦，上下无怨"的境界，要实现"政治清明、官员廉能、经济富足、生活安宁、五伦克谐、社会和顺、生态文明、天下和平"的理想，都要从实践《孝经》做起。如果说《春秋》所表达的是治国蓝图和政治理想（亦即"夫子志""圣人梦"）的话，《孝经》所设计的程序就是实现这些志愿和梦想的行动纲领。

《孝经》"开宗明义"说"至德要道，以顺天下"，什么是"至德要道"呢？郑玄注："至德，孝悌也；要道，礼乐也。"①达到天下治理，是以实践孝悌伦理为前提，以实现礼乐文明为途径的。之所以要如此这般，《广要道章》所引"子曰"做了圆满的解答："教民亲爱，莫善于孝；教民礼顺，莫善于悌；移风易俗，莫善于乐；安上治民，莫善于礼。"认为民众爱心的劝导、规矩意识的加强，要靠"孝悌"情感来启发。社会风俗的改良，政治秩序的调整，要靠"礼乐"制度来实现。"孝悌礼乐"就是和睦家庭、改良社会、治理国家、平定天下的法宝，是和顺天下的"至德要道"，这就是《孝经》多次提到的"孝治天下"。

《论语》载有子曰："孝悌也者，其为仁之本欤！"（《学而》）《孝经》引子曰："夫孝，德之本也，教之所由生也。"孝悌是修成仁德、实现儒家教化的根本。有子又说："君子务本，本立而道生。"《大学》也说："自天子以至于庶人，壹是皆以修身为本。其本乱而末治者，否矣；其所厚者薄，而其所薄者厚，未之有也。"《孝经·三才章》说："陈之以德义，而民兴行。"要实现前述的"政治清明"以至"天下和平"云云者，端在于从天子至于士人的个人素质的普遍提高和君子人格的完全养成。可见要达至个人修身、社会教化之目标，是不可以不知孝悌的。

---

① 按：《孝经注疏》卷一引"郑云"。

《圣治章》说:"父子之道天性也,父母生之,续莫大焉;君亲临之,厚莫重焉。故不爱其亲而爱他人者,谓之悖德;不敬其亲而敬他人者,谓之悖礼。以顺则逆,民无则焉。不在于善,而皆在于凶德,虽得之,君子不贵也。"可见实现"五伦克谐"不可不知孝悌。

　　《圣治章》说:"圣人因严以教敬,因亲以教爱。圣人之教不肃而成,其政不严而治,其所因者本也。"又说君子爱亲敬亲,"是以其民畏而爱之,则而象之。故能成其德教,而行其政令。"明确要求天子"爱敬尽于事亲,而德教加于百姓,刑于四海"(《天子章》);要求诸侯之孝要"在上不骄","制节谨度",才能"长守贵""长守富","然后能保其社稷而和其民人"(《诸侯章》);要求卿大夫之孝要"非法不言,非道不行",做到"言满天下无口过,行满天下无怨恶"(《卿大夫章》)等等。《尚书·尧典》说尧"克明俊德,以亲九族,九族既睦,平章百姓,百姓昭明,协和万邦,黎民于变时雍。"尧的盛世太平,就是靠孝悌睦族来实现的。故《孟子》说:"尧舜之道,孝悌而已矣!"(《告子下》)是故实现"政治文明"不可不知孝悌。

　　《孝经》要求士人尽孝,做到"资于事父以事君","以孝事君则忠,以敬事长则顺,忠顺不失"(《士章》);要"立身行道,扬名后世,以显父母"(《开宗明义章》)。要求庶人尽孝,要"顺天之道,因地之利,勤身节用,以养父母"(《庶人章》)。是"发展经济"、实现人生价值,俱不可不讲孝悌。

　　在实现"生态文明"方面,前引《孝经》"子曰",要做到"事天明""事地察","天地明察,神明彰矣",其前提就是"事父孝""事母孝"。又说想使"鬼神著""神明彰""光于四海",都要以"孝悌之至"为条件。是以实现"生态文明"不可不知孝悌。

　　前引《孝治章》"子曰"说"昔者明王之以孝治天下也,不敢遗小国之臣,……故得万国之欢心……是以天下和平",更是"天下和平"不可不知孝悌的典型。

　　由此可见,"孝悌"提倡是实现"夫子志""圣人梦"(亦即"中华梦")的最简便、最快捷的"至德"。《广至德章》引子曰:"君子之教以孝也,非家至而日见之也。教以孝,所以敬天下之为人父者也;教以悌,所以敬天下之为人兄者也;教以臣,所以敬天下之为人君者也。……非'至德',其孰能顺民如此其大者乎?"真是一举孝而百善至,一举悌而众礼明,真所谓"孝悌之至,通于神明"也!

　　讲孝讲悌,都还是情感的问题,但是对于感情的体悟,每个人是不一样的,或有"因亲以生爱"者,或有"因严以生恨"者;或有因孝以成君子,或有因孝以成愚氓者,如果各行其是,各纵其情,就会出现伦理混乱、天下不安的消极影响。如何正确地实行孝悌,尚待"礼乐"等制度来予以规范,因此"孝悌"必须与"礼乐"共生连言。关于礼乐的必要性,孔子曾有言曰:"丘闻之,民之所由生,礼为大。非礼,无以节事天地之神也;非礼,无以辨君臣上下长幼之位也;非礼,无以别男女父子兄弟之亲、昏姻疏数之交也。"(《礼记·哀公问》)可见,要是没有礼乐,人们在宗教活动中对天地鬼神的祭祀就做不好;没有礼乐,人们在政治生活中对君臣上下的关系就处理不好;没有礼乐,人们在家庭和社交中对亲属和亲戚关系就处理不好。无论是敬天礼地、治国安邦,或是兴孝兴悌、和谐五伦,都需要礼乐来帮忙和辅助。

那么,如何才能实现礼乐文明呢?"礼以义起、乐因情生",礼乐制度也是缘于人们的孝悌之心而衍生出来的。《孝经》说:"礼者,敬而已矣。"(《广要道章》)礼就是由于人要表达"敬"的意思而产生的,"敬"就是"因严以教敬"的"敬",也就是对亲人的热爱和尊重。《孝经》说:"故敬其父则子悦,敬其兄则弟悦,敬其君则臣悦。敬一人而千万人悦,所敬者寡而悦者众,此谓之'要道'也。"(《广要道章》)如果说"孝悌"是启发人们亲爱礼顺的"至德"的话,那么"礼乐"就是根据此情此心而建立起来的显爱显敬的"要道"。

只要将"孝悌"至德和"礼乐"要道,推而至于天下,人们就无不知爱,无不知敬,社会就无不安宁、天下就无不和平了。《孝经》认为孝悌礼乐是人类的至行,也是天下的公理。《三才章》引子曰:"夫孝,天之经也,地之义也,民之行也。"先王的政教正是出于对这个天经地义法则的体悟和模拟,《孝经》说:"先王见教之可以化民也,是故先之以博爱,而民莫遗其亲;……先之以敬让,而民不争;道之以礼乐,而民和睦。"(《三才章》)推行"孝悌礼乐"的合理性,在儒家这套天地人的"三才之道"关系中得到了完全的落实。

践履"孝悌"伦理,遵守"礼乐"文明,既是"先王"为治理天下而提倡的人文关怀,也是圣人对于天地等自然法则的刻意效仿,它普适于各个阶层的一切人等,也适用于天地间的一切人群。《孝经·庶人章》曰:"故自天子至于庶人,孝无终始,而患不及己者未之有也。"可见孝悌是全民性的,没有阶级性,不存在谁要谁不要、谁有资格谁无资格的问题。孝悌又是普适性的,《孝经》屡次说到孝悌之道要"刑于四海""光于四海",曾参也说过:"夫孝,置之而塞于天地,溥之而横乎四海,施诸后世而无朝夕,推而放诸东海而准,推而放诸西海而准,推而放诸南海而准,推而放诸北海而准。"(《礼记·祭义》)孝悌情怀具有"放之四海而皆准"的普世价值。因为把孝悌做好了,就会实现孔子提倡的"老者安之,朋友信之,少者怀之"的"夫子志"。就此而言,孔子的"夫子志""圣人梦"不仅是"中华梦",而且也是人类的共同梦想,从这个意义上说,称之为"世界梦""人类梦"也未尝不可。

如果有人连这一点都不予承认,连对亲人起码的感恩和爱敬都不讲了,那必然有非人类,甚至具有反人类的情绪,对于这样的人是罪不容诛的。《孝经·五刑章》引子曰:"五刑之属三千,而罪莫大于不孝。要君者无上,非圣人者无法,非孝者无亲,此大乱之道也!"《吕氏春秋》也引《商书》曰:"刑三百,罪莫重于不孝!"(《孝行》)可见古之人对"孝悌之道"视之重,持之慎,而倡之严,求之亟矣!近世以来,激进追新的大人先生们,却以诋毁孝悌、侮蔑圣人为能事,而时下"绍述"疑古的二三君子,仍然以反对普世价值、普适伦理为号召,否定人类感恩的共同情怀,悖情违礼,亦何不思之甚也!

今天倡言"中国梦",当然需要新思维、新道德、新梦想,但是也不能抛弃旧文化、旧历史完全不顾,所谓"温故知新,可以为师"矣!特别是不能抛弃古先圣贤为追寻"中华梦"进行的成功践履所实行过的"孝悌礼乐",因为我们不能连人类起码的感恩情怀都不讲、连人类共同希望的文明和秩序都不要了。正确的方法应该是,植根于民族优秀的传统文化之中,寻求中国特色的强国之路,以实现当代国人的"中国梦"。对于这个特色道路的寻找,我们认为孔子的"夫子志""圣人梦"有很好参考价值。《大学》提倡"明明德"、作"新民",同时也屡引旧籍来作为精神源泉:"《康诰》曰'克明德',《大甲》曰'顾諟天之明命',《帝典》曰'克明峻德',皆自明也。《汤之盘铭》曰:'苟日新,日日新,又日新。'《康诰》曰:'作新民。'《诗》曰:'周虽旧邦,其命维新。'是故君子无所不用其极,《诗》云:'邦畿千里,惟民所止。'"这种图"新"而不忘"旧","温故知新",甚至"变旧为新"的做法,对今天"中国梦"的实现实有榜样性作用。只要我们还生活在这个千里"邦畿"之内(《诗经》"邦畿千里,维民所止"),我们的"旧邦"文化就在所必顾、也在所必新(《诗经》"周虽旧邦,其命惟新")。当代学人的任务,端在于认真回顾和研究"旧邦"文明,重温"夫子志",重品"圣人梦",日新其德,从而开辟实现"中国梦"的新途径和新境界。我们必须跳出单纯的"经济发展梦",而应全面设计并切实地实践"政治清明梦""官员廉洁梦""五伦克谐梦""社会和顺梦""生态文明梦""天下和平梦"。在内实现"老者安之,朋友信之,少者怀之"的"夫子之志",在外实现"万国欢心""天下和平"的"治国平天下"之"梦"!只有这样,也才能达到"国家富强,民族振兴,人民幸福"的远大目标。

原载《湖湘论坛》2014年第3期。

中华"国学"体系构建刍议

"国学"自从19世纪末在中国讨论以来,已经经历了一个多世纪,关于它的内涵和定义曾经五花八门,莫衷一是,时至当下仍无定论。综观各家说法,大致可归纳成以下几种:一是"国学即六艺之学",此说以马一浮先生为代表;一是"国学即四部之学",此说以章太炎先生为代表;一说"国学即国故",是中华民族故有的历史文化,此说应以胡适之为代表;一说"国学即国粹",是中华民族的精神世界,这一派大概可以《学衡》(吴宓、柳诒徵等)暨《国粹学刊》(邓实、刘师培、黄侃等)诸君子为代表。还有人说"国学即国术",即医卜术数;"国学即国艺",是琴棋书画、诗词歌赋,等等。我们认为,以上说法不能说都是错的,但也不能说都是确凿的。六艺、四部、国故、国粹、国术、国艺等等,都属于"国学"范围不错,但如果要作为当代国人都能普遍接受的"国学"内涵,恐怕这些解释都不全面,更不明晰,有的失之过泛,有的又失之过狭,故有重新认识"国学"之必要。

我们认为,国学首先是国家学术,它奠定了国人的知识结构;国学是国家信仰,它维系着国民的精神家园;国学是国家道德,它维持着国民的基本素质;国学是国家价值,关系到国人的处事态度;国学是国家礼仪,还影响着国民的行为举止;国学是民族文化,还孕育了国家的文化基因;国学是国家艺术,还蕴含着国民特有的技能,等等。如果这样理解,"国学"内涵应有的指向就十分清楚了,它的具体内涵及其现实意义,就有必要明确地突出出来。

一 "国学"的三个层面

"国学"一词,或者说"国学"这个概念,无论是持中国故有说者,[①]还是持从日本

---

① 如据《周礼·春官·大司乐》:"乐师掌国学之政,以教国子小舞。"是即《礼记·内则》所谓:"十三舞勺,成童舞象,二十舞大夏。"《学记》所谓:"古之教者,家有塾,党有庠,术有序,国有学。"是国中(都城内)所设学校。于是〔清〕孙诒让《周礼正义》就解释说:"国学者,在国城中王宫左之小学也。"小学在国,大学在郊。

传入的东来说者，他们都共同认为，现代中国人在使用"国学"一词时已经是一个代表国家或民族的学术文化的概念了，而且都意在突出"国学"的故有价值和传统特征。

不特中国如此，在日本，或者在西方（如英国），在现代化的进程中，也都出现过重振自己"国学"或"国教"的运动。"现代化"的过程，说到底是一个革新和创新的过程，在这个过程中，难免发生对原有的国家或民族的传统文化的丢失、抛弃或背离，如大量的古代文献被冷落、传统的文化道德和观念被抛弃或被搅乱。为了保持本民族、本国家的文化特征不被遗忘，甚至为了保证本民族、本国家发展的可持续性，对传统文化就有必要进行维持和抢救。如16—18世纪，英国有"国教"运动、日本有"国学"运动，都试图确立以本国学术文化作为全民性智力学习活动，其目的都在于阐明和保持本民族的历史、语言、宗教和文化。于是英国产生了对16世纪前国家文化的感情皈依和复古热情，在日本也产生了对未来甚至对中国也具有重要影响的"国学"运动。这些运动都试图重新发现本国古老信仰的正统性，努力以历史观为基础，确立本土文化的合理性、可持续性、正统性和珍贵性，重新确立本民族的自信心和自尊心。

19世纪末叶中国兴起的"国学"运动也如出一辙。在"西学东渐""中学式微"的局势下，具有忧国忧民之心的中华学人，也不能不做出自己的选择和呼唤。有主张"祖宗之法不可变"的保守派，有主张"中学为体，西学为用"的洋务派，也有主张最激进地进行"全盘西化"的改革派，甚至还有主张彻底抛弃传统（号称"与传统彻底决裂"）的"革命派"。"国学"一词（或"国学"这个概念）便在此时得到广泛地运用。今天所说的"国学"，兴起于19世纪末20世纪初，而鼎盛于20世纪20年代，80年代又有"寻根"热，90年代"国学"热再次掀起。21世纪，世界各地陆续出现"孔子学院"和汉语教学。与此同时，西方人士（如传教士、外交官、汉学家）也开始大规模地研究古代中国，这种学问，被称作"汉学"（Sinology），或称"中国学"（China Studies），都属于广义的"国学"潮。回顾这一历史，正好说明"国学"不是死的国故，而是活的国魂，是随着国家命运一起起伏的学术思潮。

那么，"国学"到底有哪些内涵呢？有人说，广义的国学就是研究古代中国社会所有方面的学问。狭义的国学，是指现代中国人研究和探索中国古代社会，揭示其中比较有现实意义的那一部分。广义的"国学"，被认定是极其庞大的体系：举凡历史文化、神话传说、三教经典、政治法律、军事战略、姓氏家谱、古文汉字、学术思想、伦理道德、教育科举、典籍藏书、科技成就、建筑艺术、诗词书画、人文地理、风俗习惯、中外交流，甚至星相、风水、八卦、中医、音乐、算数、历法、京剧、武术、气功等等，无一不在"国学"的笼罩之中，或者说无一不体现出"国学"的价值和魅力。但是，这么多东西都要塞进"国学"，国学就真成了一大酱缸了！漫无头绪，宽无边际，终身无法究其源，皓首难以究其竟,必然"博而寡要,劳而少功"!让人望而生畏,无所适从。

任何一种学术必然有其主体内容和精神实质,就像先秦诸子纷争,驰骋游说,但都各有一个本质特征。《吕氏春秋》曾归纳诸子学术的宗旨说:"老耽贵柔,孔子贵仁,墨翟贵廉(兼爱),关尹贵清,子列子贵虚,陈骈贵齐,阳生贵己,孙膑贵势,王廖贵先,儿良贵后。"(《不二》)中华"国学"也应当有自己的"所贵"(即核心)。只不过中华"国学"之所贵不是用一个字所能概括的,我们得用一组概念来表达它或解答它。

我们认为,作为一种成熟的"国学"(特别是像中国文化这样历史悠久且每变益上、历久弥新的文明),必然包括至少下列三大层面:

首先是伦理道德体系,它决定这个民族的理想人格,即"做怎样的人,怎样做人"的问题,是做君子还是做小人,做退隐之士或是仕族名宦,是做高人还是俗士,是做文明人还是江洋大盗(如海盗)?第二个是信仰价值体系,它关系到国人的精神家园,即"追求什么,怎么追求"的问题,是追求入世还是出世,是建功立业还是逍遥江湖,是成仙还是成贤,是出世成佛还是入世成圣?第三是知识文化体系,它关系到一个民族的学识修养,即"学习什么,怎么学习"的问题,是重视人文还是重视自然?是重视社会还是重视宇宙?按传统的说法就是"重道"还是"重器",等等。前者决定国人做什么样的人,关系道德自律和社会秩序等问题;次者决定国人做怎样的事,关系精神家园和价值判断的问题;后者决定国人学什么东西,关系国人的内在修养和知识结构等问题。这三大问题,应该是一切高度(或者曾经高度)发达的文化必须面对的问题。将这三大问题处理好了,解决好了,这种文化就是优秀的,这个民族就是成功的,那里的民众就是幸福的,这个政权才是成功的,这样的国家也才能长治久安。否则前景堪忧,难以持久!

提起国学的基本内涵,如前所述,近代以来曾经有过多种多样的解说,不是太泛(如国故),就是太窄(如国艺、国术)。而当代的表达又太过现代(如"传统文化",或"历史文化"等等),都不一定切合中华"国学"的实际和基质。笔者以为,要表达和概括中国"国学",还是采用中国学术文化史上故有的概念为好,那样才具有中国特征,也才会切合中国国学的实际。我们讨论中国历史,如果抛开了中国自己既有的朝代和历史时期不谈,刻意将中国历史时期或朝代打散,生造一些新的名词,或是生搬硬套一些西方用语,这样的讨论虽然新鲜奇异,但却不一定合乎中国自己的历史实际。

就像对待中国古史分期,一些学人曾经套用西方术语,搞出多种分期学说,结果都是此牵彼掣,不得安贴,原因就在于他们罔顾中国自己的历史和习惯。金景芳先生则反之,他采用中国历史上有关历史分期的固有观念,特别是《礼记·礼运》提出"大同""小康"分界,将中国上古历史分成原始共产主义和奴隶社会两个时代。传统所说"三皇"即代表母系氏族时代,"五帝"即代表军事民主制时代,"三王"即代表奴隶制时代,"五霸"则代表奴隶制的衰落,"七雄"代表封建制度的孕育时期。因为《汉书·盖宽饶传》就"引《韩氏易传》言:'五帝官天下,三王家天下。'家以传子,官以传贤"。传子和传贤两种不同的继承制就区别了原始公有制和奴隶制私有制的不同,明确地将"五帝"和"三王"的不同本质(官天下、家天下)揭示了出来。① 宋人郑伯谦《太平经国书·序》也说:"汉承亡秦绝学之后,不独'二帝''三王'之法度无复余脉,虽'五霸''七雄'区区富强之事,亦一扫而无遗。草创之初,大臣无学,方用秦吏,治秦律令图书,固难责以先王之制度也。"②又将"二帝""三王""五霸""七雄"和"秦制"的不同历史时期刻画得清清楚楚。清人郯敬《三代因革论》说:"夫'五霸',更'三王'者也。'七雄',更'五霸'者也。秦兼四海,一切扫除之,又更'七雄'者也。"③这几家的论述,充分显示了传统中国学术对本国历史的不同时期的精辟概括,既是客观的,也是准确的,所以金老利用它们,与西方奴隶社会发展史相比较,得出"启代益作后"是中国奴隶社会(亦即"家天下",或"小康"时代)的开始,以周室东迁作为中国奴隶社会衰落的开始,以秦统一六国作为中国奴隶社会的结束和中国封建社会的开端。金老的历史分期法,成功地将历史与理论、传统与当代、中学与西学结合起来,所以取得了良好的效果,形成著名的"金氏"分期法。

我们讲中华"国学"似乎也可以依照此法,在中国固有的历史"辞典"中去寻求恰当准确的词汇,来构建中国自己特色的"国学"体系。依我们前边提到的"国学"应当具有的三体系说,大致可以将中华"国学"的基本内容和主要特征归纳为:信仰体系:一儒、二教、三统;道德体系:五常、八德、十义;知识体系:四部、六艺、七学、九流。下面试分别剖述之。

二 "国学"的信仰体系:一儒、二教、三统

中国自东汉以后就有所谓"三教"(即儒、释、道)的说法(此就汉民族而言,其他民

---

① 金景芳:《中国古代史分期商榷》(下),载氏著《古史论集》,齐鲁书社1981年版,第42—66页。
② 载〔清〕朱彝尊《经义考》卷一二四,文渊阁《四库全书》本。
③〔清〕郯敬:《大云山房文稿》初集卷一《三代因革论一》,《四部丛刊》影清同治本。

族容或有其他宗教,但也要与儒、道互补),其实儒并非真正意义上的"宗教",它只是一种教化,但也起到过中国人精神家园和道德规范的作用。道有道家和道教之别,但是其基本特征,或其立教哲学是相通的。佛教虽然不产于中国,但是传入中国后就被深刻地中国化了,成了"中国佛教",对儒、道也起到了补充作用。

什么是儒学?《汉书·艺文志》有精辟的概括:"儒家者流,盖出于司徒之官,助人君顺阴阳、明教化者也。游文于'六经'之中,留意于'仁义'之际,祖述尧舜,宪章文武,宗师仲尼,以重其言,于道为最高。"儒学的功能是助人君、顺阴阳、明教化的,是入世的、治世的学术。他的经典文献是"六经",六经不仅是儒家的经典,也是中华历史的宝库。儒家的理论特征是"仁义",它的道统体系是尧、舜、文、武、孔子。这些都是儒家的基本要素,同时也是中华历史文化的主干部分。

什么是道家?《汉书·艺文志》:"道家者流,盖出于史官,历记成败、存亡、祸福、古今之道,然后知秉要执本,清虚以自守,卑弱以自持。此君人南面之术也。合于尧之克让,《易》之'嗛嗛',一谦而四益,此其所长也。"道家知道历史变迁,荣辱无常,故知白守黑,知贵守谦,以此求益,其"清虚自守,卑弱自持"不过是一种处世态度和守势方法而已。东汉后期诞生的道教,即是以道家的哲学和处世态度为主,再融合方术、杂艺、鬼神信仰乃至医药而成;其基本哲学仍然是清虚自守的理论。

佛教本产于古印度,可是传入中国后已经中国化了,属于中国文化的一部分,对中国文化也起到补充和制衡的作用。《隋书·经籍志》在讲到"佛经"时说:"(释迦牟尼)舍太子位出家学道,勤行精进,觉悟一切种智,而谓之'佛'。……华言译之为'净觉'。其所说云,人身虽有生死之异,至于精神则恒不灭。此身之前则经无量身矣,积而修习,精神清净,则佛道天地之外,四维上下,更有天地,亦无终极。然皆有成有败,一成一败谓之一劫,自此天地已前,则有无量劫矣。"佛教不仅知道世事无常,还知道宇宙无常,所以要追求"精神清净""精神永恒",这一哲学与中国的忠孝伦理,甚至老庄的清虚自守、无为而治的思想结合,便形成中国佛教。中国佛教从无常无争的角度与儒之进取、道之洒脱形成互补格局。

儒佛道三教是中国传统思想文化的核心,其中又以儒学为主干,以佛、道为辅翼,形成有中心、有层次的多元互补、良性互动的结构。三教之间的互动及其内部哲学与宗教的互动,使中国人在哲学与宗教之间、理性与神性之间可以从容选择;在出世与入世之间自由来往,形成中庸、平和的心态。① 中国士人素来就是以儒来鼓励自己积

---

① 牟钟鉴:《儒、佛、道三教的结构与互补》,《南京大学学报》2003年第6期。

极追求仕进,以道来提炼自己的高尚风骨,以释来打消自己的人生彷徨。儒教人积极进取,道教人事不关己,释教人悲天悯人,用有位学者的话说,就是"儒学让人拿得起,道教让人放得下,佛教让人想得开"①。儒、释、道毋宁就是中国士人在事功或归隐、入世或出世、得意和失意之间快意选择的三种法宝。自儒家而言,自是以"仁义"为主,以清虚、超脱为辅的,故自唐宋以来就有"吾儒与二教""吾儒与二氏"或"诸儒与二教"的说法。自释氏、道侣而言,虽然他们洒脱,但是儒也是他们要行教中国,避免非议,获得立足之地的重要资源。无儒即无以立教,无儒则无以行世。但反过来,无二教,儒者也太辛苦、太沉重,难以持久,难以自适。所以得三教互补,各取所需。

何谓"三统"?"三"的概念在中国数字中是十分奇妙的,《老子》说"道生一,一生二,二生三,三生万物";《周易》说易有"三才之道","兼三才而两之","立天之道曰阴与阳、立地之道曰柔与刚、立人之道曰仁与义";《孝经》亦有《三才章》,谓"夫孝,天之经,地之义,民之行也";《礼记》说夏、商、周文化各有所尚,谓之"三统"。历家制法也提出,夏历、殷历、周历岁首所建各不相同,亦谓"三统"。当然法家也提出有"三纲":"君为臣纲,父为子纲,夫为妻纲。"(《韩非子》)一直到当代新儒大师牟宗三先生,又提出中国文化的"道统、政统、学统"命题。这些都表明"三"是关键的一环。不过如讲文化特征,还是以《礼记》之说最为代表,也最有现代意义。《礼记·表记》:"子曰,夏道尊命,事鬼敬神而远之,近人而忠焉;先禄而后威,先赏而后罚,亲而不尊,其民之敝,惷而愚,乔而野,朴而不文。殷人尊神,率民以事神;先鬼而后礼,先罚而后赏(质),尊而不亲,其民之敝,荡而不静,胜而无耻。周人尊礼尚施,事鬼敬神而远之,近人而忠焉;其赏罚用爵列,亲而不尊,其民之敝,利而巧,文而不惭,贼而蔽。"夏尚忠,忠者奉上,故尊命。殷尚质,质者不欺,故尊神。周尚文,文者多仪,故尊礼。此"文化"之三统,实代表中国人文化发展的三大阶段或说三个路径。夏人忠质,是未脱离自然状态;殷人尊神,是信仰形上的状态;周人尚文,是文化自觉和自信的状态。由于有此三个境界,从而形成了中国人"天人相与""鬼神无欺"的信仰系统,"仁义忠信""礼乐文明"的文化系统,"天下为公""选贤举能"的政治系统。这与牟宗三先生的"道统、学统、政统"恰可互相吻合。如果我们要将儒家关于"三统"的观念加以提炼,应当是"天为人纲,仁为德纲,公为政纲",分别代表了尊重自然、尊重人性、尊重民意的优秀的价值取向。

---

① 2012 年 7 月 16 日,山东大学学术座谈,闻周立升先生语。

三 "国学"的道德体系：五常、八德、十义

伦理道德是一个民族的基本操守，也是一个国家的基本情态。中华各个民族虽然生存在不同的具体的环境之中，具有不尽相同的历史文化，也拥有不尽一致的价值追求，但是在道德伦理方面却是基本相同或者说是基本趋同的。那就是"五常""八德"和"十义"，甚至连中国土地上的宗教人士也不例外。

所谓"五常"即五种基本的道德观念。中华民族是一个"尚五"的民族，有所谓"五伦""五行""五色""五音""五味"，甚至"五方""五季""五谷"，其中最基本的、影响道德最深的则是"五行""五伦"和"五常"。"五伦"和"五行"都始于《尚书》。《舜典》有载："帝曰：'契，百姓不亲，五品不逊。汝作司徒，敬敷五教，在宽。'"

何谓五品、五教？《孔传》："五品，谓五常。逊，顺也。布五常之教，务在宽。"孔颖达疏："品，谓品秩，一家之内，尊卑之差，即父、母、兄、弟、子是也。教之义，慈、友、恭、孝。此事可常行，乃为五常耳。"又说《尧典》有"五典克从"，即此"五品能顺"，此处的"不逊（顺）"即谓不义、不慈、不友、不恭、不孝。儒家另一部经典《左传》文公十八年，也载舜"举八元，使布五教于四方，父义、母慈、兄友、弟恭、子孝"，所记皆同一事。可见斯时的"五品"即父、母、兄、弟、子这五种血缘关系，"五教"即父义、母慈、兄友、弟恭、子孝这五种伦常规范。至《孟子·滕文公上》有："饱食暖衣，逸居而无教，则近于禽兽。圣人（舜）有忧之，使契为司徒，教以人伦：父子有亲，君臣有义，夫妇有别，长幼有序，朋友有信。"赵岐《章句》云："司徒主人，教以人事：父父、子子、君君、臣臣、夫夫、妇妇、兄兄、弟弟、朋友、贵信，是为契之所教也。"在原来的父（母）子、兄弟关系之外，加入了君臣、长幼、朋友等社会和政治关系，这是五伦关系的扩大，从尧舜时代纯血缘的关系，扩大到具有政治、等级的社会关系了，但是仍然称为"五伦"。

"五行"观念本来始于《尚书·洪范》："五行：一曰水，二曰火，三曰木，四曰金，五曰土。"水、火、木、金、土这五种物质，具有五种性质、功能和性味，五者之间也具有相生相胜的关系。这五种关系又仿佛人类的德行，具有相似性，故儒家又将其用来称人的五种品行。孟子在《尽心下》说："仁之于父子也，义之于君臣也，礼之于宾主也，智之于贤者也，圣人之于天道也，命也，有性焉，君子不谓命也。"仁、义、礼、智、圣，当时就称为"五行"，据说始于子思，重于孟子，到战国后期遭到荀子的批判。《荀子·非十二子》云："案往旧造说，谓之'五行'，案饰其辞而只敬之，曰此真先君子之言也。子思

唱之,孟轲和之。"①新出土的郭店楚简《五行》篇也说:"仁形于内谓之德之行,不形于内谓之行;义形于内谓之德之行,不形于内谓之行;礼形于内谓之德之行,不形于内谓之行;智形于内谓之德之行,不形于内谓之行;圣形于内谓之德之行,不形于内谓之(德之)行。德之行五,和谓之德;四行和,谓之善。善,人道也;德,天道也。"(马王堆帛书《五行》略同)正是仁、义、礼、智、圣的搭配法。汉初贾谊《新语·六术》尚曰:"天地有六合之事,人有仁、义、礼、智、圣之行。"仍然保持战国时期的样式。至董仲舒进一步圣化孔子,以为圣者无不能、无不知,圣兼四德,是孔子的专利,岂能再与四德相提并论?遂以"信"易"圣",以为此五者可以常行不替,故谓之"五常",于是"仁、义、礼、智、信"乃成固定搭配,而影响中国 2 000 余年。

"八德",也是八种品行,比之五行、五常更为具体,即"孝悌忠信、礼义廉耻"也。《管子·立政·九败》:"然则礼、义、廉、耻不立,人君无以自守也。"又《牧民》:"仓廪实则知礼节,衣食足则知荣辱,……不敬宗庙则民乃上校(效,即忠),不恭祖旧则孝悌不备,四维不张,国乃灭亡。"又:"国有四维,……何谓四维?一曰礼,二曰义,三曰廉,四曰耻。"这里明确提到"礼义廉耻"是维系国家安全的四种力量亦即"四维",但还是从消极的、外在的角度来说的。管子前文虽然也提到"上校"(忠)和"孝悌"等作用,在《内言·戒》篇也说:"博学而不自反者必有邪,孝弟者,仁之祖也;忠信者,交之庆也。"但都没有将其与"四维"相提并论。至孟子乃强调个人内在的修养和人格的自觉,从最根本的道德"孝悌"入手,讨论四德的强大作用。《孟子·梁惠王上》:"王如施仁政于民,省刑罚,薄税敛,深耕易耨,壮者以暇日修其孝、悌、忠、信,入以事其父兄,出以事其长上,可使制梃以挞秦楚之坚甲利兵矣。"孝于亲,悌于兄,忠于上,信于友,仍然是五伦之教的内容,但却被孟子政治化了。从这以后,"孝悌忠信"与"礼义廉耻"便结合起来,成为八种德行了。明商辂在《奏疏》中就有一款说:"一、谨士习。臣惟古者,人生八岁入小学,教之'孝、弟、忠、信、礼、义、廉、耻'之事,以正其心术。十五入大学,教以'穷理、正心、修己、治人'之道,以明于体用。此其教有次序,故学有成效。"②则将八德作为士人初学(小学)就应当掌握的基本品行,而将穷理、正心、修己、治人作为大学阶段的深造功夫。

"十义"即父慈、子孝、兄良、弟悌、夫义、妇顺、长惠、幼顺、君仁、臣忠,仍然是五伦

---

① 〔唐〕杨倞注:"五行,五常,仁、义、礼、智、信是也。"杨氏说五行又称五常,即后之仁义礼智信,不完全正确,因为仁义礼智信是汉代董仲舒才将"信"与四德搭配,战国时期是"圣"与四德搭配的,详李耀仙《子思、孟子"五行"说考辨》,载《抖擞》1981年第45期。
② 〔明〕商辂:《商文毅疏稿》,文渊阁《四库全书》本。

的具体落实，但是却更加具有对等的性质，更加合理易行。只讲"五常"容易概念化、虚化，光讲"五教"也容易单方面地片面化，甚至光讲"八德"也容易被专制者利用，成为要求他人的教条。只有"十义"都讲全了，才具有持久性和可行性，也才能达到全民素质提高的程度。《礼记·礼运》中的一段话，阐明此理最为明切：

> 故圣人耐（能）以天下为一家，以中国为一人者，非意之也，必知其情，辟（譬）于其义，明于其利，达于其患，然后能为之。何谓人情？喜、怒、哀、惧、爱、恶、欲七者，弗学而能。何谓人义？父慈、子孝、兄良、弟弟、夫义、妇听、长惠、幼顺、君仁、臣忠十者，谓之人义。讲信修睦，谓之人利。争夺相杀，谓之人患。故圣人之所以治人七情，修十义，讲信修睦，尚辞让，去争夺，舍礼何以治之？

人有七情，天有十义，七情是私欲，十义是天理，只有人情服从天理，私欲听从公义，五伦关系才会调正，否则就是专制暴力，就是愚忠愚孝，就是奴隶道德！是难以持久的，也是极不公正、极不公平的！孔子曰："君使臣以礼，臣事君以忠。"（《论语·八佾》）孟子曰："君之视臣如手足，则臣视君如腹心……君之视臣如土芥，臣视君如寇雠！"（《孟子·离娄下》）俗语说"上行下效""有诸己然后求诸人，无诸己然后非诸人"，都是出于这一观念的考量。

四　"国学"的知识体系：四部、六艺、七学、九流

"四部"即经、史、子、集，是一种文献著录系统。讲伦理、讲道德、讲价值观、讲信仰、讲文化、讲学术、讲思想、讲修养等等，都要体现在文献之中，文献就是文化的主要载体，脱离文献是无法讲文化的，更无法讲中国国学。中国是世界上第一文献大国，也是人类文明史上最早对文献进行系统整理和分类的国度，我们讲"国学"的知识体系，自然离不开文献。我国古代的文献分类，早期是六分法，后来是四分法。汉刘歆《七略》（即后之《汉书·艺文志》）用六艺、诸子、诗赋、兵书、数术、方技六略，下再分38种，共著录图书596家、13 269卷（班固"入三家五十篇，省兵十家"），先秦及西汉的文献基本收录其中，这是当时世界上最早的最庞大的图书分类体系。

《隋书·经籍志》又用经、史、子、集四部,下分40类(另附道4类、佛11类),来著录六朝及其以前图书14 466部、98 666卷。清乾隆修《四库全书》,其《总目》亦以经、史、子、集四部,下分43类,其正录图书3 401种、79 309卷,存目录6 793部、93 551卷,基本上包括了清乾隆以前重要的古籍。此后的典籍更多,种类更繁,据当代学人考据,凡清人著述22万8千余种,但若按传统分类法著录,也无外乎经、史、子、集四部,故"四部"可以概括中国古代文献。大致而言,四部即是以"六经"阐释文献为核心的经学体系,以劝善惩恶为目的的史学体系,以儒为首诸子互补的子学体系,以真善美诚为核心的文学体系。抽绎四部,得此体会,四部精神或精华即知过半矣!

"六艺":本是礼、乐、射、御、书、数六种技艺,我们此处兼指"六经"之文。《周礼·大司徒》载乡大夫之职曰:"以乡三物教万民而宾兴之:一曰六德,知、仁、圣、义、忠、和。二曰六行,孝、友、睦、姻、任、恤。三曰六艺,礼、乐、射、御、书、数。"这里"六艺"本来是与"六德""六行"相对等的,即六种具体的技术性能力。这一表述的含意至战国末期仍然如此。《吕氏春秋·博志》有谓:"养由基、尹儒,皆六艺之人也。"而下文在述其能耐时,养由基善射,尹儒则学御,说明当时"六艺"仍然是射、御之事。至汉初此情乃改,六艺与六德、六行合一,进而与执行六艺教育的"六经"合一,于是"六艺"乃成为儒家修炼"君子"人格、进德修业的总括,是否"身通六艺"也成了衡量一个"君子"是否合格的基本考虑。

大凡要提倡一种人格,要修成一种德行,必须要有具体的从内到外的修养课目。有如古希腊"智者",要求其既具有"算术、几何、天文、音乐"等古之"四艺",还要求其具有"辩论术、修辞术、文法"的新"三艺",合为"七艺"。中世纪欧洲"骑士"也被要求具有"谦恭、正直、怜悯、英勇、公正、牺牲、荣誉、灵魂"的八大美德。17世纪以来盛行的英国"绅士"教育,也需要"道德、健康、智慧、礼仪"等课目,以便修成彬彬有礼、待人谦和、衣冠得体、有爱心、尊老爱幼、尊重女性、谈吐高雅、身体健康、内在修养、知识渊博、见多识广、无不良嗜好、举止文明、善于交际等良好素养。江户时代日本盛行的"武士道",也要求其具有"义、勇、仁、礼、诚、名誉、忠义、克己"的美德,表现出"正直、坚毅、简朴、胆识、礼节、诚实、忠诚",其课程则有"击剑、箭术、柔术、马术、矛术、兵法、书法、伦理、文学、美学、哲学"等等。就是当代美国的"精英"教育,也明确提出了"平等精神、领袖气质、博雅知识、大众情怀",包括在价值观、远见、能力、目标、信心、责任心、使命感、微笑、语言、合作、组织、操作、演讲等方面具有全面修养。同样,中国儒家"君子"教育也不例外,也有具体而生动的要求。孔子就提出"文质彬彬然后君子",强调从内到外的完整修养和完美举止。《周礼》所提"六艺"显然只是六种技艺(即

"文"),还不足以修成君子人格,必须将"六德""六行"一起讲习,才能达到"文质彬彬"的效果。

汉初文献已经有"小六艺"和"大六艺"的概念了,小六艺即文,大六艺即质。《大戴礼·保傅》:"古者年八岁而出就外舍,学小艺焉,履小节焉。束发而就太学,学大艺焉,履大节焉。"伏胜《尚书大传》也说:"公卿之太子、大夫元士嫡子,年十三始入小学,见小节而履小义;二十而入大学,见大节而践大义。"是其证。

贾谊更将六理、六法、六行、六术与"六经"结合,统称为"六艺"。《新语·六术》长篇论述说:"德有六理,何谓六理?道、德、性、神、明、命。此六者,德之理也。六理无不生也,已生而六理存乎所生之内。是以阴阳、天地、人,尽以六理为内度。内度成业,故谓之六法。六法藏内,变流而内外遂。外遂六术,故谓之六行,是以阴阳各有六月之节,而天地有六合之事,人有仁、义、礼、智、圣之行,行和则乐,与乐则六,此之谓六行。阴阳天地之动也,不失六行,故能合六法。人谨修六行,则亦可以合六法矣。然而人虽有六行,微细难识,唯先王能审之。凡人弗能自至,是故必待先王之教乃知所从事。是以先王为天下设教,因人所有以之为训。道人之情,以之为真,是故内法六法,外体六行,以与《书》《诗》《易》《春秋》《礼》《乐》六者之术,以为大义,谓之'六艺'。令人缘之以自修,修成则得六行矣。"

司马相如《子虚赋》:"游乎'六艺'之囿,骛乎仁义之涂,览观《春秋》之林,射《狸首》,兼《驺虞》。"此处的六艺显然就是指"六经"了。司马迁《史记·孔子世家》,孔子论次《诗》《书》,修起《礼》《乐》,"以备王道,成'六艺'"。又说:"孔子以《诗》《书》《礼》《乐》教,弟子盖三千焉,身通'六艺'者七十有二人。"又:"孔子布衣,传十余世,学者宗之。自天子王侯,中国言'六艺'者,折中于夫子。"都是将"六经"称为"六艺",说明此时"六经"已经担当起"六德""六行"等等内在修养的教育任务了。

《史记·滑稽列传序》引孔子曰:"'六艺'于治一也,《礼》以节人,《乐》以发和,《书》以道事,《诗》以达意,《易》以神化,《春秋》以道义。"云云者,虽然可能是司马迁的揣摩之辞,但是对"六经"精神实质亦即教育意义的揭示,却是可取的。《庄子·天运》载孔子向老子自陈"六经",老子曰:"夫'六经',先王之陈迹也。"又《天下》:古之道术"其明而在历数者,旧法世传之史尚多有之。其在于《诗》《书》《礼》《乐》者,邹鲁之士、搢绅先生多能明之。"说明"六经"皆史,它们是上古历史文化的载体。《礼记·王制》载:"乐正崇四术,立四教,顺先王《诗》《书》《礼》《乐》以造士,春秋教以《礼》《乐》,冬夏教以《诗》《书》。王大子、王子、群后之大子、卿大夫元士之嫡子、国之俊选,皆造焉。"说明《诗》《书》《礼》《乐》"四经"自来是周人实行精英教育的教科书。《左传》载晋作三军,谋元帅,"赵衰曰:'郤縠可。臣亟闻其言矣,说《礼》《乐》而敦《诗》《书》。《诗》《书》

义之府也,《礼》《乐》德之则也。德义,利之本也。"说明"四经"的修养是培养优秀帅材的教典。《庄子·天下》又说:"《诗》以道志,《书》以道事,《礼》以道行,《乐》以道和,《易》以道阴阳,《春秋》以道名分。"《荀子·劝学》也说:"故《书》者政事之纪也,《诗》者中声之所止也,《礼》者法之大分、群类之纲纪也,故学至乎《礼》而止矣,夫是之谓道德之极。"它们对"六经"内容的揭示与前引《史记》孔子之说基本相同。

《礼记·经解》又说:"入其国,其教可知也:其为人也,温柔敦厚,《诗》教也;疏通知远,《书》教也;广博易良,《乐》教也;洁静精微,《易》教也;恭俭庄敬,《礼》教也;属辞比事,《春秋》教也。""六经"还是推行教化、实现移风易俗的有效法宝。董仲舒《春秋繁露·玉杯》说"君子知在位者之不能以恶服人也,是故简'六艺'以赡养之。《诗》《书》序其志,《礼》《乐》纯其美,《易》《春秋》明其知。六学皆大而各有所长"云云。《汉书·翼奉传》载奉说:"圣人见道然后知王治之象,故画州土,建君臣,立律历,陈成败,以视贤者,名之曰'经'。贤者见经然后知人道之务,则《诗》《书》《易》《春秋》《礼》《乐》是也。"说明汉人普遍认为"六经"具有极强的政治教化功能,它之成为"国学"的核心内容亦可知矣!

"七学"本指7类学校,后来演变成为7种专科学术。中国自古重视教化,《礼记·学记》有所谓"君子欲化民成俗,其必由学乎","是故古之王者,建国君民,教学为先"。郑玄注:"为内则设师保以教,使国子学焉。外则有大学、庠序之官。"至于办学类别,则夏曰庠,殷曰序,周曰校,学则三代共之。但由于时代久远,文献盖阙,其具体功能已经无法详考矣。《论语》记孔门教学,或称其"以四教,文、行、忠、信",或记其戒弟子"四勿:勿意、勿固、勿必、勿我",而记其学业有成之弟子又曰"四科":德行、政事、言语、文学。盖孔子亦实行分科教育矣。文即文学,行即德行,忠即政事,信即言语也。为此四学必须客观公正,故要求其"四勿"。汉立太学,教之"五经",故只设"五经博士"。同时文翁治蜀,立学宫成都市中,教以七经及法令,是于经学之外,已经涉及法律之学矣。其后虽有大学、小学之别,率不过识字与习经之事。及南朝宋文帝元嘉十五年(438),"征(雷)次宗至京师,开儒学馆于鸡笼山,聚徒教授,置生百余人。会稽朱膺之、颍川庾蔚之,并以儒学监总诸生。时国子学未立,上留心艺术,使丹阳尹何尚之立玄学,太子率更令何承天立史学,司徒参军谢元立文学,凡四学并建,车驾数幸"(《宋书·雷次宗传》)。正式开启了"儒学、玄学、史学、文学"四学并重的新局面。唐代学校非常发达,学校门类达到历史鼎盛。《旧唐书·职官志》载祭酒司业之职,"掌邦国儒学训导之政令,有六学:一国子学,二太学,三四门,四律学,五书学,六算学也"。《新唐书》则增加广文,"凡七学"。大致而言,国子学系招收从二品以上的子孙入学,主习经学、礼乐和政事;太学主习经学;广文主业进士,重文学;四门接收四方推荐之俊士,主习文案;律学主习律令、格式、法例;书学主习六书、字画;算学主习"算书十经"。这七学已经涉及的学科有:小学、经学、史学、玄学、文学、法律、算学等门类。此外,《汉书·艺文志》著录群书,有六艺、诸子、诗赋、兵书、数术、方技等分科:《六艺略》即经学诸书,分记《易》《书》《诗》《礼》《乐》《春秋》《论语》《孝经》以及"小学"等书;《诸子略》为子学,著录儒、道、阴阳、法、名、墨、纵横、杂、农、小说等诸家著作;《诗赋略》为文学,分记屈原赋、陆贾赋、孙卿赋、杂赋、歌诗等。

《兵书略》记军事谋略及技巧著作;《数术略》记天文、历谱、五行、占卜之书,属于古代科学的范围;《方技略》记医药、神仙之书,属于医药保健及养生之类。无论是唐人的"七学",还是汉人的"六略",都昭示了中国古代学术之丰富、学科之齐全、门类之细密。后来虽然没有继续下去,但是这些学术在中国古代曾经存在则是无疑的。我们今天讲"国学",自然不能忽视这"七学"。

"九流"即诸子百家,这也是中国国学的重头戏,是在儒学产生后形成的与儒争鸣、也与儒互补的学派。《庄子·天下》讲天下学术衍生曰:"古之人其备乎,配神明,醇天地,育万物,和天下,泽及百姓,明于本数,系于末度,六通四辟,小大精粗,其运无乎不在,其明而在历数者,旧法世传之史尚多有之。其在于《诗》《书》《礼》《乐》者,邹鲁之士、搢绅先生多能明之。……其数散于天下,而设于中国者,百家之学时或称而道之。天下大乱,贤圣不明,道德不一,天下多得一察焉以自好。譬如耳目鼻口,皆有所明,不能相通,犹百家众技也,皆有所长,时有所用,虽然,不该不遍,一曲之士也!"揭示出天下学术从"旧法世传之史"到邹鲁之士所诵习的"《诗》《书》《礼》《乐》",再到诸子"百家之学"兴起的递进过程。但他感叹诸子百家"各得一察焉以自好",是"不该不遍"的"一曲之士"。

汉司马谈《论六家要旨》对诸子中的"六家"有所评说:阴阳家"大祥而众忌讳,使人拘而多所畏;然其序四时之大顺,不可失也"。儒者"博而寡要,劳而少功,是以其事难尽从,然其序君臣父子之礼,列夫妇长幼之别,不可易也"。墨者"俭而难遵,是以其事不可遍循;然其强本节用,不可废也"。法家"严而少恩,然其正君臣上下之分,不可改矣"。名家"使人俭而善失真,然其正名实,不可不察也"。道家"使人精神专一,动合无形,赡足万物,其为术也,因阴阳之大顺,采儒墨之善,撮名法之要,与时迁移,应物变化,立俗施事,无所不宜。指约而易操,事少而功多"。表现出对道家的推崇,这其实反映了汉初崇尚黄老的习尚。东汉班固在《汉书·艺文志》中继续对九流十家都进行了点评,但是取向颇与司马谈不一致,如他称赞儒家"于道为最高",就与谈"博而寡要,劳而少功"自然异趋。此外,班固还一一揭示诸子学术的渊源,然后对其优劣进行评说,如讲纵横家"盖出于古之行人","言其当权事制宜,受命而不受辞,此其所长也。及邪人为之,则上诈谖而弃其信"。说"杂家者流,盖出于议官。兼儒墨,合名法,知国体之有此,见王治之无不贯,此其所长也。及荡者为之,则漫羡而无所归心"。说"农家者流,盖出于农稷之官,播百谷,劝耕桑,以足衣食,故八政一曰食,二曰货。孔子曰所重民食,此其所长也。及鄙者为之,以为无所事圣王,欲使君臣并耕,悖上下之序"。说"小说家者流,盖出于稗官,街谈巷语,道听涂说者之所造也。孔子曰:'虽小道,必有可观者焉。致远恐泥,是以君子弗为也。'然亦弗灭也。闾里小知者之所及,亦使缀而不忘,如或一言可采,此亦刍荛狂夫之议也"等等。

不过,无论是司马谈,还是班固,都认为诸子百家虽有所短,亦各有所长,王者兼而用之,亦可以成一时之材。谈曰:"《易大传》'天下一致而百虑,同归而殊涂'。夫阴阳、儒、墨、名、法、道,此务为治者也。直所从言之异路,有省不省耳。"(《论六家要旨》)认为诸子六家都是追求治道的学派,由于他们所言不同,故人们不能认真分析和辩白罢了。班固更明确提出儒、道、墨、名、法、农、阴阳、杂家、纵横、小说等诸子同源异流,可以相反相成:

> 诸子十家,其可观者九家而已,皆起于王道既微,诸侯力政,时君世主好恶殊方。是以九家之术,蜂出并作,各引一端,崇其所善,以此驰说,取合诸侯。其言虽殊,辟(譬)犹水火,相灭亦相生也。仁之与义,敬之与和,相反而皆相成也。……今异家者各推所长,穷知究虑,以明其指,虽有蔽短,合其要归,亦"六经"之支与流裔。使其人遭明王圣主,得其所折中,皆股肱之材已。……若能修"六艺"之术,而观此九家之言,舍短取长,则可以通万方之略矣。(《汉书·艺文志》)

他认为前述十家之中,其理论可观的只有九家,虽然他们操术不同,其实都是"六经"的流裔,他们的学术相反相成,可以互补,只要以"六艺"为本根,兼采诸子百家学说,也就可以得到来自不同角度、不同层面的观点和帮助。既然如此,我们讲"国学"当然就离不开诸子百家学术了。

五 余 论

通过我们对"国学"的三个体系所容纳的传统概念的概括,归纳即是:一儒二教、三统四部、五常六艺、七学八德、九流十义。这十组概念，看似各不相干，它们之间没有必然联系，但是当我们信手把它们集中在一起时，却发现其间原有异常奇妙的现象。《周易·系辞》曰："天一、地二、天三、地四、天五、地六、天七、地八、天九、地十。""天数五，地数五，五位相得而各有合。"天数即单数（奇数），地数即双数（偶数）。韩康伯注"五位相得而各有合"说："天地之数各五，五数相配，以合成金、木、水、火、土。"孔颖达疏进一步指实曰："天以一生水，而地以六成之；地以二生火，而天以七成之；天以三生木，而地以八成之；地以四生金，而天以九成之；天以五生土，而地以十成之。"用五行生成理论来解释《周易》之数。其实这是不对的。因为先秦、汉初文献都说"《易》以道阴阳""《易》以神化"，《易》不是讲"五行"的，如前所述"五行"观来自《洪范》。韩康伯以下如此注解，实受汉代阴阳五行合流观念的影响，司马迁已云"《易》道阴阳五行"，然而这不是先秦《易》学固有的，用来注《易》当然不确。

所谓"五位得合而各有合"者，乃颠倒其数，在"天数"或"地数"这一列的五个数中（即所谓"五位"），最小的数与最大的数相加都等于十也，也就是1加9、2加8、3加7、4加6、5加5。汉徐岳《数术记遗》"九宫算：五行参数，犹如循环"。北周甄鸾注称："九宫者，即二、四为肩，六、八为足，左三、右七，戴九履一，五居中央。五行参数者，设位之法依五行，已注于上是也。"对角相加正好是10，加上中央的五乃是15，也是"五位相得各有合"之意。宋人据此以为《洛书》之数，亦误。

其实"五位相得而各有合"揭示的乃是天数、地数自相互补的问题。如果我们将其原理引入"一儒二教、三统四部、五常六艺、七学八德、九流十义"来考察，正好一儒与九流互补，然后才形成"十家"，同时也反映出在佛教传入、道教产生之前，儒学与诸子互补、相反相成的状况。二教与八德可也互成，因为在中国，任何宗教都不能逃离孝悌忠信、礼义廉耻，否则它就没有立足之地。三统与七学也是如此，三统是分类概括，七学是具体展开，七学所要研明的正是三统之内涵。四部与六艺的关系，不正好表现出六艺居首并影响四部的历史和现状吗？至于"五常"与"十义"，如前所述，十义正是对"五常"的具体化和完善化。所以我们说，在我们传统的学术词汇中，对"国学"的道德、价值和知识，都有固定而又精致的概括，这些概括由于经过长期的历史积淀和打磨，已经形成相辅相成的系统，我们没有必要生硬地另创新词来解读它们，而只需将它们阐明清楚、组合严密，即可构成"国学"的固有体系和内涵。

原载《西华大学学报》（哲学社会科学版）2014年第5期。

谈谈儒学学科建设的必要性和可能性

儒学是中国传统学术中最有体系、也最具影响力的学术。儒学自诞生以来，特别是经汉武帝的表彰后，逐渐成为中华传统文化的灵魂和主干，成为中国人身份认同、文化认同，维系祖国统一、文明繁盛的精神力量。在历史演进的长河中，儒学或西出流沙，或远渡重洋，影响了古代东方乃至西方世界的社会变革和学术创新。儒学作为具有系统理论、丰富内涵的经典之学、治平之学，是指导历史中国发展演进的正统思想和实践伦理，也是具有世界价值和当代意义的古典学说和东方智慧。无论研究既往历史，或要建设当代文化，儒学无疑都是极其重要的文化资源和学术成果。可是，自从民国初年儒家"经学"被废止以来，儒学学科被肢解、被分散，不仅体系不存、神圣不再，而且时时被歪曲、被丑化，直至被彻底地遗忘、被无情地抛弃，儒学的主体精神和核心价值被清除出主流意识，渐渐地被整个民族集体失忆，至今仍须唤醒。改革开放以来，虽然对于儒学的学术研究逐渐展开，儒学人才的培养也得到恢复，成果也日就月将，渐入佳境，并日积月累，蔚然可观。但是由于儒学长期没有自己完整的学科，也没有自己系统的教材，在时下的各类图书编目和项目分类中，也看不到"儒学"的名称和类目。致使儒学研究一直处于自发、偶然、单一、粗放的阶段，儒学人才的培养也处于随意、随缘、随便的状态，培养的人才虽然不乏行迈学高、聪明特达之士，但也不少知识偏颇、技能跛脚之人。这极不利于儒学的创造性转化和创新性发展，也不利于中国特色的哲学社会科学体系建设和中国气派的人才培养。"儒学学科建设"和"儒学教材编撰"，就成了当今提升儒学研究水平和儒学人才质量所不得不考虑的问题了。

自春秋时期孔子行教以来，儒学便逐渐积累了丰富的学术内涵、治世功能和学派特征，具备了系统的信仰系统、价值尺度、学术体系、知识结构、道德规范和行为守则。《汉书·艺文志》所谓："儒家者流，盖出于司徒之官，助人君顺阴阳、明教化者也。游文于六经之中，留意于仁义之际，祖述尧舜，宪章文武，宗师仲尼，以重其言，于道为最高。"明确揭示了：儒家继承了中华民族自古以来重视伦理教化（"司徒之官"）的传统，具有系统的经典构成（"六经"）、理论体系（"仁义"）、实践价值（"顺阴阳，明教化"）、道统传承（"祖述尧舜、宪章文武"）和学术传授（"宗师仲尼"），在历史、文化、文献、学术、功能、教育等方面，都自成体系、内涵丰富。

从文化传承和学术渊源上看,儒家来源于古代的"司徒之官"。"司徒"金文又作"司土",《尚书》《周礼》作"司徒",是古代社会掌管土地、人民和教化的官职。《尚书·舜典》载舜帝曰:"契,百姓不亲,五品不逊。汝作司徒,敬敷五教,在宽。"此处的"五品"即父、母、兄、弟、子,"五教"即义、慈、友、恭、孝;后来扩大为"五伦"关系(君臣、父子、夫妇、长幼、朋友)和"五常"教化(父子有亲、君臣有义、夫妇有别、长幼有叙、朋友有信)。重视五伦之教是儒家一贯提倡的道德伦理,已经成为中华文化的基本特征。儒家创始人孔子即使不曾做过司徒之官,①但他作为二帝三王文化的"集大成者",也一定是继承和弘扬了这一传统精神和核心价值。《庄子·渔父》就借子贡之口说:"孔氏者,性服忠信,身行仁义,饰礼乐,选(整齐)人伦,上以忠于世主,下以化于齐民,将以利天下。"称赞孔子有修养、有道德("性服忠信")、有行为风范("身行仁义")、有文化追求("饰礼乐")、有人文关怀("选人伦")、有特定社会功能("上忠世主""下化齐民"),还有最后的学术归趋:"将以利天下"。与《汉志》"助人君顺阴阳、明教化"正好前后响应。孔子也以自己的人格奠定了后世儒者的基本风范和道德趋向。后世儒者大多能以天下为己任,救斯民于水火,致明君于尧舜,成就了一个个"立德、立功、立言"的可歌可泣、可圈可点的不朽功勋,促进了国家的治理与天下的和平。浓浓的现实关怀,勇于担当的人文精神,正是儒学有别于宗教神学的根本所在,也是其影响中国历史文化,可望重塑当代伦理的魅力所在。

　　儒家具有用之不尽、取之不竭的理论源泉和智慧活水——"六经"。孔子继承、整理和传播了"二帝三王"的文化成果《诗》《书》《礼》《乐》《易》《春秋》(后世儒者又有"五经""七经""九经""十三经"和《四书》等组合)。"六经"是上古历史的记录,也是儒家思想的集中体现。老子云:"'六经'者,先王之陈迹也。"庄子也称之曰"旧法世传之史"(《庄子·天运篇》及《天下篇》)。"六经"上述二帝,下纪三王,是考述尧、舜、禹、汤、文、武、周公等圣道王功,传承上古文明的主要依据,从这个意义上说它是"史"。"六经"经过孔子整理、阐释和传授后,又成为启迪智慧的历史教科书,从这个意义上说它是"经"。"经"与"史"的统一注定了"六经"内涵的丰富和博大。《庄子》说:"《诗》以道志,《书》以道事,《礼》以道行,《乐》以道和,《易》以道阴阳,《春秋》以道名分。"(《庄子·天下篇》)集中了文学、历史、伦理、美学、哲学、政治学诸领域的学术和智慧,形成了自足完善的经典体系和知识系统。汉代儒者传《易》《书》《诗》《礼》《春秋》"五经",东汉传"七经"(五经加《论语》《孝经》),唐代传"九经"(《易》《书》《诗》加《春秋左

---

① 据《史记》,孔子只做过鲁国的司空、大司寇。

传》《公羊传》《穀梁传》和《周易》《仪礼》《礼记》);五代后蜀始刻的"蜀石经"完成古代儒家经典的最后定型——"十三经"("九经"加《论语》《孝经》《尔雅》《孟子》);宋儒又析《礼记》之《大学》《中庸》与《论语》《孟子》组合为"四书",从而形成了儒家经典的多个传承模式与流通文本。中华5000年文明史,恰以"六经"为标志形成了承上启下的轴心关系,前此2500年的历史因之得以记载和传承,后此2500年的智慧据此得以启迪和照明。若非完整地、系统地研究儒家经典,就不能全面地、真实地认识中华文明的传承序列和承载模式。

在思想学术方面,儒学更是具有丰富多彩的学术内涵,在今天分属于多个学科的诸多学术问题和成就(如哲学、宗教学、政治学、经济学、军事学、伦理学、社会学、教育学等),都在儒家经典以及儒学论著中,有较为丰富的特别反映和精辟阐述。如"太极生两仪,两仪生四象""天人合一"的宇宙观和世界观;"天命(天道)""鬼神(阴阳)""礼乐(仁义)"的信仰体系;"过犹不及""中正""中庸""中和"的辩证观;"仁智勇""孝悌忠信、礼义廉耻"的伦理观;"民为邦本""民贵君轻"的"民本"思想;"仁政德治""博施济众"的治理模式;"尚和合""求大同""天下和平""天下一家"的天下观;"士人、君子、圣人"和"内圣外王"的修身模式;"立己立人,达己达人""己所不欲,勿施于人"的"忠恕"之道:这一切的一切,都经儒家的提倡、推广,融入中华民族精神之中,形成了积极向上、百折不挠的民族精神。尤其是儒家所提倡的"孝悌忠恕勤""温良恭俭让""恭宽信敏惠""仁义礼智信"等观念,对涵养当今社会的"个人品德""家庭美德""职业道德"和"社会公德"仍然具有重要的参考价值。

历经2500年的发展,儒家积淀了丰厚的文化成果,具有庞大的文献积累。儒家以经典教育为本位、以著书立说为特色,在历史上产生的学术文献数以万计。孔子修订、阐释"六经"从而形成了首批儒学文献;再"以《诗》《书》《礼》《乐》教"而后形成儒家知识群体"弟子三千"。在《左传》"立德、立功、立言"三不朽和孔子"君子疾没世而名不称焉"的人生观激励之下,后世儒者纷纷借"著书立说""代圣人立言"来实现自我的人生价值,于是催生出许多多解释儒家经典的文献(著录"六艺略"或"经部"),阐发儒学理论的儒家诸子文献(著录在"诸子略"或"子部"),记载儒学发展演变的传记、碑志、学案、礼典、家乘等文献(著录在"史部"),展示儒者个人的文学、艺术以及思辨才情的诗文辞赋(著录在"诗赋略"或"集部"),真可谓琳琅满目,汗牛充栋。放眼世界,传世的古典文献以中国为盛;而考诸中华,传世古文献中又以儒家居多。这些数量庞大、内涵丰富的儒学文献,遍布经、史、子、集四部,内容则包括经解、义理、考据、辞章。它们是历史文化的载体,是儒家智慧的记录,也是中华古典文明的核心骨干,自然是我们研究中华古典文明不可忽略的。加强对它们的整理和研究,既是当代及未来学人责无旁贷的神圣职责,也是一个十分漫长、十分艰辛的过程。

儒学在长期的传承师授过程中,创新体制,积累经验,具有举世无匹的教育成就和教学经验。孔子首开私人办学的历史先河,首创通过教育来传播文明、启迪智慧、点燃希望的康庄大道,他是中国乃至世界史上第一位职业教师。在长期的教育实践中,他形成了"建国君民,教学为先""性近习远""有教无类""因材施教""启发""激励"等教学思想和教学方法,他有弟子三千,达徒七十二,形成了庞大的儒家学派。后经子夏、子思、孟子、荀子等人继承和发展,更加积累和丰富了儒家的教育经验。西汉文翁在成都设石室精舍传授儒家"七经",首开郡国立学传播儒学的先例;汉武帝开太学,立"五经"博士,置弟子员,并在全国推广文翁经验,大兴郡国之学;还下令全国举明经秀才,开启了汉家文治之端。后之继起者,无论是后汉、三国,或是两晋、南北朝,或是唐、宋、元、明、清,都毫无例外,"教学为先"成为中国理想社会"建国君民"的优良传统。历代王朝继承和发展西汉以太学(或国学)、郡国府学传播儒学的教育设施,还创造和更新了以明经或科举选拔人才的选人制度,为中国古代社会培养和造就了众多的优秀人才,也启迪和影响了西方现代的文官制度。

综上所述,儒学的内涵是十分丰富的,其在历史上影响也是巨大的和积极的。即使核以当下的学科设置标准,儒学独特的学科体系、学术体系和话语体系,也是十分显著的和成功的。如果从其学说成果、历史影响和文化积淀而言,儒学的丰富性、学科性较之目前所设100余个"一级学科"中的个别学科,更是有过之而无不及!儒家经典是中华士人考古知新的源泉,儒家思想是中华民族安身立命的精神财富,儒家文献是中华文明丰富多彩的重要载体,儒家伦理是中华民族修齐治平的康庄大道,至于儒家的教育理论和实践,更是当代中国构建具有中国特色的学科体系、学术体系、话语体系的成功典范和学习榜样。在儒学的陶冶下,历史上曾经造就出大批哲学家、政治家、军事家、文学家、历史学家和科学家,为人类历史文化创造了辉煌灿烂的精神财富。如此丰功伟绩自然是从事中华学术研究不能忽视的,而如此丰富的内涵当然也不是目前效仿西方分类体系而形成的文、史、哲、经、法等等学科所能涵括的。

可是,由于儒学长期缺乏制度保障,缺乏学科建设和教材建设的自觉实践,各地区、各学校所进行的儒学研究、儒学普及和儒学人才培养,目前尚处于各自为政、各行其是的自发阶段,还未形成有组织、有计划、有阵地的儒学研究和儒学传播,也未形成有系统、有规模、有标准的儒学人才培养。就目前儒学人才培养的模式而论,大陆多在"中国哲学""中国历史"或"法学"等专业下进行,台湾多在"中国文学"专业下进行。由于专业背景不同,各校对儒学人才培养的理念和侧重也有所差别,教学内容和培养标准也随之有异。其中最根本的问题就是没有系统、全面的"儒学教材"和明确可行的培养目标！人才培养的散漫性，导致了知识传授的片面性、人才衡量的不规范性。这必然影响儒学传统的真正继承和儒学人才培养的质量问题，当然会影响儒学的当代复兴和未来发展！

近年来，独立的"儒学学科"建设的呼声越来越强烈，"儒学教材"编撰的需求也越来越紧迫。在"国学"的大门类之下，全面恢复儒学的完整的学科体系，建设独立完整的儒家学术体系，围绕"儒学原理""儒家经典""儒学历史""儒学思想""儒学文献""儒学文化"等方面，编撰出系统的儒学教材，构建起足以展示儒学在"经学""德行""政事""义理""考据""辞章"等领域真实面貌的话语体系，为培养儒学专业之基础扎实、知识全面的优秀人才，树之风声、蔚为典型，无疑是当代学人的学术使命和神圣追求。

与舒星合著，第一作者。
原载《孔子研究》2016年第4期。

附录：国学经典价值与高校通识教育

舒大刚　朱汉民　颜炳罡　于建福

【编者按】为贯彻落实习近平有关弘扬中华优秀传统文化系列论述和教育部《完善中华优秀传统文化教育指导纲要》精神，教育部规划的首期高等院校"坚持立德树人弘扬中华优秀传统文化"专题研讨班在国家教育行政学院和尼山国学研修基地举办，来自全国86所高校主管人文社科工作的校级领导参加了学习。期间，以"国学经典价值与高校通识教育"为主题举行了别开生面的尼山会讲活动。兹辑要刊载，以飨读者。

主讲人：舒大刚教授（四川大学国际儒学研究院院长兼历史文化学院副院长、国际儒学联合会学术委员会副主任、中国孔子基金会学术委员会副主任、中华孔子学会副会长），朱汉民教授（湖南大学岳麓书院国学研究院院长，湖南省社会科学界联合会副主席，国际儒学联合会副理事长），颜炳罡教授（山东大学儒学高等研究院副院长，国际儒学联合会学术委员会委员）

主持人：于建福教授（国家教育行政学院国学教育研究中心主任，国际儒学联合会宣传出版委员会主任，中国孔子研究院尼山学者）

于建福教授：中国古代有一种哲学论辩的形式称作"会讲"。开书院会讲先河者是南宋大儒朱熹和陆九龄、陆九渊及吕祖谦，淳熙二年（1175）在信州（今江西上饶）有过"鹅湖之会"。这次在圣地尼山大致模拟会讲形式请来了多位地域文化著名专家：朱汉民教授代表湖湘文化，舒大刚教授代表巴蜀文化，颜炳罡教授代表齐鲁文化。中华文化极其博大，在座的各位院校领导无疑是所在地域文化著名的代表。我们每个人都有责任来共同探讨一个时代性难题："国学经典价值与高校通识教育"。

会讲大致顺着这样的脉络：首先解读国学经典价值，这会涉及国学、经典、国学经典、国学经典价值或经典价值诸概念。随后进入通识教育专题。通识教育是不是外国人独有的？中国自古以来是不是也有类似于通识教育的理念或传统？当前通识教育要解决的关键问题在哪里？对于中国大学的通识教育，似应更多聚焦于中华经典。中华经典博大精深，我们可以结合大学核心课程所要培养的大学生核心素养，适

附录：国学经典价值与高校通识教育

度地将经典纳入通识课程。习近平总书记强调："读优秀传统文化书籍，是一种以一当十、含金量高的文化阅读"；"应该把这些经典嵌在学生脑子里，成为中华民族文化的基因"。教育部《完善中华优秀传统文化教育指导纲要》里面也要求"深入学习中国古代思想文化的重要典籍，理解中华优秀传统文化的精髓"。大家都是高校负责人文社科的领导，有责任深入思考和探讨高校国学经典教育这一时代难题。

一 国学经典价值问题

舒大刚教授：我们中国高校，就应像习近平总书记所要求的那样"扎根中国大地办大学"，应该首先向大学生传授中国的学术文化，然后才是传授其他专业知识和技能，这样才是中国人，才是中国学者。

所谓国学，实际上是中国固有的学术，代表着中国传统文化中具有信仰、价值观、道德伦理、行为规范、知识体系、操作技能等有特殊内涵的学术。无论是国家政府办学，还是个人或合资办学，在中国历史上都早于西方很多国家和民族。国学可谓源远流长、内涵丰富。具体来讲，国学是民族文化，关系国家的文化基因；是国家学术，关系国人的知识结构；是国家信仰，关系国民的精神家园；是国家道德，关系国民的基本素质；是国家价值，关系国人的处事态度；是国家礼仪，关系国民的行为举止；是国家艺术，关系国民特有的技能。这些蕴涵在中国传统的儒学、经学、史学、文学等领域里。

自近代以来，我们引进西学，国学受到了肢解，甚至排挤、边缘化，尤其是它的信仰、价值观、道德伦理、系统的知识体系，被西化的学科分类所肢解，其自身的整体性不能呈现出来。西化的教育使我们收获了科技成果，取得了有目共睹的物质成就，但也付出了精神和文化的代价，我们对自己历史文化的真相和精神已不够清楚，我们优秀的价值观、伦理观有所丢弃，这不利于我国的长治久安。这也就是我们要重提国学的原因。今天重提国学与现代教育的结合，尤其是与通识教育结合，正当其时，而且必须形成长效机制。

朱汉民教授：简言之，国学就是中国的传统学术。中华文明是唯一没有中断的文明。一直保留在中国人思想观念、价值体系、行为方式中的中华文化传统没有中断，由一代代中国人积淀下来，成为数千年延续的文化传统；数千年延续并一直保留在国学典籍中的传统文化，一直影响我们的价值观念、思维方式、行为方式。我们为什么强调国学经典？中国保留下来的各类典籍，有一些是核心价值载体的经典。中华文化的最核心的价值观念，正好就完整地体现在中华经典内。历史上这些经典承担着塑造中国人的心灵世界、建立我们的国家制度、形成我们的行为方式的重要使命。每一个人可以根据自己的个人爱好、专业需要选读不同典籍，但是经典却是每一个文化人必须研读的，通常要熟读，要让经典思想融入我们的精神世界。经典如此重要，所以我们会聚这里探讨国学经典教育问题。当代中国的崛起，习近平总书记倡导的"中国梦"的实现，不仅是经济、军事、政治上的强大，更应是文明的崛起。作为一个延续了五千年的文明的崛起，必须首先要有一套支撑自己文明的精神，这一套精神就深藏在中华民族经典中，今天呼唤重读中华经典，意义非凡。

  颜炳罡教授：中华文明是唯一没有中断的文明体系，这是世所公认的。中华文明最大的优势是"可大"而"可久"。为什么中华文明生生不息，得以延续，至今依然可大可久？其中必有中华文明可久可大之道。美国可大之道无人可以挑战，美国是否可久呢？200多年不能证明它可久。作为中华文明，我们历史上积淀了五千年的可大可久的智慧，这种智慧在哪里？就在我们的国学当中。中国古代国家办的学校叫国学。今天所言国学，确实是相对于西学而言的。我们把西学看作新学，把中国固有的学问看作旧学。无论是"中学为体、西学为用"，还是"全盘西化"，或是中西"互为体用"，都是在探究中学和西学的关系，中学或国学这样的知识体系，需要应对西方知识体系的挑战。我们这个民族未来发展历程中，国学最大的价值和它扮演的角色就是中华文明的DNA的传递，是中华民族自我身份和角色的认同。我们国学可久可大的智慧，能否引导我们民族在这样一个时代，乃至于在星球大战时代，能够继续生存繁衍下去？我们这个民族能够不断走向强大的内在智慧和动力是什么？我想这就是习近平总书记强调文化自信是最根本的自信的原因。

  于建福教授：感谢三位教授。第一板块的问题是国学经典价值。现在还是有点疑惑，关于国学这个概念，在中央政府的文本当中几乎没有出现。尽管如此，国务院参事室就在北京奥林匹克公园中心区文化综合区落成了"中国国学研究与交流中心"，这里用了"国学"二字。毛泽东1915年9月6日《致萧子升信》中多次用"国学"这个概念，主张精通国学常识，即"四部精要"。"国学"这个提法，在当代能不能普遍地为大家所接受？如果我们要接受这个"国学"，它跟"中华文化"、"中华传统文化"、"中华优秀传统文化"之间是什么关系？至于国学经典，其价值到底是什么？请教授们在刚才阐释的基础上再作些解读。

  舒大刚教授：这里涉及国学的归属问题。西方学科不是根据全人类知识，更不是根据中国学术文化来分类的，全面引进西方学科后，我们废弃了自己的学科，尤其是民国初年废掉经学之后,就把我们的国学肢解了:属于文学的内容归于文学,属于历史学的内容归于历史学,属于哲学的内容归于哲学。其实,中国的国学甚至经学远非文史哲所能概括。国学代表我们国家庞大的学术体系,包括知识结构、信仰和价值观、行为举止和礼仪风范、做人做事的基本规范。可是这些内容都被西化的学科冲击得支离破碎。至于"国学"一词之用,也是此一时彼一时。早先国学代表国家办的学校,所教的学术、思想、理念全是本民族的。近代西学东渐,强势文化进入,传统学术受到冲击,中国整个思想学术领域被鹊巢鸠占了,故须重谈国学话题,以捍卫本国学术的神圣性,或与西学相抗衡。如今,经历百年,我们对西方的思想、文化、学术、方法多有引进,而且出现了越来越多的中西合璧或中西融通。现在提"国学"不再是跟"西学"相抗衡,而是借鉴西方优秀内容和方法来发展中华优秀文化,并确立中国人自己的信仰与道德。现在我们到底是提国学好呢还是传统文化、优秀传统文化好呢?由于"文革",大家视传统为垃圾,加以抛弃、丑化、矮化、妖魔化。如今看来,传统里面也有很多好的,之所以提"优秀传统文化",在于告诉民众,不是不加区别地去全盘继承,是要从传统当中继承优秀的内容,正是中华文化优秀的部分支撑了中华民族长盛不衰。可以预期,国学这个概念会逐渐进入正规的文件,进入正规的学科分类。国学经典弥足珍贵。经典是知识的源头,智慧的源头活水,不会随着时间的推移而失去价值,只会让我们带着不同的方法,从不同的角度和观念来解读来认识。没有圣贤的民族是落后的,没有经典的民族不可持久,可大可久的民族一定有自己长盛不衰的经典。中国人的经典就是《诗》《书》《礼》《乐》《易》《春秋》"六经",就是大家诵读的"入其国,其教可知也"那里面的"六经"。尽管"六经"一度被怀疑,受到批判,但这才是中华民族智慧的源头活水,也是中华文明传递的桥梁。这几部经典由孔子整理下来,传播开来,孔子之前 2500 年的历史和文明靠经典传下来,之后 2500 年的历史和文明靠经典来启迪。

朱汉民教授:舒教授已经把于教授提出的问题向纵深发展了。现在国学尚未正式进入体制之内。尽管各大高校成立了国学院、儒学院等国学研究机构和教学机构,但国学在我国正式教育体制内还没有明确的身份。国学进入教育体制的问题,曾经国务院学位委员会讨论和投票,最终没有列为独立的一级学科。这确实与大家对国学的认识有关。国学的存在是一个客观事实,它是传统中国数千年逐渐形成和发展起来的,国学就存在于中国的历史文献典籍里面,由古代的学校、书院一代代传播下来。近代中国的教育体制、知识体系全面学习、引入西学,同时放弃了我们延续了几千年的教育体制、知识体系。近代许多学者把固有的经史子集体系统称为国学,用国学来代表自身的知识文化传统,也是我们教育的传统。国学和文化是一个什么关系呢？文化是一个更广泛的概念，中华文化既体现为我们的国学典籍，又有很多体现在我们的观念、行为举止里，还体现在文学艺术作品、各种博物馆、文物古迹里。国学是通过知识化的形态、典籍化的形态，通过文字化表述出来，记录在典籍里面才称之为学。所以，国学就是经史子集的学问。

交流探讨

学员（中国矿业大学党委副书记张志坤）提问：鲁国保存周礼最完善，是礼仪之邦，而楚国文明程度较低，鲁国为什么亡于楚？六国亡于秦，礼仪之邦为什么亡于秦？宋朝是中华文明发展的高峰时期，为什么宋朝却积贫积弱？儒学究竟是治国术，还是强国策？如果儒学不能富国强兵利民的话，那儒学的功能和价值意义在哪里？儒学在强国策的优势在哪里？

舒大刚教授：刚才张书记说的都是历史事实，但历史都有两面性，学术也有两面性。如果我们单从儒家学术来看，实际上它攻守、文武都很完备。至于后人怎样去领会，怎样去执行，取得怎样的效果，则是另外一回事。自己能否获得成功，与所处的国际大环境或者小环境都有关系，这与儒学本身的内容和价值应相区别。儒家到底有没有治国强国的价值和意义？我讲个《论语》中的故事：

有一天，孔子与四个弟子一起讨论各自志向和治国方略。坦率而尚武的子路说，治理一个小国，周围都是大国相逼，我就是要强兵，要让全民英勇善战。接着是冉求，他说兵强了国防就有了保障，我就要发展经济，让百姓丰衣足食。接下来是公西华，你们强兵富国，那我就来抓礼乐文化，提高人们的精神境界。最后一位弟子是曾点。他说只希望"莫春者，春服既成，冠者五六人，童子六七人，浴乎沂，风乎舞雩，咏而归"。孔子听了高兴地说："吾与点也！"非常赞成曾点的境界。儒家既重视军事——强兵，又重视经济——富国，还重视文化——礼乐，然后才能达到曾点那种与自然、天地融为一体，与朋友同乐的境界。孔子所谓"富之，教之"，"足食足兵"，都表明儒家不反对强兵也不反对富国。而且这四个弟子所言，恰恰代表一个政权必须经历的几个阶段：以军事巩固政权；以富民安定民心；以礼乐化人提升境界；让人民幸福，天下大同。这是儒家完整的治国理念。习近平总书记提出的"中国梦"有这样三句话：国家富强、民族振兴、人民幸福。我们共产党走过的路，先是经历二十八年武装斗争，夺取政权；后经三十年巩固政权；再经三十多年改革开放，发展经济；现在注重发展文化，增强民族文化自信，提高文化自觉，实现文化强国，民族复兴，人民幸福。

朱汉民教授：儒学是国学最核心的学术。法家追求富国强兵的硬实力。儒家追求以德服人、施仁政的软实力,代表一种久远的文明力量。从短期看,文明未必总能战胜野蛮,或者说软实力不一定能战胜硬实力,这是一种普遍现象。中国历史上秦之所以能在与六国争霸中脱颖而出,当然与其追求强兵富国的硬实力有关。秦始皇不用儒学,也看不起儒家,但是秦朝短命足以证明一个民族国家单靠富国强兵是不行的,需有可大可久之道。国学可大可久之道,恰恰是在儒家经典中。儒家或许不能带来短期功效,但拥有可大可久之道。汉武帝采纳儒学,不是完全出于个人意志,主要是顺应了可大可久的文明之道。由此不难看出国学的价值和意义。

学员(中国科技大学党委副书记蒋一教授)提问:古希腊罗马文明作为欧洲文明的源头,欧洲至今在不断继承和发展。我们在强调自己没有中断的时候,别的文明也没有中断;我们在强调自己复兴的时候,别的文明在保持着强势发展,而且今天还达到了发达的程度。这作何解释?

颜炳罡教授:我们所说的中华文明没有中断,指文明谱系的发明者、发源者以及主体的承载者是统一的。今天的希腊,还是柏拉图、亚里士多德的子孙吗?今天的主体是斯拉夫人,原来斯拉夫人生活在中亚地区。今天的埃及人是阿拉伯人,埃及文明被阿拉伯文明所取代。基督教有《旧约》和《新约》,这是欧洲文明的主体,其实属于犹太文明。作为日耳曼民族的蛮族,入侵了古罗马,然后逐步确立了今天的欧洲主要版图。他们接受了基督教,基督教不是日耳曼民族发明的。中华民族的"六经",是炎黄子孙创造的经典体系,直到今天,使用这套体系的仍然是炎黄子孙,我们是从这个意义上来说统一性和延续性。

二 基于国学经典的高校通识教育

朱汉民教授:当下,通识教育确实应当受到每位老师的关注。通识教育是20世纪美国教育家们主要针对现代化的专业教育或职业教育的缺陷而明确提出的。专业教育主要是对学生的谋生技能、专业知识的培养,以便让学生尽快融入分工细密的现代化社会,胜任某一份职业。然而教育不仅是职业培训,更应该是培养人的全面发展。教育的功能就是文化传承,大学教育就是把文化传播给下一代,让其由自然人变成文明人。针对现代大学专业教育的缺陷,所以提出了 Liberal Education 或 General Education,20世纪八九十年代,台湾教育界将其翻译为"通识教育"或者"博雅教育",

翻译本身就把中国文化的通识、通才、通人、博通古今包含其中。博就是博学，雅就是儒雅、雅正，就是培养一个很有德行而儒雅的人。博雅教育、通识教育已成为世界诸多大学的共识，都在不断推动通识教育的进步。中国的大学是从素质教育的角度来展开，以弥补专业教育的缺陷。

中国传统教育中，儒教的"教"就是教化、教育。儒家兴庙学制，学校和孔庙联在一起，岳麓书院边上就有孔庙，所有师生都要去祭拜孔庙。中国传统教育强调人的教育。孔子重成人之教，心中最完整的人叫"成人"，成人之学要智、仁、勇兼修，还要博学于文，还要有礼乐文明的熏陶，这样才成为博雅、完整的人。古希腊也有较早的博雅教育，那时没有专业分工，培养的是完整的人。博雅教育、通识教育在中国有非常丰富的文化资源，这也与我们今天探讨的话题密切相关。中国传统国学经典本身就是为了培养君子或圣贤，就是培养完整的人，培养有德、有智、有勇，有外在的文化熏陶、礼乐文明的人。这样的教育是被摆在首位的，当然，治理国家、法律、军事等都要学，但是学习这些之前，成人教育是作为士大夫的精英必须要完成的，后来"五经"、"四书"就成了博雅教育的基本教材。我们今天需要从中汲取智慧，而国学经典教育是博雅教育的核心。

舒大刚教授：通识教育是"成人"的教育，也是针对专业分科教育而设置的。早期为了建设的需要，搞了很多专业教育，培养了许多专家、工程师、院士，这都是需要的。但问题是，我们的科学家，我们的院士，我们的"状元"出去交流的时候，对自己国家的历史文化不甚了解，留下了不少缺憾。即使是著名的科学家、院士，若是缺了本民族文化涵养，缺了通识教育的话，终究不完美。

通识教育应该让国民掌握国史，作为民族一分子，了解自己的民族文化；作为公民，对社会公德、公共秩序应该熟悉并遵守；作为成人，对道德、心性，有必要的修养；作为君子，对优雅的学术、思想、技能要掌握；作为社会精英，对整个民族文化要自觉领悟和展示。通识教育不是简单地学一点古文，背几首古诗，需要将之化为自己的技能和修养。国学要完成的，通识教育要完成的，就是在技能上、修身上有一种浸润，做到内化于心、外显于行。国学教育在国家层面应该完成国民国家认同、文化认同、价值观认同、信仰认同，还有自己优雅的人生、幸福的体验。通识教育就应该完成完整的人格培养，具有承受能力。顺风顺水，不要骄傲；失落受挫，也不要颓废。

颜炳罡教授：现在我们的专业教育，给以技能知识，教学生如何做工，但是背后的工匠精神，不是专业技能所能解决的。即使有了工匠精神，如何与人与社会打交道？如何处理个人身心关系乃至复杂的社会关系？这些都不是专业技能所能赋予的。所以今天特别需要通识教育、博雅教育、人文素养教育。何谓儒家之"儒"？"通天地人曰儒,通天地不通人曰技"。不知道人,不了解社会,就只能是个技匠,就不能成为儒者。传统的儒者应该是通才,耻一物而不知。今天的通识教育功能有三:志向的笃定、情操的陶冶、人格的养成。孔子说:"士志于道,而耻恶衣恶食者,未足与议也。"大学生应该有超越于物质生活之上的追求,有对理想、对道的追求。有这样的理想,就不至于进入经济领域则两眼发绿地对着钱了,就不至于进入工匠领域则把机器完全当成谋生工具了。儒家要求士大夫"穷不失义,达不离道";"穷则独善其身,达则兼济天下。"培养学生士的操守非常重要。"士不可不弘毅,任重而道远。仁以为己任,不亦重乎?死而后已,不亦远乎?"这是儒家追求的精神境界。应该弘扬中国传统士大夫精神,要有坚忍不拔的意志和宏大的心胸,知道以仁道、以天下为终生使命。孔子说:"兴于诗,立于礼,成于乐"。通识教育应该落实到人格的养成,养成博雅人格、君子人格。君子的标准是什么呢?"君子坦荡荡,小人长戚戚";"君子周而不比,小人比而不周"。受此熏染,合作意识、善与人相处的性格就会凸显。

于建福教授:刚才三位教授阐述了通识教育的提出、发展、内涵与意义。通识教育是中国教育的古老传统。孔子强调"博学于文,约之以礼"。《易经》提到:"君子多识前言往行。"《论衡》称"博览古今者为通人","通人胸中怀百家之言。"在梅贻琦看来:通识之用,润身而自通于人,通识为本,而专识为末,"社会所需要者,通才为大,而专家次之,以无通才为基础之专家临民,其结果不为新民,而为扰民。"钱穆指出:"经学之可贵,不为它是最古的,而为它是会通着子、史、集三部的。"《中庸》提出的"博学、审问、慎思、明辨、笃行"作为中山大学校训仍在沿用。如此看来,当代专业教育的背景下强调通识教育,意义重大,而且通识教育或"博雅教育",想必已为大家所接受。既然如此,我们共同思考一个实际问题。国外不少高校特别强调在通识教育中研读名著。芝加哥大学赫钦斯主张学习人类"伟大的著作",大力推进"名著课程计划",将经典融入核心课程。耶鲁大学设有人文艺术课程;哈佛大学设有通识核心课程。他们倡导阅读的经典是多元的,涉及多民族的经典。国外有些高校也读中国的经典,有的重视《论语》,有的注重《孟子》,有的关注《老子》,有的涉及《庄子》,或兼而有之。美国更重欧洲名著,有的大学涉及《古兰经》。成功的通识教育必然要重视经典。我们接下来把议题转到通识教育如何充分体现经典。作为中国的大学,结合习近平总书记在北大的讲话,强调高校要"扎根中国办大学"。这也意味着,中国大学的通识教育必须高度重视中华经典的呈现,中华文化基本的价值蕴涵在经典当中,这里面有中华民族的根与魂,我们要通过研读、感悟经典来传承价值。请专家们继续就此作深入解读。

舒大刚教授:通识教育,首先要确立目标。中外历史上成功的教育,都要有人格培养的目标，而且要有非常明确的人格形态。古希腊培养的是智者，要能说会道、善于辩论、博古通今。他们主张的"七艺"，就重视修辞、语法、辩论技巧。到欧洲中世纪培养的骑士人格，有正义感、崇敬女性、保护弱者、爱惜名誉、不惜以鲜血和生命捍卫荣誉。这对中世纪的文化起到了重要作用，尤其是产生了一大批骑士文学，甚至影响到现在大家津津乐道的英国绅士教育。英国绅士人格是紧接着骑士人格的。绅士人格教育的目标，在于培养绅士风度、举止文雅、打扮庄重、对女性很尊重、对老弱比较爱护。日本武士道人格教育，讲究忠义、武义、正义，对主人的忠诚，为了主人的利益赴汤蹈火。英国的绅士人格、日本的武士人格对中国君子人格都有所吸收。

君子人格是中国传统教育的成功形象。"文质彬彬，然后君子。"文是外在优雅的表现，质是自己内在的修养，文和武、礼和义结合得非常好，知识全面，礼乐射御书数都会，兼通《诗》《书》《礼》《乐》《易》《春秋》，有坚定的意志，明确的方向，最后还尊崇天道，通天地人。中国历史上的读书人，首要的是做"内圣外王"的君子，要修养自己丰富的知识、优雅的外在表现、坚强的毅力、崇高的信仰，这是内在的修养；然后进入社会修齐治平，修己安人，修己安百姓，这是外王。成就君子人格，需要学习经典。孔子早期推行的是《诗》《书》《礼》《乐》，晚期加上《易》《春秋》形成"六经"。这"六经"略显古老难懂，而且历代注疏汗牛充栋。推荐大家研读"四书"和《孝经》。《孝经》不是简单讲怎样尽孝或恭顺，主要讲怎样立身行道，讲由君子而贤人而圣人的全过程。《孝经》开篇就讲"始于事亲，中于事君，终于立身"，"立身行道，扬名于后世，以显父母"，有始有终；对天子、诸侯、卿、大夫、士、庶民都有规定。这也是讲一个人如何做君子，如何修齐治平。现在大学开展经典教育与通识教育，"四书"和《孝经》最为重要。自汉以降，《论语》和《孝经》就是读书人的必修经典。

朱汉民教授：作为现代教育熏陶下的中国人接受通识教育、经典教育，无疑是现代教育最重要的组成部分，目的是要学习专业之外的多种知识，形成人与人相通的价值观念。强化中国传统文化与国学教育，并不会影响现代中国人参与世界性的沟通与相处。中国经典谈的虽然是中华民族文化之道，同时也是全人类共同相处之道。在儒家经典里面包含了人与人之间、国家与国家之间、民族与民族之间的相处之道。中国经典中"协和万邦"的理念，就有益于现代民族国家之间的和谐相处。

确立正确的经典观念，是经典教育的重要问题。经典的形成和演变经历了漫长的历史过程，儒家士大夫根据时代变化而不断重新解释经典。经典中有许多恒常不变的思想，但是其中一些思想观念也会发生变化。经典是一个开放的体系，不要落入原教旨主义，食古不化。历史上的那些大儒，不仅善于回归传统经典不断汲取传统智慧，而且能不断开拓新的适应时代的思想。我们要以文化自信，接续中断了的文化传统,接续文化命脉;同时,我们要不断挖掘传统文化经典中与时俱进的东西,以不断开拓出适应时代的新思想,建构出带有本民族文化特点的一套新的文明形态。中华民族的崛起,一定会是一种带有自身价值观念的文明形态的崛起,而且这一定是深藏在我们的经典之中的。

颜炳罡教授:十年前,某跨国公司年会上,山东大学一位毕业生对我说,很后悔没有参加我的《论语》读书会,在驻纽约期间和台湾人在一起,被问到读过《大学》吗?他很遗憾地回答:"上过大学,没有读过《大学》。"和韩国人在一起,被问到读过《小学》吗?他很遗憾地回答:"上过小学,没有读过《小学》。"他觉得无地自容,好像在他们面前低人一头。我们有多少大学管理者、大学师生读过《大学》?读过《小学》呢?这曾经是东亚文化形态下人人必读之书,很遗憾极少有人读了。这就是我们高等学校经典学习的缺陷。如果当初一边学着英语,一边学着《大学》,那现在就少有缺憾了。什么样的经典是必读的?现在分科越来越多,不可能让每一个学生通读"十三经"。"四书"最值得读。朱熹当年说,把"四书"搞通了,何书不可读?何理不可究?这恰是通识教育要解决的问题。"四书"当中《论语》最为关键,学国学起码要把《论语》读了。通读"四书"更好,加读《孝经》亦有必要。国学经典应该有必修课。一所学校可以选择《论语》,或选择"四书",传授给学生,这样或许能够实现志向的笃定、情操的陶冶、人格的养成。

交流探讨

学员(德州学院副院长王金利教授)提问:通识教育不能局限在高校,还应在中小学甚至幼儿园都打下基础。大学通识教育和基础教育应该有所侧重,有分工。中小学教育应该是成人教育,大学教育应该是成才教育。君子人格的教育在西方文化非常强势的背景下,仅仅以"四书"和《孝经》来培养,能否取得成功?

舒大刚教授:我赞成传统文化教育分层次、分阶段推进。颜教授讲的《小学》就涉及讲授礼仪、如何为人、举止规范的问题,就是解决孝悌忠信礼义廉耻这"八德"。十五六成人之后,讲《大学》。汉唐以来一开始就是《孝经》,从最实际的开始,先怀着一颗感恩的心,善待父母兄弟姊妹,再推而广之,"老吾老以及人之老,幼吾幼以及人之幼"。进入大学阶段,讲的就是治国平天下之道。可见古代教育是有阶段性的,读经典都是分层次、分阶段的。现在从小学生、中学生、大学生到研究生,甚至博士生都需要补课,好在从地方到中央特别是习近平总书记高度重视,传统文化教育得以展开。

贵阳孔学堂让我们组织编写一套从幼儿园到大学的读本。首先要把传统文化的核心价值提炼出来，把体现这些心价值的经典选出来。小学阶段加强认知，图文并茂的解读，如"孝悌忠恕勤"，对个人品德培养十分重要；"温良恭俭让"对培育家庭美德、相处之道十分重要；"恭宽信敏惠"，对职业操守、社会角色非常重要；"仁义礼智信"，对社会公德的培养十分重要。再把这些价值观念对应的经典原文、成功事例，包括西方格言也纳入读物当中。到了初中，就要结合现代核心价值观，中西合璧，古今合一。到了高中，就要系统阅读儒家经典。到了大学，要放眼整个民族文化经典，包括代表中华民族精神信仰价值观念层面的儒释道各家经典，加上治国平天下之道。如此分级分层次来实行以经典为核心的通识教育，乃大势所趋。

朱汉民教授：关于国学教育，除了大学的通识教育，中小学经典教育、人格养成尤其重要。少年儿童长于记忆，长大以后经典随口而出，逐步感悟经典义理。所以经典教育要从小学中学开始。经典教育在小学应"学其事"，到了心智成熟的高中、大学阶段就要"明其理"。我在牛津、剑桥大学交流时，发现学生进入大学前先要申请一个学院，再另外申报一个专业系。学院承担通识教育，不同专业的同学生活在同一学院接受相同的通识教育，专业教育则在系里完成。香港中文大学也采用这种制度，将承担通识教育的学院叫书院，恰好合并了钱穆先生创办的新亚书院，而古代书院正好是强调通识教育的，即重视成人教育。我曾把岳麓书院的教育目标确定为"志于成人"，这符合孔子提出的"成人"之教。香港中文大学也希望大学生的通识教育由书院来完成，然后专业教育到专业系里完成。这种中西结合的制度上的探索，合乎中国传统书院的通识教育理念。当然，在当代书院里，倡导中国传统经典教育，也不排斥西方经典，现代人应该立足于民族文化，也应该参与现代世界文化交流。

学员（海南大学副校长傅国华教授）提问：提到传统文化，提到国学经典，人们会与保守联系起来。请问创新思维、批判性思维怎么通过经典教育来培养？

朱汉民教授：国学经典与创新并不矛盾。举一个书院的例子，清代岳麓书院山长王文清提出一个"读经六法"，包括：正义、通义、余义、疑义、异义、辨义。显然，这里所讲到的疑义、异义、辨义，就是强调学者对经典也应该有怀疑精神，敢于对经典提出异议，敢于辨义的批判。

颜炳罡教授：孟子说"尽信书，则不如无书"。经典不是用来迷信的，是用来涵养人格的。经典的诠释历来是与时俱进的，当今也需要推陈出新。

于建福教授：中华传统文化尤其是经典文化中，蕴含着丰富的创新思维和不可多得的质疑精神。《论语》中孔子主张"温故而知新"，倡导"疑思问"，"毋意、毋必、毋固、毋我"，《易经》强调"革故鼎新"，《大学》所谓"苟日新日日新又日新"，《中庸》主张

"慎思之,明辨之",《孟子》认为"尽信书,则不如无书",等等,值得高校通识教育中深入挖掘与阐发,实现反本开新。按习近平总书记的话说,"善于继承才能善于创新",要"在继承中发展,在发展中继承";"努力实现传统文化的创造性转换、创新性发展,使之与现实文化相融相通,共同服务以文化人的时代任务。"

通过以上探讨,可以初步达成这样的共识:国学经典是核心价值的载体,具有跨越时空、历久弥新的时代价值;当代中国高等教育必须深深植根于经典文化的沃土,获得丰厚的滋养;要强化通识教育,必须强化以"四书"为核心的传统文化经典教育,但这并不意味着排斥其他经典;要有序地、相互衔接地按小学、中学、大学分层次来设计,正如教育部《完善中华优秀传统文化教育指导纲要》里边提到的,大中小学一体化系统推进中华优秀传统文化教育,其中也应该包含国学经典教育。如何将经典融入高校的通识教育,培育健全人格,恰是分管人文社科工作的领导们所要继续思考和共同努力推进的,在这方面任重而道远。

原载《国家教育行政学院学报》2016年第12期第3—10页"学习贯彻习近平总书记系列重要讲话精神专题",于建福整理。